ACCESO GRATIS *a la Lectura en la Nube*

Para visualizar el libro electrónico en la nube de lectura envíe junto a su nombre y apellidos una fotografía del código de barras situado en la contraportada del libro y otra del ticket de compra a la dirección:

ebooktirant@tirant.com

En un máximo de 72 horas laborables le enviaremos el código de acceso con sus instrucciones.

DERECHO INTERNACIONAL Y FUNDAMENTOS JURÍDICOS Y POLÍTICOS DEL DERECHO A LA EDUCACIÓN

DERECHO INTERNACIONAL Y FUNDAMENTOS JURÍDICOS Y POLÍTICOS DEL DERECHO A LA EDUCACIÓN

JOAQUÍN GONZÁLEZ IBÁÑEZ

tirant lo blanch
Valencia, 2024

En caso de erratas y actualizaciones, la Editorial Tirant lo Blanch publicará la pertinente corrección en la página web www.tirant.com.

© TIRANT LO BLANCH
EDITA: TIRANT LO BLANCH
C/ Artes Gráficas, 14 - 46010 - Valencia
TELFS.: 96/361 00 48 - 50
FAX: 96/369 41 51
Email: tlb@tirant.com
www.tirant.com
Librería virtual: www.tirant.es
DEPÓSITO LEGAL: V-2402-2024
ISBN: 978-84-1056-964-5
MAQUETA: Innovatext

Si tiene alguna queja o sugerencia, envíenos un mail a: *atencioncliente@tirant.com*. En caso de no ser atendida su sugerencia, por favor, lea en *www.tirant.net/index.php/empresa/politicas-de-empresa* nuestro procedimiento de quejas.

Responsabilidad Social Corporativa: http://www.tirant.net/Docs/RSCTirant.pdf

A María Teresa y Joaquín.
Por el amor y el ejemplo.

Índice

PARTE I
EL NACIMIENTO DEL ESTADO LIBERAL Y LAS TEORÍAS POLÍTICAS DE LA EDUCACIÓN

Capítulo 1
Una estampa del acceso a la educación: ¿un espejismo global?

Capítulo 2
Introducción: el valor político de la educación

Capítulo 3
Relación entre educación y política en el Estado moderno

PARTE II

ILUSTRACIÓN Y LA NUEVA EDUCACIÓN EN EUROPA

Capítulo 4
Ilustración y educación

Capítulo 5

La educación como instrumento político en el Estado contemporáneo. Educación en Locke y la aportación de Rousseau

Capítulo 6

La educación en el pensamiento republicano de Condorcet

Capítulo 7

Estado prusiano y nueva educación postrevolucionaria

Capítulo 8

Política y educación anglosajona tras la revolución francesa: JEFFERSON y MILL

PARTE III

REGULACIÓN POLÍTICO-CONSTITUCIONAL DE LA EDUCACIÓN EN ESPAÑA

Capítulo 9

Sistema político constitucional español y educación: 1812-1931

Capítulo 10

Sistema político español y educación: 1931-1975. De la Segunda República (1931) al fin del régimen franquista (1975)

Capítulo 11

Constitución española de 1978 y derecho a la educación

PARTE IV

EL PROCESO DE INTERNACIONALIZACIÓN Y ACCESO DEL DERECHO A LA EDUCACIÓN EN EL SIGLO XXI

Capítulo 12

Derecho a la educación en Europa Occidental. Consejo de Europa, Unión Europea y el pleno acceso al derecho a la educación

Capítulo 13

Tratados internacionales de derechos humanos y principio *pacta sunt servanda*. La quiebra de las obligaciones de los tratados internacionales en el ámbito del derecho a la educación

Capítulo. 14

Mujeres y educación: un examen de las políticas públicas estatales a través de la relatoría especial sobre educación de la ONU

Capítulo 15

El jardín árabe y la zona cero. El acceso al derecho a la educación, la alegoría de la ciudadanía democrática y el terrorismo integrista islámico

Agradecimientos

La publicación de la obra *Derecho Internacional y fundamentos jurídicos y políticos del derecho a la educación* se ha elaborado tomando como referencia ensayos y artículos escritos entre 2002 y 2024 que comprenden diferentes fuentes, y abarcan compendios de mi investigación doctoral, así como artículos publicados en revistas científicas, libros y materiales académicos correspondientes a programas de máster y doctorado impartidos en los últimos veinte años en Argentina, Colombia, España, Estados Unidos y México sobre derechos humanos, Estado de derecho y derecho a la a la educación.

Al concluir esta edición en 2024 y leer la obra en su conjunto recordé una idea plena de honestidad y autocrítica que Aldoux Huxley escribió en 1946 en forma de prefacio en la nueva edición de *Brave World* (*Un mundo feliz*), veinticuatro años después de que fuera originalmente publicada. Aunque Huxley hacía referencia al arte literario, y en este caso presentamos aquí una obra académica de análisis y reflexión, hago mías las palabras de Huxley al reconocer los errores e imperfecciones de la primera vez que fueron escritas y que, tal vez, lo más correcto es presentar la obra en su forma original en lugar de tratar de enmendarlos, pues significaría volver a escribir otro libro, diferente al libro que lector finalmente tiene en sus manos. Como señaló Huxley "Sus defectos como creación escrita son considerables, más sin embargo para corregirlos debería haber vuelto a escribir de nuevo el libro y, al hacerlo, como un hombre mayor, como otra persona que soy, probablemente hubiese soslayado no solo los diversos traspiés de la obra, sino igualmente alguno de los aciertos y méritos que tuviera el texto original."[1]

---

1 "(...) Art also has its morality, and many of the rules of this morality are the same as, or at least analogous to, the rules of ordinary ethics. Remorse, for example, is as undesirable in relation to our bad art as it

Por tanto, esta obra es un principio —del latín *principium* que es el resultado de abordar o conocer lo primero—, por tanto, es una plausible primera parte, que ojalá podamos en una segunda parte complementar y actualizar con fuentes normativas, jurisprudencia, bibliografía y un seguimiento y evolución del contexto, reconocimiento y ejercicio del derecho a la educación en el plano internacional y los desafíos constitucionales que plantea el reconocimiento veraz y efectivo del derecho a la educación para todas las personas. Acometer esa actualización en el texto que el lector tiene ante sí hubiera traicionado la mirada desde la que se ha venido estudiando la materia en los últimos 20 años y con ello ocultado algunas de las aportaciones que humildemente he aspirado a realizar.

Por ello, entre este y otros motivos quiero agradecer a Tiran Lo Blanch y a los directores de la colección de Derecho Internacional de Tirant Lo Blanch, Juan Ramón Martínez Vargas y Juan Carlos Sáinz Borgo por haber apoyado la publicación de este libro sobre estas premisas.

Esta obra de análisis jurídico y reflexión cívica no hubiera podido concluirse sin el apoyo material y humano de algunas per-

---

is in relation to our bad behaviour. The badness should be hunted out, acknowledged and, if possible, avoided in the future. To pore over the literary shortcomings of twenty years ago, to attempt to patch a faulty work into the perfection it missed at its first execution, to spend one's middle age in trying to mend the artistic sins committed and bequeathed by the different person who was oneself in youth—all this is surely vain and futile. And that is why this new *Brave New World* is the same as the old one. Its defects as a work of art are considerable; but in order to correct them I should have to rewrite the book—and in the process of rewriting, as an older, other person, I should probably get rid not only of some of the faults of the story, but also of such merits as it originally possessed. And so, resisting the temptation to wallow in artistic remorse, I prefer to leave both well and ill alone and to think about something else. (...)". Traducción de Joaquín González Ibáñez. Foreword, HUXLEY, *Brave new world,* Penguin Modern Classic, Londres, 1960.

sonas. En especial, mi reconocimiento cómplice a mi esposa Iris y mis hijos Gabriel y Daniela por la generosidad en los tiempos, ánimo silencioso y continuas sonrisas.

A Claudio Grossman, Jamie B. Raskin, Antonio Muñoz Molina, Guy Harpaz, Fabián Salvioli, Darío Villarroel, Jorge Eduardo Londoño Ulloa, Emiliano García Coso, Xabier Agirre Aranburu, Paul Lemmens, Macarena Sáez, Rosa María Bautista Cordero, Gabe Ibáñez Rodrigo, Javier López de Goicoechea y Juan Carlos Sáinz Borgo por la inspiración, respeto y ejemplo que siempre significan para mí su trabajo intelectual y su impronta ética.

Y, finalmente, mi reconocimiento a Alicia Villar Macías, Patricia Acebes Najarro, Isabel Bokung Esono y Thairi N. Moya Sánchez por su trabajo, esfuerzo y aportaciones que permitieron concluir y dar forma al trabajo que aquí presentamos.

JOAQUÍN GONZÁLEZ IBÁÑEZ

Prólogo

El libro *Derecho Internacional y fundamentos jurídicos y políticos del derecho a la educación* de Joaquín González Ibáñez es una significativa contribución para quienes desean lograr una comprensión cabal del rol que juega la Educación como instrumento para la creación y desarrollo de los Estados modernos democráticos y pluralistas, su desarrollo en el Derecho Internacional, y la importancia de la educación como un fin en sí mismo.

Este trabajo analiza el papel de la Educación, tomando en cuenta su desarrollo histórico, sus fundamentos filosóficos, el lugar que ha ocupado en el derecho constitucional comparado, así como también sus fundamentos jurídicos internacionales. Teniendo en consideración estos elementos, el libro desarrolla una propuesta de cuál debe ser la función pública de la educación, constituyéndola en un instrumento fundamental para el sustento y desarrollo de sociedades democráticas en el siglo XXI. Tanto el orden de presentación de los materiales, como el hecho de que el libro cubra de una manera exhaustiva los hitos más importantes en el desarrollo del pensamiento sobre la educación, bastarían para considerar esta obra como un material de lectura obligatorio para quienes se especializan en esta materia. Sin embargo, el libro tiene, además, otra virtud significativa. Está escrito en un lenguaje que cumple un doble propósito: convierte el libro en una fuente fundamental de conocimiento para quienes trabajan en temas de educación y democracia, abriendo, al mismo tiempo, posibilidades para que aquellos que por primera vez se enfrentan a este tema puedan entender el pensamiento teórico que existe sobre la educación y su proyección en el futuro.

Esta obra no es un análisis que base su legitimidad en la aparente toma de distancia en que a veces se funda o se pretende fundar la "objetividad". Joaquín González Ibáñez no se limita a presentar "opciones" al momento de establecer políticas educacionales, sino que va más allá, presentando un análisis que toma partido, que ofrece una propuesta concreta. Como dice el autor, "(…) la educación como factor público es un servicio esencial de la comunidad y se ha transformado, desde el periodo ilustrado, en una referencia institucional que garantiza la posibilidad de acceder a la participación política y a la libertad de optar y decidir por el propio futuro". Desde este punto de partida, la política es vista por el autor como un instrumento de participación y de cambio necesario e inevitable por la naturaleza misma de los procesos históricos, mientras que la Educación, creadora y pensante, que permite a los ciudadanos pararse sobre sus propios pies, es un elemento crucial de autoperfeccionamiento individual y colectivo esencial para garantizar la libertad de una comunidad. Como recuerda el autor refiriéndose a FREIRE, "sin educación y conquista de los valores comunes en la sociedad democrática, los pilares del desarrollo y la conciencia democrática se desvanecen en la pobreza y negación del futuro". Lamentablemente la vida misma nos muestra tristemente lo que ocurre en aquellos países que han elegido un proceso "educativo" autoritario, excluyente y limitante. Acciones inconcebibles basadas en fundamentalismos religiosos o políticos, sustentados en modelos dogmáticos de educación confirman trágicamente la importancia de una educación basada en la tolerancia y el pluralismo y la aplicación efectiva de los tratados internacionales de ámbitos universal y regional que instan a los Estados a garantizar un veraz acceso al derecho a la educación.

Si en el pasado podíamos ignorar los contenidos educacionales impartidos por los distintos Estados, cualquiera que fueran estos, o podíamos justificarlos con teorías culturales relativistas de distinto tipo, este libro nos deja claro que en el Siglo XXI la educación "de los otros", de aquellos que en términos deconstruccionistas no vemos como a un "igual", es también un asunto que nos atañe. En otras palabras, no basta con criticar los modelos negativos para un desarrollo democrático, ni de analizarlos en relación a la influencia que estos puedan tener en fenómenos nefastos como el crimen internacional, el terrorismo, la pobreza y la falta de libertad; aunque es importante denunciar el efecto contraproducente de modelos equivocados de educación, es igualmente necesario tener presente al momento de establecer políticas educacionales que la educación "del otro" cuando es creadora, participativa y democrática nos abre un espacio ilimitado de posibilidades no solo a nivel individual, sino especialmente como miembros de una misma comunidad. Joaquín González Ibáñez nos propone convincentemente en su libro que elijamos con responsabilidad y libertad esta posibilidad, nos muestra el precio que ha pagado el planeta por tomar opciones equivocadas, y nos advierte cómo en el futuro las consecuencias podrían ser aún más devastadoras.

Washington, enero 2024

CLAUDIO GROSSMAN
Miembro de la Comisión de Derecho Internacional de Naciones Unidas

Introducción

¿Quién en un proceso penal, acusado de la comisión de los delitos de alta traición y terrorismo —con petición de la Fiscalía de la pena capital para los imputados— decide argumentar su defensa sobre el contexto y las causas que han provocado a sus conciudadanos pobreza excluyente, discriminación y negación de derechos humanos, derechos humanos como la educación, la sanidad, y la limitada capacidad de desempeño en la vida mercantil y la nula participación en la vida pública e institucional?

¿No son estos los elementos del derecho al desarrollo humano que Mahbub ul Haq y Amartya Sen conceptualizaron para explicar las condiciones que redimensionan las oportunidades de las personas, que Naciones Unidas estructuró en 1990 en el Programa de Naciones Unidas para el Desarrollo (PNUD) por medio del Índice de Desarrollo Humano (IDH), y que posteriormente aparecieron desarrollados en la Declaración de Viena de Derechos Humanos y su Programa de Acción de 1993?

Esa persona fue Nelson Mandela. Concibió estas ideas sobre la libertad política y la dignidad humana 27 años antes de que Naciones Unidas adoptase las estrategias institucionales de las políticas del desarrollo y los derechos humanos. El 20 de abril de 1964, en la apertura del proceso penal en Pretroria, durante el régimen del *apartheid* en Sudáfrica, Mandela se autorepresentó y ejerció su defensa legal en el conocido como juicio de Rivonia. Tuve la oportunidad de acceder a las actas del proceso y descubrí, tiempo después de haberse escrito gran parte de este trabajo académico, que Mandela había situado la cuestión central de la violencia estructural del *apartheid*, tanto moral, jurídica como política, en la educación o, precisamente, en su negación. Permítame lector incorporar a continuación la traducción de extractos de la transcripción del texto original de las actas del proceso que contienen la intervención de Mandela en el mismo, para significar su coraje cívico y grandeza ética[1], pero también el ingenio jurídico de Nelson Mandela. Poco antes del texto de su alegato que aparece más adelante, es necesario recordar las palabras del cierre de su defensa oral con su conocida y excepcional retórica críptica:

> "Durante toda mi vida me he dedicado a esta lucha del pueblo africano. He peleado contra la dominación blanca, y he peleado contra la dominación negra. He buscado el ideal de una sociedad libre y democrática, en la que todas las personas vivan juntas en armonía e igualdad de oportunidades. Es un ideal que espero poder vivir para verlo realizado. Pero si es necesario, es un ideal por el cual estoy preparado para morir"[2].

Pocos minutos antes de pronunciar estas palabras, para argumentar y justificar su lucha contra el régimen de *apartheid* de

---

1 Nelson Rolihlahla Mandela (Mvezo, Unión de Sudáfrica, 18 de julio de 1918). Conocido en su país, Sudáfrica, como *Madiba* —"abuelo venerable"— (título honorífico otorgado por los ancianos del clan de Mandela; también llamado Tata); abogado y político sudafricano. Mandela fue el prisionero número 466/64, es decir, ingresó como preso número 466 en 1964 en la isla de Robben, hecho que le conduciría a vivir 17 años en precarias condiciones. Posteriormente, pasaría otros 10 años más en otras dos prisiones diferentes, sumando una pena total de 27 años. Tras estar preso, cumpliendo una condena que era de por vida, Nelson Mandela fue liberado, recibió un Premio Nobel de la Paz y fue electo democráticamente como presidente de su país. Tras la caída del Muro de Berlín y su liberación en 1990, Mandela se convirtió en la figura humana y política de un "gran héroe cívico" de nuestro tiempo. JOHN CARLIN le llamó "gigante de la verdad y coloso moral". Véase, CARLIN, J., "El gigante de la libertad, Mandela", *El País,* 6 de diciembre de 1998, pp. 21 y *ss.*

2 Ver MANDELA, N., *Long walk to Freedom,* p. 178: *"During my life time I have dedicated myself to this struggle of the African People. I have fought against white domination, and I have fought against black domination. I have cherished the ideal of a democratic and free society in which all persons live together in harmony and with equal opportunities. It is an ideal which I hope to live for and to achieve. But if needs be, it is an ideal for which I am prepared to die".* Traducción de Joaquín González Ibáñez.

Sudáfrica y su participación y liderazgo en el Congreso Nacional Africano, Mandela arguyó sobre la situación del derecho a la educación y su negación para una parte de la población, y esto precisamente ilustra el sentido y objetivo de este libro: ¿por qué la educación es el derecho que redimensiona el resto de derechos humanos y cómo su construcción filosófica, cultural y en la política nacional en primer lugar, dio paso al reconocimiento de un derecho humano estructurado en un marco jurídico internacional universal? Los tratados de derechos humanos de acceso al derecho a la educación propiciaron que un número relevante de Estados de la comunidad internacional desarrollara un primigenio marco legislativo y de políticas públicas con el objetivo de materializar el efectivo desarrollo de capacidades que solamente la educación puede brindar a cada persona, a cada comunidad.

Mandela, ataviado con su atuendo originario de la región de Transkai, con la majestad de su imponente presencia y su digna actitud en el ejercicio de su defensa, pronunció en tono sosegado[3] sus argumentos de defensa el 20 de abril de 1964 con datos, información y razonamientos sobre la eficacia de la discriminación del *apartheid*:

> "Soy el primer acusado. Poseo una Licenciatura en Humanidades, estudié Derecho, y ejercí la profesión de abogado en Johannesburgo durante varios años en colaboración con Oliver Tambo. Soy un prisionero convicto que está cumpliendo cinco años de cárcel por abandonar el país sin permiso administrativo y por incitar al pueblo a ir a la huelga de finales de mayo de 1961 (...)"
>
> Nuestra lucha es contra penurias reales y no imaginarias o, para utilizar el lenguaje de la Fiscalía, "supuestas penurias". Básicamente, Señoría, luchamos contra dos características que son el sello distintivo de la vida africana en Sudáfrica y que están arraigadas por la legislación que pretendemos que se derogue. Estas características son la pobreza y la falta de dignidad humana, y no

3 Versión sonora digitalizada en The British Library, "Rescuing the Rivona Trial recordings", disponible en: https://blogs.bl.uk/sound-and-vision/2013/12/rescuing-the-rivonia-trial-recordings.html

necesitamos comunistas o los llamados "agitadores" para que nos enseñen estas cosas.

Sudáfrica es el país más rico de África y podría ser uno de los países más ricos del mundo. Pero es una tierra de extremos y contrastes muy marcados. Los blancos disfrutan de lo que bien podría considerarse el nivel más alto de vida del mundo, mientras que los africanos viven en la pobreza y la miseria. El 40% de los africanos viven sin esperanza, en condiciones de pobreza inimaginables donde la erosión del suelo y la sobreexplotación de la tierra hacen que sea muy difícil vivir de esta. El 30% de la población son trabajadores, trabajadores manuales y peones de campo en las granjas de los blancos, donde trabajan y viven en condiciones similares a las de los siervos en la Edad Media. Otro 30% viven en las ciudades donde han desarrollado hábitos económicos y sociales, lo que les acerca a los estándares de vida de muchos blancos.

No obstante, los africanos, incluido este último grupo, viven empobrecidos debido a los bajos salarios y a un alto coste de vida. Los más prósperos viven en Johannesburgo, pero aún así su situación es desesperada. Las últimas cifras a fecha de 25 de marzo de 1964 elaboradas por el Sr. Carr, responsable del Departamento de Asuntos No Europeos, así lo indican. Los datos muestran que el ingreso medio mensual por familia africana es de 42,84 rands[4]. El informe detalla que el salario medio mensual es de 32,24 rands, y que el cuarenta y cinco por ciento de las familias africanas en Johannesburgo no ganan lo suficiente para vivir.

La pobreza va de la mano de la desnutrición y de las enfermedades, que son muy comunes entre los africanos. La tuberculosis, la gastroenteritis, la pelagra, el *kwashiorkor* y el escorbuto acarrean la muerte y un grave deterioro de la salud. La incidencia de la mortalidad infantil es una de las más altas del mundo. Según el Departamento de Información Médica de Pretoria, la tuberculosis mata a cuarenta personas al día, casi todos africanos, y en 1961 hubo 58.491 nuevos casos registrados. Estas enfermedades, no solo destrozan los órganos vitales, sino que provocan condiciones

---

4 Desde 1961 la moneda nacional en Sudáfrica es el rand, que fue creada tras la adopción de las recomendaciones de la Comisión de Moneda Decimal en 1958. Las libras, chelines y peniques británicos fueron sustituidos por rands y céntimos a un tipo de cambio aproximado de R2 en 1961=£1. En Gobierno de Sudáfrica, disponible en https://www.statssa.gov.za/?p=13985#:~:text=Following%20the%20adoption%20of%20recommendations,1%5Bi%5D%20in%201961

de retraso mental, ausencia de iniciativa y reducen la capacidad de concentración. Los efectos secundarios de tales condiciones afectan al conjunto de toda la comunidad y al rendimiento de los trabajadores africanos.

Ahora bien, el clamor de las demandas de los africanos no es solo que ellos son pobres y que los blancos son ricos, sino que las leyes, que están hechas por los blancos, están destinadas a perpetuar esta situación. Hay dos maneras de salir de la pobreza: la primera es mediante una adecuada educación, y la segunda es que el trabajador pueda adquirir una mayor capacitación profesional en su trabajo y de esta manera poder mejorar su salario. Por lo que respecta a los africanos, estas dos vías de progreso están deliberadamente limitadas por la legislación aprobada por los blancos.

El presente Gobierno ha impedido siempre que los africanos adquieran una adecuada educación. Una de sus primeras leyes después de tomar el poder, fue la de eliminar todos los subsidios de alimentación en los colegios de los africanos. Muchos niños africanos que asistían a las escuelas dependían de esta ayuda para su dieta diaria, lo que significó una decisión cruel.

Existe en Sudáfrica la educación obligatoria para todos los blancos, y virtualmente ningún coste para sus padres, ya sean ricos o pobres. Las mismas condiciones no aplican a los niños africanos. A menudo, los niños africanos tienen que pagar más por su escolarización que los niños blancos.

Según cifras citadas por el Instituto Sudafricano de Relaciones Raciales en su revista de 1963, aproximadamente el 40% de los niños africanos de entre siete y catorce años no van a la escuela. Para los que sí asisten a la escuela, las normas son muy diferentes de las que se aplican a los niños blancos.

Entre 1960-1961, el gasto per cápita del Gobierno en alumnos africanos en las escuelas subvencionadas por el Estado se estimó en 12,46 rands. En los mismos años, el gasto per cápita en niños blancos en la Provincia de Ciudad del Cabo, que son las únicas cifras de que dispongo, fue de 144,57 rands. Aunque no dispongo de cifras, se puede afirmar, sin lugar a dudas, que los niños blancos en los que se gastaban 144,57 rand per cápita procedían todos de hogares más ricos que los niños africanos en los que se gastaban 12,46 rands per cápita.

La calidad de la educación también es diferente. Según la revista *Bantu Educational Journal*, solo 5.660 niños africanos en toda Sudáfrica aprobaron el Certificado Académico Junior en 1962 (...) Esto es presumiblemente coherente con la política de educación bantú sobre la que el actual primer ministro dijo, durante el debate sobre el proyecto de ley de educación bantú en 1953, cuando era ministro de Asuntos Nativos, cito:

"Cuando tenga el control de la educación de los nativos, la reformaré para que desde la infancia se les enseñe que la igualdad con los europeos no es para ellos. Las personas que creen en la igualdad no son profesores deseables para los nativos. Cuando mi Departamento controle la educación de los nativos, sabrán para qué clase de educación superior es apto un nativo, y si tendrá la oportunidad en la vida de utilizar sus conocimientos (...)".

El Gobierno a menudo responde a estas críticas diciendo que los africanos de Sudáfrica se encuentran mejor económicamente que cualquier otro habitante del resto de África. Desconozco si esta afirmación es correcta o no. Pero aun siendo cierta, en lo que concierne al pueblo africano, es irrelevante. Nuestra queja no es que somos pobres en comparación con otros pueblos de otros países, sino que lo somos en comparación con los blancos en nuestro propio país, y que la legislación vigente evita el cambio de este *status quo* (...)

La ausencia de dignidad humana que sufren los africanos es el resultado directo de la política de supremacismo blanco. El supremacismo blanco implica la inferioridad de los negros. El ordenamiento jurídico tiene como finalidad preservar dicha supremacía.

En Sudáfrica, las tareas domésticas las realizan siempre los africanos. Cuando hay que transportar o limpiar algo, el hombre blanco busca a un africano que lo haga por él, tanto si es su empleado como si no. Debido a este tipo de actitud, los blancos tienden a considerar a los africanos como una raza aparte. No los consideran personas con familia propia; no se dan cuenta de que tenemos emociones, de que nos enamoramos como los blancos; de que queremos estar con nuestras mujeres e hijos como los blancos quieren estar con los suyos; de que queremos ganar dinero, el suficiente para mantener a nuestras familias, alimentarlas, vestirlas y enviarlas a la escuela. ¿Y qué "chico de la casa" o "chico del jardín" o jornalero puede esperar hacer esto? (...)

La pobreza y la desintegración de la vida familiar conllevan efectos secundarios. Los niños deambulan por las calles de las ciudades porque no tienen escuelas a las que asistir, o no tienen dinero que les permita ir a la escuela, o no tienen padres en casa que se ocupen de que vayan a la escuela, porque ambos padres, si hay dos, tienen que trabajar para mantener viva a la familia. Esto conduce a una quiebra de las normas morales, a un alarmante aumento de la ilegi-

> timidad y a una creciente violencia que estalla no solo en el ámbito político, sino en todos los ámbitos de la vida (…)
>
> Por encima de todo, deseamos igualdad de derechos políticos con los blancos, porque sin ellos, nuestra negación de oportunidades será permanente. Sé que esto suena revolucionario para los blancos de este país, porque la mayoría de los futuros votantes serían africanos. Esta es la razón por la que el hombre blanco teme a la democracia"[5].

Mandela narró que en los veintisiete años que pasó en prisión, dieciocho de ellos en Roben Island, leía cada día la *Declaración Universal de los Derechos Humanos,* pues era el texto que a los ojos de Mandela contenía la máxima aspiración y acto de fe (creencia en la felicidad) en la condición humana; ahí estaba la dignidad[6] y

---

5 Traducción de González Ibáñez, J. Texto completo de la transcripción de la defensa de Mandela en SBS News. Transcript: Nelson Mandela speech "I am prepared to die", disponible en: https://www.sbs.com.au/news/article/transcript-nelson-mandela-speech-i-am-prepared-to-die/acc7mlanu

6 Sobre su dignidad y determinación dan cuenta algunos de los pasajes de su estancia en Robben Island, especialmente el de su primer día de prisión en la isla: "Nos encontró un grupo de fornidos celadores blancos que gritaban: *"Dis die Eiland! Hier gaan julle wrek!"* ("Esta es la isla. Aquí moriréis"). Delante de nosotros había un recinto flanqueado por varios cuarteles. Había guardias armados por todo el camino al recinto. Era una situación muy tensa. Un guardia alto con la cara roja nos gritó: *"Hier is ek jou baas"* ("¡Aquí está vuestro jefe!"). Se trataba de uno de los hermanos Kleynhans, famosos por su brutalidad con los prisioneros. Los guardias siempre hablaban en afrikaans y si respondíamos en inglés decían: *"Ek verstaan nie daardie kafferboetie se taal nie"* ("No entiendo el idioma de los *kaffir*") (…) Ante eso respondí: "Tú tienes tu labor y nosotros la nuestra". Estaba decidido a no ceder y no lo hicimos, porque ya estábamos en las celdas. Nos metieron en un edificio de piedra rectangular y nos llevaron a una gran sala. El suelo estaba cubierto con agua de unos centímetros de profundidad. Los guardias gritaban: *"Trek uit! Trek uit!"* ("¡Quitaos la ropa! ¡Quitaos la ropa!"). Los guardias miraban cada prenda de ropa que nos quitábamos, la registraban rápidamente y la tiraban al agua. Luego nos ordenaron que nos vistiéramos, es decir, que nos pusiéramos esa misma ropa empapada.

la justicia de la vida entre los hombres iguales sin discriminación por su origen, raza, religión o color.

Personalmente, imaginé a Mandela en su estrecha celda en el momento que realizaba su acto de "oración cívica" durante los años de prisión, y lo que sentiría al leer el tercer párrafo del Preámbulo de la *Declaración Universal de los Derechos Humanos,* pues precisamente se encontraba en prisión por ejercer el legítimo derecho de resistencia y rebelión:

> "Considerando esencial que los derechos humanos sean protegidos por un régimen de Derecho, a fin de que el hombre no se vea compelido al supremo recurso de la rebelión contra la tiranía y la opresión".

De un modo similar, aludiendo al Derecho como el sistema principal de acceso a la justicia, Martin Luther King, Jr. en 1963 en su "Carta desde una cárcel en Birmingham" dio testimonio de

---

Luego entraron dos oficiales a la sala. El más joven de los dos era un capitán que se llamaba Gericke. Desde el principio vimos que tenía intención de maltratarnos. El capitán señaló a Aaron Molete, el más joven de nosotros cuatro, una persona afable y tranquila, y le dijo: "¿Por qué tienes el pelo tan largo?". Aaron no contestó y el capitán le gritó: "¡Te estoy hablando a ti! ¿Por qué tienes el pelo tan largo? Va contra las normas. Tenías que habértelo cortado. ¿Por qué lo tienes tan largo como… (y mirándome a mí dijo) este chico?". Entonces yo dije: "Mire, la longitud de nuestro pelo es la determinada por las normas…".
Antes de que pudiese terminar, me gritó: "¡A mí no me vuelvas a hablar así!". Y comenzó a caminar hacia mí. Yo estaba asustado; no es una sensación agradable saber que alguien te va a pegar y que no tienes la posibilidad de defenderte.
Cuando ya estaba muy cerca de mí, le dije con toda la firmeza que pude: "Como me ponga una mano encima le llevaré al más alto tribunal del país y cuando termine con usted, será más pobre que un ratón de iglesia". En el momento en el que yo empecé a hablar se paró y cuando terminé mi discurso me estaba mirando asombrado. Me sorprendió. Tenía miedo y hablaba no con valor, sino como con coraje. En momentos así, uno ha de mostrarse fuerte a pesar de lo que esté sintiendo realmente."
Mandela, *Long walk… opus cit.*, p. 147.

la misma contenida en el párrafo del preámbulo de la Declaración Universal de Derechos Humanos que leía cada día Mandela:

> "Estimo que un individuo que infringe una ley que su conciencia le dice que es injusta, y que acepta voluntariamente la pena de prisión para despertar la conciencia de la comunidad sobre su injusticia, está expresando en realidad el máximo respeto por la ley."[7]

Durante esos años, Mandela se convirtió en un símbolo de la lucha contra el *apartheid* dentro y fuera del país, una figura legendaria que representaba la falta de libertad de todos los negros sudafricanos. Tras 27 años de prisión, Mandela fue liberado en 1990 por el presidente De Klerk, gracias a la ayuda facilitada por la comunidad internacional, por el CNA y por la acción política de su esposa Winnie Mandela. De Klerk y Mandela lideraron la transición hacia un régimen democrático, y en 1993 ambos líderes políticos fueron internacionalmente reconocidos por esta labor con el premio Nobel de la Paz. Las elecciones presidenciales de 1994 convirtieron a Mandela en el primer presidente negro de Sudáfrica.

Justicia y acceso al derecho a la educación

En el marco del Capítulo VII de la Carta de Naciones Unidas ("acción en caso de amenazas a la paz, quebrantamientos de la paz o actos de agresión"), el Consejo de Seguridad adoptó la Resolución 1564, de 18 de septiembre de 2004, sobre la situación en Darfur. Como consecuencia de esta disposición, el secretario general de Naciones Unidas, Kofi Annan, nombró en octubre de 2004 a Antonio Cassese como presidente de la Comisión Internacional de Investigación para informar al Consejo de Seguridad

---

7 "I submit that an individual who breaks a law that conscience tells him is unjust, and who willingly accepts the penalty of imprisonment in order to arouse the conscience of the community over its injustice, is in reality expressing the highest respect for law". KING, Martin Luther, "Letter from a Birmingham prison" (1963)", American Political Rethoric, LAWLER, P. A. y Schaefer R. M, edit., Rowman & Littlefield Publishers, 2010, 6ª ed. Traducción de Joaquín González Ibáñez.

sobre la situación crítica humanitaria en Darfur, Sudán. Los cinco miembros de la Comisión tuvieron oportunidad de entrevistarse con autoridades, militares y también con víctimas y refugiados. Seguramente Cassese no tuvo conocimiento de la existencia de Hejewa Adam, una de las víctimas del conflicto[8]. Hejewa fue atacada por los grupos paramilitares Janjawed, que brindaban apoyo al ejército de Sudán; su bebé recién nacido murió como consecuencia de los golpes recibidos. Cuando se recuperó, decidió unirse a uno de los grupos guerrilleros darfuríes. Hejewa es una de las protagonistas del documental *Darfur Now* (Ted Braun, 2007), un extraordinario relato sobre cómo diversas personas se convierten en participantes activos mediante su involucración en el conflicto y forman parte de un proceso de sensibilización de los crímenes cometidos en Darfur, en paralelo al inicio de un proceso ante la Corte Penal Internacional (CPI).

A algunas personas les resulta extraño identificar a la guerrillera Hejewa Adam como una víctima y actora de derechos humanos, pero su vida y su compromiso con la justicia para la liberación del pueblo de Darfur evoca el mandato moral que contiene el tercer párrafo del Preámbulo de la Declaración Universal de Derechos Humanos.

Hejewa es víctima, se rebela contra la opresión y el documental muestra una reflexión personal muy sabia que las mujeres y hombres de Estado de todos los países en conflicto deberían proclamar. Y comparte su reflexión mientras sostiene en sus manos, no el libro que ella desearía, sino un fusil AK-47 Kalashnikov: "Luchar solo no resolverá el problema de Darfur. La gente que va a la escuela y se educa serán quienes pondrán solucionar el problema".

Millones de personas trabajan y luchan en el mundo para acceder a una visión de justicia y paz como Hejewa, y afortunadamente

---

8 Véase, GONZÁLEZ IBÁÑEZ, J., "Tras la senda de Antonio Cassese. Actores de Derechos Humanos", en CASSESE, A., *Pensando en Derechos Humanos. Reflexiones desde el Derecho Internacional,* traducción de GONZÁLEZ IBÁÑEZ. J., Berg Institute, Madrid, 2020, p.315.

no tienen la necesidad y única opción de portar un arma para intentar lograrlo. Aspiran a una humanidad plena y compartida con el resto de sus semejantes basada en el ejercicio de las libertades y responsabilidades, y del derecho a la educación. Trabajan por los derechos humanos, que constituyen un compromiso con una visión de justicia; los derechos humanos representan la capacidad ética de la Humanidad para proteger, bajo el imperio de la Ley, las condiciones necesarias para la dignidad humana en un marco de derechos y responsabilidades.

El profesor Paul Lemmens de la Universidad de Lovaina (KU-LEUVEN) y magistrado del Tribunal Europeo de Derechos Humanos, en noviembre de 2019 durante su intervención en el acto solemne de nominación como profesor emérito, compartió los motivos por los que creía que había merecido la pena dedicar toda su vida académica y profesional a los derechos humanos.

El primero de ellos radicaba en el sentido estructural de los derechos humanos, pues estos permiten realizar nuestro proyecto de vida, de desarrollo de las personas que aspiramos a ser: nos permiten la capacidad de optar por la manera en que deseamos pensar, a quién y cómo amar, qué lengua hablar, qué religión practicar, qué ideas profesar y defender sin que seamos discriminados o perseguidos por nuestra singularidad. Todo ello permite que nuestras vidas sean dignas y diversas porque hemos elegido cómo vivirlas gracias a estas libertades y derechos.

La segunda es porque los derechos humanos son el núcleo básico de convivencia y no existe una sociedad democrática veraz si no se funda en el "contrato social" de los derechos humanos, en su respeto y en la necesaria voluntad de ejercer la responsabilidad y virtud cívica de la tolerancia. Y tercero, porque esto implica para nuestros países la obligación de proteger e integrar los derechos de las minorías, y que esa tensión permita afirmar el principio de igualdad entre todos, entre los diversos y diferentes.

Cada uno de los miembros de la ciudadanía que realmente cree y defiende los valores democráticos debería ser consciente de que, por definición, es actor de derechos humanos y es responsable con sus acciones por acción y omisión. La ciudadanía participa también en el control a los poderes públicos y privados, y su participación en los asuntos comunes —como actor de la gobernanza— permite definir la calidad de sus respectivos sistemas democráticos. Y para esta responsabilidad es preceptivo acceder a la educación y comprender nuestros derechos y responsabilidades cívicas.

El derecho a la educación forma parte esencial el proceso de acceso y ejercicio de las libertades personales, representa un derecho humano que condiciona las capacidades del potencial de desarrollo y realización humana, y condicionan los escenarios de justicia creados y conquistados por la ciudadanía de un país. Antonio Muñoz Molina se ha referido de una manera cierta e inspiradora a esta función de los derechos humanos y la justicia social y que nos insta como ciudadanos a preguntarnos por nuestro compromiso como actores democráticos cuyas responsabilidades también residen en conocer y defender los principios básicos que mantienen vigentes y operativos a los regímenes democráticos:

> "Creo que el mayor aprendizaje político de mi vida fue que las libertades personales y la justicia social son inseparables la una de la otra, y las formalidades legales de la democracia la mejor garantía contra la irracionalidad humana y la propensión al despotismo y al servilismo."[9]

Este trabajo académico reivindica el valor del derecho a la educación como eje fundamental del desarrollo y fortalecimiento de nuestras sociedades democráticas, explicando cómo evolucionó la idea de educación como concepto y derecho en el ámbito geográfico y cultural occidental y cómo el Derecho Internacional de los Derechos Humanos desarrolló de una amplia y sofisticada manera el ordenamiento jurídico internacional del derecho a la educación determinando un marco de obligaciones y derechos para los Estados y las personas.

---

9 MUÑOZ MOLINA, A., "Socialistas de antaño", El País, 20 de abril de 2024.

PARTE I

EL NACIMIENTO DEL ESTADO LIBERAL Y LAS TEORÍAS POLÍTICAS DE LA EDUCACIÓN

La soberanía del hombre está oculta en la dimensión de su conocimiento

Francis Bacon

La expansión más significativa del acceso a la educación en todo el mundo y a todos los niveles ha tenido lugar durante los últimos 100 años. A mediados de este siglo, la oportunidad educativa pasó a percibirse, en la conciencia colectiva de muchos, tanto como un derecho humano fundamental como una puerta de acceso a las oportunidades sociales. Las sociedades meritocráticas asignan mayor estatus social en función del nivel educativo. La relación entre ingresos y nivel educativo está sólidamente documentada en todo el mundo. La educación es el factor que mejor predice las oportunidades en la vida.

Varios procesos explican por qué la educación es importante para reducir la desigualdad y la pobreza. En primer lugar, las capacidades cognitivas, las habilidades sociales y las credenciales que pueden adquirirse en la escuela amplían las opciones de que disponen las personas. Estas habilidades y referencias aumentan la probabilidad de que las personas puedan ser más productivas y obtener empleos mejor remunerados, aumentan la probabilidad de que adopten prácticas que conduzcan a una mejor salud y aumentan la posibilidad de influir eficazmente en el número de hijos de la familia.

Es evidente que la pobreza y la desigualdad no pueden mejorarse interviniendo únicamente en la educación. Un mayor nivel de educación no generará por sí mismo más puestos de trabajo con salarios decentes. Éstos son producto de las decisiones que toman los países sobre cómo responder a las oportunidades y limitaciones que plantea la participación en la economía internacional. La "calidad" del crecimiento es clave, ya que no todo crecimiento tiene el mismo impacto en el empleo y los salarios. (...) La reducción de la pobreza y la mejora de la distribución de la renta son el resultado de procesos económicos y sociales polifacéticos, no sólo de la mejora de las condiciones educativas.

Fernando Reimers

"Educational chances of the poor at the end of the twentieth century", Prospects, París, UNESCO, 1999.

Capítulo 1

Una estampa del acceso a la educación: ¿un espejismo global?[10]

1.1. INTRODUCCIÓN

Este libro es, en buena medida, el resultado de la reflexión sobre cómo la exclusión al acceso a la educación ha sido un instrumento de control y limitación del desarrollo de las capacidades, y de negación del acceso a los derechos humanos en numerosos países del mundo. Asimismo, esta obra también medita acerca de cómo el reconocimiento del derecho humano a la educación y la creación de políticas públicas transforman el paradigma de oportunidades de las personas que moran en un Estado. En cada propuesta intelectual, como la que simboliza esta obra, hay siempre de alguna manera, de forma más o menos expresa, un alegato, una fórmula de proponer una nueva lectura o perspectiva a una materia o asunto en concreto. Este estudio sobre educación, poder político transformador del derecho a la educación y derecho internacional materializa una parte de las inquietudes intelectuales y personales del autor, y representa en sí "una breve historia consolidada"[11].

---

10 Capítulo escrito por ISABEL BOKUNG ESONO, graduada en Relaciones Internacionales y JOAQUÍN GONZÁLEZ IBÁÑEZ.

11 JOSÉ ORTEGA Y GASSET, en plena convulsión de la modernidad durante el periodo de entreguerras, esbozó una perspectiva de desarrollo personal gracias a la conquista del conocimiento y de la aventura vital de aprender viajando y reflexionando: "Precauciones que toma el viajero antes de hablar. Al visitar por primera vez un país, el alma del viajero se va cargando de interrogaciones. Es natural: un pueblo se compone, ante todo, de secretos. Cada nación es un ensayo de vivir según cierta manera, de afrontar las dificultades de la existencia (…) El viajero, rápido siem-

En nuestro contexto geográfico, histórico y político temporal la educación es la esencia misma de la cultura[12]. Una educación que instala los fundamentos para que los individuos de una sociedad civil sean conscientes de quiénes son y del lugar que ocupan, conozcan sus derechos y sus deberes, y adquieran capacidad de juicio, criterio y decisión. La educación facilita las aptitudes que convierten a las personas en individuos más preclaros, más justos y más libres, y torna a la persona en hombre cívico, haciéndole apto para la vida civil y capacitándole para intervenir en la vida política de su comunidad.

Ser ciudadano y participar en nuestra realidad temporal requiere de una actitud crítica y de renovación, que en el mundo del siglo XXI genera multitud de información gracias a la posibilidad que brinda la tecnología para el acceso e inmediato intercambio de información. Además, contemporáneamente, esta nos permite la posibilidad física de desplazarnos por el planeta en tiempo breve. El transporte y las telecomunicaciones nos hacen reafirmar aquello que señalaba OCTAVIO PAZ en 1951 sobre la realidad política mexicana en su obra *El laberinto de la soledad*, donde evidenciaba por primera vez en la historia que "somos contemporáneos de todos los hombres"[13].

---

pre y tangente a aquella figura de vida para él nueva, no posee el laboratorio que le permitiría descomponerla en sus simples y comprender de verdad por qué las cosas son así. Le falta casi siempre *le mot de l'énigme.* Solo ve claro que no ve claro (…) El hombre no tiene un ser, una consistencia fija que le fueron dados de una vez para siempre. Al contrario: todo lo que el hombre es, ha llegado a serlo; más aún, se lo ha hecho él. Aplicado al hombre, el hombre no significa más que el precipitado de su historia – es **historia consolidada**" (la negrita es nuestra), en ORTEGA Y GASSET, J., *Países y viajes*, Alianza Editorial, Madrid, p. 206.

12 MATA, M., *La educación pública*, Prólogo de REGÁS, R., Editorial Destino, Barcelona, 1997, pp. 9 y *ss.*

13 PAZ, O., *El laberinto de la soledad*, Fondo de Cultura Económica, México, 1991, p. 190.

Ser ciudadanos significa poder pensar y construir activamente la convivencia mediante el intercambio de opiniones críticas, y eso se proyecta desde el pasado —historia— al futuro —devenir—, pasando por un presente que no dejamos de construir. Nuestra realidad es la de un mundo que se despereza del fin de la Guerra Fría, donde la caja de Pandora abierta tras la caída del muro de Berlín[14] nos mantiene en vilo, expectantes e incrédulos, en especial ante la representación de lo trágico materializado en los acontecimientos de terrorismo de principios de siglo, los conflictos bélicos en África y la persecución estatal de minorías en Asia, y las guerras en Siria, Ucrania y Gaza, que nos amenazan y pretenden socavar la convivencia plural y la estabilidad internacional[15]. Un miedo y una ignorancia sobre los "otros" que empobrece nuestra capacidad de libertad y entendimiento.

En el siglo XXI, en el contexto cultural atlántico y occidental, nosotros, los ciudadanos, debemos tener la capacidad y oportunidad de poder opinar y escoger con la legitimidad del soberano, así como de decidir un cambio en nuestro destino común. En esta realidad de la comunidad internacional presente, heterogénea, multicultural, en el tiempo efímero del postmodernismo, la

---

14 La caída del Muro de Berlín es sin duda el acontecimiento más importante de la segunda mitad del siglo XX, cuyos efectos todavía son difíciles de prever. Esta dificultad de atisbar los actos del futuro está siempre presente en el devenir histórico-humano. Un ejemplo de ello es el libro *Horizontes cercanos,* de Andrés Ortega Klein, nieto del arriba mencionado José Ortega y Gasset: "Cuando a un dirigente comunista asiático le preguntaron en París en 1989 sobre las consecuencias de la Revolución Francesa contestó: "Es demasiado pronto para apreciarlas". Doscientos años después de aquel acontecimiento, sin duda tenía razón", en Ortega Klein, A., *Horizontes cercanos. Guía para un mundo en cambio,* Taurus, Madrid, 2000, p. 11.

15 El experimentado político Simón Peres, ex ministro de Asuntos Exteriores de Israel, nos recuerda este principio clave en política: "Todos los expertos son expertos en el pasado. No hay expertos en el futuro. Decía Ben Gurión", véase Peres, S., *Que salga el sol,* Seix Barral, Barcelona, 1999, p. 57.

inmediatez de los objetivos a alcanzar y la importancia del individualismo en detrimento de los valores de la comunidad son una realidad objetiva y verificable en las modernas sociedades occidentales. RISZARD KAPUSCINSKI recordaba, citando a T. S. ELIOT, el peligro acechante del provincianismo intelectual del siglo XXI —atisbando con clarividencia la postmodernidad—, es decir:

> "Un provincianismo no espacial sino temporal, un provincianismo cuya historia es la mera crónica de las invenciones humanas que sirvieron en su momento y fueron desechadas, un provincianismo para el cual el mundo es propiedad exclusiva de los vivos, sin participación alguna de los muertos"[16].

En nuestro tiempo presente, con un acceso masivo, libre y casi ilimitado a las fuentes de información, estamos inclinados a confundir sabiduría con conocimiento, y conocimiento con información. Gracias a los canales de comunicación de la globalización, la información nos inunda y parece como si los "datos" suplantasen las tradicionales y clásicas categorías del conocimiento. En este tiempo se hace cada vez más necesaria la búsqueda del ciudadano que tenga la capacidad de aprender, pensar y opinar. Aventurarse en la conquista del saber desde el "dato" que conforma la información, la "información" que posibilita el conocimiento, y el "conocimiento" que es la puerta de la sabiduría (saber de aquel que tiene una opinión formada).

Damos por cierto y realizamos la presunción que el tiempo histórico actual está vinculado y definido por el proceso de globalización iniciado tras la caída del Muro de Berlín.Y, no obstante, afirmar que en 2024 nos encontramos en pleno proceso de globalización, tal vez no es una descripción fidedigna de nuestro tiempo y espacio. Coincidimos con el análisis del profesor belga JONATHAN HOSLAG sobre la evolución del proceso histórico

---

16 Véase el ensayo que realiza T. S. ELIOT en 1944 sobre VIRGILIO en ELIOT, T. S., "¿Qué es un clásico?", en *Sobre la poesía y los poetas*, Sur, Buenos Aires, 1954, citado por KAPUSCINSKI, R., *Viajes con Herodoto,* Anagrama, Barcelona, 2006, p. 304.

actual, en el que la globalización tras casi 30 años de expansión está mutando hacia una nueva relación de fuerzas, intereses y dinámicas, un nuevo escenario global de inestabilidad con nuevos y múltiples actores. HOSLAG realiza un análisis y un diagnóstico sobre las amenazas que comportan los paradigmas superados de la globalización. La percepción de que la creciente conectividad, el comercio y la prosperidad y crecimiento traían consigo la expectativa de la desaparición de los vestigios restantes del autoritarismo que dejarían paso a la libertad, se ha visto superado por un aumento de la violencia, de la inequidad y de nuevos y variados conflictos nacionales e internacionales.

La globalización no ha sabido ejercer una sabiduría que preservase la cohesión social, que permitiera una estabilidad global. Holstag nos invita a pensar que estamos en un momento que acoge ecos de la historia, y

> "como tantas veces en la historia, es en una época de prosperidad cuando encontramos las causas de la decadencia. Mientras Occidente se quedaba corto a la hora de preservar y reinventar las fuentes históricas de su riqueza, otros albergaban resentimiento y utilizaban la astucia de la diplomacia para sacar provecho de su miopía. (...) Los remedios nacionalistas consistían en aparentar fuerza y no en recuperar la fuerza. No pedían a los ciudadanos que asumieran su responsabilidad, sino que la hiciesen recaer sobre terceros. La democracia occidental se convirtió en una incubadora de demagogia. (...) Armonía impugnada Lo que más evidentemente hizo que el mundo retrocediera a posiciones de conflicto fue un profundo cambio de poder."[17]

---

17 "El compromiso cívico, cimiento del poder estatal moderado, se desmoronó. El comunismo de la Guerra Fría fue un exceso de control estatal y ha sido suplantado por otro exceso: el consumismo imprudente. (...) Las tres décadas de relativa paz no marcaron el comienzo de un camino virtuoso por el que el comercio exigiría primero más cooperación política, luego fortalecería las organizaciones internacionales, enseñaría a los ciudadanos que era más útil verse a sí mismos como parte de una comunidad mundial que percibir el mundo de forma estrecha a través de los intereses nacionales y, en definitiva, cambiaría la genética misma de la política internacional.

A esto habría que sumar, el resurgimiento de los nacionalismos, la degradación ambiental y el innegable cambio climático, la tecnología que aliena y controla en lugar de generar mayor libertad; el aumento de los populismos y regímenes autoritarios, la falta de respeto del Derecho Internacional y el debilitamiento de la institucionalidad internacional y el cuestionamiento sobre la universalidad de los derechos humanos o los principios democráticos de convivencia.

En este escenario con tintes distópicos, tal vez una de las amenazas más insoslayables tiene que ver con el proceso de construcción de la realidad y de encuentro con la verdad en el escenario múltiple —local, nacional, internacional— de la realidad generada por la tecnología, redes sociales y estrategias de comunicación política y del ámbito empresarial.

La supuesta democratización de la tecnología con el uso masivo de internet, el uso de "smartphones", sofisticadas computadoras

---

(...)Algunos intelectuales profetizaron que la tecnología contribuiría al avance del humanismo, pero muchos humanos sintieron que la tecnología los degradaba hasta convertirlos en robots. La brecha entre crecimiento y bienestar contribuyó a la ansiedad social. Mientras que la globalización se pregonaba por abaratar los productos, apenas se tenían en cuenta los costes ocultos de la contaminación, las consecuencias devastadoras de la especulación financiera y la inestabilidad social causada por la explotación.
De ahí que, a pesar de todas las posibilidades tecnológicas, aumentara la contaminación, se agotaran recursos preciosos en entornos más precarios y cientos de millones de ciudadanos siguieran padeciendo hambruna.
(...) Se disponía de una información sin precedentes sobre los problemas. Sin embargo, la acción seguía siendo decepcionante o mecánica. Así había sucedido con los informes sobre la erosión de la sociedad en Occidente, el abandono de la educación, el escaso compromiso cívico y la desigualdad desestabilizadora. Había sido el caso de los estudios sobre los peligros de la especulación excesiva y la ignorancia de la inversión en infraestructuras clave."
Véase, HOSLAG, *World politics since 1989*, Polity Press, Londres, 2023,"The Pedulum", págs. 1 a 9. Traducción del autor.

portátiles que interactúan y operan con datos privados en las redes sociales construyendo para muchas personas otras dimensiones que complementan la realidad, suponen hoy en día en lugar de oportunidad, una amenaza definida en muchos países y grupos sociales. El mundo virtual el siglo XXI, el mal uso de las redes sociales y la desinformación que pueden provocar estos sistemas de relación humana, que también actúan como medios globales de información, suponen una amenaza para los derechos humanos en general. La filipina Maria Ressa, premio Nobel de la Paz 2021, en su obra *How to stand up to a dictator*[18] (Cómo hacer frente a un dictador), describe la erosión y el daño institucional que la desinformación, la demagogia y los populismos han causado en las instituciones democráticas, en la vigencia efectiva del Estado de derecho y en el reconocimiento y respeto de los derechos humanos. El ejemplo de la lucha de María Ressa por el feminismo, los derechos humanos de las mujeres, y los colectivos sexuales que son reconocidos como minorías tendrán en la utilización de las redes una prueba más de superación de episodios de incitación a la discriminación, que son el preludio a las manifestaciones de lo delitos de odio. La educación de las personas basada en derechos humanos y en la determinación de ciudadanos comprometidos con la defensa de la vida democrática sigue siendo una acción estratégica e indispensable en la conformación de sociedades que educan en defensa propia de sus valores de la tolerancia, la convivencia y la búsqueda de la concordia entre los diversos.

La educación es la actividad indispensable que permitió el desarrollo político, social, económico y humano de las civilizaciones de milenios atrás, y hoy en el siglo XXI es igual de perenne su función transformadora y definirá el tipo de sociedad que construimos cada comunidad. Desde la Ilustración en Occidente, la sociedad civil ha conquistado la idea y el sentir de que el futuro y el progreso están directamente asociados al desarrollo personal e intelectual y a la esfera de libertad que proporcionan el mundo

---

18 Ressa, M, *How to stand to a dictator*, Penguin, London, 2023.

de las ideas, el pensamiento y la educación como personas librepensantes. Cada persona instruida y con acceso a la educación es consciente de la trascendencia que ha supuesto poder acceder al conocimiento a través de la realización de estudios y poder ser partícipe y guía de su propio futuro; gracias a la educación somos actores de nuestro devenir. Y como subraya con frecuencia RAMONEDA, el bastión para frenar los populismos y evitar que se erosione a la democracia es una ciudadanía instruida, activa y comprometida con la defensa de los valores democráticos.[19]

Como autor de este trabajo académico, parto desde una perspectiva subjetiva construida desde la experiencia personal y profesional en el ámbito internacional[20], junto con una formación

---

19 "(...) seguirán erosionando a la democracia si se deja la respuesta en manos del populismo y no se toman decisiones que protejan a la ciudadanía. La democracia creció y sobrevivió en el capitalismo industrial y en el marco de los Estados nación. Estamos en otra fase en que la nación ya no es la única pieza articular de la política y en las que esta pierde fuerza tanto frente al poder financiero transnacional como frente al universo digital por el que pasa ahora la construcción de las verdades —y las enormes falsedades— del momento, con dificultades cada vez mayores para distinguir el bulo y la farsa de la verdad de los hechos y la realidad de los poderes. Y solo asumiendo esta nueva realidad se puede evitar que la decadencia de la democracia sea imparable. ¿Qué expresa el autoritarismo posdemocrático triunfante? Que muchos ciudadanos ya no viven la democracia como un espacio confortable y apuestan por los que la niegan. Trabajo y vivienda deberían ser las prioridades para reconquistar a la ciudadanía, ciertamente. Pero es imposible si los poderes políticos son impotentes ante los poderes económicos, se adaptan claudicando de sus principios y encuadran a la gente con los viejos tópicos reaccionarios." Ver, RAMONEDA, Josep, "La degradación de la democracia", El País, 7 de junio de 2024, disponible en https://elpais.com/opinion/2024-06-07/la-degradacion-de-la-democracia.html#?rel=mas

20 Entre 1995 y 1997, en el desarrollo de labores de periodismo en países en desarrollo, tuve la oportunidad de trabajar y conocer diversos destinos entre África, Asia y especialmente las antiguas repúblicas que formaban parte de la Unión Soviética y sus antiguos países satélites, lo cual significó una oportunidad para poder directamente "tomar el pulso" a

educativa y académica plural, que ha conformado de manera decisiva una opinión activa y crítica en la educación, especialmente otorgada por una profunda inmersión multicultural e internacional en el *Tercer Mundo*[21]. Esta formación profesional e intelectual sirvió esencialmente para dos fines:

En primer lugar, se convirtió en una inmensa e inacabable lección personal y vital que ayudó a enriquecer una visión más amplia y tolerante de la diversidad y que, en especial, sirvió al autor para saber la trascendencia que significa tener un origen europeo y, de este modo, fijar indeleblemente las referencias culturales de donde provenimos: Grecia y Roma, la Europa meridional, la luz, el Mediterráneo, la Ilustración, la lucha por el Estado de Derecho, el milagro de la democracia y la conquista diaria de los Derechos Humanos. Además, de ser consciente de la responsabilidad como europeo de la devastación ética, cultural y material que supuso la impronta colonial de los imperios occidentales en los territorios objeto de dominio y explotación.

En segundo lugar, sirvió para plantearme las primeras cuestiones sobre Educación y Política, cuestiones que a la postre serían la semilla del presente trabajo. Si bien inicialmente eran cuestiones asociadas al desarrollo y la educación, luego profundizando con lecturas en la materia adquirieron una perspectiva clara en el ámbito de los *De-*

---

un mundo subdesarrollado que lucha por orientarse hacia estadios de viabilidad y desarrollo social.

21 Coincidimos plenamente con Mario Benedetti al afirmar que el "Tercer Mundo" es uno de los grandes eufemismos de la actualidad internacional, pues el Tercer Mundo del planeta Tierra es, desde el punto de vista geográfico y humano, el "Primer Mundo" o "primera realidad". Ese "Tercer Mundo" lo componen 5.000 de los aproximadamente 7.200 millones que habitamos el planeta, y 7/5 partes de los continentes están compuestas por países en vías de desarrollo. *Cfr.* Naciones Unidas, "Informe de desarrollo humano de Naciones Unidas 2000", 2000. Sobre la superación del término "Tercer Mundo "propio de la Guerra Fría, véase en el Capítulo 14 las observaciones de Josehp Nye Jr. sobre el término "Sur Global".

rechos Humanos, de la *Educación* y del *Derecho Internacional*. Todo esto sirvió para descubrir —para sorpresa y sonrojo personal— que las mismas preguntas que me formulaba ya habían sido planteadas hace más de 2.500 años en la cuna de la civilización occidental, Grecia y Roma, que todavía hoy sostienen y alientan nuestra cultura.

Mi aproximación a una realidad educativa diversa a la mía tuvo lugar durante mi desempeño profesional ejerciendo labores de periodismo en países en vías de desarrollo entre 1995 y 1997. En la primera asignación al continente africano en 1996 en Gabón se produjo un choque cultural sin parangón, donde la mentalidad cartesiana de un europeo bañada por el filtro de la Ilustración no encuentra respuestas convincentes a una realidad ajena y extraña; el bienestar del mundo desarrollado se estrella contra una realidad en la que los principios culturales y los comportamientos de supervivencia se escapaban a cualquier análisis apriorístico, en un contexto en el que por primera vez sentía en propia piel la miseria material y humana, la incomprensión suscitada por la "no identidad" y el racismo.

Esta experiencia puede concretarse en un hecho que supuso el aguijón a muchas de mis incertidumbres y dudas intelectuales en aquel momento. Aunque ahora narrado casi adquiere tintes surrealistas, creo relevante incluirlo en estas líneas introductorias. El pasaje al que me refiero fue una conversación con el chófer del vehículo de la agencia de prensa para la que trabajaba. Se llamaba Hillaire y, tras semanas de trabajo y aproximación humana, nos trasladaron a su realidad (las circunstancias de ORTEGA). Relataba Hillaire, entre reflexiones y un sentimiento de nostalgia vacua en un país del África ecuatorial atlántica en 1996, que antes era un alto funcionario del Ministerio de Energía de su país e ingeniero por la Universidad Patrick Lumumba de Moscú. Disfrutaba de una amplia cultura adquirida por viajes, conversaciones y lecturas; hablaba junto a su francés materno las lenguas rusa e inglesa. Se explayó con una templanza y sobriedad ajenas a aquellas latitudes, con una convicción tan profunda y severa que hizo que aquellas palabras no fueran rebatibles con ningún argumento racional y que pusieran en evidencia al hombre crítico y político que conversaba conmigo:

> — Querido Joaquín, he optado por esta "nueva profesión" de conductor porque en un mundo de ignorancia, abuso, desigualdad y fuerza parcial, con la educación y la formación plural que me hace "librepensador" y que ha creado en mi interior la condición de hombre libre, creo que lo legítimo y honesto para conmigo mismo habría sido convertirme en terrorista o pegarme un tiro.

Durante días no supe asimilar el significado real de aquellas palabras, hasta el momento que logré entender que Hillaire, a diferencia de la inmensa mayoría de sus desafortunados conciudadanos, pertenecía al mundo de las ideas, a la autonomía del pensamiento que había conquistado gracias a la Educación, que la libertad conformaba su ser junto con un profundo sentimiento cívico de crítica a lo que le rodeaba, a sus circunstancias, pero que estas le ofrecían solo la posibilidad de enmudecer o rebelarse en el espacio de injusticia, inequidad y atropello de su país.

Esto me trajo a la mente la dificultad de ejercer la libertad allá donde campa la injusticia, y que solo el matiz que proporciona la Educación nos hace conscientes de las responsabilidades que tenemos —entre otras— de comprender la realidad que nos rodea y de gozar de los medios intelectivos que nos permiten decidir y cambiar las circunstancias señaladas por Ortega.

Lo cierto es que todo lo aprendido y la aventura de descubrir permitió al autor conocer mejor la realidad que él mismo integraba (sujeto y parte), para poder incluso pensar que era un ciudadano de nuestro tiempo, pues tenía una opinión sobre la realidad y sobre aquellas cosas que deberían cambiar: ¡Lo que heredaste de tus mayores, conquístalo para poseerlo! Por eso, el idioma, la cultura, la civilización, el respeto de los Derechos Humanos y el valor de la educación son opciones reales de la comunidad democrática que vertebran nuestra realidad diaria. La educación se convierte en un momento mágico donde la vida se construye porque el ciclo de transmitir ideas, dudas, ilusiones, conocimientos..., ese saber nos perpetúa y nos hace tener más presente nuestra condición de ser humano y de nexo con un futuro en el que no participaremos personalmente.

Muchas personas de mi generación —la generación española de 1970— tuvimos, después de la transición política a la democracia, la fortuna de representar en España un salto cualitativo generacional extraordinario al materializar las ilusiones de nuestros padres y abuelos a los que, debido a una guerra y una posguerra cruenta, no les estuvo permitido acceder o tener estudios, ni tampoco realizarse intelectualmente por motivos históricos y materiales; la idea de la importancia y el valor que contienen los libros, la cultura, el valor del acceso a la universidad, los idiomas, los viajes, eso sí que pudieron legarlo y trasladarnos a la conquista de una idea: la educación, la tolerancia, la condición de ciudadano y los Derechos Humanos se conquistan y afirman cada día para que conformen y definan nuestra realidad política, jurídica y social. Su disfrute es en sí mismo un acto de reconocimiento y defensa de las sociedades democráticas y de fortalecimiento de la sociedad civil.

Las garantías que la Educación brinda nos permiten no solo ser personas en toda nuestra dimensión humana, sino también cívica (*cives*) y participativa (*polite*). Además, la Educación nos construye internamente porque nos modela en torno a los valores de libertad, respeto a lo ajeno y equidad, que son al mismo tiempo la supervivencia de un modelo cívico y humano[22]. Con la educación forjamos la garantía de la comunidad democrática, y de simple individuo nos incorporamos a la condición de miembro activo de la comunidad: "somos ciudadanos". Sin embargo, ¿son estas reflexiones aplicables a nuestra realidad planetaria? ¿Es una

---

22 JAEGER, en su obra sobre la educación y la cultura griega, nos aporta una extraordinaria reflexión sobre la importancia del respeto al extranjero en la formación humanista del hombre griego. "La educación es una función tan natural y universal de la comunidad humana (...), su rastro es relativamente tardío entre los griegos (…) (en los orígenes revistió) la forma de mandamientos: honra a los dioses, honra a tu padre y a tu madre, respeta a los extranjeros (...)", en JAEGER, W., *Paideia*, Fondo de Cultura Económica, México, 1996, p. 19.

presunción *de iure* la obligatoriedad del acceso a la educación, o bien la tozudez de los datos de negación y manipulación del acceso al derecho a la educación es la situación más tenaz, obvia e implacable de la realidad de la mayoría de los países de la comunidad internacional? Del análisis de la "fotografía" que aparece a continuación sobre la realidad del planeta tierra, con pesar uno advierte que la condición de ciudadano vinculado a un país vertebrado en torno al Estado de derecho, la democracia y los Derechos Humanos representa la realidad de menos de un centenar de países en el mundo, tal y como nos recuerdan año tras año los índices más prestigiosos y relevantes sobre calidad democrática[23].

1.2. FOTOGRAFÍA Y DATOS DE LA EDUCACIÓN EN EL MUNDO

El informe UNESCO de Seguimiento de la Educación en el mundo de 2023[24] muestra que el número de niños sin escolarizar

---

23 Los tres más reputados índices, *Freedom House, Our world in data* de la Universidad de Oxford, y el *Democracy Index* de *The Economist,* señalan una tensión de amenaza a los sistemas democráticos que varía por regiones, pero una tendencia generalizada de amenaza en la calidad del Estado de derecho y la robustez de las instituciones democráticas debidas a los movimientos populistas, el alza de partidos políticos de extrema derecha y el uso de técnicas masivas de desinformación y criminalización de oponentes políticos. En particular, The Economist, "Democracy Index 2022. Frontline democracy and the battle for Ukraine", 2023, señala que del total de los 167 países objeto de análisis en 2022, 24 de ellos (14,4%) son democracias plenas, 48 (28,7%) son países con regímenes democráticos pero con específicas palmarias carencias institucionales democráticas, 36 (21,6%) son considerados regímenes híbridos o "democracias formales iliberales" o "pseudodemocracias", y 59 países (35,3%) constituyen el grupo más importante, considerándose dictaduras o regímenes autoritarios. Véase, en relación con los informes The Economist, Democracy Index 2024 el capítulo 15.

24 UNESCO, "Global Education Monitoring Report, 2023: Technology in education: a tool on whose terms?", 2023, disponible en: https://unes-

a escala mundial ha aumentado en 6 millones desde 2021, ascendiendo ahora a 250 millones debido fundamentalmente a la exclusión masiva de las niñas y mujeres jóvenes de la educación en Afganistán tras el regreso del régimen de los Talibanes en 2021, pero también consecuencia del continuo estancamiento del progreso de la educación en todo el mundo derivado del contexto pospandemia COVID.

La activista pakistaní MALALA YOUSAFZAI[25] declaró en un discurso ante la Asamblea General de las Naciones Unidas el 12 de julio de 2013 que "un niño, un maestro, un libro y un bolígrafo pueden cambiar el mundo". MALALA pronunció estas palabras a modo de llamamiento para luchar contra la injusta opresión que viven sus compatriotas respecto al régimen talibán, y haciendo de este modo hincapié en que la formación académica y la educación en valores son el mejor seguro de vida en la medida en que abren al individuo las puertas de un conglomerado de oportunidades. Estas le permiten contribuir de manera proactiva a la comunidad a la que pertenece, proporcionándole conocimientos y habilidades para tomar decisiones clarividentes como base para su desarrollo personal y social.

En efecto, la transmisión del saber —siendo el resultado del proceso activo del conocimiento— es el legado patrimonial más valioso que podemos heredar, independientemente del abolengo del que provengamos, puesto que nutre la cosmovisión y pule el acervo del individuo, fomentando la curiosidad y el pensamiento crítico. Es la forja del desarrollo sostenible, pues nos empodera en aras de afrontar los retos a los que nos expone el complejo mundo que nos rodea.

---

doc.unesco.org/ark:/48223/pf0000385723

25 MALALA YOUSAFZAI es una activista y defensora de los derechos de las niñas y la educación. Se convirtió en un símbolo internacional de resistencia a la opresión, siendo la persona más joven en recibir el Premio Nobel de la Paz en 2014, a los 17 años, tras haberse enfrentado en octubre de 2012 a los talibanes en un autobús de camino a la escuela, en el distrito pakistaní de Swat, sufriendo en consecuencia tres balazos.

En su carácter evolutivo y retroalimentador, en la educación intervienen distintos agentes y parámetros al ser esta inculcada y difundida por vía activa y, por vía pasiva, absorbida y adquirida *motu proprio,* como condicionante de la calidad de vida del ser humano. Tal es el motivo por el que los atajos para el conocimiento son inexistentes. Por "atajos" entendemos aquellos mecanismos que prescinden del proceso de interiorización del saber, teniendo presente la implicación de tesón y ahínco personal inherente al desarrollo del aprendizaje tanto por parte del maestro como del alumno, así como el esfuerzo económico de las familias, cuyos ingresos determinan la calidad de la educación que vaya a recibir la prole familiar e incluso condicionan la posibilidad de que pueda acceder a ella o no, como exponente del determinismo social del que está en mayor medida sujeto el futuro estudiante.

Para que la pericia del individuo sirva de mano de obra cualificada como factor productivo, este ha de pasar inexorablemente por un enjambre de cuestionamientos existenciales: una introspección y toma de conciencia que alimenten la predisposición y disciplina necesarias para adquirir autonomía, habilidades duras y blandas, así como valores de referencia para el acervo comunitario. Es en este sentido que la educación contribuye a la difusión masiva del conocimiento: se trata de abrir puertas y sujetarlas para las generaciones venideras.

Por medio del latinismo *non academia sed vitae discimus* el escritor húngaro Imre Kertész[26] ensalzaba el propósito de la educación, aludiendo a su dimensión social interpretativa, que no se limita a la función retórica, sino que sirve para entender las peripecias de la vida. El conocimiento designa el proceso de construcción y adquisición de *savoir-faire* y *savoir-être,* los cuales corresponden a operaciones intelectuales que permiten comprender y explicar los fenómenos sociales y racionalizar nuestras acciones. Factor de progreso y emancipación, de cooperación y democratización, se trata, irrefutablemente, de un bien público

---

[26] (Budapest, 1929-2016), Premio Nobel de Literatura en 2002.

que nos convierte en "sociedad del conocimiento"[27], refiriéndose a aquella sociedad en la que el conocimiento constituyese un motor impulsor del Estado en términos de favorecimiento del crecimiento económico, como apología del capitalismo. Aquello no debe confundirse con la noción de "comunidad científica"[28], que hace referencia al gremio de intelectuales e investigadores cuyos aportes en el avance científico gozan de *consensus gentium* en determinadas materias.

En principio esta red fue tejida sin ánimos lucrativos, para que sus descubrimientos fuesen destinados a nutrir el acervo comunitario. Hoy en día, sin embargo, la alta politización de las élites administrativas dio un giro a esta iniciativa, en su afán de robustecer la seguridad y defensa de los asuntos gubernamentales mediante operaciones de inteligencia, o simplemente en términos de guerra comercial, dando lugar a una privatización y monetización del conocimiento.

Con todo, la comunidad científica prosigue su labor humanista, promoviendo la actualización del conocimiento a través de constantes análisis de viabilidad tecnocientíficos y evaluaciones exhaustivas respecto de los demás saberes, lo que responde a una lógica de producción y transmisión de nuevos conocimientos en pro del universalismo científico.

En la misma línea, cabe efectuar un recordatorio del periodo de la Ilustración (siglos XVIII-XIX), movimiento y corriente de pensamiento cuya máxima descansaba sobre el predominio de la razón y el conocimiento científico para comprender la realidad y educar con base en análisis empíricos, evitando desinformar con verdades subjetivas, y oponiéndose así a todo lo que no pasase por el tamiz de la razón.

En esta coyuntura se comienza a entender la importancia de los vehículos de difusión del saber como la enciclopedia, la litera-

---

27 Noción acuñada por el político y filósofo austríaco PETER F. DRUCKER en DRUKER, P. F., *The Age of Discontinuity*, 1969.

28 Noción acuñada entre los siglos XVII y XIX.

tura, la prensa, la radio, y hoy, la televisión y el Internet, a título de palancas accionadoras de una corriente de opinión y de defensoras de la libertad de expresión que, por consiguiente, genera el despertar de la conciencia y el avance social.

Paralelamente, el conocimiento también es un arma para institucionalizar relaciones de poder y dominación: la reducción del grado de inteligencia de una población a un mismo nivel potencializa su homogeneización y, por ende, facilita el control que se ejerce sobre la misma para establecer una cultura oficial. De ese modo, la población se convierte en súbdita al carecer de conciencia política y ver arrebatados sus derechos y libertades como ciudadanos *per se.* Oponerse a la democratización del saber por miedo a que la educación ponga en entredicho la jerarquía de poderes y estatus sociales establecidos por el régimen imperante es una característica representativa de los autoritarismos.

En 2024 la educación se ha convertido en un factor multiescalar de desigualdad. Mientras los países del Norte Global poseen medios para desarrollar infraestructuras de investigación y formación avanzadas, así como mecanismos para garantizar la protección de la propiedad intelectual, los del Sur Global, en contraposición, carecen de la dotación de nuevas tecnologías de la información y la comunicación, lo que les estanca en una obsolescencia generalizada que dificulta el acceso a la educación, en particular, en el seno de las comunidades minoritarias y desfavorecidas. De ahí que planteamos a continuación la situación del analfabetismo[29], que constituye un desafío constante en el mundo globalizado e interconectado en el que vivimos al constituir un hándicap candente al desarrollo humano de dos de cada cinco personas en el mundo.

El analfabetismo se entiende como una carencia de instrucción que se caracteriza por una inaptitud para desempeñar funciones

---

[29] *Cfr.* LESTAGE, A., *Analfabetismo y alfabetización,* UNESCO, París, 1982, Capítulo I, p. 5.

lectoras y escritoras, condenando así al que adolece de ella a la exclusión social y a la pobreza, como consecuencias derivadas de la privación de oportunidades que van implícitas a esta limitación de las capacidades humanas.

La lectura y la escritura son eslabones que fortalecen la capacidad de las comunidades para satisfacer necesidades básicas: desde desenvolverse en el ámbito sanitario, económico o cultural, a llevar a cabo actividades relativas a la participación en la administración de la cosa pública. Son herramientas imprescindibles para el desbloqueo de nuestro potencial en calidad de agentes sociales activos[30], ya que el flujo de información y conocimiento poco impacta y transciende si no sabemos transmitirlo, y mucho menos si tenemos un acceso restringido a tal finalidad.

1.3. GEOGRAFÍA DEL ACCESO A LA EDUCACIÓN

A nivel global nos encontramos ante una geografía del acceso a la educación considerablemente variopinta. Conforme a diversos estudios de la UNESCO[31], los países de la región saheliana, como Níger, y del sur de Asia, como Afganistán, son los que cuentan con las tasas más elevadas de analfabetismo; y son a su vez los que están sujetos a los peores sistemas de gobernanza e índices de desarrollo humano.

En el mismo orden de ideas, en el mundo unos 244 millones de niños y jóvenes en edad escolar no están matriculados en el colegio[32], y aproximadamente 763 millones de 8.000 millones sufren

---

30 Véase UNESCO, "El Desafío Mundial de la Alfabetización, Perfil de alfabetización de jóvenes y adultos a mediados del Decenio de las Naciones Unidas para la Alfabetización 2003-2012", 2008, pp. 17-19.

31 *Cfr.* Instituto de Estadística de la UNESCO, "Informe de Seguimiento de la Educación para Todos en el Mundo: Reducir la pobreza en el mundo gracias a la enseñanza primaria y secundaria universal", 2017, pp. 10-11.

32 *Cfr.* UNESCO, "Global Education Monitoring Report: 224 millones de niños y niñas no empezarán el nuevo año escolar", 2022, disponible en:

de analfabetismo[33]. Si bien se ha reducido en un 25% la tasa de analfabetismo en los jóvenes entre 1990 y 2015[34], las polifacéticas causas a las que se debe esta lacra siguen perennizando patrones de subdesarrollo en el seno de las comunidades más marginadas como lo son las niñas y mujeres; o las comunidades indígenas y minorías religiosas[35].

1.3.1. Europa

Si a menudo escuchamos el adagio que sostiene que "el conocimiento es poder"[36], conviene adentrarse en el análisis de las lógicas a las que responde la desigualdad de producción y difusión de conocimientos a nivel mundial[37], bajo el prisma social, cultural, político y económico.

En Europa, el continente del que la Humanidad heredó los cauces del Estado-nación moderno por medio de la concatenación de la Paz de Westfalia (1648) y el Congreso de Viena (1815),

---

https://www.unesco.org/gem-report/es/articles/244-millones-de-ninos-y-ninas-no-empezaran-el-nuevo-ano-escolar-unesco
En un comunicado de prensa de la UNESCO, Audrey Azoulay, Directora General de dicho organismo especializado de Naciones Unidas, manifestó su preocupación acerca de la alarmante cifra de desescolarización percibida al inicio del nuevo año escolar; y, de la mano del Informe de Seguimiento de la Educación en Mundo (*GEM Report*), insta a priorizar la educación inclusiva y de calidad en la agenda internacional.

33 *Cfr.* Portal de la UNESCO, Alfabetización: promover el poder de la alfabetización para todos, disponible en: https://www.unesco.org/es/literacy

34 *Cfr.* ACNUR, El analfabetismo en el mundo, 2017, disponible en: https://eacnur.org/es/blog/el-analfabetismo-en-el-mundo

35 UNESCO, "Informe de Seguimiento de la Educación en el Mundo 2020: Inclusión y educación: Todos y todas sin excepción", 2020, Capítulo I, Gráficos 1.4 y 1.5, p. 8.

36 *Cfr.* Bacon, F., *Meditationes Sacrae,* 1597.

37 *Cfr.* Instituto de Estadística de la UNESCO, "Informe... *opus cit.*, Figura 13, p. 12.

el acceso a la educación es generalmente alto al contar con una estabilidad política que fomenta unos sistemas educativos óptimos, como es el caso de Finlandia[38], Alemania o Francia, a la cabeza de los rankings mundiales.

En otro frente, el Monitor de la Educación y Formación de la Comisión Europea reflejaba en 2017 la existencia de disparidades de oportunidades marcadas por el estatus socioeconómico[39].

Países como Moldavia o Macedonia del Norte, por ejemplo, han experimentado una alarmante fuga de cerebros estos últimos años, debido a la baja remuneración, la falta de inversión en investigación y desarrollo, las laxas reformas educativas y el deficiente sistema de gobernanza, lo que ha degradado el acceso a la educación tanto en zonas rurales como urbanas[40]. Estos profesionales altamente cualificados se decantan por destinos de la Unión Europea tales como Alemania o Francia, donde encuentran no solo más oportunidades laborales, sino también una mejor calidad de vida en términos de sanidad y seguridad.

Si los problemas de transparencia y la escasez de financiamiento venían desafiando el acceso a la educación en Ucrania, la invasión rusa del 24 de febrero de 2022 no ha hecho más que recrudecerlos, tendiendo presente que desde la anexión de Crimea en 2014 el país ya se enfrentaba a una importante ola de desplazamientos internos, lo que constriñó al gobierno

---

38 *Cfr.* Perales, R. G., "¿Qué son los informes PISA? ¿Qué tiene de especial el sistema educativo de Finlandia con respecto al nuestro?", *Ensayos*, No. 21, 2008., pp. 202-203 y pp. 208-213.

39 Véase Comunicado de prensa de la Comisión Europea, Educación y formación en Europa: La desigualdad sigue siendo un reto, Unión Europea, 9 de noviembre de 2017, disponible en: https://ec.europa.eu/commission/presscorner/detail/es/IP_17_426

40 *Cfr.* "Fuga de cerebros de Macedonia del Norte", *Euronews*, 15 de octubre de 2019, disponible en: https://es.euronews.com/2019/10/15/fuga-de-cerebros-de-macedonia-del-norte; y Martínez Rolland, M. A., "Moldavia: un país en el filo de Europa", *ARI 34/2022*, Real Instituto Elcano, 2022, p. 3, Figura 1 y pp. 6-7.

a convertir las escuelas en refugios o usarlas como instalaciones militares. La Agencia de la ONU para los Refugiados (ACNUR) asevera que los bombardeos y la destrucción de infraestructuras educativas han afectado a más de cinco millones de ucranianos en edad escolar, lo que ha llevado al cierre de instituciones académicas y, en última instancia, a la interrupción del periodo lectivo[41].

Aunque el gobierno de Zelenski haya sumado esfuerzos junto con la cooperación internacional para la reconstrucción de escuelas en las regiones afectadas, así como para la implementación del programa de educación a distancia *All-Ukrainian Online School* para atender las necesidades de instrucción básica en la medida de lo posible, hasta que no cesen las hostilidades la situación tiene visos de permanecer crítica ante el estado de inseguridad que vive la población y las barreras de adaptación a las que se enfrentan los refugiados ucranianos en los países de acogida, para el gran exacerbo de los estudiantes concernidos, que están sufriendo pérdidas de conocimientos y habilidades didácticas[42].

1.3.2. América Latina

En el caso de América Latina, el acceso a la educación varía significativamente de país en país.

La discriminación étnica y la extrema pobreza son obstáculos abismales para lograr la igualdad de acceso a la educación en la sociedad latinoamericana, al dar lugar a un bajo rendimiento y a

---

41 Véase Education on hold: Addressing barriers to learning among refugee children and youth from Ukraine – challenges and recommendations, ACNUR, 2023, pp. 4-6, disponible en: https://www.acnur.org/es-es/noticias/notas-de-prensa/educacion-interrumpida-casi-la-mitad-de-las-ninas-y-ninos-refugiados-de

42 *Ibid.*, pp. 6-8, pp. 15-16 y pp. 21-22. Para información complementaria, consúltese el portal de Ukraine Education Cluster, disponible en: https://response.reliefweb.int/ukraine/education

una elevada tasa de deserción escolar de los grupos indígenas y rurales[43]. Es más, los ingresos de los trabajadores indígenas promedian tan solo la mitad de los del resto de la población.

Mientras Guatemala y Honduras tienen las tasas de alfabetización más bajas de la región, con un 84% en 2019, por una parte, y un 89% en 2022, por otra, según las últimas estadísticas disponibles del Banco Mundial, Cuba, el paradigma de la educación en América Latina y el Caribe, ha realizado encomiables reformas educativas desde el régimen de Fidel Castro Ruz (1958-2008)[44]. El destino de gran parte de los presupuestos generales del Estado a la formación y capacitación de docentes, junto con la implementación de políticas inclusivas y sostenibles, han coadyuvado a mejorar la calidad y equidad del acceso a la educación en la isla, convirtiendo su sistema educativo en el más formativo y consolidado de la región, con una tasa de alfabetización del 99,8% y de escolarización del 99,7%, según datos recopilados por el Ministerio de Educación de Cuba y la UNESCO[45].

---

43 Véase Departamento de Información Pública de las Naciones Unidas, "La situación de los pueblos indígenas del mundo", 2010, Capítulos I-II y p. 13, disponible en: https://www.un.org/esa/socdev/unpfii/documents/SOWIP/press%20package/sowip-press-package-es.pdf

44 *Cfr.* Portal del Banco Mundial, Tasa de alfabetización en Cuba, total de adultos (% de personas de 15 años o más), disponible en: https://datos.bancomundial.org/indicador/SE.ADT.LITR.ZS?locations=CU&name_desc=false; Portal de Statista, Infografía sobre la tasa de alfabetización en América Latina, 2022, disponible en: https://es.statista.com/grafico/28177/tasa-de-alfabetizacion-de-adultos-en-america-latina/; y Portal del Ministerio de Educación de la República de Cuba, disponible en: https://www.mined.gob.cu/formacion-pedagogica/formacion-del-personal-pedagogico/

45 Véase Ministerio de Economía y Planificación de Cuba, Sistema de Información de Tendencias Educativas en América Latina (SITEAL) y UNESCO, "Primer Informe Nacional Voluntario sobre la implementación de la Agenda 2030 para el Desarrollo Sostenible", 2021, pp. 56, 62, 84, 86, 88 y 90, disponible en: https://siteal.iiep.unesco.org/sites/default/files/sit_accion_files/cuba_inv_cuba_agenda_2030_2021.pdf; "Banco mundial considera a Cuba mayor inversor en educación",

En 2013, unos 38 millones de personas estaban afectadas por el analfabetismo en América Latina y el Caribe según la Comisión Económica para América Latina y el Caribe (CEPAL), debido a las persistentes lagunas políticas y económicas, de tal forma que en la región unos 12 millones de niños se encontraban desescolarizados, siendo el 30% discapacitados[46].

Dichas cifras se deben a factores como la remotidad de sus respectivas zonas de residencia, que dificultan el acceso a ayudas al desarrollo por parte de los poderes públicos, aunada a la estigmatización que experimentan dichas comunidades por las barreras culturales y lingüísticas. Estas obstaculizan su acceso a una educación formal en un idioma foráneo y, en última instancia, entuertan su proceso de enculturación. Además, las limitaciones económicas a menudo impiden a los tutores adquirir material didáctico y mandar a los hijos a cursar estudios en las zonas urbanizadas del país. Influ-

---

Economía Virtual, disponible en: https://economiavirtual.com.py/web/pagina-general.php?codigo=64; "Presenta Cuba informe nacional a Cumbre de transformación de la educación", *Xinhua News Agency*, 15 de septiembre de 2022, disponible en: https://spanish.news.cn/20220915/c8e52da1263748a5b6badcb018d6c53c/c.html#:~:text=-Con%20una%20tasa%20de%20alfabetización,educación%20gratuita%2C%20según%20la%20UNESCO; Infografía multimedia ¿Cómo avanza la alfabetización en América Latina?, TeleSur, disponible en: https://www.telesurtv.net/multimedia/alfabetizacion-america-latina-20200908-0005.html. Para información adicional, véase SITEAL y ONEI, "Anuario Estadístico de Cuba 2019", Edición 2020, Capítulo 18, disponible en: https://siteal.iiep.unesco.org/sites/default/files/sit_accion_files/cuba_anuario_estadistico_educacion.pdf

46 *Cfr.* Portal CEPAL-Naciones Unidas, Analfabetismo afecta a cerca de 38 millones de personas en América Latina y el Caribe, disponible en: https://www.cepal.org/es/noticias/analfabetismo-afecta-cerca-38-millones-personas-america-latina-caribe; y Portal de UNICEF América Latina y el Caribe, Invertir en educación: Cada niño y niña tiene derecho a una educación de calidad inclusiva y equitativa, disponible en: https://www.unicef.org/lac/invertir-en-educación#:~:text=12%20millones%20de%20niños%2C%20niñas,están%20fuera%20del%20sistema%20educativo

ye, del mismo modo, la preservación del componente identitario. La mayoría, por miedo a generar una crisis identitaria en sus hijos, preconiza la ideología nativa frente a la nacional y se niega a instruirlos al margen de los cánones etnicotribales propios, sin llegar a ser totalmente asimilada por el estrato social dominante.

1.3.3. Oceanía

Lejos de la construcción del homogéneo imaginario elitista al que se asimila a Oceanía, en lo que atañe al acceso a la educación nos encontramos con contrastes marcados. Si bien en Australia y Nueva Zelanda los sistemas educativos cuentan con altas tasas de matriculación en todos los niveles educativos y con un desarrollo envidiable por sus vínculos con la Corona Británica y el hermano mayor estadounidense, en pequeños países insulares del Pacífico como Papúa Nueva Guinea —que tiene una tasa de analfabetismo adulto del 54%– la violencia, la pobreza y la discriminación, aunadas a la lejanía geográfica, constituyen barreras al acceso a la educación, como es habitual en zonas rurales y remotas[47]. En renglón seguido de lo expuesto, las comunidades aborígenes históricamente han sufrido múltiples desigualdades en la región debido a su negativa a acogerse a un forzoso proceso de enculturación, frente a la intolerancia de las comunidades de fenoti-

---

[47] *Cfr.* Proyecto de formación para el empleo en Papúa Nueva Guinea (2012-2014) de la mano de la ONG española Taller de Solidaridad, disponible en: https://tallerdesolidaridad.org/formacion-para-el-empleo-en-papua-nueva-guinea/#:~:text=La%2520formación%2520para%2520el%2520empleo,que%2520disponen%2520de%2520datos%2520comparables. No obstante, el Banco Mundial proporciona como valor más reciente, tomando como referencia el año 2010, una tasa de alfabetización general del 62% en Papúa Nueva Guinea. Datos disponibles en Banco Mundial, Tasa de alfabetización, total de adultos (% de personas de 15 años o más) – Papua New Guinea, disponible en: https://datos.bancomundial.org/indicator/SE.ADT.LITR.ZS?locations=PG; y Departamento de Información Pública de las Naciones Unidas, "La situación de los pueblos... *opus cit.*, Capítulo I, p. 1 y Capítulo IV, p. 5.

po occidental caucásico. Nos enmarcamos en el contexto de una privación de igualdad de derechos y oportunidades ejercida por descendientes de colonos respecto a poblaciones autóctonas[48]: las discriminaciones de las que son víctimas son de carácter multisectorial. Además, se estima que un tercio de los 900 millones de personas que viven en la pobreza pertenecen a pueblos indígenas. La violación sistémica de sus derechos surte efectos de éxodo masivo, pues sus tierras ancestrales —más del 80% de la biodiversidad del planeta— sufren despojos y destrucciones en pro de intereses lucrativos foráneos: suelen ser vendidas, arrendadas, explotadas y contaminadas tanto por el gobierno como por empresas privadas. Al ser desarraigados de su hábitat natural, son aislados de sus recursos y tradiciones, lo que les condena a una vulnerabilidad constante pese a que la Declaración de las Naciones Unidas sobre los Derechos de los Pueblos Indígenas reconozca el ejercicio de su derecho a la autodeterminación y de sus derechos de propiedad en sus artículos 3 a 5 y 10 a 12 en particular[49].

La barrera lingüística les impide, asimismo, desenvolverse en una sociedad cada vez más occidentalizada, por lo que difícilmente tienen acceso a los servicios públicos básicos tales como la sanidad: los aborígenes tienen una esperanza de vida diez años inferior en comparación con la población no indígena debido al racismo que sufren en la atención médica y la educación, ya que

---

[48] *Cfr.* Departamento de Información Pública de las Naciones Unidas, "La situación de los pueblos… *opus cit.*, Capítulo VI, pp. 9 y 11; y Department of National Planning and Monitoring of Papua New Guinea, "Papua New Guinea's Voluntary National Review 2020: Progress of Implementing the Sustainable Development Goals", 2020, pp. 33-35, disponible en: https://sustainabledevelopment.un.org/content/documents/26453VNR_2020_Papua_New_Guinea_Report.pdf

[49] Véase Departamento de Información Pública de las Naciones Unidas, "La situación de los pueblos… *opus cit.*, pp. 19-20; Amnistía Internacional, Pueblos Indígenas, disponible en: https://www.amnesty.org/es/what-we-do/indigenous-peoples/#indigenouslandrights; y *Declaración de las Naciones Unidas sobre los derechos de los pueblos indígenas,* aprobada por la Asamblea General el 13 de septiembre de 2007.

tienen las tasas más bajas de asistencia escolar, lo que explica sus pobres niveles de alfabetismo y empleo.

Adicionalmente, la mayoría tiene la condición de apátrida, ya que sus nacimientos no constan en el registro civil. Esta situación de irregularidad entorpece su disfrute de derechos civiles, como la participación en la gestión de los recursos públicos y la vida política mediante el ejercicio del sufragio universal.

De hecho, el 14 de octubre de 2023 Australia rechazó en referéndum la propuesta para la creación de un órgano consultivo que diera voz a los indígenas ante los poderes legislativo y ejecutivo, a modo de política de inclusión. Esta iniciativa tenía como objeto la inclusión de representantes indígenas en el Parlamento y su reconocimiento en la Constitución de 1901 como primeros pobladores del país. Sin embargo, el "no" triunfó con un 59,8% en cinco de los seis Estados del país: un gesto que subraya el vehemente rechazo popular que se manifiesta al colectivo minoritario, cuyos 984.000 miembros representan el 3,8% de los más de 26 millones de habitantes del país[50].

1.3.4. Asia

Gracias a su arraigada cultura de la disciplina y ética de trabajo revestida en un sinfín de inversiones en Innovación y Desarrollo, los países líderes en educación en el continente asiático son China, Singapur, Corea del Sur y Japón, que también encabezan los rankings mundiales.

---

50 *Cfr.* "Australia rechaza en referéndum el reconocimiento de sus indígenas", *El Mundo,* 14 de octubre de 2023, disponible en: https://www.elmundo.es/internacional/2023/10/14/652a5996fdddff1da18b45c2.html; y "Australia rechaza la creación de un comité de defensa de los indígenas ante el Parlamento", *Euronews,* 14 de octubre de 2023, disponible en: https://es.euronews.com/2023/10/14/australia-rechaza-la-creacion-de-un-comite-de-defensa-de-los-indigenas-ante-el-parlamento#:~:text=En%20un%20referéndum%20celebrado%20el,electoral%20del%20actual%20primer%20ministro

No obstante, la otra cara de la moneda voltea su mirada hacia la región central y sureña.

Con la toma del poder en 2021 por los talibanes en Afganistán y en zonas adyacentes de Pakistán se han reportado numerosos ataques a infraestructuras educativas, así como el cierre de estas, lo que ha incidido profundamente en la tasa de escolarización. Las niñas y mujeres[51] han sido el principal blanco de los ataques, ya que se les ha relegado al ostracismo en todos los ámbitos de la vida pública y han sido víctimas de envenenamientos y exclusiones en las escuelas secundarias y universidades en áreas controladas por dicho grupo insurgente.

El impacto fue tal que en 2021 la tasa de alfabetización descendió a un 37,27% según los últimos datos disponibles del Banco Mundial, con un 52,6% para los varones frente a un 22,6% para las mujeres[52]. Se denunciaron asimismo alrededor de 75 ataques contra la educación, de los cuales 45 fueron perpetrados con armas explosivas: actualmente, dicha crisis ha causado un descenso del 60% en las inscripciones en la educación media de las niñas debido a que las familias se niegan a mandarlas a los colegios ante el ambiente de violencia que se ha apoderado de las ciudades[53].

---

51 Véase UNESCO, "Informe de seguimiento de la educación en el mundo: Informe sobre género: Profundizar en el debate sobre quienes todavía están rezagados", 2022, pp. 55-56. Para información adicional, véase CALVILLO CISNEROS, J. M., "Perspectivas regionales: La situación de las mujeres tras el regreso talibán a Afganistán, Policrisis y rupturas del orden global", *Anuario CEIPAZ*, 2022-2023, pp. 126-127 y pp. 135-138.

52 *Cfr.* Portal del Banco Mundial: Afganistán, disponible en: https://datos.bancomundial.org/pais/afganistan?view=chart

53 *Cfr.* "El ataque a la educación en Afganistán", *El País*, 14 de septiembre de 2021, disponible en: https://elpais.com/planeta-futuro/2021-09-14/el-ataque-a-la-educacion-en-afganistan.html; UNESCO, Proteger la educación en Afganistán, disponible en: https://www.unesco.org/es/emergencies/education/afghanistan; "Afganistán: UNICEF subraya que las niñas no deben ser excluidas de la escuela", *Noticias ONU*, 17 de septiembre de 2021, disponible en: https://news.un.org/es/story/2021/09/1496902; y Portal de Datos Macro, Tasa de alfabetización en Afganistán, disponi-

En 2015, los gobiernos de Noruega y Argentina, junto con la Coalición Global para Proteger la Educación de los Ataques (GCPEA, por sus siglas en inglés), han sumado esfuerzos para la creación de un acuerdo intergubernamental que tiene como objetivo asegurar la protección de la educación durante conflictos armados, conocido como la Declaración sobre Escuelas Seguras[54]. A esta medida se acogió el anterior gobierno afgano presidido por Ashraf Ghani y, a día de hoy, cuenta con 119 Estados miembros. De tal manera, Afganistán consiguió en aquel entonces reducir el uso de las escuelas con fines militares. La adopción de un marco integral de seguridad escolar a modo de informe[55] también sirvió de guía para optimizar la respuesta a los ataques. Sin embargo, dichos avances se vieron frustrados por el resurgimiento de los talibanes.

La volatilidad del sistema de gobernanza, además de la falta de políticas públicas pragmáticas, inclusivas, de corte intercultural y con perspectiva de género son desafíos constantes en la zona[56].

En Tayikistán, los niños de origen uzbeko a menudo enfrentan barreras para acceder a la educación en su idioma nativo, al ser

---

ble en: https://datosmacro.expansion.com/demografia/tasa-alfabetizacion/afganistan#:~:text=Afganistán%20tiene%2C%20según%20los%20últimos,es%20del%2022%2C6%25

54 Véase Declaración sobre Escuelas Seguras, Coalición Global para Proteger la Educación de Ataques, 29 de mayo de 2015, disponible en: https://protectingeducation.org/wp-content/uploads/documents/documents_spa_safe_schools_declaration_21_05_2015.pdf; así como su marco de acción, disponible en: https://www.refworld.org.es/pdfid/5b4538464.pdf

55 Véase Global Coalition to Protect Education from Attack, "Education Under Attack 2020", 2020, pp. 98-103 y pp. 74-83, disponible en: https://protectingeducation.org/wp-content/uploads/eua_2020_full.pdf

56 *Cfr.* UNESCO, "The right to education: What's at stake in Afghanistan? A 20-year review", 2021, pp. 39-41, disponible en: https://unesdoc.unesco.org/ark:/48223/pf0000378911; y Global Coalition to Protect Education from Attack, "Education Under Attack... *opus cit.*, pp. 98-103 y pp. 74-83.

considerados ciudadanos de segunda clase[57]. Y en Turkmenistán, país de mayoría musulmana, el miedo a la radicalización y al extremismo religioso ha conducido al gobierno a implementar una política de control férreo sobre la influencia de la religión en la vida pública, en pos de la secularización de la sociedad. Así pues, Asjabad ha resuelto imponer estrictas restricciones a la educación religiosa: manipulación informativa, censura de libros y cierre de escuelas; sin mencionar los casos de persecución y represión de grupos religiosos, tanto cristianos como musulmanes, lo que le ha valido críticas a nivel internacional[58].

1.3.5. África

En el continente conocido como "la Cuna de la Humanidad", que actualmente cuenta con una población de 1.400 millones de habitantes de la cual un 60% es menor de 25 años, el acceso a la educación es uno de los más bajos del mundo debido a la pobre inversión en infraestructuras y a las laxas estrategias gubernamen-

---

57 *Cfr.* Portal de la ONG internacional de apadrinamiento de niños *Humanium*, disponible en: https://www.humanium.org/es/tayikistan/

58 *Cfr.* "Asjabad: no cesa la persecución religiosa y política", *Asia News*, 23 de julio de 2021, disponible en: https://www.asianews.it/noticias-es/Asjabad:-no-cesa-la-persecución-religiosa-y-política-53708.html; Portal de la ONG Puertas Abiertas, ¿Cómo es la persecución de los cristianos en Turkmenistán?, disponible en: https://puertasabiertasal.org/persecucion-de-cristianos/lista-mundial/turkmenistan; Declaración de prensa de Antony J. Blinken, US
Department of State, Designaciones relacionadas con la Libertad religiosa, disponible en: https://www.state.gov/translations/spanish/designaciones-relacionadas-con-la-libertad-religiosa/; US Department of State, "Report on International Religious Freedom: Turkmenistan", 2021, disponible en: https://www.state.gov/wp-content/uploads/2022/04/TURKMENISTAN-2021-INTERNATIONAL-RELIGIOUS-FREEDOM-REPORT.pdf; y US Commission on International Religious Freedom, "Recommended Countries of Particular Concern (CPC): Annual Report 2019: Turkmenistan", 2019, disponible en: https://www.uscirf.gov/sites/default/files/Tier1_TURKMENISTAN_2019.pdf

tales de desarrollo, así como a los conflictos armados que fragilizan zonas habitadas por familias de bajos ingresos.

Las disparidades de alfabetización entre hombres y mujeres reflejan desigualdades de estatus social. Mientras la educación del hombre es primordial en su calidad de futura cabeza de la familia y sostén económico, las mujeres y niñas enfrentan barreras adicionales debido a la arraigada cultura patriarcal doblegada por un machismo estructural que las reduce exclusivamente al rol de amas de casa bajo la tutela de un varón (padre o cónyuge). Aquello las constriñe a ocuparse de tareas domésticas e involucrarse en matrimonios prematuros o de conveniencia, como es el caso en Mali, donde solo el 38% de las niñas termina la escuela primaria. Para la mayoría, no se plantea la cuestión de la emancipación, sino que se conviertan en amas de casa ejemplares. De ahí que las mujeres sean el principal foco de atención respecto a la educación[59], representando las dos terceras partes de las personas analfabetas en el mundo.

En África el país con la tasa de alfabetización más elevada son Las Islas Seychelles con un 96%, seguido de la República de Guinea Ecuatorial con un 95%, frente a Mali que tiene un 31% y Chad que tan solo computa un 27% conforme a las estadísticas disponibles del Banco Mundial, debiéndose a cuestiones de cabildeo político que salpican al ámbito de la seguridad[60].

Paralelamente, a nivel continental, Sudáfrica es el país líder en el sector educativo. Según el ranking de 2022-2023 por la revista *US News & World Report* y la plataforma de investigación científica y académica Clarivate, la universidad de Ciudad del Cabo

---

59 *Cfr.* UNESCO, “Informe de seguimiento… quienes todavía están rezagados”, *opus cit.*, pp. 8-10.

60 *Cfr.* Base de datos del Banco Mundial, disponible en: https://datos.bancomundial.org; y Base de datos del World Population Review, disponible en: https://worldpopulationreview.com/country-rankings/literacy-rate-by-country

ocupa el primer puesto de 70 universidades africanas evaluadas[61]. De igual manera, ocupa el primer puesto de las mejores universidades sudafricanas a nivel global y el número 125 de las 2.000 mejores universidades del mundo, con una puntuación de 68[62]. Dicho mérito se atribuye tras la previa evaluación de los siguientes indicadores de excelencia: la reputación mundial y regional de la investigación, las publicaciones, los libros, las conferencias, el impacto normalizado de las citas y el total de las mismas, el número de publicaciones que figuran en el 10% más citadas, así como su porcentaje, la colaboración internacional, el número de artículos altamente citados que se encuentran en el top 1% más citados en su respectivo campo y, por último, el porcentaje total de publicaciones que se encuentran en el top 1% de artículos más citados[63]. En cuanto a la puntuación de la universidad, se calcula teniendo en cuenta la combinación de ponderaciones para cada uno de los trece indicadores utilizados.

Con aproximadamente 29.000 estudiantes, la Universidad del Cabo destaca por su diversidad cultural, el rigor de sus investigaciones, sus instalaciones vanguardistas, su inclusiva cultura organizacional y la polivalencia de los programas que ofrecen sus seis facultades: desde las Humanidades y Artes hasta las Ciencias Puras, pasando por las Ciencias Sociales y Jurídicas, lo que coadyuva a su excelencia académica según expone el reciente ranking de la revista londinense *Times Higher Education*[64]. El mismo ranking

---

61 Véase US News & World Report, 2022-2023 Best Global Universities in Africa, disponible en: https://www.usnews.com/education/best-global-universities/africa

62 *Cfr.* US News & World Report, University of Cape Town: University Data, disponible en: https://www.usnews.com/education/best-global-universities/university-of-cape-town-504187

63 *Cfr.* US News & World Report, How US News Calculated the 2022-2023 Best Global Universities Rankings, disponible en: https://www.usnews.com/education/best-global-universities/articles/methodology

64 *Cfr.* Times Higher Education, Best universities: Best universities in Africa 2024: Top 10 universities in Africa 2024, disponible en: https://www.

evidencia que las siguientes cinco mejores universidades de África también son sudafricanas: estamos hablando de la Stellenbosch, la Universidad del Witwatersrand, la de Johannesburgo, la de KwaZulu-Natal y la Universidad de Pretoria.

Según el Informe Voluntario de Sudáfrica sobre el progreso de la implementación de los Objetivos de Desarrollo Sostenible publicado en 2023, la mejora de la financiación y la responsabilidad pública han permitido al país alcanzar la paridad de género en la alfabetización de 2015 hasta nuestros días, pues más del 90% de la población total posee competencias lectoras y habilidades matemáticas. En cuanto a la comparación respecto a las franjas etarias, los jóvenes adultos de entre 15-24 años y 25-34 años tienen las tasas más elevadas de alfabetismo funcional, superando el 92,4%, frente a los individuos de entre 35-64 años, cuyas tasas oscilan entre el 79,6% y el 87,8%[65].

La consideración coyuntural propia de la política invita a abordar los retos más acuciantes, como lo es la dicotomía entre la calidad y el acceso a la enseñanza en función de las provincias y del perfil poblacional. El mismo informe evidencia que los colegios de las nueve provincias sudafricanas poseen los estándares mínimos de servicios (luz, agua, aseos salubres y aulas adecuadas), yendo la tendencia en aumento pese a ligeras fluctuaciones en el tiempo[66]. No obstante, los resultados relativos a las disparidades por perfil poblacional evidencian los vestigios del apartheid. En 2021, solo un 58,1% de personas negroafricanas concluyó la Educación Secundaria Obligatoria, frente a un 95,6% para las personas caucásicas[67]. Asimismo, se puede observar que la mayoría de

---

timeshighereducation.com/student/best-universities/best-universities-africa?cmp=1

65 Véase Statistics South Africa, "Sustainable Development Goals Country Report: South Africa", 2023, Tablas 4.6.1D.1 y 4.6.1D.2, p. 74, disponible en: https://www.statssa.gov.za/MDG/SDG_Country_report.pdf

66 *Ibid.*, Tabla 4.a.1, p. 76.

67 *Ibid.*, Tabla 4.1.2.3, p. 69 y Summary of Progress towards Goal 4: SDG Indicator Tracking table, Target 4.5, p. 78.

las personas con discapacidad asiste a instituciones educativas a pesar de que la tendencia haya disminuido ligeramente, pasando del 87,8% en 2015 al 86,9% en 2022[68].

En contraste con la situación de Sudáfrica, en Níger, si bien la tasa de alfabetización en adultos a partir de 15 años ha pasado del 14% en 2001 al 38% en 2022 conforme a las estadísticas del Banco Mundial[69], la situación del país saheliano es particularmente preocupante, puesto que enfrenta una serie de problemas estructurales que explican sus altas tasas de pobreza y justifican su pésima tasa de alfabetización[70].

En primer lugar, Níger es el quinto país más pobre del mundo según la Agencia de las Naciones Unidas para los Refugiados (ACNUR)[71].

Su dependencia de la agricultura de subsistencia carente de mecanización, la falta de diversificación económica y el desventajoso factor geográfico abocan a la población a una particular sensibilidad a las fluctuaciones de los precios de los alimentos de primera necesidad, así como a los desastres naturales como las sequías e inundaciones, que afectan negativamente la producción y cosecha de los alimentos. En 2012, el Ministerio nigerino de Educación Nacional, Alfabetización y Promoción de Lenguas Nacionales registró 47.000 casos de abandono escolar debido al débil

---

68 Statistics South Africa, "Sustainable… *opus cit.*, Tabla 4.5.1ª, p. 73.

69 *Cfr.* World Bank Data base, Literacy rate, adult total (% of people ages 15 and above) – Niger, disponible en: https://data.worldbank.org/indicator/SE.ADT.LITR.ZS?locations=NE

70 Para información adicional, véase: PNUD, "Informe sobre Desarrollo Humano 2021/2022: Tiempos inciertos, vidas inestables: Configurar nuestro futuro en un mundo en transformación", 2022, Anexo p. 3, Cuadro 1, p. 311, Cuadro 2, p. 316.

71 Para información adicional, véase *Ibid.*, Anexo p. 3, Cuadro 1, p. 311, Cuadro 2, p. 316 y "¿Cuáles son los países más pobres del mundo?", *Noticias Refugiados ACNUR*, 14 de febrero de 2017, disponible en: https://eacnur.org/es/actualidad/noticias/emergencias/cuales-son-los-paises-mas-pobres-del-mundo

estado de salud de los niños malnutridos, o bien porque tuvieron que empezar a trabajar para contribuir a los gastos domésticos[72].

En cuanto al factor político, los conflictos armados en la región saheliana han interrumpido la escolaridad de miles de niños al haber generado una inestabilidad que se traduce en una descomunal ola migratoria, lo cual ejerce presión sobre los recursos disponibles. De igual modo, la fuerte dependencia de la cooperación internacional y el laxismo del gobierno nigerino ante la escasez de recursos respecto a escuelas y estándares de vida siguen manteniendo vigentes la brecha digital y la limitada o mala comunicación entre áreas rurales y urbanas, lo que dificulta el acceso a servicios básicos, incluida la educación, ya sea para alumnos como para docentes[73].

Actualmente Níger tiene una población de 25,2 millones de habitantes, cuyo 40,8% vive bajo el umbral de la pobreza[74]. La explosión demográfica es considerada por las familias como un método para paliar la precariedad, dado que multiplica la mano de obra: cada familia tiene de media siete hijos. El país también cuenta con la tasa más elevada de matrimonio precoz al ser la dote

---

[72] *Cfr.* UNICEF, Níger: los niños abandonan la escuela para apoyar a sus familias, 2012, disponible en: https://www.unicef.es/noticia/niger-los-ninos-abandonan-la-escuela-para-apoyar-sus-familias

[73] *Cfr.* Federación sindical internacional "La Internacional de la Educación", Níger: una situación insostenible para más de 2500 docentes, 2020, disponible en: https://www.ei-ie.org/es/item/23378:niger-una-situacion-insostenible-para-mas-de-2500-docentes; UNICEF, Escuelas Amigas de las Niñas, Iniciativa de UNICEF en Níger, disponible en: https://www.unicef.es/noticia/escuelas-amigas-de-las-ninas-iniciativa-de-unicef-en-niger; Fondo de Naciones Unidas para la Infancia, "Manual para las escuelas Amigas de la Infancia", 2009, Tabla 1, Capítulo I, p. 5; y "Níger prohíbe las clases de preescolar en chozas de paja tras la muerte de 25 niños en un incendio", *Europa Press*, 10 de noviembre de 2021, disponible en: https://www.europapress.es/internacional/noticia-niger-prohibe-clases-preescolar-chozas-paja-muerte-25-ninos-incendio-20211110144631.html

[74] *Cfr.* Save The Children, Níger: evitar matrimonios y la escuela de maridos, 2023, disponible en: https://www.savethechildren.es/actualidad/niger-evitar-matrimonios-y-la-escuela-de-maridos

un medio de ingresos adicionales: tres de cada cuatro mujeres están casadas antes de los 18 años según la ONG Plan Internacional; y los embarazos van a colación, limitando las oportunidades educativas para las niñas y mujeres y contribuyendo a perpetuar el patrón de analfabetismo en este perfil de población, que tan solo alcanzaba un 26,65% en 2018[75].

Publicado en octubre de 2013, el Informe de Seguimiento de la Educación para Todos en el Mundo de la UNESCO, que versa sobre la educación de las niñas[76], insta a los gobiernos a fomentar la educación femenina con el fin de reducir la tasa de mortandad infantil a la mitad, con lo cual se podrían salvar tres millones de vidas, y asevera que, de ese modo, se lograría salvar a 12 millones de niños del raquitismo y la desnutrición. De ahí que la educación de las niñas tenga una trascendental repercusión en la sociedad. Como bien manifestó el expolítico y militar sudsudanés JOHN GARANG DE MABIOR, "educar a una sola mujer es educar a una nación entera", poniendo énfasis en el horizonte de prosperidad que engendra la labor de la mujer como educadora social[77].

Sudáfrica y Níger son dos estudios de caso diametralmente opuestos pero que patentizan la importancia del intervencionismo del Estado para acelerar la mejora de la escolarización con el fin de dar a la población la oportunidad de crear un proyecto de vida digno.

---

75 *Cfr.* Datos Macro, Níger – Tasa de alfabetización, disponible en: https://datosmacro.expansion.com/demografia/tasa-alfabetizacion/niger#:~:text=Níger%20tiene%2C%20según%20los%20últimos,es%20del%2026%2C65%25

76 Véase Ficha descriptiva de UNESCO, "Education For All Global Monitoring Report, La educación de las niñas: Los datos", 2013, p. 2.

77 JOHN GARANG DE MABIOR (1945-2005) fue líder del Movimiento Popular de Liberación de Sudán (SPLM) y comandante en jefe del Ejército Popular de Liberación de Sudán (SPLA) durante la Segunda Guerra Civil sudanesa. Su visión de un Sudán unificado fue plasmada en el Acuerdo de Paz Integral de 2005, que puso fin a la Guerra Civil y pavimentó el camino para la independencia de Sudán del Sur en 2011, convirtiéndose en el Estado más joven del mundo.

Esta andadura nos lleva a concluir que el acceso a la educación depende del modelo de desarrollo que adopte cada gobierno. Y como no se puede hablar de desarrollo sin abordar la cuestión de las transferencias tecnológicas, ya que condicionan nuestra manera de producir, consumir, distribuir y comercializar, cabe hacer un guiño al marco internacional de Ayuda Oficial al Desarrollo[78], en el que operan distintos instrumentos para acelerar el proceso de desarrollo a nivel global.

El desarrollo no se limita exclusivamente a luchar contra el hambre mediante el suministro de alimentos. Las variables más eficientes de este sistema son, por una parte, la asistencia técnica que proporciona la transferencia de Innovación, Desarrollo y *Know-How* a fin de agilizar conocimientos y habilidades de diseño, implementación y gestión de proyectos. Por otra parte está la cooperación científico-técnica y la Educación para el Desarrollo, Sensibilización e Innovación, que podría resumirse en un *braingain* a gran escala, dado que consiste en el intercambio de mano de obra para una posterior capacitación y fomento del empleo, lo que permitiría diluir paulatinamente la pobreza en países en vías de desarrollo.

NELSON MANDELA proclamó, de una manera elocuente y pedagógica, en la multitudinaria manifestación del 3 de febrero de 2005 en Londres que:

> "Al igual que la esclavitud y el apartheid, la pobreza no es un fenómeno natural; ha sido creada por el ser humano y, de la misma manera, puede ser superada y erradicada por sus acciones. La superación de la pobreza no es un acto de caridad, es un acto de justicia. Es la protección de un derecho fundamental, el derecho a la dignidad y a una vida digna. Mientras persista la pobreza, no existirá la verdadera libertad (...) el mundo está hambriento de acciones y no palabras. Actúen con valentía y decisión"[79].

---

78 Para información adicional, véase Consejo de la Unión Europea, "Informe Anual de 2022 al Consejo Europeo sobre los objetivos de la UE en materia de ayuda al desarrollo – Conclusiones del Consejo (18 de julio de 2022)", 2022, Anexo p. 11, disponible en: https://data.consilium.europa.eu/doc/document/ST-11303-2022-INIT/es/pdf

79 MANDELA, N., Make Poverty History, Londres, 3 de febrero de 2005.

La tasa de alfabetización es el indicador de base para determinar el nivel de educación en un país y, por ende, la presencia o carencia de desarrollo social y económico en el mismo.

Asegurar el comercio justo, eliminar la deuda externa de los países en vías de desarrollo y reforzar los mecanismos de Ayuda Oficial al Desarrollo son instrumentos significativos para erradicar la pobreza. Sin embargo, la falta de voluntad política junto con las elevadas tasas de corrupción obstruyen el paso al proceso de desarrollo sostenible en el Sur Global, pues es responsabilidad de los gobiernos destinar los fondos otorgados por los actores del sistema de cooperación internacional al apoyo de programas adecuados en lo que a infraestructuras educativas, sanitarias, agrícolas y de saneamiento se refiere.

Tras las bambalinas, la cooperación está condicionada por aspectos políticos e intereses económicos. El prolífico economista y sociólogo alemán ANDRÉ GUNDER FRANK acuñó la expresión "el desarrollo del subdesarrollo" en la década de los 60-70 como punto de partida de la teoría de la dependencia[80]. En dicho ensayo el autor hace referencia a la necesidad de que exista un subdesarrollo para un posterior desarrollo[81], planteando una visión pesimista de un subdesarrollo permanente e irreversible en los países del Tercer Mundo. En este sentido, pone de manifiesto la estructura "metrópoli-satélite", con sus respectivas corporaciones multinacionales, a modo de mecanismo para perpetuar las existentes dinámicas de explotación y atraso respecto del plano internacional. El fenómeno resulta de grado máximo de contacto con el sistema de deuda trampa practicado por las instituciones financieras internacionales del

---

80 *Cfr.* KAY, C., "ANDRÉ GUNDER FRANK: "Unidad en la diversidad" del Desarrollo del Subdesarrollo al Sistema mundo", *Revista de Estudios Globales: Análisis histórico y cambio social*, Vol. 2, No. 3, 2022, pp. 13-14 y 21.

81 *Cfr.* FRANK, A. G., "Desarrollo del subdesarrollo: punto de vista de un economista comprometido", *Monthly Review*, Vol. 18, No. 4, 1966, pp. 390-397; y KAY, C., "Memoria ANDRÉ GUNDER FRANK (1929-2005): pionero de la teoría de la dependencia y mundialización", *Revista Mexicana de Sociología*, Vol. 68, No. 1, 2006, pp. 185-187.

Banco Mundial y el Fondo Monetario Internacional; en otras palabras, el colonialismo se ha transformado en un sistema económico que sostiene el imperialismo y el capitalismo.

De modo que el Sur Global tiene muchas lecciones que aprender, reaprender, desaprender y poner en ejecución para tomar las riendas de su devenir y ser capaz de explotar su inestimable potencial de crecimiento humano y económico conforme a los Objetivos de Desarrollo Sostenible trazados en el marco de la Agenda 2030 de las Naciones Unidas.

Como colofón, la Declaración Universal de Derechos Humanos incluye en su artículo 26[82] el derecho de toda persona a acceder a la educación, pues nos permite adquirir madurez como seres sociales y construir sociedades más justas y equitativas, fomentando la tolerancia, el respeto y la conciencia cívica y moral. Es necesario abordar el desafío del acceso a la educación desde un enfoque multisectorial, teniendo en cuenta las necesidades específicas de las minorías más afectadas por el analfabetismo, puesto que están privadas de la aplicación de un marco de Derechos Humanos articulado sobre la base del respeto a la interculturalidad y la perspectiva de género.

Como proclamó el diplomático ghanés KOFI ANNAN[83]: “La educación es simplemente construcción de paz con otro nombre. Es la forma más efectiva de gasto en defensa que existe”[84].

---

82 La *Declaración Universal de los Derechos Humanos* fue proclamada por la Asamblea General de las Naciones Unidas en París el 10 de diciembre de 1948, en su Resolución 217 A (III).

83 KOFI ANNAN (1938-2018) fue Secretario General de las Naciones Unidas entre 1997 y 2006. Galardonado con el Premio Nobel de la Paz en 2001, destacó por su labor incansable en la reforma del sistema de las Naciones Unidas para garantizar el mantenimiento de la paz mediante el multilateralismo y la seguridad colectiva.

84 Véase International Human Rights Foundation, disponible en: https://ihrf.world/en/

La apuesta por la diseminación de una educación de calidad, inclusiva y equidistante debe pasar por la creación de un espacio de menores inequidades[85]: conjugar la sabiduría de entrelazar ciencia y alfabetización para permitir que afloren oportunidades permanentes de educación para todos los colectivos, pues una sociedad progresa en tanto en cuanto las capas más desfavorecidas y marginadas consiguen romper la barrera de limitaciones que se les ha impuesto; unos resortes que nos permiten comprender que lo contrario a la pobreza no es la riqueza, sino la educación.

En 2024, en un momento histórico en que el impacto de los conflictos como la agresión de Rusia a Ucrania y la crisis en Gaza, primero con los crímenes de lesa humanidad cometidos en territorio de Israel por Hamás el 7 de octubre de 2024 y la reacción de Israel al margen de los principios humanitarios de derecho internacional y la comisión de crímenes de guerra contra la población civil gazatí, la situación del acceso al derecho a la educación está sufriendo una crisis sin precedentes desde 2008, en particular por el aumento de la inversión en el gasto Público. Moisés Naim ha señalado acertadamente que en esta situación de crisis la diatriba es "¿Armas o comida"[86] con la muestra que arrojan los datos del aumento militar del mundo en casi un 7%.

---

85 Para información adicional, véase UNESCO, "El Desafío Mundial de la Alfabetización... *opus cit.*, pp. 18-24.

86 NAIM, M. "¿Armas o comida", EL País, Madrid, 12 de mayo de 2024. De especial interés, Naim señala sobre la situación : "Es una tendencia global. Cada una de las 10 mayores potencias del mundo aumentó significativamente su gasto militar en 2023. Rusia aumentó su gasto un 24% llevándolo a un monto que es 13 veces mayor que el presupuesto del Programa Mundial de Alimentación de la ONU, que socorre a las poblaciones al borde de la hambruna. Ucrania, por su parte, aumentó su gasto un 51% alcanzando los 65.000 millones, tres veces más que el presupuesto de la Unicef para atender a los niños más desprovistos del planeta. (...) También las potencias militares más modestas han venido aumentando el gasto militar. España, por ejemplo, vio su gasto militar crecer en 2.000 millones en el último año, una suma parecida a la que ha prometido el mundo entero para aliviar la crisis humanitaria

"En su conjunto, en 2023 los gobiernos gastaron más de 2,4 billones de dólares en personal, equipos y armas: es decir, 2,4 millones de millones de dólares.

Es mucho el bien que se podría hacer con este dinero. Los países dedican nueve veces más a gastos militares de lo que se dedica a erradicar el hambre, por ejemplo. De hecho, el gasto militar a nivel global se acerca a los 3 billones de dólares, el monto que Naciones Unidas estima sería necesario para alcanzar todas las Metas de Desarrollo Sostenible. Dichas metas incluyen, entre otras, la erradicación del hambre, la provisión de servicios de salud, educación, vivienda, y energía eléctrica a todos los habitantes del mundo en desarrollo. Todo eso se podría lograr… pero no se logra, porque en vez de invertirlos en el bienestar humano, esos recursos están siendo utilizados por los gobiernos para armar sus países hasta los dientes."[87]

---

causada por la Guerra Civil en Sudán. Hasta los países obligados al pacifismo por haber perdido la última Guerra Mundial, hoy se preparan activamente para un posible conflicto armado. Japón, por ejemplo, está aumentando aceleradamente su presupuesto militar y se estima que en 2027 será la tercera potencia militar del planeta. Alemania le ha dado un giro de 180 grados a su política militar y está comprando una costosísima flota de cazabombarderos F-35. Que en un mundo más peligroso los gobiernos sientan una fuerte presión a armarse es natural, pero no por eso deja de ser una tragedia. Una de las razones del extraordinario desempeño económico y social de Japón y Alemania después de 1945 es que a estos países les fue prohibido dedicar recursos a sus fuerzas armadas. Esto hizo que los recursos fuesen usados para fortalecer su economía y su sociedad. Sea necesaria o no, esta carrera armamentista nos empobrece a todos".
Instituto Internacional de Investigaciones para la Paz de Estocolmo (SIPRI, por sus siglas en inglés), "Trends in world military expenditure", 2023, Sipri Fact Sheet 2024, Nan Tian, Diego Lopes da Silva, Xiao Liang, Lorenzo Scarazzato, disponible en https://www.sipri.org/sites/default/files/2024-04/2404_fs_milex_2023.pdf

87 Instituto Internacional de Investigaciones para la Paz de Estocolmo (SIPRI, por sus siglas en inglés), "Trends in world military expenditure", 2023, Sipri Fact Sheet 2024, Nan Tian, Diego Lopes da Silva, Xiao Liang, Lorenzo Scarazzato, disponible en https://www.sipri.org/sites/default/files/2024-04/2404_fs_milex_2023.pdf

Esta situación de reducción de gastos en educación se agrava en Europa con la impronta del nacionalismo en los planes de estudios y las políticas ministeriales, por ejemplo en Rusia, de criminalización de una "amenaza occidental", así como las campañas educativas de manipulación de la población infantil en los territorios ocupados de Ucrania.[88]

Si los principios y valores democráticos de la tolerancia, respeto a la diversidad y promoción de la política —como el compromiso entre los diferentes para lograr acuerdos en los intereses comunes— y la concordia, así como los derechos humanos, que son caracterizados como agresiones o imposiciones "del otro", enfrentamos entonces otro tipo de desafíos más preocupantes. Probablemente, el verdadero problema de la educación mostrará sus efectos a medio plazo, no solo porque dejará un impacto por la merma de los recursos materiales para garantizar la prestación del derecho a la educación, sino también desde una perspectiva cualitativa y axiológica. Desde el momento en que se pongan en práctica visiones contrarias al universalismo, y se promueva la continua criminalización y amenaza del oponente sin valores o principios comunes que compartir, existe un riesgo plausible de violencia y crisis de inestabilidad promovidos por las diversas visiones de nacionalismo excluyente, que provenienen no solo de Europa, sino de todas las regiones del planeta.

---

88 Véase, Amnistía Internacional: "Rusia atenta contra el derecho a la educación de niños y niñas en las zonas ocupadas en Ucrania. Rusia ha transformado la educación en una máquina de propaganda para el adoctrinamiento de niños y niñas, incluso mediante la tergiversación de la historia y el intento de erradicar la cultura, el patrimonio y la identidad de Ucrania. Así se desprende de las investigaciones llevadas a cabo por Amnistía Internacional", 27 de febrero de 2024. Disponible en https://www.es.amnesty.org/en-que-estamos/blog/historia/articulo/rusia-contra-el-derecho-a-la-educacion-en-las-zonas-ocupadas-en-ucrania/

La educación es una preocupación, una responsabilidad pública. Pública no quiere decir forzosa y exclusivamente estatal, pero la educación no es un asunto privado, del papá, la mamá, el niño o la niña. Es una preocupación de toda la sociedad pues va nuestra seguridad democrática en ello. Las sociedades educan en defensa propia…, el Estado supone una serie de instituciones que emanan de la sociedad —y debemos hacer todo lo posible por que emanen de ella— y por lo tanto al Estado podemos hacerle determinadas demandas.

FERNANDO SAVATER

Capítulo 2
Introducción: el valor político de la educación

2.1. POLÍTICA, ORGANIZACIÓN PÚBLICA Y EDUCACIÓN

El desarrollo histórico de la organización social y humana en Occidente ha adquirido diversas formas políticas dependiendo del periodo histórico —Edad Clásica, Moderna y Contemporánea—, manifestando en cada momento una relación de diferente naturaleza e intensidad entre política y educación. La política y la educación han reflejado en sus contenidos, en constante evolución, una visión particular de un tiempo político, histórico y jurídico[89].

En el desarrollo de la primera parte de este libro presentaremos un análisis de la relación entre la política y la educación de acuerdo con las experiencias más relevantes de algunos países oc-

---

89 La política se ha servido de la educación en la historia de Occidente como fórmula de perpetuación política y de legitimación del poder dominante. HOBBES indicaba a finales del Siglo XVI: "(...) Hay que regresar pues al estado de naturaleza en el que, por igualdad natural, todos los hombres maduros han de considerarse iguales entre sí. Allí, por derecho natural, el vencedor es señor del vencido; por eso, por derecho natural, el dominio sobre el niño pertenece primariamente al primero que lo tiene en su poder. Y es manifiesto que al recién nacido el primero que lo tiene es su madre, antes que cualquier otro, de manera que puede educarlo o entregarlo, a su arbitrio y con derecho. Si lo educa (dado que el estado de naturaleza es un estado de guerra), se ha de entender que lo educa en orden a que de adulto no sea su enemigo, esto es, en orden a que la obedezca", HOBBES, T., *El ciudadano. Educar para la obediencia*, Debate/CSIC, Madrid, 1993, p. 83.

cidentales desde los inicios del mundo moderno. Este análisis nos permitirá poder precisar varias cuestiones:

a) La función que representa la educación en la política del Estado moderno occidental.

b) La educación como actividad y medio indispensable para la viabilidad del sistema democrático.

c) La educación democrática como base de la concepción moderna de la ciudadanía. Antes de tal exposición, es preceptiva una aproximación conceptual a las dos materias que serán el objeto esencial del desarrollo de este trabajo y que, una vez presentadas con nitidez, nos permitirán elaborar el análisis político-social de la relación entre política y educación en el mundo occidental moderno, y el progreso del reconocimiento efectivo del derecho a la educación desarrollado por el Derecho Internacional.

2.2. CONCEPTO Y ELEMENTOS DE LA EDUCACIÓN Y LA POLÍTICA

2.2.1. La idea de política

Exponer un concepto tan amplio e importante para el desarrollo de las ideas y de la propia lógica como es el concepto de la "política" parece casi *a priori* una labor que necesariamente comporta un perfil subjetivo y limitado. Por ello, atenderemos a una idea del término "política" que nos permita comprender el objeto de este trabajo. RAPHAEL[90] ha resaltado el frecuente uso metafórico e incluso el habitual "uso parasitario" de este término en cualquier actividad en torno al poder, con lo que ha de identificarse la política con poder, influencia y cambio en la realidad social.

---

[90] RAPHAEL, D. D., *Problemas de filosofía política,* Alianza, Madrid, 1983, pp. 37 y *ss.*

Dado que los asuntos políticos incluyen la búsqueda de poder y el ejercicio de influencia, la introducción de estos rasgos en otras esferas de la vida reciben el nombre de política. El término política podemos delimitarlo, siguiendo a GINER[91], en torno a dos acepciones diferentes:

a) La primera, la política como proceso social mediante el cual los hombres o sus agrupaciones se distribuyen poder, autoridad y recursos, lo cual infiere la fuerza necesaria para que entre en vigor en un contexto determinado lo que en lengua inglesa se identifica con el término *politics*[92].

b) La segunda acepción hace referencia a la política como estrategia o línea de actuación que sigue un individuo o un grupo respecto de un determinado objetivo. La denominación inglesa atiende al término *policy*.

GABLENTZ ha señalado que el término "política" es utilizado en una "esfera parcial" de la sociedad para definir un comportamiento o actividad que denota parte de la "conducta social". Para el autor alemán, la política contiene un fin y es un medio en dicha acción social: "Política es la lucha por el poder con el fin totalmente determinado de conseguir un orden de vida en común relativamente duradero y gobernar en él"[93].

---

91 GINER, S., ESPINOSA, E. y TORRES, C., *Diccionario de sociología*, Alianza, Madrid, 1998, p. 583.

92 Respecto a la actividad política dirigida a la educación en la acepción *politics*, FULLAT ha señalado que las políticas educativas son una mera forma de dominación y control entre los hombres: "(...) El tema de la política de la educación, entendiendo política como *politics*; es decir, como dominio del hombre sobre el hombre. ¿Cómo la "política-dominio" se enseñorea del hecho educador y cómo tal yugo hace inteligible el mismo concepto de hecho político? (...) Tanto lo político como lo educacional remiten al concepto que los engloba de lo social", FULLAT, O., *Política de la educación*, CEAC, Barcelona, 1994, p. 69.

93 GABLENTZ, O. H., *Introducción a la ciencia política*, Herder, Barcelona, 1974, p. 17.

Para SCHMITT, la esencia de lo político reside en el soberano y este, como poseedor del poder de elección, se identifica con la decisión política[94]. Lo político contiene un elemento constitutivo y otro polémico. Constitutivo porque es en política donde se determinan los elementos que van a modelar la identidad de un pueblo frente a otro; es una opción de carácter público. Es polémica porque de la opción que se realice de lo político surgirá la relación "amigo-enemigo", tanto hacia el exterior en relación con otros pueblos o Estados, como hacia el interior frente a aquellos que no comparten o respetan la identidad concreta y específica del Estado[95]. La función de la actividad política reside en agrupar

---

94 *Vid.* SCHMITT: "El concepto del Estado supone el de lo político. De acuerdo con el uso actual del término, el Estado es el status político de un pueblo organizado en el interior de unas fronteras territoriales (...) estas definiciones y símiles presuponen o anticipan demasiadas cosas en materia de interpretación, sentido, ilustración y construcción, y esto las hace poco adecuadas como punto de partida para una exposición sencilla y elemental. Por el sentido del término y por la índole del fenómeno histórico, el Estado representa un determinado modo de estar de un pueblo, esto es, el modo que contiene en el caso decisivo la pauta concluyente, y por esa razón, frente a los diversos status individuales y colectivos teóricamente posibles, él es el status por antonomasia. De momento no cabe decir más. Todos los rasgos de esta manera de representárselo —status y pueblo— adquieren su sentido en virtud del rasgo", véase en SCHMITT, C., *El concepto de lo político*, Alianza Editorial, Madrid, 1991 (texto original de 1932), p. 49.

95 *Vid.* SCHMITT: "(...) El Estado constituye de hecho una magnitud clara e inequívocamente determinada, en neta contraposición a los grupos e instancias "no políticos", es decir, en tanto en cuanto el Estado mantenga el monopolio de lo político (...) Por eso el criterio de la distinción entre amigo y enemigo tampoco significa en modo alguno que un determinado pueblo tenga que ser eternamente amigo o enemigo de otro, o que la neutralidad no sea posible, o no pueda ser políticamente sensata. Lo que ocurre es que el concepto de la neutralidad, igual que cualquier otro concepto político, se encuentra también bajo ese supuesto último de la posibilidad real de agruparse como amigos o enemigos. Si sobre la tierra no hubiese más que neutralidad, no solo se habría terminado la guerra sino que se habría acabado también la neu-

al pueblo en torno a un contenido e identidad y defenderlo frente a los que no compartan dicha identidad.

La percepción de "política" de SCHMITT va asociada a la idea de que el funcionamiento del Estado es inseparable del ejercicio del poder; percepción propia del momento histórico de la República de Weimar en la que vive el autor, en el que la idea de Estado constitucional se forma a partir de una clara conciencia del carácter histórico, y en cuyo marco la Constitución es el instrumento creado para establecer y asegurar una orientación racional del proceso político.

La Constitución del Estado en las democracias occidentales contemporáneas representa el marco jurídico en torno al cual se desarrolla la vida política, civil, económica y cultural de la comunidad que habita dicho Estado. Coincidimos con SCHMITT y GABLENTZ al afirmar que la idea de política, la de poder y la de derecho son realidades que conforman una efectiva y determinada realidad social. Cada política es siempre una lucha por el poder con el objetivo de crear un orden de vida común que satisfaga la conciencia del derecho que tengan los hombres: "La política es la lucha por el recto orden"[96]. Esto implica —como ha señalado LUCAS VERDÚ— una vida política que comporta un dinamismo efectivo o potencial, es decir, cambio dinámico (*crisis*), proceso realizado "dentro, a través y en torno" a estructuras políticas y jurídicas que son promovidas e impulsadas por "individuos y grupos conforme a sus roles correspondientes"[97].

LUCAS VERDÚ asimila la actividad política a un proceso connatural a la realidad humana y a la acción propiciatoria del devenir en los grupos sociales organizados:

---

tralidad misma del mismo modo que desaparecería cualquier política (…)", *Ibidem.* Además, por su interés expositivo y pedagógico, véase el "Comentario introductorio" de AGAPITO RAMOS, pp. 26 y *ss.*, en *Ibid.*, pp. 49 y *ss.*

96 GABLENTZ, *opus cit.*, p. 17.

97 LUCAS VERDÚ, P., *Principios de ciencia política,* Tecnos, Madrid, 1979, pp. 171 y *ss.*

"Entendemos por Política la actividad humana, fundada en intereses justificados ideológicamente, que pretende conseguir objetivos valederos para toda la comunidad mediante el ejercicio del poder público organizado o el influjo sobre él"[98].

A las ideas y definiciones anteriormente expresadas incorporamos nuestra idea de "política", sobre la cual transcurrirá el discurso de política y educación, en el que la política es una propuesta de organización y desarrollo de la convivencia que contiene un elemento de supervivencia y convivencia de las comunidades sociales; la política es la forma de organizar la libertad a partir de unos principios y valores que aparecen asociados a una determinada ideología.

Ortega y Gasset, a principios del Siglo XX, cifró en la política el instrumento capaz de "transformar la realidad social circundante", y *por* ello la acción política es transformación de la realidad circunstancial: "La política puede significar dos cosas: arte de gobernar o arte de conseguir el Gobierno y conservarlo. De otro modo: hay un arte de legislar y un arte de imponer cierta legislación"[99]. Ortega y Gasset estimaba que la pedagogía (educación) es una de las fórmulas más extraordinarias de *hacer política*, es decir, de transformar la realidad, donde "pedagogía social" es sinónimo de transformación y "programa político".

2.2.2. *Educación e intervención pública*

Con esta aproximación de realidad social, política y poder incorporamos la figura del Estado como poder público, representando al principal actor e interventor en la educación. Fullat

---

98 *Ibid.*, p. 172.

99 Ortega y Gasset, J., "España, problema político", en *Obras completas*, Tomo I, Alianza, Madrid, p. 507. Véase en este mismo ámbito la serie de conferencias pronunciadas por Ortega y Gasset sobre educación y política bajo el título "La pedagogía social como programa político", en Ortega y Gasset, *Obras... opus cit.*, pp. 503 y *ss*.

subraya en este sentido la importante y básica dimensión pública de la política y la educación:

> "En última instancia, el Estado es el motor de toda política educativa por tratarse de la realidad política por antonomasia. Modelos de escuela, leyes de educación, grados de intervencionismo estatal, proyectos educacionales... finalidades educativas son extremos sobre los cuales el Estado y sus aparatos se pronuncian de un modo u otro"[100].

El poder público organiza, dirige e impera en la política en la doble perspectiva de actividad pública por un lado y, por otro, como acción destinada al control de los individuos que, dependiendo de la época histórica, desempañarán un papel diferente en la organización del régimen político; educación que abarca desde la educación para el súbdito de las monarquías absolutas hasta la educación para el ciudadano democrático como uno de los valores y derechos inalienables del individuo para su desarrollo y participación en la comunidad política[101].

---

100 FULLAT, *opus cit.*, p. 103.

101 La relación entre Estado y educación adquiere diversos caracteres conforme al paso histórico del tiempo, y con ello a los diversos regímenes políticos. En este sentido, FULLAT ha advertido sobre el carácter activo y acaparador de la acción del poder: "El sino del poder no es otro que el de mandar, manejar, intervenir, capitanear. La noción de poder excluye la de límite y borde; el poder o es omnipotente o deja de ser poder. El poder constreñido es impotencia. El poder es canceroso. Al poder político, y particularmente al del Estado, le cuadra el ser incondicional. El Estado es el lugar y el tiempo en los que el concepto de poder logra su máxima realización histórica (...) El hecho de que el Estado se preocupe y ocupe de la educación de las gentes se genera, no en función de las necesidades educativas de los súbditos, sino con vistas a las exigencias del propio poder estatal. Como resulta más cómodo imperar sobre ignorantes que encima de conocedores, el poder de suyo no promueve la educación. No lo hará hasta que las exigencias históricas se lo exijan para continuar con su destino de imperio. Cuando esto sucede, entonces controla directa o indirectamente los procesos del saber", en FULLAT, *opus cit.*, p. 124.

2.3. CONCEPTO DE EDUCACIÓN

El desarrollo conceptual del término "educación" requiere de una aproximación cautelosa, pues como han señalado diversos autores, "todo el mundo cree saber y poder decir algo sobre la actividad educativa", pues no solamente todos hemos sido sujetos activos y pasivos del proceso de aprendizaje, sino que la mayoría de las personas tenemos una idea más o menos cierta de lo que debería ser una "buena educación". En esta línea, MEDINA RUBIO, RODRÍGUEZ NEIRA y GARCÍA ARETIO señalan que la educación es una materia que históricamente ha representado una enconada lucha ideológica en torno a diferentes perspectivas religiosas, políticas y sociales, y de la que "todos dicen saber de educación" y "qué es educación" como actividad y proceso[102]. El precedente remoto y origen de la idea occidental de la educación lo encontramos en la antigüedad griega en la *paideia*[103]—formación íntegra

---

102 MEDINA RUBIO, R., RODRÍGUEZ NEIRA, T. y GARCÍA ARETIO, L., *Teoría de la educación*, UNED, Madrid, 1992, p. 15. Respecto de las diferentes clasificaciones al uso, dejamos en manos de la pedagogía las diferentes clasificaciones que actualmente se realizan en la educación, que abarca una amplitud de ámbitos: desde los hechos o fenómenos educacionales, hasta los consejeros de educación, la educación popular, íntegra, física, moral, cívica, estética, intelectual, familiar, sexual, ambiental, formal, no formal, sistemática, difusa, cósmica, paralela, innovadora, institucional, social, religiosa, política, vial, liberadora, individualizadora, personalizada, permanente, marxista, a distancia, presencial, especial, infantil, primaria, secundaria, universitaria, obligatoria; educación para la paz, para la democracia, para la salud, para la convivencia, para el consumo, de la fe y también, para terminar, todos los campos que escuchamos de la palabra "educación" relacionados con política educativa: legislación educativa, teoría de la educación, filosofía de la educación, historia de la educación, etc. Ver *Ibid.*, p. 5.

103 Véase MARROU, H-I., Historia de la educación en la antigüedad. México, Fondo de Cultura Económica. 1998, pp. 144 y *ss.*, y en particular los puntos I "La civilización de la 'paideia' " y la "Conclusión. El humanismo clásico", p. 301. SANVISENS, A., *Introducción a la pedagogía.* Barcelona, Barcanova, 1984, pp. 7 y *ss.*

de la persona—, que era la actividad asociada a la integración del ciudadano en su comunidad (*polis*).

Con el objeto de definir la actividad educativa analizaremos tres perspectivas complementarias que nos permitirán aproximarnos a la idea moderna de educación. Una primera etimológica, una segunda técnica y una última política.

a) Análisis etimológico del término "educación"

Encontramos diferentes propuestas etimológicas latinas referidas a educación: los términos "educare", "educere" y "aullio".

Los dos primeros, "educare" y "educere", tienen una relación de significado complementaria. "Educare" significa "criar, nutrir, alimentar", es decir, la actividad encaminada a facilitar los medios necesarios para construir y desarrollarse[104]. Por otro lado, "educere" equivale a "extraer, obtener" como sinónimo de consecución del potencial que existe en el interior de la persona.

Un último análisis relaciona "educación" con el vocablo latino "aullio". Este verbo procede del término "auctoritas". La autoridad —en el sentido educativo del término— excluye la tiranía o la arbitrariedad. "Aullio" significa "ayudar a crecer"[105]. La autoridad es lo que ayuda a crecer, a desarrollarse, precisamente en oposición a la tiranía, cuyo objetivo esencial es mantener en la perpetua infancia, en la incapacidad, a los tiranizados.

Ante esta doble acepción de los conceptos *educare* y *educere*, algunos autores[106] han auspiciado la idea de hacer converger ambos significados en una *solución ecléctica*, por lo que algunos tratados de educación sugieren armonizar uno u otro enfoque. En la prác-

---

104 Medina Rubio, Rodríguez Neira y García Aretio, *opus cit.*, p. 15.

105 SAVATER, F., *Los caminos para la libertad. Ética y educación*, México, Ariel-Instituto Tecnológico de Monterrey, 2000, pp. 78 y *ss.*

106 Véase Melo Salcedo, I., *El derecho a la educación como presupuesto efectivo para la participación ciudadana en América Latina*, Universidad Alfonso X el Sabio, Madrid, 1995, pp. 13 y *ss.*, e Iyanga Pendi, A., *La educación contemporánea*, Libres, Valencia, 1996.

tica, el análisis histórico de la educación ha advertido precisamente este mismo enfoque al evidenciar que la mayoría de los sistemas y corrientes educativas optaron por esta fórmula ecléctica que concibe al hombre como sujeto que hay que formar,y la que lo concibe como persona que se forma.

Esto ha significado, desde los orígenes de la acción educativa en las más antiguas tradiciones, la coexistencia de tres modelos conceptuales básicos. ILEANA SALCEDO propone la clasificación de la educación desde el punto de vista etimológico en la síntesis de tres modelos diferentes:

1) Un modelo directivo o intervencionista (*educare*), que se caracteriza por la autoridad, el ejercicio de la disciplina, la receptividad, la instrucción, la socialización y la sistematización.
2) Un modelo no intervencionista, de extracción o desarrollo (*educere*), que se caracteriza por la libertad, la promoción de la autonomía y la responsabilidad personal, la originalidad, la creatividad y la imaginación.
3) Una tercera vía ecléctica, modelo que admite y asume ambas instancias, resolviendo que la educación es dirección o intervención y desarrollo o perfeccionamiento[107].

b) Análisis desde la perspectiva técnico-pedagógica

Actualmente la pedagogía, como ciencia humanista, se identifica como la actividad que estudia el arte y la dinámica del proceso educativo. Son múltiples las definiciones de "educación", y en este sentido nos centraremos en aquellas que incidan especialmente en la referencia de la educación como garantía de desarrollo, autonomía, sociabilidad y libertad del individuo[108].

---

[107] *Cfr.* IYANGA PENDI, *opus cit.*, p. 14.

[108] En torno a la idea de educación existe multitud de bibliografía y definiciones. Entre ellas, y por no hacerlo extensivo y complementando las citadas en el texto, resaltamos a LOCHNER, para quien: "La educación

Dewey resalta el objetivo garantista y perpetuador de las culturas y civilizaciones gracias a la educación:

> "La educación es la suma total de procesos por medio de los cuales una comunidad o un grupo social pequeño o grande transmite su capacidad adquirida y sus propósitos con el fin de asegurar la continuidad de su propia existencia y desarrollo"[109].

A esta idea garantista de la educación Comte incorpora y resalta el elemento socializador de la educación al representar esta "la manera de aprender a vivir para otros por el hábito de hacer prevalecer la sociabilidad sobre la personalidad"[110].

Posteriormente, Durkheim enriquecía la idea de educación como actividad que facilita la incorporación de los nuevos miembros a la comunidad, al brindarles los mismos criterios intelectuales y formativos: "La educación tiene por misión desarrollar en el educando los estados físicos, intelectuales y mentales que exigen de él la sociedad política y el medio social al que está des-

---

es la actividad humana, en parte planificada y en parte condicionada únicamente por las circunstancias, pero siempre consciente, que se dirige a los jóvenes o a los adultos con el objetivo de proporcionarles una ayuda para la vida personal, un incorporación a la vida del grupo y una transmisión de la cultura del grupo", publicado en Monroe, P., "A Cyclopedia of education", *Revista de educación*, Nueva York, 1911, citado en Medina Rubio, Rodríguez Neira y García Aretio, *opus cit.*, p. 21. Copperman: "La educación es una acción producida según las exigencias de la sociedad, inspiradora y modelo, con el propósito de formar a individuos de acuerdo son su idea del "hombre en sí". *Vid.* Coppermann, citado en Ferrández, A. y Sarramona, J., *La educación. Constantes y problemática actual*, CEAC, Barcelona, 1984, p. 21.

109 Publicado en Monroe, *opus cit.*, citado en Medina Rubio, Rodríguez Neira y García Aretio, *opus cit.*, p. 19.

110 Comte, citado en García Hoz, V. y otros, *Principios de pedagogía sistemática*, Rialp, Madrid, 1981, p. 4. Respecto a la función de integración social y política de la educación, véase Muñoz J. A., *La educación política como función de gobierno en el Estado*, Eunsa, Pamplona, 1982.

tinado"[111]. En esa línea, DEBESSE resalta la importancia de la educación no como un elemento sustantivo en el proceso, sino como actividad que apoya el desarrollo humano: "La educación no crea al hombre, le ayuda a crearse a sí mismo"[112].

En nuestra opinión, la educación es la actividad humana intencionada y, en parte, planificada, dirigida a la incorporación en la vida social de los miembros del grupo, con el objetivo de desarrollar las capacidades potenciales de cada persona. Por ello, podríamos aseverar que un individuo sin educación adolece de las garantías para poder vivir en libertad y de la capacidad autónoma para decidir su futuro y ser plenamente persona mediante su incorporación al grupo cultural o de civilización en el que se desenvuelve.

Como hemos podido constatar, la pedagogía realiza un análisis desde un plano interno material (qué es y cómo organizar el acto de educar) y al mismo tiempo como soporte. La pedagogía —desde el análisis de la sociología de la educación— se convierte en una ciencia auxiliar cuyos conocimientos usa el pedagogo en la planificación de los sistemas de enseñanza, la organización y el gobierno del centro escolar, etc., y que enlazan directamente con el carácter puramente político de la educación que analizaremos a continuación.

c) Análisis político-social de la educación

La educación, por sus funciones y capacidad trasformadora del hombre y la sociedad, ha sido afectada y modelada dependiendo del tipo de régimen político del Estado; esto significa que dependiendo del sistema político de cada Estado, la regulación normativa reflejará la idea de la función y el rol que desempeña la educación para la ciudadanía —para fortalecerla o bien mantenerla

---

111 Publicado en MONROE, *opus cit.*, citado en MEDINA RUBIO, RODRÍGUEZ NEIRA y GARCÍA ARETIO, *opus cit.*, p. 19.

112 DEBESSE citado en FERNÁNDEZ SORIA, J. M., *Manual de política y legislación educativa*, Síntesis, Madrid, 1999, p. 21.

en una situación de dependencia—. Por ello, el ámbito educativo del Estado democrático se erige como espacio imprescindible para el normal acontecer de la democracia, generando un margen autónomo civil de desarrollo y de aplicación de los sistemas educativos: "El hombre no es totalmente hombre por el hecho de nacer, sino por el hecho de vivir y de recrear constantemente su ambiente; el hombre no nace, sino que se hace"[113].

DEWEY incide en el carácter político de la educación como motor de cambio en el sentido etimológico griego de "crisis" (cambio), pues no solo es suficiente la existencia de una comunidad humana con regeneración, digamos, "biológica", sino que requiere que la comunidad —gracias precisamente a la educación— sea cuerpo y grupo gracias a la concienciación sobre los intereses, propósitos y fines del grupo[114].

---

113 RAPHAEL ofrece una interesante perspectiva desde las islas británicas que complementa la visión continental europea de la educación y la formación de los ciudadanos: "Todos los Estados toman medidas respecto a la educación, pero en las democracias liberales se piensa que la educación no puede ser monopolizada por el Estado. Si vamos más allá del tema educativo y de las instituciones que contribuyen a la educación, tales como museos y galerías de arte, nos adentramos ya en terrenos muy resbaladizos. En Inglaterra, la mayoría opinamos que al Estado no le concierne, o le concierne muy poco, el gozo estético (por no decir de las actividades religiosas), aunque, de hecho, el Estado actual ofrece cierta ayuda financiera no solo para las galerías de arte, sino también para el teatro, la música, la ópera, el ballet, y en menor medida para la literatura. No obstante, exceptuando el problema de la educación, estas cosas no se suelen considerar, fuera de los países comunistas, como responsabilidades fundamentales del Estado", en RAPHAEL, *opus cit.*, p. 12, citado en MEDINA RUBIO, RODRÍGUEZ NEIRA y GARCÍA ARETIO, *opus cit.*, p. 31.

114 Sobre la idea de concienciación de los objetivos de la comunidad, DEWEY indica: "(…) Existe la necesidad de que los miembros inmaduros no solo sean conservados físicamente en número suficiente, sino también que sean iniciados en los intereses, propósitos, informaciones, destrezas y prácticas de los miembros maduros, de lo contrario cesaría en el grupo su vida característica. El mero crecimiento físico, el mero

SÁBATO ha discurrido con empeño y profundidad en la creación humana que implica el acto de educar, que encierra en sí mismo una filosofía de vida, una perspectiva cultural y una manera de querer incorporar al hombre a la historia de su tiempo:

> "Se comete (...) un grave error cuando se pretende reformar la educación, como si se tratase de un problema meramente técnico, y no el resultado de la concepción del hombre que sirve de fundamento, de esos presupuestos que la sociedad mantiene acerca de su realidad y su destino y que, de una manera u otra, definen una manera de vivir, una actitud ante la felicidad y el infortunio"[115].

GARRIDO FALLA ha delimitado la íntima relación entre educación, libertad y justicia al señalar que la educación es el verdadero elemento de arbitro del futuro y del desarrollo de los pueblos: "La educación es principio de libertad (...) y esta condiciona el ulterior ejercicio de libertad (...) la educación condiciona el modelo de hombre (...) y este el modelo de sociedad"[116]. La educación de una sociedad democrática se entiende como el proceso necesario para la optimización integral del hombre, dirigido a la consecución de su autorrealización e inserción activa en la naturaleza, la

---

dominio de las necesidades de subsistencia, no basta para reproducir la vida del grupo. Solo la educación llena este vacío", en DEWEY, J., *Democracia y educación,* Morata, Madrid, 1995, p. 12, citado en MEDINA RUBIO, RODRÍGUEZ NEIRA y GARCÍA ARETIO, *opus cit.*, p. 31.

115 Continúa el texto de SÁBATO: "Presupuestos elaborados por teólogos, filósofos, y por eso intuitivos, que a través del arte exploran la condición del hombre, conmoviendo y transformando sus estratos más misteriosos. De este modo la educación no se lleva a cabo en abstracto, ni es válida en cualquier época o civilización, sino que vale en concreto, se hace con vistas a un proyecto de ser humano y comunidad: Esparta no puede imponer la misma educación que Atenas, no tienen los Estados totalitarios la misma que las democracias. Ante todo, esos presupuestos señalan qué es lo que se quiere de un pueblo y con qué fines hay que educarlo: si para lograr guerreros o humanistas, si para producir verdugos o seres respetuosos de sus semejantes", en SÁBATO, E., *Apologías y rechazos,* Alianza, Madrid, 1979, p. 96.

116 GARRIDO FALLA, F., *Comentarios a la Constitución de 1978,* Civitas, Madrid, 1985, p. 545.

sociedad y la cultura. La educación es un mecanismo indispensable, ya que sería difícilmente viable que el hombre alcanzase la madurez intelectual, emocional y personal por sus propios medios. Gracias a la educación es factible el desarrollo personal y la libertad de la persona en todas sus dimensiones; por ello, es consustancial a la educación un sistema de valores que identifique a la educación: un sistema de principios que gire en torno a una política y a la consecución de "(…) un tipo de racionalización de la existencia. Privar al ser humano de la dimensión axiológica es privarle de la dimensión que otorga sentido a la realidad general"[117].

La educación es la base de la cultura; es la acción humana que asienta los fundamentos para que los individuos de una sociedad civil sean conscientes de quiénes son y del lugar que ocupan, conozcan sus derechos y sus deberes, adquieran capacidad de juicio, criterio y decisión; aptitudes que hacen a los individuos más preclaros, más justos. La educación eleva el nivel de inteligencia del ser humano y lo hace más clarividente frente a su propio comportamiento y el de los demás, es decir, le hace apto para la vida en común, para la vida civil y pública. Podemos afirmar que en las sociedades modernas no solo el hombre que puede participar en la educación (ser instruido) puede ser más libre y tener capacidad de opción, sino que precisamente la educación complementa al hombre en su dimensión humana y espiritual, permitiéndole desarrollar las capacidades y valores que solo un proceso progresivo y complejo como la educación puede proveer.

Por tales razones la educación comporta un claro elemento de justicia y calidad de la comunidad, pues solo las comunidades democráticas advierten en la educación uno de los instrumentos más esenciales en la defensa, desarrollo y garantía del propio sistema democrático. Por ello, el derecho a la educación es un derecho fundamental esencial de la persona, porque desarrolla lo que por naturaleza somos; es un "a priori" en sociedad y, únicamente una

---

117 Medina Rubio, Rodríguez Neira y García Aretio, *opus cit.*, pp. 35 y 115.

actividad compleja como la educación (familiar, escolar, técnica, ética, espiritual, etc.) permite al hombre desarrollarse y hacerse más libre e instruido[118].

2.3.1. *Idea y fines de la educación occidental contemporánea*

La aproximación conceptual a la idea de "educación moderna" requiere, en primer lugar, la toma de conciencia de los "orígenes educativos de Occidente". La base cultural de los sistemas educativos depende y se desarrolla de acuerdo con los principios, valores y devenir histórico de una determinada civilización; hablar del nacimiento de la idea de educación desde la perspectiva occidental necesariamente nos remonta a la Antigüedad clásica del mundo griego, en cuyo periodo se establece la base y el origen de la idea de educación moderna occidental. El proceso educativo en la Grecia clásica nos permitirá advertir la naturaleza del hombre de la *polis*, quien gracias a la educación —*paideia*— adquiere la condición de *polites*, de hombre "público-ciudadano" que participa en la construcción y el futuro de su comunidad política[119].

---

118 Coincidimos en este sentido con ROSA REGÁS en torno a la idea y el valor de la educación. *Vid.* MATA, *opus cit.*, pp. 9 y *ss.*

119 En este sentido podemos afirmar que cada civilización ha construido un particular sistema educativo basado en unos criterios éticos, filosóficos e históricos propios, lo que nos permite hablar de diferentes tipos de educación dependiendo del contexto geográfico y cultural —de civilización— en que se ha albergado. Especialmente didáctica e interesante resulta el trabajo sobre la civilización realizado por BRAUDEL, F., *Le monde actuel, histoire et civilisations*, Arthaud, París, 1987. Siguiendo la controvertida tesis de HUNTINGTON, en los albores del Siglo XXI podemos establecer la existencia de un grupo de civilizaciones claramente individualizables: civilización africana, islámica, sínica, hindú, ortodoxa, budista, japonesa, latinoamericana y occidental. Véase HUNTINGTON, S., *El choque de las civilizaciones*, Paidós, Barcelona, 1997, pp. 65 y *ss.* Véase también la acertada crítica a esta teoría presentada por el palestino SAID, E., *The Clash of ignorance*, Nueva York, 1998.

Hacia el siglo V a. C., con el florecimiento de las grandes ciudades helénicas de la Grecia clásica, se fundaron las bases del sistema educativo occidental y por primera vez surgió el concepto de *paideia*, que se ha transmitido en esencia, aunque con diferente forma y objetivos, a la civilización occidental.

El autor alemán JAEGER a finales de 1920, en su obra sobre la educación en el mundo helénico clásico *Paideia*, señalaba que la educación responde a una necesidad de las comunidades que adquieren cierto grado de desarrollo; la complejidad del proceso educativo es paralela a la construcción de la cultura de un determinado grupo humano:

> "Todo pueblo que alcanza un cierto grado de desarrollo se halla naturalmente inclinado a practicar la educación. La educación es el principio mediante el cual la comunidad humana conserva y transmite su peculiaridad física y espiritual"[120].

La educación del mundo occidental tiene su referente directo en la civilización helénica y, en particular, en la estructura de su sociedad basada en un sistema político y jurídico. No es posible comprender la vida política y social de Grecia sin un referente de participación política de los hombres que ostentan la condición de ciudadanos (*polites*) y del sentido de comunidad. Esta estructura de "comunidad política", ciudadanía y participación democrática se construye mediante la educación de la ciudad (*paideia*). La *paideia* en la Grecia clásica consistía en el sistema educativo de conocimientos, valores sociales y ética que modela y vertebra la

---

120 JAEGER, *opus cit.*, p. 3. En esta idea continúa JAEGER "(…) nuestra historia en tanto que sale de los límites de un pueblo particular y nos inscribe como miembros en un amplio círculo de pueblos, "comienza con la aparición de los griegos". Por esta razón he denominado a este grupo de pueblos "heleno-céntrico". "Comienzo" no significa solo "comienzo temporal", sino también "origen o fuente espiritual", al cual en todo grado de desarrollo hay que volver para hallar una orientación. Este es el motivo por el cual volvemos constantemente a Grecia, (…) el fundamento de nuestro retorno se halla en nuestras propias necesidades vitales", en JAEGER, *opus cit.*, p. 5.

vida, e igualmente ilustra y enriquece las inquietudes del hombre griego.

Coincidimos con JAEGER en su apreciación de que solo podemos identificar a la cultura griega como "primer punto de referencia" y origen de toda la civilización occidental, en cuanto que la cultura surgida a partir del siglo V no tiene origen, ni es parangonable con ninguna otra manifestación cultural humana organizada:

> "El helenismo ocupa una posición singular. Grecia representa, frente a los grandes pueblos de Oriente (China, Egipto), un "progreso" fundamental, un nuevo "estadio" en todo cuanto hace referencia a la vida de los hombres en la comunidad. Esta se funda en principios totalmente nuevos. Por muy alto que estimemos las realizaciones artísticas, religiosas y políticas de los pueblos anteriores, la historia de aquello que, con plena conciencia, podemos denominar cultura, no comienza antes de los griegos"[121].

Los griegos son la primera civilización que advierte en la educación un proceso evolutivo, de construcción y modelación ordenada y guiada de los potenciales del hombre:

> "La más alta obra de arte que su afán se propuso fue la creación del hombre viviente (...) Los griegos vieron por primera vez que la educación debe ser un proceso de construcción consciente. La palabra alemana *Bildung* (formación, configuración) designa del modo más intuitivo la esencia de la educación en el sentido griego y platónico"[122].

JAEGER va más allá, ya que su interpretación del mundo griego es todavía de una mayor profundidad, pues la proyección teleológica de la civilización helénica y el concepto de "cultura griega" van asociados a una manera de educar a la ciudadanía en torno a la "cultura de la *paideia*", que es en sí misma la profundización del legado y de los principios de la Antigüedad, reinterpretados por los griegos, especialmente del siglo VI a. C. en adelante:

---

[121] *Ibid.*, pp. 5 y 11.
[122] *Ibid*, p.5.

> "(...) La historia de Grecia (es) la realidad concreta de su destino vital (...) a medida que avanzó en su camino, se inscribió con claridad creciente en su conciencia el fin, siempre presente, en que descansaba su vida: la formación de un alto tipo de hombre. Para él la idea de la educación representaba el sentido de todo humano esfuerzo. Era la justificación última de la existencia de la comunidad y la individualidad humana (...) Y en forma de *Paideia,* de "cultura", consideraron los griegos la totalidad de su obra creadora en relación con otros pueblos de la Antigüedad de los cuales fueron herederos. Augusto concibió la misión del Imperio Romano en función de la idea de cultura griega. Sin la idea griega de la cultura no hubiera existido la "Antigüedad" como unidad histórica ni el mundo de la cultura occidental"[123].

Entre los antiguos, los griegos fueron los primeros en concebir la educación como un proceso de integración del ciudadano en la *polis* o ciudad-Estado. La distinta concepción y naturaleza de las *polis* motivó diferentes modelos educativos en Esparta y Atenas, las dos grandes potencias de la Hélade[124].

---

123 *Ibid.*, p. 6.

124 La educación espartana se orientaba a la formación del carácter. Todo se sacrifica al interés de la comunidad nacional, la consagración al Estado, símbolo del valor de patriotismo supremo, teniendo la educación por objeto el favor del bienestar e interés de la comunidad. La virtud máxima era la obediencia. La moral cívica era austera y ascética, y contenía un puritanismo confesado y un rechazo a la civilización y a sus placeres. Mientras Esparta se caracterizaba por una política pedagógica estatista y totalitaria y por una educación marcial, Atenas, por el contrario, buscaba fundamentalmente la preparación del hombre libre, e intentaba forjar en él una personalidad original y creadora; para ello se promovía el ejercicio físico y la formación estética e intelectual del individuo. En Esparta la educación estaba orientada a lograr el heroísmo colectivo en pro del Estado, una pedagogía totalitaria que sometía el desarrollo del hombre a la norma absoluta del Estado. Era una educación planificada, que no daba margen a la peculiaridad individual. Se daba prioridad a un amplio programa de formación militar y física. El individuo era una pieza del Estado y vivía consagrado a su defensa y continuidad, aun cuando ello fuera en detrimento de su capacitación cultural y social. La música, la danza y el canto preparaban al joven para ejercitarse en la gimnasia y el deporte. Desde K. O. MÜLLER (1824) a W.

En la época clásica helenística la educación recoge todos los valores de la revolución pedagógica, en particular después de la generación de Aristóteles y Alejandro Magno. La educación helenística es justamente la educación a la que debemos llamar

---

JAEGER (1932) la erudición alemana exaltó la educación espartana con admiración apasionada; la encarnación de una política racista, guerrera y totalitaria cuyos ideales tuvieron reflejo material en los diferentes regímenes alemanes desde Federico II y, muy especialmente, durante el nacimiento del Estado alemán y el desarrollo del periodo de Bismarck y, ya en el Siglo XX, durante el III *Reich*. El propio JAEGER tuvo que exiliarse y fue acogido en la Universidad de Harvard (Cambridge-USA) tras la llegada al poder de Hitler en 1933. BARRÉS definía a Esparta en su condición de prodigioso cuartel, donde los espartanos no tenían por alma sino su aristocrática educación. La educación ateniense, especialmente a partir del siglo V A. C., atendía tanto al cultivo del cuerpo como de la mente. Los atenienses pusieron el énfasis en el desarrollo de la razón y del sentido crítico, que ejercitaban en la vida pública y en las manifestaciones culturales. El ambiente, cuando menos en Atenas, cambió respecto a Esparta, y era esencialmente civil. La pedagogía ateniense —que servirá de modelo para toda la Grecia clásica— denostaba la preparación militar. El Estado era el regulador de la educación, pero esta no fue nunca monopolio del Estado; se respetaba la obligación cívica y moral de los padres de educar a sus hijos y se garantizaba la libertad de la enseñanza. Implicaba el desarrollo físico, la educación musical, la poesía como medio de educación a través de los poemas homéricos y una educación literaria; es decir, por primera vez surge una institución donde se enseña a escribir, leer y contar, y donde el alumno frecuenta hasta tres discípulos. Así, la educación ateniense era más artística que literaria y más deportiva que intelectual. La educación sigue siendo de orden ético: "El hecho de ser un hombre bello y bueno". Conforme pase el tiempo la educación clásica griega evolucionará de una educación ética a una espiritual, y ello ocurrirá bajo la influencia de hombres como SÓCRATES y EPICURO. "No ceses de esculpir tu propia estatua", dirá PLOTINO. Para una amplia perspectiva de la educación en el mundo antiguo ver MARROU, H-I., *Historia de la educación en la antigüedad*, Fondo de Cultura Económica, México, 1998, pp. 79 y *ss.* y también véase sobre los orígenes de la civilización clásica y sus principios filosóficos y educativos VERNANT, J. P., *Los orígenes del pensamiento griego*, Paidós, Barcelona, 1992.

"educación clásica" a partir del momento en que se estabilizan las conquistas de Alejandro; posteriormente con la expansión del mundo romano hacia Oriente y por todo el Mediterráneo, la educación romana será una adaptación de la educación helenística a los medios de expresión latina. Ante el nuevo imperio creado por Alejandro, el cuadro de la ciudad-Estado se desvirtúa. La ciudad adquiere ahora solo una importancia municipal, y el sabio helenístico se considera ahora ciudadano del mundo. Allá donde se instalen griegos inmediatamente se crearán instituciones de enseñanza, escuelas primarias y gimnasios. La educación clásica es en esencia una iniciación a la vida griega, lo cual modela al niño y al adolescente, lo caracteriza como heleno, marcando la diferencia entre el heleno y el bárbaro. Deviene entonces esta época como la civilización de la *Paideia*: "De la cultura de la educación de los menores"[125].

Su modelo de educación integral pretendía desarrollar todas las partes de que consta la naturaleza humana. Sus doctrinas sobre el razonamiento, la educación moral, la psicología y, en especial, la integración del ciudadano y su concienciación en el respeto a la ley y las normas que rigen la comunidad perduraron en los siglos posteriores gracias a la incorporación que hizo Roma de sus postulados:

> "(...) La educación no es una propiedad individual, sino que pertenece, por esencia, a la comunidad (...) El carácter de la comunidad se imprime en sus hombres individuales y es, en el hombre fuente de toda acción y conducta (...) La estructura de toda sociedad descansa en leyes y normas escritas o no escritas que la unen y

---

[125] Esta definición se atribuye a MENANDRO, quien la tomó de PLATÓN: "La cultura personal es el más precioso bien que pueda otorgarse a los mortales". La anécdota del filósofo ESTILPÓN puede ilustrarnos en este sentido. Tras la toma de Megara y el saqueo de la ciudad, Demetrio Poliocertes quiso indemnizar al filósofo por los daños causados, y aquel respondió "que nada había perdido de cuanto le pertenecía, pues nadie le había arrebatado su cultura —*paideia*—, ya que conservaba la elocuencia y el saber", en MARROU, *opus cit.*, pp. 147 y *ss.*

ligan a sus miembros. Así toda educación es el producto de la conciencia cívica de una norma que rige una comunidad humana"[126].

En la educación griega ciertos monumentos y estatuas nos evocan la existencia de ciertas creencias singulares, en las que se aprecia una sobrestimación metafísica de los valores culturales. La vida cultural aparecía como un saber anticipado de la vida dichosa de las almas favorecidas por la inmortalidad. La práctica de las ciencias y de las artes a través de la inteligencia purificaba el alma y alejaba de los vínculos agobiantes de la materia, elementos que, por ejemplo, serán retomados y potenciados durante el resurgimiento del nacionalismo alemán, que volverá sus ojos a la cultura clásica griega y desarrollará la idea del *Kulturstaat*[127] (identidad de nación a través del sentido de identidad cultural del pueblo alemán).

2.4. RELACIÓN ENTRE PODER POLÍTICO Y EDUCACIÓN

Educación y política interactúan entre sí conformando una relación causal, resultando patente en los regímenes occidentales, donde la política educativa y el sistema cultural de un Estado conforman el tipo de Constitución política de cada comunidad. La historia contemporánea del siglo XX es un extraordinario ejemplo de la perversión que ha producido la aplicación de principios y dogmas políticos a la educación; en los extremos de los totalitarismos y en la manipulación interesada de la realidad de los hechos es fácil constatar la "maldad" producida por regímenes de orientación política totalitaria, en contraste con los principios democráticos de tolerancia, igualdad y respeto a la diversidad que ilustran las políticas educativas de los regímenes propiamente democráticos.

---

126 JAEGER, *opus cit.*, p. 5.

127 Véase el Capítulo 7 relativo a la reforma prusiana de la educación tras la Revolución Francesa.

2.4.1. Políticas educativas y manipulación política del Estado totalitario del siglo XX

La educación como acción pública del Estado no comporta *per se* un valor definitivo y seguro de equidad, justicia y desarrollo para el hombre; únicamente esto acontece desde el momento en que la educación está enmarcada en los principios que fomentan y fortalecen la condición de humanidad, de respeto de los derechos humanos y la idea de justicia, respeto y solidaridad. El Siglo XX ha proporcionado ejemplos históricos de uso político e instrumental de la educación para la consecución de políticas totalitarias. Baste señalar, como ejemplos extremos, la educación durante la Alemania nazi en los años 30, la China de Mao de la década de 1960 y su *Revolución Cultural*, y la Camboya de Pol Pot a partir de 1974. En el primer cuarto del siglo XXI hablar de educación implica hablar de cimiento y pilar de la convivencia[128]. Ello presupone necesariamente la intervención de los poderes públicos y la participación estatal en las políticas educativas de la comunidad[129].

En directa relación con el cataclismo del Siglo XX que supuso la llegada al poder de los nazis en Alemania y el holocausto judío —denominado eufemísticamente por los nazis como "solución fi-

---

128 Ver Chomsky, N., *La (des)educación*, Crítica, Barcelona, 2001.

129 Sobre el reconocimiento explícito del valor de la educación por parte de los Estados, Tedesco ha subrayado que los poderes públicos y privados han reconocido la relevancia económica de la educación: "En los países desarrollados, sin embargo, este fenómeno comienza a ser superado y se aprecia una generalizada convicción acerca del rol decisivo que tendrá en el futuro la posesión de conocimientos, de información y de la capacidad de producirlos (inteligencia). El futuro del sistema educativo constituye una preocupación central en todos los países desarrollados, y dicha preocupación aparece estrechamente asociada a la necesidad de mantener niveles altamente competitivos en la pugna por los mercados. Lo peculiar de la situación de los países desarrollados es que dicha conciencia sobre la prioridad de la formación se advierte tanto en los sectores privados como del Estado", en Tedesco, J. C., "El rol del Estado en la educación", *Revista perspectivas*, París, 1989, p. 489.

nal" (*Endlösung*)—, como nos recuerda PRIMO LEVI como testigo y víctima del terror, no podemos olvidar que exclusivamente gracias a la aplicación de una doctrina imbuida en los ciudadanos a través de la educación fue posible alcanzar una pauta de comportamiento tan atroz por parte de los nazis que, ciertamente, eran personas:

> "(...) La presión que un Estado totalitario moderno puede ejercer sobre el individuo es pavorosa. Tiene tres armas fundamentales: la propaganda, directa o camuflada, la educación, la instrucción, la cultura popular; el terror. Sin embargo, no es lícito admitir que esta presión sea irresistible y, mucho menos, en el breve espacio de los doce años del Tercer *Reich*: en las afirmaciones y disculpas de hombres con responsabilidades gravísimas, como Höss y Eichmann, está clara la exageración y más clara todavía la manipulación del recuerdo. Ambos habían nacido y habían sido educados mucho antes de que el régimen se convirtiese en realmente "totalitario""[130].

LEVI incide en la idea de que la educación es el instrumento más poderoso —positivo o negativo— que existe, dependiendo precisamente de cuáles sean sus fines (tolerancia *versus* intolerancia, diversidad y pluralidad *versus* nacionalismos excluyentes, democracia *versus* totalitarismos, libertad de individuo contra plenitud del Estado, etc.):

> "(...) Los SS de los Lager eran más bien animales obtusos que demonios sutiles. Habían sido educados en la violencia: la violencia corría también por sus venas, era normal, obvia. Se desbordaba de sus rostros, de sus gestos, de su lenguaje. Humillar, hacer sufrir al "enemigo" era su oficio de cada día; no pensaban en ello, no tenían segundos fines: el fin era aquel. No quiero decir que estuviesen hechos de una sustancia humana perversa, distinta de la nuestra, (...) sencillamente habían estado sometidos durante algunos años a una escuela donde la moral corriente había sido subvertida. En un régimen totalitario, la educación, la propaganda y la información no encuentran obstáculos: gozan de un poder ili-

---

130 Ver LEVI, P., *Los hundidos y los salvados,* Muchnik editores, Barcelona, 1989, p. 26.

> mitado del que quien ha nacido y vivido en un régimen pluralista difícilmente puede hacerse una idea"[131].

El escritor turinés recriminaba dos veces a los que sucumbieron a la educación totalitaria del Tercer *Reich*: una al rendirse a la infamia y olvidar los principios de civilidad y respeto, y la otra al olvidar a la víctimas. LEVI nos lo recuerda citando a MANZONI: "Los provocadores, los avasalladores, todos aquellos que comenten injusticias, son culpables no solo del mal que cometen, sino también de la perversión que provocan en el ánimo de los ultrajados"[132].

ERNESTO SÁBATO ha formulado una interesante reflexión sobre el peligro de la educación de masas en el convulso periodo de entreguerras europeo y, en particular, en el régimen que nace en la República de Weimar y desaparece con el régimen totalitario de Hitler. La cuestión "presuntamente contradictoria" que reseña SÁBATO es, precisamente, que la nación más culta y sofisticada de Europa que renació de la posguerra, la inflación y la miseria social generó un sistema educativo cuya característica más sorprendente era la falta de relación entre educación y razón:

> "Los conductores de masas han tenido siempre presente este atributo de la condición humana y han apelado siempre a las pasiones —preferentemente a las bajas— para desatar tremendos movimientos que jamás lograron desencadenar aquellos líderes de partidos que pretendieron hacer razonar a las multitudes. El ejemplo del nacionalsocialismo debería hacer meditar a los que todavía, ingenuamente, creen en el poder de la educación racional de las masas"[133].

Más próximos en el tiempo, en la década de los 70, nos basta recordar en Camboya el régimen totalitario establecido tras el golpe de Estado impuesto por el dirigente comunista Pol Pot entre los años 1975 y 1979. El *Khemer* Rojo, el partido de Pol Pot, creó la

---

131 *Ibid.*, p. 114.
132 *Ibid.*, p. 40.
133 SÁBATO, *opus cit.*, p. 33.

idea del "año cero" y el nacimiento de la nueva sociedad rural gracias a "la nueva educación" que, aparte de quebrar instituciones como la familia, supuso un traslado de la vida urbana al mundo rural. Esto condujo a la muerte de más de dos millones de seres humanos[134]. Próximos a esta realidad, los efectos de la revolución cultural china a partir de 1966 provocaron catastróficas consecuencias en la vida de millones de chinos, que eran reeducados y reorientados en labores agrícolas a la búsqueda "de la solidaridad de clase china"[135].

En pleno Siglo XXI, entre los países adalides y defensores de los valores de la democracia como los Estados Unidos, se elevan voces como la de NOAM CHOMSKY, para quien el término "educación" ayuda a ocultar los medios y objetivos que se proyectan en el sistema educativo estadounidense:

> "El término "democracia" se refiere a un sistema de gobierno en el que ciertos elementos de la élite, que se apoyan en la comunidad comercial, controlan el Estado mediante el dominio de la sociedad privada, mientras que la población observa en silencio. Entendida así, la democracia es un sistema en el que las decisiones son tomadas por las élites y ratificadas públicamente, como sucede en los Estados Unidos"[136].

---

134 Sobre el genocidio camboyano véase KIERNAN, B., *Genocide and democracy in Cambodia: The Khmer Rouge, the U. N., and the International Community*, Kiernan Ed., Nueva York, 1993.

135 En relación con la nueva educación implantada durante la revolución cultural en la China de Mao Tse Tung, consúltese DONGPING, H., *The unknown cultural revolution: Educational Reforms and Their Impact on China's Rural Development, 1966-1976*, Garland Publishing, Nueva York, 2000; y CHI-TSAI, F. y JICAI, F., *Ten years of madness: oral histories of China's cultural revolution*, China Books, San Francisco, 1996. También de interés la literaria versión sobre la revolución cultural en SUIE, D., *Balzac y la joven costurera china*, Emece Ediciones, Madrid, 2002.

136 CHOMSKY, N., *On power and ideology*, South End Press, Boston, 1987, p. 6. Y sobre esta cuestión continua CHOMSKY: "En este sistema del educar para domesticar, que bordea la idiotización, se echa en falta el espacio pedagógico para que los alumnos no sean considerados como un simple auditorio, sino como elemento integrante de una comunidad con

Chomsky califica al sistema educativo estadounidense de "sistema adoctrinador", no en el sentido totalitario, sino en la versión de la educación más tecnocrática; no de creación de ciudadanos, sino como una vía de capacitación como factor de producción; es decir, instruir para capacitar en el mercado productivo y laboral.

Este aspecto apuntado por Chomsky es también una de las funciones más importantes que la educación ha desempeñado, especialmente para habilitar a las personas a desarrollarse personal y profesionalmente en su contexto social y económico. La educación se incorpora a la realidad democrática de los países desarrollados industrialmente como un sistema que no solo garantiza el capital humano técnicamente preparado para vitalizar la actividad económica del Estado y la obligación pública de generar la posesión de conocimientos, de información y de la capacidad de producirlos —inteligencia—, sino que además, desde el punto de vista de la actividad privada, la educación es el primer elemento claramente diferenciador de situación de dominio sobre el resto de los seres vivos, y en particular en el acceso al mercado de trabajo[137].

---

preocupaciones compartidas, en la que uno espera poder participar constructivamente, hasta convertirse en el llamado "buen estudiante", que repite de oído, que renuncia al pensamiento crítico, que se adecúa a los modelos que le ofrecen y que ha de contentarse con recibir contenidos impregnados de una ideología esencial para los intereses del orden sagrado", en Chomsky, *La (des)educación… opus cit.*, p. 12.

137 Políticos como el israelí Simón Peres equiparan la educación a la defensa nacional como sinónimo de fortaleza e independencia: "(…) La seguridad individual y nacional es una necesidad fundamental en todo país por su misma condición de organización social. Confiarla a sociedades privadas crearía Estados dentro del Estado. Y ocurre lo mismo con la educación y la sanidad. Si se sometieran estos dos sistemas no a criterios democráticos sino solo a intereses privados, enseguida crearíamos dos pueblos, uno pobre y otro rico. Los conflictos que se crearían minarían la estabilidad global, de la que depende el crecimiento económico", en Peres, *opus cit.*, p. 113. Este mismo autor ha sido un político fascinado por la dimensión "humana" del proceso educativo, y

La correlación y dependencia del poder público con la educación ha sido paralela al desarrollo de las naciones occidentales; cada Estado ha ido desarrollándose políticamente al amparo de un sistema educativo que le proporcionaba y garantizaba dominio y control político sobre sus súbditos. Al mismo tiempo, el sistema educativo proporcionaba instrucción adecuada para el cumplimiento de los objetivos que determinara la razón de los nuevos Estados. En palabras de HELVETIUS, la relación Estado-educación es determinante en el desarrollo del poder público:

> "El arte de formar a los hombres, en todos los países, está tan estrechamente ligado a la forma de gobierno, que no es posible hacer ningún cambio considerable en la educación pública sin hacerlo en la constitución misma de los Estados"[138].

MONTESQUIEU, al presentar su análisis sobre la manifestación del poder del Estado en *Del espíritu de las Leyes*, señala la indeleble relación entre Estado, educación, ciudadanía y libertad, y de un

---

precisamente de la actividad humana que lo integra y permite realizarse al hombre en todas sus capacidades. Según la premio Nobel, RITA LEVI MONTALCINI, la gran diferencia entre el cerebro humano y el de otros animales radica en su capacidad de predicción, de imaginar. Es una ventaja de la que hay que sacar todo el partido. En la Edad Media, todo aprendizaje suponía trabajar de aprendiz. El artista educaba a sus discípulos guiándolos y corrigiéndoles los errores mientras le ayudaban en su trabajo. Este sistema contribuyó a que los conocimientos quedaran restringidos a determinados círculos, y así hasta el siglo XX. En nuestros días, el desafío es otro. Estamos ante la más fascinante de las aventuras. Nuestro carácter empieza a definirse cuando somos un feto en el vientre materno, pero cristaliza plenamente durante el periodo que va desde el nacimiento hasta el parvulario. No hay que dudar, en la mayoría de los casos, de los sentimientos de los padres para con sus hijos. Queda por saber si ese amor se acompaña de los conocimientos necesarios para su educación. PLATÓN decía atinadamente que solo hay un tema fundamental en la vida, el de la educación de los niños. Las decisiones que tomamos en este campo son prácticamente las más importantes de nuestra vida. *Vid. Ibid*, p. 93.

138 HELVETIUS, C. A., *Del espíritu*, Editora Nacional, traducción de BERMUDO, J. M., Madrid, 1983, p. 43.

modo preciso identifica tantos tipos diferentes de gobierno como tipos de educación se practiquen:

> "(...) Las leyes de la educación son las primeras que recibimos, y como nos preparan para ser ciudadanos, cada familia particular debe gobernarse conforme al plan de la gran familia que comprende a todas. Si el pueblo en general tiene un principio, las partes que lo componen, o sea, las familias, lo tendrán igualmente. Las leyes de la educación serán, pues, distintas en cada tipo de Gobierno; en las Monarquías tendrán por objeto el honor; en las Repúblicas la virtud, y en el despotismo el temor"[139].

Ortega y Gasset asimilaba la política a la esfera de lo público, y a la educación (*pedagogía*) como una fórmula o programa de intervención política. Política es involucración en lo público (hacer eficaz la máquina del Estado) con el objeto de participar en el fomento y desarrollo de la vida pública y la sociedad civil, "la vida nacional en lo que es independiente del Estado"[140]. Y en estos términos, política y educación (pedagogía en la terminología *orteguiana*) actúan recíprocamente, conteniendo la pedagogía social una obligación "por y para la sociedad". El filósofo español reivindicaba la educación como frontispicio y garante, no solo de

---

139 Montesquieu, *Del espíritu de las leyes*, Introducción de Tierno Galván, E., traducción de Blázquez, M. y De Vega, P., Tecnos, Madrid, 1995, Libro IV, "Las leyes de la educación deben estar en relación con el principio del Gobierno", p. 74.

140 Sobre la importancia de la política en la construcción de lo público, Ortega y Gasset señalaba: "Consideramos el Gobierno, el Estado, como uno de los órganos de la vida nacional; pero no como el único ni siquiera el decisivo. Hay que exigir a la máquina del Estado mayor mucho más rendimiento en las utilidades sociales que ha dado hasta aquí; pero aunque diera cuanto idealmente le es posible dar, que por exigir más los otros órganos nacionales que no son el Estado, que no es el Gobierno, que la libre espontaneidad de la sociedad. De modo que nuestra actuación política ha de tener constantemente dos dimensiones: la de hacer eficaz la máquina del Estado y la de suscitar, estructurar, y aumentar la vida nacional en lo que es independiente del Estado", en Ortega y Gasset, J., "Diferencia radical entre la Liga de educación política española y los partidos actuales" en *Obras... opus cit.*, 277.

la nueva sociedad, sino como la institución en torno a la cual la ciudadanía reconoce su independencia y viabilidad:

> "Temo no haber llevado a vuestro espíritu con todo el vigor con que yo lo siento la potencia de optimismo que encierra en perspectiva la educación social: "Hagamos de la educación la ciudadela del Estado", exclamaba PLATÓN. Sea el centro de la energía ciudadana la garantía de la continuidad en las labores de cultura"[141].

Desde una perspectiva histórica —que se inicia con la intervención del poder público en la educación de los súbditos a partir del fin del Sacro Imperio Germánico hasta el presente Estado social y democrático de Derecho—, el poder público ha ejercido abiertamente control y dirección sobre la educación en los territorios en que desplegaba su poder. Es decir, educación y poder público, educación y construcción social, son elementos afines que —excepto temporalmente en la Inglaterra del Siglo XVII[142]— todas las naciones han intervenido activamente en las políticas de educación; esta función figura en las sociedades democráticas como una garantía para la aplicación de políticas que amparen la libertad y la igualdad entre los ciudadanos. SAVATER resalta que la intervención de los poderes públicos en el ámbito educativo durante nuestra época es un derecho de los ciudadanos y una responsabilidad pública, ya que "las sociedades se educan en defensa propia"[143]. Este elemento es indisociable de las sociedades demo-

---

141 ORTEGA Y GASSET, J., "Socialización en la escuelas", en *Ibid.*, p. 518.

142 Véase Capítulo 4 y las referencias al pensamiento de LOCKE respecto de la educación.

143 En una actitud combativa y de defensa de los valores cívicos en democracia, SAVATER sitúa la educación como elemento de importancia vital en los ámbitos públicos y privados: "La educación es una preocupación, una responsabilidad pública. Pública no quiere decir forzosa y exclusivamente estatal, pero la educación no es un asunto privado, del papá, la mamá, el niño o la niña. Es una preocupación de toda la sociedad pues va nuestra seguridad democrática en ello. Las sociedades educan en defensa propia (…) el Estado supone una serie de instituciones que emanan de la sociedad —y debemos hacer todo lo posible por que emanen de ella— y por lo tanto al Estado podemos hacerle determinadas

cráticas que amparan el pluralismo, la participación ciudadana y el derecho a la libertad y la igualdad.

2.4.2. Fin público de la educación. Política de educación y sociedad civil

La educación entendida como una actividad de decisión pública requiere entender al ciudadano como sujeto actor. Para TOURAINE, la construcción como actor consiste en la labor del sujeto de transformar con sus acciones libres el entorno cívico: "La ciudadanía del sujeto-actor va más allá de la ciudadanía política formal (…) requiere ciudadanos no reducidos al rol de consumidores políticos"[144].

CASTORIADIS retoma la perspectiva de la educación como elemento regenerador y garante de las sociedades civiles democráticas; la educación aporta un criterio de identidad a los miembros que componen la comunidad y gracias a esa realidad de valores y principios homogéneos que nos aporta, podemos participar y sentirnos miembros del espacio común que es la vida política (*res publica*):

> "Solo la educación (*paideia*) de los ciudadanos como tales puede dar un contenido verdadero al espacio público. Pero esa *paideia* no es principalmente una cuestión de libros ni de fondos para las escuelas. Significa en primer lugar y ante todo cobrar conciencia del hecho de que la *polis* somos también nosotros y que su destino depende también de nuestra reflexión, de nuestro comportamiento y de nuestras decisiones; en otras palabras, es participación en la vida política"[145].

En un régimen de gobierno democrático, la participación de la sociedad muestra una actividad abierta y un interés por la

---

demandas", en SAVATER, F., *Los caminos para la libertad. Ética y Educación*, Ariel-Instituto Tecnológico de Monterrey, México, 2000, pp. 52 y *ss.*

144 TOURAINE, A., *¿Qué es la democracia?*, Fayard, París, 1994, p. 38.

145 CASTORIADIS, C., *Le monde morcellé*, Seuil, París, 1990, p. 123.

participación en los asuntos de la comunidad, en una acepción de política que como señala TENZER: "(...) Hacer política es revelar una voluntad subyacente del pueblo. La obra política es una obra de traducción, de discernimiento de lo que quiere la comunidad"[146]. Esta idea comporta un fin público de la política, destinada a construir y reforzar la sociedad democrática, y una política que supone una sugestión por hacer "república cívica", es decir, una comunidad política de ciudadanos que intervienen en los asuntos comunes.

FREIRE fue el primer autor a partir de 1960 en relanzar el valor instrumental de la política y el desarrollo de la educación para el asentamiento de la democracia. El poder se ejerce en sociedad[147]; a cada persona que vive en la comunidad se le otorga y desempeña una función (de poder), que es un fin en sí misma. Por esto, independientemente de la propia disfunción económica y social, todos los seres humanos se comportan como intelectuales al interpretar y otorgar constantemente sentido a la realidad y al participar en una particular realidad del mundo. La educación hoy sigue siendo una referencia insustituible de la construcción de las sociedades cívicas democráticas. En igual sentido, SAVATER hace hincapié en el carácter y objetivo de la educación en este primer

---

146 TENZER, N., *La sociedad despolitizada. Ensayo sobre fundamentos de política*, Paidós, Barcelona, 1992, p. 333.

147 FREIRE es el autor de referencia como precursor de la idea de progreso asociada a la educación en los países en vías de desarrollo; educación como elemento de liberalización y poder político: "El poder no se agota en aquellas esferas públicas y privadas en que operan los gobiernos, las clases regentes y otros dominantes. Es más ubicuo y se expresa en una serie de espacios y esferas públicas opuestas que tradicionalmente se han caracterizado por la ausencia de poder, por ende, de toda forma de resistencia. La dominación también se expresa mediante la manera en que el poder, la tecnología y la ideología se unen para producir formas de conocimiento, relaciones sociales y otras formas culturales concretas que operan para silenciar activamente a las personas". Véase la introducción realizada por HENRY A. GIROUX en la obra de FREIRE, P., *La naturaleza política de la educación*, Paidós, Barcelona, 1990, p. 20.

cuarto del siglo XXI, que sigue siendo el mismo de los últimos doscientos años[148]. Hoy, la educación recoge todavía la idea de progreso, destino y solución que en la Asamblea Revolucionaria defendió CONDORCET —véase más adelante el capítulo 6—. Coincide esta idea con las reflexiones del escritor y miembro de la Real Academia, MUÑOZ MOLINA, para quien la educación es "el único verdadero antídoto contra la pobreza"[149].

ORTEGA Y GASSET consideraba la política como el instrumento de cambio esencial que permite la transformación y la evolución social basada en la actitud y en la voluntad de querer cambiar las cosas. Sin política y sin evolución no es factible la dialéctica histó-

---

148 El profesor SAVATER identifica a la sociedad democrática como una sociedad involucrada en su destino político y donde el valor de la solidaridad es una parte inherente del concepto de sociedad cívica: "La sociedad de los ciudadanos, la sociedad democrática, es aquella en la que nadie es abandonado por los demás, y en este punto se debe recordar que la ciudadanía siempre tiene una cierta base material. En la Atenas clásica el grupo social daba ayudas o subsidios a los más pobres, porque se consideraba que si alguien estaba totalmente atenazado por la pobreza, no digamos por la ignorancia o por la falta de educación, no podía participar en la vida ciudadana. En nuestro mundo actual es ridículo seguir hablando de ciudadanía cuando todavía hay personas que no tienen cubiertos ninguno de sus mínimos vitales y que están excluidas radicalmente de la ciudadanía, a pesar de que se haga la representación de que son ciudadanos como los demás (…) Más allá de que una persona trabaje mucho o poco o se dedique a tareas más o menos productivas, debería existir un mínimo vital asegurado que formara parte de la ciudadanía, porque sin eso, insisto, llamar ciudadanos a aquellos que en el fondo se desentienden de los demás, que dejan caer o perderse en el vacío a otros, es ridículo (…) El problema es que el ciudadano no puede abandonar sus decisiones en manos de otros; desde el punto de vista de la ciudadanía todos somos políticos, todos tenemos que tomar decisiones, todos somos, en cierta forma, responsables de lo bien o mal que va la sociedad en que vivimos (…)", en SAVATER, F., *Los caminos para… opus cit.*, pp. 38 y *ss.*

149 MUÑOZ MOLINA, A., "La disciplina de la imaginación", en *La educación que queremos*, Santillana, Madrid, 1999.

rica. Parafraseando al filósofo y su famosa referencia "yo soy yo y mis circunstancias, si no las salvo a ellas, no me salvo yo", podemos decir que cada individuo en comunidad se desarrolla en torno a unas circunstancias que le vienen dadas, que son ajenas y *a priori* inalterables, y que solamente cada uno y sus propias decisiones son las que pueden hacer cambiar la vida y las circunstancias. Política y educación son dos de los instrumentos catalizadores del cambio social e histórico y que, gracias a su interacción, provocan el cambio de "esas circunstancias". En una comunidad democrática el pulso de la misma se aprecia en la sociedad civil y en el interés de esta por perpetuarse como sociedad democrática gracias a la intervención y participación de los ciudadanos en los asuntos públicos. La democracia es un fin y una garantía en sí misma; la educación como factor público es un servicio esencial de la comunidad y se ha transformado, desde el periodo ilustrado, en una referencia institucional que garantiza la posibilidad de acceder a la participación política y a la libertad de optar y decidir por el propio futuro[150].

La sociedad civil en las sociedades democráticas representa el espacio humano de construcción política en torno a valores de convivencia y consenso político. "Sociedad civil" entendida como una comunidad de valores comunes basada en las relaciones de los ciudadanos, para los cuales la libertad pública y el bien público, la solidaridad y la pertenencia a la comunidad son valores principales compartidos entre sus miembros[151].

La política es la fórmula de convivir juntos y el Estado es una forma de organizar dicha convivencia mediante el instrumento organizador que es el derecho. GUTTMAN reseña la importancia y re-

---

150 En este sentido, es sintomática la construcción republicana de los Liceos franceses tras la declaración de la III República Francesa, sistema institucional que, con más o menos acierto, será importado por la mayoría de los sistemas educativos continentales republicanos. Todavía hoy el Liceo es identificado por la ciudadanía francesa como uno de los pilares de la V República.

151 FERNÁNDEZ SORIA, *Manual de política... opus cit.*, p. 18.

levancia de la involucración de los ciudadanos en la construcción de la política pública. La participación activa se basa en el regeneracionismo cívico y en la incorporación de la ciudadanía a través de la política en "las escuelas". Las escuelas son el primer foro de referencia cívico en las sociedades democráticas. La participación local en los asuntos de la comunidad, la participación en la elaboración de las políticas educativas o la política en la educación por parte de sus miembros son el mismo origen de la ciudadanía norteamericana[152]. Para este propósito, GUTTMAN recuerda la narración de TOCQUEVILLE en su obra *La democracia en América*, donde constató —tras estudiar y viajar por los recién creados Estados Unidos— la práctica real política en una nueva sociedad, donde se materializaban en la vida civil las ideas ilustradas surgidas a principios del siglo XVIII:

> "Las instituciones locales son a la libertad lo que las escuelas primarias son a la ciencia; ponen aquellas al alcance de la gente; enseñan cómo apreciar su pacífico disfrute y acostumbran a la gente a hacer uso de ella. Sin las instituciones locales, una nación podrá darse a sí misma un gobierno libre, pero no tendrá el espíritu de la libertad"[153].

Las escuelas son hoy también los centros de orientación en torno a los valores cívicos y de comunidad política de una sociedad: "Sin políticas democráticas activas entre sus ciudadanos, una nación puede proporcionar a todos sus niños escuelas públicas gratuitas, pero no puede alimentar el espíritu de la educación democrática"[154]. Las políticas de la educación y las reformas políticas educativas son necesarias ya que representan el abandonado ideal democrático de las *polis* griegas —hoy por otra parte difícil de imaginar en una sociedad compleja, heterogénea y muy poblada—, cuyo nivel de participación era alto, sin ninguna educación pública formal y limitada la participación a los ciudadanos libres varones. Hoy la democracia requiere de la intervención activa del Estado para determinar la formación y dirección que toma la ciu-

---

[152] GUTTMAN, E., *La educación democrática*, Paidós, Alianza, Barcelona, 2001.

[153] TOCQUEVILLE, A., *La democracia en América*, Madrid, 1989, p. 59.

[154] *Ibid*, Guttman, p. 345.

dadanía, cuestión que en la Atenas clásica no se planteaba: "Al ser la ciudadanía de Atenas tan exclusiva, las *polis* podían esperar razonablemente que los padres educaran a sus hijos sin proporcionar educación formal alguna a expensas públicas"[155].

Esta dinámica de participación política a través de la institución de la escuela es el germen de la vida cívica de los Estados democráticos. Junto a esta participación, la educación política conforma el carácter imprescindible de un sistema político democrático cuyo objetivo es servir de garantía del propio sistema liberal:

> "(...) En una sociedad democrática la "educación política" (el cultivo de las virtudes, el conocimiento y las habilidades necesarias para la participación política) sí tiene primacía moral sobre otros objetivos de la educación pública. La educación política prepara a los ciudadanos para participar al reproducir de forma consciente su sociedad, y la reproducción social consciente es el ideal no solo de la educación democrática, sino también de la política democrática"[156].

Los valores de la democracia son en sí mismos una garantía para la supervivencia de la idea del sistema democrático, y la educación inicia el ciclo de conquista, afirmación y vigencia de aquellos que ilustran a la comunidad[157].

---

155 GUTTMAN, *opus cit.*, pp. 345 y 351. GUTTMAN, en el desarrollo de su teoría, recuerda que ARISTÓTELES consideraba que una educación privada de este tipo era opuesta a la idea de la democracia ateniense: "El sistema de educación en un Estado debe (...) ser uno y el mismo para todos y el suministro de este servicio debe ser un asunto público. No puede dejarse, como sucede en el presente, en manos de la iniciativa privada, con cada padre ocupándose en privado de su propio hijo y proporcionándole la educación privada que considere más oportuna. La formación para lograr un fin común también debería ser común en sí misma", en ARISTÓTELES, *Política,* Libro 8, Capítulo 1, citado en GUTTMAN, *opus cit.*, p. 350.

156 *Ibid,* Guttman, p. 349.

157 Para la autora norteamericana, educación, escuela y comunidad cumplen la función de pilar de la sociedad democrática: "La convergencia de los ideales democráticos no es coincidencia. La educación demo-

2.5. POLÍTICAS DE EDUCACIÓN Y CIUDADANÍA

Desde el momento en que entendemos la política como instrumento de cambio y la educación como elemento esencial de desarrollo y de garantía de libertad de una comunidad, se evidencian la necesidad y el continuo planteamiento de políticas educativas que delimiten la realidad cultural y social y el desarrollo de un país.

La necesidad de hacer evolucionar y modificar la realidad social gracias al instrumento de la política se realiza, en las sociedades democráticas, mediante la vertebración del sistema educativo con los correspondientes instrumentos normativos legales que regulen el ejercicio y acceso al derecho a la educación. Toda política es por naturaleza guiada por unos principios a la búsqueda de una meta que enriquezca la realidad objetiva del grupo[158].

Las políticas educativas son por sí mismas las determinantes de una futura realidad, que además evoluciona y es dinámica. La política se constituye como reflejo de las necesidades de la sociedad y cuyo objetivo esencial es evitar, modificar o prever las carencias,

---

crática proporciona las bases sobre las cuales una sociedad democrática puede asegurar las libertades políticas y civiles de sus ciudadanos adultos sin poner en riesgo su bienestar o incluso su supervivencia", en GUTTMAN, *opus cit.*, p. 354.

158 Como ya indicamos, la política es una forma de organización de la libertad en comunidad, basada en unos principios a la búsqueda de objetivos concretos: "(…) Una acción de política educativa debe ser juzgada, valorada por lo que aporta a las aspiraciones de mejora de la sociedad y por su adecuación a los criterios éticos y morales que la informan. Estos deseos y expectativas van configurando nuevas actuaciones políticas a pesar incluso de la norma jurídica. La satisfacción o insatisfacción de una medida política puede no residir en el cumplimiento de la norma legal, sino en su adecuación o no a un ideal social. Es decir, la política ha de tener por su propia naturaleza siempre presentes los intereses de los destinatarios", en FERNÁNDEZ SORIA, *Manual de política…opus cit.*, p. 19. *Cfr.* BELTRÁN LLAVADOR, J., *Ciudadanía y educación*, Germanía, Valencia, 2003, pp. 121 y *ss.*

irregularidades y defectos del sistema educativo, así como garantizar el libre desarrollo de los ciudadanos, dotándoles de una educación que le permita optar y decidir. Esto significa que la política educativa no solo conduce a ser una persona instruida capaz de ser ciudadano sino que, además, como "hombre cívico" tienda al desarrollo de la personalidad y de las aptitudes que le faculten a participar en una vida política activa.

Las políticas educativas sirven para formar y concienciar al futuro ciudadano, especialmente porque es necesario asegurar a la comunidad la existencia de ciudadanos preparados para de este modo hacer valer la democracia y los valores de la misma.

Invertir en educación y luchar contra el desarraigo de la ciudadanía es, al mismo tiempo, la mejor manera de garantizar la democracia. Ciudadanía civil, solidaridad activa, integración social e intervención política son instituciones o metas que deben alcanzar los sistemas democráticos. Como subraya FREIRE en su obra *La naturaleza política de la educación*, la educación no solo nos servirá a los ciudadanos como el mecanismo que permita a la sociedad civil organizar y controlar la función del Estado, sino que será la formula política y de integración humana primaria[159]. Sin educación y conquista de los valores comunes en la sociedad democrática, los pilares del desarrollo y la conciencia democrática se desvanecen en la pobreza y en la negación del futuro.

2.6. EDUCACIÓN Y COMPROMISO CÍVICO DEMOCRÁTICO

Desde la perspectiva de los primeros pensadores republicanos, también llamados "republicanistas cívicos contemporáneos" —autores que prosiguen la senda del sistema de libertades republicano de MAQUIAVELO y HARRINGTON—, pensadores políticos como ROUSSEAU y CONDORCET, y posteriores como JEFFERSON y MILL,

159 FREIRE, *opus cit.*, pp. 31 y *ss.*

afirmaron la idea que proyecta a la educación como la acción humana que permite la inclusión del individuo —antes súbdito, ahora ciudadano— en la comunidad social y le faculta para participar y modificar la realidad política. Una nueva política que cuenta con el ciudadano que adquiere esta condición gracias a la educación y que propone una nueva fórmula de política, de convivencia basada en la pluralidad, en la *virtu* de la ciudadanía y en la participación de la comunidad en los asuntos públicos.

Como realidad aneja a los elementos aquí presentados, en todo sistema educativo subyacen los principios, postulados y referencias dogmáticas del sistema político, que tienen una clara formalización a través de su incorporación a la norma básica política del Estado: la Constitución.

La educación y su función en el pensamiento republicano clásico presentan una firme unión entre el pensamiento democrático republicano y la educación como derecho fundamental del desarrollo de la persona y, en particular, como mecanismo que confiere libertad y capacidad para participar en la actividad política de las comunidades democráticas. Educación y Estado democrático delimitan una realidad entrelazada, en la que la plenitud de ambas viene garantizada por una relación de reciprocidad continua: educar en los valores democráticos y en la defensa de la ciudadanía y la vida política activa implica la autoprotección y salvaguarda del Estado democrático, que genera ciudadanos democráticos activos —quienes en su actuación y devenir político fomentan, auspician y defienden la vigencia del sistema democrático—, y la garantía de legitimidad que supone la aceptación por parte del soberano de la libertad civil en torno al imperio de la Ley y el principio democrático.

Aparece un nuevo hecho en la historia: el Estado como resultado de la reflexión y el cálculo; el Estado como obra de arte. El hecho de que el Estado no se cree por imposición divina, sino que sea una creación humana, una construcción que se concibe frente al caos de la existencia, a menudo trae consigo nuevos horrores. El terror y la belleza, el descubrimiento intelectual y la degradación moral iban de la mano en el nacimiento de la cultura "moderna", donde la competitividad individual sustituyó a la comunidad humana el hombre se creó literalmente a sí mismo.

KARL SCHORSKE,
Pensar con la historia

Capítulo 3

Relación entre educación y política en el Estado moderno

3.1. INTERÉS DEL PODER POLÍTICO EN LA EDUCACIÓN: EL ENFRENTAMIENTO ENTRE PAPADO E IMPERIO

La relación entre educación y organización política ha sido muy estrecha desde los albores de la creación del Estado moderno en Occidente. Los siglos XI y XII son los primeros referentes históricos en que el poder Papal y el poder del Emperador se enfrentan al objeto de tomar posiciones e influencia sobre una masa de súbditos que se reparte por los territorios bajo soberanía del Emperador y, que al mismo tiempo, son masas de fieles cristianos, cumplidores y temerosos del poder de la Iglesia.

A partir del siglo XIII las luchas entre Papado e Imperio son más enconadas y sus posiciones tratan de afianzar el poder terrenal y temporal de cada una de ellas.

A la idea de la universalidad del poder imperial, el Papa opone el argumento de la teocracia, avalado por abundantes tratados que le son suministrados por canonistas y teólogos eruditos formados en la tradición escolástica de los monasterios de la Iglesia. Sin embargo, las pretensiones papales chocan con las jóvenes monarquías, especialmente centroeuropeas, que empiezan a dotarse de las estructuras políticas e institucionales necesarias para acometer los designios del nuevo imperio. Este enfrentamiento surgió prematuramente en la Inglaterra de los *Plantagenêt,* a mediados del siglo XII, y un poco más tarde en la Francia bajo el reinado de Felipe el Hermoso.

Paralelamente —como es el caso de los territorios que luego conformarán España— varios reinos y ciudades autónomas se declararon independientes y desvinculadas de cualquier influencia y poder procedente del Emperador, otorgándose a cada uno de sus nobles *primum inter pares,* la cualidad de *Imperator.* De esta suerte, los reyes de Castilla se coronaban bajo el lema: *Hispanie imperator, gratia Dei imperator super omnes Spanie nationes*[160].

El poder civil amparará —como elemento de control político de los territorios y de sus súbditos— la creación de las universidades, para asegurar de este modo la creación de centros que proporcionen un sustento intelectual y científico a su proyecto político. Con igual criterio, la Iglesia apoyaba sus opiniones desde las escuelas catedralicias con los dictámenes de canonistas y teólogos.

El Imperio Carolingio y las posteriores estructuras nucleares de poder, tales como ducados, principados, reinos y ciudades-Estado, significaron el desarrollo de centros de conocimiento y de saber técnico que garantizaban el desarrollo y la autonomía de la Administración. La nueva Administración adquirió una novedosa profesionalización gracias a la instrucción recibida por los funcionarios servidores del poder civil y de la fuerza e independencia de las nuevas instituciones regias.

La creación de las Universidades coincidió a partir del siglo XIII con un extraordinario movimiento intelectual, filosófico, artístico y cultural bajo el nombre de Renacimiento. Las universidades europeas fueron los auténticos motores y centro del conocimiento gracias al respaldo y autonomía del poder civil y a la difusión de los *studia humanitas.*

La fuerza de la obra carolingia posibilitó entre los siglos X y XII un desplazamiento de los centros de interés cultural; al monasterio y sus escuelas monásticas le sucedieron las escuelas episcopales; y a estas, las Universidades.

---

[160] GONTHIER, N., *Éducation et cultures dans l'Europe Occidentale Chrétienne,* Edit. Ellipses, París, 1998, p. 228.

GARIN aprecia en estos cambios los elementos que facilitaron el desarrollo urbano de las Universidades:

> "(...) A las escuelas monásticas (*monachi no est docere, sed lugere*) suceden las escuelas episcopales; la cultura sale de los "monasterios", que quedan aislados en los campos, mientras que la nueva escuela se organiza en torno a las sedes episcopales, en los centros urbanos, refleja la organización de la ciudad, responde a las nuevas exigencias, combate nuevas luchas, florece diversamente y se caracteriza de forma original en la expansión de los Comunes"[161].

La educación se convirtió para el poder público en una prioridad en las sociedades medievales. En este sentido, el imperio carolingio había advertido toda la importancia que la educación significaba y fue la primera organización política que elaboró una legislación propia en materia educativa. Entre los siglos XII a XV, por un lado, los esfuerzos de la Iglesia por controlar las prácticas y las creencias de la religión en sus fieles y, por otro, la política del Imperio dirigida a garantizar el estatus de dominio y de soberanía del Emperador sobre sus súbditos, tuvieron a la educación como instrumento político de apoyo. La educación no se percibe en este contexto como una ciencia; la educación es un "instrumento moral y filosófico, cívico y político"[162].

3.2. EL CAMBIO INTELECTUAL DEL HUMANISMO Y SU SIGNIFICACIÓN POLÍTICA

El fenómeno de la desintegración medieval surgió en primer lugar en los Estados-ciudad italianos, órganos de poder soberanos donde la influencia del Papado era reducida por el control de los diferentes reinos y ducados. En los Estados-ciudad, autores como GUARINO, VERGERIO y BRUNI —que continúan el legado de autores de la época carolingia como ALCUINO y RABANO—, simbolizan el tránsito cultural del periodo escolástico más profundo a los *stu-*

---

161 GARIN, E., *La educación en Europa 1400-1600*, Crítica, Barcelona, 1987, p. 57.

162 GONTHIER, *opus cit.*, p. 294.

dia humanitatis y el apogeo del Renacimiento. Desde el punto de vista pedagógico, durante todo este periodo se producen cambios e involuciones respecto al sistema escolástico del *Trivium* (Gramática, Retórica y Dialéctica) y *Cuatrivium* (Aritmética, Música, Geometría y Astronomía)[163] y se establece un nuevo sistema educativo basado en los *studia humanitatis*.

Textos análogos a los elaborados por los maestros italianos serán desarrollados por autores como RABELAIS y RAMUS. Tanto GUARINO antes y luego RABELAIS, trabajaron en distinto tiempo con los mismos objetivos: aportar fórmulas de conocimiento y cultura que hicieran a las generaciones venideras mejores que las precedentes.

Todo el nuevo saber creado se presenta con la conquista de un nuevo criterio: aseverar y constatar la existencia de la indestructibilidad del nexo entre ciencia y sociedad, educación y poder. El conocimiento se concibe en el Renacimiento como el motor que transforma la vida de los hombres.

El humanismo, de acuerdo con GINER, se emplea generalmente para identificar al movimiento cultural específico que se desarrolla en la Europa de los siglos XV y XVI, junto con la incorporación de una nueva perspectiva general de carácter filosófico-moral, que atribuye a la condición humana una posición preeminente en el orden del universo[164]. Este segundo significa-

---

163 THIERRY DE CHARTRES recogió en su obra *Heptateucon* el manual de las siete artes liberales desarrolladas por los griegos. Sobre la división de las artes y la educación en el mundo clásico y la Edad Media, ver BOWEN, J., *Historia de la educación occidental*, Tomo I "El saber de Atenas del siglo IV: la retórica y la filosofía", Herder, Barcelona, 1992, pp. 139 y *ss.* y Tomo II, "La edad del escolasticismo", pp. 197 y *ss.*

164 Sobre el concepto y aportación filosófica y política del humanismo ver FERNÁNDEZ GALLARDO, L., *El humanismo renacentista: de Petrarca a Erasmo*, Arco/Libros, Madrid, 2000, y KRAYE, J., *Introducción al humanismo renacentista*, edición española a cargo de CLAVERÍA, C., traducción de CABRÉ, L., Cambridge University Press, 1998.

do lastra esencialmente la percepción filosófica occidental del individuo:

> "El distintivo básico que subyace tras la muy variada caracterización del humanismo a lo largo de los siglos es, por un lado, el rechazo de una subordinación completa de lo humano a un orden heterónomo natural o sobrenatural y, por otro, una confianza plena en el hombre, en sus capacidades y talentos, en sus posibilidades para resolver sus propios problemas, en sus formas de expresión e imaginación. El momento fundacional del humanismo, que determinó el tránsito de la Edad Media a la Modernidad, alumbró en expresión de ORTEGA Y GASSET un modo de pensar cuyo patrón moral básico es la dignidad de la persona humana y que ha sido valorado posteriormente como la referencia más universalizable de la tradición occidental"[165].

Los *studia humanitatis* se definen, en ese momento, en el terreno de las ciencias morales y políticas, ya que suponen una nueva imagen del hombre y una diferente organización de las ciencias no subordinadas a la Teología o la Metafísica. La educación en el mundo clásico es el referente y la raíz inmediata del nuevo concepto de educación que surgirá en el Renacimiento. Sin embargo, su importancia se debe contemplar en una perspectiva en la que la educación es el medio —si se prefiere, la técnica colectiva— mediante el cual una sociedad inicia a su generación joven en los valores y en las técnicas que caracterizan la vida de su civilización. Es un fenómeno secundario y subordinado respecto de esta, a la que normalmente se presenta como resumen y condensación. Lo anterior supone que existe cierto ordenamiento temporal; primero, ha de surgir una civilización que adquiera su propia dimensión antes de que engendre la propia educación que habrá de reflejarla[166].

---

165 GINER, ESPINOSA y TORRES, *opus cit.*, p. 361.

166 No hemos de olvidar que todas las elaboraciones y razonamientos filosóficos contienen la referencia de Grecia y Roma y constituyen la savia del nuevo humanismo. El humanismo continúa la tradición inherente a la civilización de la *paideia*. En la época clásica helenística la educación recoge todos los valores de la revolución pedagógica, en particular, des-

La crisis de la jerarquía feudal y el florecimiento de las ciudades son el escenario de desarrollo de la vida cultural y académica de las Universidades. La ciudad representa el nuevo contexto de libertad y oportunidades que el viejo orden feudal limitaba a una férrea estructura piramidal. La conocida referencia en lengua alemana *Stadtluft macht frei*[167] ("El aire de la ciudad hace a los hombres libres"), representaba esa nueva idea de oportunidades en la nueva forma societaria de vida urbana. Los burgos se tornan espacio de libertad autónoma en cuyo ámbito la predeterminación social y laboral no se convierte en una premisa *a priori* en la vida de los habitantes de la ciudad. En particular, en las repúblicas de la península Itálica, la ciencia política y el pensamiento filosófico político adquiere especial trascendencia en la República Florentina de la mano de teóricos como MAQUIAVELO.

---

pués de la generación de Aristóteles y Alejandro Magno. La educación física fue cediendo espacio a favor de los elementos espirituales y, dentro de estos, el aspecto artístico, musical, cede definitivamente el lugar a los elementos literarios. La educación se hace más libresca y, como consecuencia más escolar, aunque hay que esperar a finales del Bajo Imperio para encontrar las primeras reflexiones sobre la nueva educación: "Aprender a leer y escribir con corrección es el comienzo de la sabiduría". ARISTÓTELES lo había formulado de manera categórica: las letras son el medio a través del cual "se pueden adquirir un sinfín de conocimientos". La educación helenística es justamente la que debemos llamar "educación clásica" a partir del momento en que se estabilizan las conquistas de Alejandro. La educación clásica griega se extendió por naturaleza al medio lingüístico del Occidente latino o latinizado, e inundó todas aquellas culturas con su saber y conocimiento. La *paideia* es literalmente el tratamiento que hay que aplicar al niño y que luego los renacentistas traducirán por *humanitas*. La posterior educación romana no será otra cosa que una adaptación de la educación helenística a los medios de expresión latina. Véase MARROU, *opus cit.*, p. 142.

167 *Vid.* SCHORSKE, C. E., *Pensar con la historia*, Taurus, Madrid, 2001, pp. 58 y *ss.*

3.3. LA EDUCACIÓN EN LA FORMACIÓN POLÍTICA DEL SÚBDITO

La conocida fórmula sobre el Renacimiento de BURKHARDT, acuñada en el siglo XIX, en la que definía al nuevo periodo como el "descubrimiento del mundo y del hombre"[168], aludía a la cultura que mira al hombre y descubre, potencia y desarrolla sus facultades. Este nuevo espacio histórico y político se concibe en función del hombre[169]. Así, por ejemplo, el maestro VERGERIO —nacido en Capodistria en 1370— muestra la preocupación por el nuevo hombre libre y la necesidad de formar, sobre todo, al ciuda-

---

168 BURCKHARDT, J., *La cultura del Renacimiento en Italia,* Orbis, Barcelona, 1979, p. 38.

169 El historiador y politólogo estadounidense SCHORSKE ha interpretado el Renacimiento tomando como referencia el estudio de BURCKHARDT, que analizó este periodo en un contexto netamente medieval: "Visto contra el telón de fondo medieval, el Renacimiento es una época de decadencia, el final de la inocencia y la unidad medieval, que se desintegra a medida que se separan la religión y la política, el papa y el emperador. Del mismo modo, el Renacimiento es también 'una civilización que es la madre de la nuestra'; una época en la que nació el individualismo moderno, con su extraordinaria autoconciencia, a partir de la destrucción de la comunidad. El velo de modernidad agudiza nuestra visión de la acción que transcurre en el escenario. En las nuevas ciudades-Estado y los nuevos despotismos de Italia, podemos ver por primera vez el espíritu político moderno de Europa, que a menudo muestra las peores facetas de un egoísmo desenfrenado, atentando contra todo derecho, y destruyendo todo germen de una cultura más sana". Sin embargo, como consecuencia y en compensación, la creatividad humana se estimula: "Aparece un nuevo hecho en la historia: el Estado como resultado de la reflexión y el cálculo; el Estado como obra de arte". El hecho de que el Estado no se cree por imposición divina, sino que sea una creación humana, una construcción que se concibe frente al caos de la existencia, a menudo trae consigo nuevos horrores. El terror y la belleza, el descubrimiento intelectual y la degradación moral iban de la mano en el nacimiento de la cultura "moderna", donde la competitividad individual sustituyó a la comunidad humana el hombre se creó literalmente a sí mismo", en SCHORSKE, *opus cit.*, p. 126.

dano libre que pueda intervenir en la vida civil; para ello, realiza continuas alusiones a los modelos de Esparta y Roma.

VERGERIO, de la misma manera que todos los primeros humanistas, aprecia una unión inseparable entre la cultura y la vida ciudadana y reflexiona y elabora fórmulas para la formación del nuevo Príncipe, del Capitán y, en general, del hombre político. VERGERIO reclama la educación de los hijos de quien, en una República como Florencia, podían tener cargos públicos: no solo se trata de la educación del señor privado, sino de la persona que pudiera tener responsabilidades en el gobierno de la ciudad. Surge en el seno de las nuevas organizaciones políticas la preocupación por la formación del servidor del Estado, nuevos funcionarios que garanticen la ejecución de las políticas del soberano.

A partir de esta línea de pensamiento pedagógico de VERGERIO, educación y Estado empiezan a adquirir un nexo indisoluble, precisamente cuando adquieren el carácter de disciplina única: educación como garantía de control y de viabilidad de poder.

Los ideales sobre lo universalmente humano, reflejados en los *studia humanitatis*, necesitaron evolucionar de acuerdo con el contexto político de cada territorio[170]. Este criterio se consolida en las ciudades-Estado italianas, en cuyos territorios se reflexiona sobre la necesidad de formar al ciudadano de una república libre, que tiene la condición de libre, y que debe adaptarse a las nuevas transformaciones políticas tales como la aparición de principados y monarquías. El ideal del ciudadano de repúblicas como la florentina cede posteriormente su lugar al Príncipe y al cortesano.

Las obras sobre el soberano se convierten en los primeros tratados de ciencia política; primero *El Príncipe* de MAQUIAVELO[171] y

---

[170] GARIN, *opus cit.*, p. 135.

[171] MAQUIAVELO, N., *El Príncipe*, 19ª ed., Espasa-Calpe, Colección Austral, Madrid, 1988.

más tarde *El Cortesano* de CASTIGLIONE[172] son obras de reflexión sobre el funcionario que sirve al nuevo Príncipe —secretarios y cancilleres—, y reflejan la educación de todo un grupo social. MAQUIAVELO, como humanista, simboliza, en palabras de GINER, "el clima intelectual originario del movimiento humanista"[173].

Los funcionarios eran educados —instruidos— para servir a la nueva organización política y no intervenían en la adopción de las medidas que ellos estaban encargados de ejecutar. Esta labor no implicaba el respeto y sometimiento a principios morales o éticos ajenos a la actividad de gobierno. Su posición era la de un subsecretario permanente, leal al sistema, cuya profesión se caracterizaba por ejecutar con la mayor eficacia las directrices que los diversos superiores de turno le iban ordenando.

HANKINS ha observado que la educación de los nuevos humanistas del reino y del principado chocaba con los valores de la cultura escolástica[174]. Para los primeros, los defectos de la cristiandad moderna eran imputables a la pérdida de la herencia clásica: la sabiduría, la virtud, el poder militar y la capacidad práctica del mundo político clásico romano. Esa celebración del pasado significaba claramente la condena del presente. El empeño de los hu-

---

172 CASTIGLIONE, B., *El cortesano,* Introducción y notas de REYES CANO, R., traducción de BOSCÁN, J., Espasa-Calpe, Madrid, 1984.

173 MAQUIAVELO es el precursor en el Renacimiento italiano, en particular, con su obra *Discursos sobre la primera década de Tito Livio.* Posteriormente, JAMES HARRINGTON en la Inglaterra del siglo XVI, junto con otros autores, hace surgir un pensamiento político conocido como humanismo cívico, o republicanismo cívico. GINER señala en *la virtu* la clave de este pensamiento: "(...) Para el que la *virtu* política, es decir, la disposición activa de los ciudadanos a implicarse en la vida pública, es algo indispensable tanto para la solidez de las instituciones políticas como para mantenerlas a salvo de la corrupción, evitando así que queden inermes frente a los intentos de patrimonialización de los asuntos públicos por parte de quienes explotan la inhibición ciudadana", GINER, ESPINOSA y TORRES, *opus cit.,* p. 361.

174 HANKINS, J., "El humanismo y los orígenes del pensamiento moderno", en KRAYE, *opus cit.,* pp. 159 y *ss.*

manistas por recuperar el legado de los antiguos —quienes eran considerados los intelectuales laicos del gran Imperio y generalmente urbanos—, se topaban directamente con los guardianes de la cultura establecida y con las tradiciones del conocimiento monacal y escolástico.

Los humanistas del siglo XV elaboraron y aplicaron una visión laica y totalmente nueva a la sociedad cristiana, visión esta del paganismo clásico que se fundía con la del cristianismo tradicional. Lo anterior no significaba hostilidad de los humanistas hacia el cristianismo, pero sí existía un enfrentamiento de valores de la cultura medieval que no era sino reflejo entre las luchas de la Iglesia y los diferentes reinos que hacían valer su superioridad y autonomía en el poder político.

3.4. LA EDUCACIÓN POLÍTICA DEL NUEVO ESTADO

Los humanistas florentinos como BRUNI[175] trajeron a la política y a la formación del ciudadano el "símil platónico de la caverna" (Libro VII de *La República*), al afirmar que los filósofos tenían el deber de participar en la vida política y la recuperación del sentido de la libertad en los antiguos; vivir no solo para la vida individual, sino en comunidad, para la familia, y en defensa de los principios e intereses comunes.

La Italia medieval humanista dio espacio a dos grandes corrientes del pensamiento sobre la configuración política de la sociedad cuyo origen se hundía en la autoridad de la Roma clásica: la que proponía la monarquía como óptima forma de gobierno y la que propugnaba el poder popular como la mejor salvaguarda de los tiranos.

Esta última, la teoría comunitarista, gozó de momentos estelares con la recuperación de la política de Aristóteles a finales del siglo XIII y con la obra de MAQUIAVELO a finales del siglo XV.

---

175 GARIN, *opus cit.*, p. 139.

3.4.1. Maquiavelo, la formación del Príncipe

Maquiavelo fue el primer humanista del Renacimiento que profundizó en el análisis científico del poder; el autor florentino proyectó la realidad del poder público como una estructura cuyos comportamientos, fines y medios eran susceptibles de ser objetivados, para así poder entender y mejorar los sistemas políticos de gobierno[176]. Hankins ha caracterizado a Maquiavelo como el autor que propuso un método de análisis de la realidad hasta entonces completamente inaudito, basado en un estudio de la acción política carente de connotaciones morales, religiosas o éticas:

> "Maquiavelo (...) lo que quería aprender del pasado, en concreto del romano, era la fórmula secreta del éxito y del poder. Para ello, se imponía dejar atrás las respetuosas y manidas declaraciones de los moralistas clásicos o modernos, había que superar la cándida creencia de que los Antiguos estaban hechos de un material más noble que el hombre del presente. Los hechos históricos y los actuales debían estudiarse con vistas a desvelar no las convicciones éticas, sino la conducta real de los protagonistas y las razones del triunfo o del fracaso. De ese modo, pensaba, se podrían deducir pausas de comportamiento que limitasen el azar e incrementasen el porcentaje de éxito. Aplicando tales directrices no se adquirían las cuatro virtudes cardinales de la moral establecida, pero sí la *virtu* en la acepción de Maquiavelo: fuerza, coraje, capacidad y poder"[177].

En España, desde un punto de vista ético, tradicionalmente se ha promovido la perspectiva más obscura y negativa de Maquiavelo, muy en consonancia con las conclusiones de la obra

---

[176] En relación con la figura de Maquiavelo, proponemos, frente a la intrigante imagen elaborada por STRAUSS, una visión más realista del humanista, diplomático e historiador florentino defensor de los principios democráticos y de la ciudadanía libre que reflexiona sobre los elementos que componen el sistema republicano y, en particular, la función de la educación en el sostenimiento y desarrollo de la república.

[177] Hankins, *opus cit.*, p. 180.

de STRAUSS *Meditación sobre Maquiavelo*[178]. En este sentido, la experiencia republicana cívica humanista del diplomático florentino no tuvo repercusión en España, con una monarquía y su sucesor el centralismo borbónico que optaron decididamente por el patrón absolutista construido en *la razón de Estado.* Hubo que esperar al siglo XIX y a la llegada a nuestro país del legado republicano importado desde la experiencia de la III República Francesa, para incorporar de forma institucional los principios y valores republicanos.

SKINNER, en su obra *Maquiavelo,* nos aproxima a la obra del pensador florentino describiendo su vida como la propia de una gran humanista, diplomático, consejero, historiador de Florencia y filósofo de la libertad. No obstante, esta presentación aparece precedida por una reflexión sobre la figura sociológica de MAQUIAVELO:

> "MAQUIAVELO (...) su nombre sobrevive como un apodo para designar la astucia, la duplicidad y el ejercicio de la mala fe en los asuntos políticos. "El sanguinario MAQUIAVELO" como SHAKESPEARE lo llamó, nunca ha dejado de ser un objeto de odio para moralistas de todas las tendencias, tanto conservadoras como revolucionarias"[179].

No obstante, a nuestro entender, MAQUIAVELO era un humanista en el sentido que le otorga Cicerón, es decir, poseía un saber procedente de los *studia humanitatis* que son los valores intelectuales, morales y éticos que antes que nada necesitamos adquirir para servir bien a nuestro país, en la misma relación de la idea de *paideia* en la Grecia clásica, donde la conquista del saber se complacía en subordinar nuestros intereses privados al bien público, el deseo de luchar contra la corrupción y la tiranía, la búsqueda de objetivos comunes de talante noble y la gloria de la comunidad y del país.

---

178 STRAUSS, L., *Meditación sobre Maquiavelo,* Instituto de Estudios Políticos, Madrid, 1964.

179 SKINNER, Q., *Maquiavelo,* Alianza, Madrid, 1984.

Precisamente el abandono de la vida pública de MAQUIAVELO se produce por la reinstauración de los Médicis, que retornan a Florencia gracias a la intervención del rey Fernando de España, quien el 4 de octubre de 1511 había suscrito el acuerdo de la Santa Alianza con el papa Julio II. Acusado de conspiración contra los Médicis, fue encarcelado y torturado. Una vez liberado, se retira a la villa de Sant'Andrea en Florencia, desde donde mantiene correspondencia con su amigo Vettori. MAQUIAVELO, sumido en una profunda tristeza y depresión, comienza a reflexionar en torno a sus experiencias en el ejercicio de la diplomacia, las lecciones de historia, el papel del gobierno, e inicia una extraordinaria relación de estudio con los maestros del mundo clásico. Las conmovedoras e ilustrativas palabras de MAQUIAVELO reflejan su necesidad de sabiduría y comprensión del mundo clásico. Cada noche se vestía con sus mejores hábitos e iniciaba la liturgia entre el presente y el mundo clásico cuyos principios, instituciones y valores, pueden construir el futuro:

> "Entro en la vieja morada de los hombres de la antigüedad, donde por ellos soy recibido con amor, me alimento de sus enseñanzas, hago mío aquel espacio y siento que nací para conversar con ellos, allá donde no me avergüenzo de hablar con ellos y preguntarles sobre las razones y motivos de sus acciones; y ellos, por humanidad, me responden"[180].

En *El Príncipe*[181] (1513), especialmente, y en los *Discursos sobre la primera década de Tito Livio*[182] (1520), MAQUIAVELO insiste en los parámetros que deben situar la acción política para lograr sus objetivos, objetivos que no son necesariamente aquellos que marca

---

180 Traducción del autor. *"Entro nelle antique corti degli antiqui huomini, dove da loro ricevuto amorevolmente, mi pasco di quel cibo, che solum è mio, e che io nacqui per lui; dove io non mi vergogno parlare con loro, et domandarli della ragione delle loro actione; et quelli per loro humanità mi rispondono"*, en MAQUIAVELO, N., *Lettere*, Ed. F. Gaeta, Milán, 1961, p. 304.

181 MAQUIAVELO, *El Príncipe... opus cit.*

182 MAQUIAVELO, N., *Discursos sobre la primera década de Tito Livio*, Alianza, Madrid, 2000. HANKINS, *opus cit.*, p. 182.

la moral tradicional. Para el escritor florentino la actividad política está sujeta a un cálculo moral distinto. De aquí la referencia continua a su persona como "padre de la ciencia política moderna":

> "Para MAQUIAVELO (...) la actividad política estaba sujeto a un cálculo moral distinto, uno en el que el agente debe responder de las consecuencias de sus actos sean buenos o no: el príncipe que tolera el desorden porque le repugna actuar con crueldad es responsable de los males resultantes de su 'buena acción'. Esa ética dominada por la consecuencia presupone, sin embargo, que el sujeto está capacitado para prever con exactitud todas las implicaciones de su conducta en unas circunstancias dadas"[183].

MAQUIAVELO escribió sus *Discursos* gracias a su conocimiento detallado y exhaustivo de la historia de Roma y del mundo clásico[184]; el diplomático florentino plantea cuestiones de un modo sistemático en torno al nacimiento, extinción y supervivencia de las comunidades políticas y especialmente analiza la formula política que denomina "republicana". MAQUIAVELO, entre 1513 y 1520, alejado forzosamente de la vida política florentina y confinado en Florencia, escribió primero *El Príncipe* y después los *Discursos sobre la primera década de Tito Livio.* De acuerdo con MARTÍNEZ ARANCÓN, los *Discursos* son la obra más ambiciosa de MAQUIAVELO y su estructura se integra en la fórmula general de los *Discursos*[185].

---

183 HANKINS, *opus cit.*, p. 182.

184 Sobre la importancia de este momento histórico, y en particular el correspondiente a la etapa republicana de Roma, autores como la profesora VILLAR EZCURRA han resaltado la atracción y estudio que supuso para los filósofos modernos el estudio de este periodo: "En TITO LIVIO se inspirarán muchos autores del XVI al XVIII que verán la grandeza de Roma no en la época de Augusto sino en la Roma republicana. Fue en aquellos momentos cuando el amor a la *res publica* llevaba hasta la renuncia de sí y el respeto a las leyes se vinculaba con la defensa de la libertad", en "Estudio Preliminar" de la obra de ROUSSEAU, J. J., *Cartas a Sofía*, Alianza, Madrid, 1999, p. 15.

185 MARTÍNEZ ARANCÓN, A., "Introducción" a MAQUIAVELO, *Discursos sobre... opus cit.*, p. 9.

Durante el *Quattrocento* italiano los humanistas renacentistas habían advertido que históricamente los imperios y Estados se habían alternado cíclicamente y el nacimiento, crecimiento, cenit, decaimiento y desaparición de las potencias políticas habían sido una constante desde el Imperio de los Persas[186]. Ante esta realidad empírica histórica, MAQUIAVELO —en una construcción científica sin precedentes— propuso un análisis exponiendo en esencia que los ciclos de poder no son definitivos. Existen fórmulas de poder y gobierno que permiten que un Estado pueda renovarse a sí mismo, desarrollarse y guardar equilibrio entre sus fuerzas, para de este modo librarse de la corrupción al objeto de mantener activo y dinámico el sistema republicano. Para MAQUIAVELO esa fórmula de renovación dinámica y efectiva del poder de la organización se identifica con un "republicanismo activo": la república es la forma de gobierno más perfecta y representa la normalidad civil y el desarrollo de la vida política de un Estado bajo el imperio de la Ley.

Para el pensador florentino, la política es una ciencia cuya base es la naturaleza humana; el hombre responde de similar manera a las situaciones críticas y vitales, y tiene una irremisible tendencia a obrar mal, a no ser que se le obligue a lo contrario[187]. El comportamiento de los hombres respecto del Estado y los Estados

---

186 En este sentido, en la conocida obra de KENNEDY, P., *The raise and fall of the great powers* (Ascenso y caída de los grandes poderes), el profesor norteamericano hace una propuesta de política ficción sobre la renovación de la primacía como potencia de Estados Unidos. La historia muestra una constante sucesión (alza y caída) de imperios. En la Historia moderna, desde el siglo XVI con España como gran potencia mundial, y en adelante Francia, Gran Bretaña, Estados Unidos, no solo la fuerza militar sirve para mantener el poder, sino que la demografía, la tecnología y especialmente el poder económico serán los elementos que catapulten a las naciones a la primacía mundial, y apunta por ello al mundo asiático con Japón y China como las naciones que en el futuro detentarán el *cenit político* en el vocabulario de MAQUIAVELO. *Cfr.* KENNEDY, P., *The rise and fall of the great powers*, Random House, Lexington (Mass), 1987.

187 MARTÍNEZ ARANCÓN, *opus cit.*, p. 12.

como organizaciones humanas son realidades analizables desde el punto de vista empírico, cuyo objetivo esencial es la deducción de cuáles son las normas del proceder político. El orden político requiere mandatos independientes de la moral y no condicionados por la ética o la religión. Ese elemento científico le permitirá elaborar hipótesis y predicciones con una teoría política de gobierno basada en la experiencia histórica y práctica. Esa política idónea es el "pensamiento republicano" o el recientemente redenominado "republicanismo"; la idea esencial en MAQUIAVELO reside en definir la estructura de la organización política más perfecta basada en el imperio de la Ley y cuyo fin esencial es el fortalecimiento del amor a la patria, las virtudes cívicas, la fortaleza y la libertad[188].

La convicción subjetiva de MAQUIAVELO de la fuerza de la forma republicana la podemos comprender en los siguientes puntos:

a) Comunidad republicana e imperio de la Ley

En las Repúblicas el pueblo es libre. No existe el sometimiento personal a ningún Príncipe. Solo se responde ante la Ley; impera el gobierno de la Ley que es obra común de la ciudadanía que participa activamente en el gobierno.

La república proporciona a sus miembros la idea de destino común y espacio político de la defensa del bien y la libertad común. Este elemento garantiza la independencia de la autonomía del Estado y, sobre todo, que cada ciudadano sirva dentro del marco legal al interés público. La seguridad jurídica permite el disfrute de la libertad, especialmente porque elimina del comportamiento político la arbitrariedad, que es la consecuencia directa de la búsqueda de los intereses privados.

b) Igualdad de los ciudadanos de la República

Todos los ciudadanos son iguales ante la Ley. La república garantiza la igualdad, que es el germen necesario para garantizar las

---

188 Sobre este punto *cfr. Ibid.*, pp. 15-18.

libertades públicas y, de esta manera, se evita la corrupción que torna los intereses que debían ser públicos en privados.

El reparto de poderes en la república se extiende a todos los estamentos sociales, mediante el denominado "gobierno mixto". De la unión de diferentes caracteres políticos y sociales, la república adquiere la flexibilidad y la capacidad de adaptación para todos los infortunios futuros. Aquí, a diferencia de en la monarquía, un Príncipe tendrá más dificultades para adaptarse a cada nuevo contexto político e histórico.

c) República y bien común de la ciudadanía

De lo anterior se infiere que en la república prima el bien común, sin las limitaciones que suponen la exigencia de los intereses privados; sus propios magistrados son elegidos por la ciudadanía y no como en la monarquía, donde el Príncipe les designa —a funcionarios y magistrados— para garantizar su poder a través de tales súbditos.

d) Ciudadano libre, sinónimo de ciudadano que defiende la República

Al primar la cosa pública en el sistema republicano, el bien común se encuentra como el principio básico de la comunidad y deviene obligación para los ciudadanos defender ellos mismos la República[189]. El ciudadano, frente al mercenario, proporciona

---

[189] *Vid.* MAQUIAVELO, *Discursos sobre... opus cit.*, y en particular el análisis realizado por J. A POCOCK sobre la milicia popular en el pensamiento de MAQUIAVELO, en POCOCK, J. G. A., *The Machiavellian Moment,* Princeton University Press, Nueva Jersey, Princeton, 1975, Capítulo VII "Roma y Venecia. Los discursos de Maquiavelo y el Arte de la guerra". El nuevo príncipe vive en un mundo de rivales y es por ello por lo que MAQUIAVELO retoma el tema de las relaciones entre príncipes, para las que la principal necesidad es un ejército al servicio de un jefe dotado de suficiente habilidad y destreza capaz de guiarlo. Habida cuenta del gran interés de MAQUIAVELO por la tradición de la milicia florentina y su creencia en que solo una milicia ciudadana podía preservar en un cuerpo ciudadano el deseo de defender su libertad, es posible preguntarse si acaso

independencia y seguridad a su nación, porque se identifica con ella y no depende de terceros para defenderla. Además, la motivación del hombre que lucha por garantizar su libertad, patria y bienes superan cualquier logro y eficacia de un ejército de mercenarios.

A través de este mecanismo, el ciudadano participa no solo en el gobierno, sino también en la defensa del territorio. El cuerpo social asume el destino irrefrenable de cualquier república en su acción política: la defensa es un nueva conquista que sirve a la ciudadanía para desarrollarse y fortalecerse, para que, de este modo, la república como entidad soberana permanezca en una condición autónoma y libre.

3.4.2. Educación y República en los Discursos

En los tres libros que componen la obra de los *Discursos*, MAQUIAVELO realiza en dos momentos una referencia expresa a la educación del sistema republicano[190].

---

nuestro autor no tenía en mente la idea de que el mando militar del ejército era un medio que pudiera servir al príncipe para transformar sus relaciones con los que gobernaba. No deja tampoco de decir que solo quien es soldado puede llegar a ser un buen ciudadano, aunque en este caso es menos explícito. POCOCK, *The Machiavellian... opus cit.*, pp. 183 y *ss.* (la traducción es nuestra).

190 *Vid.* MAQUIAVELO, *Discursos sobre... opus cit.*, Libro II, Capítulo 2 "Con qué pueblos tuvieron que combatir los romanos, y qué obstinadamente defendían aquellos su libertad": "Nuestra religión ha glorificado más a los hombres contemplativos que a los activos. A esto se añade que ha puesto el mayor bien en la humildad, la abyección y el desprecio de las cosas humanas, mientras que la otra ponía en la grandeza de ánimo, en la fortaleza corporal y en todas las cosas adecuadas para hacer fuertes a los hombres. Y cuando nuestra religión te pide que tengas fortaleza, quiere decir que seas capaz de soportar, no de hacer un acto de fuerza. Este modo de vivir parece que ha debilitado al mundo, convirtiéndolo en presa de los hombres malvados, los cuales lo pueden manejar con plena seguridad, viendo que la totalidad de los hombres, con tal de ir

a) Educación republicana como sustrato de las normas de la comunidad

La primera mención de MAQUIAVELO a la educación es clara y contundente; afirma el pensador florentino que buena parte de la grandeza del mayor imperio de Roma fue debido —en tiempos de la República— a la buena educación, que creaba en el romano un criterio necesario para actuar con templanza y grandeza a la hora de afrontar de similar manera los periodos de desgracias y calamidades, y los tiempos de gloria y poder.

MAQUIAVELO señala que la buena educación republicana era el substrato de su legislación, y eso mismo garantizaba la justa ejecución de las normas. La educación de la república tiene su manifestación directa en la creación de un sistema político cuyo principal objetivo es la libertad pública. Libertad pública para servir de garantía a los ciudadanos:

> "(...) No se puede llamar, en modo alguno, desordenada una república donde existieron tantos ejemplos de virtud, porque los buenos ejemplos nacen de la buena educación, la buena educación de las buenas leyes, y las buenas leyes de esas diferencias internas que muchos, desconsideradamente, condenan, pues quien estudie el buen fin que tuvieron encontrará que no engendraron exilios ni violencias en perjuicio del bien común, sino leyes y órdenes en beneficio de la libertad pública"[191].

---

al paraíso, prefieren soportar sus opresiones que vengarse de ellas. Y aunque parece que se ha afeminado el mundo y desarmado el cielo, esto procede sin duda de la vileza de los hombres, que han interpretado nuestra religión según el ocio, y no la virtud. Porque si se dieran cuenta de que ella permite la exaltación y la defensa de la patria, verían que quiere que la amemos y la honremos y nos dispongamos a ser tales que podamos defenderla. Tanto ha podido *esta educación y estas falsas interpretaciones*, que no hay en el mundo tantas repúblicas como había antiguamente y, por consiguiente, no se ve en los pueblos el amor a la libertad que antes tenían" (la cursiva en nuestra), en *Ibid.*, p. 199.

191 MAQUIAVELO, *Discursos sobre... opus cit.*, p. 42. En el texto original se advierte especialmente la claridad de la idea: "*Né si può chiamare in alcun modo con ragione una republica inordinata, dove sieno tanti esempli di virtù,*

MAQUIAVELO apunta a la necesidad esencial de instrucción y formación de aquellos que, precisamente, velan por las garantías de sus ciudadanos y son profesionales de la vida política (*legisladores*). Legislar es en sí mismo actuar en pro del bien común, porque la ley es fruto de la voluntad del soberano; soberano que en una república libre lo conforma el ciudadano.

b) Educación y religión en el sistema republicano

La segunda ocasión en que la educación es objeto de atención, MAQUIAVELO retoma la idea —que ya había presentado en *El Príncipe*— sobre la necesidad en política de la absoluta separación entre la labor de gobierno de un Estado y la religión. El objetivo que subyace en el fondo es el intento de evitar que la labor de gobierno se someta a los juicios de la religión, la ética o la moral de la comunidad. Es decir, son muy graves los daños que causan en el Estado las nociones y criterios impropios a la organización y que cuestionan la autonomía y poder del mismo; males originados por una educación religiosa que opina y decide con ideas religiosas y no científicas. Estos razonamientos implican, de acuerdo con MAQUIAVELO, una amenaza para la fortaleza e independencia de los sistemas de poder republicano.

MAQUIAVELO había observado en el ejercicio de su vida diplomática similares efectos y advierte que la incorporación de la religión a la realidad política de gobierno comporta como resultado "la ausencia del fomento del amor a la patria". Este *modus operandi* conduce a una humildad improcedente en el plano del poder y a otros ciertos comportamientos y aptitudes impropias en política tales como debilidad, despotismo, cobardía y absoluto desinterés por las cosas comunes: "(...) Tanto ha podido esta educación y

---

perchè li buoni esempli nascano dalla buona educazione, la buona educazione dalla buona leggi, e la buona leggi da quelli tumulti che molti inconsideradamente danno; perchè chi esaminerá bene il fine d' essi, non troverrà ch' egli abbiano partorito alcuno esilio o violenza in disfavore del comune bene, ma leggi e ordine in beneficio della publica libertà", MAQUIAVELO, N., *Tutte le opere*, edición de FLORA, F. y CORDIÈ, C., Mondadori, Roma, 1949, p. 102.

estas falsas interpretaciones, que no hay en el mundo tantas repúblicas como había antiguamente, y, por consiguiente, no se ve en los pueblos el amor a la libertad que antes tenían"[192].

MAQUIAVELO será uno de los primeros autores que formule abiertamente la problemática de la educación y la importancia de la religión como elemento de control y poder en la formación de los ciudadanos. La institución eclesiástica retiene en este ámbito un gran poder, ya que tenía la facultad de permitir el desarrollo y la búsqueda de la libertad pública de los ciudadanos de la república. Cuando MAQUIAVELO critique a la Iglesia católica, no lo hará basándose en fundamentos teológicos o metafísicos, sino que claramente lo hace con un objetivo y un ámbito meramente político. Entre otras, acusa a la religión y a su organización eclesiástica de ser un ámbito material propicio para las prebendas y fuente evidente de prácticas de corruptelas entre los Papas y de perversión de la fe[193]. Especialmente acusa a la Iglesia Romana de no fomentar el amor a la patria y de haber impedido la unidad de Italia:

---

192 *Cfr.* MAQUIAVELO, *Discursos sobre… opus cit.*, Libro I, Capítulo 11 "De la religión de los romanos", pp. 67 y *ss.*, y Libro I, Capítulo 12: "Lo importante que es tener en cuenta la religión, y cómo Italia, por haber descuidado esto por culpa de la Iglesia Romana, está arruinada", pp. 71 y *ss.*

193 Sobre este punto BOBBIO y VIROLI retoman este aspecto sobre la educación —Estado e Iglesia— en la presente situación de la República Italiana. BOBBIO cita a GUICCIARDINI, diplomático, amigo e interlocutor epistolar de MAQUIAVELO: *Bobbio "(…) É la vecchia storia del particolare di cui parlava Guicciardini, che scrive nei ricordi "Tre cose desidero vedere inanzi alla mia morte, ma dubito ancora, che io vivessi molto, non ne vedere alcuna: uno vivere di repubblica ben ordinato nella città nostra, Italia liberata da tutti é barbari e liberato il mondo dalla tirannide di questi scelerati preti". Viroli: "Credo che una delle cause sia nella cattiva educacione religiosa. Machiavelli scriveva che "abbiamo con la Chiesa e con i preti noi italiani questo primo obligo di essere diventati senza religione e cattivi". Bobbio: "La cattiva educazione religiosa, sí. Una educazione che invita al sotterfugio, alla buggia, alle forme superstiziose (…) come credulità. La religione dell'esteriorità non quella dell'interiorità"*, en BOBBIO, N. y VIROLI, M., *Dialogo intorno alla repubblica*, Laterza, Bari, 2001, pp. 36-37.

> "Los italianos tenemos, pues, con la Iglesia y con los curas esta primera deuda: habernos vueltos irreligiosos y malvados; pero tenemos todavía una mayor, que es la segunda causa de nuestra ruina: que la Iglesia ha tenido siempre dividido a nuestro país. Y realmente un país no puede estar unido y feliz si no se somete todo él a la obediencia de una república o un príncipe, como ha sucedido en Francia y en España. Y la causa de que Italia no haya llegado a la misma situación, y de que no haya en ella una república o príncipe que la gobierne, es solamente la Iglesia"[194].

Desde los albores de su nacimiento, el Estado moderno toma conciencia de la utilidad de la educación para el poder público, y para ello, entre sus primeros objetivos, decide aislar y controlar el poder temporal de la Iglesia. VAQUER CABALLERÍA ha señalado la evolución cualitativa de la educación y la importancia que fue adquiriendo dentro de las políticas de Estado:

> "(…) Tímidamente desde el Renacimiento, pero sobre todo y de forma sistemática durante el siglo de la Ilustración, en el continente europeo el Estado pasó a considerar la enseñanza como una atribución propia de su soberanía, para lo que debía romper el monopolio tradicionalmente ostentado por la Iglesia. Se trataba de algo tan sensible como es el control de las conciencias y la formación de un espíritu laico que asegurara la obediencia al Estado"[195].

De acuerdo con SPAGNA MUSSO, este elemento desintegrador de la realidad política y social a través de la educación ha de ser circunscrito a los países europeos continentales y, en menor medida, a los anglosajones, en cuyos territorios la intervención pública en la instrucción fue muy posterior —principios del siglo XIX—. El siglo XVI fue en materia educativa el reflejo de dos fuerzas políticas alineadas en torno a dos diferentes visiones filosóficas y religiosas. Por un lado, la continuidad de la Iglesia Católica de Roma, cuya influencia fue notoria en gran parte de Francia y en las naciones católicas del sur de Europa tales como España y Por-

---

194 MAQUIAVELO, *Discursos sobre… opus cit.*, p. 73.

195 VAQUER CABALLERÍA, M., *Estado y cultura: La función cultural de los poderes públicos en la Constitución Española,* Centro de Estudios Ramón Areces, Madrid, 1998, p. 32.

tugal. Por otro lado, el impulso de la reforma protestante tuvo profundo calado en parte de Alemania y Francia, y con plenitud en Inglaterra[196].

196 Sobre la evolución de la educación en los países reformistas y en los países católicos (contrarreformistas), *vid.* VIAL, J., *Histoire de l'éducation*, PUF, París, 1995; y VAN DAELE, H., *L'éducation comparée*, PUF, París, 1993.

PARTE II
ILUSTRACIÓN Y LA NUEVA EDUCACIÓN EN EUROPA

La Ilustración es el tiempo en que por primera vez se definen los principios que han hecho algo más habitable el mundo, la época de la irreverencia intelectual frente a los poderes fósiles de la Iglesia, la monarquía y el feudalismo, cuando se empieza a afirmar que nada de lo establecido lo es por naturaleza, que las circunstancias y las ideas son construidas por la acción humana y pueden ser modificadas por ella. De este impulso procede lo mejor que tenemos ahora: las ideas de libertad, igualdad y fraternidad que fueron enunciadas por la Revolución Francesa y que constituyen todavía el mejor programa político. Ilustración significa también una cierta actitud ante la vida y las cosas: la voluntad no de ser, sino de hacerse; la conciencia de que todo, hasta lo que parece más simple y trivial, es el resultado del aprendizaje y del empeño; de que el saber es la mejor defensa de la libertad, y de que no hay ni debe haber fronteras entre los seres humanos.

ANTONIO MUÑOZ MOLINA

Capítulo 4
Ilustración y educación

4.1. ILUSTRACIÓN Y MODERNIDAD

La modernidad es un fenómeno histórico de profundas y variadas dimensiones que tuvo su origen a partir de los siglos XV y XVI, y que alcanzó su máxima expresión cualitativa en el siglo XVIII, representado la apertura de una nueva etapa en la historia contemporánea occidental. Es un fenómeno específicamente europeo que nace en el mundo religioso cristiano; la modernidad aparece indeleblemente unida en Occidente a la Ilustración.

Este movimiento filosófico racionalista era, en palabras de KANT en 1784, la superación de un estadio en la evolución de la humanidad:

> "La Ilustración es la salida del hombre de su autoculpable minoría de edad. La minoría de edad significa la incapacidad de servirse de su propio entendimiento sin la guía de otro. Uno mismo es culpable de esta minoría de edad cuando la causa de ella no reside en la carencia de entendimiento, sino en la falta de decisión y valor para servirse de sí mismo, de él sin la guía de otro. ¡Sapere aude!, ¡Ten valor para servirte de tu propio entendimiento!, he aquí el lema de la Ilustración"[197].

La Ilustración es el más amplio movimiento intelectual europeo que se inicia en el siglo XV y que "contagia de su espíritu a todos los sectores de la producción espiritual, artística y científica, e inspira los cambios políticos que desembocarán en la Revolución Francesa"[198]. Sus orígenes intelectuales y filosófi-

---

197 ERHARD, J. B., HERDER, J. G., KANT, I. y Autores Varios, *¿Qué es Ilustración?,* Tecnos, Madrid, 1999, p. 18.

198 GINER, ESPINOSA y TORRES, *opus cit.,* p. 371.

cos parten del humanismo de los autores griegos y romanos; sus influencias más próximas provienen de la filosofía del hombre renacentista y de la ciencia moderna iniciada por BACON, COPÉRNICO, GALILEO, DESCARTES y LEIBNIZ. Este periodo reinventa la posición del hombre, de la libertad y de la razón, y se considera a la Ilustración como el movimiento filosófico, científico y político basado en la razón que "sacude" el *status quo* político del siglo XVIII:

> "(...) En 1730, el movimiento de la Ilustración irrumpe en la escena política y se constituye en el aparato crítico y teórico que acabará irremisiblemente con el Antiguo Régimen. MONTESQUIEU, VOLTAIRE, DIDEROT, ROUSSEAU, HELVETIUS y D´HOLBACH generan una magna revolución en el mundo de la ideas y en el terreno de la filosofía, de la ciencia y de la política. Es la suya una "critica omnia" basada en la teoría del progreso social y en el uso de la razón como método de análisis de la realidad. Ellos son los continuadores consecuentes de DESCARTES, LOCKE, KEPLER, GALILEO, NEWTON"[199].

El término francés "l´État des lumières" representa la idea de la nueva época; la razón, la fuerza de la luz de las ideas como el esencial principio regulador y guía de toda la actividad humana. Es un momento marcado por la idea de progreso y de continua mejora y desarrollo de la persona. El progreso se materializa en una fe ciega en la capacidad de mejora de las aptitudes y logros del hombre. La conquista del conocimiento, la libertad y la felicidad devienen el elemento teleológico material de la Ilustración. La nota común de este periodo es la continua lucha por la superación de las fórmulas filosóficas y las relaciones políticas del Antiguo Régimen, que supone la conquista y entrada en la modernidad:

> "La Ilustración no tiene como objetivo hacer a un pueblo feliz, sino hacerlo justo. La constitución del Estado no debe producir

---

199 BARREIRO, H., "Reflexiones actuales en torno al antes y el después de la Revolución de 1789. La constitución de los sistemas educativos contemporáneos", *Revista Historia de la Educación,* No. 7, Universidad de Salamanca, Salamanca, 1988, p. 24.

> felicidad sino justicia (...) Un pueblo ilustrado exige ser tratado según la dignidad de la humanidad"[200].

La educación, así como la política, la filosofía y la economía, adquieren nuevos principios y orientaciones intelectuales en torno al movimiento ilustrado y son, hoy todavía, la base de nuestra sociedad democrática. El estudio de la ciudadanía del siglo XXI, de las sociedades democráticas y su moderna construcción, tiene como pilar fundamental la construcción de la ciudadanía frente al poder del Estado sobre la filosofía y el pensamiento político generado por la Ilustración, que además fueron fundamento intelectual, primero de la Revolución Americana de 1774 y, posteriormente, de la Revolución Francesa de 1789; es por ello que todavía —especialmente en educación— el ciudadano es síntoma de autonomía, de regeneración, de desafío y también de una cierta utopía de reinvención y destino propio, con ese mismo espíritu y objetivos que ANTONIO MACHADO señalaba en la primera mitad del siglo: "Hoy es siempre todavía, toda la vida es ahora". Es decir, tu destino es tu trabajo, tu educación y tu voluntad de ser —de llegar a ser—, por eso la sociedad democrática frente a otro tipo de organización de la vida social contiene esa idea de necesidad de futuro, supervivencia y superación[201].

4.1.2. Tolerancia religiosa y la Ilustración

La Reforma y el fin de las Guerras de Religión, con la consiguiente firma del Tratado de Westfalia —en el cual los Estados europeos reconocen la legitimidad y el derecho de cada comunidad política a elegir la confesión religiosa del Jefe del Estado y de los súbditos de la comunidad—, configuraron un nuevo contexto histórico y político en Europa basado en el Estado. La nueva idea

---

200 ERHARD, HERDER, KANT y Autores Varios, *opus cit.*, p. 99.

201 Sobre el aspecto "irracional" de la Ilustración, véase el Capitulo 15 titulado "El Jardín Árabe", en especial la paradoja que reside en la fuerza del "optimismo" en el siglo XXI como soporte volitivo no racional de la idea de progreso en la filosofía ilustrada.

de tolerancia religiosa que apuntara LOCKE en 1689 es la base de la convivencia plural de una comunidad de hombres libres[202].

RIEM, un siglo después, evidenciaba que la Ilustración era una necesidad del entendimiento humano, y la tolerancia religiosa un elemento enriquecedor y garante de la libertad en los diferentes Estados europeos:

> "(...) Es absolutamente ilícito ponerse de acuerdo sobre una constitución religiosa inconmovible, que públicamente no debería ser puesta en duda por nadie, ni tan siquiera por el plazo de duración de una vida humana, ya que con ello se destruiría un periodo en la marcha de la humanidad hacia su mejoramiento"[203].

La tolerancia y la autodeterminación religiosa de los pueblos son algunos de los factores esenciales para entender el diverso desarrollo social y económico de las naciones católicas y protestantes, por la manera en que el capitalismo orientó la vida en las metrópolis protestantes, mientras que en los países católicos otros

---

[202] LOCKE, J., *Una carta sobre la tolerancia*, ed. a cargo de BRAVO GALA, P., Tecnos, Madrid, 1988.

[203] Ver ERHARD, HERDER, KANT y Autores Varios, *opus cit.*, p. 22. Es interesante reflejar aquí la idea de intolerancia que HERDER describe en sus escritos sobre España y la intransigencia de los gobernantes latinos durante el siglo XVI: "Felipe II y el cómplice de su intolerancia, un demonio encarnado en un tal Duque de Alba, exterminaron a cientos de miles. ¿Qué hicieron sino grabar con hierro candente, durante su vida, un vergonzoso recuerdo para la posteridad?, ¿qué otra cosa, si ellos mismos proporcionan el motivo para su eterna vergüenza, mientras la historia conserve el recuerdo de sus nombres? Viva el país de un rey que ama la religión pero que no persigue a nadie, que es un buen ciudadano del Estado; que deja a los predicadores de la corte con sus opiniones y protege por igual a aquellos que piensan de otra manera; que ama a la Ilustración y no la frena; que prefiere gobernar a hombres razonables antes que a estúpidos idiotas, los cuales a menudo son más peligrosos que los animales feroces. Viva el país que tiene que agradecer la Ilustración a su José II, y todo imperio que cree deber sus buenos príncipes, sus leyes justas, sus acciones nobles y toda felicidad a lo que ella ha provocado (...)", en *Ibid.*, pp. 22 y *ss.*

bastiones del *Antiguo Régimen* —su nobleza, aristocracia y comercio— no se incorporarán sino tardíamente al libre comercio y a la nueva dinámica económica de poder internacional[204]. La idea que expusiera WEBER en su obra *La ética protestante y el espíritu del capitalismo* tiene como punto de referencia este momento histórico[205]. El profesor neozelandés de la Universidad John Hopkins, JOHN G. A. POCOCK[206], medio siglo después, en su análisis de la evolución de la ética y el comercio en la perspectiva anglosajona, cifrará en la virtud, crédito y comercio la consolidación de la fuerza de las naciones anglosajonas, estableciendo una identidad directa entre el concepto republicano clásico de "virtú" y la necesidad de acrecentar las riquezas de los nuevos Estados mediante la optimización de los recursos comerciales, las finanzas y la lucha contra la corrupción desde una óptica anglosajona; son todos ellos usos, principios y filosofías contrastadas con las filosofías continentales de los Estados católicos[207].

---

204 Véase a BARREIRO y su análisis de la transformación social, económica y política de los siglos XVII y XVIII: "El primer capitalismo apunta justo al corazón del *Antiguo Régimen*: la ideología religiosa. El cisma que se produce en el seno de la religión cristiana dividirá irreversiblemente las fuerzas ideológicas de ambas clases sociales. Muy pronto, el mapa religioso del mundo iba a quedar trazado tal y como es hoy. Los países de mayoría protestante se convertirán en poco tiempo en metrópolis del capitalismo avanzado. Los países católicos, que fueron bastión principal del *Antiguo Régimen* y aliados incondicionales de la nobleza, perderían el primer tren de la historia contemporánea", en BARREIRO, *opus cit.*, p. 19.

205 *Vid.* WEBER, M., *La ética protestante y el espíritu del capitalismo*, traducción de LEGAZ LACAMBRA, L., Península, Barcelona, 1994.

206 POCOCK, *The Machiavellian... opus cit.*, Capítulo 13 "Neo-Machiavellian Political Economy. The Augustan Debate over Land, Trade and Credit", pp. 423 y *ss.*, y Capítulo 14 "The Eightteenth-Century debate. Virtue, Passion and Commerce", pp. 462 y *ss.*

207 *Ibid.*, Capítulo 15 "The Americanization of virtue. Corruption, Constitution and Frontier", pp. 506 y *ss.*; POCOCK, J. G. A, *Historia e Ilustración. Doce Estudios*, Marcial Pons, Madrid, 2002.

4.2. LA IDEA ILUSTRADA DE HUMANIDAD

La razón de Estado, con el advenimiento de la Ilustración y su incorporación al ideario político estatal, deja de ser el primer factor en la realidad política y social. Por vez primera tras el despotismo ilustrado no es la razón del poder sino del individuo —la idea de humanidad— la que se enfrente a la interferencia y arbitrariedad del poder absoluto del Antiguo Régimen. HERDER reconoce en ese pensamiento el encuentro del hombre con su verdadera vocación, el reencuentro de la persona con la idea de humanidad:

> "Los griegos tenían para el hombre un nombre noble; *anthropos*, el que mira al frente, el que lleva erguido su rostro y sus ojos levantados, o, como señala PLATÓN más artificialmente, el que al ver, a la vez, cuenta y repasa el cálculo. Debido a ello, lo griegos no pudieron apenas percibir en este género, cargado de razón y que mira al frente, todos los defectos que conducen a la compasión duradera, es decir, a la humanidad y a la sociabilidad"[208].

La perfectibilidad humana y la continua búsqueda de la mejora de la existencia aparecen tras la Ilustración bajo un continuo manto de racionalismo y de búsqueda de la verdad. La idea de progreso es consustancial a la idea de mejora y búsqueda del bien común. El bien común y el valor de la comunidad política se incorporarán como umbral de convivencia política. Este valor se posiciona como el parámetro nuevo del hombre ilustrado ya que:

> "El valor del hombre no se define, simplemente, por la verdad en cuya posesión cualquiera está o puede estar, sino en el esfuerzo honrado que ha realizado para llegar hasta la verdad. Así pues, no es por la posesión de la verdad, sino por la constante investigación en pro de la verdad como se amplían sus fuerzas, y solo en ellas consiste su siempre creciente perfeccionamiento. La posesión hace apático, perezoso y orgulloso"[209].

La Ilustración es un movimiento netamente burgués que trata de defender los principios del nuevo liberalismo; su sistema

---

208 ERHARD, HERDER, KANT y Autores Varios, *opus cit.*, p. 63.
209 *Ibid.*, p. 67.

de pensamiento centra la libertad y los derechos de propiedad como los principales referentes del nuevo sistema político liberal. El Estado liberal es la fórmula jurídica y política que incorporará los valores filosóficos de la Ilustración: supremacía de la ley, liberalismo y respeto a la propiedad representan la garantía de defensa de la libertad de los individuos frente a la arbitrariedad de terceros y del poder del Estado. GEICH en 1794 adelantaba el fin y el objetivo inmediato de la nueva filosofía para la clase burguesa; la Ilustración infunde obediencia y respeto frente a los derechos de los gobernantes y los fundamenta. La Ilustración contiene una función pedagógica que enseña a los hombres que sin las leyes burguesas no podrían conservar su vida con seguridad, como tampoco disfrutar de ella. Su seguridad y la más importante parte de su felicidad como la tranquilidad, la posibilidad de negociar, las satisfacciones sociales, la abundancia de comestibles y de todo lo que hace falta para la formación de su espíritu y la educación de sus hijos se la deben al Estado, y que carecerían de todo ello, o que lo adquirirían de la forma más deficiente y penosa, si no se hubiera introducido una reglamentación social y regulado con ello las relaciones entre gobernantes y súbditos.

Sin la cultura y la impregnación de la filosofía de la Ilustración, el pueblo "es un juguete en mano de cualquier fanático sin escrúpulos, el cual convierte en mandamientos divinos todo lo que encuentra más adecuado para conseguir sus objetivos"[210].

4.3. LA ADQUISICIÓN DE LA CONDICIÓN DE CIUDADANO

4.3.1. La condición de ciudadano, la educación y la Ilustración

El advenimiento de la filosofía ilustrada supone, en el plano político, un esfuerzo de la nueva cultura política que trata de llevar la razón a todos los estamentos sociales, dejando atrás las su-

---

210 *Ibid.*, p. 82.

persticiones, las creencias sin base racional o espiritual; es decir, terminar con la irracionalidad que de un modo u otro ha venido amenazando y alterando la libertad del hombre[211].

A las ideas desarrolladas por la Ilustración también se suma una nueva misión hasta entonces denostada y olvidada como función pública: la educación. La Ilustración incorpora en su acervo el valor, no solo del derecho natural a la igualdad entre los ciudadanos y el derecho a la vida, sino además el derecho a la instrucción cívica que solo una entidad plural como el Estado puede acometer, ya que bajo su esfera de poder despliegan sus actividades sociales, políticas y económicas los antiguos súbditos, ahora futuros ciudadanos. La escuela se perfilará a partir de finales de los siglos XVIII y XIX como un nuevo instrumento formidable para instruir a los súbditos, que sirven, perpetúan y disfrutan de los nuevos derechos que les proporcionará el Estado liberal.

Con la aportación del pensamiento de autores como HOBBES, LOCKE y sus teorías sobre los derechos individuales frente al poder omnímodo del Estado, MONTESQUIEU presenta sus reflexiones sobre el ejercicio del poder del Estado, con el clarividente razonamiento de que "quien tiene el poder, tiende a abusar de él" y que para evitar que se produzca una interferencia pública en la esfera privada es preceptivo dividir el poder y la fuerza del Estado[212]. El despotismo ilustrado verá amenazada su existencia con la transposición de tales aportaciones filosóficas en realidades políticas. La Revolución Francesa aplicará los citados argumentos políticos y filosóficos, y dejará atrás el sistema del Antiguo Régimen. Durante todo el siglo XIX y parte del siglo XX se consolidará el Estado liberal en Occidente; este nuevo Estado liberal se vertebrará, no bajo el criterio de la fuerza absolutista del poder, sino más bien bajo la fuerza democrática del poder de la burguesía, fundamentado esencialmente en el derecho de propiedad. Para asegurar los de-

---

211 PUELLES BENÍTEZ, M., *Política y administración educativa,* UNED, Madrid, 1991, p. 154.

212 MONTESQUIEU, *Del espíritu… opus cit.*

rechos de la burguesía se pondrá freno a la acción ilimitada de la razón de Estado; se instaura el gobierno de la ley y el principio de legalidad será el vértice de la estructura y eficacia del ordenamiento jurídico, cuyo objetivo es salvaguardar el respeto y cumplimiento de la ley. Del mismo modo, CICERÓN en la República romana apremiaba a la comunidad: "Sed esclavos de la ley, para así poder vivir en libertad"[213].

El Estado liberal adopta como principios jurídicos del nuevo sistema el principio de legalidad y el principio de igualdad de sometimiento de los poderes públicos y privados al gobierno de la ley. Las personas investidas con tales derechos adquieren la condición de ciudadanos y se desarrolla su devenir bajo el manto político de la ciudadanía; es a partir de ese momento cuando la ciudadanía se consolida como principio estrechamente ligado a la construcción sociológica y política de la nación.

El respeto de los derechos fundamentales del ciudadano por el Estado, la democracia representativa, la división de poderes y el principio de legalidad conforman la realidad política del nuevo sistema, que supera las fórmulas del Antiguo Régimen y que, con avances y retrocesos, cimentará su sistema político en partes de Europa Occidental y del continente americano durante todo el siglo XIX y XX hasta llegar a nuestros días bajo el formato de sistemas democráticos parlamentarios.

4.4. EL ESTADO COMO AGENTE EDUCATIVO

A partir del periodo ilustrado en Occidente, la educación no solo será un instrumento de transmisión del saber y el conocimiento, sino también un fin que garantice el acceso a los derechos del ciudadano y que, gracias a esa función integradora de la ciudadanía, se transformará en una de las fuerzas garantes y legiti-

---

213 *Cfr.* CICERÓN, M. T., *Sobre la República. Sobre las leyes,* Tecnos, Madrid, 1986, pp. 34 y *ss.*

madoras de la existencia del propio Estado. Ahora la comunidad política se desarrolla jurídicamente en torno al principio de legalidad, y las fórmulas de "nación" y "ciudadanía" que incorpora la Revolución Francesa van, poco a poco, haciéndose efectivas en la mayoría de las naciones europeas durante el siglo XIX.

De entre las nuevas instituciones que surgen —como la idea de "nación democrática" y "representación política popular"[214]— la educación desempeñará una labor determinante para el efectivo funcionamiento democrático de las mismas. La nación no se entiende en el ámbito educativo como un sujeto político, sino como marco cultural y geográfico. Por ejemplo, en Francia todas

---

214 De acuerdo con GINER, el concepto de "nación" es una realidad compleja con caracteres sociales, políticos y jurídicos: "La nación es, por tanto, una realidad de tipo simbólico socialmente construida a través de mecanismos sociales, siendo de particular relevancia el sistema educativo, que alfabetiza en la lengua nacional y enseña la historia nacional. En un extremo, esta construcción puede considerarse como una invención: "El nacionalismo inventa naciones donde no existen" (GELLNER, E.). Pero en el otro, puede verse que la nación es una "comunidad imaginada" (ANDERSON, B.). Esta última visión permite pensar el proceso como preformativo: una definición social de una realidad colectiva puede generar la realidad que define, siempre que se tengan mecanismos sociales de socialización suficientemente potentes. En general, la idea fundamental que ciertas élites intelectuales tratan de difundir socialmente entre la población es la de la existencia de una comunidad civil que es depositaria primera del poder. Las ideas de nación y democracia están muy relacionadas históricamente", GINER, ESPINOSA y TORRES, *opus cit.*, p. 519. Respecto a la cuestión de la representación política popular ROUSSEAU expone en *El Contrato Social,* Capítulo 10: "Del abuso del gobierno y de su inclinación a degenerar" y en el Capítulo 15 "De los diputados o representantes" los elementos básicos de la representación. Años más tarde, ROBESPIERRE, durante los debates revolucionarios, advierte de las consecuencias de la profesionalización de la clase política debido al principio de representatividad. *Vid.* L'HÉRICAULT, C., *La révolution de thermidor: Robespierre et le Comité de Salut Public: d'après les sources originales et les documents inédits,* Didier et Cie, París, 1878 y LABICA, G., *Robespierre, une politique de la philosophie,* Presses Universitaires de France, París, 1998.

las nuevas propuestas educativas anteriores y contemporáneas a la Revolución buscaban una educación uniforme en todo el territorio, cuya meta fuera la de proporcionar conocimientos útiles a la sociedad, con una clase de profesores de la República laicos y no eclesiásticos[215]. Se trataba, en una primera instancia, de elevar al Estado como el verdadero agente en la educación, relegando implícitamente de este modo a la Iglesia a un segundo plano.

No obstante, si bien es cierto que el nuevo Estado actuaba como garante e institución no interventora en la realidad económica y social, donde las leyes del mercado, la oferta y la demanda regulaban por sí mismas los mercados, no ocurría lo mismo en el ámbito de la educación. Frente a una realidad económica y comercial en la que la acción pública quedaba circunscrita a la garantía nítida de la aplicación de las reglas librecambistas *laissez-faire, laissez passer, le monde va de lui même*, en el ámbito educativo la intervención pública será en un inicio total: desde la presentación de los presupuestos filosóficos y didácticos de la educación hasta su impartición, cuestión que progresivamente será compartida con agentes educativos privados, pero siempre bajo la supervisión y tutela pública en aras de uniformizar y salvaguardar la calidad educativa.

La educación implícitamente se convierte en política —como una forma de construir la realidad—, pues uno de sus objetivos es conformar las bases para la construcción de la nueva sociedad civil, precisamente la que conforma la idea de "nación" que surge tras la Revolución Francesa. El ciudadano tiene derecho a formar su condición intelectual y política gracias a la educación que le presta el Estado debido al reconocimiento *de iure* de dos circunstancias:

a) En primer lugar, lo reconoce como derecho fundamental, unido a la condición de persona y ciudadano[216].

---

215 *Cfr.* LÉON, A., *Histoire de l´enseignement en France*, PUF, París, 1999, Capítulo 5 "Les luttes scolaires et les progrès de l'éducation populaire au XIX siècle (19715-1875)", pp. 69 y *ss.*

216 Desde el punto de vista normativo, esta afirmación debe matizarse, ya que en el primer gran texto revolucionario —la Declaración de De-

b) En segundo lugar, porque los poderes públicos asumen la obligación de prestar un "servicio de instrucción pública nacional"[217].

Como afirmaremos continuamente en este trabajo, las políticas de educación son en sí mismas un *a priori* ineludible para el establecimiento y desarrollo de las sociedades democráticas. La educación democrática es la fórmula, el condicionamiento esencial que faculta al individuo y determina su intervención en la sociedad y que, por ende, le proporciona la condición no ya de súbdito que obedece, sino de ciudadano que decide. El ciudadano forma parte de la sociedad civil, y el grupo de ciudadanos juntos conforman la *voluntad general*, el devenir y el curso político de los acontecimientos. Por ello, el derecho a la educación se sitúa como uno de los primeros derechos en una comunidad democrática soberana, en cuyo espacio la persona, al nacer, se integra dentro de una comunidad de sujetos de derecho y, gracias a la educación y la participación política, adquiere la condición de miembro po-

---

rechos del Hombre y del Ciudadano de 26 de agosto de 1789, que se incorporó más tarde como preámbulo de la Constitución de 1791 y que todavía hoy forma parte del Anexo I de la Constitución vigente francesa de 4 de octubre de 1958— no aparece mención expresa al derecho a la educación, salvo el reconocimiento a la libre difusión de ideas y pensamientos recabada en el artículo 11. "La libre comunicación de pensamientos y de opiniones es uno de los derechos más preciosos del hombre; todo ciudadano podrá hablar, escribir, imprimir libremente, sin perjuicio de responder del abuso de esta libertad en los casos determinados por la ley".

217 La llegada de la III República francesa tras la aprobación de la Constitución de 1875 consagrará definitivamente en el país galo la república como forma de Estado. Gracias especialmente a la obra legislativa de JULES FERRY, PAUL BERT y VICTOR DURUY se instaura por primera vez en Europa un sistema de "instrucción pública nacional". La Ley de 16 de junio de 1881 aprueba en todo el territorio de la República la gratuidad y obligatoriedad de los estudios en las escuelas de primaria y en los liceos. *Vid.* LÉON, *opus cit.*, p. 88, Capítulo 6 "Vers l´intégration des institutions scolaires et universitaires. I Un enseignement primaire pour tous: gratuité, obligation, laicité", pp. 88 y *ss.*

lítico del grupo. No basta la igualdad de derechos fundamentales, ya que esta igualdad política sería limitada sin la existencia de la posibilidad real de acceso al conocimiento. PUELLES BENÍTEZ describe este momento como el punto de partida originario de una nueva educación, que representó el embrión de las primeras concepciones políticas sobre la educación en Europa fruto de la Revolución Francesa:

> "(...) Es preciso también alcanzar la igualdad ante las luces, la igualdad ante la instrucción, a fin de hacer posible la libertad y la democracia representativa. La desigualdad de educación atenta contra la libertad porque no es libre aquel que por ignorancia pone su destino en manos de otro. De ahí que surja con fuerza la idea de una instrucción básica, universal y gratuita. Pero solo el Estado puede hacer posible esta realidad: es el nacimiento de un sistema de educación pública nacional por primera vez en la historia europea"[218].

El siglo XIX será efectivamente el siglo europeo de la educación; el periodo decimonónico es el escenario histórico en el que los poderes fácticos más interesados en perpetuar una determinada forma de Estado lucharán para garantizar su influencia. La relación de poder entre Iglesia, poder público y particular será la clave política que configure la educación en los diversos Estados europeos. MENDELSSOHN en 1784 cifraba en la unión de educación, cultura e Ilustración los elementos que facilitarían el desarrollo y el bienestar social, dentro de esa amplia idea de conquista de la felicidad y del constante carácter de evolución y desarrollo de la naturaleza humana que supuso el pensamiento ilustrado y que, sobre la base de la idea de progreso, nos permite entender todavía hoy el ligamen filosófico y vital entre la Ilustración de siglos atrás y la realidad social de Occidente, que participa también de estas premisas de estudio, esfuerzo, trabajo, mejora, civilidad, ect.:

> "La educación, la cultura y la Ilustración son modificaciones de la vida social; efectos del trabajo y de los esfuerzos de los hombres para mejorar su situación social. (...) donde la ilustración y la

---

218 PUELLES BENÍTEZ, *Política y administración... opus cit.*, p. 157.

> cultura avanzan al mismo paso, entonces ambas constituyen los mejores medios de prevención de la corrupción. Las formas de corromper de cada una de ellas son diametralmente opuestas. La educación de una nación, según las más altas declaraciones, está formada de cultura e Ilustración; no se someterá de ningún modo a la corrupción"[219].

Asimismo, durante el periodo ilustrado y a colación del pensamiento de MENDELSSOHN aquí citado, el problema de la corrupción como principal enemigo de la vida política (interés privado y particular *versus* interés público) será uno de los problemas políticos y éticos en las democracias occidentales afrontados desde la Revolución Francesa[220] hasta nuestros días. Y es que, en particular, el pensamiento republicano cívico señala la corrupción como el principal peligro y amenaza para la vida política de una comunidad democrática.

4.5. EDUCACIÓN COMO ELEMENTO LIBERALIZADOR

La aportación política de la educación en la obra político-filosófica de la Ilustración se basaba en una nueva educación como elemento liberador contra la tiranía opresiva del Antiguo Régimen y la facilidad de dominación de los no instruidos, y en que el nuevo saber conquistado era claramente la respuesta opuesta al viejo orden teocrático escolástico y medieval, de igual modo que el dinero y el capitalismo habían asaltado los "formatos" aristocráticos del poder. Por ello, la educación debía ser pública y general, para de este modo poder los ilustrados oponer al Antiguo Régimen un sistema plural basado en la participación de los ciuda-

---

219 ERHARD, HERDER, KANT y Autores Varios, *opus cit.*, p. 11.

220 El Preámbulo de la *Declaración de Derechos del Hombre y del Ciudadano* de 26 de agosto de 1789 proclama: "Los representantes del pueblo francés, constituidos en la Asamblea Nacional, considerando que la ignorancia, el olvido o el desprecio de los derechos del hombre son las únicas causas de los males públicos y de la corrupción de los gobiernos, han resuelto exponer una declaración solemne de derechos naturales (...)".

danos[221]. El hombre puede cambiar, perfeccionarse, y la palanca que puede hacerlo realidad es la educación. Educación y escuela para todos y "la educación lo es todo" reclamaban los ilustrados como pilares indispensables en la construcción de la sociedad democrática del Estado liberal. D´ALEMBERT en el *Discurso Preliminar a la Enciclopedia* de DIDEROT señalaba la naturaleza liberadora y de progreso de la educación: "Educarse es hacerse mejor y más feliz"[222].

La Ilustración identifica la educación como el instrumento que facilitará el alcance de la felicidad y el progreso, y además construye la categoría filosófica, jurídica y ética que señala a la misma como un derecho fundamental imprescindible, sin cuyo disfrute y ejercicio el hombre no adquiere su condición de persona ni tampoco la de ciudadano. En 1795 ERHARD hacía valer esta opinión:

> "Pero el derecho humano que corresponde al pueblo colectivamente no es otro que el derecho a la Ilustración, pues los otros son derechos personales cuya influencia en una revolución depende del nivel de Ilustración del pueblo (...) si se impide al pueblo ilustrarse, tanto más derecho tiene para levantarse, y si estas dificultades aparecen en la Constitución también ellas deben ser abolidas"[223].

---

221 Véase ENGUITA: "(...) Se oponía al viejo orden teocrático en el campo de las ideas, al igual que el dinero lo hacía al viejo orden aristocrático en el más prosaico del poder. Pero el saber de una minoría no bastaba. Era necesario que alcanzase a la mayoría o al menos, que pudiera ser reconocido por ella. Por eso, la educación se convirtió de inmediato para los ilustrados en un instrumento crucial. Si el orden aristocrático y el despotismo monárquico habían tenido su principal soporte ideológico en la Iglesia, el nuevo orden debería tenerlo en la escuela", en ENGUITA, M., "Sociedad y educación en el legado de la Ilustración: Crédito y débito", en Autores Varios, *Educación e Ilustración dos siglos de Reformas en la enseñanza,* Ministerio de Educación y Ciencia, Madrid, 1988, p. 139.

222 D'ALEMBERT, J., *Discurso preliminar de la Enciclopedia,* Orbis, Barcelona, 1984, p. 17.

223 ERHARD, HERDER, KANT y Autores Varios, *opus cit.*, p. 94.

KANT instaba a entrar en el conocimiento para incorporarnos de este modo a la vida civil y ser partícipes: *¡Sapere aude!*, ¡Atrévete a saber, nada tendría que oponerse al progreso del conocimiento, y nada podría detenerlo! El liberalismo y la Ilustración como sistemas de pensamiento filosófico y político proclamaron abiertamente la igualdad entre los hombres, pero dejando intactas las divisiones de sexo, raza o clase, cuestiones que durante gran parte del siglo XX y del presente siglo XXI están todavía lejos de ser resueltas objetivamente[224].

Junto con los anteriores elementos político-filosóficos encontramos otras causas que participan en el cambio social, político, económico y cultural que representa la esencia de la modernidad.

a) La secularización de la sociedad

---

[224] En este sentido, incluimos por su carácter descriptivo y político la reflexión del escritor y miembro de la Real Academia de la Lengua ANTONIO MUÑOZ MOLINA sobre la importancia cualitativa filosófica y política del movimiento ilustrado: "La Ilustración es el tiempo en que por primera vez se definen los principios que han hecho algo más habitable el mundo, la época de la irreverencia intelectual frente a los poderes fósiles de la Iglesia, la monarquía y el feudalismo, cuando se empieza a afirmar que nada de lo establecido lo es por naturaleza, que las circunstancias y las ideas son construidas por la acción humana y pueden ser modificadas por ella. De este impulso procede lo mejor que tenemos ahora: las ideas de libertad, igualdad y fraternidad que fueron enunciadas por la Revolución Francesa y que constituyen todavía el mejor programa político. Ilustración significa también una cierta actitud ante la vida y las cosas: la voluntad no de ser, sino de hacerse; la conciencia de que todo, hasta lo que parece más simple y trivial, es el resultado del aprendizaje y del empeño; de que el saber es la mejor defensa de la libertad, y de que no hay ni debe haber fronteras entre los seres humanos. Está de moda decir que los principios de la Ilustración han sido superados: cuando uno ve que a la gente todavía la siguen matando en nombre de religiones o de razas, y que en una gran parte del mundo los niños siguen trabajando como esclavos y las mujeres permanecen encerradas tras velos y prohibiciones, se ve claro que no hay mucha más esperanza que la Ilustración", en MUÑOZ MOLINA, A., "Los Derechos Humanos y la Ilustración", *El País*, 1997.

El imperio de la razón y la autonomía religiosa y política de los Estados contribuyen a la transformación y desintegración de las tradiciones religiosas como fundamento de la identidad humana, individual y social. La religión, además, deja de ser el núcleo aglutinador de las relaciones entre los diferentes pueblos.

b) El crecimiento de la burguesía en Europa Occidental

Los progresos tecnológicos de la Revolución Industrial inglesa del siglo XVII y el desarrollo de los nuevos movimientos económicos que suponen la primera base del capitalismo encuentran en la burguesía de las ciudades el elemento subjetivo imprescindible para comprender todas las manifestaciones y transformaciones que implica la modernidad.

c) El desarrollo de los grandes sectores industriales

El crecimiento de los sectores productivos, que garantizan el intercambio y las actividades manufactureras, fueron el escenario propicio para el desarrollo de una nueva clase social burguesa y comercial. Son los espacios que marcan el desarrollo económico de las ciudades, tales como las comunicaciones de las mismas, y sus puertos fluviales y marítimos. Se materializa el poder de nuevos sectores, tales como armadores y negociantes, cuyo ejemplo panegírico ofrece VOLTAIRE en sus *Cartas Inglesas*[225]. En esa realidad que se va definiendo frente al *Antiguo Régimen,* el comercio es la actividad profesional que facilita la riqueza, y la propiedad es la garantía de la libertad y autonomía de la nueva clase.

d) El desarrollo de la ciencia y el dominio de la agricultura

El aumento del dominio agrícola, gracias a las nuevas técnicas, permitirá el incremento de la producción y, como consecuencia de ello, la posibilidad de garantizar la alimentación a un número mayor de población.

---

225 VOLTAIRE, *Cartas inglesas,* traducción y Prólogo de PRIEGO, S., Felmar, Madrid, 1975.

4.6. RELEVANCIA MODERNA DE LA EDUCACIÓN COMO ELEMENTO CONFIGURADOR DE LA CLASE POLÍTICA Y CIUDADANA: SOCIALIZACIÓN, INSTRUCCIÓN Y EDUCACIÓN DE LA CIUDADANÍA

Los presupuestos políticos y filosóficos arriba expuestos requieren de la exposición y profundización de ciertas categorías conceptuales necesarias para un correcto análisis y apreciación del significado y peso político de la educación. En particular, de algunos términos asociados a la actividad educadora; para ello es importante diferenciar en el tiempo y en sus caracteres propios las cualidades de las actividades que conocemos como "socialización", "instrucción" y "educación". En el marco del proceso del conocimiento es indispensable diferenciar abiertamente estas categorías conceptuales, que participan todas ellas dentro del proceso de transmisión del conocimiento y que, en cualquier caso, son actividades dirigidas a objetivos diferentes. Así, tres momentos, tres actividades que podemos separar en la acción de transmisión del conocimiento, todas ellas con diferentes connotaciones pedagógicas, políticas y de valor cultural: socialización, instrucción y educación.

4.6.1. Socialización, instrucción y educación

La idea de "continuidad de las culturas y civilizaciones" viene asociada con la transmisión de valores, conocimientos e historia, que se transmite de generación en generación, lo que implica una continuidad en el proceso de percepción de la realidad entre sus miembros. Esto se consigue gracias a la socialización de ideas, principios y valores. Siguiendo a SOTELO, la socialización la entendemos como el proceso que consiste en "la transmisión de manera consciente y no formalizada de los conocimientos, valores, hábitos y actitudes que constituyen el entramado básico de una sociedad"[226].

---

[226] SOTELO, I., "Educación y democracia", en Autores Varios, *Volver a pensar en la educación. Política, educación y sociedad,* Tomo I, Ediciones Morata, Madrid, 1995, pp. 35 y 36.

Ejemplo de socialización sería el aprendizaje espontáneo de la lengua como forma de comunicación. Junto con la lengua materna se transmite al mismo tiempo el poso cultural al que pertenece la misma, así como un código amplio de normas y creencias que se trasladan de generación en generación. En la sociedad occidental urbana, la familia, las amistades, la comunidad de vecinos o el barrio son elementos imprescindibles de socialización. Por otro lado, la instrucción es ya un proceso organizado cuyo objeto esencial es la capacitación y transmisión de técnicas, información y métodos en diferentes etapas y niveles:

> "La instrucción es un proceso ya formalizado que transmite en un primer nivel los conocimientos generales (leer, escribir, hablar con propiedad, así como los rudimentos de las ciencias) imprescindibles para desenvolverse en la sociedad y, en un segundo o tercer nivel, los conocimientos específicos para practicar un oficio o profesión"[227].

En esta forma de transmisión del conocimiento la instrucción percibe al individuo como elemento social, desde una perspectiva reduccionista del hombre como *homo faber*. Las sociedades modernas se caracterizan por la gran división creciente del trabajo como base de un incremento continuo de la productividad; la instrucción se entiende como una enseñanza de saberes específicos o técnicos que habilitan al desempeño de una profesión. La importancia de la formación del hombre como elemento productor la asume el Estado, entidad política que ha de garantizar la formación de la población y proporcionar, también de este modo, personas capaces de incorporarse a los sistemas de producción modernos. Por ello, el porcentaje de personas con instrucción denota el grado de modernización alcanzado por una determinada sociedad, y por este motivo es una exigencia para las sociedades modernas que su ciudadanía tenga pleno acceso y reconocimiento a los saberes que facilitan la instrucción y la educación. Una instrucción que en la realidad es muy variada y diferenciada entre las personas de-

---

227 *Ibid.*, p. 36.

pendiendo de la profesión desempeñada, así como de las ramas, especialidades, niveles, aplicación, etc. De esta perspectiva partía LOCKE en sus *Pensamientos sobre la educación*[228], al estimar que el objetivo esencial de la misma era dotar de instrucción a los ciudadanos a través de entidades privadas —nunca mediante instituciones estatales— a los futuros hombres de negocios (*gentlemen*), que serían la guía y el brazo productivo del Estado. Como veremos el Capítulo 5, la funcionalidad de la instrucción técnica era, para el autor inglés, el elemento vital para garantizar la prosperidad que el comercio facilitaba, garantizando de este modo la independencia y el poder de la comunidad[229].

Después de más de dos siglos de las consecuencias sociales, políticas y jurídicas de la Revolución Francesa y de las innovaciones que supusieron la incorporación de la educación como función básica del Estado liberal, hoy la educación en las sociedades occidentales desarrolladas es un proceso de gran diversidad de componentes que lo convierten en un proceso con connotaciones sociales, políticas y culturales mucho más complejas que la socialización o la instrucción[230]. Al igual que la socialización, la

---

228 LOCKE, J., *Pensamientos sobre la educación*, 1693, Akal, Madrid, 1986.

229 Sobre la importancia del desarrollo del comercio en el mundo anglosajón, primero británico y posteriormente estadounidense, véase POCOCK, *The Machiavellian... opus cit.*, Capítulo 13 "Neo Machiavellian Political Economy. The Ausgustean Debate over Land, Trade, and Credit", pp. 423 y *ss.* También consúltese POCOCK, *Historia e ilustración... opus cit.*

230 En relación con la dificultad que entraña la educación y la importante diferencia de la mera instrucción, permítasenos hacer referencia como ejemplo a una noticia aparecida en el diario *El País*, 24 de noviembre de 2001, Madrid, : "Guerra contra el Terrorismo, La investigación, Lucía Abellán, España congela 20 millones en 25 cuentas ligadas a Al Qaeda, en donde aparece un cartel publicitario, con una fotografía del hoy tristemente reconocido mundialmente Bin Laden, en un anuncio de la Universidad Hélio Rocha de Salvador de Bahía (Brasil) que reza así Bin Laden-Engenheiro Formar profissional é fácil, diíficil é formar cidadao. (Bin Laden-Ingeniero. Formar un profesional es fácil; lo difícil es formar un ciudadano."

educación se manifiesta de manera informal, pero consciente, en la familia y en la sociedad. También, en un grado de mayor formalidad, se imparte en las instituciones pedagógicas. La educación, a diferencia de la instrucción y la socialización, busca la consecución de un determinado tipo ideal de individuo en el sentido de la *paidea* griega: la referencia de valores con los que investir a una persona.

La educación participa de una referencia de valores y principios éticos y de una estructura normativa que consolida la proyección de tal idea. Un ejemplo de la dificultad para combinar adecuadamente estos tres conceptos —y transcurrido tan amplio periodo de tiempo— es la presente planificación del currículo educativo en la realidad educativa española. SOTELO ha desarrollado de un modo didáctico el porqué de la problemática en torno al estudio de las lenguas clásicas en los planes de estudios del siglo XXI[231]. Esto nos permite tener una mejor aproximación de la idea renacentista de educación y de la posterior concepción de la educación en el siglo XIX, con el inicio de la creación de las primeras nacionalidades en torno a entidades administrativas sólidas que luego se convertirían en Estados Nación (*Vid.* Alemania e Italia). Los *studia humanitatis* del siglo XV se basaban en la sabiduría y el conocimiento que representaban las culturas clásicas griega y romana, y el estudio de estas lenguas se realizaba como un medio y fin en sí mismo, pues eran portadoras de la riqueza y dimensión cultural de civilizaciones que supusieron las épocas de mayor esplendor cultural en Occidente. El hombre renacentista busca los *studia humanitatis* porque la Antigüedad clásica manifiesta conceptualmente el paradigma cultural al que ha de aspirar el ser humano para alcanzar su dignidad plena. En consecuencia, educar para ser hombres cabales supone transmitir un conocimiento profundo del mundo griego y romano. El humanismo se salva y llega como tradición cultural hasta nuestros días, espe-

---

[231] SOTELO, I., "La enseñanza de las humanidades", *El País*, 23 de octubre de 2000.

cialmente en Italia y en el norte de Europa, porque como señala SOTELO "sabe vincular a la admiración renacida por lo griego con la esperanza, al volver a sus fuentes griegas de una renovación del cristianismo"[232].

Las humanidades volverán a encontrar tras el Renacimiento su momento de mayor impulso en el Romanticismo, que coincide con el despertar de las nacionalidades y la creación de algunos de los Estados modernos que no lo lograron en el siglo XV, especialmente Italia, Alemania y Bélgica.

NIETZSCHE en su obra *Sobre el porvenir de nuestras escuelas*, de un modo descriptivo, presentaba la trascendencia de este problema a finales del siglo XIX:

> "Nuestros universitarios "independientes" viven sin filosofía y sin arte: por eso, ¿cómo van a poder sentir la necesidad de ocuparse de los griegos y de los romanos, dado que nadie tiene ya razón para simular una propensión hacia ellos, y dado que además, los Antiguos reinan en un alejamiento majestuoso y en una soledad casi inaccesible? Por eso, las universidades actuales —con coherencia, por lo demás— no se preocupan en absoluto de tales tendencias culturales totalmente extintas, y crean sus cátedras filológicas exclusivamente para la educación de nuevas generaciones de filólogos, a quienes incumbirá la preparación filológica de los bachilleres: ciclo vital este que no va a favor ni de los filólogos, ni de los institutos de bachillerato, sino que sobre todo culpa por tercera vez a la universidad de no ser aquello por lo que le gustaría hacerse pasar ostentosamente, o sea, una institución de cultura. Efectivamente, si elimináis a los griegos, con su filosofía y su arte, ¿por qué escala pretenderéis todavía subir hacia la cultura? En realidad, en el intento de trepar por la escala sin esa ayuda, podría ocurrir que vuestra erudición —debéis tolerar que se os diga esto—, en lugar de poneros alas y elevaros hacia lo alto, presionará, en cambio, sobre nuestros hombros como un peso molesto"[233].

---

232 *Ibid.*, p. 2.

233 NIETZSCHE, F., *Sobre el porvenir de nuestras escuelas*, Tusquets, Barcelona, 2000, p. 155.

Las humanidades adquieren rango universitario en el siglo XIX, el *siglo glorioso* de la filología y la historia. SOTELO resalta el contexto educativo de a quienes iba dirigida la educación de los nuevos Estados del siglo XIX en comparación con los Estados del Renacimiento, y con qué fin se educa a esta clase de élite:

> "Si en el Renacimiento las humanidades convergen en la reforma del cristianismo, dándole nueva vida, en el siglo XIX constituyen el basamento ideológico de las nuevas naciones. Italia, primero; luego Francia, Inglaterra y, finalmente, Alemania tratan de edificar una identidad nacional, recurriendo al mundo clásico. Las humanidades, que se centran en el aprendizaje del griego y el latín, como punto de partida para conocer la literatura y la historia de Grecia y Roma, constituyen, junto con el conocimiento de las ciencias naturales, la base de la educación de la élite dirigente. A finales del Siglo XIX, en la Europa más desarrollada nadie podía ingresar en la universidad sin un conocimiento notable de las lenguas clásicas y de las matemáticas y la física. Su grandeza se remontaría al mundo griego, la plenitud de lo humano del que se siente digno sucesor (...) El estudio de las humanidades reconcilia así el nacionalismo con el universalismo que define a la Europa anterior a la Primera Guerra Mundial"[234].

Precisamente el contexto actual es el que obliga a plantear la educación casi como una *paideia* desvirtuada, pues su referencia es la educación como vía de inserción en el mundo laboral. Hoy la educación no es el privilegio de una clase dirigente que se instruye para gobernar. El valor paradigmático de la cultura grecolatina de la que los europeos nos consideramos dignos y legítimos sucesores ya no es un *a priori* aceptado unánimemente. Así, el pensamiento reduccionista de estudiar solo cosas prácticas, aquellos conocimientos técnicos que nos llevan a obtener un puesto de trabajo, significa una ruptura con la identidad y la tradición del concepto de "ser europeo". Esta ruptura significa un corte de enorme trascendencia sobre el que no se ha meditado lo suficiente[235]. Esta idea es hoy en día paradigma del conflicto actual entre

---

234 SOTELO, "La enseñanza... *opus cit.*, p. 2.

235 *Ibidem.*

los requerimientos de la instrucción, que para lograr sus fines de inserción laboral no necesita de los conocimientos de los *studia humanitatis*, y los requisitos propios de la educación occidental, que todavía, al igual que la Ilustración, toma como referencia los ideales del humanismo proveniente de la tradición grecolatina y son, aunque diluidos, el pilar cultural y educativo de Occidente.

Esta reflexión de cierre de capítulo nos orienta hacia las causas que subyacen en el diseño de los dos sistemas educativos europeos diferenciados, que tienen su orientación definitiva en el siglo XVIII y XIX. Por un lado, el sistema napoleónico postrevolucionario o continental, que se materializa con la instauración de la III República francesa después de la aprobación de la Constitución de 1875 y la entrada en vigor de la Ley de 16 de junio de 1881 —Ley Jules Ferry[236]—, que supuso la implantación en todo el territorio de la República de un sistema educativo nacional que será referencia para la mayoría de los países continentales, entre ellos España[237]. Por otro lado, el sistema anglosajón y las diferentes interpretaciones de los países calvinistas y luteranos como Holanda y los países escandinavos, orientados hacia una filosofía más utilitarista de la educación y un alto grado de especialización del conocimiento. El ejemplo más destacado es Inglaterra y, en particular, la exportación y elaboración propia que Estados Unidos realiza desde su misma independencia[238].

---

236 *Vid.* LÉON, *opus cit.*, p. 88, Capítulo 6 "Vers l´intégration des institutions scolaires et universitaires. Un enseignement primaire pour tous: gratuité, obligation, laicité", pp. 88 y *ss.*

237 Veremos más adelante la excepción que supone a este sistema educativo francés-continental el caso de Alemania. *Vid.* Capítulo 7.

238 Sobre los orígenes republicanos del sistema educativo estadounidense véase Capítulo 8.

Este amor está singularmente unido a las democracias. Solamente en ellas el gobierno se confía a cada ciudadano. Pues el gobierno es como todas las cosas del mundo; para conservarlo, hay que amarlo. Todo depende, pues, de establecer este amor en la república; y es la educación la que debe estar atenta para inspirarlo.

MONTESQUIEU
El Espíritu de las Leyes

Capítulo 5

La educación como instrumento político en el Estado contemporáneo. Educación en Locke y la aportación de Rousseau

5.1 INTRODUCCIÓN. ESTADO CONTEMPORÁNEO Y EDUCACIÓN COMO INSTRUMENTO

El concepto y los fines del Estado occidental desde el Siglo XVI han contemplado un debate y crítica en torno al sistema educativo más adecuado para cada régimen político. Estos análisis críticos han sido ejercidos por autoridades políticas, educadores, filósofos, moralistas, humanistas, etc.; su estudio y análisis estaban dirigidos fundamentalmente a cuestiones pedagógicas y de planificación de la formación del niño y a la preparación de la persona para la vida adulta. En este sentido, es necesario resaltar las ideas educativas contenidas en obras clásicas de la filosofía educativa como *Gargantúa y Pantagruel*, de F. RABELAIS[239] (1494-1553), los *Ensayos* de MICHAEL DE MONTAIGNE[240] (1533-1592) y *Pensamientos sobre la educación*, de JOHN LOCKE[241] (1632-1704).

En la nueva sociedad liberal surgida de la Revolución Gloriosa inglesa de finales del siglo XVII, LOCKE es el referente liberal previo a las propuestas presentadas por ROUSSEAU respecto de la utilidad pública que desempeña la educación; las reflexiones de LOCKE precedieron a la aportación política y educativa que supuso la elaboración de ROUSSEAU de su obra *Emilio, o De la educación*

---

239 RABELAIS, F., *Gargantúa y Pantagruel*, Plaza y Janés, Barcelona, 1989.

240 MONTAIGNE, M., *Ensayos*, 2ª ed., Cátedra, Madrid, 1994.

241 LOCKE, J., *Pensamientos sobre… opus cit.*

y a las alusiones a la educación contenidas en *El Contrato Social* y en las *Cartas sobre el Gobierno de Polonia*[242].

5.2. CONCEPTO DE LA EDUCACIÓN EN LOCKE; INSTRUCCIÓN Y NUEVA BURGUESÍA COMERCIAL

Pocos años después de la Revolución Gloriosa de 1688, LOCKE publica en 1693 un estudio sobre ciertas reflexiones en torno a la educación, que combinaron su experiencia práctica y su conocimiento de la realidad política inglesa, en la que una nueva clase burguesa emergente se convertía en la destinataria de las ideas sobre la educación familiar de los hijos, cuyo fin era convertirse en caballeros de la nueva nación. Una nueva burguesía, hija del comercio y de la expansión marítima y colonial que Inglaterra empezaba a acometer y que debía incorporar elementos novedosos de la época: los avances tecnológicos aportados por la revolución científica y los albores de la revolución industrial, el desarrollo sociológico de la nueva clase social burguesa y la limitación del poder absoluto de la monarquía inglesa con el correspondiente fortalecimiento de la clase aristocrática y la burguesía.

Estos elementos fueron las principales causas de la gran recepción y éxito de sus reflexiones educativas, consideraciones intelectuales que se incardinan dentro de su esfuerzo intelectual por hacer factible un uso razonable de la libertad. Estas ideas sobre la educación son una referencia particular sobre los ensayos de convivencia política y social en libertad que LOCKE fue publicando como fruto de su labor intelectual e interés político social por la sociedad política de su tiempo. Estos ensayos comprenden, entre sus principales textos: *Una carta sobre la tolerancia* (1693)[243], *Ensa-*

---

242 ROUSSEAU, J. J., *Emilio, o De la educación*, Alianza, Madrid, 1998 y ROUSSEAU, J. J., *El Contrato Social o Principios de derecho político*, Estudio Preliminar y traducción de VILLAVERDE, M. J., Tecnos, Madrid, 2000.

243 LOCKE, *Una carta sobre... opus cit.*

yo sobre el entendimiento humano (1690)[244] y los *Dos tratados sobre el Gobierno Civil* (1690)[245]. En estas obras el autor inglés despliega una amplia argumentación a favor de la necesidad de la tolerancia, la diversidad y el respeto de las creencias. Obras que retienen todavía gran validez y son textos fundamentales de estudio de la ciencia política.

Sus ideas están elaboradas sobre la base de un devenir histórico, y advierte que la conquista de la libertad ha sido un denodado esfuerzo entre fuerzas opuestas; la conquista de la libertad, como ejemplo de lucha en Europa, se entiende al apreciar una evolución histórica que supone una evolución y cambio en los actores del proceso:

a) Enfrentamiento Papa-Emperador

El binomio Imperio-Papado, que gracias a la enconada lucha de intereses durante toda la Edad Media evitó la consolidación de una teocracia que, en la práctica, hubiera hecho muy difícil la existencia de un terreno factible para la libertad.

b) División religiosa europea

La reforma protestante, que en cierto modo surge como resultado de los enfrentamientos entre los poderes del Imperio y el Papado, provoca terribles guerras de religión cuyo resultado final será, a partir de 1648, la firma de la Paz de Westfalia y la instauración de la coexistencia pacífica de las religiones en territorio europeo, pilar sobre el cual se edificaría la construcción de las libertades civiles y políticas.

Locke consideraba que la educación debía estar en correcta armonía con el importante proceso de socialización de clase. Par-

---

244 Locke, J., *Compendio del Ensayo sobre el Entendimiento Humano,* Estudio Preliminar y traducción de García Norro, J. J. y Rovira, R., Tecnos, Madrid, 1998.

245 Locke, J., *Dos ensayos sobre el gobierno civil,* 2ª edición de Abellán, J. y traducción de Jiménez Gracia, F., Espasa-Calpe, Madrid, 1997.

tía de la idea de que las enormes diferencias entre los individuos eran, en mayor medida, fruto de la educación más que de la naturaleza. Si las diferencias sociales residían en la educación recibida era, por tanto, necesario mantener el privilegio educativo como forma de dominación social. Las clases sociales dirigentes conservarán su papel de "clase política preeminente" únicamente si tienen la capacidad de educar a sus miembros de manera que se adecuen a los intereses del grupo. LOCKE enuncia abiertamente las estrechas vinculaciones que existen entre "educación" y "aristocracia", de manera que la educación se muestra como una herramienta para determinar y robustecer la socialización propia de la clase dirigente.

LOCKE propone en su obra *Pensamientos sobre la educación*[246] ciertas reflexiones sobre la función y misión de la educación que se convertirán para ROUSSEAU en el punto de partida de su obra político-educativa, junto con *La República* de PLATÓN.

LOCKE se halla en los inicios y el progreso del pensamiento racionalista opuesto a las ideas teocráticas; pertenece a la edad en que los hombres estaban destruyendo la supremacía de la teología mediante argumentos filosóficos, tratando de construir un lenguaje científico y moderno que se adaptara a las necesidades de su pensamiento.

Esta reflexión respecto de la influencia de LOCKE sobre ROUSSEAU hemos de matizarla, pues LOCKE, a diferencia de ROUSSEAU, no propone una fórmula universal para todos los súbditos del Estado, sino exclusivamente para la clase gobernante, que será quien gobierne en los asuntos públicos y decida por el bien de la Nación. De este modo, el filósofo inglés es fiel reflejo de su cuna y tradición, y su filosofía política es la propia de los conservadores *whig* de la segunda mitad del siglo XVIII[247]. Sus *Pensamientos* no

---

246 LOCKE, J., *Some thoughts concerning education*, citado por AXTELL, J., *The Educational Writings of John Locke*, Cambrigde University Press, 1968, p. 19.

247 Según CROSSMAN, tanto HOBBES como LOCKE representaban las aspiraciones de la clase burguesa y terrateniente en la Inglaterra de prin-

están dirigidos a la educación de los hijos del pueblo llano. Basta el siguiente extracto de los *Pensamientos* para mostrar tal voluntad selectiva y discriminatoria del autor inglés:

> "Si se encuentra a un niño o a una niña, menor de catorce años, mendigando fuera de la parroquia que habitan, si lo hacen dentro de una distancia de cinco millas de dicha parroquia, serán enviados a la Escuela de Trabajo más próxima, y allí serán azotados y aplicados al trabajo hasta la tarde, para ser despedidos con tiempo suficiente para llegar a su lugar antes de la noche. O, si viven más allá de cinco millas del lugar en que se les sorprende mendigando, serán enviados a la casa de corrección más próxima, y allí permanecerán aplicados al trabajo seis semanas y aun las sesiones próximas después de terminarse las seis semanas"[248].

A diferencia de ROUSSEAU, LOCKE únicamente presenta una propuesta exclusiva de educación del *gentleman*, como reflejo de la estructura social de su tiempo y la clase social a la que él pertenecía. El concepto utilitarista de LOCKE refuerza su carácter marcado de clase: la divulgación del saber es solo patrimonio de aquellos cuya profesión sea la enseñanza o la literatura su forma de vida. El resto del grupo social tan solo debe aprender lo que mejor convenga a su oficio y función en la sociedad, y por tanto hay funciones —profesiones— que requieren de conocimientos más y menos limitados.

---

cipios del siglo XVII: "Ambos muchachos (HOBBES y LOCKE), a pesar de su origen nada floreciente en el terreno económico, se educaron en Oxford, graduándose HOBBES en Magdalena Hall en 1603 y LOCKE en Christ Church en 1658. Si en cincuenta años cambian muchas cosas en Inglaterra, no puede decirse lo mismo de Oxford, y tanto HOBBES como LOCKE reaccionaron violentamente contra la lógica que sus profesores les enseñaban de acuerdo con la más pura tradición escolástica. De Oxford sacaron lo mismo que muchas generaciones posteriores, un absoluto desprecio por sus profesores y un buen número de influyentes amigos". Véase CROSSMAN, R. H. S., *Biografía del Estado Moderno*, Fondo de Cultura, México, 1987, p. 67

248 LOCKE, *Some thoughts concerning... opus cit.*, p. 26.

LOCKE continúa la senda de la educación nobiliario-burguesa que engloba a autores como BALTASAR DE CASTIGLIONE[249], THOMAS ELYOT[250] y MICHEL DE MONTAIGNE[251].

El autor inglés presenta la figura del caballero surgido de la Revolución de Cromwell[252], que difiere en gran medida de la figura continental del cortesano, propia de las monarquías absolutistas del Antiguo Régimen. El caballero inglés es el valedor y protector de la vida y la libertad inglesas y participa y dirige los asuntos de la nación.

---

249 CASTIGLIONE, *opus cit.*

250 ELYOT, T., *The Boke Named the Governour*, Every man Library, Londres, 1937.

251 MONTAIGNE, *opus cit.*

252 La Revolución inglesa (1688-1689) hace referencia al cambio de dinastía reinante acontecido en Inglaterra entre los años 1688 y 1689. El Parlamento inglés, con el apoyo de una amplia clase popular, depuso al rey Jacobo II Estuardo y entregó la corona a su hija María II y al marido de esta, el príncipe Guillermo de Orange. El origen de la Revolución inglesa parte del periodo de reinado de Carlos II Estuardo (1660-1685). Tras la época de la implantación de la República por Oliver Cromwell (1649-1660), la monarquía absolutista y autoritaria fue de nuevo instaurada en la persona de Carlos II (1660), quien supo mantener el orden en un país en el que las cuestiones religiosas comenzaban de nuevo a encenderse. En 1662 fue aprobado por el Parlamento un conjunto de normas conocidas con el nombre de "Código Clarendon", debido a su adalid principal, el puritano Lord Clarendon, con el que los Estuardo regresaban al puritanismo radical y violento de los primeros tiempos de su gobierno. Los principales afectados desde el punto de vista social y religioso fueron los presbiterianos e independientes, entre los que empezaba a tener especial importancia un grupo fundado por George Fox, los *quakers* o cuáqueros, quienes se vieron privados de su dignidad eclesiástica y fueron expulsados de sus parroquias. De igual manera, comenzaron a surgir problemas derivados de los diferentes conflictos bélicos en los que Inglaterra tomaba parte. Por un lado, la venta de Dunkerque a los franceses suscitó bastantes recelos por parte del Parlamento y la opinión pública. A raíz de ello, y pese al éxito de la lucha contra España (Batalla de Villaviciosa, 1665), el descontento popular iba en aumento, sobre todo por los reveses sufridos en la guerra que

---

Inglaterra había iniciado en 1665 contras las Provincias Unidas. Sin embargo, este hecho y la alianza que Carlos II mantuvo con Luis XIV de Francia, por la que proclamó la libertad de cultos —incluidos los católicos—, exasperaron tanto al pueblo como al Parlamento, lo que creó el contexto propicio para el levantamiento. Los últimos años del reinado de Carlos II estuvieron marcados por el problema de la sucesión al trono. Parte de los parlamentarios, principalmente los *whigs*, presentaron dos leyes destinadas a fundamentar la futura monarquía parlamentaria: la Ley de Exclusión (*Bill of Exclusion*), por la que pretendía alejar del trono inglés a cualquier católico, y el *Bill* del *Habeas Corpus*, por el cual se quería garantizar la libertad del individuo frente a cualquier arbitrariedad monárquica que derivase en una detención injusta. El mejor candidato al trono era el hermano de Carlos II, Jacobo, Duque de York, que contaba con el apoyo de los *tories*. Sin embargo, los *whigs* le rechazaban por su catolicismo y preferían a su hija María o incluso al Duque de Monmouth, hijo natural de Carlos II. En este clima de enfrentamiento y preguerra civil Carlos II gobernó, incurriendo en la violación del *Trienal Act*, que obligaba al monarca a convocar un Parlamento al menos cada tres años. Las luchas entre los diferentes parlamentarios por aprobar las leyes anteriormente citadas no lograron, sin embargo, evitar que el Duque de York sucediese a su hermano como Jacobo II. En los primeros momentos de su reinado contó con el apoyo tácito de varios sectores del Parlamento, que le ayudaron a vencer una importante sublevación de Escocia y Cornualles instigada por el Conde de Argyll y el Duque de Monmouth, respectivamente. Sin embargo, a la derrota de los insurrectos siguió una terrible y sangrienta represión que levantó las iras de la opinión pública. Además, en abril de 1687, la imprudencia de Jacobo II llegó a límites temerarios: convocó una reunión formal en el Parlamento con el objetivo de reclamar más dinero al erario público. Jacobo II pidió la abolición del *Bill* del *Habeas Corpus* y del *Bill of Test*, prueba de anticatolicismo de todos los parlamentarios, así como el mantenimiento de un ejército permanente. Pese al respaldo *tory*, el Parlamento se negó a cualquier concesión. Jacobo II continuó con su política a favor de los católicos, auspiciando la estancia en Londres de un nuncio romano y arengando a la población a convertirse a la religión romana, además de permitir la entrada en las islas a las órdenes religiosas católicas. Para complicar aún más la cuestión, el 30 de junio de 1688 nació Jacobo Eduardo, primogénito de Jacobo II, cuyos derechos de sucesión primaban sobre los de su hermana María. Esta última era la solución deseada tanto por el pueblo, receloso de la política católica del Estuardo, como por el Parlamento, especialmente por los *whigs*. A su indudable anglicanismo se unía su matrimonio con Guillermo de Orange, *statuder* de la otra gran potencia protestante de Europa como era Holanda. Una comisión parlamentaria pidió públicamente ayuda a Guillermo. Este desembarcó en Torbay el 5 de noviembre de 1688 al frente de más de 15.000 soldados, a la cabeza de un estandarte que resumía sus intenciones: *Pro religione protestante, pro libero parlamento.* El ejército Estuardo, comandado por John Churchill, futuro Duque de Marlborough, se aprestaba a presentar batalla cuando recibió, con tanta sorpresa como repudio, la noticia inesperada: Jacobo II había huido a Francia, donde fue excelentemente acogido por Luis XIV. Este hecho hizo abandonar la lucha a las tropas jacobitas, por lo que Guillermo de Orange entró triunfalmente en Londres el día 28 de noviembre. La cautela y responsabilidad del *statuder* holandés le hizo granjearse muy pronto las simpatías tanto de *tories* como de *whigs*. Mientras la Cámara de los Comunes se constituía en Parlamento Convención, con el objetivo de solucionar los problemas derivados de la huida de su rey legítimo, Guillermo fue investido como gobernador provisional del reino, previa garantía de aceptar cualquier resolución tomada por dicha asamblea. La resolución final fue tomada el 13 de febrero de 1689: se declaraba vacante el trono inglés, que fue de inmediato ofrecido a Guillermo de Orange y a María Estuardo. Estos aceptaron el ofrecimiento el 22 de febrero, no sin antes haber aceptado también una serie de leyes y garantías propugnadas por el Parlamento, conocidas como *Bill of Rights*, base de la monarquía parlamentaria inglesa. Sus puntos principales son los siguientes: 1) El rey quedaba obligado a garantizar la convocatoria libre y frecuente del Parlamento, así como a aceptar las resoluciones finales de este en cualquier tipo de materia (judicial, fiscal, política...); 2) Se garantizaba la exclusión de los católicos al trono inglés, con lo que el Parlamento se aseguraba la anulación de cualquier monarquía de tipo autoritario o absolutista; 3) Se declaraba ilegal el mantenimiento de un ejército nacional en tiempos de paz, con lo que se ponía freno a la solución militar, arbitrariedad habitualmente al alcance de cualquier monarca europeo; 4) Contrariamente al derecho divino que regía las monarquías europeas, en la *Bill of Rights* se hace expresa mención a que entre el rey, el Parlamento y el pueblo se establece un contrato de reciprocidad entre los firmantes. La *Bill of Rights* a finales del Siglo XVIII no significó una novedad en la realidad jurídica inglesa, ya que esta se basaba en los principios que regían el reino desde los tiempos medievales. No obstante, la Revolución Gloriosa tiene como

La educación que va a defender el filósofo conservador será la de la clásica defensa de la libertad individual contra las autoridades del Estado y de la Iglesia. LOCKE estimaba que la ciencia, la razón y la experiencia eran las mejores defensas del individuo contra la tiranía del poder. Se convirtió de este modo en el principal portavoz de la recién fortalecida clase burguesa y de la nueva ciencia empírica. De igual modo, con su pensamiento remodeló la educación del nuevo caballero; su intención y voluntad en la educación consistía en formar individuos que tuvieran la autonomía para desarrollarse en la nueva sociedad burguesa. Es precisamente en ese ámbito donde que hay que enmarcar la doctrina político-educativa de LOCKE. La finalidad de la nueva educación propuesta estaba basada en la experiencia y en la inculcación de metas tales como la consecución de la virtud, la sabiduría, el aprendizaje y la "educación de clase". Todos estos objetivos aquí mencionados tenían que conducir a la habilitación social y profesional del ciudadano inglés. El hombre virtuoso con capacidad para defender su libertad y ser el creador de su destino. Esta visión puritana de LOCKE es todavía hoy un referente evidente en la educación británica, y en su momento lo fue en el desarrollo de las ideas educativas en Estados Unidos[253].

---

punto culminante el reparto de poderes entre el rey y el Parlamento, lo que dio por finalizada la espinosa cuestión que había llevado al país a conocer desde un gobierno republicano hasta una monarquía seudocatólica. Con la aprobación del *Toleration Act* unos meses más tarde, que permitía la libertad de culto a las minorías protestantes no anglicanas, aunque no a los católicos, se puso, a su vez, fin al problema religioso. Todo el entramado de relaciones sociopolíticas inglesas será excelentemente enunciado por LOCKE en su obra *Ensayo sobre el poder civil* (1690). Ver *Britannica Enciclopedia*, "English civil wars", Vol. 4, p. 499 y "Protectorate", Vol. 9, p. 378, y POCOCK, *The Machiavellian… opus cit.*, Capítulo 10 "The Problem of English Machiavellism. Modes of civic consciousness before the civil war", pp. 333 y *ss.*

253 Sobre la recepción y evolución de las ideas republicanas en el ámbito educativo y, en particular, sobre la trascendencia de la figura de JEFFERSON, véase Capítulo 8.

Sin embargo, es importante reseñar que LOCKE nunca estimó ni reconoció las posibilidades que ofrecía la política en la educación, pues percibía la importancia de la educación —instrucción en el sentido más preciso— como elemento técnico que representa una simple transmisión de poderes, que garantiza la autonomía y la libertad del individuo. La formación es sinónimo de instrucción y capacitación para la vida laboral; conocimiento que se transforma en actos útiles para la comunidad y que representa el acrecimiento de las riquezas de la nación. Por estos motivos su discurso contenía una nueva propuesta para la instrucción del ciudadano inglés, pero no tenía presente la dimensión amplia e integral de la educación[254]. LOCKE abiertamente desestimó el ejercicio del poder público y la aprobación de cuerpos legales que garantizasen el ejercicio del desarrollo educativo de las personas, pues entendía que la intervención y prestación del Estado en materia educativa implicaría una limitación del libre ejercicio de los derechos del individuo[255].

5.2.1. Educación y pensamiento republicano de la utopía de Oceana de JAMES HARRINGTON

JAMES HARRINGTON fue un pensador político de vigor e independencia durante su época; identificó y desarrolló filosóficamente los motivos sociales que provocaron la Revolución puritana —reseñados en el apartado anterior— en la Inglaterra del siglo XVII. Aunque republicano convencido, era aristócrata por nacimiento y formación, y fue íntimo amigo de Carlos I, a quien sirvió

---

254 El profesor GÓMEZ ORFANEL ha precisado tal distinción: "La educación se distingue (...) de la enseñanza, que consiste esencialmente en la transmisión de conocimientos. El objeto de la educación no sería únicamente el desarrollo intelectual del individuo, sino su formación física, moral y estética", en GÓMEZ ORFANEL, G., "Panorama de las tendencias educativas en el Siglo XX", *Revista de educación,* No. 242, Madrid, 1975, p. 5.

255 CAMPS, V., "Educación y cultura democrática", en Autores Varios, *La cultura de la democracia: el futuro,* Ariel, Barcelona, 2000, p. 99.

hasta el momento en que el monarca fue ejecutado. La influencia de THOMAS HOBBES es notable en JAMES HARRINGTON, quien profesaba una profunda y pública admiración por la obra del autor del *Leviatán*. *Oceana* es la obra fundamental de JAMES HARRINGTON, publicada en Londres en 1656 y adscrita al grupo de obras de las *utopías políticas*[256]; HARRINGTON imagina y describe la formación de un nuevo gobierno en una república ficticia. *Oceana* es una obra compleja en la que se dedica un breve espacio a la educación. En ella HARRINGTON asigna a la educación superior la clave para el desarrollo del gobierno de la República de Oceanía:

> "Cortamos árboles para construir casas, pero ¿podría alguien explicarme cómo puede la eliminación de una universidad ayudar a restablecer la República? Si de algo estoy seguro es de que la perfección de una República no puede alcanzarse sin la sabiduría clásica, ni la sabiduría clásica sin el aprendizaje, ni el aprendizaje sin las escuelas de literatura, que son lo que conocemos como universidades. Dice VERULAMIO respecto al mero aprendizaje universitario que "los hombres talentosos lo desprecian y los hombres simples lo admiran, pero son únicamente los sabios los que saben usarlo, ya que los estudios *per se* no sirven de nada, sino que lo que verdaderamente vale es la sabiduría que está por encima de los estudios, la que se forja mediante la observación". Los hombres

256 El término "utopía" tiene su origen filosófico en la novela homónima de TOMÁS MORO. Tal obra, publicada en el año 1518, fue escrita como reacción a la miseria que reinaba en los grandes centros urbanos de Inglaterra entre los campesinos expulsados de sus tierras por el desarrollo de la gran propiedad agrícola y por los progresos de la naciente industria textil. Describe detalladamente la vida en una isla imaginaria e "idílica" que desconoce e ignora la existencia de la propiedad privada. En la historia de las ideas políticas, un nutrido número de autores pergeñaron otras utopías como ANTON FRANCESCO DONI (*Mundo cuerdo, mundo loco*, 1552), TOMÁS CAMPANELLA (*La Ciudad del Sol*, 1602), FRANCIS BACON (*La Nueva Atlántida*, 1623), JAMES HARRINGTON (*Oceana*, 1656), DYONISIUS DE VAIRAS D'ALAIS (*Historia de los Sevarambos*, 1677), MORELLY (*Náufrago de las islas flotantes* o *Basiliada del célebre Pilpai*, 1753), ÉTIENNE CABET (*Viaje y aventuras de Lord Carisdall en Icaria*, 1840), EDWARD BELLAMY (*Cien años más tarde* o *El año 2000*, 1888), WILLIAM MORRIS (*Noticias de ninguna parte*, 1891) y ANTATOLE FRANCE (*La sociedad comunista*), entre los más destacados.

> con experiencia pueden desenvolverse en los aspectos concretos uno por uno y quizá juzgarlos; pero los consejos generales, los planteamientos y la resolución de asuntos vienen siempre de los instruidos. Por lo tanto, si quieres que tus hijos sean hombres de Estado, tienes que dejarles beber de esas fuentes, cuando quizá nunca existieron. ¿Qué pasaría si nos diésemos cuenta de que esas fuentes no aportan alimento? Se trata de un vehículo sin el que un hombre no puede nutrirse. Tampoco está la religión menos implicada en esto que el gobierno. Si eliminamos las universidades, perderemos ese alimento en pocos años"[257].

Es muy interesante la interrelación que plantea HARRINGTON; gobernar es obra de los instruidos que buscan las fuentes clásicas de Grecia y Roma y, en particular, del periodo republicano romano; pero además reconoce la función de la institución que es creada en Occidente en el siglo XIII como evolución de las escuelas catedralicias cristianas: la universidad. Es la universidad quien forma al nuevo gobernante y quien atesora el saber clásico con las necesidades del poder, llamándolo sin reparo "nutriente" para los llamados a ser instruidos para que establezcan y garanticen la existencia de la República de Oceanía. A semejanza de LOCKE, discurre sobre la función de la educación en la élite gobernante, pero HARRINGTON busca en la universidad la institución que sirve de referente a la República —del mismo modo que ROUSSEAU y CONDORCET señalan a la Escuela republicana— y cifra en el periodo republicano clásico romano, tal y como hizo MAQUIAVELO en sus *Discursos*, la fuente de todo el saber de la vida pública.

5.3. ROUSSEAU, UNA NUEVA CONCEPCIÓN DEL VALOR DE LA EDUCACIÓN

Los primeros planteamientos formales sobre la trascendencia de la intrínseca relación entre Estado, ciudadanía, educación y democracia liberal proceden del periodo ilustrado. Durante este

257 HARRINGTON, J., *Oceana*, Cambridge University, 1990, traducción de BERMÚDEZ CARRASCO, A., p. 199.

periodo de Despotismo ilustrado, como ha señalado CAMPS, los autores del individualismo moderno no dan mayor trascendencia a la cuestión de la educación salvo la notoria excepción de ROUSSEAU:

> "A ROUSSEAU le preocupa de nuevo el papel de la naturaleza y la represión que sobre esta ejerce la sociedad. La moral es, por encima de todo, autonomía, libertad. El fin de la educación será desarrollar en el niño o en la niña (teniendo en cuenta que sus naturalezas son distintas: uno tendrá que ser ciudadano; la otra, madre) los elementos del hombre natural. No el hombre primitivo de VOLTAIRE, sino un ser genéricamente civilizado, no hecho por ninguna civilización ni unido a una raza o época determinada. ROUSSEAU busca el hombre universal, una finalidad cosmopolita"[258].

La Ilustración abrió dos vías de "moralización" del Estado a partir de los ciudadanos[259]; estas dos vías aparecieron representadas en las perspectivas complementarias de MONTESQUIEU y ROUSSEAU. De una parte, MONTESQUIEU moraliza al Estado con el artificio de una división de poderes que evite el despotismo monárquico o popular y que se oriente en la consecución de un régimen liberal[260]; mientras, ROUSSEAU, por otra parte, propone el tránsito de una situación de alineación a un sistema de democracia al superar el ciudadano las realidades de súbdito e incorporarse a la condición de soberano, así como la transformación del hombre privado en el hombre político-público con el objetivo político de lograr la democracia. Esa democracia sitúa su eje central en la participación activa del ciudadano y es eficaz y sobrevive "por y gracias" al ciudadano; ese hombre deviene ciudadano, y para adquirir tal condición requiere de la ayuda del poder públi-

---

258 CAMPS, *opus cit.*, p. 99.

259 ARANGUREN, J. L., *Ética y política*, Biblioteca Nueva, Madrid, 1990, pp. 92 y *ss.*

260 *Cfr.* en este sentido con TORRES DEL MORAL, A., "Ciencia y método en la obra de Montesquieu", *Revista de Derecho de la Universidad Complutense de Madrid*, Vol. 18, No. 50-51, Madrid, 1977.

co, de modo que garantice el acceso y conquista de una educación que le dote de una "instrucción ciudadana"[261].

ROUSSEAU definirá su pensamiento por su "absolutismo democrático y por su puritanismo político"[262]; la virtud pública y el interés por los asuntos públicos no son solo elementos necesarios en la participación democrática, sino que al mismo tiempo la intervención y el interés de los ciudadanos por la república representan la garantía misma de su supervivencia[263].

En el mismo año que ROUSSEAU termina su obra *Emilio, o De la educación* (1792) aparece publicado el ensayo *Essai d'Éducation Nationale ou Plan d'Études pour la Jeunesse*, elaborado por un parlamentario de Bretaña, LOUIS RÉNÉ DE LA CHALOTAIS[264]. Dicho

261 ROUSSEAU, J. J., *Oeuvres complètes*, L'Integrale, París, 1971, pp. 533 y *ss.*

262 ARANGUREN, *opus cit.*, p 108.

263 ARANGUREN reseña la importancia de la cuestión del interés general público frente al interés privado como elemento principal del pensamiento de ROUSSEAU: "El interés particular es propio del yo egoísta: el genuino interés es el interés público. *"Si tôt quelqu'un dit des affaires de l'État: Que m'importe? On doit compter que l'État est perdú"* (...) ROUSSEAU no vacila en establecer que al ciudadano *"on le forcera d'être libre"*. Su Estado es, sin ninguna duda, el de la absorbente virtud política, de la que había hablado MONSTESQUIEU. *"Un citoyen ne doit vivre agir et penser que pour la patrie"*, en *Ibidem.*

264 Coincide este año de 1762 con la aprobación por parte de Luis XV —quien consintió contra su voluntad— de la solicitud formal al Papa de disolución de la Compañía de Jesús en Francia. Dicha disolución se haría efectiva once años más tarde bajo el pontificado de Clemente XIV (concretamente en 1773 mediante el Breve Apostólico *Dominus ac Redeptor Noster*). La Compañía perdería desde entonces el único apoyo real decisivo que tenía en el campo educativo. Además, en la educación superior, la Facultad de Teología de la Sorbona estaba dominada por los mismos que en otros tiempos habían gozado del magisterio de TOMÁS DE AQUINO y de otros teólogos de la Iglesia. Sobre todo eran los jesuitas quienes habían venido creando y rigiendo aquellos famosos *Collèges* en los que cursaron sus estudios humanísticos muchas generaciones de niños y jóvenes franceses, hijos de la aristocracia o, en los últimos años, de la naciente burguesía. En estos *Collèges,* curiosamente, se habían formado los más

ensayo marcaba el inicio de una serie bastante considerable de estudios y trabajos dedicados a la educación realizados por hombres de renombre intelectual tales como TURGOT, DIDEROT, D'ALEMBERT, TAYLLERAND o CONDORCET. En todos ellos se instaba, sencillamente, a la formación de un sistema escolar de iniciativa y alcance nacional.

ROUSSEAU en *El Contrato Social* advierte que, emanada de la propia reflexión en el ámbito cívico que proporciona un Estado libre, la educación es la función que garantiza a cada ciudadano la necesidad de instruirse, para de este modo participar en los asuntos públicos:

> "Nacido ciudadano en un Estado libre, miembro del soberano, por muy débil influencia que pueda ejercer mi voz en los asuntos públicos, me basta el derecho de votar sobre ellos para imponerme el deber de instruirme"[265].

MONTESQUIEU, antes que ROUSSEAU, en *El espíritu de las leyes* reivindicó la importancia política de la educación y la responsabilidad de quienes educan en un gobierno republicano:

> "Es el gobierno republicano el que tiene necesidad de toda la fuerza de la educación. El temor de los gobiernos despóticos nace de ella misma entre amenazas y castigos; el honor de las monarquías se ve favorecido por las pasiones y, a su vez, las favorece: pero la virtud política es una renuncia a sí mismo, lo que siempre es una cosa muy penosa (...) se puede definir esta virtud como el amor de las leyes y de la patria. Este amor exige una continua preferencia del interés público al suyo propio (...)"[266].

---

mordaces anticlericales escritores de entonces, como VOLTAIRE o DIDEROT, además de otros ilustres pensadores de épocas pasadas y, entre ellos, el fundador del racionalismo moderno, RENÉ DESCARTES. Véase GARCÍA GARRIDO, J. L., *Sistemas educativos de hoy*, Dykinson, Madrid, 1993, pp. 2 y *ss.* Véase también, LA CHALOTAIS, L. R., *Essais d'éducation nationale ou plan d'études pour la jeneusse*, L'Harmattan, París, 1996.

265 ROUSSEAU, *El Contrato... opus cit.*, p. 39.

266 Continúa el texto: "(...) Este amor está singularmente unido a las democracias. Solamente en ellas el gobierno se confía a cada ciudadano.

ROUSSEAU será el primer autor en formular con una propuesta político-pedagógica toda la nueva filosofía ilustrada en torno a la educación. En su tratado *Emilio, o De la educación* (a partir de ahora, *Emilio*), el autor ginebrino presenta una obra que excede del campo meramente pedagógico, pues contiene serias implicaciones sobre la estructuración de la nueva sociedad liberal republicana y los apuntes básicos sobre la función y los efectos de la actividad formativa y educativa del Estado en sus ciudadanos.

ROUSSEAU se convertirá en origen intelectual del poder político y democrático de la educación como sistema garante de la existencia y defensa de la nueva sociedad democrática construida en torno a la idea de la "voluntad general". Estas ideas serán retomadas y ampliadas años más tarde por CONDORCET, quien en pleno proceso revolucionario mostrará a la Asamblea Constituyente la dimensión y el instrumento político que constituye la educación[267].

> "Ofrecer a todos los individuos de la especie humana los medios de proveer a sus necesidades, de conseguir su bienestar; asegurar a cada uno este bienestar, que conozca y defienda sus derechos y que entienda y llene sus deberes, asegurar a cada uno la facilidad de perfeccionar su industria, de capacitarse para las funciones sociales a que tiene derecho a ser llamado, para desenvolver toda la

---

Pues el gobierno es como todas las cosas del mundo; para conservarlo, hay que amarlo. Todo depende, pues, de establecer este amor en la república; y es la educación la que debe estar atenta para inspirarlo. Pero para que los niños puedan tenerlo, solo existe un medio seguro y es que los propios padres también lo sientan… Nunca es la nueva generación la que degenera; esta no se pierde más que cuando los adultos ya se han corrompido", en MONTESQUIEU, J. J., *Oeuvres complètes. L'Esprit des Lois,* Libro I, Belin, París, 1817, pp. 28-29.

267 CONDORCET, J-A-N., *Cinq mémoires sur l'instruction publique,* GF-Flammarion, París, 1994. (N. A.: las traducciones de la obra *Cinq mémoires* de CONDORCET aquí incluidas son todas del autor). Véase también el Estudio Preliminar de TORRES DEL MORAL, A. en CONDORCET, J-A-N., *Bosquejo de un cuadro histórico de los progresos del espíritu humano,* edición preparada por TORRES DEL MORAL, A., Editora Nacional, Madrid, 1980.

> extensión de los talentos que ha recibido de la naturaleza y para establecer entre los ciudadanos una igualdad de hecho y hacer real la igualdad política reconocida por la ley, tal debe ser el primer fin de una instrucción nacional; y desde este punto de vista es para el poder público un deber de justicia"[268].

En la relación entre la política de Estado y la educación en el contexto del moderno Estado democrático podemos hablar de dos perspectivas abiertas en la manera de percibir la educación como elemento primario de control y desarrollo en las sociedades modernas.

Por un lado, una liberal, en el sentido de que el objetivo de la educación es la libertad tanto individual como en el ámbito de la convivencia, en la que prima el valor de la libertad por encima de la igualdad. Por otro lado, la perspectiva republicana democrática, que subraya también la libertad del individuo pero dentro de una perspectiva de desarrollo democrático, que es el principio esencial para entender la libertad del individuo y del grupo.

Para el liberalismo que arranca en el plano educativo desde Locke, la libertad civil supone, en primer lugar, no la igualdad de oportunidades y derechos entre las personas, sino el respeto de la esfera propia de cada individuo, es decir, su fe, su familia y su propiedad[269]. Rousseau encuentra que la diferencia esencial entre

---

268 Condorcet, J-A-N., *Informe y proyecto de decreto sobre la organización general de la instrucción* pública, Ramón Areces, Madrid, 1990, p. 41

269 Sobre los principios y libertades del individuo frente al Estado y la propiedad, ver Rousseau, *El Contrato... opus cit.*, Capítulo 3 "Del derecho del más fuerte", pp. 7 y *ss.* y Capítulo 4 "Del dominio real", p. 20. Sobre la familia señala Rousseau en *Ibid.*, Capítulo 2 "Las primeras sociedades": "La más antigua de todas las sociedades y la única natural es la familia... Los primeros cuidados del hombre son los que se debe a sí mismo, y en cuanto alcanza el uso de los medios más apropiados para su conservación, se convierte en su propio amo. La familia es, por tanto, el primer modelo de sociedad política: el jefe es el semejante al padre, y el pueblo a los hijos, y, al ser todos, por nacimiento, iguales y libres, solo renuncian a su libertad a cambio de su utilidad. La única

el hombre y los animales no es el entendimiento, sino la cualidad del hombre como agente libre, generándose como tal la mayor responsabilidad desde la opción que decidimos en libertad:

> "El primero de todos los bienes no es la autoridad sino la libertad. El hombre verdaderamente libre solo quiere lo que puede, y hace lo que quiere. Esta es mi máxima fundamental. No se trata más que de aplicarla a la infancia y todas las reglas de educación derivarán de ella"[270].

En segundo lugar, que se disponga de los mecanismos necesarios para ejercer un control sobre el poder. Un control que garantiza el ejercicio de los derechos individuales sin miedo a la interferencia y dependencia del Estado. Para el liberalismo, no obstante, es la capacidad de control sobre el poder, y no el principio de igualdad, el factor determinante que avala la libertad social y política, presentándose con ello ROUSSEAU como el primer valedor intelectual de la educación democrática (educación republicana cívica). El individuo, en virtud del pacto social, al vivir supeditado a los derechos y libertades del grupo, asume la libertad del individuo mediatizada, potenciada y al mismo tiempo garantizada por el resto de la ciudadanía; de este modo se hace norma obligatoria de convivencia el trato igual entre hombres libres. A partir de la Revolución Francesa se elevaron a rango de máxima política y jurídica los supuestos filosóficos ilustrados de libertad, igualdad y fraternidad; se erigieron como elementos imprescindibles de la democracia, y en la aplicación del sistema se atisbó la necesidad de eliminar las diferencias, especialmente las desigualdades causadas por la propiedad y la educación.

Posteriormente, y continuando la obra filosófica de ROUSSEAU en la educación, CONDORCET trató de incorporar a estas ideas la

---

diferencia consiste en que, en la familia, el amor del padre por sus hijos le compensa por todos los cuidados que les dispensa, mientras que, en el Estado, el placer de mandar sustituye a ese amor que el jefe no siente por sus pueblos", en *Ibid.*, pp. 4 y 5.

270 ROUSSEAU, *Emilio... opus cit.*, pp. 110-111.

dimensión normativa, y situó a la educación como un extraordinario resorte político y como principal factor compensatorio de la desigualdad social que, gracias a una educación igualitaria supervisada por los poderes públicos, podría reducir las diferencias entre los hombres y de esta manera alcanzar la plenitud de la ciudadanía.

La Revolución Francesa incorporó el concepto político-público de la enseñanza por vez primera, ya que desde el Estado y el acceso a los medios que proporciona a todas las personas gracias a la instrucción devienen ciudadanos iguales en derechos y opciones. De este modo, frente a la educación privada —tradicionalmente eclesiástica—, la democratización de la enseñanza supuso el nacimiento de la identidad entre nación, Estado y Educación.

5.4. EL *EMILIO* Y LA IMPORTANCIA DE LA IDEA DE EDUCACIÓN Y SOCIEDAD DE ROUSSEAU

El *Emilio* es una obra científica que va más allá de ser un tratado pedagógico al uso en la época. Comporta la presentación de la educación como un elemento determinante en el desarrollo de los valores de la comunidad, y la considera como una función que garantiza la independencia y el desarrollo del Estado. La organización pública de la comunidad política adquiere su legitimidad, existencia y continuidad en la educación que reciben los individuos, por ende ciudadanos, ya que es a través de la educación como se inculcan los valores y principios de la genuina realidad cívica del Estado liberal. ROUSSEAU trató, de manera novedosa para su época, de incorporar un elemento ético y moral al ámbito del realismo político: desde este análisis, el estudio y la transformación de la vida política se inicia por lo ético y por la formación individual del futuro ciudadano[271]. ROUSSEAU asocia "libertad" a

---

[271] Sobre la naturaleza ética del pensamiento de ROUSSEAU véase el Estudio Preliminar de VILLAR EZCURRA, A. de la obra de ROUSSEAU, *Cartas... opus cit.*, p. 21.

"responsabilidad", y los valores y derechos propios del individualismo liberal son un *a posteriori* que solo deben disfrutarse una vez que se haya cumplido la "voluntad general" de la mayoría de los ciudadanos y satisfecho el interés de la *res publica*. En tal sentido, autores como SABINE han calificado al filósofo ginebrino como el precursor en la modernidad de la "idea del redescubrimiento de la comunidad"[272].

Con la publicación en 1762 del *Emilio* se auspició un giro copernicano en las teorías educativas en Europa, no solo desde el punto de vista pedagógico, sino además desde el punto de vista político, pues la educación pasa a ocupar una función esencial en la labor del Estado y en las garantías del nuevo orden liberal republicano.

El autor ginebrino confiesa en las primeras páginas del *Emilio* la admiración por la obra pedagógica y educativa de PLATÓN contenida en *La República*:

> "¿Queréis tener una idea de la educación pública? Leed *La República* de PLATÓN. No es una obra política, como piensan los que solo juzgan los libros por sus títulos. Es el tratado de educación más hermoso que jamás se ha hecho. Cuando alguien se quiere remitir al país de las quimeras cita la institución de PLATÓN. Si LICURGO hubiera puesto la suya solo por escrito, me parecería mucho más quimérica. PLATÓN no hizo otra cosa que depurar el corazón del hombre; LICURGO lo desnaturalizó"[273].

ROUSSEAU pensó que en la nueva sociedad liberal, fruto de la incorporación al Estado de los nacientes valores filosóficos de la Ilustración, todas las personas debían recibir la educación necesaria para formar parte del nuevo Estado político basado en la igualdad y la libertad. ROUSSEAU no es meramente un pedagogo que trata de crear a una persona protegiéndola de los elementos perniciosos de la sociedad; por el contrario, formula un deseo utópico de construir la nueva sociedad mediante la teoría de un

---

272 Véase SABINE, G., *Historia de la teoría política*, Fondo de Cultura Económica, México, 1994, p. 423.

273 ROUSSEAU, *Emilio… opus cit.*, p. 43.

nuevo orden natural[274]. La educación no es concebida como un elemento complementario a la reforma social, sino como el punto de partida, la condición previa y necesaria para vertebrar el nacimiento de la nueva ciudadanía, generadora y garante de la estabilidad política.

Se forja la idea de una educación que será la fórmula que dote de una identidad homogénea a una comunidad política, a una nación, a un país. Según ROUSSEAU, la educación surge de tres fuentes insustituibles: la naturaleza, las cosas y los hombres. La fuerza y la misión de la educación —que combina estos elementos— es la que determina la realidad histórica y social del individuo. La educación es aquel proceso que lo transforma de individuo particular en ciudadano público. ROUSSEAU propone en el diseño y conquista del "hombre republicano" un proceso de interacción entre educación, sociedad y escuela:

> "La educación de la naturaleza es el desarrollo interno de los órganos y facultades que el ser tiene al nacer; la educación de las cosas ocurre en tanto estas actúan sobre el niño y se adquiere una experiencia de ellas: finalmente la educación de los hombres es aquella que tiene lugar por intermedio de los maestros y la sociedad. Esta última es la que ROUSSEAU modifica radicalmente"[275].

ROUSSEAU fundamenta su teoría con el objetivo utópico de reconstruir la sociedad basada en un nuevo orden natural. Buscaba una sociedad sin clases o, cuanto menos, un nuevo punto de partida que abandonase las estructuras sociales del *Ancien Régime*. Tal y como afirmó ROUSSEAU en su *Discurso sobre el origen de la desigualdad* de 1755, hemos de lograr una nueva organización social donde "el pueblo y el soberano sean la misma persona"[276].

---

274 Ver BOWEN, J., *Historia de la educación occidental*, Tomo III "El occidente moderno", Herder, Barcelona, 1992.

275 Ver CARREÑO, M., COLMENAR, C., EGIDO, I. y SANZ, F., *Teorías e instituciones contemporáneas de educación*, Síntesis educación, Madrid, 2000, p. 42.

276 ROUSSEAU, J. J., *Discurso sobre el origen de la desigualdad*, citado en BOWEN, *Historia de la...* Tomo III, *opus cit.*, p. 248.

En su razonamiento, la educación es el instrumento más formidable de la reforma social, y no duda en atribuirle la condición de "proceso creativo" de la "nueva persona moral". Como consecuencia de esta idea, ROUSSEAU pensaba que la verdadera felicidad común era el resultado de la perfecta igualdad de poder y voluntad. Gracias a la educación, que facilita la superación del individualismo y permite adquirir el sentido del deber, podemos adquirir efectivamente la virtud de la ciudadanía:

> "La virtud política que ROUSSEAU exige, llamada en otros momentos patriotismo, puede interpretarse como el *ethos* de ARISTÓTELES, es decir, una especie de segunda naturaleza adquirida. En la práctica totalidad de sus escritos políticos considera que la educación es el único instrumento que posibilita la adquisición de la virtud de la ciudadanía"[277].

La naturaleza es el hábitat necesario para el desarrollo de la actividad natural humana, la cual evoluciona en torno a la razón y la costumbre. El hombre es naturalmente bueno, y tan solo por las instituciones los individuos se tornan y degeneran en seres nocivos en sociedad. ROUSSEAU retoma la idea de PLATÓN de los "guardianes de la ciudad", los instruidos; aquellos filósofos con conocimientos son los únicos capaces de participar y dirigir la ciudad, porque solo a través de la educación se puede alcanzar la verdad, la cual es el principal paradigma de bien común de la comunidad. Esta idea aparece contenida en el famoso Capítulo VII de *La República*, en la "metáfora de la caverna", que simboliza la idea de la búsqueda del conocimiento y la difusión de la verdad:

> "(...) Pues bien —dije—, esta imagen hay que aplicarla toda ella, ¡oh, amigo Glaucón!, a lo que se ha dicho antes; hay que comparar la región revelada por medio de la vista con la vivienda-prisión y la luz del fuego que hay en ella con el poder del sol. En cuanto a la subida al mundo de arriba y a la contemplación de las cosas de este, si las comparas con la ascensión del alma hasta la región inteligible no errarás con respecto a mi vislumbre, que es lo que tú deseas conocer y que solo la divinidad sabe si por acaso está en

277 Véase el Estudio Preliminar de VILLAR EZCURRA, *opus cit.*, p. 26.

> lo cierto. En fin, he aquí lo que a mí me parece: en el mundo inteligible lo último que se percibe, y con trabajo, es la idea del bien, pero, una vez percibida, hay que colegir que ella es la causa de todo lo recto y lo bello que hay en todas las cosas; que, mientras en el mundo visible ha engendrado la luz y al soberano de esta, en el inteligible es ella la soberana y productora de verdad y conocimiento y que tiene por fuerza que verla quien quiera proceder sabiamente en su vida privada o pública"[278].

En esta idea de la verdad, ROUSSEAU, siguiendo a PLATÓN, ve en los hombres educados la excelencia de la comunidad. PLATÓN entendía que solo los instruidos eran quienes podían gobernar la ciudad:

> "¿No es natural y no se sigue forzosamente de lo dicho que los ineducados y apartados de la verdad son jamás aptos para gobernar una ciudad ni tampoco aquellos a los que se permita seguir estudiando hasta el fin?; los unos, porque no tienen en la vida ningún objetivo particular apuntando al cual deberían obrar en todo cuanto hiciesen durante su vida pública y privada; y los otros porque, teniéndose por transportados en vida a las islas de los bienaventurados, no consentirán en actuar?"[279].

ROUSSEAU, sin embargo, ampliará esta idea de gobierno al ciudadano. Solo puede gobernar y participar en los asuntos de la comunidad el que esté instruido, el que gracias a la educación pueda participar e intervenir en la comunidad, porque precisamente gracias a la educación y la participación política ha adquirido la condición de ciudadano.

5.4.1. Objetivo de la educación en ROUSSEAU

ROUSSEAU estima que el devenir humano se encuentra aparejado de modo indisoluble al sufrimiento humano. En el tránsito del niño al hombre-ciudadano, la cobertura familiar es indispensable y preceptiva para el desarrollo de la persona. La ciencia de ense-

---

278 PLATÓN, *La República*, Altaya, 1993, p. 327.
279 *Ibid.*, p. 331.

ñar es la ciencia de los deberes, y ahondar en la fuerza y la bondad del buen alumno es parte del proceso educativo. Sin embargo, la aventura de saber es anterior a hablar, escribir y expresarse. Hay que formar la nueva realidad: el niño que nace es "malvado porque es débil, hacedlo fuerte y será bueno"[280]. El *Emilio* de ROUSSEAU no fue pensado solo como un tratado pedagógico, sino también en la perspectiva de la creación de un hombre político nuevo (hombre republicano) y con la razón de ser de que "todo atañe radicalmente a la política"[281]. El hombre del contrato social resultaba impensable sin una labor educadora procedente del gobierno que apuntase a un tiempo a la colectividad y al individuo, pero también a la política y a la moral.

Esta idea es en cierto sentido paradójica, pues se opone a la base de la filosofía de las luces, donde las transformaciones político-sociales se derivan, engendran y brotan de la libertad del individuo. El *Emilio* apunta a la necesidad de una intervención activa del Estado para crear al ciudadano, del que surja y brote la actividad tendente al bien de la comunidad. La educación es esencial en el movimiento ilustrado; educación individual y educación pública, nexo de unión entre ciudadano y patria.

En el *Traité de l'opinion*[282] (París, 1741) ROUSSEAU complementó esta perspectiva de la educación:

> "Los legisladores se han preocupado mucho de la educación de los niños, fundándose en el principio de que los niños pertenecen mucho más a la república que a sus padres. Es principalmente por la educación por donde ha de grabarse, en los corazones de los jóvenes ciudadanos, el amor a la patria, el respeto por las leyes, un firme apego por todos los deberes, el hábito de la subordinación y de la obediencia; por último, esa es la única vía para introducir en toda una nación el espíritu del bien público y un carácter general decisivo para su felicidad y para su gloria. LICURGO consideró la

---

280 ROUSSEAU, *Emilio... opus cit.*, p. 35.

281 *Ibid.*, pp. 40 y *ss.*

282 ROUSSEAU, *Oeuvres... opus cit.*, pp. 311 y *ss.*

educación de los niños como el asunto más importante del Estado, y PLATÓN hace de ella uno de los fundamentos de su política"[283].

En el pensamiento ilustrado y en la obra de ROUSSEAU, la figura del ciudadano que participa en la *res publica* es un factor intrínseco en el sistema filosófico democrático y liberal. No basta con cumplir las normas, ser justo, no hacer daño, etc.; además de lo anterior, es necesario que el ciudadano haga el bien que por naturaleza pueda y que preste a la comunidad los servicios que pueda brindar en atención a su capacidad. La educación, en sentido técnico, es el desarrollo interno de nuestras facultades otorgadas por la naturaleza; facultades que se deben ejercitar, practicar y desarrollar[284]. El fin es la educación de nuestras propias facultades y la adquisición de nuestra experiencia (social, humana, y política) sobre los objetos que nos afectan; el hombre con educación —gracias a la educación— es un "hombre ciudadano" que participa y modifica el desarrollo de la vida política en comunidad.

5.4.2. Pedagogía y política en el Emilio

Por los motivos anteriormente citados, la educación deviene un sistema fundamental porque permite apreciar la verdadera condición humana, que nos indica la mejor manera de soportar los infortunios y bonanzas de la realidad que afronta el individuo en su devenir; con ello, además, la educación nos hace animal social que necesita aprender a vivir en convivencia con otras personas en una comunidad determinada. El hombre que más ha vivido no es aquel que ha sumado más años, sino el que más ha sentido la vida y construido en comunidad; el hombre civil nace, vive y muere en la esclavitud del destino que él mismo construye.

---

283 LEVESQUE, P-C., *L'Homme moral, ou L'Homme considéré tant dans l'état de pure nature que dans la société*, Ámsterdam, 1775, Capítulo 28, p. 182, citado en el Prólogo de ROUSSEAU, *Emilio... opus cit.*, p. 13, realizado por ARMIÑO, M.

284 ROUSSEAU, *Emilio... opus cit.*, p. 473.

Para ROUSSEAU el deber esencial de la familia, aparte del de alimentar y engendrar hijos, es el de proporcionar a la comunidad hombres sociales que sean ciudadanos de Estado[285]. Así, desde el inicio, más que una ciencia que enseñe a los niños, la educación es la ciencia que enseña los deberes del hombre[286]. La primera gran obligación del hombre —la primera meta clave— es su deber de tomar conciencia y posesión de lo que es. La felicidad para el hombre consiste en disminuir el exceso de los deseos sobre las facultades y en poner en igualdad perfecta poder y voluntad. Logrado esto, solo entonces será cuando todas las fuerzas primen sobre los deseos; el alma permanecerá tranquila y el hombre se encontrará bien ordenado[287].

El elemento clave más importante en la educación y, precisamente, el único que puede tener éxito, es la libertad en regular el tiempo de aprendizaje. Una vez que se hayan formado los hombres, estos adquirirán en sociedad la condición de ciudadanos; previa al Estado existe una pequeña patria que es la familia, nexo por donde el corazón se une a la otra familia —la república—[288]. Evidencia ROUSSEAU este aspecto con una clarividente expresión: "como si no fueran el buen padre, el buen marido y el buen hijo quienes hacen el buen ciudadano"[289].

El hombre busca la realización de su persona en torno al gobierno de la razón. Sobre esta máxima racionalista se garantiza la intervención del ciudadano libre en la comunidad. Con estos caracteres, el hombre —en su dimensión conjunta de persona y ciudadano— participa con legitimidad en el destino y objetivos de la comunidad. El hombre es, a través del conocimiento, quien adquiere perspectiva de sus responsabilidades y, de este modo, adquiere la condición de máximo actor de su vida y de sus actos; para lograr esta meta la educación es imprescindible para forjar

---

285 *Ibid.*, p. 41 y ROUSSEAU, *El Contrato… opus cit.*, pp. 4 y 5.
286 ROUSSEAU, *Emilio… opus cit.*, p. 39.
287 *Ibid.*, p. 486.
288 *Ibid.*, p. 486.
289 *Ibid.*, p. 39.

la independencia y libertad de las personas: la educación guía y hace libres a las personas, forzándolas a ser esclavos de la razón. Por naturaleza, el hombre apenas piensa: pensar es un arte que se aprende como todos los demás, y esa diferencia se aprende solo con la educación. Ser ciudadano y virtuoso es solo una cosa; todo ello gracias al desarrollo de nuestra propia condición, de modo que la educación brinda la dimensión más humana que hay en las personas: la intelectual y personal, junto con la política y social.

5.4.3. El nuevo ciudadano de Rousseau

La idea de la felicidad del ciudadano en el marco del proceso de la educación surge en torno al adiestramiento de nuestras "disposiciones primitivas". La condición previa para disponer en sociedad de ciudadanos es la de contar con hombres en su máxima expresión, que son aquellos que han desarrollado en toda su dimensión sus propias capacidades, permitiéndoles percibir sus propios límites. En el orden natural, por ser todos los hombres iguales, su vocación común es el "estado de hombre", y quien no está educado para esa misión no lo será para sus funciones en comunidad.

El objetivo político del *Emilio* es preciso: la incorporación del valor de la educación pública en la formación de ciudadanos libres. Ciudadanos que tengan pasión por la virtud como modo de desenvolver su vida en una comunidad de ciudadanos, la cual aparece regida y limitada por un "pacto" que contiene la voluntad general. Ese pacto que les hace perder su estado originario y les introduce en una perspectiva más generosa, menos individual y más societaria. Rousseau crea la perspectiva evolutiva y apunta el destino del hombre a la condición de ciudadano; el autor ginebrino presenta el objetivo democrático de la nueva formulación del ciudadano y su identidad. Las personas adquieren tal condición para su realización política y de esta manera prestan así un servicio a la comunidad. Rousseau, no obstante, es consciente de la diversidad y de la desigualdad de las personas desde el punto de vista singular, y estima que cada persona, cada ciudadano, alcanzará la felicidad al conocer sus límites y saberse guiar y cumplir los objetivos comunitarios en atención a sus capacidades[290]. El nuevo ciudadano que se torna libre en sociedad es aquel que desarrolla su capacidad dentro de sus limitaciones naturales y, además, que se caracteriza por un amor propio, que tiene como eje de su conducta a la colectividad.

5.4.4. Contrato social, república y educación

La idea de "democracia representativa" de ROUSSEAU se sitúa en un marco de acuerdo entre hombres que, al adquirir un compromiso societario y político, devienen una comunidad de ciudadanos libres que participan y defienden la autonomía y la virtud de su República. ROUSSEAU se erige como el defensor de la república como única forma legítima del Estado, y de la fórmula del contrato como el fundamento legitimador de una relación de dependencia que constituye el cuerpo político:

> "(...) Encontrar una forma de asociación que, con todo el poder colectivo, defienda la persona y los bienes de cada asociado, y mediante la cual cada uno, en tanto se une a todos los demás, permanece tan libre como antes"[291].

El respeto a los valores de la comunidad proporciona salvaguarda y garantía para el nacimiento del cuerpo político. La comunidad la construyen los individuos y aquella se guía por el principio de la "voluntad general":

> "La asociación ha de ser verdadera, y no una simple agregación. Una agregación forma solo una multitud que siempre necesita un señor (*maître*) para permanecer unida. Una asociación, por el contrario, tiene un jefe (*chef*) situado en la cumbre de su pueblo (*peuple*) y que lleva a efecto sus deseos colectivos. La asociación crea

---

290 *Ibid.*, p. 45.

291 Coincidimos con FETSCHER en esta apreciación de ROUSSEAU, quien aprecia en la república la forma ideal del Estado; FETSCHER, I., "La Ilustración en Francia", en VALLESPÍN, F. (Ed.), *Historia de la teoría política*, Tomo III, Alianza, Madrid, 1991, p. 141. Ver ROUSSEAU, *El Contrato... opus cit.*, p. 14.

> un cuerpo político (*corps politique*), que posee propiedades que solo se dan en él y que no aparecen en los individuos aislados"[292].

Esta comunidad política, de acuerdo con ROUSSEAU, se constituye con el acto voluntario de entrega de los derechos individuales al grupo. Los ciudadanos son dependientes de un nuevo cuerpo surgido por su propia voluntad, al cual pertenecen de pleno derecho y en igualdad de condiciones en tanto que son ciudadanos:

> "Cada uno de nosotros sitúa su persona y todo su poder bajo la guía superior del ser colectivo: y, como corporación, aceptamos a cada componente como miembro indisociable del todo"[293].

ROUSSEAU incorpora un novedoso elemento de transformación que estaba a punto de acaecer en Europa con la caída del Antiguo Régimen: la conversión del súbdito en ciudadano, precisamente porque antes del "Contrato" las personas eran individuos desvinculados entre sí, y ahora, en tanto que ciudadanos, pertenecen a un cuerpo colectivo nuevo. Esa nueva entidad colectiva contiene elementos cívicos de una esencia espiritual-ética que les une en una convivencia común, en la que todos son soberanos en su labor de creación y gobierno de la comunidad. Su capacidad de destino y decisión se cifra en torno a la "voluntad general", que tiende a la conservación de la comunidad. Para que esto se logre, solo la virtud cívica tendrá la garantía para acometer los fines de la república. El mantenimiento del progreso gracias a la virtud cívica es la primera meta verdadera del gobierno republicano.

5.5. CONTRIBUCIONES DE *EL CONTRATO SOCIAL* Y LAS *CONSIDERACIONES SOBRE EL GOBIERNO DE POLONIA* A LAS REFLEXIONES DEL *EMILIO*

Para una mejor comprensión del pensamiento político de ROUSSEAU y del valor de la educación en su obra es imprescin-

---

292 FETSCHER, *opus cit.*, p. 142.

293 ROUSSEAU, *El Contrato... opus cit.*, p. 15.

dible asociar el *Emilio* a otras dos de sus obras trascendentales: *El Contrato Social* y, dentro de su correspondencia epistolar, las *Consideraciones sobre el Gobierno de Polonia*[294]. Es sintomática la primera frase de *El Contrato Social*: "El hombre ha nacido libre, y en todas partes se encuentra encadenado".

Esas cadenas son fruto de la acción de los hombres y de los sistemas de poder que estructuran la sociedad. Para ROUSSEAU, la política —el pacto— es la búsqueda de aquel sistema que evite la inequidad entre los hombres, que garantice la justicia universal; es necesaria la creación de un pacto que contemple los derechos y deberes de los ciudadanos al objeto de alcanzar el "estado de justicia". Ese pacto debe surgir por el acuerdo de la comunidad: la voluntad general construye los principios y normas en torno a los cuales la ciudadanía forja su libertad y seguridad. Por este motivo, es necesario que se establezca una acción recíproca entre los sujetos que en grupo se ejercitan en la búsqueda del bien común basado en la "voluntad general". Como pacto que nace de la legitimidad de los ciudadanos es imperativo que quien decida tenga la capacidad para ello, y ese saber y conocimiento de la realidad para intervenir en la cosa pública solamente se consigue a través de la educación. Gracias a la educación se pierde el sentido primitivo del individuo, es decir, el de la subsistencia egoísta de la primera naturaleza; gracias a la socialización del proceso educativo las personas adquieren conciencia de comunidad. Con esto ha de surgir la comprensión de una nueva realidad social, donde las individualidades están subordinadas a la ley, que es el fruto de la decisión de la voluntad general.

Además de la aportación teórica revolucionaria del *Emilio* y de *El Contrato Social*, ROUSSEAU tuvo la oportunidad de materializar sus teorías mediante la redacción del tratado *Consideraciones sobre el Gobierno de Polonia*[295], con motivo de la petición del Conde Wilhorski en 1772, quien solicitó a ROUSSEAU consejo para salvar

---

294 ROUSSEAU, *Oeuvres… opus cit.*, pp. 529 y *ss.*

295 *Ibidem.*

al país de la eventual dominación extranjera, que ya se atisbaba en las políticas expansionistas de Rusia, Prusia y Austria. En la respuesta de ROUSSEAU a Wilhorski se desarrollan los postulados contenidos en el *Emilio* y en *El Contrato Social.* El Capítulo IV de las *Consideraciones* se ocupa de la educación, y propone un cambio en los planteamientos educativos en la Polonia de finales del siglo XVIII, cuyo sistema educativo era resultado de la estratificación social, refrendada mediante un sistema clasista de colegios privados dirigidos por los miembros de la Compañía de Jesús; colegios propios organizados por jesuitas para la nobleza más rica y academias para la nobleza más pobre. El resto de los habitantes recibía una educación mediante el sistema tradicional de asistencia escolar de beneficencia en las escuelas parroquiales y catedralicias[296].

ROUSSEAU recomendará al noble polaco la abolición del sistema vigente y la creación de un nuevo sistema educativo nacional, que de un modo esquemático reflejaba los principios que más tarde CONDORCET incorporaría al *Informe y proyecto de decreto sobre la organización general de la instrucción pública*[297], presentado a la Asamblea Legislativa en 1792. El autor ginebrino desarrolla brevemente en este texto los principios de la educación de una comunidad política y social libre: asocia la educación a los valores e instituciones de conformación del espíritu nacional, al acceso a la ciudadanía y a un ejercicio excelso de la misma, al principio de igualdad y a la acción de socialización.

---

296 ROUSSEAU denota en su correspondencia, y en particular en estas cartas un combativo anticlericalismo en materia educativa: *"On peut juger par là que ce ne sont pas les études ordinaires, dirigées par des étrangers et des prêtes, que je voudrais faire suivre aux enfants. La loi doit régler la maitère, l'ordre et la forme de leurs études. Ils ne doivent avoir, pour instituteurs, que des Polonais, tous mariés, s'il est possible, tous distingués par leurs moeurs, par leur probité, par leur bon sens, par leurs lumières, et tous destinés à des emplois, non plus importants ni plus honorables, car cela n'est pas possible, mais moins pénibles et plus éclatants, lorsqu'au bout d'un certain nombre d'années ils auront bien rempli celui-là. Gardez-vous surtout de faire un métier de l'état de pédagogue"*, en *Ibid.*, p. 533.

297 CONDORCET, *Informe y proyecto... opus cit.*

a) Espíritu nacional y educación

El nacimiento del espíritu nacional patriótico y de la identidad de grupo a través de la educación nacional es parte indisociable de la construcción del moderno Estado ilustrado:

> *"L'éducation nationale n'appartient qu'aux hommes libres; il n'y a qu'eux qui aient une existence commune et qui soient vraiment liés par la loi (...) À vingt ans un Polonais ne doit pas être un autre homme: il doit être un Polonais"*[298].

---

298 Sobre este punto, *cfr.* VALLESPÍN, F., en VALENCIA SÁIZ, A., (Coord.), *Participación y representación políticas en las sociedades multiculturales. Cosmopolitismo político y sociedad multicultural*, Colección Debates, Servicio de Publicaciones de la Universidad de Málaga, 1998, pp. 37 y *ss.* VALLESPÍN comenta este mismo texto, en esta ocasión relacionando la educación en el siglo XXI con los problemas de la integración multicultural. El autor plantea el dilema de la construcción nacional y las identidades, y si es posible preservar el sentimiento de identidad nacional sin caer en el inexorable juego de exclusiones. Junto a esta cuestión, trata de responder a la pregunta referente a la posibilidad de que las reglas e instituciones comunes del sistema democrático puedan actuar como sustitutivos de una integración valorativa y cultural fuerte, diferenciando por un lado la orientación del nacionalismo frente al cosmopolitismo educador como supuestos análogos a los planteados entre el liberalismo y el comunitarismo. VALLESPÍN llega a la conclusión de que la educación cívica, desde la formulación de ROUSSEAU, es una precondición para que una perspectiva cosmopolita se arraigue en la sociedad. Una educación cívica entendida como un adiestramiento sistemático en los valores de la democracia. Su objetivo es precisamente debilitar la idea de "culturas ajenas" y ser capaz de contemplar "al otro" desde la perspectiva de una "conciencia ampliada".

El problema es que una educación cívica, desde una perspectiva cosmopolita, tiene pocas posibilidades de ser exitosa mientras sea impartida o transmitida en oposición a otras prácticas institucionales dirigidas a enfatizar los sentimientos nacionales y patrióticos. Es un hecho que cuanto más amenazada se siente una cultura, más tiende a adoctrinar a sus ciudadanos en los valores de la comunidad. No debemos olvidar sin embargo que la nación es un concepto histórico y la historia un concepto nacional. La historia sigue siendo uno de los mejores y más extremadamente efectivos medios de propaganda

Sobre esta misma idea, recordemos las palabras en el *Emilio* que advertían y subrayaban de nuevo la correlación inmediata entre educación, ciudadanos y patria:

> "La instrucción pública no existe ya, no puede existir, porque allá donde no hay patria ya no puede haber ciudadanos. Esas dos palabras, patria y ciudadano, patria y ciudadanos, deben ser borradas de las lenguas modernas"[299].

Esta idea, en términos similares, había sido expuesta por ROUSSEAU en *El Contrato Social* al señalar que la educación hace posible el sentimiento de grupo de integridad nacional: "(...) Es la educación lo que da a todas las almas una forma racional, dirigiendo sus

---

política. La conclusión inherente a la exposición de ROUSSEAU nos lleva a afirmar que las identidades nacionales se crean y no emanan *per se*, y que la educación es el vehículo para acceder a la preservación y cohesión de una determinada herencia cultural. Aquí ROUSSEAU de nuevo insiste en la educación como mecanismo de modelación del espíritu de la Nación: *"C'est ici l'article important. C'est l'éducation qui doit donner aux âmes la force nationale, et diriger tellement leurs opinions et leurs goûts, qu'elles soient patriotes par inclination, par passion, par nécessité. Un enfant en ouvrant les yeux doit voir la patrie, et jusqu'à la mort ne doit plus voir qu'elle. Tout vrai républicain suça, avec le lait de sa mère, l'amour de sa patrie, c'est-à-dire des lois et de la liberté. Cet amour fait toute son existence; il ne voit que la patrie, il ne vit que pour elle; sitôt qu'il est seul, il est nul; sitôt qu'il n'a plus de patrie, il n'est plus; et s'il n'est pas mort, il est pis. L'éducation nationale n'appartient qu'aux hommes libres; il n'y a qu'eux qui aient une existence commune et qui soient vraiment liés par la loi. Un Français, un Anglais, un Espagnol, un Italien, un Russe, sont tous à peu près le même homme; il sort du collège déjà tout façonné pour la licence, c'est-à-dire pour la servitude. À vingt ans, un Polonais ne doit pas être un autre homme: il doit être un Polonais. Je veux qu'en apprenant à lire il lise des choses de son pays; qu'à dix ans il en connaisse toutes les productions, à douze toutes les provinces, tous les chemins, toutes les villes; qu'à quinze il en sache toute l'histoire, à seize toutes les lois: qu'il n'y ait pas eu dans toute la Pologne une belle action ni un homme illustre dont il n'ait la mémoire et le coeur pleins, et dont il ne puisse rendre compte à l'instant"*, en ROUSSEAU, *Oeuvres... opus cit.*, p. 533.

299 ROUSSEAU, *Emilio... opus cit.*, p. 43.

propias opiniones y gustos de tal forma que se hagan patriotas por una afirmación consciente"[300].

Esta elaboración filosófico-política de ROUSSEAU —salto del hombre individual al hombre comunitario— "provoca" que la educación se convierta en una pieza clave para el desarrollo, funcionamiento y subsistencia de los regímenes democráticos: solamente gracias a ella el hombre adquiere una dimensión política de grupo interesado en satisfacer los problemas comunes —*res publica*— y, como resultado de su formación, goza de la posibilidad de optar a su propio destino cívico y político.

b) Acceso a la ciudadanía a través de la educación

En el Estado democrático, de acuerdo con ROUSSEAU, la condición de ciudadano se obtiene a través de la educación, que fusiona el espíritu nacional y la identidad ciudadana en torno a los principios y valores de la comunidad. En sus *Consideraciones sobre el Gobierno de Polonia* ROUSSEAU señala de un modo explícito los puntos de referencia comunes para los ciudadanos, tales como la historia, los hechos cívicos populares, las hazañas, etc., para con estos elementos conformar la idea de comunidad y ciudadanía:

> *"Tout homme public en Pologne ne doit avoir d'autre état permanent que celui de citoyen. Tous les postes qu'il remplit et surtout ceux qui son importants, comme celui-ci ne doivent être considérés que comme des places d'épreuve et des degrés pour monter plus haut après l'avoir mérité. J'exhorte les Polonais à faire attention à cette maxime, sur laquelle j'insisterai souvent: je la crois la clef d'un grand ressort dans l'État. On verra ci-après comment on peut, à mon avis, la rendre praticable sans exception"*[301].

---

300 ROUSSEAU, *El Contrato... opus cit.*, pp. 7 y *ss.*

301 Y continúa el texto: *"Quelque forme qu'on donne à l'éducation publique, dont je n'entreprends pas ici le détail, il convient d'établir un collège de magistrats du premier rang qui en ait la suprême administration et qui nomme, révoque et change à sa volonté tant les principaux et chefs des collèges, lesquel seront eux-mêmes, comme je l'ai déjà dit, des candidats pour les hautes magistratures, que les maîtres des exercices, dont on aura soin d'exciter aussi le zèle et la vigilance par des places plus élevées"*, en ROUSSEAU, *Oeuvres... opus cit.*, p. 534.

Con estos presupuestos filosófico-políticos surge la llamada "religión cívica" (laica)[302] del Estado, en el sentido de que el deber y ética cívica de construcción democrática será para muchos republicanos el pilar de la convivencia social y una máxima en su actuación como ciudadanos de una república democrática.

c) Educación valedora del principio de igualdad

Educación como elemento igualador, sin distinción de origen, condición o capacidad económica, y como una actividad identificada como función pública y de servicio obligatorio para todos los ciudadanos:

> *"Je n'aime point ces distinctions de collèges et d'académies, qui font que la noblesse riche et que la noblesse pauvre sont élevées différemment et séparément. Tous étant égaux par la constitution de l'État doivent être élevés ensemble et de la même manière et si l'on ne peut établir une éducation publique tout à fait gratuite"*[303].

Solo el Estado desde el ejercicio del poder político debe asumir la instrucción de la ciudadanía en torno a los valores comunes democráticos, especialmente porque de esta socialización depende la garantía y subsistencia del proceso democrático y de las libertades inherentes al mismo.

---

302 *Cfr.* ROUSSEAU, *El Contrato... opus cit.*, Libro 4, Capítulo 8 "De la religión civil", pp. 129 y *ss.*

303 Continúa ROUSSEAU: *"(...) Il faut du moins la mettre à un prix que les pauvres puissent payer. Ne pourrait-on pas fonder dans chaque collège un certain nombre de places purement gratuites, c'est-à-dire aux frais de l'État, et qu´on appelle en France des bourses? Ces places, données aux enfants des pauvres gentils hommes qui auraient bien mérité de la patrie, non comme une aumône, mais comme une récompense des bons services des pères, deviendraient à ce titre honorables, et pourraient produire un double avantage qui ne serait pas à négliger. Il faudrait pour cela que la nomination n'en fût pas arbitraire, mais se fit par une espèce de jugement dont je parlerai ci-après. Ceux qui rempliraient ces places seraient appelés Enfants de l'État, et distingués par quelque marque honorable qui donnerait la préséance sur les autres enfants de leur âge, sans excepter ceux des grands"*, en ROUSSEAU, *Oeuvres... opus cit.*, p. 534.

d) Educación como instrumento socializador de principios ilustrados

Educación pública como garantía del respeto y disfrute de los que años más tarde se convertirían en los principios revolucionarios ilustrados de libertad, igualdad y fraternidad[304].

e) Educación y excelencia ciudadana

Educación que garantiza la salud y la renovación de la república gracias a la búsqueda de la excelencia y la virtud que se conforman a través del proceso educativo y de la socialización de los valores y principios democráticos del Estado[305]. Es por eso mismo

---

304 ROUSSEAU formula un importante matiz entre la necesaria educación familiar y la instruacción pública fundamental de la ciudadanía: *"On ne doit point permettre qu'ils jouent séparément a leur fantaise, mais tous ensemble et en public, de manière qu'il y ait toujours un but commun auquel tous aspirent, et qui excite la concurrence et l'émulation. Les parents qui préfèrent l'éducation domestique, et feront élever leurs enfants sous leurs yeux, doivent cepedant les envoyer à ces exercices. Leur instruction peut être domestique et particulière, mais leurs jeux doivent toujours être publics et communs à tous; car il ne s'agit pas seulement ici de les occuper, de leur former une constitution robuste, de les rendre agiles et découplés, mais de les accoutumer de bonne heure à la régle, à l'égalité, à la fraternité, aux concurrences, à vivre sous les yeux de leurs concitoyens et à désirer l'approbation publique (...) Quelque forme qu'on donne à l'éducation publique, dont je n'entreprends pas ici le détail, il convient d'établir un collège de magistrats du premier rang qui en ait la suprême administration et qui nomme, révoque et change à sa volonté tant les principaux et chefs des collèges, lesquels seront eux-mêmes, comme je l'ai dèjà dit, des candidats pour les hautes magistratures, que les maîtres des exercices, dont on aura soin d'exciter aussi le zèle et la vigilance par des places plus élevées"*, en *Ibid.*

305 En la obra *Consideraciones sobre el Gobierno de Polonia* el autor ginebrino conmina a la conquista del sentido de nación a través de la inmersión y aprendizaje en los hechos comunes históricos, personajes públicos, usos y costumbres y en la educación de los ciudadanos polacos, para de este modo servir de mecanismo de conciencia de unidad nacional: *"Dirigez dans cet esprit l'éducation, les usages, les coutumes, les moeurs des Polonais, vous développerez en eux ce levain qui n'est pas encore éventé par des maximes corrompues, par des instituions usées, par une philosophie égoïste qui prêche et qui tue. La nation datera sa seconde naissance de la crise terrible dont*

que las *Consideraciones sobre el Gobierno de Polonia* son relevantes para el ámbito educativo, ya que en ellas ROUSSEAU profundiza en los principios e ideas del *Emilio* y de *El Contrato Social*; existencia de ciudadanos para quienes el imperio de la ley, el respeto de los valores de la ciudadanía y la construcción de la república a través de la voluntad general sean pilares del desarrollo y fortalecimiento de la vida cívica.

5.6. APORTACIÓN DE LAS TEORÍAS DE ROUSSEAU EN EL ÁMBITO POLÍTICO-EDUCATIVO DEL ESTADO CONTEMPORÁNEO

Tras la expansión de las ideas revolucionarias francesas a partir de 1789 y la consolidación del Estado liberal clásico, la educación, además de convertirse en una conquista de derecho para los ciudadanos, también deviene una obligación y una atribución genuinamente pública en su función; el acceso a la misma será condición necesaria para obtener la legitimidad y consolidación del poder político mediante la formación de un tipo de ciudadano democrático determinado.

La condición de ciudadano no solamente se adquiere por la nacionalidad —*cives*—, sino por la instrucción y educación emanada de los poderes públicos. Personas que a través de la educación se convierten en ciudadanos y quienes, desde esta condición,

---

elle sort; et voyant ce qu'ont fait ses membres encore indisciplinés, elle attendra beaucoup et obtiendra davantage d'une institution bien pondérée: elle chérira, elle respectera des lois qui flatteront son noble orgueil, qui la rendront, qui la maintiendront heureuse et libre; arrachant de son sein les passions qui les éludent, elle y nourrira celles qui les font aimer; enfin se renouvélant pour ainsi dire elle-même, elle reprendra dans ce nouvel âge toute la vigueur d'une nation *naissante. Mais sans ces précautions n'attendez rien de vos lois: quelque sages, quelque prévoyantes qu'elles puissent être, elles seront éludées et vaines; et vous aurez corrigé quelques abus qui vous blessent, pour en introduire d'autres que vous n'aurez pas prévus. Voilà des préliminaires que j'ai crus indispensables. Jetons maintenant les yeux sur la constitution"*, en *Ibid.*, p. 535.

conquistan la capacidad de intervenir en los asuntos de la comunidad de ciudadanos (*polites*). Por ello, la figura de ROUSSEAU es determinante para poder apreciar la función de la educación dentro del denominado "pensamiento cívico o republicanismo cívico ilustrado". Las aportaciones de ROUSSEAU en el pensamiento moderno supusieron una novedad y un giro del pensamiento político de la época. Por un lado, la idea de la voluntad general, en la que los individuos —además de conducirse según su propio interés particular— son capaces de actuar de acuerdo con su interés colectivo orientado al bienestar de la comunidad. Por otro lado, la concepción de la legitimidad, basada en la libre y unánime adopción por parte de los ciudadanos de una estructura política y un cuerpo de leyes que se aplicará a todos los ciudadanos que han creado el "contrato social"[306]. Ciudadanos que, por otra parte, adquieren tal condición gracias a la educación de la república y mediante el interés y la participación en los asuntos públicos. Estas aportaciones en el ámbito de la historia de las ideas políticas han llevado a POCOCK a identificar a ROUSSEAU como el MAQUIAVELO del siglo XVIII: *"Rousseau was the Machiavelli of the eighteenth century, in the sense that he dramatically and scandalously pointed out a contradiction that others were trying to live with (…)"*[307].

---

306 *Cfr.* ROUSSEAU, *El Contrato… opus cit.*, Libro I, Capítulo 7 "Del soberano", p. 17.

307 Continúa el texto de POCOCK: *"(…) If the Scottish school believed that the contradiction between virtue and culture might be managed by men in society with good hopes of reasonable success, it was his role to insist that the contradiction was intolerable precisely at the moment of personal existence, and that this was and had been true at every moment in the history of society. Since by its nature society humanized man and by the same processes distracted and alienated him again, there was no point in past, present, or future time at which this double effect had not been going on. The entire social Enterprise was by its nature necessary and self-defeating. The impact of this declaration was in many ways comparable to that of Machiavelli's announcement of the divorce between civic and Christian values; and, as with Machiavelli, it took time to discern the extraordinary strength of intellect which kept Rousseau a major classical theorist in the humanist succession. He exposed the theme of the alienation of personality with such completeness that it can*

Tanto ROUSSEAU con su propuesta política sobre la educación, como MAQUIAVELO con su teoría sobre la defensa armada de la república por parte de sus ciudadanos, muestran en nuestra opinión cierta analogía. Para ROUSSEAU la educación y para MAQUIAVELO el ejército popular son los elementos claves que garantizan el desarrollo de la ciudadanía y la independencia de las repúblicas. El establecimiento del servicio militar obligatorio se presenta tras la revolución liberal como el deber inherente a la pertenencia a una comunidad política, y es un "símbolo fuerte" de representación y ejercicio de derechos comprendidos en la ciudadanía. En el Siglo XIX adquiere carta de naturaleza la idea que ya expusiera MAQUIAVELO[308]: solo aquel que tiene capacidad para llevar a cabo la defensa de su territorio es capaz de ejercer plenamente sus derechos de ciudadano en una república libre. El ejercicio de los derechos de la ciudadanía es la mejor fórmula para la defensa de la comunidad política.

---

be argued, no recourse was left short of the adoption of an idealist mode of discourse in which the personality was seen articulating in itself, and seeking to reunite, the contradictions of history —a line of thought which, in Marx, was recombined with the analysis of the social effects of the division of labor begun by the Scotish", en POCOCK, *The Machiavellian... opus cit.*, p. 504

308 Véase MAQUIAVELO, *Discursos sobre... opus cit.*, y en particular el análisis realizado por POCOCK sobre la milicia popular en MAQUIVELO, en POCOCK, *The Machiavellian... opus cit.*, pp. 183 y *ss.*, Capítulo 7 "Rome and Venice, Machiavelli's Discorsi and Arte della guerra": "El nuevo príncipe vive en un mundo de rivales y es por ello por lo que MAQUIAVELO retoma el tema de las relaciones entre príncipes, para las que la principal necesidad es un ejército al servicio de un jefe dotado de suficiente habilidad y destreza capaz de guiarlo. Habida cuenta del gran interés de MAQUIAVELO por la tradición de la milicia florentina y su creencia en que solo una milicia ciudadana podía preservar en un cuerpo ciudadano el deseo de defender su libertad, es posible preguntarse si acaso nuestro autor no tenía en mente la idea de que el mando militar del ejército era un medio que pudiera servir al príncipe para transformar sus relaciones con los que gobernaba... No deja tampoco de decir que solo quien es soldado puede llegar a ser un buen ciudadano, aunque en este caso es menos explícito". (La traducción es nuestra).

Durante el siglo XIX, junto con el servicio militar obligatorio, surgirá contemporáneamente la labor de prestación de servicios educativos públicos. Esta obligación en la prestación de servicios del Estado contiene, al mismo tiempo, el reconocimiento de derechos por parte de los diferentes grupos sociales, tales como la libertad de educación y enseñanza privada no prestada directamente por los poderes públicos. Este derecho se desdoblará posteriormente en dos derechos fundamentales: la garantía de expresar y difundir las opiniones y enseñanzas libremente —libertad de expresión y libertad de cátedra—, y el derecho a fundar centros educativos por parte de los ciudadanos allá donde se imparta educación, sin ser directamente el Estado quien sea el agente que preste este servicio y con cierto grado de autonomía ideológica y de orientación filosófico-pedagógica por parte de entidades privadas docentes. De aquí surge la idea de "deber público" y de "obligatoriedad escolar". El Estado cumple con sus deberes para con la ciudadanía previendo medios, planes formativos, profesionales y objetivos (instituciones educativas) e instando a la ciudadanía a cumplir con una obligación cívica que es la necesidad de adquirir la formación adecuada para el desarrollo y realización de quien —gracias a la educación— pasará de ser miembro individual de la comunidad a ser ciudadano. En este proceso, la escuela se convertirá en el primer contacto que tiene el individuo con los elementos comunes del grupo, en definitiva, con la *res publica*. Es en este espacio público, como señala FERNÁNDEZ, donde se modelan, aceptan y protegen los valores y principios de la libertad y la justicia en el Estado contemporáneo:

> "(...) La escuela es un espacio vital crucial (de cruce, encrucijada) donde tiene lugar la articulación de lo público y en función del cual se mide la calidad de lo público entendido como el criterio que legitima socialmente los saberes en función de su universalidad, su condición de espacio dialógico y su intención de generar un proyecto común cuyo logro exige la equidad y la libertad"[309].

309 FERNÁNDEZ SORIA, *Manual de política... opus cit.*, p. 72.

La escuela se convierte en el referente primario de los valores cívicos de una sociedad, para la cual construir su ciudadanía se percibe como una garantía y una institución referente del sistema; el Estado se sirve de la escuela para trasmitir a sus ciudadanos los principios que rigen la comunidad y la búsqueda del bien común: el bien de los que forman parte del grupo.

Con el desarrollo de estas teorías, la acción pública escolar, si bien es la primera extensión del Estado, es al mismo tiempo complementaria a la de la escuela privada, que en muchos casos deja de ser el vehículo apropiado para la transmisión de los valores en torno a lo público. No obstante, es necesaria para la cimentación de las sociedades democráticas —como señalará más tarde CONDORCET— la existencia de escuelas públicas y privadas que dinamicen y potencien la diversidad y pluralidad dentro de un marco de respeto a los principios democráticos. La educación, además de ser una obligación del Estado, es una labor intrínseca a la propia existencia del mismo por mero "instinto de conservación", ya que la libertad y el respeto de los valores democráticos de la comunidad solo se pueden perpetuar mediante la asimilación de valores y principios que, asumidos por los ciudadanos, garanticen la continuidad del sistema y, por ende, la institución del Estado[310].

En la Ilustración, y especialmente tras la elaboración de las propuestas políticas por parte de ROUSSEAU, la educación cambia cualitativamente su naturaleza instrumental para convertirse en pieza central del Estado contemporáneo, llegando a evolucionar hacia una política de Estado. Coincidimos con BARREIRO, quien identifica a la educación con el nuevo elemento ideológico del Estado que servirá para construir y garantizar la independencia y la singularidad de las comunidades políticas de la historia contemporánea:

> "(...) Con la Ilustración, aparecería también como inevitable la búsqueda de una nueva correlación: sistema político/sistema edu-

---

310 SAVATER, F., *El valor de educar*, Ariel, Barcelona, 1997.

> cativo. Es el dato que faltaba para que la educación pase a ser definitivamente uno de los principales aparatos ideológicos del Estado. La educación se encarna así con garra en la institución escolar. Y la institución escolar se convierte en una de las instituciones más mimadas, tuteladas y vigiladas por el Estado contemporáneo. La educación moderna, en tanto que ideología, es uno de los productos más importantes de las guerras religiosas e ideológicas de los siglos XVI y XVII"[311].

ROUSSEAU representó una nueva orientación en el pensamiento político asignando una función política fundamental a la educación. ROUSSEAU también simboliza el filósofo que señala el punto de partida para la renovación política y educativa occidental y el abandono y superación definitiva de los métodos y figuras escolásticas que el Renacimiento no terminó de diluir con los *studia humanitatis.* CONDORCET, pocos años más tarde, será, en su doble condición de pensador y político activo durante la Revolución, quien intentará presentar al legislador revolucionario a través del *Proyecto sobre instrucción pública* los principios políticos educativos revolucionarios pergeñados por ROUSSEAU.

---

311 BARREIRO, *opus cit.*, p. 28.

La educación nacional es la madre de todos los ciudadanos, a quienes les da la misma leche, a quienes cría, y quien, al estar al cuidado de la comunidad, le proporciona esos aires de parentesco y de familia que distingue a un pueblo tan elevado del resto…
La educación nacional no es solo una institución para los niños, sino una institución para toda la vida.

CONDORCET
Informe sobre la organización de la instrucción pública, 1792

Capítulo 6
La educación en el pensamiento republicano de Condorcet

6.1. INTRODUCCIÓN

La Revolución Francesa ha sido de entre las revoluciones occidentales de la Modernidad —revolución inglesa, francesa y rusa—, la revolución que ha conseguido alcanzar las más altas cotas de universalidad. Todavía hoy encontramos ciertas dificultades al tratar de evaluar el efecto de los principios e ideas de la Revolución Francesa, pues incluso actualmente en muchos países es un germen plantado que todavía ha de brotar y desarrollarse[312].

En España, la Constitución de 1812 reflejaba las ideas ilustradas previas a la Revolución Francesa. El histórico proceso constituyente de las Cortes de Cádiz se celebró gracias a la situación privilegiada de la ciudad, abierta al mar, con importante comercio, una burguesía comercial relevante y, en especial, al alzamiento popular contra la monarquía española, y no gracias a la conquista de los ejércitos revolucionarios franceses.

Curiosamente, hace algo más de tres décadas, el gran protagonista de la celebración en Francia del segundo centenario de la Revolución (1789-1989) no fueron los burgueses progresistas, como DANTON, o los hombres puros e inflexibles, duros de acción y de palabra, como ROBESPIERRE y SAINT JUST, sino que se dedicó

---

312 En este sentido véase la interesante Introducción del libro de ORTEGA KLEIN, *Horizontes cercanos... opus cit.*, p. 11, donde se relata la respuesta dada por un líder comunista chino al ser preguntado sobre las repercusiones de la Revolución Francesa en la República Popular de China, a lo que este señaló que a finales del siglo XX "era demasiado temprano para saber cuáles habían sido los efectos de la Revolución".

el bicentenario de la Revolución al hombre que dio un sentido propio a la enseñanza institucionalizada y que aunó los objetivos educativos de los tres principales grupos sociales relevantes de la época: las élites y su deseo de reformar a las masas; la burguesía y su deseo de formar buenos ciudadanos; y los revolucionarios y su deseo de crear un hombre nuevo para la nueva república. Ese hombre era CONDORCET, el nuevo héroe de la Revolución, no un hombre político por naturaleza, sino un educador y un sabio[313].

La Revolución Francesa, desde el plano de la repercusión e impacto en los sistemas educativos y en la política, tuvo más relevancia por todo aquello que quiso realizar, que por lo que efectiva y materialmente en la práctica consiguió. De este modo, la educación y la política durante la Revolución Francesa se plantean en diferentes planos transformadores que podríamos identificar como la educación republicana como objetivo o meta, la educación como instrumento de legitimidad y socialización y, finalmente, la educación como esperanza y utopía[314]:

a) El logro de la educación republicana como meta. La educación como objetivo genérico y global de la Revolución

Los revolucionarios partícipes e intervinientes en el cambio de sistema político quisieron, a través de la educación, alcanzar la transformación de la sociedad y crear un hombre nuevo: el ciudadano republicano.

b) La educación como forma de socialización y legitimidad

La educación como instrumento concreto de los revolucionarios. Es decir, lo que denominamos la "socialización política" a través de la educación como forma de control. En este sentido JULIA señala:

---

313 FRIJHOFF, W., "Instruir y formar. La educación como objetivo, instrumento y esperanza en la Revolución Francesa", en Autores Varios, *La Revolución francesa y su influencia en la educación en España*, UNED, Madrid, 1990, p. 45.

314 FRIJHOFF, *opus cit.*, p. 47.

"Así como para los hombres de la Reforma católica la primera misión de la escuela había sido la de hacer de los cristianos buenos creyentes y fieles practicantes, así también para los hombres de la Revolución la función esencial de las escuelas fue la de inculcar los nuevos valores democráticos por medio de un programa moral y cívico que, desde los catecismos políticos y los relatos de los actos heroicos y cívicos de los republicanos franceses hasta el aprendizaje práctico de las virtudes sociales y de las fiestas, forjará corazones patriotas al unísono de la nación deliberante"[315].

Por estos motivos, la institución nacional de la escuela pública, el compartir los valores de la comunidad, la vida democrática y la participación ciudadana son referencias de la vida democrática cuyos firmes pilares se encuentran en la educación impartida a la ciudadanía y que en su conjunto determinan la cultura política y una forma de construcción de la vida pública identificada con la idea de republicanismo.

c) La educación como esperanza y utopía

En la educación se cifraron las expectativas y los anhelos de los nuevos ciudadanos liberales deseosos de alcanzar formación, conocimientos o una titulación. Incluso, desde una perspectiva más amplia, la educación significaba poder alcanzar mejores condiciones de vida y representaba el medio para alcanzar la felicidad en una continua evolución hacia el progreso.

6.2. INFLUENCIAS Y FUENTES DE LA POLÍTICA EDUCATIVA DE CONDORCET

6.2.1. Los autores ilustrados franceses

La publicación del *Emilio* de ROUSSEAU en 1762 inició de manera formal el debate sobre la educación pública, y representa

---

315 DOMINIQUE JULIA, D., *Atlas de la Révolution Française,* Vol. 2 "L'enseignement 1760-1815", París, 1987, p. 10. El presente texto de DOMINIQUE JULIA aparece citado en FRIJHOFF, *opus cit.*, p. 55.

un importante periodo de elaboración científica y un debate que se prolongará hasta la propia Revolución. En la época anterior al periodo revolucionario son destacables las propuestas y reflexiones sobre la educación de ROUSSEAU, DIDEROT o D'ALEMBERT. Miembros de los parlamentos tales como LA CHALOTAIS, GUYTON DE MOVEAU y ROLLANDA D'ERCEVILLE, y profesores hoy desconocidos como CUVIER, RIVARD o THIEBAUT defendían, mediante la publicación de artículos y pequeñas obras, la idea de una educación que formase a la juventud en torno a un mismo patrón nacional[316].

Coincide también este debate con una cuestión de gran relevancia en el plano político y educativo en Francia, tal fue la expulsión de la orden de los Jesuitas ese mismo año. En 1763 se edita el libro de LA CHALOTAIS, *Essai d'éducation nationale*[317], que obtuvo un gran éxito en la Europa continental e influyó en aquel momento aún más que el *Emilio* de ROUSSEAU. También en este año se aprueba el edicto sobre los *Collèges* o "Institutos de universidad", cuya dependencia no será del rector, sino de una autoridad local de acuerdo con un modelo uniforme para toda la nación francesa.

Fueron publicados más de 160 libros sobre cuál debía ser el sistema educativo en la práctica en el periodo que abarca entre la publicación del *Emilio* y el inicio de la Revolución, la mayor parte de los mismos al principio y al final, momentos en los que el debate sobre la educación estaba plenamente politizado[318]. No

---

316 Sobre la aportación de estos autores al debate político-educativo de la época, véase BOWEN, *Historia de la...* Tomo III, *opus cit.*, Capítulo VIII "Una época de revoluciones (1762-1830): Fundamentos teóricos de la educación del nuevo orden", pp. 268 y *ss.* Igualmente, ver PUELLES BENÍTEZ, M., "Revolución francesa y educación: su incidencia en la génesis del sistema educativo español", en Autores Varios, *La Revolución francesa... opus cit.*, p. 85.

317 LA CHALOTAIS, *opus cit.*

318 El padre DUROSOY escribía en 1783 en vísperas de la Revolución: "La palabra educación está hoy en boca de todo el mundo: ha llegado a ser

es exagerado indicar que la mayor riqueza del legado educativo de la Revolución ha sido su extraordinaria apertura a todos los problemas de la educación moderna.

CONDORCET es el principal personaje político e intelectual de la primera etapa constitucionalista revolucionaria, y aporta el imprescindible elemento del laicismo en la educación y la idea de la misma como una nueva política republicana. Se presenta como el más original pensador en el ámbito educativo del pensamiento republicano, sostenido sobre la articulación entre las luces, la libertad y la aplicación legislativa de estas ideas[319].

TOUCHARD ha reconocido en la obra de CONDORCET una síntesis de las corrientes del pensamiento francés del siglo XVIII por la diversidad de sus trabajos y la posibilidad que tuvo de llevarlos a la práctica al presentarlos como propuesta de Ley ante la Asamblea[320]; por ello, y como consecuencia de su involucración

---

como el grito general de toda Europa; no se le oye, no se repite más que con entusiasmo: jamás tantos escritos, jamás tantos sistemas al respecto; la educación ha puesto en movimiento las plumas de las personas privadas y de los hombres bien situados. No hay nadie entre nosotros que no preconice con énfasis la necesidad y el mérito de una buena educación". Discurso del padre DUROSOY en FRIJHOFF, *opus cit.*, p. 51.

319 Véase KINTZLER, C., "Condorcet, teórico de la escuela republicana: Un pensamiento filosófico y paradójico", en Autores Varios, *La Revolución Francesa... opus cit.*, y KINTZLER, C., *Condorcet, L'instruction publique et la naissance du citoyen*, Folio-Essais, París, 1987.

320 Dentro de las corrientes de pensamiento del siglo XVIII francés, J. TOUCHARD ha identificado tres corrientes formales de pensamiento en las figuras intelectuales de MONTESQUIEU, VOLTAIRE y ROUSSEAU con continuas afinidades entre su pensamiento: "(...) Medios parlamentarios (MONTESQUIEU), burguesía de negocios (VOLTAIRE), clase intermedia entre la burguesía y el proletariado (ROUSSEAU). Los liberales del siglo XVIII no tuvieron la sensación de que les correspondía hacer una síntesis (...) esa síntesis se realizaba en cierto modo por sí misma, por la eliminación de los contrarios y la acentuación de los rasgos comunes (...) CONDORCET (...) resulta así una especie de resumen vivo del siglo

política, sufrió la persecución durante el periodo revolucionario francés[321].

La educación encierra en sí "un fin y un medio", y es una necesidad garantista y vertebradora de la comunidad política. Para CONDORCET, se convierte por dos motivos en una actividad vital:

a) Necesidad política

La educación responde a una necesidad política: si un pueblo es soberano puede, sin conocimientos ni saber, convertirse en su propio tirano.

b) Necesidad metafísica de la Comunidad

La educación es un elemento imprescindible para el ejercicio de la filosofía libre de los miembros de una entidad política. El ignorante que no accede a la instrucción pública se encuentra siempre en un estado de dependencia, fuera del ámbito de decisión, alienado por la opinión ajena y dominado en cada momento por la espontaneidad de sus propias pasiones y su visceralidad: el hombre no instruido jamás será autor subjetivo de sus decisiones. No existe libertad sin capacidad propia y soberana de adoptar decisiones de una manera autónoma y consciente:

XVIII francés", en TOUCHARD, J., *Historia de las ideas políticas,* Tecnos, Madrid, 1988, p. 339.

321 El final de los días de CONDORCET fue el propio de una agitada época histórica como la Revolución francesa, especialmente durante el periodo del Terror. Obligado a ocultarse, escribió su obra *Esquise d'un tableau historique des progrès de l'esprit humain,* en la que señalaba a la Revolución Francesa como un resultado y no como el fin del progreso humano: "Nuestras esperanzas sobre el estado futuro de la especie humana pueden reducirse a tres puntos importantes: la destrucción de la desigualdad entre las naciones, los progresos de la igualdad en un mismo pueblo y, por último, el perfeccionamiento real del hombre", citado en *Ibid.*, p. 340. Poco después de haber escrito este texto de tono optimista, CONDORCET fue detenido y conducido a la prisión de *Bourg la Reine,* donde se suicidó el 28 de marzo de 1794.

"No hay libertad sin autonomía de la razón; la sola manera de ser libre no es necesariamente encontrarse con la verdad, es esforzarse por el error (...) la mediación de la instrucción es necesaria para que cada uno entre en posesión del ejercicio de su juicio. No existe un uso puro y simple de la razón, se aprende, y se aprende razonando sobre objetos; he aquí que los franceses hablan de las luces en plural"[322].

La autonomía y la capacidad de decisión del pensamiento de CONDORCET son los principales factores que conducen al gobierno de la razón y al disfrute de la libertad[323].

Una educación que difunde la idea de libertad republicana y la creación de una nueva sociedad surgida del *Ancien Règime.*

6.2.2. CONDORCET, lector de ADAM SMITH

CONDORCET toma para sí el análisis de la división del trabajo expuesto por SMITH en su obra *La riqueza de las naciones*[324], así como los efectos morales y sociales de la división del trabajo elaborados por el pensador inglés:

"Mr. SMITH ha resaltado que, cuanto más especializadas sean las profesiones mecánicas, el pueblo tendrá más posibilidades para adquirir esa estupidez natural de los hombres, limitado a un pe-

---

322 KINTZLER, "Condorcet, teórico... *opus cit.*, p. 31 y 39.

323 Los teóricos franceses de la educación KINTZLER y COUTEL advierten en la educación un componente de control y dominación de la comunidad, y al mismo tiempo un extraordinario instrumento garante de la libertad en los Estados democráticos. *"Une société sans école, ou dans laquelle l'école n'est pas pensée comme un organe de la liberté, est certainement exposée à l'aliénation, la politique y étant nécessairement, soit érigé en principe absolu d'autorité, soit subordonné à la réalité sociale. Les deux figures du despotisme ont pour point commun de faire l'impasse sur la question du vrai, alors qu'elle est la seule à fournir la clef d'une pens*ée libre de l'autorité légitime", COUTEL, C., y KINTZLER, C., Introducción, notas, bibliografía y cronología en CONDORCET, *Cinq mémoires... opus cit.*, p. 32.

324 SMITH, A., *Investigación de la naturaleza y causas de la riqueza de las naciones,* Introducción de FUENTES QUINTANA, E. y PERDICES DE BLAS, L., Junta de Castilla y León, Salamanca, 1996.

> queño número de ideas del mismo género. La instrucción es el único remedio a ese mal (...)"[325].

Si la división del trabajo continúa sin limitaciones, las diferencias sociales continuarán acrecentándose. Frente a una visión utilitarista y economista de la división del trabajo, CONDORCET propone una solución humanista. La educación pública debe ser necesariamente universal, pues de otro modo la división del trabajo quebraría la sociedad al acentuar las diferencias y ello constituiría una fuente directa de desigualdad.

La escuela brinda a los niños la oportunidad de ejercitar el principio de igualdad entre todos ellos y hace posible una igualdad futura entre los hombres en una sociedad inspirada en el respeto de los derechos fundamentales y la solidaridad. La instrucción pública no está dirigida inicialmente a adquirir los conocimientos para el ejercicio de un oficio, sino a que cada persona, cada ciudadano, esté preparado para no renunciar a sí mismo cuando ejerza su oficio: precisamente el hombre, el profesional instruido con opciones para elegir, es una parte indispensable de la naturaleza del ciudadano del Estado liberal. Gracias a SMITH, CONCORDET individualiza una de las causas de la desigualdad en la sociedad de la nueva era industrial, que empieza a adquirir dimensiones inhumanas —propias de la dinámica industrial— y que supondrá el contexto propicio para la futura alienación del individuo por el trabajo en masa y mecánico.

6.3. LA PROPUESTA POLÍTICO-EDUCATIVA DE CONDORCET

CONDORCET inicia a temprana edad una intensa actividad intelectual condicionada por sus relaciones con TURGOT y la re-

---

325 CONDORCET, J-A-N., *Compendio de la obra inglesa intitulada Riqueza de las Naciones*; traducción de MARTÍNEZ DE IRUJO, C., Imprenta Real, Madrid, 1742, pp. 15 y *ss*.

dacción de un libro dedicado a este a los diecisiete años titulado *Una profesión de fe.* La posterior lectura en la Academia de Ciencias de su *Ensayo sobre el Cálculo Integral* a la edad de 22 años hacía ya prever una inquieta actividad intelectual pública, especialmente jalonada por las amistades y admiraciones que cultivó entre autores tales como HELVETIUS, VOLTAIRE, FRANCKLIN, TURGOT y D'ALEMBERT.

Tras el fallecimiento de este último, CONDORCET cumplió con el encargo de finalización de sus trabajos en la *Enciclopedia* y ejecutó las funciones de albacea testamentario que D'ALEMBERT le había encomendado. En el ejercicio de tales misiones, el aristócrata y revolucionario adquiere interés por los temas sociales y morales, además de una activa participación en tertulias y reuniones filantrópicas de la época. Iniciada la Revolución en 1789, participa activamente en política y acepta en 1790 ser miembro de la municipalidad de París. Como señala BARNÉS, CONDORCET se incorpora por derecho a la historia de la humanidad por una búsqueda de la libertad, la igualdad y la justicia basada en el bien común: "Su renombre, su talento, su espíritu liberal y su pasión por el bien público le designaron para un lugar importante en el gran movimiento que se iniciaba"[326].

Un año después es designado como uno de los miembros de la Tesorería. Posteriormente fue elegido en septiembre de 1791 como diputado de París para la Asamblea Legislativa y designado miembro del Comité de Instrucción Pública.

La impronta política de los trabajos de CONDORCET, primero con los *Cinco ensayos sobre la instrucción pública* en 1789 y, posteriormente, con la presentación a la Asamblea del *Informe sobre la organización general de la instrucción p*ública, supone la primera muestra

---

326 BARNÉS, D., "La concepción político-pedagógica de Condorcet", *Boletín Institución Libre de Ense*ñanza, Madrid, 1922, p. 16, citado en CONDORCET, *Informe y proyecto... opus cit.*, Introducción a cargo de NEGRÍN FAJARDO, O., p. 11.

a una cámara política de una nueva percepción de la educación como órgano esencial y vitalista de la vida política del Estado[327].

Los grandes principios liberales y valores cívicos que actualmente las sociedades democráticas tratan de garantizar a su ciudadanía, y que son claro signo de progreso y del Estado de Bienestar, tales como la obligatoriedad y gratuidad de la enseñanza, el laicismo escolar, la universalización de la educación primaria y media, tuvieron su impronta material política en el pensamiento de CONDORCET. Si bien es cierto lo anterior, hubo que esperar hasta finales del siglo XIX en Francia a la proclamación de la III República para que de un modo efectivo se articularan propiamente los derechos relacionados con la educación de la ciudadanía, aquellos que de un modo novedoso había propuesto el autor galo casi un siglo antes.

LUZURIAGA presenta este nuevo hito histórico en materia político-educativa como un giro copernicano en las relaciones de poder y de subsistencia del Estado:

> "La educación experimenta, en efecto, con ella un cambio radical. A la educación estatal de la Ilustración y del Despotismo ilustrado, es decir a la educación del súbdito por el Estado, a una educación heterónoma impuesta por los príncipes y dirigida fundamentalmente a una clase social, la burguesía, sigue la educación nacional, la educación del ciudadano para sí mismo y para la nación, una educación dictada por los representantes del pueblo, y por tanto autónoma y dirigida a todas las clases sociales, especialmente a la popular"[328].

La Revolución Francesa incorpora a su esencia política la constitución de una escuela que será pública y nacional, renovándose en el plano jurídico como una obligación del Estado y un nuevo

---

327 CONDORCET, *Cinq mémoires... opus cit.* y CONDORCET, *Informe y proyecto... opus cit.*

328 LUZURIAGA, L., *Historia de la educación pública,* 4ª ed., Losada, Buenos Aires, 1964, citado por NEGRÍN FAJARDO, O. en CONDORCET, *Informe y proyecto... opus cit.*, p. 13.

derecho fundamental para la ciudadanía. La obra de CONDORCET durante el periodo revolucionario francés constituyó —desde una perspectiva política y jurídica— el primer intento firme de introducir la educación como elemento esencial vertebrador y configurador de la realidad republicana. CONDORCET se inspira en los grandes autores ilustrados que buscan en la racionalidad, la experiencia y el valor de la persona los criterios indispensables para la ordenación de una nueva sociedad democrática liberal. La influencia de VOLTAIRE, ROUSSEAU y D'ALEMBERT es clara en la exposición de los trabajos de CONDORCET y, muy en particular, la obra de ROUSSEAU el *Emilio.*

La obra del filósofo galo en materia político-educativa responde, por vez primera, a una preocupación filosófico-jurídica de construir una teoría política en la que República y Escuela nazcan y sean elementos entrelazados e indisolubles: "Generosos amigos de la igualdad, de la libertad, uníos para obtener del poder público una educación que haga de la razón popular a todos, o bien temed pronto la pérdida de vuestros nobles esfuerzos"[329].

CONDORCET, en pleno proceso revolucionario, presenta dos trabajos que contienen las propuestas jurídicas sobre la nueva organización de la educación en Francia, la nueva filosofía y los objetivos teleológicos de la educación republicana: son especialmente las *Cinco memorias sobre la instrucción pública* de 1791, trabajo expuesto en pleno proceso constituyente francés, y el definitivo *Informe y proyecto de decreto sobre la organización general de la instrucción pública* de 1792; ambas obras fueron novedosas propuestas intelectuales que son —hoy todavía— hitos históricos de la Teoría del Estado y de las Políticas de Educación. Orientó su estudio hacia una labor que tendrá su fruto en las generaciones venideras, en un esfuerzo que trata de garantizar el espíritu y la legitimidad republicana. La instrucción pública faculta la posible adhesión del ciudadano a los derechos y deberes fundamentales de la república para que este, en el acto de cumplir y respetar las normas,

---

329 CONDORCET, *Cinq mémoires... opus cit.*, p. 104.

sepa juzgar con equidad y justicia. Presenta un sistema republicano entendido como comunidad política democrática y libre, y la institución de la Escuela como elemento generador y garante de la convivencia colectiva, de manera que ambas —República y Escuela— son elementos entrelazados del sistema democrático liberal; la una supone la existencia material de la otra. La unidad teórica e institucional de la función de la educación y el Estado ayudarán a separar las dificultades no resueltas por las teorías republicanas presentadas hasta el momento.

CONDORCET prescribe, en el marco de la institución pública de la escuela republicana, el ejemplo de la búsqueda del bien público a través de la verdad que otorga el saber y la dependencia intrínseca de la política como resultado de la voluntad general de los "ciudadanos instruidos". La luz del espíritu republicano nace de la unión del saber, el derecho y la libertad. De este modo, retoma la idea del conocimiento y la verdad que expusiera ROUSSEAU basándose en las teorías platónicas: solo la verdad a través del conocimiento garantiza una comunidad de individuos libres. La escuela se definirá como elemento imprescindible de la república, premisa esta que aparece contenida en la *Cuarta Memoria sobre la instrucción pública*: "Agótense todas las combinaciones posibles para asegurar la libertad; si ninguna incluye un modo de instruir a la masa de los ciudadanos, todos vuestros esfuerzos serán en vano"[330].

La educación de la ciudadanía es la actividad material que motiva que la instrucción de los ciudadanos se erija como el centro de la teoría republicana de CONDORCET. La educación es el instrumento de perfeccionamiento de la condición humana, a la vez que es el medio intelectual que garantiza la perpetuación de la república. Por esta vía CONDORCET nos guía a la idea de "escuela de la humanidad"[331]. La pervivencia, la estabilidad o la gobernabilidad en el lenguaje actual suponen un desafío de vital impor-

---

330 CONDORCET, *Ibid*, p. 235.

331 CONDORCET, *Informe... opus cit.*, p. 39.

tancia, pues la estabilidad de la comunidad política reside en la integración de las nuevas generaciones que han de proyectar a la república: se convierte por ello en simiente de la comunidad política del futuro.

En dos obras complementarias a las *Cinco memorias* y al *Informe*, *Esbozo de un cuadro del progreso humano* y el *Fragmento sobre la Atlántida* se descubre que el valor y la función de la educación son no solo importantes para ser personas instruidas y capaces, sino también para ser ciudadanos republicanos y, por ello, la instauración de un nuevo sistema educativo es imprescindible para la construcción de la nueva sociedad[332].

La Constitución de la República requiere de su elemento subjetivo —la población—; en este caso, personas que han pasado de la condición de súbditos del Estado despótico ilustrado a la de ciudadanos de la república. Esta nueva República reclama a la ciudadanía el cumplimiento de sus deberes y responsabilidades cívicas. La libertad y la igualdad del régimen liberal requieren de un equilibrio que, de acuerdo con Gómez Orfanel y Guerrero Salom, Condorcet cifra en la educación como punto de equilibrio político:

> "La igualdad se centrará esencialmente en la renovación de los privilegios, en la igualdad ante la ley, lo cual es perfectamente compatible e incluso contribuye a la desigualdad de rentas y fortunas. Lo que la sociedad burguesa pretende con su apelación a la igualdad es la creación de una plataforma a partir de la cual cada uno pueda desarrollar su capacidad y méritos. La contradicción entre los elementos de libertad y los de igualdad real, que caracteriza el pensamiento democrático liberal, podría moderarse en opinión de Condorcet por medio de la instrucción"[333].

---

332 Condorcet, J-A-N., *Esquisse d'un tableau historique des progrès de l'esprit humain, suivi de fragment sur l'Atlantide; introduction, chronologie et bibliographie par Alain Pons*, GF-Flammarion, París, 1988.

333 Gómez Orfanel, G. y Guerrero Salom, E., "La educación y la evolución histórica del Constitucionalismo Español", *Revista de Educación*, No. 253, Ministerio de Educación, Madrid, 1977, p. 7.

La escuela republicana en la concepción de CONDORCET se emplaza como la vía mediante la cual el ciudadano toma conciencia de su esfera de libertad y se sitúa como destinatario del disfrute de las libertades. Además, le vincula y determina a luchar por las garantías que el propio Estado le ofrece. Es decir, ser ciudadano e intervenir en la realidad pública son dos actividades inherentes al republicanismo de CONDORCET, pues solo aquel que se instruye y tiene capacidad de decisión en los asuntos públicos puede determinar la salvaguarda e independencia de la República y, con ello, la de los ciudadanos que la conforman[334].

6.4. FUNCIONES DE LA ESCUELA REPUBLICANA DE CONDORCET

En julio de 1793, durante la redacción de su borrador para un *Plan de Constitución Republicana*, CONDORCET indicaba que un ciudadano instruido y reflexivo era un *a priori* para la viabilidad de la república, porque solamente un hombre instruido tiene la capacidad —frente a los demás— de hacer valer su opinión y denunciar los riesgos de un abuso de poder. La instrucción pública republicana prepara para facilitar la discusión y el análisis de las cuestiones que definen a la comunidad; es decir, la hace ser punto de referencia de unos mismos presupuestos históricos, políticos y jurídicos.

---

334 Con esta aseveración se aprecia la influencia de ROUSSEAU en CONDORCET y la aplicación política de la función educativa que ROUSSEAU expone tanto en el *Emilio* como en *El Contrato Social*, y que CONDORCET incorpora a su *Informe y proyecto de decreto sobre la organización general de la instrucción p*ública. Como hemos visto en los capítulos anteriores, la relación entre identidad política, ciudadanía y educación es un marco político imprescindible para el desarrollo de las comunidades democráticas; esta perspectiva política participa del análisis aristotélico del *zoon politikon*: solo aquel que participa en los asuntos de la comunidad puede tener la consideración de verdadero hombre libre.

La instrucción pública adquiere un horizonte ético-humanista, una búsqueda de lo humano en referencia a lo común, a lo político, y se impregna de un valor de concordia entre la humanidad. En CONDORCET la educación en la república contendrá la suma de varias funciones: epistemológica, didáctica y jurídico-política:

a) Función epistemológica; lo que se ha de enseñar al ciudadano.

b) Función didáctica; cómo transmitir estos saberes para que sirvan en la práctica ciudadana.

c) Función jurídico-política; cómo incorporar los saberes aprendidos al servicio del bien público.

Esta apreciación de CONDORCET de la figura del ciudadano aparece reflejada en el ensayo *Elogio a B. Franklin*, escrito en 1790, en el que el francés declara que el hombre y filósofo americano se definía a sí mismo como una conjunción de maestro, legislador y amigo de la humanidad, y que ese era precisamente el ejemplo representativo de ciudadanía democrática deseable en la república[335]. En la primera gran obra sobre la educación, *Cinco Memorias sobre la instrucción pública*, CONDORCET propone el conocimiento imprescindible de tres materias —complementarias entre sí— que proporcionarán al individuo la capacidad autónoma y crítica para el ejercicio de la ciudadanía: aprendizaje racional, ordenamiento jurídico y salvaguarda de los derechos fundamentales, la ciudadanía y el sentimiento de humanidad[336]:

a) Aprendizaje racional

Aprendizaje de los saberes elementales en la perspectiva de la historia general y del valor de la razón. CONDORCET incorpora este elemento epistemológico-didáctico en la instrucción pública de un modo indisociable; cada maestro en la escuela debe trans-

---

335 CONDORCET, J. A. N., *Escritos pedagógicos*; traducción del francés de BARNÉS, D., Calpe, Madrid, 1922.

336 COUTEL y KINTZLER, *opus cit.*

mitir los conocimientos más elementales y básicos, para de este modo ir poco a poco formando a los alumnos, y así el alumno podrá conquistar y dominar la realidad de su tiempo. En este ámbito se refleja la influencia de BACON, DESCARTES y de los autores enciclopedistas.

b) Ordenamiento jurídico y salvaguarda de los derechos fundamentales

Enseñanza e instrucción para una nueva ciudadanía ilustrada y valor primario de los derechos fundamentales para la nueva sociedad: la instrucción pública es el vehículo para la revisión y el análisis razonado de las normas jurídicas. Aquí aparecerá el CONDORCET influenciado por MONTESQUIEU, LA CHALOTAIS y T. PAINE.

c) Ciudadanía y sentimiento de humanidad

La conquista de un nuevo sentir; el sentimiento de "humanidad". Esta idea es la que impulsa a las personas, abre a cada alumno a la universalidad ética de la humanidad bajo la premisa de la afirmación de la preeminencia de los derechos humanos: somos miembros de la humanidad, en este caso de una comunidad política determinada. CONDORCET refleja en este punto la influencia de los filósofos de la Ilustración y, en particular, de VOLTAIRE.

En una carta escrita a su hija en 1794, CONDORCET explica que el estudio y la adquisición de una educación tienen por objeto contribuir a la estima personal y al amor a la humanidad:

> "Si no has logrado un cierto grado de perfección en las artes, si tu espíritu no está formado, ampliado, fortalecido por los estudios metódicos, contarás en vano con tus recursos: la fatiga, el hastío de tu propia mediocridad te llevarán pronto hacia el placer"[337].

---

337 COUTEL y KINTZLER, *opus cit.*, p. 12, y véase también sobre la idea de renovación social y participación democrática, COUTEL, C., *A l'école de Condorcet: Contre l'orléanisme des esprits*, Ellipses, París, 1996.

Todos los principios teóricos de la instrucción pública son combinados al mismo tiempo por CONDORCET con los principios de su republicanismo activo:

> "El objetivo de la educación (republicana) no es el de provocar admiración en los hombres sobre las leyes republicanas ya hechas, sino el de darles la capacidad de apreciarlas y corregirlas"[338].

En la primera propuesta de CONDORCET, *Cinco memorias*, se ven continuamente reflejados los principios revolucionarios heredados de la Ilustración: la capacidad de creación y perfeccionamiento personal del hombre, la revisión de las leyes, la racionalidad, la igualdad, la laicidad y el sentido cívico de humanidad:

> "Pero una constitución verdaderamente libre, donde todas las clases de la sociedad participen de los mismos derechos, no puede subsistir si la ignorancia de una parte de los ciudadanos no les permite conocer su propia naturaleza y sus límites, si no les obliga a pronunciarse sobre lo que desconocen, y si no les permite decidir cuando no pueden ejercitar tales derechos"[339].

De modo novedoso, expone la importancia del hombre público, del hombre asociado a la vida política mediante el conocimiento del sistema republicano y la necesidad de luchar contra la ignorancia en general y, en particular, contra la ignorancia jurídica de la ciudadanía; ignorancia es sinónimo de dependencia y esclavitud, y esta situación está alejada de la dignidad de que está investido cada ser humano:

> "Es la ignorancia de sus derechos lo que ha retenido durante tanto tiempo al hombre encadenado; el conocimiento que la filosofía ha impregnado en las últimas clases ha podido, por sí misma, devolverle su antigua dignidad: y la falta de conocimiento sobre estos intereses políticos puede nuevamente hacerlas caer por segunda vez en la esclavitud"[340].

---

338 CONDORCET, *Cinq mémoires... opus cit.*, p. 93.

339 *Ibid.*, p. 65.

340 *Ibid.*, pp. 339-341, incluido en el dossier del libro como el texto de presentación general de la *Bibliothèque de l'Homme public*, edición en la que se publicaron por primera vez las *Cinco memorias.*

CONDORCET presenta un modelo de república para cuya construcción requiere de la escuela, nueva institución pública que confiere legitimidad al sistema y garantiza su supervivencia. A partir de estas dos ideas, la escuela no debe asociarse como un mecanismo de adaptación social, sino por el contrario como un órgano para la libertad. Una educación mediante la escuela pública que permite instruir a la ciudadanía; la educación republicana es la condición filosófica clave para la formación de un sujeto político autónomo. Si no hay ciudadanos instruidos, sujetos políticos formados, el pueblo soberano está expuesto a convertirse en su propio tirano[341].

6.5. EL *INFORME SOBRE LA ORGANIZACIÓN GENERAL DE LA INSTRUCCIÓN PÚBLICA*

El *Informe sobre la organización general de la instrucción pública* redactado por CONDORCET adolecía de cualquier criterio sistemático de presentación, lo que motivó que en las diferentes traducciones al español se fueran introduciendo epígrafes separadores de los contenidos que no figuran en la obra original[342].

Desde las primeras líneas, CONDORCET expone el objetivo de su *Informe*, que no es otro que el de invitar a todas las personas a que participen en la educación que ha de brindar el nuevo Estado para de este modo ser libres y obtener la capacidad de conocer y ejercer sus derechos:

341 COUTEL y KINTZLER, *opus cit.*, p. 23.

342 En este sentido es aclaratoria la nota de NEGRÍN FAJARDO, O. en la edición, introducción y notas de CONDORCET, *Informe y proyecto... opus cit.*, p. 16, pues la traducción utilizada para la citada edición está basada en la obra CONDORCET, *Escritos... opus cit.*, quien presentó, con la intención de hacerlo más comprensible, una traducción excesivamente libre y una serie de epígrafes separadores de los contenidos que no figuran en el original.

> "Señores: Ofrecer a todos los individuos de la especie humana los medios de proveer a sus necesidades, de asegurar su bienestar, de conocer y ejercer sus derechos, de comprender y cumplir sus deberes"[343].

La conquista de la igualdad política es el primer paso para la conquista de la igualdad social y material; la instrucción pública es un principio liberador y garantía de la igualdad civil. Para la nueva república que CONDORCET aspira a construir, la educación es *per se* un acto de justicia: "Tal debe ser la primera finalidad de una instrucción nacional que, desde este punto de vista, constituye para el poder público un deber de justicia"[344].

La finalidad de la vida política activa que incorporó la Revolución Francesa y las ideas ilustradas eran para CONDORCET la consecución de una sociedad más igualitaria, más justa, que alejaban de la injusticia a sus miembros y les facilitaban un espacio de libertad que garantizaba su independencia:

> *"(...) Ne pouvait être encore de fonder sur la raison, sur les droits, que tous les hommes ont également reçus de la nature, en fin, sur les maximes de la justice universelle, l'édifice d'une société des hommes égaux et libres, mais seulement d'établir les lois suivant lesquelles les membres héréditaires d'une société déjà existante pourraient conserver leur liberté, y vivre à l'abri de l'injustice, et déployer au-dehors une force qui garantit leur indépendance"*[345].

Para CONDORCET, como hombre ilustrado y enciclopedista, la labor educativa del Estado se desplegará como la conquista progresiva de los saberes esenciales del hombre que vive en comunidad. Mediante el desarrollo de las facultades físicas, morales e intelectuales, el hombre participará en el perfeccionamiento gradual y general de la especie humana, porque dicha función es

---

343 CONDORCET, *Informe y proyecto... opus cit.*, p. 41.

344 *Ibid.*, p. 41.

345 CONDORCET, *Esquisse... opus cit.*, p. 132.

para el Estado: "(...) Un deber impuesto en beneficio del interés común de la sociedad y de la humanidad entera"[346].

En esa nueva sociedad que surgirá gracias a la educación, la idea de verdad y de construcción del bien común es esencial, pues entiende que no hay realidad más destructiva para una comunidad política que la de la perversión de la verdad mediante la utilización de intereses privados. CONDORCET introduce en el sistema político republicano la institución de la "Escuela Nacional" y, muy en particular, un elemento humano de referencia del sistema republicano: la institución del "maestro republicano".

6.5.1. *Educación nacional e instrucción pública*

En la obra de CONDORCET existe un continuo hilo conductor en torno a dos términos: por un lado, "educación nacional" y, por otro lado, "instrucción pública", términos que tienen relevante significación política. Siguiendo a SAINT-ÉTIENNE, la instrucción pública de la época comprendía un conjunto de servicios materiales —liceos, colegios, academias, libros, etc.—, todas las cosas necesarias para la educación que se pueden encontrar "entre las paredes de los edificios públicos"[347]. Por otro lado, la educación

---

346 CONDORCET, *Informe y proyecto... opus cit.*, p. 42.

347 Sobre este concepto de educación nacional, BACZKO, refiriéndose a SAINT-ÉTIENNE, concluye: *"Rabaut Saint-Étienne présente ainsi: faut-il parler d'éducation nationale ou d'instruction publique? L'instruction publique demande des lycées, des collèges, des académies, des livres, des instruments de calculs, des méthodes, elle s'enferme dans des murs. L´éducation nationale demande des cirques, des gymnases, des armes, des jeux publics, des fêtes nationales, le concours fraternel de tous les âges et de tous les sexes, et le spectacle imposant et doux de la société humaine rassemblée! Elle veut un grand espace, le spectacle des champs et de la nature. L'éducation nationale est l'aliment nécessaire a tous! L'instruction publique est le partage de quelques-uns. Elles sont sœurs, mais l'éducation nationale est l'ainée. Que dis-je! C'est la mère commune de tous les citoyens, qui leur donne à tous le même lait, qui les élève et les traite en frères, et qui, par la communauté de ses soins, leur donne cet air de ressemblance et de famille qui distingue un peuple ainsi élevé de tous les autres. Toute sa doctrine*

nacional demandaba la participación de la ciudadanía en los juegos públicos, en las fiestas nacionales y en el concurso de todos los sexos y edades. La educación de este modo se transforma en el nexo esencial común a todos:

> "La educación nacional es la madre de todos los ciudadanos, a quienes les da la misma leche, a quienes cría, y quien, al estar al cuidado de la comunidad, le proporciona esos aires de parentesco y de familia que distingue a un pueblo tan elevado del resto (...) La educación nacional no es solo una institución para los niños, sino una institución para toda la vida"[348].

La educación republicana —que tiene la finalidad de incorporar al ciudadano al cuerpo político— adquiere una connotación política de la que adolece cualquier tipo de instrucción, cuyo primer elemento es la perspectiva de la técnica y la pedagogía para adquirir los conocimientos necesarios; Condorcet estimó esta prestación material de la instrucción como el imprescindible "deber de la sociedad a sus ciudadanos"[349].

---

consiste donc à s'emparer de l'homme des le berceau, et même avant sa naissance ; car l'enfant qui n'est pas né, appartient déjà à la patrie. Elle s'empare de tout l'homme sans le quitter jamais, en sorte que l'éducation nationale n'est pas une institution pour l'enfant, mais pour la vie tout entière", "Projet d'éducation nationale", en Baczko, B., *Une éducation pour la démocratie*, Garnier, París, 1982, p. 297, citado por Coutel y Kintzler, *opus cit.*, p. 33.

348 Condorcet, *Informe y proyecto... op. cit.*, p. 57.

349 En este punto, resulta de interés resaltar que la *Primera Memoria* se abre bajo el título "Naturaleza y objetivos de la instrucción pública" y su primer punto es "La instrucción como medio para hacer eficaz la igualdad de derechos": *"L'instruction publique est un devoir de la société à l'égard des citoyens. Vainement aurait-on déclaré que les hommes ont tous les mêmes droits; vainement les lois auraient elles respecté ce premier principe de l'éternelle justice, si l'inégalité dans les facultés morales empêchait le plus grand nombre de jouir de ces droits dans toute leur étendue. L'état social diminue nécessairement l'inégalité naturelle, en faisant concourir les forces communes au bienêtre des individus. Mais ce bienêtre devient en même temps plus dépendant des rapports de chaque homme avec ses semblables, et les effets de l'inégalité s´accroitraient à proportion, si l'on ne rendait plus faible et presque nulle, relativement au bonheur et à l'exercice des droits communs, celle qui nait de la différence des esprits. Cette obligation*

La función de la educación es la inserción del ciudadano en la vida jurídica, económica y social de su comunidad política. El ciudadano se incorpora a una comunidad que se encuentra en proceso de construcción de una nueva referencia política y sociológica: la idea de "nación" surgida el Estado liberal. Lo político y lo social se entrelazan y existe una simbiosis continua en la persona; en cada persona hay una realidad política y una realidad social, y gracias a la educación se produce la conversión de ambas realidades en la sociedad civil, por lo cual las referencias a la educación propuestas por CONDORCET reciben el nombre indistintamente de "educación cívica" o "educación republicana".

Tras la aparición de los trabajos sobre la educación nacional de CONDORCET, esta adquiere una nueva condición, pues la educación será desde ahora una teoría filosófica que se materializa en una institución pública escolar y en un órgano esencial de la república.

6.5.2. La educación pública como misión del Estado. La cuestión de la oferta privada

Una vez que CONDORCET define la funcionalidad y el valor de la instrucción pública, expone en *El Informe* la necesidad de una educación pública proyectada por la república como una prestación y servicio público estatal. Debido a la naturaleza de la misma y a las funciones que realiza, tal misión no es, según el autor fran-

---

consiste à ne laisser subsister aucune inégalité qui entraîne de dépendance. Il est impossible qu'une instruction même égale, n'augmente pas la supériorité de ceux que la nature a favorisés d'une organisation plus heureuse. Mais il suffit au maintien de l'égalité des droits que cette supériorité n'entrame pas de dépendance réelle, et que chacun soit assez instruit pour exercer par lui-même, et sans se soumettre aveuglément à la raison d'autrui, ceux dont la loi lui à garanti la jouissance. Alors, bien loin que la supériorité de quelques hommes soit un mal pour ceux qui n'ont pas reçu les mêmes avantages, elle contribuera au bien de tous, et les talents comme les lumières deviendront le patrimoine commun de la société", en CONDORCET, *Cinq mémoires... opus cit.*, pp. 61 y 62.

cés, una actividad que pueda ser trasladada a manos de la iniciativa privada, si bien puede existir una gestión compartida entre entes públicos y privados, pero siempre bajo la supervisión, el estricto control y el dominio de los poderes públicos. CONDORCET alerta sobre el riesgo y la posibilidad de que la importancia de la educación y su peso político pudieran provocar una concepción civil opuesta a lo público, del interés privado frente al bien común, de manera que "la prestación del servicio de educación" fuera ejecutada por la iniciativa privada o por colectivos subvencionados por el Estado. En este supuesto, la educación quedaría en manos de operadores económicos privados que prestarían sus servicios atendiendo a los criterios de un modelo civil privado, fragmentado, descentralizado y cuyo conjunto estaría supeditado a un mercado sometido a las reglas de la demanda de sus usuarios y de las capacidades locales. Este sistema presentaría las notas de dispersión de la educación, sometimiento a los intereses privados y, a corto plazo, estrecho utilitarismo y, sobre todo, desigualdad geográfica y social.

El poder de la república debe habitar en todo su territorio de una manera homogénea y permanente. De ahí la referencia de CONDORCET a la trascendencia de este derecho al señalar que bastaría que un solo ciudadano sea olvidado por la república para que el resto de la nación se sienta oprimida[350].

La educación es contemporáneamente un ejercicio de la soberanía del Estado y no de la libertad privada; pertenece al poder público la garantía de homogeneidad de las prestaciones, de disfrute de los derechos y de realización y protección de los individuos. No obstante, esta educación pública no excluye a una escuela privada que respete y difunda los valores de la república y cuyos servicios sean complementarios y subsidiarios a la función pública de instrucción desarrollada por esta.

Esta idea refleja su voluntad de no crear un monopolio público de la educación. Al contrario, con la oferta privada y gracias al Es-

[350] *Cfr.* CONDORCET, *Informe y proyecto… opus cit.*, p. 51.

tado y a la importancia de la función educativa, la oferta privada será fuente estimulante para la prestación de mejores servicios a la ciudadanía. La escuela privada es necesaria para la república porque sirve de catalizador y censor natural de la labor del Estado, con una tendencia a mejorar y ser estímulo para la mejor construcción del bien público: "Todo ciudadano puede fundar centros educativos, de lo cual se deriva para las escuelas nacionales la ineludible necesidad de alcanzar cuanto menos el nivel de estas instituciones privadas"[351].

Respecto a la relevante función que señala CONDORCET para la educación, no hemos de olvidar que la Ilustración es un movimiento filosófico que retoma la idea renacentista del valor de la humanidad; el hombre en el universo guiado por la razón y los principios de igualdad, fraternidad y libertad. Pero la materialización política de las ideas ilustradas en todo el proceso revolucionario francés no tiene como sujeto al individuo proletario, sino al ciudadano burgués, de manera que en plena lucha y conversión del Antiguo Régimen a la nueva época, la libertad y la iniciativa individual serán salvaguardadas por los nuevos regímenes postrevolucionarios y, entre estas, la capacidad de fundar centros educativos privados sometidos al control de la república.

6.6. LAS INSTITUCIONES EDUCATIVAS REPUBLICANAS

La propuesta política de la educación en CONDORCET se presenta en torno a la potenciación de ciertas instituciones, como la de la escuela republicana y la de ciertas figuras que presentan los elementos integrantes del sistema republicano, tales como el maestro republicano, los valores democráticos, la laicidad y gratuidad de la educación, la igualdad de derechos y la descentralización de la educación, principios e instituciones que con-

---

[351] *Ibid.*, p. 92.

forman la estructura y cultura públicas del sistema educativo republicano.

6.6.1. *El maestro republicano*

CONDORCET esboza un plan de desarrollo material de construcción de *Escuelas* y *Liceos Nacionales* junto a diversas actividades a las que el maestro debe dar continuidad, como por ejemplo las conferencias que todos los domingos el maestro impartirá y a las que acudirán los ciudadanos de todas las edades[352]. Es decir, materialmente CONDORCET insta a "hacer escuela", a hacer "vida de ciudadano, de Estado", al objeto de instruir y educar al pueblo en sus derechos y actividades.

El maestro y el cuerpo docente son una especie de nuevo poder dentro del Estado bajo el control del poder legislativo. A través de los maestros, el Estado ejerce sus responsabilidades y transmite a la ciudadanía los principios y valores republicanos comunes[353].

---

352 CONDORCET señalaba sobre estas actividades dominicales: "Los maestros darán conferencias periódicas abiertas a todos los ciudadanos. Cada escuela tendrá una pequeña biblioteca, un pequeño gabinete en el que se reunirán algunos instrumentos meteorológicos, algunos modelos de máquinas o de oficios, algunos objetos de historia natural que constituirán para los hombres un nuevo medio de instrucción", en CONDORCET, *Informe y proyecto... opus cit.*, p. 50.

353 Nota novena de CONDORCET al *Informe y proyecto... opus cit.*: "Punto 6º. Es, pues, posible establecer, sobre la opinión universal de los hombres ilustrados, una instrucción elemental conforme a la verdad y dirigida por un buen método, y después de haber separado de la moral las opiniones religiosas y la enseñanza de los principios de la política universal y de la exposición del derecho público nacional, es imposible que esta institución corrompa las opiniones sobre la moral y la política, como es imposible que engañe sobre la física o la química. Pero como esta certidumbre no existe ni puede existir para el sistema entero de ninguna ciencia, exceptuadas las matemáticas, el Poder público no debe influir sobre la enseñanza de los liceos sino establecer un medio para escoger a los maestros que responda solo a sus talentos, sin influir sobre sus

En directa relación con la función de control que ejerce la Asamblea Nacional sobre el cuerpo docente, CONDORCET no contempló la posibilidad de la libertad de métodos de enseñanza, ni de textos en los diferentes cursos de *Primaria* y *Secundaria*; propone no obstante una mayor flexibilidad para los cursos superiores respecto a la posibilidad del seguimiento de libros de texto redactados por diversos autores, a diferencia de los libros de los cursos de *Primaria*, que tendrían que ser designados por la Autoridad educativa. Para los profesores de Liceo, que en su organización de la escuela representan el grado superior de conocimiento, CONDORCET estima adecuado el ejercicio de los derechos propios de la libertad de cátedra que posteriormente se desarrollarían durante el siglo XIX desde la perspectiva de las libertades públicas auspiciadas por el Estado liberal decimonónico.

El Estado republicano debe amparar y dar garantía de una educación uniforme a sus ciudadanos durante la educación *Primaria*, y posteriormente promover la educación superior como la más completa fuente de la independencia del pensamiento y su expresión. Porque si la educación logra sus frutos, la vida política será plural y activa, y esta será la base para la sumisión voluntaria a las leyes y la enseñanza de los medios que sirvan para corregir sus vicios y rectificar sus errores, sin que por ello la libertad de enseñanza perjudique al orden público: "(...) Sin que el respeto hacia la ley encadene los espíritus, detenga el progreso de la cultura y consagre sus errores"[354].

Aquí CONDORCET muestra cuán peligroso es ceder la enseñanza superior a una Autoridad que no sea garantía de respeto del interés público[355]. El pensador francés identifica esta amenaza con

---

opiniones", citado como nota a pie por NEGRÍN FAJARDO, O. en *Ibid.*, p. 73.

354 *Ibid.*, p. 92.

355 *Vid.* nota undécima de CONDORCET: "La libertad, la igualdad y las buenas leyes tienen por efecto necesario aumentar la prosperidad pública aumentando los medios de obrar. De esta necesidad nacen el hábito

una religión que elimina la búsqueda de la verdad y el sentido crítico. Para ello, CONDORCET mira a la Historia y recuerda algunos pueblos cuyos conocimientos milenarios nos han admirado, como por ejemplo la cultura egipcia:

> "(...) El espíritu humano logró grandes progresos en tiempos que apenas podemos fijar y que volvieron a caer en el embrutecimiento de la más perfecta ignorancia en el momento en que el poder religioso se apoderó del derecho de instruir a los hombres"[356].

Sobre la base de este mismo razonamiento, CONDORCET reflexiona sobre la civilización milenaria china y subraya que, en la cultura sínica, el progreso técnico no ha significado progreso y reconocimiento de la dignidad humana:

> "Citaríamos a China, que nos ha precedido en las ciencias y en las artes y en que el gobierno ha detenido súbitamente el progreso, después de millares de años, al convertir la instrucción pública en una de sus funciones. Citaríamos la decadencia en que cayeron de pronto la razón y el genio de los romanos y los griegos, después de haberse elevado a los grados más altos de la gloria, cuando la enseñanza pasó de las manos de los filósofos a manos de los sacerdotes"[357].

La independencia de la enseñanza como separación del poder de un gobierno al frente de la república es ejemplo de garantía y libertad plural democrática. Esta idea de autonomía que garantiza el progreso ha sido referida con acierto por NEGRÍN FAJARDO

---

de nuevas necesidades y un acrecentamiento de la población. Si, pues, la prosperidad no aumenta sin cesar, la sociedad cae en un estado de sufrimiento. Sin embargo, los medios de prosperidad tienen límites, y si nuevas luces no vienen a ofrecerlos más poderosos, los primeros progresos de la sociedad se convierten en la causa de su ruina. Supongamos que estos medios sean encontrados y empleados, y resultarán en la sociedad combinaciones nuevas que ni las leyes ni las instituciones han podido prever. Es preciso, pues, que las luces se encuentren siempre más allá de las que ha dirigido el establecimiento del sistema social", citado como nota a pie por NEGRÍN FAJARDO, O. en *Ibid.*, p. 75.

356 *Ibid.*, p. 92.

357 *Ibidem.*

al vincular la idea de independencia a la de perfectibilidad de la naturaleza humana: "Una perfectibilidad cuyos límites desconocidos se extienden, si es que existen mucho más allá de lo que podemos concebir"[358].

El elemento que la educación traslada al hombre es el acceso a la condición de persona libre y de ciudadano. A través de la educación, la razón ilustrada permitirá a los hombres liberarse de las cadenas[359]. La creencia en la razón —como elemento de progreso tan propia de la modernidad— es una conquista que el Estado ha de facilitar a sus ciudadanos para que la sociedad civil sepa en cada momento de la justicia y verdad de su entorno:

> "En tanto que haya hombres que no obedezcan solamente a su razón, sin que reciban sus opiniones de las opiniones ajenas, se habrán roto en vano todas las cadenas, y estas opiniones impuestas serán verdades útiles; de este modo el género humano seguirá estando dividido en dos clases: la de los hombres que razonan y la de los hombres que creen, la de los amos y la de los esclavos"[360].

Esta categoría de hombre libre, sinónimo de hombre instruido en oposición al hombre sometido y esclavo (hombre ignorante), se convertirá en la base de la acción política durante los siglos XIX y XX, representando una sucesiva repetición de intentos liberalizadores del hombre por salir de su estado de dependencia intelectual y política. Entre nosotros, GANIVET, un siglo después

---

358 *Ibid.*, p. 27.

359 Referencia continuada en la obra de CONDORCET que nos hace recordar la primera página de *El Contrato Social* de ROUSSEAU: "El hombre ha nacido libre, y en todas partes se encuentra encadenado. Algunos se creen los amos de los demás aun siendo más esclavos que ellos", en ROUSSEAU, *El Contrato... opus cit.*, p. 4.

360 CONDORCET, *Informe y proyecto... opus cit.*, p. 47 y nota quinta de CONDORCET: "(...) Así formar primeramente la razón, enseñar a no escuchar sino a ella y a defenderse del entusiasmo que pudiera extraviarla u oscurecerla y dejarse arrastrar después por lo que ella aprueba, tal es la marcha que prescribe el interés de la Humanidad y el principio sobre el cual debe combinarse la instrucción pública".

en sus *Cartas finlandesas*, hizo famosa, a colación de estas ideas, una reflexión sobre el poder de la educación, al señalar que "un pueblo culto es libre, un pueblo ignorante es esclavo y un pueblo educado a la ligera es ingobernable"[361].

6.6.2. Valores y principios políticos de la educación republicana

El ciudadano republicano debe asimilar las ideas de justicia, de poder, de legitimidad y el razonamiento filosófico que han propiciado la conquista de un nuevo Estado en la vida social de la república; la voluntad del soberano que construye la nueva idea de la "nación". Este acervo de conocimientos sirve para que los ciudadanos "amen las leyes sin que por ello pierdan su condición de hombres verdaderamente libres". COMPAYRE relaciona el pensamiento republicano y la educación con el ámbito de la ética política al conformar por sí misma una parte integrante trascendental del plan de estudios del sistema republicano:

> "Las ciencias morales y políticas constituyen la segunda clase del programa de los institutos. CONDORCET da con razón un gran lugar a estas ciencias, que formarán, desde la fundación del Instituto en 1795, (...) la Academia de las Ciencias Morales y Políticas"[362].

CONDORCET ofrece una verdadera proclama de la razón y de la victoria de la justicia y la virtud de las normas que tienen su origen en un ejercicio de razón ilustrada, y reitera la importancia que ocupa la defensa de la legalidad de manos del ciudadano, ya que el futuro de la república depende exclusivamente del hombre político: solo aquel que decide y busca la libertad y la igualdad puede ser un auténtico defensor de la comunidad:

---

361 Texto citado en GANIVET, A., y referenciado por BIOY CASARES, A., *De jardines ajenos*, Tusquets, Barcelona, 1997, p. 116; ver GANIVET, A., *Cartas finlandesas: Hombres del norte*, 7ª ed., Espasa Calpe, Madrid, 1998.

362 COMPAYRE, citado por NEGRÍN FAJARDO, O. en CONDORCET, *Informe y proyecto... opus cit.*, p. 61.

> "Jamás gozará un pueblo de una segura y permanente libertad si la instrucción de las ciencias políticas no se generaliza (...), si el entusiasmo que levantáis en el ánimo de los ciudadanos no está dirigido por la razón, si no es capaz de enardecerse por la sola verdad, si ligando al hombre con la costumbre, con la imaginación, con el sentimiento a su constitución, a sus leyes, a su libertad, le preparáis, por medio de una instrucción general, para que logre formar una constitución más perfecta, darse mejores leyes y conseguir una libertad más completa"[363].

La influencia de ROUSSEAU y de ARISTÓTELES es latente en la obra de CONDORCET; especial trascendencia adquiere su apreciación de la educación como dinamizador del desarrollo humano y medio de acceso a la libertad gracias a la participación en los asuntos públicos.

---

363 Para CONDORCET es una necesidad ciudadana de primer orden el conocimiento y la razón de sus leyes, dado que estas se inspiran en los principios de justicia natural y, por la falta de equidad o por la voluntad general, puedan ser modificadas: "Es necesario distinguir en las leyes las consecuencias de esos derechos y los medios, más o menos felizmente combinados, para asegurar su garantía; amar a las unas porque las ha dictado la justicia, a las otras porque están inspiradas en el saber. Es necesario distinguir ese acatamiento de la razón que se debe a las leyes aprobadas por ella, de esa sumisión, de ese apoyo exterior, que el ciudadano les debe todavía, hasta cuando sus mismas luces le muestran el peligro de esas imperfecciones. Es necesario que al amar las leyes se las sepa juzgar. Jamás gozará un pueblo de una segura y permanente libertad si la instrucción de las ciencias políticas no se generaliza, si no se hace independiente de todas las instituciones sociales, si el entusiasmo que levantáis en el ánimo de los ciudadanos no está dirigido por la razón, si no es capaz de enardecerse por la sola verdad, si ligando al hombre con la costumbre, con la imaginación, con el sentimiento a su constitución, a sus leyes, a su libertad, le preparáis, por medio de una instrucción general, para que logre formar una constitución más perfecta, darse mejores leyes y conseguir una libertad más completa. Porque ocurre con la libertad, con la igualdad, con esos grandes objetos de meditación política, como con los de otras ciencias: existe en el orden de las cosas posibles un último término al que la naturaleza quiere que nos acerquemos sin cesar, pero al cual nos está vedado llegar nunca", en *Ibid.*, p. 62.

6.6.3. Laicidad de la educación

CONDORCET realiza una distinción entre las creencias del espíritu, la religión y los principios morales de la comunidad. La Constitución republicana reconoce el derecho de cada ciudadano a elegir su culto[364] y la igualdad entre todos los ciudadanos de Francia[365].

La laicidad del Estado es una garantía de igualdad y por tal razón es absolutamente necesario separar de la moral republicana los principios de una religión en particular. CONDORCET en su propuesta no admite en la Instrucción Pública la enseñanza de ningún culto religioso:

> "La Constitución, al reconocer el derecho que tiene cada individuo a elegir su culto, al establecer una completa igualdad entre todos los habitantes de Francia, no puede permitir en la instrucción pública una enseñanza que, al rechazar a una parte de los hijos de los ciudadanos, destruya la igualdad y las ventajas sociales y dé a determinados dogmas particulares una superioridad contraria a la libertad de opiniones"[366].

En este punto, haciendo un paréntesis y trasladándonos al proceso de transición del Antiguo Régimen a la modernidad en

---

364 La *Constitución francesa* de 14 de septiembre de 1971 y la *Declaración de Derechos del Hombre y del Ciudadano* de 1789 reflejan en su artículo 10 la libertad religiosa de los ciudadanos de la República: "Nadie debe ser inquietado por sus opiniones incluso religiosas, siempre que su manifestación no perturbe el orden público establecido por la Ley".

365 La *Declaración de Derechos del Hombre y del Ciudadano* de 1789 indica en su artículo 1: "Los hombres nacen y permanecen libres e iguales en derechos. Las distinciones sociales solo pueden fundarse en la utilidad común".

366 CONDORCET, *Informe y proyecto... opus cit.*, p. 65. En relación con la utilidad y eficacia de la involucración estatal en el ámbito religioso, ver nota séptima de CONDORCET: "(...) Así, suponiendo incluso que sea útil que los hombres tengan necesidad de una religión, los cuidados y los gastos que tuvieran por objeto proporcionarles una son una tiranía ejercida sobre las opiniones y tan contraria a la política como a la moral", en nota a pie de NEGRÍN FAJARDO, O. en *Ibid.*, p. 67.

España —que ocupa todo el siglo XIX y buena parte del XX—, la cuestión del Estado aconfesional y la educación laica pública fue sin duda una de las más queridas añoranzas de los ilustrados y liberales españoles durante el siglo XIX, y representó el intento de ambas partes —liberales y conservadores del siglo XIX— por imponer y garantizar, bien la influencia y control de la Iglesia Católica de la educación, bien la voluntad de dejar en manos del Estado la educación como instrumento conformador del Estado liberal. Laicidad o confesionalidad de la educación, este fue el punto más importante de toda la regulación normativa del constitucionalismo español en el ámbito educativo, y se ha identificado como la fuente de continuos enfrentamientos y disputas entre la España tradicional, católica y conservadora, frente a la España renovadora, liberal e ilustrada[367].

6.6.4. Gratuidad y descentralización de la enseñanza

En consonancia con la nueva Constitución de 1791[368] —un año antes de la lectura del *Informe* ante la Cámara Legislativa—, CONDORCET propuso que la enseñanza desde *Primaria* hasta *Secundaria* fuera completamente gratuita[369].

---

367 Ya en pleno siglo XX en España, con el advenimiento de la II República y la mal interpretada y descontextualizada frase del Presidente de la II República MANUEL AZAÑA, "España ha dejado de ser un país católico", se instaura, aunque con limitado éxito, la enseñanza obligatoria laica y empieza una intensa actividad social del nuevo régimen que, por la brevedad de su mandato, no tuvo oportunidad de socializar y legitimizar los principios educativos del régimen republicano en la historia del constitucionalismo español.

368 El título I de la Constitución de 1791 señalaba: "Será creada y organizada una Instrucción Pública común a todos los ciudadanos, gratuita con respecto a las partes de la enseñanza indispensable para todos los hombres (...)".

369 *Vid.* nota novena de CONDORCET: "La gratuidad de la instrucción debe ser considerada sobre todo en su relación con la igualdad social. En los gastos públicos el poder contribuye en proporción, y aún menos que en

El criterio no era solo el de ser un servicio común gratuito para la ciudadanía, sino también el de ser una medida para evitar que las ciudades con mayor capacidad adquisitiva atrajeran a las "mejores mentes":

> "(...) Dado que ni los liceos ni los institutos atraen un número igual de alumnos, resultaría de la no gratuidad una diferencia demasiado grande en el estado de los profesores. Las ciudades opulentas y los países fértiles se quedarían con todos los maestros hábiles y agregarían esta ventaja a todas las demás"[370].

Por lo que respecta a los recursos políticos y materiales, para Condorcet es necesario que todos y cada uno de los valores que inspiran el orden republicano sean homogéneamente impartidos por todo el territorio de la república. En esta idea el pensador y político galo determina sin fisuras que exclusivamente la inculcación de un espíritu público y de una identidad común y homogénea en todo el territorio puede ser la salvaguardia y la garantía de progreso de la nación.

---

la proporción de sus facultades si las contribuciones están establecidas según un buen sistema y aprovecha las ventajas de una instrucción gratuita en una mayor proporción (...) Examinando a Francia geográficamente se verá que si la instrucción queda abandonada a sí misma no podrá repartirse sino con una funesta desigualdad. Las grandes ciudades y los países ricos encontrarán medios de extender y de aumentar sus ventajas, demasiado reales ya; las otras porciones de la república carecerán de maestros o no los tendrán sino malos. Esta gran desigualdad de instrucción destruye casi toda su utilidad. En tanto que dejáis a una gran parte del pueblo presa de la ignorancia y, por tanto, de la seducción de los prejuicios y de las supersticiones, no realizáis el fin que debéis proponeros: el de mostrar, en fin, al mundo una nación en que la libertad y la igualdad sean para todos un fin real que sepan gozar y cuyo precio conocen. No conciliaréis jamás la libertad con la paz; jamás estableceréis esta obediencia a las leyes, la única digna de los hombres libres, la que se funda en un respeto voluntario, sobre la razón y no sobre la fuerza. Tendréis siempre dos pueblos diferentes en instrucción, en costumbres, en carácter y en espíritu público", citado en nota a pie de Negrín Fajardo, O. en Condorcet, *Informe y proyecto... opus cit.*, p. 73.

370 *Ibid*, p. 71.

6.6.5. *Estructura del sistema educativo*

CONDORCET articuló un sistema educativo dividido en diversos grados que, mediante un mecanismo evolutivo y progresivo, tiene por objeto la correcta y completa educación del ciudadano. El sistema abarca desde las escuelas primarias, secundarias, institutos, liceos —que hoy identificamos como las universidades—, hasta llegar a la institución que representa el progreso científico: la Sociedad Nacional de las Ciencias y de las Artes[371].

6.6.6. *La igualdad de derechos entre hombre y mujer*

La igualdad de oportunidades y de derechos en materia educativa es una obligación republicana. La falta de acceso a la educación por parte de la mujer puede, de igual manera, mermar la capacidad cívica de la comunidad. Puesto que la instrucción debe ser generalmente la misma, la enseñanza debe ser común y confiada a un mismo maestro, que pueda ser escogido de modo indiferente en uno u otro sexo[372].

6.6.7. *Formación continua y educación para adultos*

CONDORCET presentó en el *Informe* una perspectiva de la educación hasta ese momento inadvertida desde el plano institucional; la formación de adultos, la educación que tiene una extensión para toda la vida, de ahí el interés en la "celebración cívica" de las *Conferencias Dominicales* y en la asistencia a reuniones y debates públicos[373]. Con esta propuesta de educación para toda la vida

---

371 *Cfr.* la estructura del sistema educativo republicano pergeñada por CONDORCET en su Proyecto de Decreto incluido como documento Anexo en *Ibid.*, pp. 99 y *ss.*

372 *Ibid.*, pp. 86 y *ss.*

373 Sobre la finalidad de estas sesiones dominicales CONDORCET afirma: "Prosiguiendo así la instrucción durante toda la duración de la vida, se impedirá que los conocimientos adquiridos en las escuelas se borren demasiado prontamente de la memoria; se mantendrá en los espíritus

—la denominada educación continua— se incorpora a finales del siglo XVIII la idea del ciudadano que goza de tal condición y la ejerce desde los derechos y obligaciones que le impone el marco político-jurídico; además, el ciudadano no ha de desdeñar nunca su continua formación para la vida pública activa. Hoy en día, sin embargo, el concepto de educación continua no tiene esta dimensión pública y ha adquirido una connotación netamente laboral y alejada de la orientación política de la propuesta de CONDORCET[374].

6.7. APORTACIÓN E IMPORTANCIA DEL LEGADO EDUCATIVO DE CONDORCET

CONDORCET refleja, con una perspectiva de hombre ilustrado y sujeto activo de la Revolución Francesa, aquellas necesidades que la nueva época revolucionaria demanda. Estructura su pensamiento desde el individuo —que es el epicentro del nuevo sistema— y las potencialidades políticas de que este disfruta en el ejercicio de su vida cívica. La educación se torna en un *a priori* para las personas que participan de una misma condición política —la de ciudadano—, y es el tamiz que habilita para el desempeño de sus funciones políticas y sociales.

Según TORRES DEL MORAL, desde una perspectiva jurídica, CONDORCET presentó su teoría cimentada en tres pilares funda-

---

una actividad útil; se instruirá a los pueblos en nuevas leyes, en observaciones de agricultura, en métodos domésticos que les importa no ignorar (...)", *Ibid.*, p. 47.

374 La denominada educación continua ha alcanzado su punto máximo de importancia en la actualidad, especialmente debido a la baja tasa de natalidad que obliga a recomponer la formación de los profesionales y los ciclos del mercado laboral. Ejemplo de ello son los programas de formación continua elaborados hace varias décadas en Finlandia —precisamente para afrontar el mismo problema de baja natalidad— y que han sido incorporados en los programas de formación de países como Italia y España con alarmantes bajas tasas de natalidad.

mentales: los derechos fundamentales del hombre, la igualdad entre las personas y el progreso de la sociedad a partir de la razón[375]. Ese sentido vital que proporciona la educación a la persona es la raíz de la fuerza del pensamiento político-educativo de Condorcet; la educación no es en sí misma la que hace libre al hombre, sino que primero le permite el acceso a la condición de hombre pleno: la condición de ciudadano. Barnés, en la presentación de los *Escritos Pedagógicos* de Condorcet, así lo expresaba:

> "Condorcet concibe la historia con un hondo sentido pedagógico: cada etapa que la humanidad recorre en su progreso indefinido es, en el fondo, un avance en la instrucción, y esta a su vez perfecciona los métodos para esparcir las luces. La igualdad progresiva de la humanidad, y el ideal a que se aspira, es la igualdad ante las luces, y dentro de ella, aquellas otras desigualdades inevitables que la naturaleza establece entre los hombres, se legitima y pierde sus aristas y peligros (...) La libertad es hija de la igualdad, y la igualdad nace a su vez de la instrucción (...) La instrucción del pueblo es, pues, el nervio de la concepción social y política de Condorcet"[376].

La instrucción y educación del ciudadano, que son el elemento individual de la comunidad, constituyen una forma permanente de política. Podríamos afirmar, reformulando la opinión de Barnés, que efectivamente la educación del ciudadano que conforma el pueblo es "el nervio de la concepción social y política de Condorcet".

Condorcet fallece en 1793; Talleyrand continuará sus trabajos, y como resultado de su estudio publica el *Informe y proyecto de decreto sobre enseñanza*, que se presentará a la Asamblea el mismo año. Talleyrand estimaba que la educación *per se* —siguiendo a Condorcet— era un poder puesto que actuaba sobre el perfec-

---

375 Torres del Moral, A., "Condorcet, un pensador olvidado", *Revista del Colegio Universitario Domingo de Soto*, Segovia, 1975, p. 5, citado por Negrín Fajardo, O. en nota a pie en Condorcet, *Informe y proyecto... opus cit.*, p. 92.

376 Barnés, *opus cit.*, pp. 5 y *ss.*

cionamiento del cuerpo político y sobre la prosperidad general. Al ser un poder es objetivamente un aparato del Estado y "su capacidad de perfeccionamiento del cuerpo político la transforma en un excepcional vehículo transmisor e inculcador de ideología"[377].

En el *Informe* de TALLEYRAND queda reflejada la impronta y la institucionalización de las aportaciones de CONDORCET: la educación sirve para implantar la nueva Constitución de la República Francesa y se erige en una pieza garante del ejercicio ordenado de la libertad[378]. La única instrucción que el Estado debe ofrecer con total gratuidad "es la que es esencialmente común a todos, por ser necesaria para todos". Se trata, evidentemente, de la educación elemental tal y como la entienden las burguesías nacionales de nuestra época; la finalidad esencial de esa educación es "enseñar a los niños a que lleguen a ser un día buenos ciudadanos"[379].

En Francia, a partir de 1880, se materializarán a través del desarrollo constitucional y normativo las ideas expuestas por CONDORCET sobre la laicidad, obligatoriedad y gratuidad de la educación. La Ley de 16 de junio de 1881 —*Ley Ferry, Bert y Duruy*— consagra la gratuidad de la educación, derogándose con ello los pagos que

---

377 BARREIRO, *opus cit.*, p. 30, y sobre el *Informe* de TALLEYRAND, véase TALLEYRAND, C. M., *Rapport sur l'instruction publique, fait au nom du Comité de constitution a l'Assemblée Nationale, les 10, 11 et 19 Septembre 1791*, Imprimeries de Baudouinde Du Pont, París, 1791.

378 BARREIRO identifica la libertad como la primera condición que proporciona la educación de acuerdo con la propuesta de CONDORCET: "La instrucción —dice— ensancha la libertad civil y esta, a su vez, la libertad política (...) esta impide la aparición del despotismo. Y el *Rapport* de TALLEYRAND establece los siguientes principios sobre la educación: 1º Debe existir para todos; 2º debe ser libre; 3º debe ser universal en cuanto su objeto; 4º debe existir para uno y otro sexo, y, 5º debe ser para todas las edades. Universalidad, coeducación y educación permanente son, pues, algunos de los elementos de este Informe", en BARREIRO, *opus cit.*, p. 36.

379 *Cfr. Ibid.*, p. 31, y LUZURIAGA, *Historia de la educación pública... opus cit.*, pp. 49 y *ss.*

se hacían a las escuelas primarias públicas[380]. La educación pasa a ser una partida del presupuesto nacional financiada por los contribuyentes a través de los impuestos generales gestionados por la administración del Estado. En 1882 la educación es, además de gratuita, laica y obligatoria. Junto a la instauración de la escuela republicana francesa subsiste la enseñanza privada, con frecuencia confesional, supervisada por los poderes públicos a través de una legislación homogénea y un sistema único de exámenes de Estado. Este proceso educativo coincide con la instauración de la III República Francesa en 1881, periodo que comporta el desarrollo de la calificada como "segunda revolución burguesa" y la primera revolución pedagógica en Francia (1880-1914). La escuela se convierte en Francia en el primer agente de socialización, fomentando y transmitiendo los valores republicanos y consolidando una tradición cívica en torno a la institución de la "escuela pública republicana".

---

380 El advenimiento de la III República Francesa después de la aprobación de la Constitución de 1875 consagrará definitivamente en el país galo la república como forma del Estado. Gracias especialmente a la obra legislativa de Jules Ferry, Paul Bert y Victor Duruy se instaura por primera vez en Europa un sistema de "instrucción pública nacional". La ley de 16 de junio de 1881 consagra en todo el territorio de la República la gratuidad y obligatoriedad de los estudios en las escuelas de primaria y en los liceos. *Vid.* León, *opus cit.*, Capítulo 6 "Vers l'intégration des institutions scolaires et universitaires. Un enseignement primaire pour tous: gratuité, obligation, laicité", pp. 88 y *ss.* Sobre la formación del modelo de enseñanza laico francés, véase Gómez Orfanel, "Panorama de las… *opus cit.*, pp. 9 y *ss.*

Si no se quiere que lo alemán desaparezca por completo de la tierra hay que buscarle otro refugio, y hay que buscárselo precisamente en lo único que queda: entre los gobernados, en los ciudadanos (…)
hay que educar a la mayoría de los ciudadanos en esta mentalidad patriótica, y para estar seguros de ella, la educación tiene que ser intentada en la totalidad. (…) Solamente la educación y ningún otro medio puede salvar la independencia alemana.

FICHTE
Discursos a la nación alemana

Capítulo 7

Estado prusiano y nueva educación postrevolucionaria

7.1. LA REFORMA PRUSIANA DE LA EDUCACIÓN TRAS LA REVOLUCIÓN FRANCESA

La reforma prusiana de la educación requiere una reflexión especial desde la perspectiva política y jurídica, pues siendo producto directo de las ideas de la Ilustración y de la Revolución Francesa, adquirió una construcción y una base política y social diferente al modelo francés. Especialmente la educación prusiana se presenta orientada a los sentimientos en torno al concepto romántico de nación que, en la segunda mitad del siglo XIX, adquiere su máxima expresión en 1870 con la constitución del nuevo Estado de Alemania.

Su máximo inspirador desde la perspectiva política y educativa fue W. VON HUMBOLDT a principios del siglo XIX, quien desde la clase política aristocrática —reforma desde arriba— iniciará la refundación educativa del Estado prusiano. El nuevo "Estado cultural" surgirá por la reforma de una élite aristocrática que aupará a la burguesía y al campesinado a una sociedad en la que, a medio plazo, serán los seguros protagonistas, toda vez que el impulso restaurador del Congreso de Viena en 1815 comenzó a perder fuerza y poco a poco los regímenes liberales se fueron asentando en toda Europa con la excepción de Rusia. Junto a la élite aristocrática como grupo determinante y decisor de la acción política, no serán en este caso desde el punto de vista político-pedagógico los autores ilustrados franceses las figuras directas de inspiración —ROUSSEAU, CONDORCET—, sino los propios intelectuales y pensadores de la educación germanos como HERDER, SCHLEIER-

MACHER y PESTALOZZI[381], si bien todos ellos eran entusiastas seguidores de las teorías político-educativas de ROUSSEAU. Desde el siglo XVIII los Estados alemanes con Federico II de Prusia habían empezado a estructurar su sistema educativo nacional en torno al Estado más desarrollado cultural y políticamente del espacio germánico de la época: Prusia[382].

El Estado prusiano otorga una importancia política notable a la regulación jurídica de la realidad educativa. A partir de la promulgación del Código Prusiano (*Allgemeines Landrecht* 1794), la normativa desarrollada reflejaba en su contenido un alto grado intervencionista y regulador de la educación por los poderes públicos, con un fuerte carácter independiente y laicista de la labor del Estado:

> "Las escuelas y universidades son instituciones del Estado, que tienen por fin la instrucción de la juventud en los conocimientos útiles y científicos. Todas las instituciones escolares y de educación, públicas y privadas, están sometidas a la inspección del Estado, y se hallan sujetas en todo tiempo a los exámenes y visitas de inspección del mismo (...) A nadie puede ser negada la entrada en la escuela pública a causa de la diferencia de confesiones religiosas (...) Los niños que deban ser educados, por las Leyes del Estado, en

---

381 *Vid.* GÓMEZ DE CASTRO, F., "La reforma prusiana en la educación a principios del siglo XIX", en Autores Varios, *Génesis de los sistemas educativos nacionales,* UNED, Madrid, 1988, p. 55.

382 GARCÍA GARRIDO subraya en este sentido la importancia que tuvo el alto grado de preparación de la sociedad prusiana en el momento de aplicar el nuevo sistema educativo: "En materia de organización educativa, Prusia será el Estado que más atracción ejerza sobre los viajeros educacionales, ávidos de reformas en sus propios países. Pero no debe olvidarse el alto grado de desarrollo cultural que, durante la época que venimos comentando, poseían igualmente otros Estados alemanes. Quizá fuera esa común sintonía cultural —que, por supuesto, albergaba también notables divergencias de fondo y de forma— la que fue preparando el camino a ese gran sueño que comenzaba, tenuemente, a insinuarse: la unidad alemana", en GARCÍA GARRIDO, *Sistemas educativos... opus cit.*, p. 65.

otra religión que la enseñada en la escuela pública, no pueden ser obligados a asistir a la enseñanza religiosa de Estado"[383].

El desarrollo decimonónico alemán se centró en torno a la idea de la consecución del denominado "momento liberal"[384], es decir, esa situación histórica en la que predomina la autonomía en los criterios de funcionamiento y objetivos entre la sociedad civil y el Estado, y donde se reconoce la autonomía del espíritu en forma de derechos y libertades sociales y culturales frente al Estado[385].

El origen de este proceso se encuentra en el *iusnaturalismo* racionalista del siglo XVII que propone el refrendo, a través de la experiencia histórica, de la existencia de un estado de naturaleza dotado de su propia normatividad, por encima del Derecho positivo. El desarrollo intelectual de FICHTE, HEGEL, SAINT SIMON y VON STEIN aportó el primer soporte intelectual y filosófico que facilitó la argumentación de la independencia de la sociedad civil frente al Estado.

La sociedad civil se erige como epicentro y razón para comprender la construcción política germana de finales del siglo XIX, espacio en el que sus ciudadanos promueven la creación de un espacio cívico autónomo y de "ámbitos jurídicos libres respecto al Estado, dentro de los cuales el ciudadano y su sociedad civil podían organizarse"[386].

Con el desarrollo y vigor de la sociedad civil y el abandono definitivo del Antiguo Régimen, el Estado orientará sus esfuerzos de organización y control en torno a la educación. Los líderes políticos e intelectuales parten de una fuerte vinculación con el clasicismo

---

383 LUZURIAGA, L., *Historia de la educación y de la pedagogía*, Losada, Buenos Aires, 1969, p. 155.

384 VAQUER CABALLERÍA, *opus cit.*, p. 38.

385 GARCÍA PELAYO, M., "La teoría de la sociedad en Lorenz Von Stein", en *Revista de Estudios Políticos*, Vol. 27, Madrid, 1949, p. 46, citado en VAQUER CABALLERÍA, *opus cit.*, p. 38.

386 HATTENHAUER, H., *Fundamentos del derecho alemán*, Edersa, Madrid, 1981, p. 142, citado en VAQUER CABALLERÍA, *opus cit.*, p. 39.

griego como máxima expresión de humanismo, así como de una formación kantiana y de una búsqueda racionalista de la verdad en un contexto de opresión y rechazo a la conquista militar francesa[387]; este momento histórico —principios del siglo XIX— es también paradigmático, ya que el contexto de privación de soberanía e invasión militar se contrapone con la admiración al legado de la Revolución de 1789 y a los postulados filosóficos de la Ilustración.

La finalidad humanista y cosmopolita que proponía ROUSSEAU y que HUMBOLDT desarrolló en el contexto político alemán —todavía sin una estructura estatal propia y bajo la limitación de soberanía provocada por la invasión napoleónica— es demasiado vaga[388]. En este sentido el idealismo alemán adoptó plenamente una educación al servicio del Estado, cuyo objetivo social quedará reconducido a un objetivo a escala nacional. La educación será mutilada y limitada a un fin demasiado pobre:

> "El idealismo alemán se propondrá más decididamente la educación del ciudadano, y con ello planteará un conflicto inédito hasta entonces y muy vinculado a los Estados nacionales emergentes: el conflicto entre la finalidad nacionalista y la finalidad social de la educación. Esta última pretende ser más universal, mientras la primera se propone crear súbditos, hombres al servicio de la patria"[389].

---

387 En este contexto de rechazo a las conquistas napoleónicas es fácil entender la aceptación que a finales del siglo XIX y principios del XX tuvo la filosofía idealista alemana en España. Tras el derrumbe de la Europa napoleónica, España participó de la fuerte reacción europea contra la hegemonía intelectual francesa. El *krausismo* español es un buen ejemplo de ello, junto con el desarrollo de la Institución Libre de Enseñanza y el movimiento "Regeneracionista español", que beben directamente de las fuentes del idealismo alemán. *Vid.* ENGUITA, "Sociedad y educación… *opus cit. Giner de los Ríos, F., creador de la Institución Libre de Enseñanza,* Granada, Comares, 2001.

388 *Vid.* DEWEY sobre la orientación política del idealismo alemán en la educación. DEWEY, *opus cit.*

389 CAMPS, *opus cit.*, pp. 99 y 100.

Junto con estos elementos intelectuales, la reconstrucción nacional de los Estados alemanes se realizó gracias a la combinación de diferentes factores históricos, tales como el fin de la guerra franco-prusiana, pero en particular debido al convencimiento y necesidad histórica de unión de los territorios alemanes y gracias a "la fuerza espiritual de la educación nacional"[390]. La escuela de autores de esta época —todo ellos sucesores y seguidores de la filosofía kantiana, FICHTE, HEGEL, HUMBOLDT, SCHILLER, SCHELLING, HÖLDERLIN, GOETHE— conformará el movimiento denominado "clasicismo", "idealismo" o "prerromanticismo alemán", y cuyo principal logro fue aportar al campo educativo y cultural germánico los valores de "cultura sensible y cultura racional":

> "(...) Belleza y verdad (cultura sensible y cultura racional), a las que atribuyeron una potencialidad liberadora del hombre, y que confiaban que conduciría al Estado absoluto o ideal: el *Kulturstaat* (Estado de cultura)"[391].

Prusia toma para sí la autonomía e independencia que provenían de las ideas ilustradas y, frente a una agresión militar como la napoleónica, buscó su fuerza renovadora y unificadora en los valores culturales e históricos del pueblo alemán, creando desde ese momento la idea asociada de nación y cultura del mundo germánico: *Kulturstaat.*

7.1.1. Ilustración, nacionalismo y educación

La conjunción de autores como HERDER, SCHILLER, GOETHE y la producción de obras literarias humanistas en torno al individuo, la patria alemana y el referente de humanidad son el resultado de la elaboración filosófica de la Ilustración en los territorios prusianos, cuyos dos principales objetivos finales contienen nítidamente objetivos educativos y políticos. Residen en el ámbito de la política y la educación:

---

390 VAQUER CABALLERÍA, *opus cit.*, p. 39.

391 *Ibidem.*

a) Desde el punto de vista educativo, se liberó a la educación de las ataduras de las estructuras feudales con clara influencia en la mayor parte de los Estados alemanes y,

b) desde el punto de vista político, esta educación se diseña y adapta a las necesidades de clase burguesa, lo que comportará el tránsito hacia la modernidad, fijando de este modo las bases culturales, técnicas y científicas de la clase dirigente política y económica del futuro Estado alemán.

Surge de este modo en Prusia una propuesta educativa nacional con un claro objetivo político que consiste en dotar a la nación alemana de una unidad educativa que facilite el proyecto político romántico. Como refleja la expresión atribuida a ARNDT —sobre la búsqueda de la unidad de los territorios y la población alemana—, el objetivo del pueblo alemán tenía, junto a la dimensión política y jurídica, una perspectiva de unidad cultural: "Llegar a ser un pueblo es la religión de nuestro tiempo"[392].

La idea esencial de la propuesta política alemana parte de FICHTE y sus conocidos *Discursos a la nación alemana*[393]. El objetivo de este ensayo consistía en reanimar el espíritu de la comunidad alemana —en esos momentos invadidos por fuerzas napoleónicas— y presentar las metas políticas de la nación alemana, incorporando por primera vez en el discurso político el poder histórico y político de la educación:

> "Si no se quiere que lo alemán desaparezca por completo de la tierra hay que buscarle otro refugio, y hay que buscárselo precisamente en lo único que queda: entre los gobernados, en los ciudadanos (…): hay que educar a la mayoría de los ciudadanos en esta mentalidad patriótica, y para estar seguros de ella, la educación tiene que ser intentada en la totalidad. (…) solamente la educación y ningún otro medio puede salvar la independencia alemana"[394].

---

392 *Vid.* ARNDT, G., *Griechische und römische porträts*, F. Bruckmann, Múnich, 1909.

393 FICHTE, J., *Discursos a la nación alemana*, Estudio Preliminar y traducción de VARELA, M. J. y ACOSTA, L. A., Tecnos, Madrid, 1998.

394 FICHTE, *opus cit.*, p. 157.

Como señalaremos más adelante, la educación adquiere la naturaleza de argumento político para la creación de un Estado independiente y soberano que, gracias a la idiosincrasia y objetivos de la instrucción germana, permite proveer un substrato sociológico y cultural común a la identidad germánica; en la práctica el Estado alemán tomó las referencias filosóficas de ROUSSEAU y del clasicismo griego, sin por ello renunciar a las ideas ilustradas, pero en un sistema paralelo al republicanismo francés. Alemania forjó una nueva identidad política sobre la base de dos sistemas en la práctica simétricos, tales como la Ilustración y el individualismo, y el romanticismo idealista alemán y el concepto filosófico del pueblo alemán, elementos todos ellos contenidos en la creación del Estado alemán a finales del siglo XIX.

7.2. FICHTE Y LOS *DISCURSOS A LA NACIÓN ALEMANA*

Los *Discursos a la nación alemana* de FICHTE supusieron la primera reflexión importante sobre la educación en el periodo postrevolucionario, así como un amplio análisis de la trascendencia de la educación como factor garante de la autonomía y el poder de la futura Alemania[395]. A esta cuestión dedica los Discursos Segundo, Tercero, Noveno, Décimo y Undécimo de su obra. FICHTE esboza un discurso cuyo objetivo esencial es diferenciar la esencia de "lo alemán"; ser alemán y la particularidad de una comunidad identificada con una cultura cuyo elemento más generoso y enriquecedor es la lengua alemana. Junto con la cultura alemana, la filosofía idealista alemana y la religión conformarán una identidad propia, uniforme y diferenciadora de la comunidad germánica prusiana. La Reforma y la inclusión del protestantismo definen la idea de una Prusia poderosa y, por extensión, una concepción de la futura Alemania.

---

395 Ver el Estudio Preliminar realizado por VARELA, Mª. J. y ACOSTA, L. A. en FICHTE, *opus cit.*

Los *Discursos* son un conjunto de conferencias que pronunció el autor prusiano en plena invasión napoleónica; el texto de las conferencias era intervenido y censurado previamente por las autoridades de ocupación francesas; su lectura pública, en frecuentes ocasiones, era prohibida. La trascendencia de los *Discursos* radica en ser la primera fuente directa de inspiración política para aquello que más tarde se convertiría en la reforma del sistema educativo desarrollado por W. V. HUMBOLDT.

FICHTE destaca la aportación a la vida política de Prusia proveniente de las nuevas ideas de la educación ilustrada, y toma como referente intelectual educativo a PESTALOZZI[396] y sus aportaciones pedagógicas, que erigen al autor suizo como el gran intelectual ilustrado de la reforma educativa prusiana[397]. Como es sabido, el autor suizo tuvo muchos seguidores en la Europa continental, y su obra pedagógica prosigue y realiza una interpretación en esencia de las ideas introducidas por ROUSSEAU en el *Emilio*[398].

---

396 WILHELM VON HUMBOLT, en su condición de director de la Sección de Cultura e Instrucción Pública del Ministerio del Interior alemán en 1809, defendió y propugnó el sistema educativo de PESTALOZZI (1746-1827), que tuvo la más amplia difusión por Europa. Basta recordar entre nosotros el retrato del pintor Goya realizado a Jovellanos, donde reposado en una butaca sostiene un ejemplar de la obra del teórico suizo. PESTALOZZI revolucionó el campo de la enseñanza, apaciguando la ruda disciplina, constituyendo las denominadas "*escuelas felices*". PESTALOZZI es en el plano educativo el primer gran discípulo de ROUSSEAU y su *Emilio*. Se le reconoce además la gran influencia que tuvo la *República* de Platón, que en palabras del propio ROUSSEAU era la obra más grande jamás escrita en materia de educación. *Cfr.* ORTEGA GUTIÉRREZ, D., "Mill y la formación del ciudadano", *Revista del Centro de Estudios Constitucionales*, Madrid, 1999, p. 142.

397 PESTALOZZI hace reseña explícita a FICHTE en los *Discursos*: "(…) Garantía de este concepto fundamental es para mí ante todo la peculiaridad del propio escritor, que él expone en sus escritos con la franqueza más fiel y sensible. En él, igual que en Lutero (…), habría yo podido representar los rasgos fundamentales del espíritu alemán", en FICHTE, *opus cit.*, p. 25.

398 En referencia a la importancia e influencia de la obra pedagógica de PESTALOZZI, en España en 1910 ORTEGA Y GASSET resaltó las aportacio-

7.2.1. Educación prusiana para todas las clases sociales

Para FICHTE la nueva educación que ha de regenerar a Alemania y ser el vínculo unificador de la nación no tenía que restringirse a las capas sociales más pudientes, sino que debía adquirir una homogeneidad que permitiese identificar a la comunidad alemana con una nación. Tomando la idea de educación de PESTALOZZI, FICHTE incorpora el factor político en sus referencias a la función educativa:

> "Lo único que quería (PESTALOZZI) era ayudar al pueblo; pero su creación tomada en toda su amplitud eleva al pueblo, elimina todas las posibles diferencias entre este y la clase culta, proporciona una educación nacional en vez de la pretendida educación popular y sería capaz de rescatar a los pueblos y a todo el género humano de la profunda miseria actual"[399].

La idea de CONDORCET sobre la igualdad educativa es recogida en Alemania como una pieza más de los recursos de la nación; es, nuevamente, la idea de la educación política sin distinción de origen, sexo, condición o edad cuyo fin es la creación de una entidad superior del Estado alemán. Con esta fórmula educativa pública la nación alemana se fortalece con dos resortes históricos y culturales: la conquista de la nación y la formación del pueblo.

> "Con la nueva educación queremos hacer de los alemanes un todo que sea movido y revitalizado en cada uno de sus miembros para una misma ocupación. (...) no nos queda otra solución que hacer llegar, sin más, a todos los alemanes la nueva formación, de tal manera que no se convierta en formación de un estamento deter-

---

nes de la pedagogía como obra social de PESTALOZZI: "La pedagogía de PLATÓN parte de que hay que educar la ciudad para educar al individuo. Su pedagogía es pedagogía social. El otro genio de la pedagogía, el suizo PESTALOZZI, que acaso no leyó nunca a PLATÓN, renueva por necesaria congenialidad esta idea. La escuela, según él, es solo un momento de la educación: la casa y la plaza pública son los verdaderos establecimientos pedagógicos", en ORTEGA Y GASSET, J., "La pedagogía social como programa político", en *Obras... opus cit.*, pp. 515 y *ss.*

399 FICHTE, *opus cit.*, p. 162.

> minado, sino en formación de la nación sin más, y sin exceptuar a ninguno de sus miembros, y así desaparezca y se elimine por completo, dentro de una formación en la íntima complacencia por la justicia, toda diferencia de estamentos que puede que aún continúe existiendo en otras facetas del desarrollo, hasta el punto de que surja entre nosotros no una educación popular, sino una educación nacional propia de los alemanes"[400].

Por estos mismos motivos, la política de Estado en el ámbito educativo se inclina a la intervención y mandato de obligatoriedad de inserción de todos los ciudadanos alemanes en el sistema educativo alemán, una vez que se constituya a finales del siglo XIX la creación del Estado alemán.

7.2.2. La educación como motor del cambio nacional: el Estado fuerte

La idea de una Prusia fuerte que guiase la unión de una Alemania soberana reside, según FICHTE, en la capacidad del propio pueblo alemán para, a través de la educación, desarrollar su idiosincrasia de pueblo, y en que esta fuerza humana vital pudiese fundirse con la idea de la nueva nación[401]. Un concepto idealizado de la nación servirá para motivar la regeneración social y política de un país cuyo destino es la propia reafirmación como identidad históri-

---

400 *Ibid.*, p. 25.

401 FICHTE presenta la idea romántica de lanzar al individuo y al ciudadano en la búsqueda de un concepto político abstracto de "nación y pueblo alemán", objetivo este que solo se puede alcanzar gracias a una nueva educación prusiana: "Se deduce, pues, que el medio de salvación que he prometido manifestar consiste en la formación de un yo completamente nuevo que puede que haya existido ya antes y de manera excepcional en individuos aislados, pero nunca como un yo nacional y generalizado; consiste, además, en educar a la nación, que no tiene vida propia y está entregada a una vida extraña, para una vida completamente nueva que o bien siga siendo de exclusiva propiedad o, caso de que pasase a otros, siga siendo completa e irreducible a infinitas divisiones; en una palabra, lo que estoy proponiendo para lograr la continuación de la existencia de la nación alemana es un cambio radical de la esencia de la educación que ha venido practicándose hasta ahora", en *Ibid.*, p. 23.

ca; de este modo la nación alemana deviene cuerpo político y, con ello, a través de una decisión soberana y legítima, crea el cuerpo jurídico del Estado alemán, inexistente como identidad propiamente jurídica hasta la misma creación del II *Reich* alemán en 1870.

El futuro Estado que habría de nacer demanda una fuerza nueva, y requiere de un poderoso sistema intervencionista de educación pública, porque es precisamente en la formación de la clase alemana, en esa delimitación e impregnación de la idiosincrasia del pueblo alemán donde el Estado obtiene las garantías para su propia subsistencia:

> "Si el Estado acepta la tarea que se le propone, generalizará esta educación por toda la superficie de su territorio para todos sus ciudadanos futuros sin excepción; y es únicamente para esta implantación general para lo que necesitamos al Estado, ya que para comienzos y tanteos aislados aquí y allá, sería suficiente el patrimonio de personas particulares benevolentes"[402].

El nuevo Estado alemán debe desplegar sobre su territorio y población un poder omnímodo promotor de oportunidades e igualdad de derechos a través de la educación y erigirse el poder público como principal vehículo comunicador entre pueblo, nación y virtud ciudadana:

> "La tarea del Estado libre es propiamente la de la virtud; el mantenimiento de la desigualdad es la del egoísmo: interés personal en los de más alto rango, cobardía de los más pequeños (...) El cristianismo ha aniquilado prácticamente esta desigualdad con el gran experimento por él realizado. La desigualdad de la naturaleza tiene que darse, es cierto; pero no se determina según estirpes ni está exenta de herencia (...) Asunto fundamental es la Constitución del Imperio; según sus principios, todos los ciudadanos han nacido iguales; solo la educación comunitaria y el desarrollo que con ella se ha logrado de todas sus disposiciones les separa según estamentos y oficios. Como es lógico, cada uno puede ser lo que quiera; ello le introduce en el derecho del espíritu"[403].

---

402 *Ibid.*, p. 155.

403 Fichte, J., "Notas del esbozo para un tratado escrito en la primavera de 1813", p. 279, en *Ibid.*, pp. 273 y *ss.*

La igualdad de derecho de los ciudadanos se reconoce en la existencia del imperio de la Ley como fórmula jurídica de la comunidad política, y en ella todos gozan de las mismas garantías, derechos y responsabilidades con el más amplio reconocimiento a la libertad y voluntad individual; ser ciudadano es ser hombre libre sometido al imperio de la ley:

> "Pero ante todo habría que captar de manera más sutil la diferencia que hay entre ciudadano y súbdito, que no es tan fácil como parecía al principio. (...) Ciudadano es aquel a quien nada le vincula que no sea una situación de Derecho. Aquel a quien vincula algo más (eso solo puede ser el poder violento), ese es súbdito sometido a la violencia que siempre se abalanza sobre él y que está fuera de la misma ley"[404].

El respeto a la ley y la libertad de la educación son reflejo de la admiración que el pensamiento griego provoca en el mundo alemán, y casi como una analogía, FICHTE trató de trasladar la esencia del valor de la educación del pensamiento aristotélico en que *paideia* y ciudadanía (*polites*) interactuaban como recurso de la creación de la identidad griega:

> "De este modo, esta política, alemana y la más moderna de todas, se convierte a su vez en la más antigua; pues también entre los griegos la política basó la ciudadanía en la educación y formó ciudadanos como nunca la posterioridad volvió a ver. A partir de ahora el alemán actuará igual en lo que a la forma se refiere; en cuanto al contenido, no actuará con un espíritu mezquino ni exclusivo, sino general y cosmopolita"[405].

Esta impronta de la educación alemana de principios del siglo XIX todavía ilustra hoy día el sentido de pertenencia a la República Federal de Alemania, en la que la afirmación de los valores alemanes y los principios democráticos son la razón máxima de su sistema educativo[406].

---

404 *Ibid.*, p. 280.

405 *Ibid.*, p. 122.

406 *Cfr. Constitución de la República Federal Alemana* de 23 de mayo de 1948. Texto reformado el 31 de agosto de 1990; ver los artículos 1, 2 y 7 de la Ley Fundamental de Bonn.

7.2.3. El tono romanticista de la educación y la recepción en el Estado

Frente al exceso del racionalismo ilustrado impuesto a sangre y a fuego por las tropas napoleónicas —y que sirvieron de conducto comunicador de los valores de la Revolución[407]—, surge con fuerza el nuevo romanticismo alemán que, junto con la razón, tendrán cabida otros valores abstractos de la persona; lo infinito y lo trascendente, la emoción y lo intuitivo, la sensibilidad en el arte, la búsqueda del pasado, el misticismo y la fascinación por las tradiciones del pasado y, en particular, la idea de conquista de la nación alemana como un referente histórico mítico por completar y culminar:

> "Hemos presentado esta educación como la cuestión más importante y hoy la única urgente que tiene planteado el amor patrio alemán, y, siguiendo esta línea, queremos ante todo introducir en el mundo la reforma y la transformación de todo el género humano"[408].

El universo político y romántico que empieza a surgir en Prusia y que aparece contenido en los *Discursos* de FICHTE será reelaborado en el ámbito jurídico y educativo de la mano de HUMBOLDT, gracias a la autoridad intelectual y política de que gozaba y que, a la postre, le convertiría —junto con su hermano— en la figura educativa y política por excelencia de este periodo de la historia alemana.

---

407 En relación con las invasiones napoleónicas y la expansión de las ideas de libertad, igualdad y fraternidad a "sangre y a fuego", véase el extraordinario libro de PÉREZ REVERTE, A., *El Husar*, 7ª ed., Akal, Madrid, 2002, libro que ha recibido importantes premios literarios en varios países europeos, pues si bien su acción discurre en España durante la invasión napoleónica, el contexto, consecuencias y efectos fueron muy similares en el resto de países europeos invadidos por los ejércitos napoleónicos, entre ellos, Dinamarca, Prusia, los Estados Italianos, etc.

408 FICHTE, *opus cit.*, p. 189.

7.3. HUMBOLDT Y LA NUEVA EDUCACIÓN PRUSIANA

Prusia, el principal y más fuerte de los Estados alemanes, inició en 1809 la reforma política de su sistema educativo. La fecha de referencia histórica y política del origen de esta etapa y sus consiguientes reformas es el 27 de octubre de 1806, fecha en que Napoleón entra en Berlín tras derrotar militarmente a Prusia, lo que en la práctica significaba la disolución del Sacro Imperio Germánico. Este acontecimiento histórico provocó en una primera instancia la separación de Prusia del entorno germánico como ente autónomo y, tras ello, su posterior desarrollo y preeminencia en el entorno germánico. Uno de sus principales personajes reformadores fue el ministro de Estado prusiano KARL VON STEIN[409], quien no fue

---

409 VON STEIN fue el más importante gobernante prusiano de la primera mitad del siglo XIX. Como ministro de Estado del rey Federico Guillermo III, promovió una serie de profundas reformas sociales y administrativas que marcaron la transición del absolutismo feudal al constitucionalismo moderno en Prusia. Su labor como consejero personal del zar Alejandro I de Rusia (1812-1815) fue determinante en la derrota de Napoleón por la coalición ruso-prusiana sellada en el Tratado de Kalisz. Los estudios de política de VON STEIN se centraron en la teoría constitucional, especialmente a través de MONTESQUIEU. En Gotinga conoció al filósofo AUGUST WILHELM REHBERG, cuyo pensamiento político dejaría en él una impronta indeleble. REHBERG abogaba por una política liberal-conservadora que sirviera de puente entre las tradiciones alemanas y el progreso social. Sus discusiones políticas influyeron enormemente en la maduración del pensamiento social de STEIN, que se convenció de la necesidad de emprender profundas reformas de modernización del Imperio, a fin de evitar un estallido revolucionario que arrasara las antiguas instituciones.
En octubre de 1804, STEIN fue de nuevo llamado a Berlín, esta vez para ocupar la cartera ministerial de manufacturas y hacienda. Su integración en el servicio central de la administración prusiana le convenció de la necesidad de emprender una reforma urgente de las estructuras del Estado. En 1807, STEIN comenzó la redacción de su célebre *Memorial*, un programa de reformas del Estado prusiano que constituye la suma del pensamiento político de su autor. En él, STEIN parte de la idea de que, para conseguir una administración eficaz, es necesaria la

un revolucionario democrático sino un ilustrado influido por los autores franceses, si bien su pensamiento estaba inspirado por las ideas conservadoras de BURKE. VON STEIN encargará a HUMBOLDT la reforma del sistema educativo, labor que sería acometida en el breve periodo de apenas un año y medio, que perfilará definitivamente el sistema educativo prusiano y, posteriormente, el alemán. La propuesta prusiana retoma un nuevo ideal de formación de la persona y de búsqueda del desarrollo personal de los ciudadanos alemanes en torno al grupo comunitario y a la identidad abstracta de pertenecer a la cultura alemana[410].

El referente cultural en la Prusia de inicios del siglo XIX no será por tanto el Renacimiento ni las ideas inmediatas de la Revolución Francesa, sino el mundo clásico antiguo ario; el mundo griego. Tal y como se atribuye la famosa cita de GOETHE "que cada cual sea griego a su manera, pero que sea griego"[411], será uno

---

existencia de una relación orgánica entre la población y el gobierno, relación que debe basarse en la participación ciudadana en los asuntos públicos y en su corresponsabilidad en la gestión de la *res publica.* Su conocimiento profundo del sistema de autogobierno británico, del que era un gran admirador, le llevó a postular la necesidad de su adopción en Prusia, a fin de que la participación de los súbditos en el gobierno local creara una comunidad de espíritu (*Gemeingeist*) y una conciencia de ciudadanía (*Bürgersinn*) que hicieran a la población solidaria con los intereses del Estado. STEIN defendió ante el Congreso de Viena la necesidad de una unión política de los Estados alemanes, convirtiéndose en precursor del movimiento pangermanista de unificación que fructificaría a fines del siglo XIX. *Vid. Britannica Enciclopedia,* Vol. 11, The University of Chicago, Chicago, 1993, p. 238, y Vol. 18, 45db, "Other German education".

410 GÓMEZ DE CASTRO, *opus cit.*

411 Desde K. O. MÜLLER (1824) a W. JAEGER (1932) la erudición alemana exaltó la educación espartana con admiración apasionada, lo que en buen grado supuso la encarnación de una política racista, guerrera y totalitaria desde Federico II, pasando por Bismarck y hasta el III *Reich.* Autores como BARRÉS resaltan la importancia de Esparta y la califican como "el espejismo espartano", en su condición de prodigioso cuartel "en donde los espartanos no tenían por alma sino su aristocrática edu-

de los alicientes y mitos de búsqueda de la cultura y educación prusiana. El nuevo Estado prusiano implementará su nueva propuesta política de la educación en torno a varios presupuestos: la identidad nacional, la interpretación propia del legado ilustrado, el fortalecimiento intelectual de la burguesía, el desarrollo del Estado cultural y de la *paideia* alemana y la fuerza de unión de la lengua alemana.

7.3.1. La idea de la nación alemana y la voluntad del pueblo

Prusia no trató de lograr la búsqueda de una mera repetición del hombre del mundo helénico, sino que más bien emuló la creación del ambiente abstracto que permitiese la búsqueda de la consecución de esa forma nueva surgida de la voluntad del pueblo y que se materializará en el concepto político y sociológico de la "nación alemana"[412]. La filosofía idealista y el sentimiento nacionalista surgen en este entorno alegórico y de progreso, y se sitúan como elementos que garantizan los referentes de grupo y del nacionalismo alemán[413].

---

cación". A partir del 550 a. C., coincidiendo con el crecimiento de otros estados y otras culturas más jóvenes que la suya, solo realizará un culto estéril de una idiosincrasia incomunicable y, aunque Esparta logró imponerse a Atenas en el 404 a. C., los siglos venideros serán testigos del desmoronamiento progresivo de su influencia. Ver MARROU, *opus cit.*, p. 51.

412 La "religión de la cultura", como se ha denominado la actitud del Estado-ciudad griego hacia la cultura, trata de reflejarse en el nuevo Estado cultural prusiano, desde la arquitectura y pasando por la escultura, pero sobre todo retomando el valor de la filosofía en la interpretación de la realidad.

413 Los autores alemanes de principios del Siglo XIX reflejaron la idea libertadora platónica de la educación. Para PLATÓN el sistema político y educativo debía ceñirse a la noción fundamental de la verdad: la conquista de la verdad por medio de la ciencia racional. Cualquiera que sea el dominio de la actividad humana, solo existe una cultura verdadera que aspire a la verdad, a la posesión de la ciencia. En el VII libro de *La República* proclama el poder libertador del saber que sustrae al alma de

7.3.2. Interpretación, limitación y respuesta a la cultura francesa revolucionaria

La nueva idea de construir la nación en torno a los referentes y los ideales del mundo griego eclipsaba al mismo tiempo las consecuencias de las ideas revolucionarias expandidas por los ejércitos napoleónicos, surgiendo una cultura y filosofía de corte nacional idealista, que irá limitando la preponderancia cultural francesa y con ello la creación de un sistema simétrico y complementario desde el punto de vista ilustrado.

7.3.3. Una nueva burguesía cultural prusiana

La nueva clase social emergente que poco a poco va adquiriendo relevancia no tiene los caracteres del resto de las naciones conquistadas por Napoleón. En Prusia, el referente afrancesado dejará paso a una burguesía de nuevo cuño que se forjará en torno al nuevo valor idealizado del referente germano-griego, con una referencia cultural y religiosa claramente identificada con los valores y principios del espíritu protestante. Incluso la figura del príncipe soberano reconoce el espacio de libertad para la nueva clase burguesa:

> "El príncipe no tiene ningún derecho a entorpecer la educación (todos los obstáculos a la Ilustración fueron impedimentos a la educación); pues estaría claro que en los preparativos para la coacción no tendría ante sus ojos el derecho, sino su poder"[414].

Con este desarrollo de la teoría democrática y de la soberanía ciudadana, el príncipe reconoce explícitamente a la nueva ciudadanía la legitimidad para decidir su destino y liberarse gracias a la educación, sin interferencia o coacción del poder.

---

aquella incultura, y cuya denuncia el *Gorgias* había advertido como el más grande de los males.

414 FICHTE, *opus cit.*, p. 283.

7.3.4. El Estado prusiano como Estado cultural

Una política pública de educación dará lugar en Prusia a una estructura educativa conformada por escuela elemental, gimnasio y universidad. Tres niveles concebidos dentro de un mismo sistema en que cada ciudadano prusiano evoluciona intelectualmente y se desarrolla en el marco que le circunscriben sus capacidades y posibilidades económicas. En todos estos niveles y edades los poderes públicos intervendrán con amplitud en la regulación de la vida política y educativa. De forma análoga a la Francia revolucionaria, el Estado se decide a intervenir y regular todo el sistema educativo desde la "educación Primaria hasta la Universidad" al objeto de influir y conformar a la nueva clase ciudadana[415].

La "escuela prusiana" es la base del sistema educativo, ya que orienta a la ciudadanía en torno a los valores públicos y al Estado, junto con la idea de ser parte de la nación alemana; es la escuela pública alemana de selección y formación de las élites que accederán a la formación universitaria. Las propuestas de las instituciones educativas —escuela, gimnasio y universidad— pronto se transformarían en acciones políticas concretas. La creación de la Universidad de Berlín en 1810 y el incansable espíritu reformista de su primer Rector y creador, HUMBOLDT, dotaron a la educación alemana con los principales caracteres que desarrollaría posteriormente el nuevo Estado alemán a partir de 1871[416]. La idea de la universidad estaba centrada en la búsqueda de la ciencia —

---

415 *Vid.* FICHTE: "El sublime amor patrio hacia el pueblo común de la nación alemana debía y tenía necesariamente que guiar a las altas jerarquías de cada Estado alemán; ninguno de ellos podía perder de vista ese asunto primordial sin alejar de sí todo lo noble y eficaz, acelerando de este modo su propia caída. En consecuencia, cuanto más desposeído y vivificado estuviese uno por ese asunto superior, tanto mejor ciudadano era para el Estado alemán concreto en el que ejercía directamente su influencia", en *Ibid.*, p. 155.

416 VON HUMBOLDT reclamaba para la Universidad dos principios rectores: "Einsamkeit und Freiheit", "soledad y libertad". Soledad para liberarse de las "miserias de la vida burguesa" y libertad de la comunidad acadé-

un gran cuerpo de investigadores—, pero que solo se convertiría en una realidad eficaz gracias al buen funcionamiento de la escuela primaria y secundaria. La mejor garantía de que las escuelas sirvieran efectivamente a la ciencia y la cultura era, justamente, que no se convirtieran en mero puente para aspiraciones posteriores, sino que cumplieran correctamente su propia finalidad de base del sistema educativo y político, transmitiendo la unidad de los valores germanos gracias, principalmente, al vehículo identificador de la lengua alemana[417].

Humboldt organizó entre 1809 y 1810 la *Sección de Enseñanza y Culto* de la administración prusiana, y gracias la fundación de la Universidad de Berlín la idea del *Kulturstaat* adquirió una dimensión institucional y no meramente filosófica:

> "(...) El Estado puede utilizar su poder para intervenir en el proceso educativo, pero debe hacerlo desde la conciencia de la autonomía de la cultura, procurando los medios externos para el cultivo de la ciencia sin pretender que esta se subordine a él, sino convencido de que, en la medida en que cumpla su fin último, cumple también los fines propios de él"[418].

---

mica para servir a la ciencia. Sobre este punto véase Vaquer Caballería, *opus cit.*, p. 45.

417 Veáse en este sentido a Roces, W. y su análisis de la educación alemana: "(...) Al Estado le incumbe, primordialmente, el deber de organizar sus escuelas de modo que su labor redunde en provecho de las actividades de los centros científicos superiores (...) Como tales escuelas, ellas no están llamadas a anticipar ya la enseñanza de las universidades (...) El camino que tiene que seguir la escuela para llegar a este resultado es sencillo y seguro. Le basta con preocuparse exclusivamente del desarrollo armónico de todas las capacidades de sus alumnos, con ejercitar sus fuerzas sobre el número más pequeño posible de objetos y, en la medida de lo posible, abarcándolos en todos sus aspectos (...)", en Autores Varios, *La idea de la universidad en Alemania*, Ed. Sudamericana, Buenos Aires, 1959, p. 124, citado por García Garrido, *Sistemas educativos... opus cit.*, p. 63.

418 Humboldt, W., "Informe sobre la organización interna y externa de los establecimientos científicos superiores en Berlín", en *Escritos políticos*, Fondo de Cultura, México, 1943, p. 165.

El concepto de "Estado de cultura" del idealismo alemán, *Kulturstaat*, tiende a la intensificación de la actividad pública cultural-educativa, que orienta su carácter instrumental —que era propio del Estado absolutista— a favor de "la autonomía de la cultura y de su función liberadora del hombre"[419]. La cultura genera libertad y solo en el Estado de cultura el hombre es políticamente libre; la cultura de la que beberá el ciudadano es autónoma frente al Estado y otros intereses particulares, lo que convierte al Estado en el principal garante de la autonomía de la vida cultural. HUMBOLDT en su discurso intelectual contrapone el Estado al individuo, al tiempo que viene a identificar al Estado con la especie, para de este modo hacer coincidir, en consecuencia, los fines de ambos; para HUMBOLDT los fines del individuo y el Estado son los mismos: la subsistencia de su identidad y el logro de la cultura del grupo[420].

7.3.5. Política y filosofía educativa neohumanista. La paideia alemana

La nueva educación prusiana tiene el substrato indeleble de la Ilustración, del Neohumanismo y de un nacionalismo emergente que entiende la formación del hombre como tal, rompiendo el sistema estamental prusiano y buscando la educación de todos los ciudadanos. La educación del nuevo Estado trata de alcanzar el desarrollo de las capacidades de los individuos de la nación,

---

419 VAQUER CABALLERÍA, *opus cit.*, p. 45.

420 En las lecciones dictadas en Berlín en el curso 1804-1805 y traducidas al castellano en 1934 por JOSÉ GAOS con el título de *Los caracteres de la Edad Contemporánea*, FICHTE da idea de su concepción del *Kulturstaat*: "La finalidad del individuo aislado es el goce egoísta, y el individuo usa todas sus fuerzas como medio para conseguirlo. La finalidad de la especie es la cultura, y condición de esta, una subsistencia digna. En el Estado nadie usa directamente sus fuerzas para lograr el goce egoísta, sino para lograr la finalidad de la especie, y obtiene en cambio el total estado de cultura de esta, íntegramente y además su propia subsistencia digna. Pues su finalidad —la del Estado— es la cultura", en VAQUER CABALLERÍA, *opus cit.*, p. 42, cita 62.

en una lógica que augura que la perfección del hombre del grupo político culmina en la perfección del ciudadano. La *paideia*[421] griega se transporta al ideario alemán y gracias a la fuerza y riqueza de la lengua alemana, junto con la proyección que facilita el rico pasado filosófico, artístico y cultural del mundo clásico, se alcanzará un nuevo concepto de Estado cultural y del ideal de nación.

> "Así como el Estado representa la educación constante del género humano en las personas de sus ciudadanos adultos, así también el futuro ciudadano de esta política debería ser educado para la receptividad de esa educación más elevada. De este modo, esta política, alemana y la más moderna de todas, se convierte a su vez en la más antigua; pues también entre los griegos la política basó la ciudadanía en la educación formó ciudadanos como nunca la posterioridad volvió a ver. A partir de ahora el alemán (...) actuará con un espíritu ni mezquino ni exclusivo, sino general y cosmopolita"[422].

Se incorpora en esta idea humanista el concepto de "destino universal" y pluralidad de la realidad. El nuevo humanismo prusiano señala una política alemana conminada a un destino universal, internacional, y ello gracias a la recuperación de los valores clásicos del humanismo, de la ciudadanía y especialmente a la construcción de la nación. Es fácil identificar los substratos filosóficos y visionarios que nutrieron la creación del II *Reich* alemán.

---

421 En el humanismo clásico griego, la educación griega se extiende por naturaleza al medio lingüístico del Occidente latino o latinizado, e inunda todas aquellas culturas que contactan con Grecia, con su saber y conocimiento. La *paideia* es literalmente el "tratamiento que hay que aplicar al niño" y que luego los renacentistas traducirán por *humanitas*. Se centra en la educación del niño, cuyo único objetivo propio de la educación no es el niño, sino la formación del futuro hombre. Así, la educación es un medio para enseñarle a superar su condición infantil. Apunta esta educación a una visión global del conocimiento general con una combinación de cultura física e intelectual, profundizando en la riqueza cultural del legado clásico "Orandum est ut sit mens sana in corpore sano". *Cfr.* Capítulo 2, apartado 2.3.1. "La civilización de la *paideia*".

422 FICHTE, *opus cit.*, p. 122.

Fatalmente parte de este discurso se repitió distorsionadamente en forma de destino y misión en la programática del III *Reich* alemán a partir de 1933.

7.3.6. La lengua alemana como fuerza política y cultural

HUMBOLDT introduce la lengua alemana como fundamental criterio uniformador cultural y político. La educación forma parte de las potestades del Estado, con lo cual la educación se seculariza y los teólogos quedan al margen de la educación pública. Esto conlleva que educación y filología sean los baluartes —culturales y políticos— de grupo que la nueva educación tratará de establecer como criterio imprescindible y unificador. Prusia adoptará del mundo helénico el sentimiento de unidad cultural griega. No es una distinción basada en la raza, sino que pretende crear un ideal de *libertad y autonomía* basado en el espíritu, la lengua y la cultura. Esta idea de la Grecia Clásica bien podemos extenderla a las ideas surgidas en la Alemania de principios del siglo XIX: "Nosotros llamamos griegos a quienes tienen en común con nosotros la cultura, más que a los que tienen la misma sangre"[423].

Concluido el periodo napoleónico, la expulsión de los ejércitos franceses de toda Europa y la subsiguiente instauración temporal y efímera del Antiguo Régimen *y la* Europa de los Congresos de 1815, las reformas educativas retomarán de nuevo —a partir de 1870— las ideas educativas para la administración del nuevo Estado alemán.

7.4. POLÍTICA Y EDUCACIÓN EN NIETZSCHE. UNA PROPUESTA ALEMANA PARA EL NUEVO ESTADO

Incluimos en este capítulo a NIETZSCHE como pensador que refleja los presupuestos sociológicos de la Alemania de finales de

---

[423] Ver MARROU, *opus cit.*, p. 133.

siglo XIX alemán, a través de la elaboración de un pensamiento entre el idealismo, el romanticismo y el nihilismo; NIETZSCHE analiza la filosofía —razón de ser— que se ha elevado a la categoría de instrumento político estratégico del recién constituido Estado alemán. NIETZSCHE continúa una corriente en el pensamiento clásico de autores de la antigüedad como PLATÓN o modernos como LOCKE, ROUSSEAU, o KANT, con quienes participa en parte de su obra con un triángulo de elementos compuestos por la política, la educación y la filosofía. En la obra de NIETZSCHE, la educación, en particular la educación cívica, surgió como referente en la aproximación entre política y filosofía, siendo muestra de ello los textos filosóficos que a continuación comentamos[424].

7.4.1. La preservación de la cultura y la unidad de la nación

La joven política de educación del nuevo Estado se integra como parte de su proyecto político germano. MONTESQUIEU y, posteriormente, FICHTE en Prusia, identificaron a la *polis* griega como la verdadera instancia educadora de la antigüedad, ya que las leyes emanadas de ella eran las primeras que recibía el futuro ciudadano heleno[425]. En la Grecia Clásica, la *paideia* define la formación del hombre en los valores de la *polis*; en la nueva Alemania, y siguiendo la analogía de MONTESQUIEU —quien a su vez retoma el legado aristotélico de "*polis,* ley, educación del ciudadano"—, NIETZSCHE presenta esta faceta acometida desde la *Bildung* (formación), a modo de una nueva y moderna *paideia* para el pueblo alemán. En este marco, NIETZSCHE postula para la nueva sociedad industrial —al igual que lo hizo MILL en la Inglaterra victoriana del desarrollo industrial y económico— una educación acorde con la demanda social y económica de los tiempos: "Con

---

424 GINZO FERNÁNDEZ, A., *Política, educación y filosofía en Nietzsche,* Centro de Estudios Constitucionales, Madrid, 1999, p. 87.

425 Ver MONTESQUIEU, *Oeuvres complètes,* Ed. Du Seuil, París, 1964, p. 540, citado en GINZO FERNÁNDEZ, *opus cit.*, p. 88.

una nueva educación bajo la dirección de la filosofía sería posible preparar el advenimiento de la humanidad alternativa"[426].

El joven NIETZSCHE publicó en 1872 ciertas reflexiones sobre la educación en Alemania, bajo el título *Sobre el porvenir de nuestras escuelas*[427]. De manera similar a la percepción de MILL[428] sobre las potenciales amenazas del ejercicio de las libertades, la nueva masa industrial y el Estado, NIETZSCHE presentará el mundo como una realidad en la que el imperio de las masas regula las exigencias y queda alejado de la excelencia y de los ideales propios de la aristocracia. Para NIETZSCHE en este escenario la educación no resta incólume al margen de esta realidad, sino que reproduce las circunstancias y la realidad social de la época. El autor prusiano señala que Alemania afronta dos graves problemas educativos, por ende políticos:

a) Por un lado, el ataque a la cultura, al ser esta objeto de máxima difusión —vulgarización y trivialización—.

b) Por otro lado, la tendencia por parte del Estado a debilitarla y reducirla.

Esta nueva *seudocultura* proporcionaría, de acuerdo con el filósofo alemán, el contexto más próximo a la barbarie cívica y cultural de la nación. En esta tesitura, únicamente una educación superior podría sacar a Alemania de un seguro futuro incierto. NIETZSCHE avalará para Alemania una educación aristocrática, una educación de minorías cualificadas; una nueva educación que desconfía del Estado, en contraste con la propuesta de FICHTE y HUMBOLDT setenta años atrás. En esta percepción decadente

---

426 GINZO FERNÁNDEZ, *opus cit.*, p. 99.

427 NIETZSCHE, *Sobre el porvenir… opus cit.* Junto a esta obra, aparecen dos Tratados posteriores, *Consideraciones intempestivas*, donde lleva a cabo una crítica impetuosa de la educación histórica que se impartía a la juventud en Alemania y una tercera obra, dedicada a SCHOPENHAUER como educador.

428 *Cfr.* Capítulo 8, Política y educación anglosajona tras la Revolución Francesa: Jefferson y Mill.

de la cultura y su denigración, NIETZSCHE identificó a una profesión, el periodismo —cuyo desarrollo es propio de las sociedades liberales—, como la máxima expresión de la degradación de la cultura. Según el filósofo alemán, el periodismo representa la auténtica corriente cultural de la época, y materializa la representación de la superficialidad y la popularización de los conocimientos esenciales para el desenvolvimiento ordinario de la vida cívica.

7.4.2. El intervencionismo del Estado

NIETZSCHE forja la idea del Estado moderno como una amenaza para la posibilidad de realización de una educación aristocrática que, según el filósofo alemán, era la única fórmula para salvaguardar el contenido y la dimensión de la idea del mito de la cultura[429]:

> "El Estado quiere una cultura y una educación domesticadas que se sometan dócilmente a los fines políticos. Los Estados modernos disponen de dos medios complementarios para someter a la población. Uno de carácter más rudo y expeditivo. Se trata del ejército y de su capacidad disuasoria. El otro instrumento es más sutil, pero a su vez más eficaz. Es el sistema educativo con su capacidad para moldear conciencias"[430].

NIETZSCHE identifica la realidad del Estado como el monstruo bíblico del Leviatán que interviene y todo lo supervisa, y advierte como un peligro la falta de autonomía de la cultura, debida principalmente a que el Estado tiende a controlarla como garantía de su propia seguridad. Mediocridad y Estado frente a cultura y excelencia sublime representan los arquetipos que en su razonamiento proyectan la incompatibilidad entre el concepto y fines de la cultura, y las metas del Estado como institución política que ordena la vida de la comunidad política. NIETZSCHE recela del Estado, pues ve amenazados los objetivos y fines a los que debe al-

---

429 Véase en este sentido la obra de BUENO, G., *El mito de la cultura*, Prensa Ibérica, Barcelona, 2000, pp. 47 y *ss*.

430 GINZO FERNÁNDEZ, *opus cit.*, p. 105.

canzar la cultura, a cuya conquista solo unos pocos, precisamente por su naturaleza, pueden acceder[431]. El Estado desestima la capacidad del espíritu alemán y desvirtúa la *Bildung* de la época clásica al intervenir los poderes públicos con las acciones de tutela de la cultura y control de los centros de enseñanza.

En su obra *Crepúsculo de los ídolos*[432], Nietzsche no deja de señalar a la educación como la virtud que más difícil esfuerzo requiere para alcanzar la calidad y los problemas derivados de la instrucción a las masas:

> "¿Qué es lo que determina la decadencia de la cultura alemana? La circunstancia de que la "educación superior" ha dejado de ser un privilegio; el democratismo de la "ilustración general", vulgarizada (...) En la Alemania de hoy, ya nadie puede procurar a sus hijos una educación refinada, si así lo desea; todos nuestros establecimientos superiores de enseñanza están orientados hacia la más equívoca mediocridad, con sus profesores, programas de enseñanza y fines didácticos. Y en todas partes prevalece una precipitación indecorosa, como si algo estuviese perdido porque a los 23 años el joven no está "listo", no sabe dar una respuesta a la "cuestión principal", la de la orientación profesional. El hombre superior, séame permitido consignarlo, no es amigo de la "profesión", porque tiene conciencia de su vocación (...) Nuestros colegios colmados y nuestros profesores de enseñanza secundaria abrumados de trabajo y entontecidos son un escándalo"[433].

Esta idea del Estado liberal, el grupo masa y el credo de la nueva clase burguesa es descrita por Nietzsche como "conocimiento

---

431 En noviembre de 1870 Nietzsche, en correspondencia con C. Von Gersdorff, mostraba su preocupación por la evolución de la cultura alemana: "Considero a la Prusia actual como un Poder sumamente peligroso para la cultura", en Nietzsche, F., *Sämtliche Briefe. Fritische Studienaunsgaabe*, Ed. Colli, p. 667, citado en Ginzo Fernández, *opus cit.*, p. 106.

432 Nietzsche, F., *Crepúsculo de los ídolos o cómo se filosofa con el martillo*, Introducción, traducción y notas de Sánchez Pascual, A., Alianza, Madrid, 1996.

433 Nietzsche, *Crepúsculo de los... opus cit.*, en García Garrido, *Sistemas educativos... opus cit.*, p. 35.

y cultura en la mayor cantidad posible —producción y necesidades en la mayor cantidad posible—, felicidad en la mayor cantidad posible"[434]. Como resultado de lo anterior, el Estado busca una instrucción rápida de sus súbditos que promueva el desarrollo mercantil y el bienestar de las masas a través de la obtención de los salarios, del triunfo económico y de la expansión comercial; todo ello con el barniz del "imperio de la prisa", con terribles consecuencias para la educación y la cultura. La propuesta de NIETZSCHE consiste en retomar la corriente protestante alemana de retiro interior y buscar en la percepción de la historia y en la filosofía la plena formación del individuo ajeno al Estado para que, una vez madure, pueda participar activamente en la comunidad política.

7.4.3. Nietzsche, Alemania y la cultura griega. El Estado cultural

NIETZSCHE no tomó en consideración en su análisis el elemento enriquecedor que supusieron los valores de la democracia griega en la modernidad y la doctrina del individuo, propia del periodo renacentista. No obstante, Grecia será una referente privilegiado para NIETZSCHE. La *polis* griega representa el ideal de funcionamiento del Estado en sus relaciones de institución pública interventora en los ámbitos de la educación y la cultura. El Estado debía adquirir una perspectiva orientadora y limitadora de la dimensión educativa. Surge el nuevo Estado para servir a la cultura, para facilitarle el contexto adecuado para que se desarrolle como tal en toda su expresión y no al revés, tal y como criticaba la situación en Prusia; una cultura y educación a la medida y al servicio del Estado, del mismo modo que FICHTE, previamente, había incorporado el abanderamiento cultural del Estado al señalar como objetivo público la conquista de la cultura: "La finalidad del Estado es la cultura"[435].

---

434 NIETZSCHE, F., *Sämtlliche Werke. Kritische Studienausgabe*, Ed. Colli, pp. 710 y 667, citado en GINZO FERNÁNDEZ, *opus cit.*, p. 107.

435 BUENO, *opus cit.*, p. 62.

Con posterioridad a FICHTE, BISMARCK en 1871 presentó el concepto de *Kulturkampf*, que previamente había sido desarrollado en 1852 por BLUNTSCHLI en su obra *Allgemeines Staatsrecht*[436], en la que establece una clasificación de los tipos de Estado; en dicha sistemática, junto con "*Repúblicas y Monarquías*", habría de incorporarse la categoría de los "*Estados Cultura*"[437]. El estado-ciudad griego en su percepción es esa entidad política que permite albergar en su máxima expresión el desarrollo de la cultura y la difusión de la misma a través de la educación griega, la *paideia*. Al igual que en la *República* platónica, la meta última del Estado es la producción de los mejores, *aristos*:

> "Efectivamente, el Estado antiguo se mantuvo muy alejado precisamente de ese fin utilitario, que consiste en admitir la cultura solo en la medida en que beneficia al Estado, y en aniquilar los impulsos que no resulten utilizables sin más para sus fines. En lo más profundo de su alma los griegos experimentaban hacia el Estado ese fuerte sentimiento —casi escandaloso para el hombre moderno— de admiración y de gratitud, precisamente porque reconocía que sin esa institución, que satisface las necesidades y se ocupa de la defensa, no puede desarrollarse ningún germen de la cultura, y sabía que toda la cultura griega —inimitable y única en toda la historia— creció tan lozana precisamente bajo la protección primorosa y prudente de las instituciones políticas destinadas a las necesidades y la defensa"[438].

---

436 BLUNTSCHLI, J. K., *Geschichte der neueren Staatswissenschaft: Allgemeines Staatsrecht und Politik seit dem 16. Jahrhundert bis zur Gegenwart*, Ed. Scientia, Múnich, 1964.

437 Esta categoría pasaría luego a los manuales de derecho político: véase por ejemplo DEL VALLE PASCUAL, L., *Manual de Derecho Político*, Biblioteca de Iniciación Jurídica, Librería General, Zaragoza, 1941, quien expone las ideas de HOLTZENDORF, BLUNTSCHLI, BURGESS, JELLINEK y CARRÉ DE MALBERG, y concluye afirmando como tesis propia: "El Estado tiene tres fines permanentes esenciales, a saber: Fin de Derecho Nacional, Fin de Cultura nacional, Fin de Solidaridad Nacional"; nota en BUENO, *opus cit.*, p. 63.

438 NIETZSCHE, *Sobre el porvenir… opus cit.*, p. 108.

Con un talante *cuasi* religioso NIETZSCHE reconocía la importancia de la cultura helénica, que servía de guía y pilar en la construcción de la cultura alemana: "El mundo griego tiene para nosotros un valor similar al que los santos tienen para los católicos"[439]. El tono de admiración no desaparece en su obra, en la cual lo helénico era sinónimo de guía y maestro, y el Estado se prestaba al servicio de los ideales culturales y educativos[440]. En su obra *El origen de la tragedia*[441] rinde homenaje a autores como SCHILLER, WINCKELMANN o GOETHE por haber representado la primera aproximación activa al mundo griego y, como citamos anteriormente, podría identificarse con la conocida frase de GOETHE: "Cada uno que sea griego a su manera, pero que lo sea". NIETZSCHE asume la imposibilidad de presentar una propuesta cultural viable sin tener presente los pilares de la cultura alemana. Para saber la dirección del Estado cultural es necesario no olvidar la fuente de nuestras ideas, que no es otra que la cultura griega: "Efectivamente, si elimináis a los griegos, con su filosofía y su arte, ¿por qué escala pretenderéis todavía subir hacia la cultura?"[442].

---

439 NIETZSCHE, *Sämtliche Briefe... opus cit.*, p. 667, citado en GINZO FERNÁNDEZ, *opus cit.*, p. 118.

440 NIETZSCHE, *Sobre el porvenir... opus cit.*, p. 155.

441 NIETZSCHE, F., *El nacimiento de la tragedia o Grecia y el pesimismo*, Introducción, traducción y notas de SÁNCHEZ PASCUAL, A., Alianza, Madrid, 1991.

442 Y prosigue NIETZSCHE en su disertar sobre los orígenes y la esencia de la cultura alemana: "Nuestros universitarios "independientes" viven sin filosofía y sin arte: por eso, ¿cómo van a poder sentir la necesidad de ocuparse de los griegos y de los romanos, dado que nadie tiene ya razón para simular una propensión hacia ellos, y dado que, además, los antiguos reinan en un alejamiento majestuoso y en una soledad casi inaccesible? Por eso, las universidades actuales —con coherencia, por lo demás— no se preocupan en absoluto de tales tendencias culturales totalmente extintas, y crean sus cátedras filológicas exclusivamente para la educación de nuevas generaciones de filólogos, a quienes incumbirá la preparación filológica de los bachilleres: ciclo vital este que no va a favor ni de los filólogos, ni de los institutos de bachillerato, sino que sobre todo culpa por tercera vez a la universidad de no ser aquello por

Sobre la piedra angular de la cultura griega, NIETZSCHE no solo otorga al mundo griego peso filosófico e influencia en la cultura alemana, sino que, de acuerdo con su interpretación, no es factible disfrutar de una categoría conceptual aceptable sin aceptar el *a priori* de lo heleno de toda nuestra realidad cultural occidental.

El pensamiento de NIETZSCHE podemos definirlo en el marco de una propuesta aristocrática y elitista, y participa en política al desarrollar un sistema educativo para el nuevo Estado alemán, basado en la excelencia con el objetivo de proteger a la cultura y a la educación del peligro generado en la nueva sociedad industrial desarrollada. Con ello NIETZSCHE, al igual que MILL en la Inglaterra victoriana, plantea con antelación alguno de los problemas que suscitaron en Occidente los sistemas de producción capitalistas y la nueva cultura de masas industrial, así como las repercusiones que estas tendrían sobre el concepto y modelo de educación necesarios para esas nuevas sociedades en evolución afectadas por el desarrollo científico y tecnológico.

---

lo que le gustaría hacerse pasar ostentosamente, o sea, una institución de cultura. Efectivamente, si elimináis a los griegos, con su filosofía y su arte, ¿por qué escala pretenderéis todavía subir hacia la cultura? En realidad, en el intento de trepar por la escala sin esa ayuda, podría ocurrir que vuestra erudición —debéis tolerar que se os diga esto—, en lugar de poneros alas y elevaros hacia lo alto, presionará, en cambio, sobre nuestros hombros como un peso molesto", en NIETZSCHE, *Sobre el porvenir... opus. cit.*, p. 155.

Constituyen verdaderamente, en la educación peculiar de un ciudadano, la parte práctica de la educación política de un pueblo libre, que les saca de los estrechos límites del egoísmo personal y de familia, y les acostumbra a la comprensión de los intereses generales, y al manejo de los negocios de todos, habituándoles a obrar por motivos públicos o semipúblicos, y a guiar su conducta hacia fines que les unan en vez de aislarles unos de otros. Sin estos hábitos y poderes no puede funcionar ni constituirse una educación libre.

J. S. Mill

Capítulo 8

Política y educación anglosajona tras la revolución francesa: JEFFERSON y MILL

8.1. EL REPUBLICANISMO NORTEAMERICANO EN LA EDUCACIÓN

Tras el periodo constituyente norteamericano y la creación de los Estados Unidos de América se desenvuelve una importante función política y legislativa de la educación republicana, creándose por primera vez en Occidente y dentro del nuevo Estado americano "una educación para el republicanismo"[443].

Durante el proceso constituyente norteamericano, la Convención que dio pie a la Constitución americana de 1787 culminó en una Carta Magna junto con diez enmiendas correspondiente al *Bill of Rights* —actualmente son 27 el número total de enmiendas de la Constitución de Estados Unidos—, que en conjunto contenía la síntesis del nuevo pensamiento norteamericano y la fuerza de la filosofía ilustrada del viejo continente, ahora interpretada y aplicada en una comunidad nueva al otro lado del Atlántico. A esta época pertenecen las primeras voces nacionales que instan al establecimiento de un nuevo y propio sistema educativo. La más relevante aportación en este primer periodo es la de BENJAMIN RUSH[444] (1745-1813), signatario de *La Declaración de Independencia,* Jefe de Sanidad del ejército revolucionario y miembro de la Convención

---

443 BOWEN, *Historia de la...* Tomo III, *opus cit.* El profesor australiano titula el Capítulo 8 de la citada obra "Los Estados Unidos: educación para el republicanismo" en referencia a la naturaleza política de la educación en los recién creados Estados Unidos.

444 RUSH, B., "Of the mode of education proper in a Republic" en *Selected Writings of Benjamin Rush,* Runes 1947, p. 92.

Constitucional, quien identificó al sistema educativo nacional como el primer elemento de defensa del nuevo país, en el que los niños debían ser transformados en "máquinas republicanas"[445].

Posteriormente las grandes figuras republicanas de este periodo, GEORGE WASHINGTON, BENJAMIN FRANKLIN, THOMAS JEFFERSON y NOAH WEBSTER, abogaron por la necesidad inmediata de un sistema educativo nacional, con particular atención al establecimiento de la educación Superior. En el Estado de Carolina del Norte se fundó la primera universidad pública en 1789 y se dio inicio de forma institucional a la impartición de cursos universitarios en 1795. Con anterioridad, en 1785, en una carta dirigida a J. BANNISTER, JEFFERSON instaba a la profundización y consolidación de la educación nacional americana, prescindiendo de las influencias de las antiguas potencias coloniales:

> "¿Pero por qué mandar a un joven americano a Europa, para su educación?, (excepto Medicina y Educación en idiomas) puede ser también adquirido en el colegio *William and Mary*, como en cualquier lugar de Europa... Las consecuencias de una educación extranjera son alarmantes para mí como americano"[446].

JEFFERSON, por su formación científica y gracias a su actividad diplomática —desempeñada tras la Revolución Americana como Embajador de las "Provincias libres Americanas" en Francia desde diciembre de 1776— y, en particular, por su conocimiento de la cultura y el gobierno británicos, advertía en los sistemas de educación coloniales una amenaza a la independencia y soberanía del nuevo Estado americano y una nueva forma de dependencia y colonialismo[447].

---

445 BOWEN, *Historia de la...* Tomo III, *opus cit.*, p. 344.

446 JEFFERSON, T., "A bill for the more general diffusion of knowledge" y "Letter to John Banister Junior", en *Political Writings*, Cambridge University, Cambridge, 1999, pp. 248 y *ss.* (Las traducciones que aparecen a continuación de esta obra de JEFFERSON son nuestras).

447 Ver SCHIFF, S., *A great improvisation, Franklin, France and the birth of America*, Random House, Nueva York, 2005.

8.2. JEFFERSON Y LA NUEVA EDUCACIÓN REPUBLICANA

De la amplia correspondencia del tercer presidente de los Estados Unidos podemos extraer los criterios más relevantes que iluminan la política educativa de los Estados Unidos en sus primeros orígenes[448]. La educación es el elemento que, supuestamente, había de inspirar y estructurar la independencia y virtud de la nueva comunidad; sin formular diferencias por razón de origen o condición de las personas que forman parte del grupo, la comunidad es deudora de los ilustrados y de las personas instruidas con capacidad para mejorar el gobierno de la ciudad y mantener su independencia. De nuevo se retoma y renueva la idea platónica de los sabios y filósofos como guardianes y defensores de la libertad e independencia de la ciudad, que tanto ROUSSEAU y CONDORCET refrendaron, y que de nuevo JEFFERSON incorpora a su pensamiento político republicano:

> "Y es generalmente cierto que la gente será más feliz en donde las leyes sean mejores, y sean mejores los administradores, y en donde las leyes sean más sabiamente elaboradas y honestamente aplicadas. Esa misma relación existirá dependiendo que quien administra sea sabio y honesto; por lo cual es necesario para la promoción del bien público que esas personas que la naturaleza ha investido con carácter y virtud, sean capaces, gracias a la educación liberal recibida, de ser los guardianes de los derechos y libertades de sus conciudadanos sin importar su riqueza, nacimiento u otra condición accidental o circunstancia"[449].

La educación republicana es el símbolo de los hombres libres; es la educación la actividad que suministra la capacidad autónoma de decisión y la acción que faculta para intervenir en los asuntos públicos de la comunidad. La educación libera de la tiranía y opresión proveniente de la antigua aristocracia colonial, y permi-

---

448 Todas las referencias textuales que aparecen a continuación proceden de la *Correspondencia* incluida en JEFFERSON, *opus cit.*

449 *Ibid.*, p. 235.

te que la asimilación de los valores constitucionales republicanos sean uniformes en la comunidad:

> "(…) Confío que pronto veremos a los ciudadanos de la República reunidos en torno a los principios republicanos de la Constitución, los cuales permitan unirse a todos los estados hermanados en una gran familia. Parecería imposible que una gran familia, que un pueblo inteligente, con la facultad de leer y el derecho de pensar, pudiese permanecer mucho más tiempo dormitando bajo el pupilaje de una aristocracia interesada de sacerdotes y abogados, persuadiéndoles de no confiar en sí mismos, y permitiéndoles pensar por ellos"[450].

JEFFERSON, como hombre ilustrado, también creía firmemente en la idea de progreso —poco tiempo después de CONDORCET, y casi contemporáneamente a FICTHE y VON HUMBOLT—, y expresaba su fe ciega en la misma y en la determinación de la consecución de una mejor condición humana gracias a la conquista de la educación republicana.

8.2.1. La libertad religiosa y la educación

En una carta escrita desde París a GEORGE WYTHE en 1786, JEFFERSON argüía en pro de la defensa y respeto de la libertad religiosa; libertad intrínsecamente relacionada con el ejercicio del derecho de educación y con los orígenes de la creación de Estados Unidos:

> "Pienso que la ley más importante con diferencia en todo nuestro sistema jurídico es la norma para la difusión del conocimiento entre los ciudadanos. Ningún otro fundamento puede ser creado para la preservación de la libertad y la felicidad. Si alguien piensa que los reyes, nobles o sacerdotes son buenos protectores de la felicidad pública, envíenlos aquí. La mejor escuela del mundo es la que les sanaría de esa locura (…) Ruegue, mi estimado señor una cruzada contra la ignorancia; apruebe y mejore la ley para la educación de la gente común (…) Permita a mis conciudadanos saber que la gente sola puede protegernos de estos demonios (…)"[451].

---

450 JEFFERSON, T., "Letter to Thomas Seymour", en *Ibid.*, p. 273.

451 JEFFERSON, T., "Letter to George Wythe", en *Ibid.*, p. 251.

Lo más relevante del pensamiento de JEFFERSON es la aplicación directa de los principios ilustrados de la Revolución Francesa ya que, además de incorporar las nuevas fórmulas políticas educativas, JEFFERSON reivindica el ejercicio y defensa por parte de los poderes públicos de los derechos fundamentales del individuo contenidos en la Declaración de Independencia norteamericana de 1776.

8.2.2. La educación lingüística

En la correspondencia mantenida con su sobrino PETER CARR en 1785, JEFFERSON orientaba a CARR sobre cuál debería ser la educación de un buen ciudadano norteamericano, y citaba para ello en sus escritos el uso y aprendizaje de idiomas. Esta idea de educación incorpora el estudio de la lengua que facilita el intercambio entre las naciones —en el plano político—, articulándose fundamentalmente en aquel momento la diplomacia en la lengua francesa. Además, con visión pragmática, JEFFERSON señalaba que la lengua española sería la lengua que iba a incorporarse a la realidad nacional estadounidense, no solamente por la presencia en el sur del país de un importante grupo de hispanohablantes, sino además por ser Estados Unidos un país fronterizo con México:

> "Estás ahora, espero, aprendiendo francés. Debes continuar en ello, porque los libros que llegarán a tus manos cuando avances en matemáticas, filosofía natural, historia natural, etc., serán en su mayoría en francés, siendo estas ciencias mejor desarrolladas por los autores franceses que por los escritores ingleses. Nuestra futura conexión con España hace al español, la más importante de las lenguas, después del francés. Cuando te conviertas en un hombre público, y tendrás la ocasión de valerte de ello, y la circunstancia de tener este conocimiento, puede darte preferencia sobre el resto de los candidatos"[452].

Precisamente en relación con el uso del español, en la correspondencia con DUPONT DE NEMUR, JEFFERSON formuló una curio-

---

452 JEFFERSON, T., "Letter to Peter Carr", en *Ibid.*, p. 246.

sa interpretación del artículo 366 de la Constitución española de 1812[453] al estimar que dicho precepto incorporaba la obligación del estudio y la educación como requisito legal para así acceder a la condición plena de ciudadano español:

> "En la Constitución Española (1812), tal y como ha sido propuesto por las Cortes, hay un principio completamente nuevo para mí, y no apreciado en tu Constitución, en el que ninguna persona, nacida después de ese día, podría adquirir la condición de ciudadano hasta que pudiera leer y escribir. Es imposible percibir la sabiduría de este precepto (...) Ilustra al pueblo y la tiranía y la opresión de mente y cuerpo se desvanecerán como espíritus endemoniados en los albores del día. Aunque no creo, junto con algunos entusiastas, que la condición humana evolucionará hasta tal estadio de perfección en que no habrá daño o vicio en el mundo, aun así, creo que es factible una gran mejora, y sobre todo, en los asuntos de gobierno y de la religión; y es la difusión del conocimiento entre el pueblo el medio por el cual se logrará"[454].

JEFFERSON formuló —con el texto aquí arriba citado— una interpretación jurídica "particular" del texto de Cádiz, atribuyendo una profundidad y sabiduría política a los liberales españoles, pero al mismo tiempo alejándose en este punto concreto de la idea aceptada del espíritu de progreso basado en el desarrollo de la razón, y la infalibilidad de la educación y la mejora de la condición cívica del hombre.

8.2.3. El espíritu de CONDORCET en JEFFERSON

En 1819 JEFFERSON abandona la vida pública y, retirado de los asuntos políticos nacionales, se vuelca en la reflexion política y fi-

---

453 El artículo 366 de la *Constitución española* de 1812, aprobada por las Cortes de Cádiz, señalaba: "En todos los pueblos de la Monarquía se establecerán escuelas de primeras letras, en las que se enseñará a los niños a leer, escribir y contar, y el catecismo de la religión católica, que comprenderá también una breve exposición de las obligaciones civiles".

454 JEFFERSON, T., "Letter to Du Pont de Nemours", en JEFFERSON, *opus cit.*, p. 293.

losófica desde su residencia de *Monticello.* Desde allí se ocupó de los trabajos de preparación para la implantación y desarrollo de la Universidad de Virginia en la que tantas ilusiones y esperanzas había depositado. Curiosamente en su prolija correspondencia, JEFFERSON realiza un comentario sobre CONDORCET a colación de la decoración de las instalaciones universitarias, y nos trasmite la idea de que la obra del autor revolucionario francés era profundamente conocida por el Presidente americano y había sido leída por este, seguramente en el tiempo que ejerció de Embajador de los Estados Unidos en París. No es difícil imaginar a JEFFERSON caminando y reflexionando en la Universidad de Virginia bajo la mirada continua de CONDORCET:

> "Estoy contento de que el busto de CONDORCET haya sido salvado y tan bien situado. Su genio debe estar siempre presente entre nosotros; mientras el lamentable pero singular acto de ingratitud que empañó sus últimos días, debe ser olvidado"[455].

De las reflexiones en materia educativa aquí expuestas, identificamos a JEFFERSON con una línea de continuidad de las aportaciones revolucionarias francesas en las recién instauradas instituciones americanas, con la peculiaridad de que en Estados Unidos hablaremos de reforma colonial y de la primera instauración de un sistema educativo republicano que difunda y defienda los valores de la Constitución contra los valores coloniales, y no propiamente de una revolución contra el Antiguo Régimen.

8.3. MILL Y LA FUNCIÓN POLÍTICA DE LA EDUCACIÓN

El filósofo radical inglés MILL es un excelente referente de la reacción intelectual de un ciudadano inglés educado de acuerdo con las premisas señaladas por LOCKE y BENTHAM en el periodo que comprende el último cuarto del siglo XIX. MILL afirmó que el libre desarrollo del individuo y del ciudadano era incompatible

---

455 JEFFERSON, T., "Letter to William Short", en *Ibid.*, p. 315.

con una educación producto de la nueva era de desarrollo capitalista y comercial en la Inglaterra victoriana en pleno periodo de desarrollo industrial y expansionismo colonial.

8.3.1. Mill, la educación y las libertades individuales

Mill trasladó su experiencia personal y social —en particular las reflexiones y enseñanzas que le suscitaron la opresiva e ingente educación planeada para él por su padre[456]— para crear una idea de educación teniendo presentes los argumentos de la tiranía de la disciplina educativa preconizada por Bentham, y para desde estos presupuestos pedagógicos elaborar una teoría política sobre la educación.

En su obra *Sobre la libertad*[457], Mill sostiene que una sociedad moldeada según esas teorías educativas de la época victoriana nunca podría generar ciudadanos libres y elevados, miembros válidos para servir a la comunidad. Crossman señala que el criterio de utilidad en la filosofía de Bentham pasa a un segundo plano en el pensamiento de Mill, e introduce el elemento cualitativo en la formación de la comunidad:

> "Por qué si la vida nacional iba a consistir exclusivamente en la suma de tentaciones individuales para aumentar al máximo los bienes terrenales, si los sentimientos individuales iban a limitarse a que cada ciudadano hiciese su fortuna y si, en consecuencia, el gobierno representativo iba a convertirse meramente en el Comité Ejecutivo de una sociedad ávida de riquezas, entonces el bienestar común desaparecería de la existencia humana"[458].

El filósofo inglés realizó una crítica velada a Locke tras la publicación de sus *Lecciones de Wordsworth*[459] y optó por "una cultura de la sensibilidad". En su *Autobiografía*, Mill aseveraba que el libre

---

[456] Mill, J. S., *Autobiografía*, Alianza, Madrid, 1986, pp. 52 y *ss.*

[457] Mill, J. S., *Sobre la libertad*, Alianza, Madrid, 1988.

[458] Crossman, *opus cit.*, pp. 179 y 180.

[459] Mill, J. S., *Mill's ethical writings*, Collier-Macmillan, Nueva York, 1965.

desarrollo de la personalidad era incompatible con la educación predominante en la época. Por este motivo instó a la necesidad de recrear el contexto con el objetivo de que el espíritu individual pudiera desarrollarse en plenitud y ser alimentado también a través de sus apetencias estéticas y sensibles. De acuerdo con su análisis, una sociedad moldeada según unas teorías obsoletas de la educación sería una sociedad vacía y hueca de espíritu ciudadano, incapaz de producir ciudadanos libres y elevados. MILL se preguntaba y lamentaba por el destino de una nación cuya vida iba a consistir exclusivamente en una suma de tentativas individuales para aumentar al máximo los bienes terrenales, sin referencia alguna al bien común; si los sentimientos individuales iban a limitarse a que cada ciudadano hiciese su fortuna y si, en consecuencia, el gobierno representativo iba a convertirse meramente en el "comité ejecutivo" de una sociedad ávida de riquezas, entonces el bienestar común desaparecería de la existencia humana.

MILL reclamaba la existencia de una educación que no solo se orientase a la consecución del bienestar, sino una educación que invite a la participación de la comunidad en sus intereses cívicos: intervenir, participar y decidir en la comunidad. No en vano, MILL es un autor que resalta en su condición intelectual y ética una profunda formación humanista[460]. Desde la perspectiva política, MILL podría clasificarse como un político radical a la búsqueda del saber y de la verdad, con la actitud crítica que no

---

460 La extraordinaria educación de MILL fue el resultado de una meticulosa y concienzuda labor de su padre, JAMES MILL, y de la influencia y ascendencia que sobre este tenía JEREMY BENTHAM, quienes trataban de encontrar el líder del futuro radicalismo filosófico. En su propia autobiografía MILL relata cómo a partir de los tres años empezó a aprender griego, y a la edad de ocho años había leído a HERÓDOTO, JENOFONTE, PLATÓN, SÓCRATES, DIÓGENES, LAERCIO y LUCIANO. Junto con ellos, versado en latín y aritmética, se ocupaba de la enseñanza de sus hermanos. Ver MILL, *Autobiografía... opus cit.*, pp. 34 y *ss.*

fijaba límites por defender y manifestar aquello que creía justo y de progreso[461].

En su aportación filosófica a la teoría política de la educación, debemos apreciar la evolución de un pensador con rasgos de liberalismo y socialismo, racionalismo y empirismo, y la peculiar contraposición entre el individualismo utilitarista y el profundo sentimiento de humanidad que albergaba en busca de los valores de la comunidad política, y que nosotros identificamos con los principios del republicanismo cívico. Es precisamente el individualismo la primera piedra de toque de su idea de educación y formación del ciudadano. En su *Autobiografía* se refiere al peligro que significa en las personas, por naturaleza espirituales e intelectuales, la falta de la educación, de la continua referencia al estudio y de la búsqueda de la realización personal a través de la cultura y el conocimiento: "Después del egoísmo, la principal causa de insatisfacción de la vida es la falta de cultivo intelectual"[462].

Junto con ALEXIS DE TOCQUEVILLE, a quien el autor inglés consideraba el "Mostesquieu de nuestro tiempo", MILL es uno de los primeros intelectuales que en pleno siglo XIX identificaron los problemas que comenzaban a manifestarse en las democracias liberales entre la esfera privada y el poder de lo individual, y la fuerza y el valor de las opiniones surgidas del grupo mayoritario[463]; es aquí perceptible la influencia de VON HUMBOLT[464] y su obra *Los límites de la acción del Estado*[465].

---

461 Coincidimos con ORTEGA GUTIÉRREZ al apreciar en MILL un intelectual: "Como auténtico amante de la verdad, MILL era un hombre radical; es decir, radical en el sentido de no escatimar ningún tipo de esfuerzo por defender, manifestar y contribuir en todo aquello que estimaba justo, incluso por encima de sus propios intereses personales"; en ORTEGA GUTIÉRREZ, *opus cit.*, pp. 129 y *ss.*

462 MILL, *Autobiografía... opus cit.*, p. 40.

463 ORTEGA GUTIÉRREZ, *opus cit.*, p. 135.

464 Tanto el padre de MILL, JAMES MILL, como JOHN STUART, tuvieron siempre presentes las enseñanzas de la cultura clásica, especialmente el gran interés que despertaba la obra de Platón. De entre los autores

Los principios filosóficos que guían la formación intelectual de MILL, especialmente la idea de libertad de la Revolución Francesa, son principios que dejan de tener la misma significación en su época —finales siglo XIX— que cuando surgieron un siglo antes en plena época revolucionaria. En Francia existía un hilo conductor en la burguesía que se constituyó como la nueva clase fuerte política, cuya actividad estaba ligada a la defensa de la idea de libertad individual e igualdad, la defensa de los mismos derechos para todos, y el otorgamiento de garantías frente a la intervención del poder absolutista del monarca y los poderes de este en el Antiguo Régimen. Sin embargo, la sociedad de MILL es la sociedad victoriana habituada a la práctica de las libertades y en plena expansión mercantil y colonial. MILL observa que la libertad deseada está amenazada, puesto que el valor del individualismo se diluye conforme a las mayorías, lo que MILL señala como el nacimiento de las masas; por ese motivo él, que era consciente de la nueva clase social que irrumpía mayoritariamente, consideraba la educación de las masas como una cuestión fundamental —por ejemplo la educación a través de la lectura de los periódicos diarios[466]— y,

---

ilustrados, resalta la figura de ROUSSEAU y su fe en el progreso, y las facultades de la educación como elemento garantista y edificador de las comunidades políticas, y por otro lado la perspectiva que HUMBOLDT dio a la educación alemana siguiendo la propuesta política de FICHTE.

465 HUMBOLDT, W., *Los límites de la acción del Estado*, Estudio Preliminar, traducción y notas de ABELLÁN, J., Tecnos, Madrid, 1988.

466 Encontramos en este punto en MILL el razonamiento antagónico al pensamiento de NIETZSCHE, que presentamos en el Capítulo anterior, quien expresaba su desdén por la profesión periodística: "La instrucción que se obtiene de los periódicos y folletos políticos podría no ser la más sólida, pero es mucho mejor que nada. Sus efectos sobre el pueblo han sido demostrados admirablemente durante la crisis algodonera, en el caso de los obreros textiles de Lancashire, quienes actuaron con buen sentido y tolerancia, tan justamente aplaudidos, porque siendo lectores de periódicos, comprendieron las causas de la calamidad que les afectaba, y entendieron que en modo alguno podía imputarse a sus patronos o al gobierno. No está claro que su conducta hubiera sido tan racional y ejemplar si el problema se hubiera presentado antes de

por ello, la educación se consideraba como la primera función vital de la comunidad para lograr el avance y el progreso social de su época[467]. A principios del siglo XX era ORTEGA Y GASSET quien volvía a insistir en esta idea, señalando que "la oración diaria" del ciudadano moderno consistía en la lectura del periódico.

En una época de desarrollo y grandes y estratificados grupos sociales que participan en el mismo, solo la educación es el instrumento capaz de garantizar el progreso pleno —no solo el económico— en la esfera de lo moral, del individuo y de la libertad.

8.3.2. MILL y la educación del ciudadano

MILL no dedicó ninguna obra específica a la educación, sin embargo, en la parte final de su tratado *Sobre la libertad*[468] dedica algunas reflexiones a la misma. En ella describe MILL la educación como un elemento radical y catalizador de la vida de una persona en una comunidad política:

> "Constituye verdaderamente, en la educación peculiar de un ciudadano, la parte práctica de la educación política de un pueblo

---

la sana medida de emancipación fiscal que dio lugar a la existencia de los periódicos populares". MILL, J. S., *Principles of political economy: with some of their applications to social philosophy*, University of Toronto Press, Routledge & Kegan Paul, Londres, 1977, p. 757, citado en WEST, E. G., *La educación y el Estado*, Unión, Madrid, 1994, p. 76.

467 Sobre este punto, WEST subraya el interés que MILL prestaba a la difusión de la cultura a través de diversos medios, en particular, la función de la prensa escrita: "En el siglo XIX el economista y utilitarista JAMES MILL sostenía que lo único que necesita una democracia sana y estable es una prensa libre. La educación política en una sociedad liberal, pensaba MILL, provendría de grupos dispersos, que expresarían sus opiniones en revistas, libros y periódicos. MILL pensaba que en 1826 los periódicos ya eran plenamente asequibles para la mayoría de la gente, y afirmaba que la lectura, la escritura y "las cuentas" eran "conocimientos hoy comunes [incluso] entre las clases más modestas", *Westminster Review*, Vol. 6 (octubre de 1826), p. 270, citado en WEST, *opus cit.*, p. 76.

468 MILL, *Sobre la... opus cit.*

> libre, que les saca de los estrechos límites del egoísmo personal y de familia, y les acostumbra a la comprensión de los intereses generales, y al manejo de los negocios de todos, habituándoles a obrar por motivos públicos o semipúblicos, y a guiar su conducta hacia fines que les unan en vez de aislarles unos de otros. Sin estos hábitos y poderes no puede funcionar ni constituirse una educación libre"[469].

Esa experiencia práctica e intelectual que significa la educación para la nueva idea de masa, en democracia significa la conversión de un individualismo egoísta y empobrecedor y el cambio hacia la búsqueda de los valores e intereses comunes cívicos a través de la participación ciudadana. Gracias a la educación en democracia se formaliza y ejecuta el proceso por el cual se garantiza el desarrollo efectivo —cívico— de la masa[470].

Para MILL, el apremio de educar a las masas es un imperativo y un derecho que garantiza el ejercicio de los derechos individuales. En este sentido, atisbaba el filósofo inglés que en el ejercicio de los derechos individuales el hombre podía desvirtuarse al modelarse su naturaleza, bien como individuo identificado como masa, bien como individuo sujeto a las limitaciones de un poder público fuerte.

La educación intelectual del individuo —miembro de la masa— habría de revertir necesariamente en la mejora de la moral social. En este aspecto de mejora social como mejora ética y moral, la aportación de MILL se hace más relevante al afirmar que la formación profunda del ciudadano es un elemento directo del progreso social de la ciudadanía; en su análisis, la educación, el progreso y la libertad del individuo alcanzaban el rango de principio moral y ético propio de la filosofía utilitarista. Lo característico de la aportación de MILL en el ámbito educativo y político es

---

469 *Ibid.*, p. 199.

470 GARFORTH, F., *Educative democracy. John Stuart Mill on Education in Society*, Oxford University Press, 1980, citado en ORTEGA GUTIÉRREZ, *opus cit.*, p. 140.

una reflexión intelectual presidida por la racionalidad y por un profundo sentido ético:

> "MILL (...) llama la atención sobre un hecho evidente, no se progresa si no se respeta a los demás, no se progresa si el progreso lo basamos en pilares o columnas que contribuyen a desarrollar la progresiva deformación del individuo como tal. Si fomentas egoísmo, competencia, interés y engaño es simplemente estúpido esperar luego educación, respeto, ayuda y honestidad"[471].

El utilitarismo de BENTHAM y MILL J. (padre)[472] consistía en la consecución de la felicidad de un mayor número de personas, pero con una clara aproximación hedonista individualista, que en MILL adquiere una renovada dimensión en el momento que este identificaba en la educación de los hombres el medio para alcanzar tal libertad. MILL, desde su utilitarismo, trataba de trazar una asociación indisoluble entre su propia felicidad y la de sus conciudadanos[473]. Dicha felicidad solo podía brotar en una comunidad de ciudadanos instruidos en la garantía de las libertades proporcionadas por la educación, que es el medio para preservar y garantizar los derechos individuales de todos.

8.3.3. EDUCACIÓN Y ESTADO

MILL comparte la idea de la independencia de la educación y su vinculación al poder público en los mismos parámetros establecidos por KANT. A MILL se le atribuye la conocida frase "la educación es demasiado importante como para dejarla solo en manos de la familia", pero de igual modo, el pensador inglés ex-

471 ORTEGA GUTIÉRREZ, *opus cit.*, p. 147.

472 En lo relativo a este sentido del placer como elemento útil que genera felicidad, es famoso el aserto de BENTHAM al señalar que "el juego de alfileres es tan bueno como la poesía, si genera el mismo placer". A estas palabras no es menos conocida la respuesta; "mejor ser un Sócrates insatisfecho que un tonto contento". *Cfr.* BOWEN, *Historia de la...* Tomo III, *opus cit.*, pp. 367 y ss.

473 MILL, J. S., *El Utilitarismo*, Aguilar, Madrid, 1962, p. 46.

presó abiertamente sus recelos respecto del control estatal de la educación:

> "(...) Me opondré tanto como el que más a que toda o una gran parte de la educación del pueblo se ponga en manos del Estado. Todo cuanto se ha dicho sobre la importancia de la individualidad del carácter y la diversidad de opiniones y conductas implica una diversidad de educación de la misma indecible importancia. Una educación general del Estado es una mera invención para moldear al pueblo haciendo a todos exactamente iguales; y como el molde en el cual se les funde es el que satisface el poder dominante del gobierno (...), establece un despotismo de espíritu (...) Una educación establecida y dirigida por el Estado solo podría en todo caso existir como uno de tantos experimentos, entre otros muchos"[474].

No obstante lo anterior, el filósofo asumía como necesaria la participación del Estado en la formación del ciudadano; la comunidad debía no solamente garantizar el derecho a la educación de la ciudadanía, sino que al mismo tiempo debía imponer el deber a los ciudadanos, en su caso a los padres[475], para que todos los ciudadanos miembros de la comunidad pudieran participar y tener unos mínimos de educación y formación técnica, y de este modo desvirtuar la idea de masa y no olvidar la referencia

---

474 MILL, *Sobre la... opus cit.*, p. 194.

475 MILL recalca la importancia de una educación integral, donde se ha de combinar la educación común a la ciudadanía y la imprescindible impronta de la educación familiar: "Aún cuando el gobierno pudiera conseguir en cada departamento la más eminente capacidad intelectual y talento activo de la nación, no sería menos deseable que la conducción de la mayor parte de los asuntos de la sociedad se dé en manos de los individuos inmediatamente interesados en ellos. Los asuntos cotidianos son una parte esencial de la educación práctica de un pueblo, sin la cual la instrucción escolar, aunque necesaria y saludable, no los capacita para la conducta ni para adaptar los medios a los fines. La instrucción es solo una de las dimensiones de la superación mental; otra dimensión, no menos indispensable, es el vigoroso ejercicio de las energías activas; trabajo, invención, juicio, autocontrol, las dificultades de la vida son su estímulo natural", MILL citado por WEST, *opus cit.*, p. 38.

a la persona en plena modernidad[476]. Como ha subrayado WEST, MILL se encontraba entre los economistas más renuentes a aceptar el principio de libre mercado; la educación es uno de los casos excepcionales en que el principio del *laissez faire* se desmorona debido a la falta de buen criterio por parte del comprador: "¿Está el comprador siempre en condiciones de valorar la mercancía? Si no lo está, la presunción en favor de la competencia del mercado no se aplica (…)"[477].

La medicina, continúa WEST, es un buen ejemplo de este tipo de fallo del mercado: aunque el paciente estuviera dispuesto a comprar una cantidad mínima, por su propia cuenta y voluntariamente, no podríamos concluir "que el paciente siempre comprará la medicina adecuada sin ayuda"[478]. El filósofo inglés plantea abiertamente la relación entre la educación obligatoria y, contemporáneamente, la obligación de participación del Estado en la asunción de tales gastos, pero sin que este fuera el principal responsable de la política educativa de la comunidad. La educación como factor político de la comunidad es un símbolo del progreso y elemento activo de garantía en la igualdad de oportunidades; por ello, MILL creía ampliamente en la idea de progreso y en la

---

476 Incluimos ahora el texto *Sobre la libertad* de MILL en lengua inglesa, pues la sola fuerza de la idea merece ser leída tal y como se redactó en la lengua original: *"Consider, for example, the case of education. Is it not almost a sef-evident axiom, that the State should require and compel the education, up to a certain standard, of every human being who is born its citizen? Yet who is there that is not afraid to recognise and assert this truth? Hardly any one indeed will deny that it is one of the most sacred duties of the parents, after summonig a human being into the world, to give to that being an education fitting him to perform his part well in life towards others an towards himself. But while this is unanimously declared to be the father´s duty, scarcely anybody, in this country, will bear to hear of obliging him to perform it. Instead of his being requiered to make any exertion or sacrifice for securing education to his child, it is left to his choice to accept it or not when it is provided gratis"*, en MILL, J. S., *On liberty*, Infomotions Inc., 2000, p. 69.

477 MILL, *Principles of… opus cit.*, p. 157.

478 *Ibid*, p. 954, citado en WEST, *opus cit.*, p. 158.

fuerza de las cosas que poco a poco van abriéndose paso en la realidad histórica. En términos similares a LEIBNIZ, la historia no atiende a saltos cuantitativos, sino que todo atiende a un devenir natural, equilibrado y prolongado:

> "(...) En la historia los efectos rápidos resultan generalmente superficiales. Las causas que profundizan hasta la raíz de acontecimientos futuros, producen las partes más serias de sus efectos solamente despacio"[479].

MILL representa en el pensamiento educativo anglosajón una reflexión solidaria con una perspectiva histórica y utilitaria de la educación. Una educación mixta —intervención de los poderes públicos y privados— como mecanismo de integración de una sociedad industrial compleja que empezaba a consolidarse; una sociedad industrializada y de masas en la que, una vez más, los ciudadanos necesitan del desarrollo personal y profesional que les facilita la instrucción, para de esta manera, poder realizarse y garantizar su autonomía y capacidad de decisión en la comunidad política a la que pertenecen. MILL atisbaba, de fondo, el escenario social y político que aparecía a partir de la década de 1920 en Europa como resultado de la industrialización y la I Guerra Mundial, base fundamental para el desarrollo de las ideologías totalitarias de masas del siglo XX.

---

479 MILL, *Sobre la... opus cit.*, p. 211.

PARTE III

REGULACIÓN POLÍTICO-CONSTITUCIONAL DE LA EDUCACIÓN EN ESPAÑA

El Estado, no menos que de soldados que le defiendan, necesita de ciudadanos que ilustren a la nación, y promuevan su felicidad con todo género de luces y conocimientos. Así que, uno de los primeros cuidados que debe ocupar a los representantes de un pueblo grande y generoso es la educación pública. Esta ha de ser general y uniforme, ya que generales y uniformes son la religión y las leyes de la monarquía española. Para que el carácter sea nacional, para que el espíritu público pueda dirigirse al grande objeto de formar verdaderos españoles, hombres de bien y amantes de su patria, es preciso que no quede confiada la dirección de la enseñanza pública a manos mercenarias.

Discurso Preliminar de la Constitución española de 1812

Capítulo 9

Sistema político constitucional español y educación: 1812-1931

9.1. EDUCACIÓN E ILUSTRACIÓN ESPAÑOLA

La incorporación de España a la modernidad fue uno de los procesos más sinuosos y denodados que tuvo como referencia filosófica de partida la Ilustración, y fue objeto de un complejo desarrollo histórico que se extiende durante todo el siglo XIX y buena parte del XX. La recepción de las ideas ilustradas por parte de la monarquía absolutista española de la segunda mitad del siglo XVIII ha quedado identificada con el término "despotismo ilustrado"[480]. Para los regeneradores ilustrados españoles —también llamados "afrancesados"— el sentido de progreso y felicidad ilustrada adquirirá una identidad material precisa en la educación, en la que todos los ilustrados reflejarán sus anhelos de cambio y cifrarán en la instrucción pública la llave del progreso y la salida del *Ancien Régime* hacia un régimen liberal ilustrado[481].

---

480 Véase SÁNCHEZ AGESTA, L., *El pensamiento político del despotismo ilustrado*, Instituto de Estudios Políticos, Madrid, 1953.

481 Para una correcta compresión de la Ilustración en España es necesario señalar la importancia de la recepción e influencia política y filosófica proveniente de Francia. La llegada de la dinastía borbónica a España tras la Guerra de Sucesión y la aprobación de los Decretos de Nueva Planta trajo como una de sus principales consecuencias la introducción generalizada de la cultura francesa en España. Durante el primer reinado de Felipe V (1724-1746) se sentaron las bases del llamado "prerreformismo borbónico"; y el segundo reinado de Felipe V (1724-1746), tras la muerte prematura de su hijo Luis I, y el de Fernando VI (1746-1759), prepararon la llegada del reinado de Carlos III (1759-1788), que simbolizó el momento más relevante de la Ilustración en España. Además de los Borbones

Las primeras palabras de Jovellanos en *Memorias sobre la educación pública*[482] son espejo de la creencia firme en la educación como instrumento libertador y de progreso:

---

franceses en la corona española, otras ideas provenientes de Francia como la *Enciclopedia*, las teorías de Rousseau y Montesquieu, el jansenismo y los fisiócratas dejaron una profunda huella en España. Además de estas influencias del país vecino, empezaron a arraigar el pensamiento inglés de Locke, el liberalismo económico de Adam Smith, el científico de Bacon, la poesía de Pope y de Young, el nuevo humanismo jurídico procedente de Italia a manos de Beccaria y las ideas pedagógicas del suizo Pestalozzi. La Ilustración no tuvo en España el carácter radical y extremista que alcanzó en otros países europeos. Aunque los ilustrados españoles no rompieron ni quisieron romper totalmente con el pasado nacional, sí rechazaron la línea oficial de la tradición española por ser incompatible con el nuevo espíritu de los tiempos; es decir, criticaron el estoicismo barroco o la escolástica decadente del siglo XVII y buscaron su fuente de inspiración en el sentido crítico de Luis Vives, en la tendencia racionalista y libertaria del erasmismo y en el positivismo de los médicos-filósofos del siglo XVI español. Partiendo de la crítica preilustrada de Feijoo, las líneas de pensamiento más importantes de la Ilustración española son el sensualismo como gnoseología, el liberalismo como religiosidad, la renovación historiográfica como hacer del historiador, el periodismo como órgano divulgador y la fuerza institucional de las Sociedades Económicas del País como canales para regar de ideas racionales el árido suelo español habitado a creencias supersticiosas seculares. De entre todos los ilustrados españoles destaca Jovellanos (1744-1811). Su extraordinaria y señera figura llena la Ilustración en España y da sentido a todo su siglo XVIII. Son también representantes señalados del espíritu ilustrado en diferentes campos especializados: Campomanes (1723-1802), Olavide (1725-1803), Meléndez Valdés (1754-1817), Macanaz (1670-1760), Trigueros (1736-1798), Capmany (1742-1813), Muñoz (1745-1799), Cadalso (1741-1782), Cabarrús (1752-1810) y Llorente (1756-1823). Sobre este tema *cfr.* Maravall, J. A., "La Ilustración en España", *Arbor*, Vol. 31, 1955, pp. 345-350.; Sarrailh, J., *La España ilustrada en la segunda mitad del siglo XVIII*, Fondo de Cultura Económica, México, 1957; Valjavec, F., *Historia de la Ilustración en Occidente*, RIALP, Madrid, 1964; Cassirer, E., *La filosofía de la Ilustración*, Fondo de Cultura Económica, México, 1972; y Abellán, J. L., *Historia crítica del pensamiento español*, Tomo III, Espasa-Calpe, Madrid, 1981.

482 Jovellanos, *Memoria sobre la educación pública* en Rodríguez Neira, T., "Jovellanos: político ilustrado y teórico de la educación", *Aula Abierta*,

> "¿Es la instrucción pública el primer origen de la prosperidad social? Sin duda. Esta es una verdad no bien reconocida todavía, o por lo menos no bien apreciada; pero es una verdad. La razón y la experiencia hablan en su apoyo. Las fuentes de la prosperidad son muchas; pero todas nacen de un mismo origen: es la instrucción pública (...) Con la instrucción todo se mejora y florece; sin ella todo decae y se arruina en un Estado"[483].

La educación era concebida por los ilustrados como una política prioritaria y una labor institucional básica del Estado, que alcanzara todos los rincones del territorio y llegase a todos sus ciudadanos. Una educación que facultase para incorporarse a la nueva realidad mercantil; la necesaria renovación pedagógica para encumbrar a la razón en la nueva escuela y una educación para el desarrollo de la nación y para que forme, en palabras de JOVELLANOS, *buenos ciudadanos*[484].

Por esta época en España la educación primaria y secundaria se encontraba en una situación casi monopolística en *manos de la Iglesia Católica.* Desde mediados del siglo XVIII se produce un "proceso de publificación de la enseñanza"[485], que procuró debilitar a los principales partícipes en la educación en este periodo, especialmente con la expulsión de la Compañía de Jesús que, de manera generalizada, reglaba la formación educativa de las clases dirigentes, comportando este elemento de control educativo un importante ascendente social y político a favor de la Iglesia. Al igual que en Francia[486] años atrás, España en 1767, durante el reinado de Carlos III, dispuso la expulsión de la Orden de Jesús

---

No. 74, 1999; y JOVELLANOS, G., *Memoria del Castillo de Bellver; Discursos-cartas,* Espasa-Calpe, Madrid, 1969.

483 JOVELLANOS, *Memoria sobre la educación pública,* citado en PUELLES BENÍTEZ, M., *Educación e ideología en la España Contemporánea,* Tecnos, Madrid, 1999, p. 36.

484 *Ibid.*, pp. 37 y *ss.*

485 VAQUER CABALLERÍA, *opus cit.*, pp. 33 y *ss.*

486 En 1762 Luis XV consintió y aprobó formalmente la solicitud al Papa de la disolución de la Compañía de Jesús. Véase GARCÍA GARRIDO, *Sistemas educativos... opus cit.*, pp. 222 y *ss.*

del país —para de este modo acometer dentro del poder regio absolutista una reforma educativa—, mostrando la intención política de desplegar un control totalitario al objeto de preservar el orden político e incorporando, además, la idea del despotismo ilustrado de "educar al pueblo"[487]: "(Educación) inspirada en el ideario regalista y, por tanto, en el sometimiento de escuelas y Universidades, cátedras, textos docentes y doctrinas a la ordenación y control del poder público"[488].

Durante el despotismo ilustrado, la educación ilustrada agrega —junto con el elemento dominador del control de la formación de los súbditos— un elemento de confianza y fe ciega en la educación como garante de prosperidad y renovación de la nación, idea de confianza en el progreso —fe en el progreso— que especialmente tras el legado revolucionario francés se extiende durante todo el siglo XIX en Europa y España, y que mantiene hasta nuestros días una importancia trascendental en los gobiernos democráticos occidentales[489].

La educación de cada país tendrá un reflejo en el desarrollo, prosperidad y poder de cada una de las naciones que afronte con

---

487 Sobre este punto véase Moreno González, A., "Progreso, secularización e instrucción pública", *Revista de Occidente*, No. 82, 1988, pp. 5-27.

488 Vaquer Caballería, *opus cit.*, p. 33.

489 El escritor francés Attali en su obra sobre conceptos básicos para el siglo XXI ha dado especial importancia a la educación del futuro. Véase la voz "educación" en Attali, J., *Diccionario del Siglo XXI*, Paidós, Barcelona, 1999, p. 115. "Si las leyes del mercado se instalan en ella se convertirá en una industria del espectáculo entre otras muchas, sometida como las demás a las leyes del beneficio. Dejará de ser el principal crisol donde se modera la identidad de cada nación (…) En la inmensa mayoría de los países será menester hallar aún recursos para la alfabetización y la enseñanza básica. Para los más ricos esta evolución abrirá un campo inmenso a la economía de la información. Pero también sus peligros inmensos: los pueblos, las civilizaciones, las lenguas que consigan dominar antes y mejor estas nuevas industrias, las impondrán al resto del mundo y las otras culturas tenderán a desaparecer del mapa del mundo y de la historia".

éxito las reformas educativas[490]. La Constitución de Cádiz de 1812 será una suerte de avance en el tiempo —aunque el ulterior retorno de Fernando VII disolverá temporalmente estos logros— sobre el anhelo de los liberales españoles de la conquista de los principios políticos del liberalismo democrático[491]. Desde dicho momento de transición e intento de cambio del Antiguo Régimen al liberalismo democrático, la educación va asociada a la potencia y las capacidades del individuo, quien pasará de la condición de súbdito a la de ciudadano[492].

Entre otros, HAURIOU ha subrayado la relevancia de la educación política como requisito del Derecho Constitucional clásico decimonónico; una educación recibida por el ciudadano sobre la realidad política que le rodeaba, para hacerle partícipe de la vida pública: "Que el ciudadano tenga un mínimo de educación política; que esté normalmente informado; que se sienta portador de la cosa pública"[493].

Desde este momento histórico de tránsito entre el Antiguo Régimen hacia la Modernidad la búsqueda de los principios incorporados por la Revolución Francesa estará, de ahora en adelante, siempre presente en la vida política española: la centralización; el

---

490 En el *Plan para arreglar los estudios de las universidades* dirigido a Carlos IV, JOVELLANOS, señalaba: "(…) Ya no es un problema, es una verdad generalmente reconocida que esta instrucción es la medida común de la prosperidad de las naciones, y que así son ellas de poderosas o débiles, felices o desgraciadas según que son ilustradas o ignorantes", en CAPITÁN DÍAZ, A., *Historia de la educación en España,* Tomo I "De los orígenes al reglamento general de instrucción pública de 1821", Ministerio de Educación, Madrid, 1979, pp. 150 y *ss.*, citado en VAQUER CABALLERÍA, *opus cit.*, p. 33.

491 Para un análisis jurídico introductorio a la historia del constitucionalismo español véase FERNÁNDEZ SEGADO, F., *Las constituciones históricas españolas: (un análisis histórico-jurídico),* Civitas, Madrid, 1986.

492 Sobre el concepto de "nación y ciudadanía española" y su forja y desarrollo en el siglo XIX, véase la obra de JUNCO ÁLVAREZ, J., *Mater Dolorosa,* Taurus, Madrid, 2002.

493 HAURIOU, A., *Derecho Constitucional,* Ariel, Barcelona, 1971, p. 67.

fomento de la agricultura, la industria y el comercio; la afirmación de la propiedad libre e individual; la reorganización de la administración local; en fin, el viejo sueño de un plan de instrucción pública; el dogma de la soberanía nacional; el principio de la división de poderes; la reorganización del ejército; la pasión por la igualdad[494].

Los principios de la educación y del Estado democrático liberal irán "filtrándose" en la historia política y constitucional española hasta casi la proclamación de la Constitución española de 1978, gracias a la cual España entra definitivamente en la modernidad y en el disfrute de un Estado social y democrático de Derecho[495]. Analizaremos a continuación los principales hitos normativos en materia educativa comprendidos desde el primer texto constitucional hasta los prolegómenos de la proclamación de la II República en 1931.

9.2. LA CONSTITUCIÓN DE 1812 Y LA EDUCACIÓN

En plena invasión napoleónica las Cortes Constituyentes tendrán entre sus fines los objetivos propios de la Ilustración y la Revolución Francesa, tales como la formación de un nuevo régimen político y la configuración de una nueva sociedad[496]. El liberalismo español se nutrió ideológicamente de la referencia filosófica de la Ilustración y de la impronta política de la Revolución Francesa de 1789. La fe en el progreso que expresaran ROUSSEAU y CONDORCET está viva en la realidad política de la España de inicios del siglo XIX. La afirmación de TALLEYRAND sobre la unión de política, instrucción y progreso como una parte integral del nuevo cuerpo político surgido tras la Revolución Francesa será ahora programa político de los ilustrados y liberales españoles.

---

494 PUELLES BENÍTEZ, *Educación e ideología... opus cit.*, p. 55.

495 *Vid. Constitución española* de 1978, artículo 1.

496 PUELLES BENÍTEZ, *Educación e ideología... opus cit.*, p. 55.

"Progreso" es sinónimo de "instrucción", y la instrucción pública y la educación son cuerpos de la comunidad política.

En el *Discurso Preliminar* de la Constitución de 1812 ya se hacía mención explícita al valor y la función de progreso de la educación:

> "El Estado, no menos que de soldados que le defiendan, necesita de ciudadanos que ilustren a la nación, y promuevan su felicidad con todo género de luces y conocimientos. Así que, uno de los primeros cuidados que debe ocupar a los representantes de un pueblo grande y generoso es la educación pública. Esta ha de ser general y uniforme, ya que generales y uniformes son la religión y las leyes de la monarquía española. Para que el carácter sea nacional, para que el espíritu público pueda dirigirse al grande objeto de formar verdaderos españoles, hombres de bien y amantes de su patria, es preciso que no quede confiada la dirección de la enseñanza pública a manos mercenarias (...)"[497].

El progreso de la humanidad aparece ligado ahora al acceso a la instrucción. La igualdad a la que se aspira es la igualdad ante las luces. Los ilustrados constituyentes tienen presente la obra de CONDORCET; la nueva Asamblea Constituyente en el reducto de la ciudad portuaria y comercial de Cádiz tratará de redimir los males de la sociedad estamental y clasista del Antiguo Régimen:

> "La desigualdad cultural atenta contra la libertad, pues no es libre el que por ignorancia coloca su destino en manos de otro. La libertad es hija de la igualdad, y la igualdad solo es posible por la educación. Por otra parte, solo un ciudadano libre y responsable —instruido— puede constituir el basamento de la naciente democracia. La instrucción es concebida, por tanto, no solo como instrumento de reforma social o de prosperidad de la nación, sino también como elemento esencial de una pedagogía de la democracia"[498].

---

497 "Discurso Preliminar a la Constitución política de la Monarquía española promulgada en Cádiz el 19 de marzo de 1812" en SEVILLA ANDRÉS, D., *Constituciones y otras leyes y proyectos políticos de España*, Tomo I, Editora Nacional, 1969, p. 157.

498 PUELLES BENÍTEZ, *Educación e ideología... opus cit.*, p. 57.

Los liberales españoles dedicaron a la educación un Título completo —Título IX, "De la instrucción pública"—, que contenía un único capítulo, lo cual denota la importancia que se confirió a la educación como elemento político y reformador. Desde el inicio de la historia constitucional española hasta el destronamiento de Isabel II en 1868, la Constitución de Cádiz contuvo la mayor referencia a la educación durante todo este periodo constitucional[499]. Los principios constitucionales más importantes de la Constitución de 1812 en el ámbito educativo podemos agruparlos en los siguientes:

a) Generalización de la enseñanza básica

El principio de generalización de la enseñanza básica consistía en la implantación en todos los pueblos del Reino de escuelas capaces de proveer unos conocimientos mínimos (leer, escribir y contar) y en convertir a la escuela en el instrumento de socialización primaria de la comunidad mediante la asimilación de las obligaciones cívicas por una parte y, por otra, de las obligaciones éticas y religiosas de un Estado confesional católico. El artículo 366 de la Constitución de 1812 contenía este mandato:

> "En todos los pueblos de la Monarquía se establecerán escuelas de primeras letras, en las que se enseñará a los niños a leer, escribir y contar, y el catecismo de la religión católica, que comprenderá también una breve exposición de las obligaciones civiles".

Este precepto, junto con el artículo 367, refleja la influencia de la Constitución francesa de 1795, al ser este una trascripción casi material de las disposiciones en esta materia. No obstante, el radicalismo francés aparece con un tono extremista en la cuestión de la universidad, ya que a diferencia de Francia, cuyas universidades fueron destruidas, los liberales españoles mostraron una actitud más respetuosa y conservadora al preservar las antiguas universidades[500].

---

499 GÓMEZ ORFANEL y GUERRERO SALOM, *opus cit.*, p. 5.

500 *Ibid.*, p. 7

b) Asignación al Estado de las competencias educativas

La Constitución de Cádiz reconocía al Estado una novedosa capacidad intervencionista y reguladora de la educación; la Constitución atribuía a los poderes públicos la organización y elaboración de planes de enseñanza y la creación e ilegalización de los centros educativos, ahora regulados por Ley.

c) Capacidad de organización y elaboración de planes de enseñanza

La autonomía de organización y planes docentes aparecerá contenida en el artículo 370 de la Constitución española de 1812. Esta disposición es una excelente muestra de la relevancia que los liberales otorgaron a la educación, pues se atribuía a las Cortes como máximo órgano, por primera vez en la historia española, la competencia para legislar en el ámbito de la educación. Las Cortes por vez primera serán ente soberano en materia educativa, si bien de manera interina hasta el retorno del absolutismo monárquico. El artículo 370 de la Constitución de 1812 señalaba: "Las Cortes por medio de planes y estatutos especiales arreglarán cuanto pertenezca al importante objeto de la instrucción pública".

Esta disposición refleja una vez más la influencia gala, pues contiene una clara identificación con el precepto análogo de la Constitución francesa de 1793 y el principio de soberanía asamblearia liberal[501].

d) Creación y extinción de centros educativos

La creación y extinción de centros educativos aparecía regulada en el artículo 367 de la Constitución de 1812; limitaba la creación de centros de educación por doquier —poniendo límites a la "piedad de los particulares"— o de centros de la Iglesia, que de una manera no reglada operaban como centros educativos a principios del siglo XIX. Esta intervención administrativa supuso

---

501 Álvarez de Morales, A., *Génesis de la universidad española contemporánea,* IEA, Madrid, 1982, citado en *Ibidem.*

el primer síntoma de regulación pública de la educación en la España contemporánea. El artículo 267 de la Constitución de 1812 disponía:

> "Asimismo se arreglará y creará el número competente de universidades y de otros establecimientos de instrucción, que se juzguen convenientes para la enseñanza de todas las ciencias, literatura y bellas artes".

No obstante, cuando las Cortes se reúnan de nuevo en 1820, los diputados liberales tendrán una percepción diversa sobre la libertad de enseñanza y la regulación e intervención del Estado en esta materia, así como sobre la participación en la educación por parte de las órdenes religiosas. Este punto será una materia de continuo enfrentamiento durante la segunda mitad del siglo XIX hasta el comienzo de la Guerra Civil española en 1936; durante este tiempo una visión conservadora limitaba abiertamente la intervención pública, mientras que la visión progresista y liberal, por otra parte, trataba de limitar e incluso hacer desaparecer la influencia religiosa en la educación impartida en el territorio español.

e) Nueva estructura institucional

La Constitución española de 1812 creó una nueva planta administrativa en la organización del Estado; la creación de estructuras de administración educativa como la *Dirección General de Estudios,* con competencia para ejercitar la inspección pública, aparecía regulada en el texto de la *Carta Magna,* específicamente en su artículo 369: "Habrá una Dirección General de Estudios, compuesta de personas de conocida instrucción, a cuyo cargo estará, bajo la autoridad del Gobierno, la inspección de la enseñanza pública".

Una vez más el texto básico español tenía como clara referencia la Constitución francesa de 1795 en la idea del desarrollo de la educación como una nueva institución y política pública.

f) Estado intervencionista y uniformador

La Constitución también hace gala de un espíritu centralista en materia educativa. El artículo 368 ordenaba:

"El plan general de enseñanza será uniforme en todo el reino, debiendo explicarse la Constitución política de la Monarquía en todas las universidades y establecimientos literarios, donde se enseñen las ciencias eclesiásticas".

La *Carta Magna* otorgaba al Estado un poder reformista que permitió unificar las enseñanzas impartidas en España y de este modo centralizar la gestión y política educativa desde el Gobierno de la Nación a partir de 1812.

g) Libertad de expresión

La libertad de expresión como paradigma de la ideología liberal tenía acogida en el artículo 371 de la *Carta Magna*:

"Todos los españoles tienen libertad de escribir, imprimir y publicar sus ideas políticas sin necesidad de licencia, revisión o aprobación alguna anterior a la publicación, bajo las restricciones y responsabilidad que establezcan las leyes".

Para los liberales españoles la libertad de expresión se incorpora a la libertad de enseñanza y al derecho a la educación —pues dentro del ideario liberal la libertad de proclamación de las ideas formaba parte consustancial de la nueva sociedad post-revolucionaria— y, en particular, la libertad de imprenta, que sirve de vehículo material para la difusión y expansión de la filosofía ilustrada y de la política del nuevo Estado liberal.

9.3. EL INFORME QUINTANA Y EL DICTAMEN

Una vez aprobada y promulgada la Constitución, era precisa la redacción de una *Ley General de la Instrucción Pública*, y a tal objeto el Ministerio de Gobernación —competente en el ámbito educativo— constituyó en marzo de 1813 una *Junta de Instrucción Pública*[502] dirigida por el poeta MANUEL JOSÉ QUINTANA. El *Informe*

---

502 La Junta estaba integrada por MARTÍN GONZÁLEZ DE NAVAS, JOSÉ VARGAS Y PONCE, EUGENIO TAPIA, DIEGO CLEMENCIA, RAMÓN DE LA CUADRA y MANUEL JOSÉ QUINTANA, a quien se le atribuye la redacción y ela-

—que incorpora el nombre del escritor— presenta las bases para la reforma de la educación en España. QUINTANA en el Preámbulo del *Informe* resalta la trascendencia cívica y política de la educación:

> "Al entrar en la vida ignoramos todo lo que podemos o debemos ser en adelante. La instrucción nos lo enseña; la instrucción desenvuelve nuestras facultades y talentos, y los engrandece y fortifica con todos los medios acumulados por la sucesión de los siglos en la generación y en la sociedad de que hacemos parte. Ella, enseñándonos cuáles son nuestros derechos, nos manifiesta las obligaciones que debemos cumplir: su objeto es que vivamos felices para nosotros, útiles a los demás; y señalando de este modo el puesto que debemos ocupar en la sociedad, ella hace que las fuerzas particulares concurran con su acción a aumentar la fuerza común, en vez de servir a debilitarla con su divergencia o con su oposición"[503].

QUINTANA recoge el principio de igualdad de todos los ciudadanos ante el conocimiento, las luces, la necesidad de una educación universal accesible a todos los ciudadanos y el principio de una educación uniforme en todo el territorio de la nación con iguales libros de texto, métodos de enseñanza y programas. La educación ha de ser, según el *Informe*, pública, abierta y gratuita a todos, especialmente la primera enseñanza, cuyo fin será el de proporcionar a los ciudadanos libertad pública, pues la educación es un resorte para evitar la arbitrariedad, asegurar el gobierno de la ley y la expansión del imperio de las luces[504].

---

boración del *Informe* que aparece fechado en Cádiz el 9 de septiembre de 1813.

503 QUINTANA, M. J., *Obras Completas*, Tomo 19, Biblioteca de Autores Españoles, Rivadeneyra, pp. 175-191. También véase CAPITÁN DÍAZ, *opus cit.*, pp. 377-417, citado en PUELLES BENÍTEZ, *Educación e ideología... opus cit.*, p. 60.

504 En este sentido QUINTANA aboga en el *Informe* por el libre, plural e igualitario acceso a la educación: "La instrucción, pues, debe ser universal, esto es, extenderse a todos los ciudadanos; debe distribuirse con toda la igualdad que permitan los límites necesarios de su costo, la repartición de los hombres sobre el territorio y el tiempo más o menos largo que

> "Sin educación, es en vano esperar la mejora de las costumbres; y sin estas son inútiles las mejores leyes (...) Con justicia, pues, nuestra Constitución política, obra acabada de la sabiduría, miró la enseñanza de la juventud como el sostén y apoyo de las nuevas instituciones (...) A ellas (a las Cortes) está reservado el apetecido arreglo de la enseñanza, por el cual clama la nación entera, y en el que están fundadas la felicidad de los presentes y las esperanzas de los venideros. (La divina providencia) también concede a las actuales Cortes el eternizar la observancia de ese precioso código, cimentando la libertad de los españoles sobre una base firmísima e indestructible cual es una recta educación nacional"[505].

El *Informe Quintana* representaba una condensación del ideario liberal en materia educativa. Al igual que JOVELLANOS, también el poeta reconocía en su Diario[506] en 1796 haber leído la obra de CONDORCET. En el caso de QUINTANA es evidente la trascripción de párrafos e ideas[507] procedentes de los *Cinco Informes sobre la instrucción pública* y del *Informe sobre la organización general de la ins-*

---

los discípulos puedan decir a ella (...) Debe, en fin, sus grados diversos, abrazar el sistema entero de los conocimientos humanos y asegurar a los hombres en todas las edades de la vida facilidad de conservar sus conocimientos, de adquirir otros nuevos. Debe, pues, ser una la doctrina en nuestras escuelas y uno el método de enseñanza, a que es consiguiente que sea también una lengua en que se enseñe y que esta sea la lengua castellana. También conviene que la enseñanza sea pública, esto, que no se dé a puertas cerradas ni se limite solo a los alumnos que se alisten para instruirse y ganar curso. Otra calidad que nos ha parecido convenir a la enseñanza pública es que sea gratuita. La generosidad española lo tenía determinado así en todas las universidades y estudios públicos, aun en los tiempos de arbitrariedad, opuestos a las luces y al saber", en QUINTANA, M. J., "Informe para proponer los medios de proceder al arreglo de los diversos ramos de instrucción pública" en QUINTANA, *opus cit.*, p. 8-10.

505 *Ibid.*, p. 180.

506 *Cfr.* GARCÍA, C., *Génesis del sistema educativo liberal en España: del Informe Quintana a la Ley Moyano (1813-1857)*, Universidad de Oviedo, 1994.

507 Sobre la influencia e inspiración de CONDORCET en la obra de QUINTANA véase GONZÁLEZ HERNÁNDEZ, A., "El *Rapport* de Condorcet y el informe de Quintana, estudio básico para un análisis comparativo", *Revista de Historia de la educación*, No. 7, Salamanca, 1988, pp. 75-105.

trucción pública, lo cual no merma el valor político e histórico de la inclusión de las nuevas ideas en un informe, que había de servir de base a la *Ley General de Instrucción* que desarrollase el contenido constitucional.

Lamentablemente, el *Informe*, una vez remitido al Gobierno y dado traslado a las Cortes para su discusión y debate, fue aprobado mediante un *Dictamen*[508] por la Comisión de las Cortes en

---

508 En el *Dictamen* de Cortes se aprueban los puntos más importantes de *Informe Quintana*, tales como la fe en la educación, la necesidad de la uniformidad de la educación, la gratuidad de la misma y la importancia de la primera y segunda enseñanza para el desarrollo de la nación: "En cuanto a la primera, sería inútil tratar de persuadir al Congreso de su extrema importancia. En la edad tierna se fijan en el alma muchas impresiones que no se borran en el resto de la vida, a pesar de que apenas dejan un lejano recuerdo de su origen; en esa edad es en la que se deben grabar en el corazón de los niños los principales dogmas de nuestra divina religión, las máximas más sencillas de moral y buena crianza, y una idea acomodada a su alcance de los principales deberes y derechos del ciudadano (…) Sin que sea universal esta primera enseñanza, es imposible que haya en una nación aquella cultura general, aquel discernimiento en todos sus individuos que suaviza las costumbres y contribuye al bienestar de los particulares y a su adelanto en cualquier profesión y oficio, al mismo tiempo que proporciona la felicidad de la nación, poniéndola en estado de hacer recto y comedido uso de su libertad (…) Si esta primera educación debe ser universal, como que es absolutamente indispensable, también debe ser bastante general y fácil de adquirir la segunda enseñanza, que aunque no necesaria en tanto grado como la primera, lo es, sin embargo, mucho más de lo que comúnmente se imagina, pues abraza todos aquellos conocimientos que preparan a los adultos para emprender con provecho estudios más profundos, al mismo tiempo que promueven la civilización general del Estado. Sin esta segunda enseñanza, tan favorable a la cultura de una nación, no puede ninguna prometerse grandes adelantos en las artes y demás ramas de riqueza pública, ni aquella instrucción general a todas las clases que mejora la moral de un Estado y evita los delitos (…) La falta de esta segunda enseñanza es, en sentir de la Comisión, la principal causa del atraso en que se halla la educación en nuestra monarquía; porque en esta nación, tan favorecida de la naturaleza y tan distinguida

1814, pero no fue aplicado ni desarrollado su contenido, ya que el retorno de Fernando VII supuso la abolición de toda la legislación liberal gaditana.

9.4. REINSTAURACIÓN DEL ABSOLUTISMO Y NUEVO SISTEMA DE ENSEÑANZA NACIONAL

Con el regreso de Fernando VII todas las reformas políticas y educativas presentadas por las Cortes de Cádiz, así como el *Proyecto de Ley de Instrucción,* quedaban abolidas por el Decreto de 4 de mayo de 1814, mediante el cual el rey Fernando VII declaraba la Constitución de Cádiz y su desarrollo "(...) nulos y de ningún valor ni efecto, ahora ni en tiempo alguno, como si no hubiesen pasado jamás esos actos, y se quitasen de en medio del tiempo"[509].

Con este Decreto se vuelve a las reformas universitarias de 1771, abriéndose nuevamente los *Colegios Mayores* abolidos por el *Plan Caballero* de 1807 y situándose de nuevo la Compañía de Jesús al frente de la impartición de la enseñanza media en España.

La constitución de una *Junta General,* cuyo objeto era la reforma de la educación en sentido católico y monárquico, daba buen reflejo del aspecto involucionista del nuevo periodo[510].

Tras el periodo fernandino absolutista entre 1814 y 1820 es nuevamente reconocida la aplicación de la Constitución gaditana, y sus Cortes, reunidas en 1820, aprueban la entrada en vigor del

---

por el ingenio de sus habitantes, casi se carecía absolutamente de una segunda educación, intermedia entre la de la niñez y la que servía para una profesión literaria", *vid.* QUINTANA, *opus cit.*, pp. 175-191 y CAPITÁN DÍAZ, *opus cit.*, pp. 377-417, citado en PUELLES BENÍTEZ, *Educación e ideología... opus cit.*, p. 61.

509 Véase el texto íntegro en la obra del CONDE TORENO, Vol. VI, pp. 281 y *ss.*, citado en nota en PUELLES BENÍTEZ, *Educación e ideología... opus cit.*, p. 66.

510 MEDINA, E., *La lucha por la educación en España, 1770-1970,* Ayuso, Madrid, 1977.

antiguo Reglamento General de Instrucción Pública el 29 de junio de 1821, tomando como base el antiguo Reglamento de 1814 y creándose al mismo tiempo la Dirección General de Estudios, cuyo primer presidente fue el propio QUINTANA. Los esfuerzos de la acción liberal fueron estériles en plena aplicación europea de la política del *Congreso de Viena* y a causa de la actuación de los Cien Mil Hijos de San Luis, lo que provocó la vuelta al absolutismo en 1823 y un periodo de represión de la libertad de educación caracterizado por la prohibición y censura de la creación de obras e, incluso, por la prohibición de la adquisición de libros extranjeros en España, llegándose incluso a adoptar la medida drástica de cerrar todas las universidades en 1830.

El nuevo periodo absolutista significó el retorno de la soberanía regia y la delegación de la educación en manos de la Iglesia:

> "La alianza entre el Trono y el Altar, es decir, el Absolutismo y la Iglesia Institucional, suponía la entrega del control de los centros de enseñanza y sobre todo de las Universidades a la Iglesia. Significativamente la enseñanza depende en los periodos liberales del Ministerio de Gobernación, y en las etapas absolutistas vuelve al Ministerio de Gracia y Justicia"[511].

Tras la muerte en 1833 de Fernando VII se suceden diferentes proyectos de reforma educativa, entre los que destaca el *Plan Pidal*[512]. Su principal redactor, ANTONIO GIL DE ZÁRATE, había re-

---

511 GÓMEZ ORFANEL y GUERRERO SALOM, *opus cit.*, p. 10.

512 El denominado *Plan Pidal* hace referencia al Plan rubricado por PEDRO JOSÉ PIDAL en 1845, Ministro de la Gobernación, realizado principalmente por ANTONIO GIL DE ZÁRATE, en el que se presenta el panorama real de la educación en España a mediados del siglo XIX. En este Plan, modificado en 1847 y derogado en 1850, GIL DE ZÁRATE trató de provocar un impulso científico y de renovación intelectual a través de la educación. "Consideraba la educación como el medio imprescindible para realizar la revolución científica y económica que la nación necesitaba, su política pedagógica se basa en principios como libertad, gratuidad, centralización, inspección y uniformidad. Es un defensor de la enseñanza ofrecida por el Estado y propugna la secularización de la

flejado en su obra educativa[513] las más claras enseñanzas políticas y educativas de ROUSSEAU y CONDORCET, para quien la educación era un deber público del parlamento soberano y una obligación para con la sociedad civil[514]. No obstante, hemos de esperar hasta 1857, año en que se instaura el nuevo sistema educativo con la aprobación de la *Ley Moyano.* Entre ambas fechas resaltamos la firma en 1851 de un concordato con la Iglesia Católica que reconocía la nueva situación política española, admitiendo expresamente las desamortizaciones eclesiásticas previa compensación. El artículo 2 del Concordato de 1851 señalaba: "La instrucción en las universidades, colegios, seminarios y escuelas públicas y privadas de toda clase estará conforme con la doctrina de la misma religión católica"; esta disposición manifestaba expresamente la todavía presente confesionalidad del Estado, que impregnaba toda educación, y el control de la Iglesia Católica de los principios

---

enseñanza reconociendo la libertad en la educación, pero una libertad controlada y centrada más en el derecho a recibir educación que en la libertad para crear centros de enseñanza. En su obra hay vestigios del reformismo ilustrado e incluso autoritario colocado al servicio de unas transformaciones sociales que él juzga irrenunciables", en *Ibid.*, pp. 10-11.

513 GIL DE ZÁRATE, A., *De la instrucción pública en España,* Imprenta del Colegio de Sordomudos, Madrid, 1855.

514 GIL DE ZÁRATE presenta, como liberal convencido, el vínculo directo entre interés público, educación y desarrollo de la sociedad civil: "Si el Estado representa a la sociedad, él debe ser quien enseñe, y no hacer así es entregar la educción a merced de los partidos, es no cumplir con una de las más sagradas obligaciones que tiene, es conducir la sociedad a la anarquía o al dominio de quien no es el Estado y usurpa sus derechos (…) Que solo donde reside la soberanía reside también el derecho de educar, es decir, de formar hombres apropiados a los usos que necesita el soberano y que traslada la soberanía a la sociedad civil; a esta sociedad corresponde solo el dirigir la enseñanza, sin que se mezcle en ella ninguna otra sociedad, corporación , clase o instituto que no tenga ni el mismo pensamiento, ni los mismo intereses, ni las mismas necesidades que la sociedad civil (…)", en GIL DE ZÁRATE, *opus cit.*, pp. 158-159, citado en GÓMEZ ORFANEL y GUERRERO SALOM, *opus cit.*, p. 11.

cívicos y sociales en el desarrollo de la enseñanza y la educación en España.

9.5. EL PLAN MOYANO

Tras el fin de la década moderada y coincidiendo con la llegada del grupo progresista al poder en 1855 y un nuevo cambio de Gobierno, el 17 de julio de 1857 se aprueba un proyecto de Ley de Bases presentado por el Ministro de Fomento, Claudio Moyano. El posterior desarrollo de la Ley de Bases, recogido ahora en el Decreto Legislativo aprobado por el Gobierno, quedaría bajo la denominación de *Ley Moyano*, siendo publicado el 10 de septiembre de 1857; este texto facilitó la comprensión de la realidad legislativa española en materia de educación. A modo de recopilación, en sus 307 artículos, la *Ley Moyano* recogía los diversos aspectos de la regulación educativa, ya que su contenido era un compendio de las materias desarrolladas por el Reglamento de 1821, del *Plan del Duque de Rivas* de 1836 y del *Plan Pidal* de 1845, entre los textos legales más relevantes. Todo este acervo de normas educativas aparecía con un nuevo enfoque liberal[515], considerándose

---

515 La *Ley Moyano* estaba estructurada en cuatro Secciones, cada una dividida en Títulos, y un total de 307 artículos. De su articulado destacamos los artículos 7 y 9, que incorporan las ideas de primera enseñanza obligatoria y gratuita para las familias sin recursos y la obligación de los padres de enviar a los hijos a las escuelas públicas para su enseñanza: "Artículo 7: La primera enseñanza elemental es obligatoria para todos los españoles. Los padres y tutores o encargados enviarán a las escuelas públicas a sus hijos y pupilos desde la edad de seis años hasta la de nueve, a no ser que se les proporcione suficientemente esta clase de instrucción en sus casas o en establecimiento particular; artículo 9: La primera enseñanza elemental se dará gratuitamente en las escuelas públicas a los niños cuyos padres, tutores o encargados no puedan pagarla, mediante certificación expedida al efecto por el respectivo cura párroco y visitada por el alcalde del pueblo". Para un análisis histórico y político sobre la importancia de la *Ley Moyano*, véase García, *opus cit.*

este texto, desde el punto de vista político, un claro reflejo de los grandes principios del liberalismo moderado[516].

9.6. EDUCACIÓN Y CONSTITUCIÓN DE 1869

La Constitución de 1869 es de nuevo muestra típica de una norma política del siglo XIX español, en la que el partido o tendencia gobernante incorporaba unilateralmente a la norma básica de convivencia sus postulados políticos. En este sentido, la Constitución de 1869 es reflejo de la "revolución septembrina" de 1868, realizando un amplio y detallado reconocimiento de los derechos individuales y públicos. La Constitución de 1869 ha trascendido como una norma política fundamental que contenía un amplio carácter protector y garantista de los derechos fundamentales:

> "(...) Diferenciase la Constitución de 1869 de todas las anteriores por la amplitud, detalles y mayor alcance, como régimen de garantías del título relativo a los españoles y sus derechos"[517].

Junto con la regulación de los derechos fundamentales destaca la Constitución de 1869 por su limitación a la intervención estatal y por una política abstencionista del nuevo Estado liberal con el objeto de crear las condiciones necesarias de libre mercado y el reconocimiento de las nuevas clases sociales en desarrollo, en especial, la burguesía progresista[518]. La Constitución de 1869 regu-

---

516 *Cfr.* PUELLES BENÍTEZ, *Educación e ideología... opus cit.*, pp. 105 y *ss.*

517 POSADA, A., *Derecho Político*, Tomo II, 5ª ed. revisada, Librería General de Victoriano Suárez, Madrid, 1935, p. 293, citado en GÓMEZ ORFANEL y GUERRERO SALOM, *opus cit.*, p. 13.

518 Es de resaltar la *Reforma de Chao* mediante Decreto de 2 de junio de 1873 durante este período constitucional. Esta reforma contiene el espíritu "transformador y renovador" de la I República en España, cuyo Preámbulo se inspiró en el propio GINER DE LOS RÍOS: "No cumplirá el gobierno de la República con sus más imperiosos y sagrados deberes, si no prestase especial atención al desenvolvimiento y mejora de la instrucción pública, base y fundamentos del verdadero progreso (...) De-

laba en su artículo 24 la libertad de creación de centros docentes bajo la supervisión y control del Estado:

> "Todo español podrá fundar y mantener establecimientos de instrucción o de educación sin previa licencia, salvo la inspección de la Autoridad competente por razones de higiene y moralidad".

Extrañamente no aparece mención alguna a la obligación estatal de prestación de servicios educativos, de modo que tan solo la *Ley Moyano*, todavía vigente, recogía tal obligación[519]. La educación en la Constitución de 1869 contempla además la libertad de expresión (artículo 17) y la libertad de cultos (artículo 21), todo ello sin olvidar la vigencia del Concordato de 1851, que institucionaliza el control ideológico tanto de la escuela privada como de la pública. Sin embargo, la gran aportación de la Constitución de

---

ben ser los pueblos republicanos los más instruidos, educados y cultos de la tierra; como quiera que, según una frase célebre, el principio de la República es la virtud, esta solo alcanza segura garantía y fácil ejercicio allí donde la conciencia, rectamente ilustrada, enseña a cada hombre su deber, a la par que revela su derecho". *Reforma de Chao* de 2 de junio de 1873 durante la I República, citado por PUELLES BENÍTEZ, *Educación e ideología... opus cit.*, p. 156.

519 Recogemos aquí la Exposición de Motivos del Decreto de Fomento de 21 de octubre de 1868, siendo su titular RUIZ ZORRILLA por ser ciertamente un ejemplo claro de la falta de relevancia del poder público en la prestación educativa: "Llegará un momento en que, como ha sucedido en la industria, la competencia entre los que enseñan se limite a los particulares, desapareciendo la enseñanza oficial (...) Hoy no puede intentarse esta supresión, porque el país no está preparado para ella. Si se dejara exclusivamente a la acción individual el cuidado de educar al pueblo, se correría el grave riesgo de dejar solo una enseñanza mezquina e imperfecta, que rebajaría considerablemente el nivel intelectual de España (...) La supresión de la enseñanza oficial haría desaparecer las escuelas de un gran número de pueblos (...) Cuando la enseñanza oficial y la privada, estimulándose mutuamente, hagan sentir de una manera general la necesidad de la educación, entonces podremos descansar confiadamente en la iniciativa de los particulares, y el Estado podrá y deberá suprimir los establecimientos literarios que sostiene", en GÓMEZ ORFANEL y GUERRERO SALOM, *opus cit.*, p. 14.

1869 es el reconocimiento del establecimiento de centros educativos en los que se impartiera una doctrina diferente al catolicismo, y es que solo a partir de 1868 a través del Decreto de 21 de octubre el Gobierno Provisional surgido de la Revolución Gloriosa había establecido la enseñanza libre, permitiendo y reconociendo con ello en España la libertad de cultos. La Constitución de 1869 es el punto de partida de la libertad de empresa educativa y del derecho fundamental a la libertad de cultos:

> "Por eso se puede decir que en 1868 los españoles estrenan libertad de enseñanza en un doble sentido: como derecho a fundar un centro privado, posibilidad que ya existía y, por otro lado, como libertad de expresión de ideas políticas y religiosas tanto en los centros públicos como privados"[520].

La libertad de cultos incorporará a partir de este momento una nueva misión del Estado en el ámbito educativo, asumiendo la función que, secular y privadamente, habían acometido las órdenes religiosas; con esto se inicia un cambio cualitativo de trascendencia, entendiendo tal cambio como un giro natural acorde con los tiempos en un ámbito en que la Iglesia había asumido una función pública como propia. El nuevo Estado democrático debía asumir y ejecutar las funciones públicas de organización social y tomar a su cargo la enseñanza de la nación[521].

---

520 NOGUEIRA, R., *Principios constitucionales del sistema educativo español*, Ministerio de Educación y Ciencia, Madrid, 1988, p. 37.

521 Véase TURÍN, I., *La educación y la escuela en España de 1874 a 1902*, Madrid, Aguilar, 1967, p. 144: "La adopción en 1868 y, después, en 1876, el mantenimiento de la libertad de enseñanza entre las leyes constitucionales de la nueva democracia española habían trastornado la naturaleza de las relaciones que, hasta esa época, ligaron la escuela y la Iglesia en España. Oficialmente el derecho de control ejercido por la Iglesia sobre la escuela tocaba a su fin. La libertad de enseñanza se había utilizado con la mayor frecuencia y sin rebozo en 1869 como un arma de combate contra la influencia eclesiástica. No se trataba, sin embargo, de sacar consecuencias extremas y de negar la necesidad de todo control y de una organización general de la instrucción en España. Solo consideraba que, por razones históricas, la Iglesia había asumido, hasta

9.7. CONSTITUCIÓN DE 1876 Y EDUCACIÓN

La Restauración en España supone una época conciliadora, siendo un régimen que permitía la combinación de estabilidad política junto con un régimen monárquico-parlamentario por un lado y, por otro, integrado con los supuestos conservadores y liberales de tradición y progreso, libertad y autoridad, propiciando con ello una regulación normativa vaga e imprecisa. Esta imprecisión facilitaría cierta flexibilidad a la nueva programación educativa, que intentará amoldarse a una situación de equilibrio y moderación, teniendo especialmente presente el fallido *Proyecto de Constitución Federal de la República española* de 1873 y las sucesivas frustraciones políticas y levantamientos del periodo 1868-1874[522].

---

entonces, una función del Estado; el Estado democrático debía, en adelante, volver a tomar a su cargo la enseñanza de la Nación".

522 El *Proyecto de Constitución Federal de la República Española* de 1873 incorporaba en su articulado un amplio conjunto de derechos relacionados con el ámbito educativo. A continuación recogemos la normativa constitucional más significativa: "Título Preliminar: Toda persona encuentra asegurados en la República, sin que ningún poder tenga facultades para cohibirlos, ni ley ninguna autoridad para mermarlos, todos los derechos naturales (…) 3. º El derecho a la difusión de sus ideas por medio de la enseñanza (…) Título II "De los españoles y sus derechos": Artículo 26: Todo español podrá fundar y mantener establecimientos de instrucción o de educación, sin previa licencia, salvo la inspección de la autoridad competente por razones de higiene y moralidad; Título V "De las facultades correspondientes a los poderes públicos de la Federación": Artículo 20: Establecimiento de una Universidad federal y de cuatro escuelas normales superiores de agricultura, artes y oficios en los cuatro puntos de la Federación que se determinen por una ley; Título XIII "De los Estados": Artículo 96: Los Estados regirán su política propia, su industria, su hacienda, sus obras públicas, sus caminos regionales, su beneficencia, su instrucción y todos los asuntos civiles y sociales que no hayan sido por esta Constitución remitidos al Poder Federal; Artículo 98: Los Estados tendrán obligación de conservar un Instituto de segunda enseñanza por cada una de las actuales provincias y la facultad de fundar las Universidades y escuelas especiales que estimen convenientes; Título XIV "De los Municipios": Artículo 108: Las

La Constitución de 1876 volvía a reproducir la falta de asunción de obligaciones del Estado reconocida en 1857 por la *Ley Moyano*, y una vez más "olvidada" en las Constituciones de 1869 y en esta de 1876[523]. No obstante, la nueva Constitución trató de incorporar inicialmente un reconocimiento expreso de progreso en la libertad de enseñanza libre como base de progreso de la sociedad[524].

Constituciones de los Estados deben exigir de todo Municipio (...) que sostengan escuelas de niños y de adultos, dándoles instrucción primaria gratuita y obligatoria".

523 Como ha señalado GARRIDO FALLA, la historia de la educación y la enseñanza en España "es sencillamente la historia de su conversión en servicio público" y la asunción por parte de los poderes públicos de las actividades tradicionalmente desarrolladas por la Iglesia y las diversas órdenes religiosas y, en ínfima proporción, la realizada por algunas instituciones privadas: "La creación de un servicio público de carácter nacional dedicado a la enseñanza hace su aparición en España también durante el siglo XIX. Con anterioridad a esta fecha, y por lo que respecta a la enseñanza primaria, la educación había sido un cuidado que surgía y se remediaba en el seno de las familias y mediante servicios de maestros privados. Una serie de disposiciones legales tratan de hacer de la enseñanza primaria, desde los albores del XIX, una atención municipal; pero no nos encontramos con una normativa de tipo racional hasta la famosa *Ley Moyano* del año 1857. En ella se realiza una ordenación nacional de la enseñanza, pero la obligación de sostener las escuelas primarias se sigue encomendando a los municipios, continuando esta situación hasta el año 1901, en que tales atenciones pasan a los presupuestos generales del Estado", en GARRIDO FALLA, F., *Comentarios a... opus cit.*, p. 546.

524 Los liberales mantuvieron una posición de decidido apoyo a favor de la libertad de enseñanza sin restricción alguna. Estas palabras del diputado liberal PEÑUELAS dan muestra de la plena confianza que los liberales españoles tenían en la educación, con las mismas pautas que lo hizo el *Informe Quintana* y como antes lo hizo en su *Informe* CONDORCET: "Señores diputados: la enseñanza libre ha sido utilísima en todas las partes donde se ha establecido; pero donde es absolutamente indispensable establecerla es allí donde exista una enseñanza oficial, porque entre la enseñanza libre y la enseñanza oficial se establece una emulación grande, entre el profesorado de unas y otras escuelas se suscita un estímulo

La regulación educativa es vaga y abierta, siendo subsidiariamente aplicable la vigente *Ley Moyano* en aquellas materias no reguladas por la Constitución. En el artículo 12 de la Constitución de 1876 se reconoce el derecho a fundar centros docentes y, como novedad, el Estado asume la regulación e inspección normativa de los centros y el control de la expedición de títulos nacionales:

> "Cada cual es libre de elegir su profesión y de aprenderla como mejor le parezca. Todo español podrá fundar y sostener establecimientos de instrucción o de educación, con arreglo a las leyes. Al Estado corresponde expedir los títulos profesionales y establecer las condiciones de los que pretendan obtenerlos, y la forma en que han de probar su aptitud. Una ley especial determinará los deberes de los profesores y las reglas a que ha de someterse la enseñanza en los establecimientos de instrucción pública costeados por el Estado, las provincias o los pueblos".

La ausencia de una estructura estatal educativa y el cuasi absoluto monopolio de la Iglesia en la educación primaria y secundaria facilitarán, en pleno "régimen canovista", la anulación de las disposiciones que permitían la enseñanza libre de ideas políticas y religiosas. La concepción de la libertad de enseñanza religiosa de este periodo es la propia del integrismo católico español, posición ideológica que se manifestó jurídicamente a través de la *Circular del Marqués de Orovio*[525]. Esta Circular supuso la declaración formal

---

nobilísimo, cuyo resultado siempre es el adelantamiento y progreso de las ciencias. Además, la libertad de la ciencia no está garantizada por la enseñanza oficial, porque la enseñanza oficial mira siempre al pasado, se inspira en la historia, en la erudición, lo cual es ya una rémora que le impide adelantar (...), mientras que la enseñanza libre no tiene por qué mirar al pasado, ni a la historia, ni a la erudición; no puede fundirse en un monopolio, rompe todos los moldes y derriba todos los valladares, va siempre adelante, progresa", en *Diario de Sesiones del Congreso,* Legislatura de 1876 a 1877, Vol. CLXXIX, p. 1465, citado en Puelles Benítez, *Educación e ideología... opus cit.*, p. 161.

525 Nogueira ha identificado el contenido de la *Circular de Orovio* con el más firme y decidido integrismo católico en materia educativa: "La concepción de la libertad de enseñanza propia del integrismo católico se resume en la *Circular de Orovio* del 26 de febrero de 1865 en las siguien-

de la confesionalidad del Estado, del principio monárquico y la identificación del orden político con el orden religioso. A esto hemos de añadir la peculiar concepción de la libertad de enseñanza por parte de la Iglesia, que entendía la misma como la ausencia de cualquier regulación y supervisión estatal, la negación de la capacidad del Estado para intervenir en la labor docente y el no reconocimiento de la autoridad pública exclusiva en la expedición de títulos oficiales. Sin embargo, la propia Iglesia trataba de ejercer su derecho natural a realizar, de este modo, un férreo control ideológico sobre todos los centros docentes tanto públicos como privados españoles[526].

9.7.1. El nuevo modelo educativo de la Institución Libre de Enseñanza

La Constitución española de 1876 fue el marco jurídico del sistema político de la Restauración, desarrollado fundamentalmente por la figura de CÁNOVAS DEL CASTILLO, antiguo ministro de la Unión Liberal; su pensamiento político fue reaccionario, antidemocrático y contrario al sufragio universal. CÁNOVAS era partidario de mantener a los Borbones y el viejo sistema liberal antidemocrático basado en el sufragio censitario; defendía la idea moderada de la soberanía compartida de Rey y Cortes, en un punto intermedio entre el Antiguo Régimen y la monarquía democrática de 1869. En ese escenario político, la Institución Libre

---

tes características: 1) Afirmación de la confesionalidad del Estado y, por consiguiente, exclusión de la tolerancia religiosa y de la libertad de Cátedra; 2) Afirmación del Principio Monárquico con exclusión de cualquier otra concepción política que, pacíficamente, pudiera ser defendida; 3) Identificación del orden religioso con el orden político, en contra de todo proceso de secularización de la sociedad. El *Decreto del Marqués de Orovio* aparecía, pues, como una medida política destinada a controlar el peligro liberal procedente de la Universidad. La consecuencia más grave de estas intromisiones políticas fue la esterilización por largo tiempo de la enseñanza oficial y la aparición de interesantes proyectos educativos de carácter privado", en NOGUEIRA, *opus cit.*, p. 39.

526 *Ibidem.*

de Enseñanza fue fundada en 1876 por un grupo de catedráticos como consecuencia de la llamada "II Cuestión Universitaria"[527]. De entre este grupo de profesores destacaban FRANCISCO GINER DE LOS RÍOS, GUMERSINDO DE AZCÁRATE Y NICOLÁS SALMERÓN, apartados de sus Cátedras universitarias por defender la libertad de cátedra y negarse a ajustar sus enseñanzas a los dogmas oficiales en materia religiosa, política o moral[528]. Esta circunstancia forzó a los profesores a desarrollar un sistema educativo paralelo, al margen de los centros universitarios del Estado, comenzando por la enseñanza universitaria y continuando por la educación primaria y secundaria.

En el proyecto participaron JOAQUÍN COSTA, AUGUSTO GONZÁLEZ DE LINARES, HERMENEGILDO GINER, FEDERICO RUBIO y diversos intelectuales y educadores vinculados a un deseo de progreso y modernidad, firmemente defensores de una renovación educativa, cultural y social de España[529]. La Institución Libre de Enseñanza fue el centro del desarrollo de las ideas educativas krausistas. Desde 1876 hasta la Guerra Civil de 1936 la Institución Libre de Enseñanza se convirtió en el centro de gravedad de toda una

---

527 Ver ÁLVAREZ LÁZARO, P. F. y VÁZQUEZ-ROMERO, J. M. (Eds.), *Krause, Giner y la Institución Libre de Enseñanza: nuevos estudios,* Universidad Pontificia Comillas, Madrid, 2005 y CORTS GINER, M. I., *Ciencia y educación en el Boletín de la Institución Libre de Enseñanza,* Universidad de Sevilla, 2004.

528 Fundación Francisco Giner de los Ríos (Institución Libre de Enseñanza), disponible en: http://www.fundacionginer.org/

529 Testimonio de la innovación y calidad fue la creación del Boletín de la Institución Libre de Enseñanza (BILE), en el que aparecerían figuras de dimensión internacional como BERTRAND RUSSELL, HENRI BERGSON, CHARLES DARWIN, JOHN DEWEY, SANTIAGO RAMÓN Y CAJAL, MIGUEL DE UNAMUNO, MARÍA MONTESSORI, LEÓN TOLSTOI, H. G. WELLS, RABINDRANATH TAGORE, JUAN RAMÓN JIMÉNEZ, GABRIELA MISTRAL, BENITO PÉREZ GALDÓS, EMILIA PARDO BAZÁN, AZORÍN, EUGENIO D'ORS o RAMÓN PÉREZ DE AYALA, algunas de ellas íntimamente vinculadas con la Institución, como JULIÁN SANZ DEL RÍO, ANTONIO MACHADO ÁLVAREZ, ANTONIO y MANUEL MACHADO RUIZ, JULIO REY PASTOR, LUIS SIMARRO, NICOLÁS ACHÚCARRO, FRANCISCO BARNÉS o ALICE PESTANA.

época de la cultura española, y en cauce para la introducción en España de las más avanzadas teorías pedagógicas y científicas que se estaban desarrollando fuera de las fronteras de su territorio.

En el ámbito educativo se advierte durante la Restauración un contexto de insatisfacción de los diferentes grupos sociales en el momento de cesión de las facultades de control público en manos privadas, así como de intereses particulares que alejaban a la educación española del signo republicano característico de la Ilustración y de la Revolución Francesa. La Restauración acercaba la educación a una realidad parcelaria, privada y elitista similar a la Inglaterra de la época victoriana, lo cual implicaba un espacio público desguarnecido y vacío en el terreno público[530].

En la política universitaria y educativa actual está todavía muy presente el poso filosófico, educativo e intelectual que supuso la Institución Libre de Enseñanza. Muestra de ello en nuestro siglo XXI es FRANCISCO MICHAVILLA, Director de la Cátedra UNESCO,

---

530 Véase en este sentido la comparación que realiza MARTÍNEZ CUADRADO de la situación de la educación española de la época comparada con naciones como Gran Bretaña y Francia: "El Estado abandonó en mano de quienes gozaban de poder y autonomía (la Iglesia mayoritariamente; una minoría en manos institucionalistas; minorías mínimas entre socialistas y anarquistas) las funciones de la enseñanza. Contribuyó con ello —a diferencia de la Inglaterra victoriana o postvictoriana, la Francia republicana o cualquier otro Estado contemporáneo— a que todos los sectores poseedores de una educación cualificada procediesen de las instituciones en las que la crítica al Estado liberal era el denominador común, aunque por diversas causas y enfoques ideológicos. Cuando, finalmente, se encontró aislado y combatido por la mayoría de sus crecidos enemigos, el Estado liberal recogía el fruto de su apostasía educativa. Al carecer de apoyos forjados por una larga etapa en el poder, casi nadie deseaba sinceramente movilizarse para sostenerlo. Tan deplorable política educativa intentó corregirse tardíamente sin convicciones en 1918 y 1923", en MARTÍNEZ CUADRADO, M., *Historia de España,* Tomo 6 "La burguesía conservadora (1874-1931)", Alianza-Alfaguara, Madrid, 1974, p. 522, citado en GÓMEZ ORFANEL y GUERRERO SALOM, *opus cit.*, p. 17.

que formulaba unas interesantes reflexiones sobre el sentido de la educación y el regeneracionismo necesitado en la reforma educativa en el año 2002 en España (*Ley de Universidades y Ley de Calidad de la Enseñanza*); la idea y el espíritu de la Institución Libre de Enseñanza son una referencia permanente:

> "Pero no es suficiente con la revisión de los contenidos de los programas académicos. Hay que reflexionar sobre el papel que corresponde a la educación en actitudes y en valores. Actitudes y valores que faciliten el paso del conocimiento a la acción, a la adquisición de destrezas para el trabajo. Actitudes y valores que contribuyan a la formación de ciudadanos que aspiren a habitar un mundo más justo y más tolerante, donde se mitiguen la violencia y la explotación. O sea, en palabras del pedagogo suizo PESTALOZZI, que, además de educar la cabeza —mediante la adquisición de conocimiento—, se eduquen las manos —enseñándoles a hacer cosas— y se eduque el corazón —estimulando comportamientos beneficiosos para el individuo y la sociedad— en una visión integral de la formación de ciudadanos, de la misma forma que proclamaba la Institución Libre de Enseñanza en su máxima "educar primero, enseñar después"[531].

Desde el periodo de la Restauración hasta el inicio del conflicto civil en 1936, educación, religión y política fueron elementos utilizados en muchas ocasiones como arma de enfrentamiento

---

531 Y continúa MICHAVILLA comentando el sentido de "universidad" del siglo XXI y los principios de la Institución Libre de Enseñanza surgidos en el siglo XIX: "Es preciso que la Universidad asuma el liderazgo moral e intelectual de la sociedad, que sea su conciencia crítica. La universidad futura debe armonizar el progreso económico con el progreso social, y formar ciudadanos libres, tolerantes y solidarios. Decía MARCO ANTONIO DÍAZ que "antes de preguntar qué tipo de universidad quiere uno, hay que indagar qué tipo de sociedad se quiere construir". En la construcción de un futuro mejor para la sociedad, a la Universidad le corresponde la contraposición al pensamiento dominante de modelos alternativos plurales y el freno a los fundamentalismos religiosos, étnicos y económicos", en MICHAVILLA, F., "Cómo educar universitarios capaces de transformar la sociedad", en *Aprender para el futuro. Universidad y sociedad*, XVI Semana Monográfica, Fundación Santillana, Madrid, 2001, p. 6.

entre los bandos políticos españoles, y han simbolizando continuamente una oposición radical entre las fuerzas conservadoras católicas y las fuerzas liberales progresistas, que buscaron denodadamente la implantación de un sistema público y laico de enseñanza combinado con la oferta de establecimientos académicos de enseñanza privada.

Será de especial relevancia la influencia francesa, no solo ilustrada y revolucionaria, sino especialmente tras la derrota francesa ante Prusia en la batalla de Sedán, que precipitará el fin del II Imperio y la instauración de la III República francesa en 1871. El nuevo modelo educativo republicano implantado en Francia será el modelo importado en la II República española y, con especial importancia, consagrará en este periodo la institución pública de la Escuela Republicana[532].

---

532 Sobre la nueva educación francesa y su carácter laico, público y republicano Garrido Falla ha señalado: "Napoleón planeó en 1802 un sistema de enseñanza media que motivó la creación de los Liceos; y en 1808 se instituyó la Universidad Central de Francia. Por lo que se refiere a la enseñanza primaria, Guizot planeó en 1833 que cada municipio francés tuviese una escuela; en 1881 se declaró la gratuidad de la enseñanza primaria en las Escuelas del Estado y por Ley de 1882 se hizo obligatoria la enseñanza primaria para todos los niños del país comprendidos entre los seis y trece años. Hay que hacer notar que, teóricamente, el crecimiento de los servicios públicos para la enseñanza en Francia no tenía carácter monopolístico, puesto que dicho desarrollo coexistía con una de las libertades que la Constitución garantizaba al ciudadano: *la liberté d'enseignement*. Pero esa libertad fue definitivamente desconocida cuando en 1901 se prohibió a los miembros de las Congregaciones religiosas "no autorizadas" abrir escuelas y dar enseñanza y, más tarde, en 1904, cuando dicha prohibición se hizo extensiva incluso a las Congregaciones "autorizadas"", en Garrido Falla, *Comentarios a... opus cit.*, p. 547.

El 14 de abril de 1931, la República encontró una España tan analfabeta, desnutrida y llena de piojos como ansiosa por aprender. Y los más ilustres escritores, poetas, pedagogos, se pusieron manos a la obra. De pueblo en pueblo, con la cultura ambulante (...) El sueldo miserable de aquellos voluntariosos maestros subió a 3.000 pesetas al tiempo que se organizaban para ellos cursos de reciclaje didáctico. En aquellas Semanas Pedagógicas recibían asesoramiento de los inspectores, para remozar su formación. La carrera de Magisterio, elevada a categoría universitaria, dignificó la figura del maestro. A los aspirantes se les exigió, desde entonces, tener completo el bachillerato antes de matricularse en las Escuelas Normales, donde se enseñaba pedagogía y había un último curso práctico pagado. "Se hizo del maestro la persona más culta, eran los intelectuales de los pueblos y, con toda la precariedad en que vivían, ejercieron de una forma digna", (...) Con aquellas mimbres comenzó a tejerse un sistema educativo que puso el énfasis en el alumno, le hizo protagonista de las clases y de su formación.

CARMEN MORÁN

La escuela es el escudo de la República y el campo de siembra de los republicanos de hoy y demócratas del mañana.

MANUEL AZAÑA

Capítulo 10

Sistema político español y educación: 1931-1975. De la Segunda República (1931) al fin del régimen franquista (1975)

10.1. LA NUEVA POLÍTICA EDUCATIVA DE LA II REPÚBLICA

Con la aprobación de la Constitución republicana de 1931 se cierra el periodo de mayor vigencia de una Constitución española: la Constitución de 1876. Si bien, es preceptivo tener presente que hubo periodos de suspensión parcial de sus garantías y una suspensión total de su aplicación durante la dictadura de Primo de Rivera ente 1923 y 1930.

En este periodo también se acometieron diversos proyectos de reforma constitucional, con modificaciones en el ámbito educativo, y un Proyecto de Reforma de la Constitución de 1929 que nunca llegó a aprobarse[533]. De acuerdo con Gómez Orfanel y

---

[533] El proyecto constitucional recogía una visión más intervencionista del Estado que las Constituciones de 1869 y 1876. A continuación citamos el articulado más relevante en materia educativa: Artículo 22: "Todos los españoles están obligados (...) a dar a los hijos que tuvieren y a los menores confiados legalmente a su cuidado la instrucción elemental, por los medios a su alcance o haciendo que asistan a la escuela primaria pública"; artículo 24: "La educación e instrucción de la prole serán facultad y obligación natural de los padres, sin perjuicio de los derechos y deberes supletorios del Estado"; artículo 26: "Cada cual es libre de elegir su profesión y de aprenderla como mejor le parezca. Todo español podrá, dentro de la Constitución y de las leyes, fundar y sostener

Guerrero Salom, la II República reproduce el mismo contexto de expectación histórica de progreso y renovación que aconteció durante el primer periodo constituyente en 1812, y significó para una importante parte de la población un acontecimiento de calado y renovación política de la España contemporánea, así como una efímera e ilusionada novedad:

> "(…) Comparable al periodo constituyente centrado en torno a las Cortes de Cádiz, o la etapa revolucionaria burguesa 1868-1873, es decir, situaciones que aprovechando un vacío de poder (invasión napoleónica, destronamiento de Isabel II, agotamiento de la dictadura de Primo de Rivera) ofrecen oportunidades para realizar proyectos políticos tendentes a la modernización y democratización del país"[534].

La II República simboliza el primer gran intento en el siglo XX de abandono del *Ancien Régime* español y la incorporación completa de la "circunstancia" española a la modernidad, espe-

---

establecimientos de instrucción y de educación. Al Estado corresponde expedir los títulos profesionales y establecer las condiciones que deberán reunir los que pretenden obtenerlos y la forma en que han de probar su aptitud"; artículo 78: "Los establecimientos de enseñanza y de educación estarán bajo la inspección del Estado. La enseñanza pública se constituirá en forma ordenada y orgánica, a fin de que, desde la Escuela a la Universidad, se facilite el acceso a la instrucción y a los grados a cuantos alumnos posean capacidad y carezcan de medios para obtenerlos, y se procure a todos, sin distinción, la más adecuada preparación profesional y cultural, la formación moral y religiosa y la educación ciudadana que favorezca el robustecimiento colectivo del espíritu nacional. Para tales cometidos recabará el Estado la eficaz colaboración de particulares y corporaciones, sin perjuicio de la libertad de enseñanza. El personal docente oficial tendrá los derechos y deberes de los funcionarios públicos. Las leyes determinarán las especiales obligaciones de los profesores y las reglas a que deberá someterse la enseñanza en los establecimientos costeados por el Estado, las provincias o los pueblos. Las Universidades podrán obtener por la ley el reconocimiento de personalidad jurídica propia, con organización autónoma y patrimonio independiente".

534 Gómez Orfanel y Guerrero Salom, *opus cit.*, p. 19.

cialmente tratando de conformar una clase burguesa estable y amplia, el desarrollo de unos poderes públicos capaces de garantizar la solidaridad, libertad e igualdad y, en especial, la incorporación de los españoles a la realidad social y política del país a través de la participación en el sistema político, es decir, el paso de la condición de individuo a la de ciudadano que interviene y decide el destino de la nación.

Todas estas expectativas fueron frustradas por diversos motivos —la inmadurez de la clase social y política española, el enfrentamiento radical ideológico por ambos lados, la violencia y el terrorismo por las facciones radicales de derechas e izquierdas, el involucionismo activo por parte de la Iglesia, etc.,— y, en particular, por la falta de hábito democrático en la postulación de las propuestas políticas en un clima de inestabilidad europea y por la preservación de los intereses y esferas de influencia por parte de los grupos más tradicionalistas y conservadores[535].

Desde el punto de vista político y educativo, la II República implicó una revolución cualitativa en torno al valor y función de la educación, así como a los establecimientos públicos escolares, sin parangón en la historia constitucional española[536], en cuyo proceso, además de dotar a los poderes públicos con una amplia misión educadora, se incorporan los procesos de socialización y legitimación como caracteres políticos de la educación[537].

---

535 Sobre las causas del fracaso de la II República española y el inicio de la Guerra Civil véanse, entre otros, BEEVOR, A., *The Spanish Civil War*, Cassel & Co., Londres, 2001; TUÑÓN DE LARA, M., *Medio siglo de cultura española (1885-1836)*, Tecnos, Madrid, 1973; y THOMAS, H., *La guerra civil española*, Mondadori, Barcelona, 2001.

536 *Vid.* RUBIO LLORENTE, F., *La política educativa en la España de los 70*, Moneda y Crédito, Madrid, 1976, donde se contiene un análisis de la política educativa española durante el siglo XIX y XX desde una perspectiva histórica.

537 Sobre la socialización y legitimación véanse FERNÁNDEZ SORIA, J. M., *Educación, socialización y legitimación política (España 1931-1970)*, Tirant lo Blanch, Valencia, 1998; y TERCEDOR, A., "La educación en la II Repú-

Durante la II República la educación fue un enconado objetivo político y un principio esencial de la política republicana; primero como institución y, en segundo lugar, como actividad que se despliega por todo el territorio republicano como el nuevo catecismo cívico y democrático[538]. Como había adelantado a comienzos de siglo ORTEGA Y GASSET, mentor de la *Agrupación*

---

blica: un intento de socialización política" en Autores Varios, *Estudios sobre la II República española,* Tecnos, Madrid, 1975.

538 Los actos institucionales y las reseñas y reportajes en los medios de comunicación españoles sobre el 75 Aniversario de la proclamación de la II República fueron numerosos y constantes a lo largo del año 2006. Incorporamos aquí uno de los artículos más clarividentes y sinópticos que nos permite aproximarnos con facilidad a este periodo, y que refleja los logros acometidos por la Segunda República en materia educativa. MORÁN, C., "La escuela de la II República. Las enseñanzas de la República", *El País,* Madrid, 17 de abril de 2006: "La reforma de la educación fue la clave de los profundos cambios que inició la España de 1931. Una escuela pública, obligatoria, laica, mixta, inspirada en el ideal de la solidaridad humana, donde la actividad era el eje de la metodología. Así era la escuela de la II República española. De todas las reformas que se emprendieron a partir de abril de 1931, la estrella fue la de la enseñanza. "Sin ninguna duda, la mejor tarjeta de presentación de la República fue su proyecto educativo", asegura el catedrático de Historia de la Educación de la Universidad de Alcalá de Henares ANTONIO MOLERO. "Efectivamente, fue la piedra angular de todas las reformas: había que implantar un Estado democrático y se necesitaba un pueblo alfabetizado. Era el Estado educador", ratifica la doctora en Historia por la Universidad de Huelva CONSUELO DOMÍNGUEZ. Tanto ella como MOLERO se han especializado en la enseñanza de la II República, un ambicioso proyecto que los maestros acogieron con entusiasmo. El 14 de abril de 1931, la República encontró una España tan analfabeta, desnutrida y llena de piojos como ansiosa por aprender. Y los más ilustres escritores, poetas, pedagogos, se pusieron manos a la obra. De pueblo en pueblo, con la cultura ambulante.

A la espera de que se aprobara la Constitución, en diciembre, el Gobierno tomó, mediante decretos urgentes, las primeras medidas: se reconoció el Estado plural y las diferencias lingüísticas (se respeta la lengua materna de los alumnos) y al frente del Consejo de Instrucción Pública que haría caminar las reformas se nombró a Unamuno.

al Servicio de la República, cualquier revolución política debía comenzar por ser una revolución pedagógica, en la idea de que cualquier pedagogía aplicada a la realidad era una ciencia y una práctica dirigida y concebida para transformar la sociedad. La

---

Se proyectó la creación paulatina de 27.000 escuelas, pero mientras, los ayuntamientos adecentaron salas donde educar a los niños. Y a los mayores. "Hubo incluso alguna escuelita en las salas de autopsia de los cementerios. Donde se podía". Entonces las maestras desempeñaron un papel primordial: enseñaban en sus casas con la subvención del ayuntamiento.

La República se propuso llenar las escuelas con los mejores maestros. Pero los docentes de la época tenían una formación casi tan exigua como su salario. Con Marcelino Domingo al frente del Ministerio de Instrucción Pública y Rodolfo Llopis de director general de Primera Enseñanza, se elaboró el "mejor Plan Profesional para los maestros que ha existido en nuestra historia", asegura DOMÍNGUEZ. Y prácticamente las mismas palabras usa ANTONIO MOLERO para defender esa idea. El sueldo miserable de aquellos voluntariosos maestros subió a 3.000 pesetas al tiempo que se organizaban para ellos cursos de reciclaje didáctico. En aquellas *Semanas Pedagógicas* recibían asesoramiento de los inspectores, para remozar su formación. La carrera de Magisterio, elevada a categoría universitaria, dignificó la figura del maestro. A los aspirantes se les exigió, desde entonces, tener completo el bachillerato antes de matricularse en las *Escuelas Normales,* donde se enseñaba pedagogía y había un último curso práctico pagado. "Se hizo del maestro la persona más culta, eran los intelectuales de los pueblos y, con toda la precariedad en que vivían, ejercieron de una forma digna", señala CONSUELO DOMÍNGUEZ. Con aquellas mimbres comenzó a tejerse un sistema educativo que puso el énfasis en el alumno, le hizo protagonista de las clases y de su formación. Los críos salían al campo para estudiar ciencias naturales, se trataron de sustituir los monótonos coros infantiles recitando lecciones de memoria por el debate participativo y pedagógico; los niños y las niñas se mezclaron en las mismas aulas, donde se educaban en igualdad, y se favoreció un tránsito sin sobresaltos desde el parvulario a la universidad. "Fue una escuela en la que se educó a los niños atendiendo a su capacidad, su actitud y su vocación, no a su situación económica. La educación pública recibió financiación para ello, y eso era algo que la escuela privada miró con recelo", recuerda MOLERO. "Todo tenía el aroma pedagógico de la *Institución Libre de Enseñanza,*

aplicación política, en el sentido político radical, sería la ejecución de los proyectos ideados "por los responsables políticos de la inteligencia republicana"[539].

---

que fue el soporte intelectual en el que se apoyó la República. Aunque diseñó una escuela más laica". Efectivamente, laica y unificada, dos palabras que se convirtieron en el terror de la clase conservadora. Aprobada la Constitución, al ministro Fernando de los Ríos le tocó lidiar con la reforma más drástica y conflictiva: la disolución de la Compañía de Jesús; a las órdenes religiosas se les prohibió impartir enseñanza mientras a los maestros se les "libera" de la obligación de dar doctrina religiosa en clase. "Es una medida discutible en un régimen de libertades, pero lo cierto es que era constitucional", asegura MOLERO. "La España de la época quizá no estaba preparada para estos cambios", razona DOMÍNGUEZ. En todo caso, la política de sustitución de la escuela religiosa "fracasó, porque las órdenes religiosas pusieron los colegios en manos de seglares con los derechos civiles reconocidos. Tenían otro nombre, pero era lo mismo. De hecho, el número de centros privados era mayor en 1935 que en 1931". Unos colegios privados a los que se permitió fijar su ideario.

La llamada "escuela unificada", tan criticada en las filas conservadoras, no se refería, asegura MOLERO, "a la cesión al Estado del monopolio educativo. Se trataba de una educación sin escalones, que permitiera un camino fluido y continuo desde unos niveles a otros".

En 1933 hay de nuevo elecciones. La mujer estrena el voto femenino y la derecha —la CEDA de Gil Robles— llega al poder. Los progresistas verán cómo se va destejiendo parte del sistema diseñado. "Ellos mismos se llamaron "el bienio rectificador"", recuerda CRISTÓBAL GARCÍA, profesor de Historia Contemporánea de la Universidad de Huelva. Se frenó la financiación educativa y las medidas laicas que, aunque no se derogaron, fueron escamoteadas. "Aquel bienio dedicó su política docente a frenar, si no a liquidar, las medidas anteriores", critica MOLERO. Pero señala, "en justicia", dos iniciativas considerables de aquel periodo: "Un buen plan de bachillerato y una comisión para la reforma técnica de la escuela que no pudo dar sus frutos". Por entonces comenzó el baile de ministros de Instrucción: "Dieciséis (16) hubo en el total de la República: imposible hacer políticas a medio plazo", lamenta MOLERO. Luego se sucedería el Frente Popular y después un golpe de Estado que resultó largamente nefasto para la educación.

Antes que educar, la República se vio obligada a dar de comer a los niños. Incluso a vestirlos. Había cantinas y roperos escolares y cobraron fuerza las Colonias Escolares que ya antes había puesto en marcha

En aquella época, RODOLFO LLOPIS, en su calidad de Director General de Enseñanza Primaria en el primer bienio republicano, durante su intervención en el *Congreso de la Educación Nueva* reunido en 1932 en Niza, señalaba la naturaleza combativa y revolucionaria de la educación de la II República española:

> "(...) La necesidad de vincular la revolución política española a una verdadera "revolución psicológica", ya que "la revolución de la conciencia transforma la mentalidad del pueblo en ciudadanos conscientes", lo que solo se podía realizar a través de la escuela. En todos los países, los revolucionarios se han refugiado en la educación. Además, "en todo revolucionario auténtico hay siempre un educador", y "en el fondo de todo educador digno hay siempre un revolucionario". Por eso, precisamente, en todas partes, la escuela ha sido el arma ideológica de la revolución"[540].

La etapa republicana se perfila como una época de enfrentamiento y confrontación ideológica también en el plano educativo, fruto de la incorporación de una nueva pluralidad, de la falta de tolerancia

---

Bartolomé Cossío. Los niños viajaban al mar o a la montaña. Hacían deporte, se divertían. Pero, sobre todo, comían. "En 15 días algunos ganaban hasta cuatro kilos de peso", dice la doctora en Historia CONSUELO DOMÍNGUEZ, que ha estudiado con detalle este extremo.
Hubo medidas urgentes que no podían esperar y que se adoptaron a golpe de decreto, hasta que fue aprobada la Constitución. El profesor de Historia Contemporánea de la Universidad de Huelva CRISTÓBAL GARCÍA ve en algunas de ellas un espíritu muy reformista: "Lo más revolucionario que puede hacerse, después de facilitar la alimentación, fueron aquellas *Misiones Pedagógicas*" de cuyo patronato fue también presidente Cossío, y que todavía recuerdan los más viejos de los pueblos. En destartaladas camionetas llegaron a las aldeas perdidas bibliotecas itinerantes, proyecciones cinematográficas, teatros, museos ambulantes. El 70% de los hombres eran analfabetos; mucho más las mujeres. En aquellas *Misiones Pedagógicas* se embarcaron grandes poetas, afamados escritores y maestros con su corbata y maletín a los que los lugareños recogían en burro donde las camionetas ya no tenían acceso".

539 ESCOLANO BENITO, A., en Introducción de SERÓ SABATÉ, J., *El niño republicano*, Edaf, Madrid, 1990, p. 2.

540 *Ibid.*, p. 3.

y uso democrático y, en particular, de un desarrollo maniqueo de los postulados educativos de los diferentes grupos sociales y políticos.

El liberalismo radical de los primeros años de la II República se adscribirá a una pautas político-educativas que representaban un espectro simétrico de, por un lado, las ideas tradicionalistas de los partidos conservadores y religiosos de España y, de otro lado, aquellas de los partidos progresistas y republicanos, que trataban de seguir el camino establecido por el vecino galo con la instauración de la III República de Francia y el desarrollo laico de la acción pública en el ámbito educativo[541].

10.2. LA EDUCACIÓN EN LA II REPÚBLICA DESDE LA PERSPECTIVA CONSTITUCIONAL Y POLÍTICA. PRINCIPIOS Y POLÍTICA CONSTITUCIONAL DE LA II REPÚBLICA

La política educativa de la II República puede ser sintetizada en torno a los siguientes principios constitucionales.

10.2.1. Desarrollo de la educación como actividad y servicio esencialmente público

La función educativa es asumida por los poderes públicos frente a intereses privados que provocan interferencias en la prestación del servicio. La educación es una misión y un deber del Estado; en el régimen republicano, la educación ha de ser un instrumento

---

541 *Ibid.*, p. 2: "En aquella mutación, casi traumática, iban a desempeñar un papel esencial los niños y los maestros. Los unos serían los sujetos destinatarios de las nuevas estrategias de resocialización de las conciencias que la República ponía en marcha a través de la escuela, los libros y otras vías de influencia. Como se había venido haciendo en Francia, nuestro país vecino, desde su III República, había que lograr —"sin asustar las conciencias" y sin "ningún sectarismo", subrayaba el prudente maestro catalán JOAQUÍN SERÓ— "una infancia totalmente republicana, sesuda y moderada".

garante de la libertad y del acceso a la igualdad. Los republicanos españoles repiten la fórmula de LA CHALOTAIS aparecida en 1763 en su *Essai d´éducation nationale*[542], en la que señalaba:

> "Reclamo para la nación una enseñanza dependiente solo del Estado, porque la enseñanza pertenece esencialmente al Estado; porque toda nación tiene un derecho inalienable e imprescriptible de instruir a sus miembros; en fin, porque a los niños del Estado han de educarlos quienes son miembros del Estado"[543].

Esta nueva educación institucional asignada a los poderes públicos se materializó en la constitucionalización de este principio en el artículo 48 de la Constitución de 1931, precepto que regulaba la prestación educativa estatal a través de la "escuela unificada":

> "El servicio de la cultura es atribución esencial del Estado, y lo prestará mediante instituciones educativas enlazadas por el sistema de la escuela unificada. La enseñanza primaria será gratuita y obligatoria. Los maestros, profesores y catedráticos de la enseñanza oficial son funcionarios públicos. La libertad de cátedra queda reconocida y garantizada. La República legislará en el sentido de facilitar a los españoles económicamente necesitados el acceso a todos los grados de enseñanza, a fin de que no se hallen condicionados más que por la aptitud y la vocación. La enseñanza será laica, hará del trabajo el eje de su actividad metodológica y se inspirará en ideales de solidaridad humana. Se reconoce a las iglesias el derecho, sujeto a inspección del Estado, de enseñar sus respectivas doctrinas en sus propios establecimientos".

Asimismo, como parte integral de la educación y desarrollo del ciudadano republicano, el artículo 43 de la Constitución[544]

---

542 LA CHALOTAIS, *opus cit.*, pp. 9 y *ss.*

543 Véase *Ibid.*, citado en GARRIDO FALLA, *Comentarios a... opus cit.*, p. 546.

544 El artículo 43 de la Constitución de 1931 señalaba: "La familia está bajo la salvaguardia especial del Estado. El matrimonio se funda en la igualdad de derechos para ambos sexos, y podrá disolverse por mutuo disenso o a petición de cualquiera de los cónyuges, con alegación en este caso de justa causa. Los padres están obligados a alimentar, asistir, educar e instruir a sus hijos. El Estado velará por el cumplimiento de estos deberes y se obliga subsidiariamente a su ejecución. Los padres

establecía, con carácter subsidiario, la obligación del Estado de velar por la alimentación, asistencia, educación e instrucción de los hijos. Esta concepción social de la educación como prestación social y pública representa en la historia política española el gran hito constitucional y social de la historia de la educación, así como el primer esfuerzo institucional sólido en la aplicación de una eficaz educación nacional social.

10.2.2. Instauración de un sistema educativo republicano y laico

La voluntad de implantar un sistema público de educación laica —desvinculado del poder religioso y fruto del deseo de incorporar en la práctica la idea de la modernidad consistente en la separación entre el mandato religioso y la construcción política— aparece en la II República como una política de Estado principal y un objetivo público de primer orden. La República muestra una clara voluntad de desvincular el sistema político público de las creencias religiosas privadas, en el sentido que relataba el artículo 3 de la Constitución de 1931: "El Estado español no tiene religión oficial".

La manipulación y tergiversación del laicismo del Estado y la lucha por parte de la Iglesia por defender su posición predominante en la sociedad española, y en particular en la educación, marcaron continuadamente el enfrentamiento entre las autoridades republicanas, el poder de la Iglesia y los partidos conservadores tradicionalistas[545].

---

tienen para con los hijos habidos fuera del matrimonio los mismos deberes que respecto de los nacidos en él. Las leyes civiles regularán la investigación de la paternidad. No podrá consignarse declaración alguna sobre la legitimidad o ilegitimidad de los nacimientos ni sobre el estado civil de los padres, en las actas de inscripción, ni en filiación alguna. El Estado prestara asistencia a los enfermos y ancianos, protección a la maternidad y a la infancia, haciendo suya la *Declaración de Ginebra* o tabla de los derechos del niño".

545 En este sentido NOGUEIRA subraya el enfrentamiento social e institucional de la Iglesia contra el sistema público y legal republicano: "La

No en vano, la primera crisis grave del gobierno de la II República se produjo a causa del debate suscitado por el artículo 26 de la Constitución de 1931, cuyo precepto constitucional contenía la prohibición expresa de la docencia impartida por las órdenes religiosas[546].

Los argumentos históricos y políticos esgrimidos por socialistas, republicanos y radicales en defensa de esta regulación jurí-

---

hostilidad claramente manifiesta de la Iglesia Católica hacia las fuerzas republicano-socialistas (...) se manifiesta no solo en su actitud de enfrentamiento y no respeto por la legalidad vigente (...) sino incluso en las relaciones con el Vaticano, cuando el Cardenal Primado Pedro Segura, que salió el día 13 para Roma, conseguía que allí se negara el *placet* a Zulueta como embajador en el Vaticano", en NOGUEIRA, *opus cit.*, p. 42.

546 El artículo 26 de la Constitución de 1931 regulaba en estos términos las actividades de las órdenes religiosas: "Todas las confesiones serán consideradas como Asociaciones sometidas a una ley especial. El Estado, las regiones, las provincias y los Municipios, no mantendrán, favorecerán, ni auxiliarán económicamente a las Iglesias, Asociaciones e Instituciones religiosas.
Una ley especial regulará la total extinción, en un plazo máximo de dos años, del presupuesto del Clero. Quedan disueltas aquellas Órdenes religiosas que estatutariamente impongan, además de los tres votos canónicos, otro especial de obediencia a autoridad distinta de la legítima del Estado. Sus bienes serán nacionalizados y afectados a fines benéficos y docentes. Las demás Órdenes religiosas se someterán a una ley Especial votada por estas Cortes Constituyentes y ajustada a las siguientes bases: 1) la disolución de las que, por sus actividades, constituyan un peligro para la seguridad del Estado; 2) la inscripción de las que deban subsistir, en un Registro especial dependiente del Ministerio de Justicia; 3) la incapacidad de adquirir y conservar, por sí o por persona interpuesta, más bienes que los que, previa justificación, se destine a su vivienda o al cumplimiento directo de sus fines privativos; 4) la prohibición de ejercer la industria, el comercio o la enseñanza; 5) la sumisión a todas las leyes tributarias del país; 6) la obligación de rendir anualmente cuentas al Estado de la inversión de sus bienes en relación con los fines de la Asociación. Los bienes de las Órdenes religiosas podrán ser nacionalizados".

dica recibían una oposición radical en la tradición reaccionaria y antiliberal de la Iglesia Católica propia del siglo XIX, así como en la fuerte oposición eclesiástica a toda la aportación ilustrada y al desarrollo del nuevo régimen democrático liberal.

La redacción del artículo 26.4 de la Constitución iba tácitamente —y por ello no aparecía su nombre— a erradicar la labor de la Compañía de Jesús, grupo religioso que tradicionalmente había formado a los cuadros de la alta burguesía y aristocracia española, y que empezaba a ocupar el espectro tanto de la educación primaria —ahora gratuita y pública— como de la secundaria[547].

La eliminación del dogmatismo antiliberal de las congregaciones religiosas era el objetivo ideológico de tal disposición, y con esta fórmula se trataba de mermar la capacidad de control político y dominio social que ostentaba la Iglesia gracias a la educación. No obstante, el nuevo sistema educativo de la II República quedaba afectado por los principios constitucionales y el reconocimiento de una serie de libertades públicas consideradas como fundamentales en un Estado Liberal: libertad de cátedra, libertad religiosa y de cultos, y libertad de expresión.

Estas garantías, constitucionalmente, también permitían un espacio para que la Iglesia realizara proselitismo y libre desarrollo de las doctrinas religiosas, eso sí, fuera de los organismos públicos docentes. El artículo 48 de la Constitución de 1931 expresamente reconocía la capacidad de la Iglesia católica para impartir sus enseñanzas y difundir la fe católica desde sus propios establecimientos:

> "Se reconoce a las iglesias el derecho, sujeto a inspección del Estado, de enseñar sus respectivas doctrinas en sus propios establecimientos. Por los motivos anteriores la derecha tradicional española siempre consideró como su más peligroso enemigo[548], no a las

547 De esta opinión es interesante el análisis de CÁMARA VILLAR, G., *Nacional-Catolicismo y Escuela, La socialización política del franquismo (1936-1951)*, Hesperia, 1984, pp. 62 y *ss.*

548 NOGUEIRA, *opus cit.*, pp. 47 y *ss.*

fuerzas virulentas que trataban de eliminar los resortes de la Iglesia tales como anarquistas y comunistas, sino a las fuerzas intelectuales y sociales que hallaron su expresión en la *Institución Libre de Enseñanza*"[549].

El historiador británico ANTHONY BEEVOR identifica a la Iglesia española como la primera fuerza fáctica en el terreno educativo que limitó el desarrollo de los valores de la escuela republicana, haciendo uso para tal fin de su importante influencia dentro del medio rural. Esto supuso una radicalización, una oposición histórica y un activo anticlericalismo entre la mayoría de los maestros republicanos, motivados por las maniobras de la Iglesia en las pequeñas ciudades y en el medio rural, ya que denodadamente esta dificultaba y minaba la labor del Estado republicano en la educación y, muy en particular, en la persona de los maestros republicanos[550]. No en

---

549 CARR, R. *España 1808-1939*, Ariel, Barcelona, 1970, p. 448.

550 BEEVOR dibuja un contexto sociológico de profundas diferencias sociales y un control social y religioso opresivo por parte la Iglesia Católica: *"The church was detested by the workers and laborers for preaching acceptance of poverty while amassing vast riches. Its attitude towards the poor was that of the traditional reply to a beggar when refusing alms: "Have patience, brother". Most of the professional middle class disliked the repressive influence it had on many aspects of life, above all on education. In some areas the church stopped teaching children to read so as to prevent them from studying socialist tracts later. Catechisms were recited instead. The illiteracy rate ranged by area from a quarter to just over half of the population, while the church schools for children of parents able to afford high fees were usually good. And, since the ecclesiastical hierarchy sabotaged state education by persuading the caciques to divert the money intended for schools, it is not surprising that anti-clericalism was strong among teachers. Doctors, too, had a long tradition of resenting church influence. In the nineteenth century they were liable to a large fine if they did not prescribe confession on a patient's first visit. Priests often accused them of sorcery and interfered in every way out of a fear that science and learning would weaken the church's hold over its flocks. Intellectuals were scornful of the dispensations to eat meat during Lent, which were sold by the church "like a game license", and of the spectacle of priests picketing theatres while on the other hand the church encouraged bullfighting. It was the fanatical mysticism of the church which provoked most people, especially the "miracles", which in the 1930s seemed usually to consist of*

vano, durante la posguerra, junto con políticos y militares, los maestros republicanos fueron los profesionales más virulentamente represaliados por el régimen franquista, creando a partir de 1939 un contexto educativo y social calificado de "erial intelectual"[551].

La aprobación del artículo 26 de la Constitución de 1931, mediante el cual se prohibía el ejercicio de la enseñanza a las órdenes religiosas, fue una de las principales causas, si no la más importante, que situó a la Iglesia en una posición de claro enfrentamiento hacia la legalidad legítimamente establecida. El propio MANUEL AZAÑA reconoció la falta de idoneidad de tal precepto, pues este supuso una pérdida de apoyos a la República y un aumento en la consideración a favor de la causa monárquica y tradicional[552]. La *Ley de Congregaciones* de 17 de mayo de 1933, que entre otras materias restringía las facultades de la Iglesia de fundar y dirigir establecimientos para la enseñanza de sus propias doctrinas y para la formación de sus ministros, desarrollaba la prohibición constitucional que impedía a las órdenes religiosas el ejercicio de labores docentes. Esta ley suscitó graves protestas y virulentas reacciones, y abrió una serie de movimientos hostiles tanto en el Episcopado español como en el Vaticano, conformando a la postre uno de los elementos que motivaron la convulsión y un verdadero preludio de guerra civil[553]. La aplicación de la legislación vigente fue respondida desde los púlpitos con la difusión de pastorales entre los feligreses con el apoyo del Papa Pío XI, contribuyendo esta labor de acoso y derribo cívico a la creación de los orígenes ideológicos e intelectuales de lo que en la posguerra se denominó el "nacional-catolicismo"[554].

---

a "communist" supposedly committing a sacrilegious act and dropping dead on the spot", en BEEVOR, *opus cit.*, p. 38.

551 MORÁN, G., *El maestro en el erial: Ortega y Gasset y la cultura del Franquismo*, Tusquets, Barcelona, 2002.

552 NOGUEIRA, *opus cit.*, p. 43.

553 TUÑÓN DE LARA, *Medio siglo... opus cit.*, pp. 183 y *ss.*

554 En este sentido, NOGUEIRA ha subrayado la labor desarrollada por la Iglesia con el objeto minar la legitimidad del orden constitucional y

10.2.3. La escuela como elemento de desarrollo y liberalizador

El fomento de la generalización de la educación primaria y secundaria a través de la Escuela Republicana y el respeto a la iniciativa privada sin apoyo financiero público fueron dos de los símbolos y logros republicanos más ansiados por la ciudadanía española. La fórmula política utilizada por la República para hacer frente a la enseñanza impartida por las órdenes religiosas fue el establecimiento de la Escuela Unificada de carácter laico, público y gratuito[555]. La Constitución reconocía la misión cultural del Estado —en el sentido del *Kulturstaat* alemán—, con un fuerte elemento compensador de desigualdades y una misión pública institucional basada en el principio de solidaridad humana. La gratuidad de la labor educativa y su obligatoriedad significaron la apuesta por la incorporación de la ciudadanía española a la vida pública y la salida de las altas tasas de marginalidad y analfabetismo existentes en la sociedad española de la primera mitad del siglo XX, que en torno a 1930 indicaban que más de la mitad de la población española era analfabeta:

> "Hasta la proclamación de la II República en 1931 no se hizo ningún esfuerzo para tratar seriamente las necesidades educativas del país. Con una población de casi 24 millones de habitantes, el 50 por ciento eran totalmente analfabetos y no había escuelas para sus hijos; en toda España había en total menos de un millón de estudiantes en escuelas y universidades. Las congregaciones de enseñanza tenían 350.937 alumnos, de los cuales 128.258

---

preservar de este modo su tradicional posición dominante en la sociedad española: "Una pastoral colectiva —redactada de hecho por el Fiscal General de la República— prescribía no solo la obligación de los padres de enviar a sus hijos a las escuelas católicas (lo que significaba un acto de rebeldía frente a la Constitución), sino que llegaba incluso a decirles que apartasen a sus hijos del "trato y de la amistad con los compañeros escolares que pudieran poner en peligro su fe y costumbres cristianas". Esta pastoral fue apoyada por Pío XI en su encíclica *Dilectissima Nobis,* anticipando el contenido de lo que posteriormente se denominará el "nacional-catolicismo"", en NOGUEIRA, *opus cit.*, p. 43.

555 *Vid.* TERCEDOR, *opus cit.*, p. 65.

> eran niños, y 222.679 niñas; el "sistema" estatal contaba con unos 400.000. Además, el 57 por ciento de los maestros estaban totalmente faltos de preparación y cualificación"[556].

El artículo 48 de la Constitución de 1931 contenía la idea de "Estado al servicio de la cultura" y vinculado a la institución de la escuela unificada única, primaria y gratuita. Además, reconocía las figuras profesionales e institucionales de profesores, maestros y catedráticos, y el ejercicio del derecho de cátedra por parte de estos:

> "El servicio de la cultura es atribución esencial del Estado, y lo prestará mediante instituciones educativas enlazadas por el sistema de la escuela unificada. La enseñanza primaria será gratuita y obligatoria. Los maestros, profesores y catedráticos de la enseñanza oficial son funcionarios públicos. La libertad de cátedra queda reconocida y garantizada".

Continúa el artículo 48 profundizando en el reconocimiento de la solidaridad económica y social para los más desfavorecidos y en una educación laica desde los poderes públicos, limitando a la Iglesia su acción educativa en la doctrina de la fe en sus respectivos centros:

> "La República legislará en el sentido de facilitar a los españoles económicamente necesitados el acceso a todos los grados de enseñanza, a fin de que no se hallen condicionados más que por la aptitud y la vocación. La enseñanza será laica, hará del trabajo el eje de su actividad metodológica y se inspirará en ideales de solidaridad humana. Se reconoce a las Iglesias el derecho, sujeto a inspección del Estado, de enseñar sus respectivas doctrinas en sus propios establecimientos".

La escuela republicana quedará identificada —en términos muy similares a los que señalaba CONDORCET en el *Informe*— por la figura civil y ahora pública del maestro republicano, que adquiría la condición de funcionario y servidor público. Un personaje de referencia institucional en cuya persona se debían materializar los principios de progreso y solidaridad y los valores laicos de la nueva República.

---

556 *Vid.* BOWEN, *Historia de la...* Tomo III, *opus cit.*, p. 582.

10.2.4. Renovación de estructuras educativas procedentes de la Restauración

El predominio de la enseñanza privada por parte de la Iglesia era casi absoluto, a excepción de la *Institución Libre de Enseñanza* y las escuelas de orientación anarquista de Ferrer Guardia, con un claro carácter laico e independiente. Junto a estos, había dos intentos de enseñanza privada con una concepción profundamente católica y social como eran las escuelas del Ave María del Padre Manjón en Granada y la Institución Católica de Enseñanza del Padre Poveda[557].

Por mandato constitucional los planes de estudios fueron de ámbito nacional, lográndose por primera vez una estructura académica y educativa uniforme en el territorio nacional. El artículo 49 de la Constitución contenía el principio de uniformidad en la regulación académica en todo el territorio del Estado español:

> "La expedición de títulos académicos y profesionales corresponde exclusivamente al Estado, que establecerá las pruebas y requisitos necesarios para obtenerlos aun en los casos en que los certificados de estudios procedan de centros de enseñanza de las regiones autónomas. Una ley de Instrucción pública determinará la edad escolar para cada grado, la duración de los periodos de escolaridad, el contenido de los planes pedagógicos y las condiciones en que se podrá autorizar la enseñanza en los establecimientos privados".

Con el reconocimiento de la diversidad cultural, histórica y lingüística en el Preámbulo Constitucional, las regiones autónomas gozaban de competencias exclusivas para la enseñanza de las lenguas de cada región española, siempre bajo la supervisión y control del Estado central. En este sentido, el artículo 50 de la Constitución rezaba:

> "Las regiones autónomas podrán organizar la enseñanza en sus lenguas respectivas, de acuerdo con las facultades que se concedan en sus Estatutos. Es obligatorio el estudio de la lengua caste-

---

557 NOGUEIRA, *opus cit.*, p. 42.

> llana, y esta se usará también como instrumento de enseñanza en todos los Centros de instrucción primaria y secundaria de las regiones autónomas. El Estado podrá mantener o crear en ellas instituciones docentes de todos los grados en el idioma oficial de la República".

Y prosigue este precepto en su segundo párrafo haciendo referencia a dos de las funciones del Estado cultural que proclamaba la República: por un lado, la inspección y supervisión de la educación pública y privada impartida en España por parte de la República como máxima y única autoridad legítima y, por otro, el reconocimiento de la misión cultural universal que comportaba el sentido de identidad hispana, lo que implicaba la creación de un servicio exterior educativo, figura muy próxima al actual Instituto Cervantes implantado fuera del territorio español:

> "El Estado ejercerá la suprema inspección en todo el territorio nacional para asegurar el cumplimiento de las disposiciones contenidas en este artículo y en los dos anteriores. El Estado atenderá a la expansión cultural de España estableciendo delegaciones y centros de estudio y enseñanza en el extranjero y preferentemente en los países hispanoamericanos".

Al igual que comentamos anteriormente, estos elementos empezaron a conformar una política educativa con caracteres de profunda reforma, significando no solo cuantitativamente un aumento en la asignación de los recursos, sino particularmente una nueva educación pública debido a la efectiva aplicación práctica de los principios de un Estado Republicano democrático. Se conformaba además una realidad sociológica nueva en la que trataban de incorporarse los principios y valores republicanos opuestos a las concepciones más tradicionalistas y conservadoras.

10.2.5. Estado social y la oferta privada educativa

La preocupación e interés del Estado republicano por la conquista social que representaba la obligatoriedad y gratuidad de la enseñanza primaria, junto con la labor interventora en la oferta y la demanda educativa a través de la creación de centros públicos, quedaba completada[558] con la incorporación a la Constitución de la libertad de cátedra, sumándose a otros derechos fundamentales tales como la libertad de conciencia, la de profesar libremente cualquier religión[559] y la libertad de expresión a través de cualquier medio sin previa censura[560].

Respecto de la libertad de creación de centros educativos en la Constitución de 1931, el artículo 49 *in fine* señalaba el futuro desarrollo legislativo que regularía la creación de los mismos:

> "(...) Una ley de Instrucción pública determinará la edad escolar para cada grado, la duración de los períodos de escolaridad, el contenido de los planes pedagógicos y las condiciones en que se podrá autorizar la enseñanza en los establecimientos privados".

La ausencia de reconocimiento expreso del derecho a crear centros —a diferencia de las Constituciones de 1869 y 1876, que reconocían a los particulares la apertura de establecimientos esco-

---

558 *Cfr. Ibid.*, p. 49.

559 La libertad religiosa aparecía regulada en el artículo 27 de la Constitución de 1931: "La libertad de conciencia y el derecho de profesar y practicar libremente cualquier religión quedan garantizados en el territorio español, salvo el respeto debido a las exigencias de la moral pública. Los cementerios estarán sometidos exclusivamente a la jurisdicción civil. No podrá haber en ellos separación de recintos por motivos religiosos. Todas las confesiones podrán ejercer sus cultos privadamente. Las manifestaciones públicas del culto habrán de ser, en cada caso, autorizadas por el Gobierno. Nadie podrá ser compelido a declarar oficialmente sus creencias religiosas. La condición religiosa no constituirá circunstancia modificativa de la personalidad civil ni política salvo lo dispuesto en esta Constitución para el nombramiento del Presidente de la República y para ser Presidente del Consejo de Ministros".

560 El artículo 34 de la Constitución de 1931 realizaba una amplia garantía y defensa sobre la libertad de expresión: "Toda persona tiene derecho a emitir libremente sus ideas y opiniones, valiéndose de cualquier medio de difusión, sin sujetarse a la previa censura. En ningún caso podrá recogerse la edición de libros y periódicos sino en virtud de mandamiento de juez competente. No podrá decretarse la suspensión de ningún periódico sino por sentencia firme".

lares— no limitaba en ningún caso el derecho de los particulares para desarrollar proyectos docentes en centros privados, siempre y cuando se atuviesen a los requisitos y criterios contenidos en la ley que desarrollase el previamente mencionado artículo 49.

Al mismo tiempo se producía una confusión conceptual entre la libertad de enseñanza y el derecho a crear centros docentes. La realidad jurídica contenida en la Constitución de 1931 es reflejo de una realidad política en la que la nueva intervención estatal en la enseñanza comportaba un doble objetivo:

a) El establecimiento de una red de centros estatales gratuitos.

b) La intervención y control cada vez mayor de la enseñanza como instrumento ideológico que posibilite la creación de un Estado moderno y secular.

La libertad de enseñanza ha contenido endémicamente un marcado sesgo eclesiástico, y se conceptúa como el derecho a crear centros docentes fuera del ámbito ideológico del Estado. Sin embargo, la idea que parece sugerir el precepto constitucional es la de un Estado que, contrariamente a su tradición histórica, negará a la Iglesia el derecho a la enseñanza. Paradójicamente en este ámbito, durante el siglo XIX español, el ejercicio de la libertad de enseñanza por parte del Estado era apreciado con amplio recelo por la Iglesia Católica, quien veía en tal labor pública una amenaza al cuasi monopolio que ejercía en España.

10.2.6. La libertad de cátedra

La libertad de cátedra supone una novedad constitucional y un hito histórico[561] que viene a dar formato de garantía jurídica y laboral a las actividades académicas del nuevo cuerpo de funcio-

---

561 Fue en Alemania donde la libertad de ciencia encontró por primera vez reflejo en un texto constitucional. "Die Wissenschaft und ihre Lehre ist frei", "la ciencia y su doctrina es libre", proclamaron sucesivamente la *Constitución Imperial de la Iglesia de San Pablo de Frankfurt* de 1849 (en su

narios de la República, véase maestros, profesores y catedráticos de la enseñanza oficial. El artículo 48 de la Constitución republicana era parco en palabras y desarrollo, pero conciso y determinante, en el reconocimiento de los derechos: "(...) Los maestros, profesores y catedráticos de la enseñanza oficial son funcionarios públicos. La libertad de cátedra queda reconocida y garantizada".

El origen histórico de la libertad de cátedra como categoría jurídica autónoma lo hallamos en 1866 con la llamada "Primera Cuestión Universitaria". Su origen, como mencionamos en el capítulo anterior, tuvo lugar en el enfrentamiento entre los profesores que defendían la reivindicación liberal de exponer sin limitaciones sus ideas, y la necesidad por parte del gobierno de supervisar la impartición de doctrinas contrarias al *status quo* político y religioso. Desde este momento se acuñaron claramente los derechos de libertad de enseñanza y los derechos y deberes que comporta la libertad de cátedra[562]. La marcha de algunos relevantes profesores universitarios hacia la enseñanza privada —ahora adscritos a la nueva filosofía krausista— provocó la distinción jurídica entre el concepto de "libertad de enseñanza" y "libertad de cátedra", limitándose esta última a aquellos docentes que fuesen titulares de una cátedra universitaria y que, como resultado del ejercicio de libertades reconocidas constitucionalmente —conciencia, culto, expresión—, genera la libertad denominada "científica", que se materializa en la independencia del pensamiento humano sin supervisión, control o influencia de los poderes públicos o privados[563].

---

artículo 152) y la *Constitución prusiana* de 1850 (en su artículo 20). Ver VAQUER CABALLERÍA, *opus cit.*, p. 46.

562 Respecto a la "Primera Cuestión Universitaria" y la libertad de enseñanza, véase PUELLES BENÍTEZ, *Educación e ideología... opus cit.*, pp. 113 y 146.

563 La *Circular* de ALBAREDA en 1881 reconocía la independencia del docente público de carácter universitario respecto de los controles gubernamentales. En su intervención en el Congreso ALBAREDA sentenciará: "(...) Nuestra Circular declaraba que el texto era elegido por el Cate-

Paralelamente, la Iglesia Católica española comenzó a denunciar al mismo tiempo la aplicación de la Constitución; en aquellos centros privados en los que era titular la Iglesia, los profesores reivindican el ejercicio de la libertad de cátedra aun en contra del ideario religioso cristiano, lo que implicaba un conflicto jurídico entre la libertad de enseñanza y la libertad de cátedra[564].

10. 3. ELEMENTOS POLÍTICO-SOCIALIZADORES DE LA EDUCACIÓN DURANTE LA II REPÚBLICA

Además del contenido jurídico-constitucional de este periodo, es de interés subrayar la acción política desplegada a través del nuevo sistema educativo como expresión socializante del poder y elemento legitimador del sistema político en los dos regímenes previos a la Constitución de 1978 —la II República y la Dictadura franquista— para que, desde una perspectiva histórica del presente, podamos valorar la fuerza transformadora de la educación como elemento político durante este periodo. Los sistemas de poder tienen como principal problema la conversión de las aspiraciones del sistema político en realidades históricas; para lograr este fin, el poder requiere de la consecución de la legitimidad para establecerse en el tiempo histórico, y desde este lograr la socialización y aceptación de las ideas.

---

drático y que el Catedrático era quien hacía el programa, teniendo, además, una perfecta y absoluta libertad de acción en la explicación de sus doctrinas porque los fundamentos de la sociedad estaban suficientemente garantizados por la ley penal", en Turín, *opus cit.*, p. 133.

564 Nogueira, desde una actitud hacia la Iglesia crítica pero constructiva, ha resaltado esta situación de conflicto de ejercicio de derechos: "(...) (Se) pueden impartir doctrinas consideradas erróneas —por ella, naturalmente—. Cuando también en la enseñanza privada se garantiza la libertad de expresión es cuando aparece realmente el significado originario del término "libertad de enseñanza": la libertad de difundir el pensamiento a través de la educación", en Nogueira, *opus cit.*, p. 48.

WEBER indicaba que las asociaciones políticas son relaciones de dominación y acatamiento, articulándose sobre la base de esa superposición el poder público: "La esencia de lo político es la conversión del poder en autoridad"[565]. El poder se ejerce mediante la legitimación, y está limitado por la "necesidad de justificación" de la misma. ROUSSEAU, en esta línea de argumentación, proponía la relación de poder en la nueva sociedad liberal y resaltaba la fuerza y garantía de los sistemas políticos mediante la legitimidad: "El más fuerte nunca es bastante fuerte para ser siempre el amo si no transforma su fuerza en Derecho y la obediencia en deber"[566].

Para lograr que un sistema político funcione es necesario que los ciudadanos se identifiquen con él, lo asuman y defiendan; con ello, los ciudadanos optan por unos determinados valores y creencias que los identifican y sostienen, ya que el poder se vertebra no solo a través de la fuerza, sino especialmente en democracia mediante un sistema de creencias y valores que ayudan a la obtención de la obediencia y dotan de autoridad y legitimidad al poder. Como señala FERRERO, únicamente aquellos gobiernos que están investidos de una legitimidad de carácter no violento —exclusiva y voluntariamente otorgada por el gobernado— pueden sobrevivir:

> "El Poder para alcanzar la estabilidad —la gobernabilidad, en la terminología hoy en uso— precisa del asentimiento, de la obediencia libremente prestada, del consentimiento de los llamados a obedecer, y a ese asentimiento, a esa obediencia, (FERRERO) lo llama legitimidad. El genio invisible de la Ciudad que despoja al Poder de sus miedos"[567].

La socialización política tiene un objetivo esencial: la de crear y formar voluntades en torno a unos valores que refuercen la creencia de los individuos en el sistema. No existen regímenes

---

565 WEBER, M., *El político y el científico,* 17ª reimpresión, Alianza Editorial, Madrid, 1997, p. 82.

566 ROUSSEAU, *El Contrato... opus cit.*, p. 7.

567 Estudio Introductorio de GARCÍA LÓPEZ, E. a la obra de FERRERO, G., *Poder los genios invisibles de la ciudad,* Tecnos, Madrid, 1998, p. 25.

sin ideología, a no ser que se trate de un régimen sin vocación de desarrollo y pervivencia, que se reduzca tan solo temporalmente al uso de la fuerza para mantenerse vigente, tal y como señala la conocida cita apócrifa atribuida a Talleyrand: "Un régimen no puede asentarse indefinidamente sobre las bayonetas"[568].

Unamuno se refería a esta cuestión como la "necesidad de conquistar la legitimidad", aseverando que todo régimen político necesita convencer, porque vencer no es suficiente[569]. Los ciudadanos han de hacer suyos los pensamientos e ideas que sustentan el régimen, los valores, las ideas y los pensamientos de un sistema político; estos valores y principios son una realidad estimable que aumenta la longevidad y legitimidad de los sistemas políticos, motivo por el cual los regímenes políticos acuden al poder socializador de la educación.

10.3.1. Referentes históricos de socialización durante la II República

La II República es un ejemplo extraordinario —por lo novedoso en la época y la extensión de la misma— para ilustrar la función socializadora y legitimadora que los regímenes políticos tratan de acometer a través de la educación.

Desde su instauración, el sistema político republicano trató de extender la presencia política pública de los valores y principios de la II República con el firme propósito de transmitir y provocar la socialización de los mismos. Esto significaba que, aparte de trasladar el concepto de Estado moderno (división de poderes, laicidad, solidaridad, justicia social, etc.), era de primaria importancia incrementar la muy baja cultura política, lograr el sometimiento de los poderes públicos y privados a la legalidad, y tratar de paliar la falta de consenso político, debido esencialmente al radicalismo presente entre los partidos de corte liberal progresista y los par-

---

568 Citado también como ejemplo en Fernández Soria, *Manual de política... opus cit.*, p. 12.

569 Unamuno, citado en *Ibid.*, pp. 12 y *ss.*

tidos conservadores y tradicionalistas. En esta difícil situación la ciudadanía debía involucrarse en la vida política, en la labor de hacer propio lo público, e incorporarse así a la modernidad.

La escuela del periodo republicano trató de convertir en patrimonio de todos lo que en realidad eran los planteamientos ideológicos de al menos la mitad de la población española, con la consiguiente dificultad y enfrentamiento histórico e ideológico que esto comportaba[570].

MILIBAND[571], como estudioso de los instrumentos que propician la legitimación del Estado en las sociedades capitalistas, ha identificado a la institución escolar como uno de los pilares de los sistemas políticos, no ya por situarse como el vehículo de la transmisión e imposición de la cultura dominante que en ella tiene lugar, sino por actuar como agencia transmisora de los valores y principios fundamentales del Estado. El tiempo es factor clave en los procesos sociales de legitimación. Este, en dichos procesos, ha de llevar necesariamente a la consecución directa de los objetivos políticos reales, ya que "la efectividad puede llegar a funcionar como principio de legitimación más o menos pasajero, y la legitimidad puede entrar en crisis por la falta de eficacia"[572]. Este supuesto de falta de eficacia fue precisamente lo que aconteció en la II República española, debido fundamentalmente a dos causas: el breve tiempo transcurrido entre su instauración y quiebra, y los extremismos y enfrentamientos entre las ideologías.

Los escasos cinco años de sistema republicano, junto con la alternancia de gobiernos de diversos signos, hicieron materialmente limitada la socialización de los valores y objetivos del régimen republicano. La II República acumuló un déficit de socialización

---

570 MORENTE VALERO, F., *La Escuela y el Estado Nuevo. La depuración del Magisterio Nacional (1936-1943)*, Ámbito Ediciones, Valladolid, 1997.

571 MILIBAND, R., *El estado en la sociedad capitalista*. Siglo Veintiuno, México, 1985.

572 RAMÍREZ JIMÉNEZ, M., "La socialización política en España", en *Europa en la conciencia española y otros estudios*, Trotta, Madrid, 1996, p. 114.

política, en buena parte debido a la falta de una política popular efectiva para la ciudadanía y a la escasez de consenso sobre los valores políticos y educativos fundamentales para sustentar el régimen[573]. Con este precedente histórico, el nuevo régimen surgido tras la Guerra Civil realizó un gran esfuerzo legitimador contundente y efectivo con el claro objetivo de realzar al Régimen franquista, para de este modo contrarrestar las carencias de legitimación con que nace —victoria militar—, así como una serie de esfuerzos por construirse una nueva legitimidad; para ello, la educación será instrumentalizada —de nuevo— en esta búsqueda de legitimidad.

Todo el proceso socializador republicano giró en torno a la conquista de unos principios y valores comunes "por y para" la ciudadanía. Esto provocó un débil consenso social y político que a medio plazo degeneró en continuas crisis de gobernabilidad y legitimidad durante los primeros años. Tan solo durante el conflicto civil, en un contexto radicalizado por la guerra, la función socializadora de la educación adquiere ampliamente una dimensión efectiva y operativa en ambos bandos.

10.3.2. Logros de la socialización educativa republicana

Los objetivos en política educativa son ampliamente conocidos desde el punto de vista material: el aumento de los niveles de escolarización, la construcción de escuelas y bibliotecas, la función educativa en todo el territorio nacional de las misiones pedagógicas, etc. Todos estos logros materiales no menoscaban en importancia los objetivos teóricos que subyacían en la consecución de los mismos durante la II República, y que podemos sintetizar en los siguientes.

a) El carácter social de la cultura. La República propuso una concepción de la educación y de la cultura como derecho

---

573 FERNÁNDEZ SORIA, *Manual de política… opus cit.*

humano y social: el derecho de poder gozar de todos los bienes culturales en las mismas condiciones y niveles que las clases dominantes; un concepto no aristocrático de la cultura, y como tal derecho, la Constitución hace de ello una esencial atribución del Estado.

b) La democratización de la enseñanza y de los bienes culturales.

c) La educación entendida como instrumento político, como medio de asentar la democracia y la persistencia de un Estado moderno y de Derecho.

d) La educación interpretada y exigida como vehículo de liberación individual y social.

La ejecución de estos valores se estructuró en torno a los pilares institucionales de escuela única, laicismo escolar, activismo pedagógico y escuelas para la ciudadanía. Sin embargo, pese a sus pretensiones políticas, la II República no alcanzó la misión de transformar la condición de "persona" en la integral de "ciudadano" para así abandonar la dependencia como súbditos, es decir, para liberar al pueblo y construir la democracia por medio de la educación[574]. No se produjo un proceso de institucionalización suficiente en la educación para que el sistema educativo implantado sirviera como elemento determinante de liberalización política.

Dos días después de la proclamación de la República, se publicó en la Revista Crisol un artículo de RODOLFO LLOPIS[575] sobre el modelo educativo del primer bienio republicano; el artículo describía el principio de "escuela herramienta", vehículo de transformación nacional de súbditos de la Monarquía borbónica a ciudadanos de la República española. La democracia es una conquista y necesita para sustentarse el pleno y responsable ejercicio de la ciudadanía; combatir el desarraigo ciudadano es invertir en de-

---

574 *Ibid.*, p. 139.

575 LLOPIS, R., L*a Revolución en la Escuela. Dos años en la Dirección General de Primera Enseñanza*, Aguilar, Madrid, 1933.

mocracia y aproximar e incorporar los principios y valores democráticos a la ciudadanía; esta era la misión política principal que la educación había de aportar.

La cuestión de la ciudadanía se convierte en un programa político: la viabilidad democrática requería para sustentarse del pleno y responsable ejercicio de la ciudadanía; esto se logra venciendo la ignorancia cegadora, que imposibilita la autonomía de la razón y hace posible la dependencia de otros. Como rezaba el contenido del Preámbulo de un Decreto educativo republicano, "(...) ha llegado el momento de redimir a España por la Escuela"[576].

Es de gran importancia poner de relieve el valor de apoyo y lanzamiento de este proceso realizado por parte de los intelectuales españoles, en particular por la constitución de la *Agrupación al Servicio de la República* y el conocido manifiesto que, dos meses antes de la proclamación de la II República, dio a conocer el diario *El Sol*, firmado por ORTEGA Y GASSET, MARAÑÓN y PÉREZ DE AYALA, y cuyo final contenía estas palabras: "La República será el símbolo de que los españoles se han resuelto por fin a tomar briosamente en sus manos su propio e intransferible destino"[577].

Gracias a la educación se conforman los principios democráticos que percibe la ciudadanía; de una manera simultánea, la función socializante y legitimadora del régimen genera una reciprocidad de intereses entre ciudadano y Estado al proyectarse en el Estado la voluntad y necesidad de seguridad y progreso ansiado por los miembros de la comunidad. El diario *Pueblo*, de 12 de agosto de 1931, daba voz a esta idea:

> "La democracia para estar bien asistida, ha de formar la compresión del ciudadano. El ciudadano, para formarse primero, necesita educar su inteligencia, adquirir cultura. De la escuela ha de nacer el futuro ciudadano de una República que será grande, tanto más

---

576 Citado en FERNÁNDEZ SORIA, *Manual de política... opus cit.*, pp. 43 y *ss.*

577 "Agrupación al servicio de la República. Manifiesto" en ORTEGA Y GASSET, *Obras... opus cit.*, p. 128.

cuanto sea mantenida por la colaboración consciente de todos los españoles".

La autonomía de la persona y la extensión de la libertad pública son los valores primarios que la educación republicana trató de transmitir. El individuo no es un ente abstracto que se pierde en la masa, sin conciencia propia de lo que es, sin un objetivo en sociedad y sin una delimitación clara y presente de sus obligaciones y derechos cívicos. El ciudadano es un hombre libre que decide su destino en el marco de las libertades públicas, e interviene y decide en los asuntos de la comunidad gracias a la educación.

Con el inicio de la Guerra Civil se evidenció la falta de materialización de los objetivos antes mencionados, ya que en el periodo de los cuatro años republicanos no se logró de un modo popular y masivo la identificación con los principios políticos republicanos, aun teniendo presentes algunos hitos históricos como la creación de nuevos organismos como las *Misiones Pedagógicas*, dependientes del Ministerio de Instrucción Pública. Su titular, FERNANDO DE LOS RÍOS, señalaba que "esta es la primera vez que el Poder Público se ha acercado al pueblo con su prestigio para hablarle de sus propósitos"[578]. En este intento incompleto, CAUDET resalta a los organismos culturales propios de la República, como las *Misiones Pedagógicas*, que realizaron un denostado esfuerzo por "restituir al pueblo su dignidad e integridad humanas y, en consecuencia, un protagonismo auténtico y real en la vida pública"[579].

El Estado republicano invertía sus esfuerzos en la labor de crear individuos autónomos capaces de realizarse en la sociedad civil gracias a la educación y la instrucción en los valores cívicos que le proporcionan los poderes públicos. No fue esta una visión compartida por los intelectuales, quienes no estimaron a la nueva escuela republicana como la fuente primordial y herramienta

578 Diario *El Sol*, 12 de julio de 1932.

579 CAUDET, F., *Las cenizas del Fénix: la cultura española en los años 30*, Ediciones de la Torre, Madrid, 1993.

para la implantación de la ciudadanía. Entre otros, UNAMUNO tenía una percepción particular y contraria a la escuela republicana, y pese a sus relaciones con otros intelectuales de la *Institución Libre de Enseñanza*, no perdió ocasión para ridiculizar sus métodos, "conduciendo al absurdo la tesis del valor de la educación en la formación del nuevo ciudadano"[580].

A partir del inicio del conflicto civil asistiremos a la perversión de las funciones de la educación como instrumento integrador de la comunidad y al alejamiento de los objetivos de formación para la ciudadanía. Durante la Guerra Civil la educación y la cultura se van a convertir en un elemento de control ideológico al servicio de una manera de entender la vida social y política, siendo en la práctica un instrumento de lucha —otra arma más— y rechazándose su pretendida neutralidad por imposible. De este modo, la instrucción cívica se va a edificar en torno a los principios y valores que diferencian y alejan a los bandos enfrentados. Son la educación y la política, desde la perspectiva de SCHMITT, las que llevarán a la creación del binomio contrapuesto amigo-enemigo[581]. En este orden de cosas, la función estigmatizadora de la educación es evidente, no ya por ahondar en las diferencias, sino por excluir a quien no se identificase con dichos valores republicanos o con los propios de la España tradicional del Antiguo Régimen. De esta suerte, si la República inicialmente incorporó las ideas regeneracionistas e impulsoras de la educación como primer paso para el desarrollo de la ciudadanía como un bien y objetivo en sí mismo, desde el inicio del conflicto bélico la educación servirá como herramienta del enfrentamiento y la concienciación política. Por estos motivos se hace difícil pensar en una educación para la ciudadanía durante la República en guerra, pues las ideas de ciudadanía no eran tan solo opuestas, sino además excluyentes: "Ciuda-

---

580 MILLÁN, F, *La revolución laica. De la Institución Libre de Enseñanza a la Escuela de la República*, edición de TORRES, F., Valencia, 1983, p. 156.

581 GÓMEZ ORFANEL, G., "Carl Schmitt y el decisionismo político", en VALLESPÍN, F. (Ed.), *Historia de la teoría política*, Tomo V, Alianza Editorial, Madrid, 1995.

dano como persona que de manera consciente y responsable se hace cargo de su peculiar historia y que como miembro de una comunidad es coprotagonista con otros del destino de esta"[582].

La educación, a las puertas del enfrentamiento civil, pierde el sentido de formación integral de *paideia* y se convierte en un sencillo pero eficaz instrumento de orientación y adoctrinamiento político.

10.3.3. La socialización política de la educación

La educación durante este periodo fue la actividad que trató de integrar y aproximar al ciudadano a los nuevos valores políticos gracias a la función socializante y legitimadora de la misma. El Presidente de la II República, Manuel Azaña, ya había señalado a la educación y escuela republicana como la semilla y garantía del sistema republicano: "La escuela es el escudo de la República y el campo de siembra de los republicanos de hoy y demócratas del mañana"[583]. En este mismo sentido, cuando las fuerzas de izquierdas retoman el poder tras las elecciones de febrero de 1936, el Ministerio de Instrucción Pública acomete una serie de medidas tendentes a la incentivación escolar y a la exaltación de la cultura popular, mostrando el claro interés socializador y legitimador de la labor de gobierno. De entre las medidas adoptadas es de destacar la creación de escuelas, que, en palabras del Ministro de Instrucción Pública, era el primer deber de toda la democracia, cuyo abandono en los años precedentes había dejado una nación de "hombres rotos"[584].

---

582 Fernández Soria, *Manual de política... opus cit.*, p. 30.

583 Azaña, M., extracto de su discurso en Baracaldo el día 14 de julio de 1935, que retoma la idea ya expuesta en 1924 en el semanario *España*, donde señalaba que: "La cuestión magna consiste en rescatar la escuela para rehacer desde los cimientos la ciudadanía", en *Ibid.*, p. 86.

584 Domingo y San Juan, M., *La Escuela en la República*, Aguilar, Madrid, 1932.

La actividad de las Misiones Pedagógicas fue bien conocida por todo el territorio español. La apertura de nuevas escuelas —aunque en número muy inferior a las planificadas—, de bibliotecas y el lanzamiento del libro como vehículo de desarrollo personal y comunicador de ideas son algunos de los hitos educativos de este periodo. No obstante, hemos de señalar algunos factores que limitaron la acción social y legitimadora de la República. Entre estos hay que citar las altas tasas de analfabetismo, la débil asistencia escolar, y la ausencia de estructuras académicas básicas y de medios materiales que supusieron, entre otras cosas, la no-consecución de la generalización de la enseñanza. Todo ello era, de acuerdo con MANUEL AZAÑA, "(...) esa política que debemos hacer y cuanto más mejor, porque solo así podremos gobernarnos a nosotros mismos e impedir que nos desgobiernen otros"[585]. AZAÑA buscaba un país moderno que implicaba civilizar a los ciudadanos y hacer hombres cuyo destino fuese el ejercicio en la vida civil[586].

La visión que quería transmitir AZAÑA de un país moderno, laico, civilizado y caracterizado por la independencia del poder político y del gobierno no tuvo, como es sabido, una recepción unánime, ya no solo por el cuerpo social, sino dentro de la propia administración del Estado. Es evidente que instituciones con un marcado carácter conservador como la Iglesia o el Ejército, con claros elementos reaccionarios y un grupo de líderes tradicionalistas en sus filas, harían fracasar y limitarán la función social y la política educativa de la República. Es más, el concepto de una "Administración pública de Estado moderno", garantía de funcionamiento imparcial y legal del mismo, será minado por los intereses políticos particulares de los funcionarios, que harán primar su condición política personal antes que la prestación de un servicio público a la comunidad. En este periodo la ausencia de

---

585 AZAÑA, M., "El problema Español", conferencia pronunciada en 1931 en la inauguración de la Casa del Pueblo de Alcalá de Henares, Adascal, Madrid, 1980, p. 28.

586 TUÑÓN DE LARA, M., *La modernidad de Manuel Azaña,* Adascal Ed., Madrid, 1980, pp. 397-411.

un elemento impersonal y abstracto del Estado era un síntoma de ineficacia de la función pública:

> "El Estado es un ente abstracto, representado por funcionarios que tratan de colarse ellos mismos en la actitud del ente al que sirven, prescindiendo de su voluntad propia, de su interés propio, de sus gustos, de todo lo que constituye la humanidad viviente, para actuar como engranajes de una especie de máquina, de un aparato técnico erigido con arreglo al principio de racionalidad funcional"[587].

España carecía de una conciencia nacional viva entre sus ciudadanos porque era resultado de la carencia de una cultura cívica, siendo solo la cultura y la educación los medios por los que se crea propiamente el entramado de identidad y ciudadanía de una nación. Cuando los ciudadanos son conscientes de su destino, buscan la misma dirección y construyen una entidad propia, lo realizan tutelados y amparados por el mismo Estado que les proporciona la capacidad y el entorno cívico para desarrollarse. Por eso, Azaña no solo pretendía ser militante, sino también docente, para configurar en las mentes españolas una ideología política.

Una parte del funcionariado cumplió con sus obligaciones administrativas al servicio de la nueva entidad, mientras que otro grupo, valiéndose de su posición dentro del Estado, no respetó los nuevos principios, que trataban de consolidar la construcción administrativa de una entidad con los caracteres modernos del servicio público. Los motivos de esta ausencia de fidelidad institucional son atribuidos a la falta de renovación administrativa que dejó de implantar el régimen republicano una vez instaurado, lo que a la postre debilitaría su situación por la ausencia de una auténtica clase profesional de funcionarios de la Administración:

> "El 14 de abril de 1931 cambió el gobierno, el régimen y la forma del Estado, pero los republicanos no aplicaron una política de tierra quemada, a todo aquello que, más o menos directamente,

---

587 Ayala, F., *Introducción a las ciencias sociales,* Cátedra, Madrid, 1994, pp. 171-174.

hubiera tenido que ver con la Monarquía. Permaneció el conjunto de los aparatos burocrático-administrativos propios del nuevo Estado y, ciertamente, ello no dejó de producir algunas dificultades al nuevo régimen"[588].

No fueron ajenos a esta dinámica ni la Iglesia española ni tampoco el Vaticano que, con la publicación de la encíclica *Dilectissima Nobis; Sobre la situación de la Iglesia en España*, convocó a los católicos españoles para que por todos los medios legítimos actuasen para reformar las disposiciones contrarias a los derechos de los ciudadanos y aquellas que contuviesen un carácter hostil hacia la Iglesia Católica. Grupos como la Federación de Amigos de la Enseñanza (F.A.E), fundada por el jesuita ENRIQUE HERRERA ORIA en 1930, la Confederación Nacional de Estudiantes Católicos y la Asociación Católica Nacional de Propagandistas (A.C.N.P.)[589] invitaban abiertamente a una contrarreforma de la enseñanza.

Un ejemplo de esta actitud hostil y combativa fue la revista *Acción Española*, cuyos objetivos eran la teorización de la legitimación del derecho a la rebeldía contra el régimen republicano[590]. Junto con estos grupos organizados, también hubo otros elementos de socialización contrarios a los valores republicanos que se fomentaban desde la familia, los medios de comunicación, las asociaciones de empresarios, la Iglesia y las agrupaciones políticas y profesionales.

Durante la Guerra Civil, la educación evoluciona como un elemento de apoyo y consolidación, es un instrumento ideológico al servicio de una única manera de entender la vida social y política. De un modo terminal, curiosamente la República, debido al en-

---

588 REIG TAPIA, A., *Franco Caudillo, mito y realidad*, Tecnos, Madrid, 1996, p. 214.

589 La ACNP fue fundada por el jesuita Ángel Ayala en 1909.

590 RAÚL MORODO aprecia en el grupo de *Acción Española* un intento de aprovechar los presupuestos ideológicos del primorriverismo para dotar de un cuerpo doctrinal a la derecha que, en su día, apoyaría al general Franco. MORODO, R., *Los orígenes ideológicos del franquismo: Acción Española*, Alianza Editorial, Madrid, 1985, p. 17.

frentamiento civil a partir de 1936, obtiene en aquellos territorios en que todavía desplegaba su control político un gran éxito en torno a los principios de la democracia y el antifascismo. En esta situación de división nacional, el objetivo político desesperado de la República consistía en implantar los valores republicanos en la mentalidad ciudadana como un elemento más de la ideología del poder legalmente establecido que, poco a poco, iba reduciendo y perdiendo el control político, del territorio y de su población.

10.4. RÉGIMEN FRANQUISTA Y EDUCACIÓN

Nada más terminar la Guerra Civil en 1939, el régimen político franquista desplegó una intensa labor de erradicación de las señas de identidad de la educación republicana. De entre las variadas causas que condujeron al desarrollo del levantamiento militar de 1936, uno de los argumentos frecuentemente esgrimidos es el del propio acto de rebelión como un acto legítimo, pues buscaba el derrocamiento de un sistema implantado tras unas elecciones municipales cuyos resultados solamente reflejaban a la España urbana, desatendiendo a la España rural. Las nuevas bases del sistema se extenderán gracias al instrumento diseñado de política educativa, donde paz, progreso económico y justicia social fueron los fines teleológicos perseguidos una vez erradicada cualquier oposición política al régimen. En el análisis político-educativo del régimen de Franco podríamos distinguir tres estadios[591]:

a) El primero, el estadio "ideológico", con fuerte presencia en las primeras fases del régimen y mantenido hasta el final.

b) El segundo, el estadio "funcional", identificado con el periodo tecnocrático que, sin ser incompatible con el de legitimación ideológica, se enmarca dentro de las necesidades

---

591 Escolano Benito, A., "Discurso ideológico, modernización técnica y pedagogía crítica durante el franquismo", *Historia de la Educación: Revista interuniversitaria,* No. 8, 1989, p. 7.

de los nuevos procesos de modernización educativa exigidos por el desarrollo económico y social del país, con un claro impulso al sector profesional y de las carreras técnicas.

c) Por último, la fase del discurso "alternativo" a finales de los sesenta y principios de los setenta, donde aparecen los movimientos alternativos de renovación pedagógica.

Con el nuevo régimen, la nueva ideología imbuye al Estado con fuerza, con particular manifestación en el aparato escolar. Como subraya FERNÁNDEZ SORIA haciendo referencia a los nuevos objetivos del régimen franquista, el más importante de estos era asegurar el proceso de legitimación de acceso y ejercicio del poder público: "(...) No existe régimen, que quiera perdurar, que carezca de ideología, es decir, de un sistema de creencias coherente que tiene como función justificar el poder y procurar la integración política"[592].

Ese substrato ideológico vendría en buena medida constituido en este campo específico como "Iglesia, Falange y educación". La importancia de la educación para el nuevo régimen podemos apreciarla, por ejemplo, en el escrito del Jefe Nacional del Servicio Nacional del Magisterio, MENDOZA GUINEA, encomendado a la Falange y con un claro carácter totalitario y legitimador de la Guerra Civil y la rebelión:

> "Después del 18 de julio las fuerzas conservadoras del régimen (...) se hicieron con el sistema docente español, para a través de él, perpetuar las estructuras económicas y sociales que estaban sirviendo a sus intereses"[593].

Durante la II República, y antes del inicio del conflicto bélico, la revista *Acción Española* marcaba la línea educativa y formativa a seguir por parte de una España basada todavía en principios del Antiguo Régimen, apostando por una profunda intervención de

---

592 FERNÁNDEZ SORIA, *Manual de política... opus cit.*, p. 111.

593 DE MIGUEL, A., *España, marca registrada,* Jairós, Barcelona, 1973, p. 152.

la Iglesia en la sociedad civil y en las instituciones del Estado, espacio donde se condensaban los elementos más importantes que ayudarían a consolidar los cambios en el régimen político:

> "Nosotros nos consideramos en el plano cultural e ideológico, como los herederos del espíritu histórico-religioso del Concilio de Trento, de la Contrarreforma, del *Syllabus*, de la lucha de la Iglesia Católica contra los graves errores racionalistas, las libertades de perdición, la falsa civilización moderna, condenados por su S. S. Pío IX; con el sufragio universal, el imperio de la multitud, condenado por Su Santidad León XIII; contra los principios de ROUSSEAU, condenado por todos los teólogos de la Iglesia; principios básicos en la ideología de todas absolutamente todas las Repúblicas democráticas modernas, empezando por la española"[594].

En la expansión de la nueva ideología educativa franquista se aprecia claramente una frenética actividad de violencia política y de intento de borrar la memoria colectiva a través de un eficaz sistema represivo que eliminará la resistencia física, psíquica o ideológica de las personas contrarias a la nueva ideología del régimen. En palabras del antiguo Ministro de Educación durante la década de 1940, IBÁÑEZ MARTÍN, en el ámbito educativo —del magisterio— se acometió una particular *Kulturkampf* contra el derrocado sistema republicano y, en especial, contra el maestro republicano:

> "Ha sido preciso acometer una tarea dolorosa, pero necesaria del aniquilamiento y depuración. Como en un organismo vivo tiranizado por el mal, España tuvo que diseccionar zonas excepcionales de su masa vital. Al magisterio afectó quizá con inusitada fuerza esta manera de purificación. Pero un supremo interés religioso y un soberano interés nacional lo exigían así"[595].

La socialización del nuevo régimen y el discurso deslegitimador sobre la II República son los dos principales objetivos que la actividad educativa va a materializar en los primeros lustros tras la Guerra Civil para, posteriormente, proyectar la figura y legitimidad carismática del régimen con un guía a la cabeza, identifi-

---

594 *Revista Acción Española,* No. 43, 1933 p. 73.

595 REIG TAPIA, *opus cit.*, p. 235.

cado con el caudillo Franco. La futura educación de los jóvenes españoles iba a estar sumida en un catolicismo que impregnaba y limitaba toda formación[596], excluyendo cualquier otra alterna-

---

596 Desde una perspectiva progresista, ROSA REGÁS recuerda de una manera sinóptica el valor de la educación pública y el distinto sesgo adquirido tras la Guerra Civil hasta la llegada de la democracia: "La educación es la base de la cultura, la que pone los fundamentos para que los individuos de una sociedad civil sean conscientes de quiénes son y del lugar que ocupan, conozcan sus derechos y sus deberes, adquieran capacidad de juicio, criterio y decisión, aptitudes que hacen a los individuos más preclaros, más justos, más mentalmente sanos y en definitiva más felices. Hay quien defiende incluso que la maldad no es sino una falta suprema de educación, de cultura, que mantiene al individuo a merced de unos instintos depredadores que ni quiere ni puede controlar. Pero sin debatir sobre estos extremos, sí es evidente que la educación eleva el nivel de inteligencia del ser humano y lo hace más clarividente frente a su propio comportamiento y el de los demás, es decir, lo hace apto para la vida en común, para la vida civil, pública. La Educación Pública ha sido uno de los grandes logros de los movimientos sociales de este siglo, uno de los grandes logros de la izquierda que siempre ha concebido la educación como un modo de transformación de la sociedad, en contra de lo que las derechas han pretendido con ella, es decir, no transformarla sino únicamente conservarla tal y como es. Fue durante los cinco años de la Segunda República cuando la Educación Pública, es decir, la que el Estado pone a disposición de todos sus ciudadanos, alcanzó las máximas cotas de justicia y calidad que se habían conseguido en todo el siglo y que en muchos casos superan a las actuales. Después, con el advenimiento de la dictadura, la educación volvió a manos de la Iglesia Católica. Fue ella la que por medio de sus instituciones, las escuelas (los colegios, como se los llamaba en la España franquista) tenían encomendada la educación de la mayor parte de los niños y adolescentes. Regidas en su mayoría por religiosos y religiosas, no solo percibían ayudas importantes del Estado, sino que los padres abonaban sus cuotas según la categoría del colegio. Es decir, la escuela era de pago, y los chicos y chicas cuyos padres no podían permitirse tales gastos, enviaban a sus hijos, bien a la escuela pública harto abandonada de los programas ministeriales y de los presupuestos del Estado con sus subvenciones totalmente insuficientes, bien, cuando había plazas, a las sucursales de aquellos conventos de pago donde en aulas o en edificios separados,

tiva[597] educativa plural que no fuera la de la religión católica. La *Ley de Ordenación de la Enseñanza Media* de 26 de febrero de 1953 reformó la Ley aprobada en plena Guerra Civil en 1938, mediante la cual se confirmaba la libertad de docencia y la existencia de centros estatales públicos junto con otros de carácter no oficial, denominándose a estos últimos como "centros de la Iglesia y privados"[598].

---

recibían en régimen de caridad la instrucción que ahora reciben por derecho. También ha sido un logro de la democracia una serie de textos institucionales y estatutarios que han condicionado la política en materia de educación y han logrado crear su nuevo marco democrático. Hoy España es un país laico y la Educación Pública un bien, un derecho que corresponde a todos sus ciudadanos sean de la raza que sean y de la religión que deseen, y sea cual fuere el nivel económico de la familia. Deficiencias, dificultades, logros y proyectos. La Educación Pública entendida como un derecho es del más profundo interés general (...) Porque solo con el conocimiento del punto en que nos encontramos y de lo que queremos conseguir sabrá salir en defensa de lo que se ha conseguido y continuar luchando por el camino que mejor nos lleve a alcanzar los objetivos de ese derecho fundamental. Un derecho fundamental que habrá que vigilar y cuidar para ir acoplándolo a las necesidades de una sociedad siempre cambiante. Y son los ciudadanos los que han de actuar, no solo los educadores y los políticos", en MATA, *opus cit.*, pp. 9 y *ss.*

597 El Decreto de 17 de mayo de 1940 suprimió formalmente la *Institución Libre de Enseñanza* y procedió a la incautación de sus bienes por sus "notorias actuaciones contrarias a los ideales del nuevo Estado". Ver NOGUEIRA, *opus cit.*, p. 51.

598 Además, la enseñanza primaria atendía al principio de exclusividad religioso-católica, y en la Ley de 17 de julio de 1945 la escuela se muestra una vez más como una herramienta al servicio de dicha doctrina estableciendo que: "(...) La educación primaria se inspirará en el sentido católico, consustancial a la tradición escolar española y se ajustará a los principios, a la moral y al dogma católicos, y a las disposiciones del derecho canónico vigente, y se consagrará la facultad de toda persona individual o colectiva de nacionalidad española para fundar y sostener escuelas privadas en las condiciones siguientes: 1) Conducta religiosa y moral intachables en la persona individual que dirija la escuela u orientación del mismo carácter en la colectividad que la sostenga; 2) Infor-

La unidad religiosa del nuevo Estado se extendía ilimitadamente tanto en los centros oficiales como en los privados, lo que definía al sistema educativo como de "escuela única", dominado por un rígido control ideológico ejercido por la Iglesia Católica[599].

10.4.1. Educación franquista y ordenamiento jurídico

En un primer momento, la regulación normativa de la educación quedaba delimitada por el *Fuero de los Españoles*, la *Ley de Principios del Movimiento Nacional*[600] y la firma del *Concordato con la Santa Sede* de 1953[601].

El Fuero de los españoles, en su Título I "Derechos y deberes de los Españoles" y, más concretamente, en su artículo 5, reconocía el derecho a la educación y la posibilidad de recibir instrucción en los centros tanto públicos como privados:

> "Todos los españoles tienen derecho a recibir educación e instrucción y el deber de adquirirlas, bien en el seno de su familia o en centros privados o públicos, a su libre elección. El Estado velará para que ningún talento se malogre por falta de medios económicos".

---

mes políticos favorables de la persona o personas que compongan la institución o entidad", en ZAPICO, M., *Iglesia y Estado ante el problema de la enseñanza*, O.P.E., Madrid, 1964, citado en NOGUEIRA, *opus cit.*, p. 51.

599 NOGUEIRA, *opus cit.*, p. 52.

600 La Ley de Principios del Movimiento, establecía, "el acatamiento a la ley de Dios, según la doctrina de la Santa Iglesia Católica, Apostólica y Romana, única verdadera y fe inseparable de la conciencia nacional, que inspirará su legislación", véase *Ibidem*.

601 El artículo 26 del *Concordato* entre la Santa Sede y España fijaba la adaptación de la enseñanza española a los criterios y dogmas de la Iglesia Católica en todos los centros docentes de todos los niveles, tanto públicos como privados. El artículo 27 reincidía en la obligatoriedad de la enseñanza de la religión católica en todos los establecimientos nacionales a fin de velar por la pureza de la fe, las buenas costumbres y la educación religiosa. *Cfr. Ibid.*, p. 53.

El derecho a la educación era complementado por los *Principios Fundamentales del Movimiento* de 1958, cuyo Noveno principio denotaba un componente extra de ayuda social "a los más capacitados para el estudio", para de este modo no desaprovechar la capacidad de los más desfavorecidos económicamente[602]. Podemos sintetizar los principales caracteres del sistema educativo durante el régimen franquista en el periodo que abarca desde 1939 hasta la aprobación de la Ley General de Educación en 1970[603]:

a) Falta de libertad de enseñanza debido a la prohibición del ejercicio de libertades públicas tales como la libertad de expresión y asociación. La capacidad de empresa educativa privada quedaba, por tanto, cercenada al respeto de los principios de la doctrina católica y del Movimiento Nacional.

b) Progresivo debilitamiento del nacionalcatolicismo y distanciamiento de la Iglesia del Régimen franquista.

c) A partir de 1950 la Iglesia pierde el papel preponderante en la educación, al pasar el Estado a intervenir en la total regulación del espacio educativo, y convirtiéndose el mercado educativo en un mercado señalado por la competitividad entre la Iglesia, los centros privados y los colegios públicos.

d) A partir de los años sesenta surge el *boom* escolar, que tratará de encauzar las necesidades del mercado a través de la formación profesional y la apertura a la formación uni-

---

602 En los *Principios Fundamentales del Movimiento* de 1958, su número IX representaba, en el ámbito educativo, una declaración de apoyo y sostén para los más limitados en recursos económicos: "Todos los españoles tienen derecho: a una justicia independiente, que será gratuita para aquellos que carezcan de medios económicos; a una educación general y profesional, que nunca podrá dejar de recibirse por falta de medios materiales; a los beneficios de la asistencia y seguridad sociales, y a una equitativa distribución de la renta nacional y de las cargas fiscales. El ideal cristiano de la justicia social, reflejado en el *Fuero de Trabajo,* inspirará la política y las leyes".

603 NOGUEIRA, *opus cit.*, pp. 53 y *ss.*

versitaria, así como de la extensión de la obligatoriedad y gratuidad de la educación.

Tras la época más oscura de la autarquía y finalizados los programas de legitimación social e implantación del nuevo sistema ideológico, a partir de la década de los 50 se inicia la apertura española hacia el exterior, el fin del aislamiento, el desarrollo de una socialización del sistema basado en la legitimidad racional, y la aparición de nuevas fórmulas pedagógicas y de educación tecnocrática que darían respuesta a la nueva situación económica española.

La incorporación de España a diferentes organismos internacionales —como Naciones Unidas en 1955—, la firma del Concordato con la Santa Sede y los primeros préstamos concedidos por Estados Unidos y diversos organismos financieros internacionales facilitaron el despegue de la incipiente industria española gracias a la posibilidad de adquirir bienes de equipo y materiales necesarios para el desarrollo industrial.

Desde 1957, año en que entran al Gobierno los primeros tecnócratas ligados al *Opus Dei,* poco a poco se va prescindiendo de la Falange en el gobierno, percibiéndose con ello un tono menos ideológico y más productivo en la acción ministerial. En el plano político, aparece la concepción del control civil de la sociedad española y no militar gracias a la aprobación de la *Ley de Orden Público* en 1959, de la *Ley sobre Bandidaje y Terrorismo* en 1960 y al establecimiento de los *Tribunales de Orden Público* en 1963 "(...) con la pretensión de racionalizar la administración de la justicia y de desmilitarizar los procedimientos represivos"[604].

A partir de 1951 con la llegada al Ministerio de Educación de JOAQUÍN RUÍZ JIMÉNEZ, de talante abierto, identificado con el libe-

---

604 ARÓSTEGUI, J., "La oposición al franquismo. Represión y violencia políticas", en TUSELL, J. *et al.* (Coords.), *La oposición al régimen de Franco. Estado de la cuestión y metodología de la investigación,* Tomo I, Vol. 2, UNED, Madrid, 1990, p. 245.

ralismo católico y recién trasladado desde su puesto de Embajador ante el Vaticano, se nombra en este intento renovador liberal a figuras intelectuales como PEDRO LAÍN, Rector de la Universidad de Madrid y ANTONIO TOVAR, de la Universidad de Salamanca.

Los objetivos del Ministerio de RUÍZ JIMÉNEZ, que luego toparon con las fuerzas más integristas del falangismo y del catolicismo, fueron tres:

a) La búsqueda de una apertura al exterior en el ámbito de la universidad para los intelectuales liberales, tratando de crear una política más aperturista que la de su predecesor, el ministro IBÁÑEZ MARTÍN.

b) La mejora de las condiciones para un nuevo Concordato con la Santa Sede, que llevaron a la firma del mismo en 1953.

c) La estructuración jurídica e institucional de la universidad, despojándola del carácter personalista de la autoridad y cambiándola por la del Gobierno de las instituciones basada en fórmulas legales.

Estos planteamientos liberales fracasaron, como indicamos anteriormente, pero supusieron en la práctica el final de la posguerra y su filosofía y la superación del ambiente existencialista. Se incorporan nuevas fórmulas tecnocráticas de gobierno debido a la intervención del *Opus Dei* en la política pública, en la que va a primar, en palabras de ELÍAS DÍAZ, un afán de "satisfacer las necesidades políticas y económicas de la oligarquía monopolística"[605], la cual, para cumplir tales objetivos, se servirá también del sistema educativo medio y superior.

En este escenario postautárquico las necesidades de desarrollo se concretarán en el progreso de la industria y el comercio, que en buena medida requerirán de la asistencia de personal técnico instruido en dichos sectores. Para estos fines, las ideas pedagó-

---

605 DÍAZ, E., *Pensamiento español en la era de Franco,* Tecnos, Madrid, 1983, p. 80.

gicas y el neoescolasticismo de la posguerra eran ineficaces para satisfacer las exigencias del nuevo sistema productivo. Como señala FERNÁNDEZ SORIA[606], son numerosos los informes de expertos que señalan la relación directa entre los sistemas educativos y los sistemas productivos. Se constata en este periodo que los progresos económicos e industriales se alcanzaron en buena medida motivados por la inversión educativa en capital humano, lo que significaba conceder a la educación un valor estratégico en la política de desarrollo[607]. Diferentes estudios a partir de 1961 inciden en identificar a la educación como factor de desarrollo económico; estudios como el *Plan Nacional de Construcciones Escolares* publicado por el Ministerio de Educación Nacional en 1961, el *Informe del Banco Mundial sobre el desarrollo económico en España* de 1962 y el *Proyecto Regional Mediterráneo* de la OCDE[608], que señala claramente la relación intrínseca entre educación y producción:

> "Un país se desarrolla en la medida en que su mentalidad va desprendiéndose del lastre de las ideas muertas, de los hábitos inertes, de las tradiciones varias (...) Toda posición cargada de prejuicios (...), todo aferramiento al pasado envilece la atmósfera de un país, coarta los ensayos de renovación, defiende implícitamente la perpetuación de la ignorancia y la miseria, obstaculiza, en fin, el desarrollo económico. Por ello, el fomento de la educación ha de ser pieza clave en la política económica del desarrollo"[609].

Estos trabajos técnicos culminaron con la *Ley de Educación* de 29 de abril de 1967, que aumentaba la edad escolar a 14 años y que, como indicaba la citada Ley, además de los motivos sociales y culturales propios de la materia, contenía un importantísimo fondo económico y de desarrollo para lograr "una mejor formación básica de todos los españoles", lo cual "constituye un supuesto

---

606 FERNÁNDEZ SORIA, *Manual de política... opus cit.*, pp. 189 y *ss.*

607 *Cfr.* BAS, J. Mª., "Política económica", *Cuadernos de pedagogía, Suplemento de educación,* No. 3, 1976.

608 Ver FERNÁNDEZ SORIA, *Manual de política... opus cit.*, p. 193.

609 *Información Comercial Española,* No. 345, 1962, citado en Autores Varios, *La enseñanza en España,* Ebro, París, 1975.

indispensable para la solución de los problemas económicos y sociales actualmente planteados en nuestra patria".

Posteriormente, con la aprobación de *Ley de Educación* de abril de 1967, se decide la unificación del Bachillerato Elemental eliminando de este modo las antiguas diferencias entre el Bachillerato General y el Laboral. Por último, y cerrando este periodo, la presentación del *Libro Blanco de Educación* de 1969 —que será el Estudio Preliminar a la nueva *Ley General de Educación* del Ministerio de VILLAR PALASÍ— junto con la *Ley de Educación General Básica* servirá de fórmula de organización educativa durante la transición española hasta la aprobación de la Constitución y la entrada en vigor de la *Ley Orgánica del Derecho a la Educación* de 1985.

Desde 1970 a 1982 —periodo correspondiente al fin de la dictadura y a los años de la transición y del ascenso al poder en democracia de los gobiernos de la Unión de Centro Democrático de Adolfo Suárez y del primer gobierno del Partido Socialista de Felipe González— se extiende la cobertura pública de los derechos educativos —con una fuerte presencia de la oferta privada de enseñanza—, así como la consolidación generalizada de subvenciones del sector público hacia los centros privados, garantizando con esta fórmula la sectorización de la oferta educativa en centros públicos, concertados (subvencionados) y privados. La promulgación de la Constitución española de 1978 y el nuevo régimen de libertades públicas permitirán una educación plural. Un nuevo sistema que guarda equilibrio entre el derecho a la educación como función y servicio público obligatorio garante del acceso a la igualdad y las libertades de opción representadas por el derecho a la enseñanza: un derecho a la enseñanza en la doble perspectiva de la elección por parte de los padres de la educación de sus hijos y de la facultad de la creación de centros educativos privados.

La introducción de los hábitos participativos (en la sociedad española de 1978) es una operación compleja que no se puede improvisar, más cuando la proclamación de los derechos fundamentales se produce a modo de una súbita invención que se alcanza de forma brusca. Surge así la indeclinable necesidad de educar para las libertades, siempre necesaria, si se tiene en cuenta el relevo de las generaciones, pero especialmente menesterosa en sociedades como la española, tantos años orientada por criterios contrarios. Es como si la educación resultara connatural a la propia proclamación de las libertades.

Martín Retortillo

Mater España
de barba peregrina,
que falta a misa de doce,
que no conoce rutina
masona, judía, cristiana,
pagana y moruna.
Mater España,
más guapa que ninguna.
Madrasta España
a la hora de la siesta,
la puta que se enamora,
la fruta que se indigesta,
que al filo de la cucaña
mira para otro lado.
Bendita España
de Azañas y Machados.
Cómplice España,
tormento redentor,
Perejil, Ceuta y Melilla,
cotos de caza menor,
catalán, galego, euskera,
lacandón, Castilla,
tópica España,
fibra óptica y ladillas.
Huérfana España,
raíces y cimientos
epidemias, cicatrices,
blasfemias y sacramentos,
¿por quién doblan las campa-
nas?
San Fermín en vena,
la de Triana
contra la Macarena.
Judas España,
la del mus y del café,
Al Andalus, Malasaña,
gitanito aserejé,
la del mono azul cobalto
y el caballo verde,
guardia de asalto
que ladra pero muerde.
Chusco y legaña
de todas o ninguno,
tricolor bandera blanca,
Millán Astray y Unamuno,
cervantina cojitranca
de áspero pasado.
¿Quién me ha robado
el siglo XXI?
Mater España

Joaquín Sabina

Capítulo 11

Constitución española de 1978 y derecho a la educación

11.1. PACTO ESCOLAR Y CONSTITUCIÓN DE 1978

El debate constitucional constituyente se iniciaba tras un largo periodo de ausencia de práctica democrática y debate político abierto; una vez más la dialéctica de argumentos se situaba en un debate bipolar. Por un lado, una concepción progresista[610] del de-

---

610 En este sentido, una muestra de esta perspectiva es la intervención en el Congreso por parte del Sr. diputado del PCE Terrón: "(...) La Constitución es el lar de la ciudadanía. Para los romanos en el lar radican los dioses de sus antepasados. Este carácter sacro del lar, de la morada, se patentiza en el dicho inglés "mi casa es mi castillo, ni siquiera el Rey puede entrar en ella sin permiso de quien la habita, aunque en ella penetre la lluvia, el frío o el calor". Por eso, la inviolabilidad del domicilio es un derecho fundamental reconocido y garantizado en los ordenamientos fundamentales. El Preámbulo de la Constitución española afirma, como voluntad de la Nación española: garantizar la convivencia democrática, dentro de la Constitución y de las leyes, dentro de un orden económico social y justo (...) Creemos que el Estado debe crear todos los puestos escolares necesarios, porque la primera libertad que debe tener el padre de familia, el padre de niños potencialmente escolares, es tener un puesto escolar; esta libertad hoy no existe, estamos todavía muy lejos de ella; no todos los padres de familia tienen un centro próximo a su vivienda a donde pueden enviar a sus hijos; creemos que esto es esencial; creemos que debe haber libertad de creación de centros, pero el Estado solo debería financiar esos centros, cuando haya puestos suficientes para todos los niños; pero esto solo puede darse cuando nuestra renta sea bastante elevada para permitirnos el lujo de crear centros con "estatuto de centro"; pensamos que entonces llegaría un momento en que el Estado subvencionase centros con determinadas confesiones ideológicas y religiosas. Pero en tanto esto no suceda creemos que es

recho a la educación basada en la igualdad y en el poder público como elemento constitutivo de garantía de la formación y de la igualdad ciudadana y, por otro, la perspectiva conservadora moderada basada en el derecho a la educación en torno a los valores propios de la libertad de elección de los padres del centro escolar, y con un amplio margen para el desarrollo y financiación de la libertad de enseñanza privada y religiosa.

ÓSCAR ALZAGA[611], representante de la Unión de Centro Democrático (UCD) en las ponencias en el Congreso sobre el derecho a la educación, señaló la materia educativa como punto

---

esencial que el Estado financie exclusiva, fundamentalmente ese puesto, que debe haber para cada niño (...) La nueva escuela democrática, es la renovación de la enseñanza, la renovación pedagógica. Lo que nosotros llamamos la nueva escuela pública, la escuela para la democracia, la escuela para crear ciudadanos democráticos, ciudadanos demócratas, esta escuela tiene esos dos fundamentos; la gestión democrática y la renovación pedagógica. Sin esto no hay posibilidad de una escuela verdaderamente democrática, pensamos que esta escuela debe ser profundamente pluralista", en DAMIÁN TRAVERSO, J., *Educación y Constitución,* Tomo II, Ministerio de Educación y Ciencia, Madrid, 1978, p. 106

611 ALZAGA, durante los debates constituyentes, resaltó la importancia y calado de la materia educativa en el nuevo orden democrático: "Realmente lo que se solventaba en un debate de tal naturaleza sobrepasaba los límites de una ley educativa. Era eso que con expresión un tanto desgastada (...) era el modelo de sociedad lo que se ponía en cuestión y, como es lógico, hubo que hacer uso de toda la artillería argumental, pues la magnitud de la batalla así lo exigía.
En ningún momento se trató de hacer una crítica resentida al proyecto de ley, al modo que la expresara MAX SCHELER, que se caracteriza por no querer en serio lo que se pretende querer, que no critica por remediar el mal, sino que utiliza el mal como pretexto para desahogarse. Se trató de una crítica que se asentaba con firmeza, a la vez que con flexibilidad, en convicciones propias y en realidades constitucionales.
Con la misma satisfacción con que ERICH KAHLER reconocía que "sin democracia no hubiera habido controversias tan sublimes como las que tuvieron lugar entre las diferentes escuelas filosóficas, ni diálogos socráticos y simposios", puedo yo reconocer que sin la ocasión de este debate no hubiera sido posible el contrastar conceptos tan distintos sobre lo

crucial y momento histórico decisivo en nuestra historia política y constitucional:

> "(...) Hay implícitas demasiadas cuestiones; algunos (...) ven también implícita aquella célebre afirmación de MITTERRAND de que para hacer la revolución ya no hay que tomar el cuartel de invierno, pues basta con tomar la escuela"[612].

El derecho a la educación en la Constitución española de 1978 resalta su carácter de derecho más "fundamental", debido a que el ejercicio del mismo sirve de base para el disfrute de los demás y es garantía del completo ejercicio de los derechos humanos en sociedad[613]. En esta línea, los profesores DE ESTEBAN y GONZÁ-

---

que la educación es y supone para nuestra sociedad", en ALZAGA VILLAAMIL, O., *Por la libertad de enseñanza,* Planeta, Barcelona, 1985, p. 12.

612 El presente texto corresponde a la intervención en el Pleno del debate en el Congreso sobre el derecho a la educación del Sr. ALZAGA VILLAAMIL, de UCD, en DAMIÁN TRAVERSO, *opus cit.*, pp. 205 y *ss.* En relación con la afirmación de MITTERRAND, F., véase *Programa Común de Gobierno de la izquierda francesa,* GF-Flammarion, París, 1973, pp. 25 y *ss.* El citado programa contenía como finalidad prioritaria la lucha contra la segregación social. Se definía la enseñanza como servicio público, único y laico. Para lograrlo se proponía la nacionalización de todos los establecimientos privados que percibieran fondos públicos.

613 De acuerdo con DE COSTER y HOTYAT, de entre todos los derechos fundamentales, el derecho a la educación es, en cierto modo, el más "fundamental", porque se constituye en la base y garantía de muchos otros derechos, como el derecho a la paz, el derecho al medio ambiente sano... La existencia de una sociedad libre no se concibe más que dentro del marco de la libertad de pensamiento y de expresión. Pero para conseguir este tipo de sociedad es preciso preparar previamente a la juventud a través de una educación en valores como la tolerancia, el pluralismo y, en general, en la idea de respeto de los Derechos Humanos. La educación debe ser una educación orientada en la idea de progreso y, por consiguiente, en la idea de preparación para los necesarios cambios sociales. *Vid.* DE COSTER, S. y HOTYAT, F., *Sociología de la educación,* Guadarrama, Madrid, 1975, p. 23.

LEZ-TREVIJANO[614] proyectan el derecho a la educación como el medio de garantía de los demás derechos, a través de las funciones que representan su ejercicio en una sociedad democrática: función socializadora, democrática y de progreso.

En primer lugar, la educación desempeña la función de "forma de integración en la sociedad" (función socializadora).

En segundo lugar, la educación se traduce en la práctica en dos vertientes complementarias (función democrática):

a) Es un derecho necesario para el conocimiento y la participación en todos los demás derechos.

b) Es un derecho necesario para el conocimiento y el adiestramiento en las garantías de los derechos.

En tercer lugar, una sociedad moderna requiere para su desarrollo integral del más alto nivel educativo posible (función de progreso).

El proceso constituyente iniciado en 1977, en el que los grupos políticos más progresistas tratarían de cifrar en la educación una de las bases para la regeneración y el desarrollo del nuevo régimen político español, albergaba grandes ilusiones en torno a la nueva educación democrática. La Constitución es el resorte de contenido material que garantiza la convivencia democrática dentro de un orden económico y social justo, que alberga y da amparo a todos los ciudadanos[615]. Y en este sentido, la educación en la Constitución de 1978 fue en un principio considerada como un modelo que determinaría la nueva sociedad española y la llave del nuevo sistema que posibilitaría la superación de uno de los

614 DE ESTEBAN, J. y GONZÁLEZ-TREVIJANO, P. J., *Curso de Derecho Constitucional español II*, Servicio de Publicaciones de la Facultad de Derecho, Universidad Complutense de Madrid, Madrid, 1993, p. 206.

615 LUCAS VERDÚ, P., *Teoría de la Constitución como ciencia cultural*, Dykinson, Madrid, 1998, p. 58.

puntos de enfrentamiento tradicionales en la historia política y educativa española[616].

No obstante, la futura simplicidad del debate constitucional en torno a los polos "derecho a la educación" y "libertad de enseñanza", defendidos por los grupos políticos, fue precedida de multitud de debates[617] técnicos y políticos sobre la educación, que

---

616 En este sentido se trataba de evitar en el proceso constituyente la tradicional imposición de mayorías clásica en nuestro constitucionalismo histórico y, por ejemplo, de evitar la imposición radical de posturas políticas denostando la base sociológica y política de la sociedad española. Una muestra de ello aconteció durante la II República española: "(...) Base enraizada en aquella famosa afirmación hecha durante la Segunda República: El edificio de barro de hoy será de mármol mañana y la enseñanza oficial que dé el Estado superará cien veces la enseñanza que daban la congregaciones religiosas", en RAMÍREZ JIMÉNEZ, M., *Los grupos de presión en la Segunda República española*, Tecnos, Madrid, 1969, p. 254.

617 De entre los numerosos debates celebrados, recordamos aquí, por ejemplo, la intervención del por aquel momento Catedrático de Salamanca, PEDRO DE VEGA, en la Mesa Redonda de la *Revista de Educación*, moderada por GERMÁN GÓMEZ ORFANEL y ENRIQUE GUERRERO SALOM, en la que intervinieron, junto con PEDRO DE VEGA, MARÍA RUBÍES (Convergencia Democrática de Cataluña), MANUEL FRAILE (UCD), FERNANDO MORÁN (Partido Socialista), ÍÑIGO AGUIRRE (PNV), JOSÉ MANUEL GONZÁLEZ PÁRAMO (AP) y ELOY TERRÓN (PCE): "El hecho de que no se haya matizado la función o el significado de la autonomía en los distintos niveles de enseñanza me parece, en cierta medida, grave; por ejemplo, en la Constitución portuguesa, de una manera indirecta, se distingue perfectamente entre un sistema educativo elemental o básico y el sistema educativo superior y se adoptan una serie de principios a los que aquí no se han referido y que acaso conviniera también fijar en la Constitución con relación a la enseñanza superior; por ejemplo, yo pienso que lo más democrático de un país no es que todos los ciudadanos tengan derecho a convertirse en licenciados o a ser universitarios, sino a articular adecuadamente las enseñanzas primarias, elementales, y enseñanzas generales. En este momento estamos padeciendo en el país —y esto lo digo como universitario— una inflación tremenda de universitarios; ¿sería conveniente, se me ocurre preguntar, que en la

tuvieron escasa repercusión en el periodo constituyente, pero que denotaban claramente la inquietud por parte de la comunidad política y educativa[618]. En el ámbito de los partidos políticos de 1978, Alianza Popular (AP) situará su énfasis en la libertad de enseñanza fundamentalmente como libertad de creación y dirección de centros educativos y en la defensa del papel del Estado como ordenador del interés público, sobre la base de la idea de que la enseñanza privada es concebida como un servicio privado a la sociedad (comunidad) y por ello debía ser subvencionada por los poderes públicos.

En posiciones menos conservadoras y más liberales, la Unión de Centro Democrático (UCD)[619] se situaba en posiciones apa-

---

Constitución se estableciera, como se hace en la Constitución portuguesa, que el Estado se reserve la capacidad de limitar el acceso a la universidad en función justamente de las necesidades sociales?
Y con relación precisamente también al tema de la autonomía —y pienso que es una cuestión importante a nivel universitario—, creo que habría de alguna manera que precisar el significado que tiene la autonomía en un contexto social como es, por ejemplo, el contexto sajón, y el significado que tiene la autonomía como reacción frente a las universidades centralizadas o napoleónicas, porque esto determina un cambio absoluto y radical". Véase intervención de PEDRO DE VEGA en DAMIÁN TRAVERSO, *opus cit.*, p. 126.

618 Sobre estos debates de carácter político-educativo, véase Autores Varios, "Mesa redonda con los partidos políticos con representación parlamentaria en torno a la educación en el proyecto constitucional", *Revista de Educación,* No. 253, Madrid, 1977.

619 UCD presentó sus posturas educativas a través de la intervención en el Pleno del debate en el Congreso sobre el derecho a la educación del Sr. diputado ALZAGA: "(…) Señorías, esta Cámara ha superado en la tarde de hoy el mismo trance que otras muchas constituyentes han tenido que pasar: la difícil situación de buscar una fórmula de compromiso al complejísimo tema del derecho a la libertad de educación. Si nos asomamos a los Diarios de Sesiones de las grandes constituyentes de la segunda posguerra mundial, veremos que uno de los temas neurálgicos, uno de los temas en que hubo que buscar un compromiso difícil, en ocasiones un compromiso en el que saltaron algunas chispas, fue este, y se produjo el

encuentro de fórmulas más o menos felices, más o menos abstractas, más o menos concretas. En Alemania, por ejemplo, el Partido Socialdemócrata y la Democracia Cristiana (y el paralelismo lo hago sabiendo que está ausente don Enrique Tierno y que, por tanto, no va a sacar de él en este momento consecuencias que no se pueden extraer) tuvieron que resolver este difícil problema, y lo hicieron con habilidad. Otro tanto ocurrió en los Países Bajos y en otras naciones. Nosotros hemos hecho lo mismo; hemos intentado alejarnos de lo que era el programa en materia de educación de nuestros respectivos partidos para buscar un precepto de coincidencia, y hemos de felicitarnos, porque el gran peligro que ha demostrado conllevar la historia de nuestro constitucionalismo es haber convertido los programas de partido en Constituciones.

En este tema, como muy bien decía mi colega el señor don JORDI SOLÉ, hay implícitas demasiadas cuestiones; algunos —quizá los que ven, sobre todo, los riesgos— ven también implícita aquella célebre afirmación de MITTERRAND de que para hacer la revolución ya no hay que tomar el cuartel de invierno, pues basta con tomar la escuela. Sea como sea, nosotros pensamos que el artículo que se ha aprobado no tiene los riesgos que, con ciertos criterios alarmistas, se han subrayado, pero, que yo sepa, en materia constitucional no hay compañía de seguros que expida pólizas con cobertura a todo riesgo. No hay riesgos graves, y si se compara el precepto aprobado con otros que condujeron en la práctica a las consecuencias que temen los señores miembros del Grupo de Alianza Popular, se ven distancias siderales. Como muy bien saben don Federico Silva y los restantes dignos miembros de su Grupo Parlamentario, en el artículo 26 de la Constitución de la Segunda República se prohibía taxativamente a los miembros de las órdenes religiosas ejercitar la función docente. Estamos a años luz de preceptos de esa índole. Nosotros pensamos que el artículo en cuestión satisface, con suficiente holgura, los mínimos de nuestro programa electoral, de nuestro programa de partido y de nuestras convicciones profundas en materia de enseñanza. Hemos votado un precepto que posibilita la libertad de enseñanza, que es una libertad señera, que está en la encrucijada de la libertad de creencias, de la libertad de pensamiento, de la libertad de expresión, de la libertad de difundir la cultura; en suma, es una auténtica libertad de libertades. Estamos poniendo las bases de una auténtica sociedad pluralista y no podemos salir a la calle con alarmismos simplistas (…)". Véase la intervención ALZAGA VILLAAMIL, O. en DAMIÁN TRAVERSO, *opus cit.*, pp. 205 y *ss.*

rentemente parecidas a las de AP, pero con perfiles propios[620]. UCD centró sus propuestas en una libertad de enseñanza próxima al criterio de AP, pero añadiendo el elemento de *pluralismo ideológico* de los centros, avalando así la posibilidad de que cada centro tuviera su propio proyecto educativo y garantizando de este modo una defensa de las escuelas privadas confesionales. En el planteamiento de UCD había elementos afines al Partido Socialista Obrero Español (PSOE), tales como la defensa del principio de igualdad de oportunidades y, derivado de ello, la gratuidad de la educación básica.

El PSOE acababa de celebrar en diciembre de 1976 su XXVII Congreso Federal en una situación de semiclandestinidad tolerada[621], y presentaba unas propuestas claramente orientadas a la izquierda donde la planificación y gestión democrática de la educación y la propuesta de la escuela pública única —que comportaba presuntamente la desaparición de la escuela privada— eran sus principios fundamentales. De acuerdo con la intervención del responsable del PSOE en los primeros tiempos del debate: "La única garantía de que la enseñanza sea libre e igual para todos es que sea controlada socialmente y no quede ese control, especialmente por vía económica, en manos privadas"[622].

A esto se añadía la enseñanza gratuita y laica, así como la implantación de un servicio público de educación[623]. No obstante,

---

620 *Cfr.* PUELLES BENÍTEZ, M., "Las fuerzas políticas en la educación escolar. La etapa preconstituyente (1975-1978)" en GARCÍA GARRIDO, J. L. (Dir.), *La Sociedad Educadora*, Fundación Independiente, Madrid, 2000, pp. 147 y *ss.*; así como PUELLES BENÍTEZ, M., *Educación e ideología… opus cit.*, pp. 393 y *ss.*

621 Véase PUELLES BENÍTEZ, "Las fuerzas políticas… *opus cit.*, p. 148.

622 Véase Diario de Sesiones del Senado, 25 de agosto de 1978, pp. 1915 y *ss.* Intervención del Sr. XIRINACS.

623 Postura expuesta también por el Sr. diputado XIRINACS. Véase *Ibid.*, p. 1917.

el contenido de las ideas del derecho a la educación del PSOE[624] fue flexibilizándose hasta llegar a posiciones conciliadoras con la libertad de enseñanza durante el debate constitucional.

Por su parte, el Partido Comunista Español (PCE) presentó unas firmes posiciones ideológicas —correspondientes a un partido que se había mantenido en la clandestinidad y en el ostracismo político[625]— que se materializaron en la firme defensa de la educación como un servicio público, laico y gratuito, y que como novedad incorporaba la posibilidad del desarrollo de proyectos educativos privados con una gestión democrática de los mismos gracias a la intervención de todas las personas que participan en el proceso educativo[626].

---

624 Durante los debates celebrados en 1978, el PSOE mostró una postura determinada en la defensa de la escuela laica, pública y gratuita con participación en la gestión de los centros escolares. Aun habiendo votado a favor del precepto, no dejaron de manifestar a través del Sr. diputado Gómez-Llorente su falta de identificación con el contenido del precepto: "(...) Este artículo no recoge la filosofía socialista de la educación, la filosofía específica y particular que nosotros podíamos mantener". Véase la intervención del Sr. diputado Gómez-Llorente, en Diario de Sesiones del Congreso, 7 de julio de 1978, p. 4041.

625 Ver Puelles Benítez, "Las fuerzas políticas... *opus cit.*, p. 149.

626 En este sentido la intervención en el Pleno del debate en el Congreso sobre el derecho a la educación del Sr. diputado Solé Tura, del PCE, contenía los puntos principales de la izquierda española: "(...) Este tema de la educación tiene detrás de sí muchos malentendidos, muchos fantasmas, como decía. Tenemos el tema tradicional de la pugna entre clericalismo y anticlericalismo, que tanto se ha desfigurado; tenemos el problema de una escuela elitista reproductora de privilegios, junto con una población falta de escuelas; tenemos el tema de la concepción misma de la familia ligada a todo el tema educativo; tenemos el problema de la pugna entre diversas culturas e ideologías, que pasa precisamente a través de una determinada concepción de la institución escolar; tenemos el tema de las lenguas maternas, el gran tema de las autonomías... Por otro lado, tenemos que en la España actual, la España de 1978, a esos viejos fantasmas se ha superpuesto una nueva realidad, la realidad de unas escuelas, de unas universidades que están bajo la presión de la

Estas posiciones fueron matizándose con las aportaciones provenientes de los políticos intervinientes de diversos signos en los debates preconstitucionales en las Cortes; políticos como los representantes de grupos como Minoría Catalana[627] o el Partido So-

---

masividad; una tendencia creciente, imparable además, al igualitarismo social; el desarrollo cultural de masas, hecho de manera desigual y desde luego de una manera absolutamente contestable, pero existente y con formas enormemente prometedoras; tenemos los grandes problemas que plantea la docencia, las formas de acceso a la docencia, las condiciones económicas del profesorado, la estabilidad profesional, etc. Todo esto se ha superpuesto a la vieja situación y actitudes, y ese es el cuadro que hemos tenido que intentar resolver a la hora de elaborar el texto constitucional—aunque nosotros pensamos que la vía principal de desarrollo es la escuela pública—, y que esos problemas no se pueden resolver hoy impulsando sólo la escuela pública y dejando la escuela privada abandonada a su suerte, como han dicho los dos oradores que me han precedido. Sin las subvenciones del Estado, un sector importante de la escuela privada podría desaparecer y la escuela pública no estaría en condiciones de llenar el vacío dejado, con lo que el déficit que queremos corregir aumentaría. Pero si hoy no se puede abandonar la subvención a la escuela privada, es evidente que el esfuerzo principal debe consistir en intentar resolver el problema educativo por la vía de la iniciativa pública, porque la enseñanza es, fundamentalmente, un servicio público y no un negocio privado. Una vez establecido esto, los poderes públicos deben dejar la puerta abierta para que también se pueda seguir ayudando a la escuela privada con fondos públicos, si esta cumple los requisitos generales implícitos en el artículo 25, es decir, no discriminación, igualdad de oportunidades, respeto a los valores del pluralismo democrático y los demás requisitos que el propio artículo contiene. Es más; esta puerta no solo debe estar abierta ahora, sino que puede estarlo en el futuro, y así lo dice el propio párrafo 9, como forma subsidiaria, pero subsidiaria en el sentido de luchar contra el déficit escolar y de asegurar el pluralismo ideológico que queremos mantener, sin olvidar —y esto me parece muy importante— que el pluralismo no consiste en multiplicar islas educativas particulares, sino en asegurar que todo el sistema, el público y el privado, se base en este pluralismo (...)", en DAMIÁN TRAVERSO, *opus cit.*, pp. 200 y *ss.*

627 Véase más adelante la intervención de los Sres. diputados ROCA JUNYENT y ERIBERT BARRERA COSTA, de Minoría Catalana.

cialista Unificado de Cataluña, cuyas intervenciones, contenidas en los Diarios de Cortes, reflejan los matices de sus propuestas educativas[628].

---

628 Hemos de resaltar las intervenciones en el Pleno del debate en el Congreso sobre el derecho a la educación, de la Sra. Diputada MARTA GARRIGA, del Partido Socialista Unificado de Cataluña: "(...) Nadie diría, leyendo estos párrafos del texto constitucional y después de asistir a este debate, que nos encontramos en el país de Europa que, con Portugal y Grecia, tiene un sistema educativo de peor calidad y desarrollo, que somos un país educativamente subdesarrollado. Y todo ello nos parece no solo observando la cantidad de centros, puestos escolares y profesorado, sino mirando la calidad pedagógica y sociológica del servicio a la sociedad de nuestro sistema educativo. Estoy diciendo este balance como socialista de Cataluña, este pueblo que tanto ha trabajado en lo que va de siglo para conseguir una auténtica escuela al servicio de todo el pueblo de Cataluña, nativo e inmigrado, y que no ha trabajado solo. En los años treinta se realizó el encuentro entre la Renovación Pedagógica Catalana y la que incluía la *Institución Libre de Enseñanza*, teniendo su eclosión durante la Segunda República. En los largos años del franquismo, muchos maestros de Cataluña, reunidos cada verano en Barcelona, compartieron con maestros de otros pueblos de España esta labor. Quizá por el conocimiento de este trabajo se ha difundido una cierta opinión de que en Cataluña la realidad del sistema escolar es mejor que en el resto de España. Quisiera, en este momento de explicar nuestro voto, dejar constancia de todo lo contrario. Tenemos los mismos problemas que los de toda la escuela de España, aumentados si cabe por nuestras características. Somos una zona de inmigración, es decir, acogemos a todos aquellos que tienen derecho constitucional a permanecer en la zona materna, pero que no han tenido derecho constitucional de ninguna clase a permanecer en su tierra de origen. Somos zona de lengua y tradición cultural y pedagógica propias y preteridas. Tenemos, por tanto, los mismos problemas, pero aumentados. Y es por esta realidad, objetiva y subjetiva de nuestra escuela, por lo que los Socialistas de Cataluña nos hemos abstenido de intervenir en la polémica sobre libertad de enseñanza que fuera y dentro de este hemiciclo tiene lugar. Nos parece una discusión bizantina, si no farisaica, y corresponde a la parte confusa del texto que acabamos de votar. Y aquí entramos en la segunda parte de nuestra explicación de voto, es decir, en la reseña de aquello que nos parece más aceptable. Todos tienen

Tras las elecciones de junio de 1977, la clase política española advirtió la necesidad de una Constitución democrática y moderna que reflejara las aspiraciones políticas, sociales y económicas de la sociedad española. No obstante, y debido a la carga ideológica de los grupos políticos, los dos partidos mayoritarios surgidos de las primeras elecciones —UCD y PSOE— mostraron su firme voluntad de no buscar una Constitución identificada con la ideología del partido que en ese momento gozara de mayoría, sino que optaron resueltamente por la fórmula del consenso constitucional, siendo el consenso educativo —conocido como *Pacto Escolar*— aplicado por vez primera en el proceso constituyente.

Los principios de igualdad y libertad fueron en un primer momento enfrentados y percibidos como antagónicos —e incluso excluyentes—, pero esta dificultad fue superada gracias a la flexibilidad y el acercamiento de posturas por parte de PSOE y UCD. La educación como realidad privada —en la que el derecho de enseñanza fortalece la existencia de grupos sociales relevantes en la educación tales como la Iglesia— frente a una educación como realidad pública —que garantiza la igualdad de oportunidades y el desarrollo de las personas— pasarían a ser dos criterios que podrían cohabitar en el nuevo marco constitucional; el Pacto Escolar que surgió finalmente solo pudo alcanzarse gracias a renuncias y cesiones mutuas.

---

derecho a ser educados; el objeto de la educación es el pleno desarrollo de la personalidad; los padres tienen derecho a que sus hijos reciban la formación religiosa, etcétera, pero de todo esto lo que nos duele es que no se destaque en absoluto lo que es principio normalmente aceptado por las constituciones europeas, incluidos los países con tradición de problema escolar, a saber: que los poderes públicos son el principal responsable de la enseñanza. Nosotros no propusimos la cesación de la ayuda a la escuela privada, ayuda que ninguna Constitución española previó y que instauró en 1970 la reforma franquista. Lo que proponemos es la apertura del servicio a la sociedad que la escuela mantenida con fondos públicos tiene que hacer (…)", en DAMIÁN TRAVERSO, *opus cit.*, pp. 215 y *ss.*

Los partidos de izquierdas reconocieron como derechos todas las prestaciones derivadas del principio de igualdad tales como la ayuda financiera a los centros privados o el derecho de los padres a la formación religiosa de los hijos, de igual manera que el centro-derecha reconoció el papel activo y regulador de la educación por parte del Estado, reconociendo con amplitud el derecho a la educación, la programación pública general y la creación de nuevos centros educativos públicos que serían asistidos en su dirección y gestión por la comunidad escolar. Muestra de todo esto es el artículo 27 de la Constitución española de 1978, que permite fácilmente apreciar en su amplio contenido los derechos reclamados por ambas opciones políticas —derecho a la educación y libertad de enseñanza—, lo que ha permitido describir a este precepto como reflejo de un consenso de carácter ideológico y una clara voluntad de evitar el enfrentamiento y la exclusión política en el texto constitucional[629]. En este contexto de posicionamiento de intereses destaca una vez más la importancia de la educación como elemento clave de los procesos políticos. De acuerdo con Burdeau[630], el interés público en el ámbito educativo es inheren-

---

629 Embid Irujo y Bernal Agudo han resaltado el carácter no impositivo ni excluyente del artículo 27 de la Constitución: "El artículo 27 de la Constitución permite que tendencias políticas distintas, cuando alcancen la gobernación del Estado, lleven a cabo desarrollos diversos del mismo, coincidentes con sus premisas políticas (...) Esto es lo más notable del artículo 27: él mismo representa un compromiso educativo innegable. Consigue a lo largo de sus muy meditados diez párrafos que las diversas fuerzas políticas puedan aplicar sus programas sin que merezcan reproche de inconstitucionalidad, sin que deban por ello pedir la reforma constitucional (...) El artículo 27 posibilita y nunca impide un debate político y social que siempre será saludable porque actúa sobre un hecho, el educativo, que siempre merecerá de la sociedad la mayor de las valoraciones y de los criterios de importancia", en Embid Irujo, A. y Bernal Agudo, J. L., *Las libertades de la enseñanza,* Tecnos, Madrid, 1983, p. 13.

630 Burdeau, G., *Les libertés publiques,* Librairie Générale de Droit et de Jurisprudence, París, 1972, p. 316, citado por Fernández-Miranda Campoamor, A., y Sánchez Navarro, A. J., "Artículo 27. Enseñanza", en

te a la realidad de un sistema democrático, lo cual fue constatado en la negociación del *Pacto Escolar*. Entre las razones teleológicas del Pacto constatamos las siguientes:

a) La escuela es el primer agente público de socialización del escolar. La escuela forma ciudadanos, de modo que el Estado, a través del servicio público de la educación, interviene y controla la difusión de los valores fundamentales de la comunidad y de los principios políticos que son objeto de difusión en las escuelas. De un modo particular, los poderes públicos españoles intervienen prohibiendo comportamientos e idearios que puedan socavar los principios de convivencia y los valores de una sociedad democrática.

b) La escuela forma profesionales y técnicos para la sociedad, y por ello los poderes públicos han de verificar y regular sus competencias en interés de la comunidad. La capacidad de renovación educativa, investigación y desarrollo fijada a través de las políticas educativas estatales define a medio y largo plazo la orientación económica y el desarrollo social del Estado.

c) Los valores del ordenamiento jurídico constitucional moderno contenidos en el artículo 1 de la Constitución, tales como la libertad, la igualdad, la justicia y el pluralismo político, requieren de una efectiva implantación por parte de los poderes públicos mediante el sistema educativo público obligatorio.

11.2. DERECHO A LA EDUCACIÓN EN LA CONSTITUCIÓN DE 1978: ARTÍCULO 27

El derecho a la educación aparece regulado en el artículo 27 de la Constitución. Muestra de su importancia es el amplio texto —el

---

ALZAGA VILLAAMIL, O. (Dir.), *Comentarios a las Leyes Políticas*, Edersa, Madrid, 1996, p. 195.

más amplio de los dedicados a los derechos fundamentales, con 10 apartados— que refleja el interés por dejar constancia de las diferentes realidades —derechos y obligaciones— que entrañaba el derecho a la educación en el régimen democrático español:

> "Todos tienen el derecho a la educación. Se reconoce la libertad de enseñanza. La educación tendrá por objeto el pleno desarrollo de la personalidad humana en el respeto a los principios democráticos de convivencia y a los derechos y libertades fundamentales. Los poderes públicos garantizan el derecho que asiste a los padres para que sus hijos reciban la formación religiosa y moral que esté de acuerdo con sus propias convicciones. La enseñanza básica es obligatoria y gratuita. Los poderes públicos garantizan el derecho de todos a la educación, mediante una programación general de la enseñanza, con participación efectiva de todos los sectores afectados y la creación de centros docentes. Se reconoce a las personas físicas y jurídicas la libertad de creación de centros docentes, dentro del respeto a los principios constitucionales. Los profesores, los padres y, en su caso, los alumnos intervendrán en el control y gestión de todos los centros sostenidos por la Administración con fondos públicos, en los términos que la Ley establezca. Los poderes públicos inspeccionarán y homologarán el sistema educativo para garantizar el cumplimiento de las Leyes. Los poderes públicos ayudaran a los centros docentes que reúnan los requisitos que la Ley establezca. Se reconoce la autonomía de las Universidades en los términos que la Ley establezca".

Aun a pesar del consenso alcanzado no fue en ningún caso pacífica la negociación del acuerdo sobre educación. Para ello basta recordar el cese de la asistencia a las sesiones del Sr. PECES-BARBA, representante del PSOE, y de otros miembros de la Ponencia constitucional por haberse roto el consenso en la discusión de diversos artículos correspondientes al Título I[631]. No obstante, una muestra de la solidez del consenso alcanzado en materia educativa, una vez superados los escollos iniciales fue el mantenimiento sin modificaciones del texto aprobado por la Comisión de

---

631 La referencia al abandono se da fe en el *post scriptum* al Informe firmado el día 10 de abril de 1978. Citado por GARRIDO FALLA, *Comentarios a... opus cit.*, p. 543.

Asuntos Constitucionales y Libertades Públicas del Congreso[632], que ni siquiera fue alterado posteriormente a pesar de las largas deliberaciones en el Pleno del Congreso y del Senado[633].

Respecto a la no imposición ideológica de principios, NOGUEIRA ha señalado que la valía del artículo 27, como ejemplo de acuerdo y pacto democrático en la transición en una materia trascendental, es un claro ejemplo de la voluntad de consenso democrático: "el artículo 27 puede ser una de las muestras más representativas del consenso de intereses alcanzado durante todo el proceso de elaboración constitucional"[634].

Esta actitud de concordia y consenso constitucional se materializó en un amplio contenido que reflejaba y trataba de satisfacer a todas las reivindicaciones[635] mediante la fórmula del consenso en torno al desarrollo del derecho a la educación y la libertad de enseñanza.

GARRIDO FALLA ha planteado, en clave de desafío, la labor de equilibrios que acometió el constituyente entre el derecho a la libertad y el derecho a la igualdad, pues de fondo se encontraban las tradicionales reivindicaciones de grupo: por un lado, conser-

---

632 B.O.C. 1 de julio de 1978.

633 El portavoz del Grupo UCD, Sr. JIMÉNEZ BLANCO, en la sesión final plenaria del Senado dedicada al derecho a la educación señaló: "Entre ayer y hoy, queridos amigos de la Cámara, estamos enterrando casi sin darnos cuenta tres problemas clásicos del constitucionalismo español", en Diario de Sesiones del Senado, 27 de septiembre de 1978, p. 3009. De acuerdo con GARRIDO FALLA, el Senador se refería a los clásicos antagonismos: clericalismo-anticlericalismo, monarquía-república y enseñanza laica-ensenanza religiosa. *Cfr.* GARRIDO FALLA, *Comentarios a… opus cit.*, p. 543.

634 NOGUEIRA, *opus cit.*, p. 80.

635 BEGUÉ CANTÓN ha señalado que durante el debate constitucional todo el interés se polarizó en torno al tema de la libertad de enseñanza y de financiación. Véase BEGUÉ CANTÓN, G., "Libertad de enseñanza", en Autores Varios, *Los derechos y libertades públicas: XIII Jornadas de Estudio*, Tomo 2, Ministerio de Justicia, Madrid, 1992, p. 356.

vadores valedores de la iniciativa privada y la libertad individual y, por otro, progresistas defensores de la escuela pública y la función comunitaria de la educación. Ambos principios aparecen contenidos en pie de igualdad en nuestra Constitución:

> "(...) La dramática dialéctica del tema se encuentra en que en el fondo viene a plantear la oposición entre dos principios que el artículo 9.2 de la Constitución proclama perseguir con idéntico énfasis: "La libertad y la igualdad del individuo y de los grupos". ¿Acaso es que son incompatibles entre sí? ¿Es que la única alternativa que presenta nuestro tiempo es la que enfrenta la democracia de la libertad con la democracia de la igualdad?"[636].

El sistema educativo español ha quedado conformado bajo el marco del artículo 27 de la Constitución, que simboliza un entramado de normas que contienen, a su vez, un delicado sistema de pesos y contrapesos[637] reflejo de los principios ideológicos de los partidos en pleno debate constituyente, y que una vez más respondían a las dos tradicionales perspectivas educativas: por un lado, una laica y progresista en la que la escuela es referencia institucional base del desarrollo democrático y, por otro lado, una perspectiva liberal conservadora para la cual la expresión de la libertad personal se reflejaba en la libertad de enseñanza y en la elección de los padres del centro educativo, así como en la incorporación de la educación religiosa como elemento indispensable de la formación integral de las personas.[638] Este consenso político en materia de educación no dejaba resuelta la educación de la nueva ciudadanía, que habría de ejercer una democracia participativa y pluralista, y, como evidencia Martín Retortillo, tal labor de instrucción democrática por parte de los poderes públicos no podía dejarse a la espontaneidad:

---

636 En este sentido, una muestra de esta perspectiva es la intervención en el Congreso por parte del Sr. diputado del PCE Terrón, en Damián Traverso, *opus cit.*, p. 106.

637 Garrido Falla, *Comentarios a... opus cit.*, p. 544.

638 Fernández Farreres, G., "El sistema educativo", *Revista vasca de Administración Pública,* 2000.

> "La introducción de los hábitos participativos es una operación compleja que no se puede improvisar, más cuando la proclamación de los derechos fundamentales se produce a modo de una súbita invención que se alcanza de forma brusca. Surge así la indeclinable necesidad de educar para las libertades, siempre necesaria, si se tiene en cuenta el relevo de las generaciones, pero especialmente menesterosa en sociedades como la española, tantos años orientada por criterios contrarios. Es como si la educación resultara connatural a la propia proclamación de las libertades"[639].

La necesidad de divulgación de los valores y principios democráticos comprende un esfuerzo efectivo por parte de los poderes públicos, pero muy en especial de los particulares —familia, educadores, políticos, intelectuales—, para que así sea efectiva la socialización y asimilación de los valores del Estado democrático:

> "Apasionante labor, por tanto, la de educar para las libertades, aunque cuajada de problemas y dificultades. Aquí sí que se precisa del talante democrático de los gobernantes para, con generosidad y desprendimiento, intentar construir sobre roca, aprovechar la más mínima ocasión, introducir todas las cuñas que se tercien. Y qué duda cabe que en esta tarea, de tan hondo sentido cívico, están llamados a desempeñar una importante labor tuitiva, de vigilancia y de incitación quienes de cualquier manera contribuyan a formar opinión pública: maestros y enseñantes, escritores y artistas, líderes sociales, periodistas…"[640].

---

639 Obsérvese el diferente significado de la terminología política en España y Europa en contraste con la de Colombia y toda América Latina junto con EE.UU. En el contexto europeo, "liberal" es sinónimo de ideología democrática y firme apoyo del librecambismo con un reducido apoyo a la intervención y presencia del Estado; ocupa ideológicamente el espacio político conservador y moderado del centro derecha, siendo en este caso sinónimos los términos políticos de "liberal y conservador". Por otro, los partidos progresistas y socialdemócratas europeos del centro izquierda aparecen bajo la figura de partidos progresistas, no siendo calificados en la terminología europea de "liberales" como en la tradición colombiana o estadounidense.

640 Véase MARTÍN-RETORTILLO BAQUER, L., "Eficacia y garantía de los derechos fundamentales", en MARTÍN-RETORTILLO BAQUER, S. (Coord.),

La concreción de los derechos y principios recogidos en el artículo 27 de la Constitución se ha producido escalonadamente a partir de la aprobación de las Leyes Orgánicas que han desarrollado el contenido del mismo.

11.2.1. Derecho a la educación y libertad de enseñanza

El artículo 27.1 muestra en su redacción el contenido genérico que en los apartados posteriores va a desarrollarse: por un lado, la garantía contemporánea y simultánea del derecho a la educación —derecho del ciudadano a recibir educación—, materializado como el derecho a exigir una prestación administrativa, y por otro lado, el derecho de los propios ciudadanos a prestar e impartir enseñanza por ellos mismos: "Todos tienen el derecho a la educación. Se reconoce la libertad de enseñanza".

De este modo, el derecho a la educación contenido en el artículo 27.1 significa la incorporación real y efectiva de lo público como primer agente educativo, adquiriendo la doble dimensión de Estado intervencionista y prestador de servicios[641], lo cual refrenda la naturaleza del Estado español propugnada por la Constitución de 1978 al declarar en su artículo 10 que "España se constituye en un Estado social y democrático de Derecho (...)".

Estudios sobre la Constitución española. Homenaje al profesor Eduardo García de Enterría, Tomo II, Civitas, Madrid, 1991, p. 598.

641 El conjunto de normas estatales y autonómicas que desarrollan la materia educativa ha sido descrito por RUIZ ROBLEDO como "Constitución educativa española", en el sentido de que señala la existencia de una Constitución cultural española entendida como "conjunto de normas destinadas a proporcionar el marco jurídico fundamental para la estructura y el funcionamiento de la vida cultural española, entendiendo por tal, tanto la producción y el disfrute de las obras artísticas, literarias y científicas como los diversos modos de vida, costumbres y tradiciones que se han desarrollado en toda España, en alguna nacionalidad o región, o en alguna provincia, comarca o localidad". *Cfr.* RUIZ ROBLEDO, A., "La Constitución cultural española", *Revista La Ley,* No. 4751, Madrid, 1999.

El profesor LUCAS VERDÚ ha señalado que la cláusula del Estado social del artículo 1 contiene la clave interpretativa de todo el ordenamiento constitucional, de tal manera que la aplicación de la Constitución debe interpretarse en el significado más profundo, completo y generoso de sus términos.[642] En esta línea, RUBIO LLORENTE[643] ha señalado que el derecho a la educación contenido en el artículo 27 de la Constitución se da como un derecho de la sociedad antes que como un derecho del individuo, es decir: la educación es una dimensión inherente a la actividad política democrática en un Estado de derecho. El derecho a la educación se materializa en una garantía institucional con una relevante perspectiva social[644]y que implica un conjunto de prestaciones públicas a favor de los ciudadanos, quienes tienen en la educación un servicio público que integra[645] y faculta su desarrollo:

> "(...) La única posibilidad de conseguir una sociedad más igualitaria en el campo de la educación es la potenciación de la escuela pública, la intervención del Estado en las relaciones sociales con la finalidad de distribuir más igualitariamente los fondos públicos en beneficio de los más necesitados (...)"[646].

---

642 En este sentido véase la obra de GARRIDO FALLA, F., "Intervencionismo estatal y educación nacional", en Autores Varios, *La educación en una sociedad de masas,* Ediciones de Cultura Hispánica, Madrid, 1954, pp. 50 a 69.

643 Véase LUCAS VERDÚ, P., "Estado Social y Democrático de Derecho", en ALZAGA VILLAAMIL, O. (Dir.), *Comentarios a las Leyes Políticas,* Editoriales de Derecho Reunidas, Madrid.

644 RUBIO LLORENTE, citado en SÁNCHEZ FERRIZ, R. y JIMENA QUESADA, L., *La enseñanza de los derechos humanos,* Ariel, Barcelona, 1995, p. 80.

645 Véase NOGUEIRA, *opus cit.*, p. 93.

646 Sobre esta idea de la relación causa-efecto entre comunidad democrática, ciudadano y educación resaltamos, de nuevo, la intervención en el Pleno del debate en el Congreso sobre el derecho a la educación de la Diputada Sra. MARTA GARRIGA, del Partido Socialista Unificado de Cataluña, y su abierta defensa de la educación como elemento configurador de la sociedad democrática: "Nosotros estamos convencidos de que la solución del tremendo problema de la enseñanza en Cataluña y en España no pasa por ayudar más o menos a la iniciativa privada, sino

El principio de plena escolarización del artículo 27.1 de la Constitución comporta un mandato para el legislador, que ha de desarrollar e incorporar al ordenamiento jurídico las obligaciones que se materializan en una prestación educativa, entre ellas:

a) Una programación democrática de la educación, pública, oficial y obligatoria que permita en la medida de sus posibilidades la elección de los padres de un centro docente y el acceso en condiciones de gratuidad a todos los puestos escolares de carácter público de todos los niños que lo soliciten.

b) El derecho de acceso a la educación como prestación pública obligatoria, que, en tanto en cuanto considerado como derecho fundamental, supone la primacía del derecho de los niños a la educación frente al resto de las libertades.

El esfuerzo constituyente y la concordia reflejada en el Pacto Escolar permitieron la creación de un amplio sistema integral,

---

por una acción firme y emanada de los poderes públicos y, en el caso de Cataluña, de nuestros organismos propios: La *Generalitat*, la Comarca, el Municipio (...), nuestra satisfacción por ver recogida, por primera vez en una Constitución española, la desestatalización de la enseñanza con la participación de todos los sectores y personas en ella incluidos. Desde que el Estado moderno puso sobre las débiles espaldas infantiles la obligatoriedad de la enseñanza, su libertad personal, su condición de futuro ciudadano libre se han visto limitadas. El niño que no cumple con esta obligación será un ciudadano de tercer orden, un analfabeto que a menudo no puede votar ni aun encontrar trabajo. Y es que el primero que hubiera tenido que sujetarse al cumplimiento de la obligatoriedad de la enseñanza es el Estado que la impone, ofreciendo escuelas a todos para que todos lleguen a ser ciudadanos cabales, cosa que no se hizo en nuestro caso. Pero, además, como la educación no solo hace del niño un ciudadano, uno de ese "todos" que ayer éramos, sino persona, es decir, uno distinto de "todos" y fuente de la propia entidad, ni el Estado Central, ni los poderes públicos, ni mucho menos la empresa privada, sobre todo en un país de economía de mercado, puede garantizar esta libertad personal. Solo la puede garantizar la participación personal", ver en Damián Traverso, *opus cit.*, pp. 215 y *ss.*

plural y público de educación, lo que significó por primera vez en la historia constitucional española[647] la sistematización del contenido real y efectivo del derecho a la educación representativa de todas las tendencias políticas y sociológicas de España. Estos derechos son:

a) Derecho a cursar la enseñanza que en cada momento sea considerada básica y obligatoria por la legislación ordinaria.

b) Derecho a un sistema de formación racional con controles objetivos y sistemáticos que faculte al acceso a cualquier titulación del sistema educativo en función de la capacidad escolar.

c) Derecho al acceso a los centros de enseñanza sin más limitaciones que las establecidas por motivos de interés público, desarrollado a través de la norma correspondiente.

d) Derecho a una educación en condiciones de igualdad y sin discriminación, y en particular el derecho a recibir la enseñanza en la lengua propia del estudiante.

e) Derecho a la aplicación de un sistema disciplinario exento de arbitrariedades y a la existencia de garantías procedimentales en la imposición de sanciones.

f) Derecho a la participación responsable en los órganos de Gobierno por parte de padres, alumnos y profesores.

La segunda parte del artículo 27.1 refleja e identifica la tradición liberal española del siglo XIX, para lo cual la Constitución sirve de marco para el desarrollo de las libertades individuales amparadas como derechos subjetivos: en este caso, el derecho a crear centros de enseñanza privados. Además, en la Constitución se abandonó una práctica de enfrentamiento endémica provocada por la oposición histórica y jurídica que la libertad de enseñan-

---

647 NOGUEIRA, *opus cit.*, p. 93

za y el derecho a la educación han suscitado en nuestra historia y que ha sido clave para entender el enfrentamiento civil de dos realidades políticas y socio-culturales.

> "A lo largo de nuestra historia constitucional, libertad de enseñanza y derecho a la educación rara vez han sido reivindicados simultáneamente (...) se han presentado como postulados excluyentes"[648].

El diputado y profesor ÓSCAR ALZAGA, en su intervención[649] en el debate del Congreso, hizo referencia explícita al concepto que su grupo, UCD, asumía como libertad de enseñanza:

> "La doctrina entiende por libertad de enseñanza la libertad de fundar centros docentes, de dirigirlos, de gestionarlos, de elegir los profesores, de fijar, en su caso, un ideario del centro; la libertad de impartir en los mismos, en el caso de que se estime pertinente por los padres y por los directivos del centro, la formación religiosa, etc."[650].

---

648 EMBID IRUJO, A., "El contenido del derecho a la educación", *Revista Española de Derecho Administrativo,* No. 31, pp. 654 y *ss.*, citado por FERNÁNDEZ-MIRANDA CAMPOAMOR, A., y SÁNCHEZ NAVARRO, A., *opus cit.*, p. 172.

649 FERNÁNDEZ-MIRANDA CAMPOAMOR, A., *De la libertad de enseñanza al derecho a la educación,* Centro de estudios Ramón Areces, Madrid, 1988, p. 160.

650 Durante el debate constituyente, la postura del Partido Popular quedó reflejada en las intervenciones del Sr. diputado SILVA MUÑOZ en el debate en Pleno del Congreso sobre el derecho a la educación: "(...) El pluralismo escolar que ampare los criterios de todos los padres sobre la formación de sus hijos es necesario en una sociedad pluralista. Por eso defendemos el derecho a crear y dirigir escuelas propias. El derecho a crear y dirigir escuelas por parte de los particulares y de las entidades públicas hunde sus raíces en la dignidad intangible de la persona humana. Todo ser humano tiene por sí mismo un haz de derechos inviolables, como son: el derecho a la libertad de pensamiento, de opinión y de expresión; a la libertad de conciencia y a la libertad religiosa; a la libertad de participación en la cultura y en la investigación; a la libertad de asociación con fines pacíficos. Como fruto espontáneo de todos estos derechos personales e inviolables brota el derecho a crear y dirigir centros educadores no públicos, y con todo ello es irreconciliable la pretensión de implantar una escuela pública única. Esta unicidad obli-

---

gatoria viola los derechos más fundamentales de la persona humana. Si no aceptamos el sindicato público único, el partido político público único, la prensa pública única, por muy ideológicamente pluralistas y autogestionados que fueran, ¿por qué hemos de aceptar la escuela pública única?

En la actual realidad de España se enfrentan dos concepciones opuestas de la escuela y de la educación. Unos defienden el "pluralismo de centros en la sociedad" y otros propugnan el "pluralismo ideológico en el interior del centro" desde la educación preescolar. ¿Cuál de los dos sistemas es congruente con la libertad y los derechos de la persona? El "pluralismo de centros en la sociedad" mantiene que en una nación ha de haber centros estatales o públicos y centros no estatales, libres o privados; que cada centro debe tener un ideario, amplio, pero claro, que concrete el sentido del hombre, de la sociedad, de la vida y del universo que se quiere inculcar en la educación. El centro ofrecería, no impondría, a los padres este tipo de educación específica desde el punto de vista filosófico, religioso y moral; los padres elegirán libremente para sus hijos aquel centro que coincidiera con sus profundas convicciones entre los profesionales que personalmente estuvieran de acuerdo con la orientación y el rumbo del ideario del centro.

El "pluralismo en el interior del centro", por el contrario, sostiene que son las escuelas públicas —ni estatales ni privadas— las únicas que deben quedar y que han de ser ideológicamente pluralistas. En cada una de ellas habría profesores de todas las tendencias ideológicas, filosóficas, religiosas, políticas, etc., desde la educación preescolar; cada profesor gozaría de libertad de cátedra; y los alumnos irían haciendo su propia opción personal entre todos los sistemas ideológicos y de valores que escucharan. Sin ningún ánimo polémico, y tan solo para intentar aclarar ideas, diré que es como si se defiende que la libertad de prensa consiste en que haya "pluralismo de periódicos en la sociedad", cada uno con su línea propia, su dirección y orientación coherentes, mientras que otros sostuvieran que no debe haber sino periódicos públicos, pero con periodistas de todas tendencias políticas, religiosas, sindicales, ideológicas, etc., en el seno de cada uno.

La participación activa de todos los estamentos de la comunidad educativa en los métodos y sistemas de formación de la escuela es necesaria para asegurar la planificación y control democrático, pero debe ejercerse en el respeto objetivo a la conciencia personal del alumnado y al proyecto educativo que los padres han elegido para sus hijos. A la sociedad

---

le corresponde también participar en la vida de las escuelas, reflejando los cauces por los que se hace visible, pero sin adulterar sus objetivos fundamentales con matices de proselitismo o de adoctrinamiento ideológico que van contra el pluralismo de la misma sociedad. Cualquier condicionamiento por parte de quienes maticen o pretendan cambiar la línea educativa de una escuela en contra de su estatuto vulnera el principio de libertad de enseñanza.
La Administración Pública debe potenciar todas las iniciativas estatales o no estatales que beneficien en igualdad de oportunidades a los destinatarios de la educación, uniendo esfuerzos para conseguir que todos los niños españoles tengan escolarización adecuada. A la Administración del Estado corresponde tutelar la efectiva realización del derecho de todos los ciudadanos a la educación, corregir desigualdades y discriminaciones, señalar las condiciones generales en materia de enseñanza y controlar su calidad con el debido respeto a la autonomía de cada escuela. Pero la enseñanza no estatal está prestando un servicio reclamado por la sociedad española y no puede ignorarse y, por tanto, no hay razón válida que impida destinar fondos públicos a su financiación, lo que debe hacerse sin discriminaciones entre la enseñanza estatal y la no estatal, porque ambas prestan un mismo servicio de interés general y todos los alumnos son ciudadanos con los mismos derechos.
La formación religiosa, como parte de la educación integral, deberá programarse en todas las escuelas estatales o no estatales donde reciban educación alumnos creyentes, coordinándola con el resto de las materias según una planificación coherente. Los alumnos cuyos padres manifiesten que no desean formación religiosa para sus hijos recibirán una formación ética en las mismas condiciones en que se imparte la religiosa. La Administración Pública debe poner los medios necesarios para hacer posible el ejercicio de estos derechos. El Estado tiene que reconocer las justas exigencias de la sociedad a la que sirve, ayudando a las escuelas a que eduquen en la búsqueda del sentido de la vida, en función precisamente de las creencias de los alumnos. Las escuelas en las que sus estatutos establezcan la formación religiosa como uno de los objetivos fundamentales estarán facultadas para evitar por procedimientos que la enseñanza del resto de las materias se imparta sin el debido respeto a la creencia religiosa de los alumnos.
Estimamos que la enseñanza debe llegar a ser gratuita. La gratuidad de la educación se justifica por ser el medio más apto de facilitar a toda persona humana el ejercicio de su derecho y el cumplimiento de su de-

---

ber de recibir una enseñanza pública en centros diferentes, inspirados por concepciones de la vida diferentes.
En fin, decía también en Comisión, que el texto habla solamente de ayuda a los centros y que, por tanto, excluye otras formas de ayuda que me parecen igualmente interesantes y acaso más justas, y que acaso sean realmente las formas de ayuda en el porvenir. Me refiero, por ejemplo, a la fórmula del cheque escolar, que ya sé que presenta dificultades indiscutibles y que, de una forma general, no creo que haya sido utilizado todavía en ningún país, pero que ha sido objeto de mucho sentido y creo que encierra realmente una semilla de porvenir (...)". Véase en DAMIÁN TRAVERSO, *opus cit.*, pp. 139 y *ss.* La intervención del Sr. diputado SILVA fue tachada, entre otros, por los Sres. diputados ROCA JUNYENT y SOLÉ TURA de alarmista y fatalista. Esta fue la réplica en el Pleno del debate sobre el derecho a la educación del Sr. diputado ROCA JUNYENT, de Minoría Catalana: "(...) Yo quisiera en este sentido hacer una alusión, y concretamente iniciar esta intervención diciendo, con todos los respetos: Señor SILVA, aquí hay un fariseo. Porque yo me escandalizo de que en temas como este se haga plataforma electoral. Y me escandalizo porque desde ayer, y este es el sentido de nuestra intervención, nosotros consideramos que se está introduciendo en el debate constitucional un elemento muy peligroso, que, para no dar rodeos, es exactamente el terrorismo intelectual. Se está diciendo que ahí llegan unas hordas, a veces de un color o a veces de otro, pero llegan unas a destruir el orden constitucional, la democracia, y esto no es verdad. Lo que hoy hemos votado no tiene ningún sentido de peligro, y puede vivir tranquila la sociedad española, que con lo que se acaba de votar lo único que se hace es mejorar el sistema educativo español. No lo contrario (...) El pacto constitucional es un pacto global en su conjunto y lo que defendemos es el conjunto de la Constitución.
Lógicamente, este artículo tiene, evidentemente, su dificultad. ¿Y por qué? Porque, evidentemente, en el futuro van a producirse muchos más enfrentamientos en nuestra sociedad por el modelo cultural que vayamos a intentar definir que, quizá, por otros tipos de modelos u otros tipos de circunstancias. Pero si es cierto que hemos de defender un modelo cultural pluralista, y lo hemos de hacer, y la Constitución lo hace, también es evidente que este modelo no puede olvidar dos premisas fundamentales. En primer lugar, que la libertad de enseñanza no puede ser la excusa para ocultar la responsabilidad prioritaria de los poderes públicos en el tema educativo. La libertad de enseñanza

La libertad de enseñanza debe así mismo completarse de acuerdo con el artículo 39.3 de la Constitución, en el marco del derecho de los hijos[651] y la obligación de los padres de asistir a los primeros siempre que se encuentren bajo su tutela: "Los padres deben prestar asistencia de todo orden a los hijos habidos dentro o fuera del matrimonio, durante su minoría de edad y en los demás casos en que legalmente proceda".

El Tribunal Constitucional, en STC 5/1981, ha manifestado que la libertad de enseñanza puede ser entendida como una "proyección de libertad ideológica y religiosa y del derecho a expresar y difundir libremente los pensamientos, ideas u opiniones", siendo además una "actividad encaminada de modo sistemático y con un mínimo de continuidad a la transmisión de un determinado cuerpo de conocimientos y valores".

La STC 5/1981 refleja expresamente esta limitación de la libertad de enseñanza en línea de continuidad con la jurisprudencia del Tribunal de Estrasburgo (Consejo de Europa) y los textos normativos citados:

> "Aunque la libertad de creación de centros docentes o educativos que se sitúan fuera del ámbito de las enseñanzas regladas, la continuidad y la sistematicidad de la acción educativa justifican y explican que (esa) libertad (...) como manifestación específica de la libertad de enseñanza haya de moverse en todos los casos dentro de límites más estrechos que los de la pura libertad de expresión".

---

verdadera empieza cuando no existe déficit educativo. La libertad de creación se da, en todo caso, en el contexto constitucional. Esto podría ser la preocupación de algún sector, preocupación válida; pero incluso la libertad de creación está en el texto de los preceptos constitucionales (...)" en *Ibid.*, p. 164.

651 *Vid.* Diario de Sesiones del Congreso, 23 de mayo de 1978, p. 2601, intervención del Sr. diputado ALZAGA. Una muestra de sus intervenciones también puede verse en ALZAGA VILLAAMIL, *Por la libertad... opus cit.*, y DAMIÁN TRAVERSO, *opus cit.*, pp. 205 y *ss.*

Con ello, en cumplimiento del artículo 10.2 de la Constitución, el Tribunal Constitucional sigue la misma línea interpretativa sostenida en el Convenio Europeo de Derechos Humanos (adoptado en Roma en 1950) y en el Pacto Internacional de Derechos Económicos, Sociales y Culturales de Naciones Unidas de 1965, que reconoce un amplio marco de libertad únicamente sujeto a los límites y principios constitucionales y un auténtico derecho amplio y pleno de la libertad de enseñanza en sus diferentes acepciones.

11.2.2. Finalidad de la educación de acuerdo con la Constitución

La Constitución ha dejado referencia explícita de los objetivos que ha de lograr el sistema educativo español; en el artículo 27.2 se formula una enumeración material de los fines de la educación en un sistema democrático, plural, tolerante y en disfrute de las libertades fundamentales: "La educación tendrá por objeto el pleno desarrollo de la personalidad humana en el respeto a los principios democráticos de convivencia y a los derechos y libertades fundamentales".

La primera reflexión que se infiere de la lectura de este precepto es la identidad entre "principios filosóficos" y "régimen político-jurídico"; la naturaleza de la educación tiene en sus objetivos y fines una absoluta identidad política con el sistema —en este caso democrático— que la ha creado[652]. En la Constitución espa-

[652] Entre otros autores representativos, HERRERO DE MIÑÓN también presentó su personal concepto de "libertad de enseñanza": "La libertad de enseñanza es, en segundo lugar, la libertad de crear centros escolares distintos de los estatales, de establecerlos, de identificarlos con un proyecto educativo que le dé un carácter propio. La libertad de enseñanza solo es posible si, además, el sector público establece una red de centros públicos allí donde el sector público sea demandado por quienes van a utilizar ese servicio, pero no indiscriminada y ruinosamente. La libertad de enseñanza es la libertad de los profesores de enseñar. Pero, esta, como toda libertad, ha de conectarse con el derecho de los alumnos de aprender y no ser manipulados, con el derecho de los padres a elegir

ñola se opta por un sistema de valores democráticos y de disfrute de libertades, lo que comporta un límite al pluralismo ideológico ilimitado en materia educativa, evitando al mismo tiempo de este modo el neutralismo o relativismo absoluto[653]. Esto supone la consideración de "inconstitucional" de cualquier educación o

---

una educación, derecho que no debe ser defraudado por los manipuladores, y con el derecho de todos a establecer y dirigir centros docentes, presididos por un carácter propio que tampoco debe ser vaciado de contenido mediante el abuso y la infidelidad", en HERRERO DE MIÑÓN, M., *Constitución española. Trabajos parlamentarios*, Servicio de Publicaciones de las Cortes Generales, Madrid, 1979, p. 613.

653 Desde el punto de vista sociológico, para el pedagogo SANZ la Constitución de 1978 supuso una nueva perspectiva en el marco educativo español: "La Constitución supone un planteamiento de la educación desde la perspectiva liberal, democrática y social de transmisión de un marco referencial a las siguientes generaciones, dotado de legitimidad y, por tanto, en una situación de asimetría en relación con las posiciones de los sujetos, realiza la función social de educar y señala una perspectiva sociopolítica a la educación, entendiendo lo político como construcción social de lo posible y en el que la utopía, la acción y el sentido no son sino modalidades que asumen, desde el sujeto, la relación entre el conocimiento, la acción y el significado. Su configuración se caracterizaría porque el referente final del proceso educativo es un ser humano capaz de desarrollar, de asumir y de realizar un proceso de maduración estructurada de autonomía personal, que integra y vertebra las dimensiones psicobiológica, social y moral integradas en la sociedad democrática.

(...) La autonomía personal supone un contenido de tipo psicobiológico (que a su vez comporta unas capacidades de comunicación, de simbolización, etc.), social (supone un desarrollo personal orientado a la sociedad, hacia el interés y valoración de lo colectivo y al establecimiento de vínculos, relaciones y proyecciones en alguna o varias de las dimensiones del desarrollo sociocultural, cívico y político) y moral (al potenciar esta dimensión personal se pretende que el educando pueda construir su propia identidad, su proyecto de vida como ideal de excelencia humana, capacidad de plantearse consciente y responsablemente sus propios fines y dirigir su propia vida", en SANZ, G., "El significado constitucional de la educación", *Revista de Organización y Gestión educativa*, No. 3, Madrid, 1999, p. 11.

enseñanza impartida en centros públicos o privados contraria a los principios y valores de un Estado democrático, social y de Derecho como el que recoge nuestra Constitución, entre otros, en los artículos 1, 10, 14 y siguientes.

ÁLVAREZ CONDE, en referencia al artículo 27.2 y su redacción, reclama una auténtica efectividad de los principios y fines contenidos en el precepto, y que dicho artículo no quede en una mera declaración de principios constitucionales sin efectividad legal real:

> "(...) Plantea el espinoso problema de los límites y el contenido del derecho a la educación, que constituye hoy día más un *desideratum* a conseguir que una auténtica realidad palpable. Lo importante es que se produzca una actuación positiva de los poderes públicos, reclamada por la propia naturaleza del derecho a la educación, a fin de que este precepto no quede convertido en una mera declaración constitucional"[654].

Por tanto, el artículo 27.2 de la Constitución sí ha supuesto una norma de referencia y de cumplimiento normativo en nuestro ordenamiento jurídico. Este punto 2 del artículo 27 limita, por sí mismo, el ejercicio de dos libertades contenidas en el Título I, Sección 11 de la Constitución: por un lado, de la libertad de cátedra[655] —contenida en el artículo 20.1.c: "Se reconocen y protegen los derechos (...) a la libertad de cátedra[656]"—, y, por otro,

---

654 Véase GARRIDO FALLA, *Comentarios a... opus cit.*, p. 550.

655 ÁLVAREZ CONDE, E., *Curso de Derecho constitucional*, Tomo I, Tecnos, Madrid, 1982, p. 370.

656 No siendo en este trabajo objeto de desarrollo el contenido de la libertad de cátedra, dicha libertad ha sido frecuentemente la primera en sufrir la ignominia de los regímenes totalitarios. Los regímenes totalitarios, en su ejercicio, atacan todas las libertades, entre ellas la libertad de expresión y el derecho a la información, y se ensañan, aún más si cabe, con la libertad de cátedra. Por ejemplo, durante la Guerra Fría en Iberoamérica la "doctrina de la Seguridad Nacional" llegó incluso a prohibir no solo algunas cátedras, sino Facultades íntegras tales como la de Sociología, Psicología y otras ciencias sociales, apelando para ello desde la cesantía hasta la desaparición forzada de catedráticos. La subordina-

de la libertad de enseñanza del artículo 27.1. En consecuencia, el desarrollo y disfrute de ambas libertades no puede superar el marco constitucional que les proporciona amparo en su ejercicio. Es decir, como derechos subjetivos son limitados y además sus límites son expresos, pero ello no es óbice para el normal ejercicio del derecho que los centros privados confesionales tienen reconocido —tal y como ha fallado con posterioridad el Tribunal Constitucional en las STC 5/1981 y 77/1985— a evitar que enseñanzas contrarias a las creencias religiosas de sus alumnos sean impartidas en sus centros.[657]

Además, el derecho a la educación y a la libertad de enseñanza, en tanto que derecho fundamental y de acuerdo con el artículo 10.2 de la Constitución, ha de ser interpretado de acuerdo con la Declaración Universal de los Derechos Humanos y otros tratados ratificados por España:

> "Las normas relativas a los derechos fundamentales y a las libertades que la Constitución reconoce se interpretarán de conformidad

---

ción del saber al poder quedó clara cuando desde un orden totalitario se atacó prioritaria y sistemáticamente a la autonomía universitaria: se hizo desaparecer, se mató, se torturó, se impidió la actividad universitaria a miles de profesores y alumnos, se cerraron carreras (Sociología, Psicología, etc.), se censuraron programas, autores, textos... en el contexto de una universidad intervenida militarmente. Basta recordar para ello la matanza de Jesuitas —Padre Eyacuría— en El Salvador en diciembre de 1991.

657 La defensa de este punto fue realizada en la presentación de AP en el debate de educación por parte del Sr. diputado SILVA ante la Comisión del Congreso (Diario de Sesiones... 23 de mayo de 1978, *opus cit.*, pp. 2598 y *ss.*) y en el Pleno (Diario de Sesiones... 7 de julio de 1978, *opus cit.*, pp. 4021 y *ss.*). Por otra parte, en el derecho comparado encontramos un parecer similar en la Sentencia de la Corte Constitucional italiana de 29 de diciembre de 1972, fallo que confirmaba el cese de un profesor de la Universidad de *Sacro Cuore* de Milán por violar en sus explicaciones el carácter católico de la conocida universidad lombarda; citado a pie de página en GARRIDO FALLA, *Comentarios a... opus cit.*, p. 554, Cita No. 18.

con la Declaración Universal de Derechos Humanos y los tratados y acuerdos internacionales sobre las mismas materias ratificados por España".

El artículo 10.2 está directamente inspirado en el artículo 16.2 de la Constitución Portuguesa de 1976, y fue incorporado expresamente como contrapartida al consenso obtenido en materia educativa, de modo que el intérprete constitucional[658] siguiese las pautas interpretativas establecidas especialmente por el Tribunal Europeo de Derechos Humanos del Consejo de Europa y por el artículo 2 del *Primer Protocolo al Convenio Europeo de Derechos Humanos*[659], aspecto que es desarrollado en el Capítulo 12 de este libro. El artículo 27.2 de la Constitución, interpretado a la luz del artículo 10.2, queda perfilado y configurado a través de la jurisprudencia del Tribunal Europeo de Derechos Humanos del Consejo de Europa y de los textos normativos internacionales[660] ratificados por España. Por ello, el artículo 10.2 de la Constitución es un "auténtico principio rector de toda labor educativa, que precisa

658 Es frecuente la remisión por parte del Tribunal Constitucional español a la interpretación sobre el derecho de educación formulada por el TEDH: sentencias del TC SSTC 5/1981, de 13 de febrero; 62/1982, de 15 de octubre; 77/1985, de 27 de junio; 195/1989, de 27 de noviembre; 260/1994, de 3 de octubre; y el ATC 382/1986, de 18 de diciembre.

659 El artículo 2 del *Primer Protocolo al Convenio Europeo de Derechos Humanos* indica: "A nadie se le puede negar el derecho a la instrucción. El Estado, en el ejercicio de las funciones que asuma en el campo de la educación y de la enseñanza, respetará el derecho de los padres a asegurar esta educación y esta enseñanza conforme a sus convicciones religiosas y filosóficas".

660 España ha suscrito, entre otros, el *Pacto de Derechos Civiles y Políticos* (Nueva York, 19 de diciembre de 1966, ratificado por España y publicado en el Boletín Oficial del Estado de 30 de abril de 1977), el *Pacto Internacional de Derechos Económicos, Sociales y Culturales* (Nueva York, 19 de diciembre de 1966, ratificado por España y publicado en el Boletín Oficial del Estado de 30 de abril de 1977) y, de especial eficacia, el *Convenio Europeo de Derechos Humanos* del Consejo de Europa (Roma, 1950), todos ellos fuentes directas de interpretación de los derechos fundamentales de acuerdo con el artículo 10.2 de la Constitución.

el contenido de todos los derechos, libertades y facultades (...) y limita la actuación que de los mismos realicen sus titulares o destinatarios"[661].

Además de su función delimitadora conceptual, la inclusión del artículo 27.2 de la Constitución en combinación con el artículo 10.2 ha representado la incorporación definitiva a una dimensión democrática[662] del régimen político español a través del sistema educativo, que se vuelve militante[663] a favor de la defensa y consecución de una educación democrática en la línea de los países del entorno europeo miembros del Consejo de Europa.

El artículo 96.1 de la Constitución[664] indica que los tratados internacionales válidamente celebrados, una vez publicados oficialmente en España, formarán parte del ordenamiento interno, lo cual impone la obligación interna de desarrollarlos y hacerlos

---

661 Expósito, E., "La intervención regional. Especial referencia al Convenio Europeo", en Autores Varios, *La Declaración Universal de los Derechos Humanos,* Icaria, Barcelona, 1998, p. 433.

662 Darío Villarroel Villarroel expone esta opinión en su obra *El derecho convencional en los sistemas constitucionales de América Latina,* Porrúa, México, 2004, al constatar que la progresiva extensión y reconocimiento del Derecho Internacional de los Derechos Humanos y la progresiva ratificación e incorporación del acervo jurídico contenido en los tratados internacionales son un claro síntoma y garantía de la realización de un proceso de democratización y reconocimiento del imperio del Derecho frente a otras formas de organización social.

663 Cámara Villar, G., "Sobre el concepto y fines de la educación en la Constitución Española", en Autores Varios, *Introducción a los derechos fundamentales. X Jornadas de Estudio,* Vol. III, Centro de Publicaciones del Ministerio de Justicia, Madrid, p. 2186, 1988, citado en Expósito, "La intervención... *opus cit.*, p. 433.

664 El artículo 96.1 de la Constitución española reza: "Los tratados internacionales válidamente celebrados, una vez publicados oficialmente en España, formarán parte del ordenamiento interno. Sus disposiciones solo podrán ser derogadas, modificadas o suspendidas en la forma prevista en los propios tratados o de acuerdo con las normas generales del Derecho Internacional".

ejecutables. Con posterioridad, la *Ley Orgánica del Derecho a la Educación 8/1985, de 3 de julio*[665], en su artículo 2, desarrolló el contenido constitucional de los fines a los que se orienta el sistema educativo español, basado en el libre desarrollo de la persona, el respeto de los derechos fundamentales, el valor del aprendizaje y el respeto a la diversidad, la pluralidad cultural y la solidaridad[666].

---

665 *Ley Orgánica 8/1985, de 3 de julio, reguladora del Derecho a la Educación* (Boletín Oficial del Estado 159/1985 de 4 de julio de 1985, p. 21015).

666 El artículo 2 de la derogada *Ley Orgánica 8/1985* reza: "La actividad educativa, orientada por los principios y declaraciones de la Constitución, tendrá, en los centros docentes a que se refiere la presente Ley, los siguientes fines: a) el pleno desarrollo de la personalidad del alumno; b) la formación en el respeto de los derechos y libertades fundamentales y en el ejercicio de la tolerancia y de la libertad dentro de los principios democráticos de convivencia; c) la adquisición de hábitos intelectuales y técnicas de trabajo, así como de conocimientos científicos, técnicos, humanísticos, históricos y estéticos; d) la capacitación para el ejercicio de actividades profesionales; e) la formación en el respeto de la pluralidad lingüística y cultural de España; f) la preparación para participar activamente en la vida social y cultural; *g) la formación para la paz, la cooperación y la solidaridad entre los pueblos*".

La sucesiva aprobación y derogación de las leyes educativas desde 1980 en España muestra la incapacidad de los grupos políticos para lograr consensos para llegar a un Pacto por la Educación que proporciones un marco normativo estable. Sin ánimo exhaustivo, y sin mencionar las leyes sobre la universidad basta reseñar la aprobación y consiguiente derogación total o parcial de las leyes básicas educativas, Ley Orgánica 8/1985, de 3 de julio, reguladora del Derecho a la Educación; Ley Orgánica 1/1990, de 3 de octubre, de Ordenación General del Sistema Educativo; Ley Orgánica 9/1995, de 20 de noviembre, de la participación, la evaluación y el gobierno de los centros docentes; Ley Orgánica 10/2002, de 23 de diciembre, de Calidad de la Educación; Ley Orgánica 5/2002, de 19 de junio, de las Cualificaciones y de la Formación Profesional; Ley Orgánica 2/2006, de 3 de mayo, de Educación; Ley Orgánica 8/2013, de 9 de diciembre, para la mejora de la calidad educativa; Ley Orgánica 3/2020, de 29 de diciembre, por la que se modifica la Ley Orgánica 2/2006, de 3 de mayo, de Educación; Ley Orgánica 3/2022, de 31 de marzo, de ordenación e integración de la Formación Profesional.

11.2.3. Vinculación de los poderes públicos y derecho a la educación

Es de especial interés y relevante desde el punto de vista de la técnica jurídico-constitucional la inserción del precepto educativo en la Sección Primera, Capítulo II, Título I de la Constitución. La sistemática de la norma magna impone, como misión y función del nuevo Estado social y democrático de Derecho, la organización e implantación de un servicio educativo contemplado como derecho fundamental y con un sistema de amparo específico, además de las obligaciones financieras para los poderes públicos que ello implica. Emplazado el derecho a la educación en la Sección Primera del Capítulo II, se convierte en uno de los derechos que, de acuerdo con el artículo 53.1, párrafo 1, gozan de una atención y cobertura completa por parte de las instituciones del Estado: "Los derechos y libertades reconocidos en el Capítulo II del presente Título vinculan a todos los poderes públicos".

Junto a esta obligación de los poderes públicos de garantía del ejercicio del derecho a la educación, la Constitución brinda un sistema específico de las libertades reconocidas en el artículo 53.2[667]:

---

667 De modo esquemático podríamos señalar el régimen específico de protección de que goza en nuestro ordenamiento jurídico el derecho a la educación, que puede ser calificado como un derecho amparado por garantías jurídicas internas institucionales. Véanse, entre estas: a) las garantías normativas de la reserva de ley orgánica (artículo 81 de la Constitución), y la de especial respeto y protección del contenido del derecho a la educación por estar emplazado en la Sección I del Capítulo II del Título I (artículo 53.1); b) la garantía jurisdiccional del recurso de inconstitucionalidad del artículo 161.1.a) junto con la posibilidad de plantear la cuestión de inconstitucionalidad contenida en el artículo 163 de la misma; c) garantía jurisdiccional a través del procedimiento judicial basado en los principios de preferencia y sumariedad que recoge el artículo 53.2 de la Constitución y d) garantía de acceso a la jurisdicción internacional del Tribunal Europeo de Derechos Humanos, en aplicación del *Convenio Europeo para la Protección de los Derechos Humanos*, ratificado por España en 1979.

"Cualquier ciudadano podrá recabar la tutela de las libertades y derechos (...) ante los Tribunales ordinarios, por un procedimiento basado en los principios de preferencia y sumariedad y, en su caso, a través del recurso de amparo ante el Tribunal Constitucional".

A diferencia de algunos derechos conceptualizados de acuerdo con la superada clasificación de "generaciones", en este caso catalogados como "de segunda generación" o más propiamente "derechos económicos, sociales y culturales", que requerirían de un tremendo y casi inagotable esfuerzo público —como por ejemplo el derecho a disfrutar de un medio ambiente adecuado correspondiente al artículo 45.1 de la Constitución, o el propio (y elemental) derecho a "disfrutar de una vivienda digna y adecuada" del artículo 47 de la misma[668]—, la educación es objeto de reconocimiento de un esfuerzo público material.

El disfrute de estos derechos "de segunda generación" —situados en el Capítulo Tercero, Título I de la Constitución— aparece limitado al desarrollo, establecimiento y prestación del servicio público. Si bien la provisión de tales servicios tiene el carácter de mandato constitucional, no aparece conformado como un derecho subjetivo el establecimiento de los mismos (vivienda para cada persona o garantía de salubridad del medio, etc.), ya que la Constitución en su artículo 53.3 ha precisado que la alegación de estos derechos ante los tribunales está sujeta a las leyes que desarrollen el mandato constitucional:

"El reconocimiento, el respeto y la protección de los principios reconocidos en el Capítulo III informarán la legislación positiva, la práctica judicial y la actuación de los poderes públicos. Solo podrán ser alegados ante la Jurisdicción ordinaria de acuerdo con lo que dispongan las leyes que lo desarrollen".

En este caso, pensando en el efectivo ejercicio del derecho a la educación, la falta de disfrute del mismo vendría provocada por cuestiones que podríamos denominar "de tipo administrativo", tales como la admisión de un número de alumnos, las localidades

---

668 Véase GARRIDO FALLA, *Comentarios a... opus cit.*, p. 551.

que dispongan de centros públicos etc.[669] Aun teniendo presente el contenido del artículo 53.1 de la Constitución, el constituyente decidió reforzar la idea de la función pública de la educación y la involucración en la prestación del servicio educativo por parte de todos los sectores intervinientes, tanto públicos como privados, con la inclusión del punto 2 del artículo 53: "Los poderes públicos garantizan el derecho de todos a la educación, mediante una programación general de la enseñanza, con participación efectiva de todos los sectores afectados y la creación de centros docentes".

Los derechos educativos no se incluyeron entre aquellos protegidos por la *Ley Orgánica 62/1978, de 26 de diciembre, de Protección Jurisdiccional de los Derechos Fundamentales de la Persona.* Posteriormente, el Real Decreto 342/1979, de 20 de febrero, incorporó la libertad de cátedra al elenco de Derechos reconocidos por la Ley. La laguna referente al artículo 27 quedó subsanada posteriormente por la Disposición Transitoria 2ª de la *Ley Orgánica del Tribunal Constitucional,* que amplió la protección jurisdiccional especial a todos los preceptos a que se refiere el artículo 53.2 de la Constitución.

---

669 Sobre este punto, autores como GARRIDO FALLA formulan la pregunta de cuál sería la vía para reivindicar el efectivo disfrute de los derechos. Para la misma podría optarse por la vía del recurso de amparo. No obstante, el profesor GARRIDO FALLA resalta que la *Ley 62/1978, de 26 de diciembre, sobre Protección Jurisdiccional de los Derechos Fundamentales de la Persona* no cita el derecho a la educación, ni la libertad de enseñanza entre los derechos protegidos por la misma; tampoco los menciona el *Real Decreto 342/1979,* complementario de la Ley, carencia existente hasta que fuera subsanado tal vacío por la Disposición Transitoria Segunda de la *Ley Orgánica del Tribunal Constitucional.* Habría, pues, que acudir al procedimiento contencioso-administrativo ordinario y posteriormente al recurso de amparo, según lo dispuesto en la Disposición Transitoria Segunda de la *Ley Orgánica del Tribunal Constitucional.* Incluso ante la eventual causación de un perjuicio (por ejemplo, ante la imposibilidad de adjudicar una plaza pública educativa solicitada para un alumno de educación básica y la demora real en la prestación del servicio) podría generarse la obligación administrativa de indemnizar por daños y perjuicios al amparo del artículo 106.2 de la Constitución.

La prestación pública educativa de acuerdo con el artículo 27 de la Constitución implica una serie variada de prestaciones, y por ese motivo se puede afirmar que la educación en el sistema democrático español cumple una vital función integradora en el ámbito productivo, permitiendo no solo la integración de la ciudadanía, sino también el desarrollo personal a través de la incorporación al mercado laboral:

> "La educación pasó (...) a ser el vehículo necesario tanto para la supervivencia y desarrollo de los Estados como para la realización personal de sus individuos. La educación es, desde un punto de vista estructural, un bien necesario, una inversión económica imprescindible y, por tanto, un bien jurídico necesitado de protección por parte del ordenamiento jurídico de los Estados. Desde un punto de vista individual, la educación es hoy en día un requisito imprescindible para la entrada en el mercado de trabajo, presupuesto ineludible para la adquisición de un determinado *status* económico y social. Actualmente existe una íntima correlación entre el derecho a la educación y el derecho al trabajo, y por otro lado, entre la política económica y la política educativa de los Estados intervencionistas actuales"[670].

La educación no aparece desvirtuada como un bien de consumo, sino como una inversión en capital humano, pues la incorporación del individuo al sistema educativo genera los recursos humanos necesarios para el crecimiento de la economía. A continuación pasamos a definir esta panoplia de derechos educativos contenidos en el artículo 27 de la Constitución.

11.2.4. Existencia material de un sistema educativo

El artículo 27.5 de la Constitución garantiza la existencia de un sistema educativo material[671] a través de la preparación y puesta en marcha de una programación curricular escolar eficiente y

---

670 NOGUEIRA, *opus cit.*, p. 97.

671 Sobre la progresiva intervención de los poderes públicos en materia educativa y la asunción como una obligatoria prestación pública véase FERNÁNDEZ-MIRANDA CAMPOAMOR, *opus cit.*, pp. 82 y *ss.*

real, con participación de los sectores afectados y con la existencia real y tangible de centros públicos: "Los poderes públicos garantizan el derecho de todos a la educación, mediante una programación general de la enseñanza, con participación efectiva de todos los sectores afectados y la creación de centros docentes".

Esta idea de esfuerzo material y administrativo adquiere una perspectiva plena cuando se trata de la enseñanza primaria y secundaria, que, de acuerdo con el artículo 27.4 de la Constitución, es una enseñanza básica y obligatoria: "La enseñanza básica es obligatoria y gratuita".

La gratuidad de la educación ha de entenderse, no obstante, limitada a aquellas situaciones concretas reconocidas por la Administración de acuerdo con la STC 86/1985, y no como un derecho indiscriminado a obtener educación en centros privados, subvencionados, en este caso, con dinero público:

> "El derecho a la educación —a la educación gratuita en la enseñanza básica— no comprende el derecho a la gratuidad educativa en cualesquiera centros privados, porque los recursos públicos no han de acudir, incondicionalmente, allá donde vayan las preferencias individuales"[672].

En la misma STC 86/1985, el Tribunal Constitucional ha especificado el sentido de obligatoriedad y gratuidad de la enseñanza básica, implicando una prestación material pública y la asignación de recursos para la prestación de servicios educativos:

> "El derecho de todos a la educación (...) incorpora así, sin duda, junto a su contenido primario de derecho de libertad, una dimensión prestacional, en cuya virtud los poderes públicos habrán de procurar la efectividad de tal Derecho y hacerlo, para los niveles básicos de la enseñanza, en las condiciones de obligatoriedad y gratuidad que demanda el apartado 4. ° de este artículo 27 de la norma fundamental. Al servicio de tal acción prestacional de los poderes públicos se hallan los instrumentos de planificación y promoción mencionados en el No. 5 del mismo precepto, así

672 STC 86/1985, Fundamento jurídico 4º.

como el mandato, en su apartado 9, de las correspondientes ayudas públicas a los centros docentes que reúnan los requisitos que la ley establezca"[673].

[673] Continúa el Tribunal Constitucional, en la misma STC 86/1985, Fundamento jurídico 3º, afirmando expresamente la inexistencia de un derecho subjetivo a la prestación pública en el derecho contenido en el artículo 27.9 de la Constitución: "El citado artículo 27.9, en su condición de mandato al legislador, no encierra, sin embargo, un derecho subjetivo a la prestación pública. Esta, materializada en la técnica subvencional o de otro modo, habrá de ser dispuesta por la ley (...) de la que nacerá, con los requisitos y condiciones que en la misma se establezcan, la posibilidad de instar dichas ayudas y el correlativo deber de las administraciones públicas de dispensarlas, según la previsión normativa. El que en el artículo 27.9 no se enuncie como tal un derecho fundamental a la prestación pública y el que, consiguientemente, haya de ser solo en la ley en donde se articulen sus condiciones y límites, no significa, obviamente, que el legislador sea enteramente libre para habilitar de cualquier modo este necesario marco normativo. La ley que reclama el artículo 27.9 no podrá, en particular, contrariar los derechos y libertades educativas presentes en el mismo artículo y deberá, asimismo, configurar el régimen de ayudas en el respeto al principio de igualdad. Como vinculación positiva, también el legislador habrá de atenerse en este punto a las pautas constitucionales orientadoras del gasto público, porque la acción prestacional de los poderes públicos ha de encaminarse a la procuración de los objetivos de igualdad y efectividad en el disfrute de los derechos que ha consagrado nuestra Constitución (artículos 1.1, 9.2 y 31.2, principalmente). De esta última advertencia, por lo tanto, no puede, en modo alguno, reputarse inconstitucional el que el legislador, del modo que considere más oportuno en uso de su libertad de configuración, atienda, entre otras posibles circunstancias, a las condiciones sociales y económicas de los destinatarios finales de la educación a la hora de señalar a la administración las pautas y criterios con arreglo a los cuales habrán de dispensarse las ayudas en cuestión. No hay, pues, en conclusión, y como dijimos en el fundamento undécimo de nuestra Sentencia de 27 de junio, un deber de ayudar a todos y cada uno de los centros docentes, solo por el hecho de serlo, pues la ley puede y debe condicionar tal ayuda, según se recordó en el mismo fundamento jurídico, tarea que corresponde a los poderes públicos para promover las condiciones necesarias, a fin de que la libertad y la

Junto a esto, recordemos que la edad escolar se ha fijado como obligatoria hasta los 16 años de edad, lo que supone una cobertura pública de 10 años que va desde los 5 a los 16 años del alumno que cursa sus estudios en centro público o privado.[674]

11.2.5. Educación religiosa y financiación pública

El artículo 27.3 de la Constitución garantiza el derecho de los padres de optar por la educación religiosa y moral que prefieran para sus hijos:

> "Los poderes públicos garantizan el derecho que asiste a los padres para que sus hijos reciban la formación religiosa y moral que esté de acuerdo con sus propias convicciones".

Este precepto es un claro ejemplo del consenso alcanzado entre el PSOE —valedores activos de la escuela laica— y UCD y AP, quienes defendían la educación religiosa[675] de los alumnos, si no como obligatoria, sí como un derecho fundamental que confiere la posibilidad de optar por una enseñanza elegida personalmente con el respaldo de los poderes públicos. Este pluralismo en las opciones —educación religiosa o ética y moral durante la edad obligatoria— es ciertamente asumido por mandato constitucional por el Estado con la carga financiera que ello implica para

---

igualdad sean reales y efectivas. Pero, justamente porque el derecho a la subvención no nace para los centros de la Constitución, sino de la ley".

674 La *Ley Orgánica 1/1990, de Ordenación General del Sistema Educativo,* en su artículo 5 desarrollaba este mandato constitucional de escolarización obligatoria: "La educación primaria y la educación secundaria obligatoria constituyen la enseñanza básica. La enseñanza básica comprenderá diez años de escolaridad, iniciándose a los seis años de edad y extendiéndose hasta los dieciséis. La enseñanza básica será obligatoria y gratuita".

675 En este sentido, véanse los acuerdos del Estado Español en materia educativa con el Estado del Vaticano: *Acuerdo entre el Estado español y la Santa Sede sobre Enseñanza y Asuntos Culturales,* de 3 de enero de 1979 (Boletín Oficial del Estado de 15 de diciembre de 1979).

las arcas públicas. El razonamiento es sencillo: si la programación escolar troncal exige que entre sus asignaturas exista la posibilidad de opción entre la enseñanza de religión o la formación ética para los no creyentes, los gastos surgidos de la impartición de las mismas son todos gastos públicos.

El artículo 27.3 reconoce el derecho de los padres a elegir la educación conforme a sus convicciones religiosas o morales[676]. Esto implica el ejercicio de un derecho educativo paterno cuyos titulares son los padres[677], y que representa una proyección de la

676 El artículo 27.3 está inspirado directamente en el artículo 18.4 del *Pacto Internacional de Derechos Civiles y Políticos* de Naciones Unidas (Nueva York, 19 de diciembre de 1966, ratificado por España y publicado en el Boletín Oficial del Estado de 30 de abril de 1977): "Los Estados Partes en el presente Pacto se comprometen a respetar la libertad de los padres y, en su caso, de los tutores legales, para garantizar que los hijos reciban la educación religiosa y moral que esté de acuerdo con sus propias convicciones".

677 De modo análogo al derecho de elección de los padres de la educación ética y religiosa de sus hijos, el Tribunal Constitucional, mediante sentencia STC 195/1989, ha entendido que no existe un derecho absoluto de los padres a la elección de la enseñanza en la lengua cooficial de su Comunidad Autónoma: "Ninguno de los múltiples apartados del artículo 27 de la Constitución —ni el primero, al reconocer a todos el derecho a la educación, ni el segundo (tercero) o el séptimo, en los que aparecen expresamente mencionados los padres de los alumnos (…)— incluye, como parte o elemento del derecho constitucionalmente garantizado, el derecho de los padres a que sus hijos reciban educación en la lengua de preferencia de sus progenitores en el centro docente público de su elección. Este derecho tampoco resulta (…) de su conjunción con el artículo 14 de la Constitución, pues, proyectada a esta área, la prohibición de trato injustificadamente desigual (…) no implica ni puede implicar que la exigencia constitucional de igualdad de los españoles ante la ley solo pueda entenderse satisfecha (…) cuando los educandos reciban la enseñanza —en este caso, general básica— íntegramente en la lengua preferida por sus padres —en este caso, el valenciano— en un centro docente público de su elección. Al mismo resultado conduce la interpretación del artículo 27 de la Constitución a la luz de la Declaración Universal de Derechos Humanos y de los

libertad religiosa garantizada en el artículo 16.1 de la Constitución: "Se garantiza la libertad ideológica, religiosa y de culto de los individuos y las comunidades sin más limitación, en sus manifestaciones, que la necesaria para el mantenimiento del orden público protegido por la Ley".

Como ha señalado el Tribunal Constitucional en la STC 5/1981, la neutralidad ideológica en los centros públicos no es óbice para que en dichos centros se organicen cursos para la enseñanza religiosa, para de este modo poder satisfacer el derecho de los padres a elegir la educación moral, ética o religiosa que ellos prefieran:

> "En un sistema jurídico político basado en el pluralismo, la libertad ideológica y religiosa de los individuos y la confesionalidad del Estado, todas las instituciones públicas y muy especialmente los centros docentes, han de ser, en efecto, ideológicamente neutrales. Esta neutralidad, que no impide la organización en los centros públicos de enseñanzas de seguimiento libre para hacer posible el derecho de los padres a elegir para sus hijos la formación religiosa y moral que esté de acuerdo con sus propias convicciones (artículo 27.3 de la Constitución), es una característica necesaria de cada uno de los puestos docentes integrados en el centro, y no el hipotético resultado de la casual coincidencia en el mismo centro y frente a los mismos alumnos, de profesores de distinta orientación ideológica cuyas enseñanzas se neutralicen recíprocamente. La neutralidad ideológica de la enseñanza en los

---

tratados y acuerdos internacionales sobre la misma materia ratificados por España (...) El derecho de los padres a elegir para sus hijos centros en los que la educación obligatoria (...) se imparta en una lengua que no es la oficial del Estado, sino cooficial en la Comunidad Autónoma de la que forman parte, solo existe en consecuencia en la medida en que haya sido otorgado por la ley. Como tal derecho de creación legal, el derecho a la elección de centros por razón de la lengua tiene, como en general el derecho a la educación, dos dimensiones distintas y señaladas en nuestra Sentencia de 10 de julio de 1985 (STC 86/1985, Fundamento jurídico 3º), una dimensión de libertad y una dimensión prestacional". STC 195/1989, Fundamento jurídico 3º, doctrina reiterada en STC 19/1990, Fundamento jurídico 4º; 337/1994, Fundamento jurídico 9º.

centros escolares públicos regulados en la LOECE, hoy derogada, imponía a los docentes que en ellos desempeñasen su función, una obligación de renuncia a cualquier forma de adoctrinamiento ideológico, que es la única actitud compatible con el respeto a la libertad de las familias que, por decisión libre o forzadas por las circunstancias, no han elegido para sus hijos centros docentes con una orientación ideológica determinada y explícita"[678].

Por tanto, desde el punto de vista jurídico, esta libertad no implica por parte de los poderes públicos la obligación de subvencionar todas y cada una de las preferencias de los padres, y al mismo tiempo, supone la obligación de los poderes públicos de no inmiscuirse ni condicionar las preferencias religiosas de los mismos.[679]

11.2.6. Intervención de los actores escolares en la gestión de los centros públicos

La Constitución, en su artículo 27.7, ha incorporado por primera vez en el régimen español el principio de gestión escolar bipartita y, como han recalcado algunos autores, incluso de gestión educativa *tripartita*[680].

La obligación de la gestión compartida afecta también a los centros privados que sean sostenidos en parte con fondos públicos y que, en la terminología del sistema educativo español, se conocen como "centros privados concertados": "Los profesores, los padres y, en su caso, los alumnos intervendrán en el control y gestión de todos los centros sostenidos por la Administración con fondos públicos, en los términos que la Ley establezca".

Este mandato fue desarrollado por *Ley Orgánica 9/1995, de 20 de noviembre, de la Participación, la Evaluación y el Gobierno de los Cen-*

---

678 STC 5/1981, Fundamento jurídico 9º; asimismo, véase el Voto particular No. 5.

679 Nogueira, *opus cit.*, p. 183.

680 Véase Garrido Falla, *Comentarios a… opus cit.*, p. 551.

tros Docentes[681]. El Preámbulo de la misma reproduce la obligación constitucional del artículo 27 de la Constitución, orientado a la afirmación de las garantías de una educación plural y participativa con el objetivo básico de mejorar la calidad de la enseñanza[682].

11.2.7. Servicio público intervencionista

La Constitución señala como obligación pública el control del cumplimiento de la legalidad vigente mediante la inspección y homologación educativa correspondientes, tal y como señala el artículo 27.8: "Los poderes públicos inspeccionarán y homologarán el sistema educativo para garantizar el cumplimiento de las Leyes".

Esta inspección de la educación, ejercida en España de acuerdo con los requisitos establecidos por ley con carácter general,

---

681 El artículo 2 de la *Ley Orgánica 9/1995, de 20 de noviembre, de la Participación, la Evaluación y el Gobierno de los Centros Docentes* señala: "La comunidad educativa participará en el gobierno de los centros a través del Consejo Escolar. Los profesores lo harán también a través del Claustro, en los términos que se establecen en la presente Ley. Los padres podrán participar también en el funcionamiento de los centros docentes a través de sus asociaciones. Las Administraciones educativas regularán el procedimiento para que uno de los representantes de los padres en el Consejo Escolar sea designado por la asociación de padres más representativa en el centro. Asimismo, las Administraciones educativas reforzarán la participación de los alumnos y alumnas a través del apoyo a sus representantes en el Consejo Escolar. Las Administraciones educativas fomentarán y garantizarán el ejercicio de la participación democrática de los diferentes sectores de la comunidad educativa".

682 El Preámbulo de la *Ley Orgánica 9/1995* reza: "(…) la presente Ley obedece a la voluntad, ampliamente compartida por la sociedad española, de reafirmar con garantías plenas el derecho a la educación para todos, sin discriminaciones, y de consolidar la autonomía de los centros docentes y la participación responsable de quienes forman parte de la comunidad educativa, estableciendo un marco organizativo capaz de asegurar el logro de los fines de reforma y de mejora de la calidad de la enseñanza que ha buscado la *Ley Orgánica 1/1990, de 3 de octubre, de Ordenación General del Sistema Educativo*, al reordenar el sistema educativo español".

se refiere a toda la educación impartida en el territorio español sin distinción entre centros privados y públicos. Este control es público, y atendiendo a la Constitución en su artículo 149.1.30, la competencia[683] es del Estado Central[684]:

> "El Estado tiene competencia exclusiva sobre las siguientes materias (...) Regulación de las condiciones de obtención, expedición y homologación de títulos académicos y profesionales y normas básicas para el desarrollo del artículo 27 de la Constitución a fin de garantizar el cumplimiento de las obligaciones de los poderes públicos en esta materia".

Por su parte, el Tribunal Constitucional en STC 5/1981 se pronunció tempranamente sobre este punto afirmando que:

> "(...) El sistema educativo del país debe estar homologado (artículo 27.8 de la Constitución) en todo el territorio del Estado; por ello y por la igualdad de derechos que el artículo 139 de la Constitución

---

683 El Preámbulo de la *Ley Orgánica 1/1990* contiene el principio de competencia del Estado y la posibilidad de asunción de competencias educativas por parte de las Comunidades Autónomas: "(...) La igualdad de todos los españoles ante el contenido esencial del referido derecho, la necesidad de que los estudios que conducen a la obtención de títulos académicos y profesionales de validez general se atengan a unos requisitos mínimos y preestablecidos, justifican que la formación de todos los alumnos tenga un contenido común, y para garantizarlo se atribuye al Gobierno la fijación de las enseñanzas mínimas que constituyen los aspectos básicos del currículo. A su vez, las Administraciones educativas competentes, respetando tales enseñanzas mínimas, establecerán el currículo de los distintos niveles, etapas, ciclos, grados y modalidades del sistema educativo. La ley encuentra su fundamento en la igualdad ante el contenido esencial del derecho a la educación, así como en las competencias que la Constitución española atribuye al Estado, singularmente en los apartados 1.18 y 1.30 del artículo 149 de la misma. Igualmente favorece y posibilita, con idéntico respeto a las competencias autonómicas, un amplio y rico ejercicio de las mismas (...)".

684 Sobre las competencias de las Comunidades Autónomas y el Estado Central véase VIÑAO FRAGO, A., "Sistemas educativos y espacios de poder; teorías prácticas y usos de la descentralización en España", *Revista Iberoamericana de Educación*, No. 4, 1994.

> reconoce a todos los españoles es lógico que sea competencia exclusiva del Estado "la regulación de las condiciones básicas" que garanticen a todos los españoles la igualdad en el ejercicio de sus derechos constitucionales, así como, ya en el campo educativo, la regulación de las "normas básicas para el desarrollo del artículo 27 de la Constitución" (artículo 149.1.30 de la Constitución). Consecuencia de todo lo anterior era la declaración contenida en la disposición adicional número 2 de la LOECE, en la que se declara que "en todo caso y por su propia naturaleza corresponde al Estado: a) la ordenación general del sistema educativo", etcétera. Pues bien: dentro de este marco normativo constitucional y como ejecución de lo establecido en la Disposición Adicional número 2, la propia LOECE determinó cuál es el sistema educativo dentro del que habrá de ejercer cada ciudadano español los derechos que la Constitución le reconoce en el campo de la educación y la enseñanza"[685].

De este modo, el alto tribunal disipa cualquier laguna o duda respecto de la competencia del Estado en este ámbito, cifrando la labor de supervisión y control como una de las garantías fundamentales para la preservación del principio de igualdad para todos los españoles, independientemente del lugar del territorio nacional donde residan.

11.2.8. Libertad de enseñanza y libertad de empresa educativa

El ejercicio pleno de la libertad de enseñanza adquiere una dimensión completa y real —tal y como fue expuesto más arriba por el Sr. diputado Óscar Alzaga— al contener expresamente el texto constitucional en su artículo 27.6 el derecho de las personas físicas y jurídicas a fundar y desarrollar centros educativos: "Se reconoce a las personas físicas y jurídicas la libertad de creación de centros docentes, dentro del respeto a los principios constitucionales".

Desde un punto de vista histórico podemos constatar que la libertad de enseñanza está íntimamente relacionada con la historia política y religiosa decimonónica española, que modeló notoriamente la evolución del Estado liberal. En el caso específico de la

---

685 STC 5/1981, Fundamento jurídico 28°.

Iglesia Católica, como señala Nogueira, la libertad de enseñanza "se ha configurado como un poder residuario de carácter temporal, que la Iglesia se niega a perder en la sociedad"[686].

Libertad de enseñanza y desarrollo del derecho a la educación son realidades jurídicas que evolucionan dentro del contexto de la construcción del Estado liberal durante los siglos XIX y XX, representando con ello un profundo proceso de cambio sociológico derivado de la racionalización y secularización de la vida social y del Estado. La libertad de enseñanza, como institución jurídica y libertad amparada por los poderes públicos, tiene en sus orígenes un claro contenido progresista como libertad de pensamiento frente al poder público a través de la enseñanza y la difusión de las ideas. En España, durante toda la transición y en el inicio de la vida democrática a partir de 1978, la izquierda ha sido una firme valedora de la escuela y de la educación superior pública; sin embargo, paradójicamente en 1993 fue el gobierno socialista de la última legislatura del Presidente Felipe González Márquez quien defendió y promovió en las Cortes la aprobación de la existencia de universidades privadas en España, hasta ese momento prohibidas por la normativa educativa española. Esta decisión política tenía precisamente como objetivo quebrar el pleno monopolio existente de las universidades privadas, todas ellas vinculadas a la Iglesia Católica y amparadas por los Concordatos entre el Estado del Vaticano y España.

El sistema educativo español instaurado por la Constitución de 1978 tiene como punto de referencia dos principios que lo ilustran: la libertad de enseñanza, entendida como garantía institucional al servicio del pluralismo y de la ausencia de monopolios en la enseñanza, y el principio social de plena escolarización de todos los niños en edad escolar[687].

El Tribunal Constitucional en su STC 77/1985 ha definido claramente el contenido básico del derecho del titular a la dirección

---

686 Nogueira, *opus cit.*, p. 183.

687 *Ibid.*, p. 184.

de centros privados[688]. Esta libertad contiene, de una parte, una dimensión positiva:

> "Implica el derecho a garantizar el respeto al carácter propio y de asumir en última instancia la responsabilidad de la gestión, especialmente mediante el ejercicio de facultades decisorias de relación con la propuesta de estatutos y nombramiento y cese de los órganos de dirección administrativa y pedagógica del profesorado".

Por otro lado, continúa el Tribunal señalando que la libertad de creación de centros educativos contiene en sí una dimensión restrictiva negativa en el ejercicio de tal libertad: "Desde el punto de vista negativo, ese contenido exige la ausencia de limitaciones absolutas e insalvables que lo despojen de la necesaria protección".

Además de esta limitación, el ideario de los centros escolares ha de respetar las disposiciones emanadas del Estado en el ejercicio de sus funciones de ordenación del sistema educativo:

> "(...) El ideario debe ofrecer un marco referencial de interpretación y valoración del mundo desde el cual el educando pueda hacer su crítica frente a otras perspectivas y asumir así su propia postura personal (...) quien vea en el ideario una imposición ideológica manipuladora de conciencias, no está entendiendo el sentido en que la Ley lo permite —incluso contextualmente exige— y quien pretendiera valerse del ideario para el adoctrinamiento dogmático en una ideología incurrirá claramente, y sin más, en la ilegalidad"[689].

En la citada sentencia del Tribunal Constitucional, el magistrado Tomás y Valiente —trágicamente asesinado en su despacho de la Universidad Autónoma de Madrid en 1996 por la banda terrorista ETA—, a través de su voto particular, planteó el problema de la posible confrontación entre los profesores que imparten en-

---

688 Véase sobre la jurisprudencia en materia educativa Embid Irujo, A., "La jurisprudencia del Tribunal Constitucional en materia educativa en la Constitución española", *REDC*, No. 15, Madrid, p. 190.

689 González Vila, T., "Democracia, pluralismo y libertad de enseñanza", en Autores Varios, *Educación y sociedad pluralista*, Fundación Oriol-Urquijo, Madrid, 1980, p. 157.

señanza en un centro escolar privado y el ideario que han aceptado al incorporarse:

> "Aunque la fijación del ideario es un derecho reconocido por el artículo 23 de la LOECE a los titulares de los centros privados, estos no podrán alterarlo a su arbitrio, pues, una vez establecido, el ideario pasa a ser un elemento objetivo y propio de la institución escolar y su arbitraria modificación o sustitución por el titular conllevaría una conducta fraudulenta en relación con los padres, que habiendo elegido tal centro para la educación de sus hijos en función de, o al menos, con conocimiento de un determinado ideario, vieran después sometidos a los alumnos a una educación ideológicamente diferente, y con los profesores que aceptaron trabajos en un centro cuya orientación ideológica no les pareció impedimento para incorporarse a él, pero tal vez no se sintieran en la misma disposición respecto a la nueva ideología del centro".

No obstante, en la STC 5/1981 el Tribunal Constitucional se declaró, ante la eventual colisión entre el ideario del centro y la libertad de enseñanza de los docentes, abiertamente a favor del pluralismo externo:

> "La existencia de un ideario, conocido por el profesor al incorporarse libremente al centro o libremente aceptada cuando el centro se dota de tal ideario después de esa incorporación no le obliga, como es evidente, ni a convertirse en apologista del mismo, (...) ni a subordinar a ese ideario las exigencias que el rigor científico impone a su labor. El profesor es libre como profesor, en el ejercicio de su actividad específica".

No obstante lo anterior, continúa el Tribunal, "su libertad es, sin embargo, libertad en el puesto docente que ocupa (...), del que forma parte el ideario".

En el voto particular arriba mencionado, TOMÁS Y VALIENTE hizo hincapié en la necesidad de transparencia del ideario[690] del centro, el cual debe ser público y ampliamente difundido:

---

[690] Por su parte, el Tribunal Constitucional, mediante STC 77/1985, Fundamento jurídico 8º, se ha referido a la equivalencia de las expresiones "ideario del centro" y "carácter propio": "Por lo que atañe a la no utili-

> "La formulación del ideario debe ser pública, sintética e inequívoca para que pueda ser conocida y comprendida por los padres de los alumnos y por cualquier otra persona eventualmente interesada".

En este punto surge la limitación e incluso incompatibilidad entre la libertad de enseñanza del artículo 27.1 de la Constitución —enseñanza que es un derecho de carácter institucional— y la libertad de cátedra del artículo 20.1.c —que es un derecho de tipo individual—. En el supuesto de una eventual confrontación entre los mismos, la Constitución y luego el Tribunal Constitucional han refrendado la preeminencia de la libertad de enseñanza[691].

El derecho contenido en el artículo 27.6 de la Constitución y en el artículo 21 de la *Ley Orgánica reguladora del Derecho a la Edu-*

---

zación del término "ideario", y el empleo, en su lugar, de la expresión "carácter propio" del centro, no deriva de ello que se venga a excluir la interpretación que el TC ha efectuado, sobre la base del primer término citado, del derecho en cuestión; pues el empleo de un sinónimo o término equivalente, pero distinto del ya utilizado en antecedentes legislativos, queda dentro de la libertad de configuración del legislador, y desde luego no puede servir para expulsar una interpretación constitucional referida a una misma realidad. Máxime cuando la Sentencia de este TC de 13 de febrero de 1981, en su fundamento jurídico octavo (...) viene a hacer equivalentes los términos de "ideario educativo propio" y de "carácter u orientación propios". Y, sobre la misma cuestión, el hecho de que el artículo 4.0 del Proyecto no recoja expresamente el derecho de los padres a escoger "el tipo de educación que desean para sus hijos" no supone forzosamente que el término "carácter propio" haya de interpretarse en todo caso como limitado a aspectos morales o religiosos, excluyendo cualquier otro aspecto".

691 Garrido Falla plantea el siguiente supuesto: "La interpretación contraria conduciría al absurdo de que, por ejemplo, en una escuela católica fundada con tal fin y elegida por los padres para la educación de sus hijos (artículo 27.3) precisamente en atención a tal circunstancia, se desarrollase una enseñanza por algún profesor de tipo agnóstico o anticristiano", en Garrido Falla, *Comentarios a... opus cit.*, p. 554.

cación[692] (LODE), que amparaba la creación de centros docentes privados por personas físicas y jurídicas, se concretó en la no interferencia[693] y en el respeto de los poderes públicos del desarrollo que hagan del mismo los particulares, si bien no implica el surgimiento de ninguna obligación por parte del Estado de ayudar a las iniciativas surgidas en el ámbito no público.

Estimamos que hoy no es válido, desde una perspectiva educativa, cifrar los problemas de la educación media y superior sobre la referencia "educación privada o educación pública". Como señala GARCÍA GARRIDO, en las sociedades modernas occidentales plurales es imprescindible incorporar en los modelos educativos una fórmula plural de opción educativa, que sirva además para dinamizar y enriquecer el sistema educativo:

> "Reconocimiento explícito (no meramente declamatorio, permisivo o cicatero) de que es útil y conveniente la coexistencia de un sector público (o de iniciativa estatal) y de un sector privado (o de iniciativa social) en el ámbito de la educación superior. No se trata, por tanto, de poner trabas a uno para favorecer al otro, sino de incentivar a ambos"[694].

---

692 El artículo 21 de la *Ley Orgánica 8/1985, de 3 de julio, reguladora del Derecho a la Educación* rezaba: "Toda persona física o jurídica de carácter privado y de nacionalidad española tiene libertad para la creación y dirección de centros docentes privados, dentro del respeto a la Constitución y lo establecido en la presente Ley. No podrán ser titulares de centros privados: a) las personas que presten servicios en la Administración educativa estatal, autonómica o local; b) quienes tengan antecedentes penales por delitos dolosos; c) las personas físicas o jurídicas expresamente privadas del ejercicio de este derecho por sentencia judicial firme; d) las personas jurídicas en las que las personas incluidas en los apartados anteriores desempeñen cargos rectores o sean titulares del 20 por ciento o más del capital social".

693 NOGUEIRA, *opus cit.*, p. 186.

694 GARCÍA GARRIDO, J. L., "La educación universitaria ante el siglo XXI", en Autores Varios, *Aprender para el futuro: universidad y sociedad*, Fundación Santillana, Madrid, 2001, pp. 6 y 8.

Esta afirmación, elevada a categoría del sistema educativo, conforma uno de los principios fundamentales de la educación en todos los países del área occidental, donde la competitividad, la interacción y el desarrollo de los centros educativos públicos y privados son una garantía de libertad, responsabilidad y pluralidad para la ciudadanía.

11.2.9. La subvención pública a los centros privados

El artículo 27.9 de la Constitución nos invita, en una primera lectura, a pensar en un derecho de asistencia financiera o subvención para los centros educativos privados que reúnan los requisitos que fija la ley, y cuya concesión no será mediante decisión discrecional, sino a través de una decisión reglada de acuerdo con el trámite que contenga la ley tras verificar el cumplimiento de los requisitos: "Los poderes públicos ayudarán a los centros docentes que reúnan los requisitos que la Ley establezca".

El artículo 27.9 no consagra las ayudas indiscriminadas a los centros privados de enseñanza. Es decir, no se ha producido la constitucionalización de las subvenciones a los centros no estatales. La Constitución delega en el legislador ordinario, quien a través de Ley Orgánica, de acuerdo con el artículo 81, determinará las condiciones y requisitos necesarios para ser destinatarios de ayudas en forma de fondos públicos. Ello implica que los centros destinatarios de financiación pública estarán obligados a prestar una enseñanza gratuita y a destinar los fondos públicos al ejercicio del derecho a la educación de los alumnos, no a la materialización de las libertades educativas.

Referente a la cuestión sobre la posible obligación de financiación pública de los centros privados derivada de los artículos 27.9 y 9.2 de la Constitución, el Tribunal Constitucional ha manifestado a través de su STC 86/1985, de 10 de julio, que no encierra dicha financiación la existencia de un derecho subjetivo de prestación pública:

> "(...) El artículo 27.9, en su condición de mandato del legislador, no encierra, sin embargo, un derecho subjetivo a la prestación pública. Esta, materializada en la técnica subvencional o de otro modo, ha-

brá de ser dispuesta por la Ley de la que nacerá, con los requisitos y condiciones que en las mismas se establezcan, la posibilidad de instar dichas ayudas y el correlativo deber de las Administraciones públicas de dispensarlas según la previsión normativa".

Y continúa el Tribunal Constitucional afirmando que no existe obligación indiscriminada a la prestación financiera a cualquier centro privado:

"El derecho a la educación —a la educación gratuita en la enseñanza básica— no comprende el derecho a la gratuidad educativa en cualesquiera centros privados porque los recursos públicos no han de acudir incondicionalmente allí donde vayan las preferencias individuales".

Además, respecto a aquellos centros que reciban las subvenciones públicas tras cumplir los requisitos que determina la ley, los poderes públicos tienen la obligación de controlar y supervisar a los mismos, para de este modo garantizar el cumplimiento del contenido del artículo 27 de la Constitución. De igual modo, el Tribunal Constitucional en la STC 5/1981 ha manifestado que todo sistema público de control y supervisión irá dirigido a la garantía y disfrute seguro del derecho a la educación, tal y como aparece en el artículo 27.2 de la Constitución:

"Es extremadamente amplia en cuanto deja a la libre apreciación del legislador no solo la determinación de lo que haya de entenderse por centros sostenidos con fondos públicos, sino la definición de los términos, es decir, del alcance, del procedimiento y de las consecuencias que hayan de darse a la intervención en el control y gestión. En el ejercicio de esa libertad, el legislador no tiene otros límites que el genérico que le impone el artículo 53.1 de la Constitución de respetar el contenido esencial del derecho garantizado y el que deriva de las reservas de Ley contenidas tanto en dicho precepto como en el artículo 81.1".

No en vano el alto Tribunal no solo ha limitado la categorización como derecho subjetivo de la facultad de obtener subvenciones para el desarrollo de programas educativos por parte de centros privados, sino que especialmente ha refrendado la perspectiva del derecho a la educación como el derecho fundamental del sistema educativo español, y al alumno como el destinatario fundamental de la prestación pública que garantice el acceso al derecho a la educación.

11.2.9.1. Propuestas privadas de financiación educativa. El bono escolar

Existe una prolija elaboración de propuestas sobre la financiación pública[695] a los centros privados. Entre las más conocidas se encuentra la propuesta del bono o cheque escolar[696] ideada por el Premio Nobel de Economía MILTON FRIEDMAN[697]. FRIEDMAN

---

695 Sobre gasto y financiación educativa véase WEST, *opus cit.*

696 Entre las intervenciones en el debate de la Comisión de Asuntos Constitucionales y Libertades Públicas por parte del Grupo de Minoría Catalana hemos de resaltar las de los Sres. diputados ROCA JUNYENT y ERIBERT BARRERA COSTA, y en especial la mención a la cuestión del "cheque escolar" y la visualización de los futuros escenarios de la educación superior universitaria privada en España: "(...) Hay actualmente en España y fuera de España, muchos partidarios del sistema de cheque escolar, es decir, de la ayuda directa a la familia para que esta pueda escoger libremente el establecimiento público o privado donde quiere que sean enseñados sus hijos. Creo que este sistema puede aumentar las posibilidades reales de elección de las familias más humildes, menos favorecidas económicamente, y, por esta sola razón, tiene más simpatías. Para terminar, un último punto. El texto del anteproyecto habla de centros docentes, sin especificación alguna. Esto significa que tienen que ser obligatoriamente ayudados, no solamente los que imparten la enseñanza a un nivel en que la escolarización es obligatoria para todos, sino también todos los demás; por ejemplo, las universidades privadas, las escuelas privadas de ciencias empresariales y, en fin, toda clase de centros cuyo carácter elitista nadie puede negar. Esto me parece que realmente es una aberración. El esfuerzo financiero de los poderes públicos debería concentrarse en que fuese gratuita la enseñanza obligatoria, y no en ayudar a las familias acomodadas (...)", en DAMIÁN TRAVERSO, *opus cit.*, pp. 84 y *ss.*

697 La idea del cheque escolar parte del precedente histórico durante el siglo XIX en la obra de THOMAS PAINE y de JOHN STUART MILL. La versión moderna actual se planteó por primera vez en 1955 por MILTON FRIED-

propuso una solución educativa desde el punto de vista de la gestión del gasto financiero[698] en la prestación pública de servicios educativos en el marco de sociedades democráticas:

MAN en su ensayo *El papel del gobierno en la educación*, fue desarrollada en 1962 en FRIEDMAN, M., *Capitalism and Freedom*, University of Chicago Press, 1962, y posteriormente reelaborada por él mismo y por FRIEDRICH VON HAYEK en HAYEK, F. A., *The Constitution of Liberty*, University of Chicago, 1969, convirtiéndose ambas obras en las formulaciones clásicas de este concepto. En el pensamiento de HAYEK, la discusión sobre el cheque escolar se sitúa dentro de una consideración más general acerca de la conveniencia de aportar fondos públicos a la educación, pero con el requisito de no amenazar el sistema de libertades democráticas. Y es por esto que la pluralidad de oferta pública y privada es esencial para garantizar las libertades del sistema democrático. En opinión de PÉREZ DÍAZ, RODRÍGUEZ y SÁNCHEZ FERRER, las propuestas teóricas de FRIEDMAN y HAYEK intentan lograr un equilibrio entre el ejercicio de la libertad y la satisfacción de la justicia social: "Ambos, FRIEDMAN y HAYEK, tratan de establecer qué fórmula de escolarización es más acorde con un sistema social que garantice el máximo de libertad a los individuos y produzca la máxima eficacia social, medida en términos de satisfacción de dichos individuos. Admiten que la educación básica puede establecerse con carácter obligatorio y ser financiada por el Estado, porque de ello se derivan importantes beneficios para el conjunto de la sociedad. FRIEDMAN parte de la idea asumida comúnmente de que una sociedad estable y democrática no es posible sin un cierto grado de alfabetización y conocimientos por parte del conjunto de los ciudadanos y sin la amplia aceptación de un determinado conjunto de valores compartidos. La educación contribuye a crear esos bienes comunes y por ello se justifica la intervención del Estado. Sin embargo, ambos consideran mucho más discutible que la enseñanza deba estar organizada directamente por el poder público. HAYEK alerta del peligro de que con un sistema público de enseñanza, grupos de burócratas o expertos al servicio de la administración impongan en aras del interés general sus propios valores y creencias a la población en general. Para ambos es preferible que haya una amplia pluralidad de escuelas que satisfaga las distintas preferencias de cada familia". *Vid.* PÉREZ DÍAZ, V., RODRÍGUEZ, J. C. y SÁNCHEZ FERRER, L., "El cheque escolar" en *La familia española ante la educación de sus hijos*, Fundación La Caixa, Barcelona, 2001, pp. 87 y *ss.*

698 En la perspectiva del análisis de la educación véase WEST, *opus cit.*

> "Un modo sencillo y eficaz de garantizar a los padres una mayor libertad de elección, conservando a la vez las actuales fuentes de financiación, es un proyecto a base de vales. Supongamos que su hijo asiste a una escuela pública primaria o secundaria. Esto cuesta al contribuyente, a usted y a mí, en promedio para todo el país, unos 2.000 dólares anuales en 1978 por niño matriculado. Si saca Usted a su hijo de la escuela pública y lo manda a una escuela privada, evita usted a los contribuyentes el pago de unos 2.000 dólares anuales: pero usted no se beneficiará de ese ahorro a no ser que hagan lo mismo todos los contribuyentes, en cuyo caso le supondrá el ahorro de unos pocos centavos en el pago de sus impuestos. Si tiene usted que pagar la enseñanza privada además de los impuestos es un fuerte incentivo para seguir mandando a su hijo a una escuela pública (...)"[699].

El concepto de "cheque escolar" ha alcanzado notable popularidad en el debate educativo público, sobre todo en los Estados Unidos[700]. El cheque escolar es básicamente una fórmula de asignación familiar económica a la familia de cada niño en edad esco-

---

[699] Continúa FRIEDMAN: "(...) Ahora bien, supongamos que el gobierno le dice "si nos libra usted de la carga de educar a su hijo, se le dará un vale, un trozo de papel amortizable por una suma fija de dinero siempre que esta se destine al pago de la educación de su hijo en una escuela autorizada". La suma de dinero puede ser de 2.000 dólares o inferior, digamos que de 1.500 o 1.000 dólares, a fin de compartir el ahorro con los demás contribuyentes. Pero sea la cantidad mayor o menor, por lo menos modificará en parte la carga financiera que limita la libre elección de los padres (...) A los padres se les puede y se les tiene que autorizar el uso de los vales no solo en escuelas privadas, sino también en otros centros públicos; y no solo en las de su propio distrito, ciudad o Estado, sino en cualquiera que esté dispuesto a aceptar a su hijo. Esto dará a los padres una oportunidad mayor de elegir, y al mismo tiempo exigirá a las escuelas públicas que se autofinancien cobrando la enseñanza (...) Las escuelas públicas tendrán que competir tanto con las demás escuelas públicas como con las privadas". *Vid.* FRIEDMAN, M. y FRIEDMAN, R., *Libertad de elegir: hacia un nuevo liberalismo económico*, Grijalbo, Barcelona, 1992, pp. 85 y *ss.*

[700] Sobre el cheque escolar y su origen y aplicación en España véase PÉREZ DÍAZ, RODRÍGUEZ y SÁNCHEZ FERRER, *opus cit.*, pp. 87 y *ss.* Para una visión más amplia y una aproximación al sistema de financiación público

lar. La cantidad asignada será empleada por cada familia para que esta elija una escuela a su elección. La financiación es indirecta, ya que no se facilita el dinero a las instituciones educativas directamente, sino que son las familias quienes con los recursos *ad hoc* optan por un centro u otro.

En España, la propuesta de FRIEDMAN ha tenido valedores[701] muy representativos de la fórmula del cheque escolar, en particular representada por la Asociación de Centros de Enseñanza Autónomos (ACADE)[702]. No obstante, desde el punto de vista social y político, su aceptación y puesta en práctica en el actual periodo constitucional ha sido prácticamente nula[703].

---

de la educación en España ver CALERO, J. y BONAL, X., *Política educativa y gasto público en educación*, Pomares-Corredor, Barcelona, 1999.

701 Como señalan PÉREZ DÍAZ, V., RODRÍGUEZ, J. C. y SÁNCHEZ FERRER, L., el sistema de cheques escolares no ha ocasionado un debate público profundo en España, tanto en educación secundaria como incluso en educación infantil. La única organización importante que ha llegado a plantear el deseo de establecer el cheque escolar en la enseñanza obligatoria es ACADE, la patronal de los centros no concertados. ACADE ha presentado diversas propuestas de cheque escolar en forma de desgravación fiscal a las familias por gastos educativos, propuestas que no han sido apoyadas por ningún partido político, ni siquiera el PP. Junto con ACADE, las otras dos patronales importantes de la enseñanza privada, Educación y Gestión y CECE, apoyan el actual sistema vigente de financiación concertada. En la presente situación, las patronales de la enseñanza concertada han preferido apostar con firmeza por el sistema actual antes que por cualquier aventura no segura de cheque escolar. En este sentido, el Consejo Escolar del Estado (en el que están representados los sindicatos, las asociaciones de padres y alumnos y las patronales de la enseñanza privada, además de la Administración), en su informe anual de 1998, rechazó el cheque escolar como fórmula de financiación de la escuela infantil, y propuso en su lugar establecer conciertos con las escuelas privadas en aquellos municipios o zonas donde no llega todavía la escuela pública. Ver en PÉREZ DÍAZ, RODRÍGUEZ y SÁNCHEZ FERRER, *opus cit.*, p. 98.

702 Véase NÚÑEZ VELÁZQUEZ, J., *La sociedad del conocimiento*, Prólogo de TAMAMES, R., Fundel, Madrid, 1999.

703 PÉREZ DÍAZ, V., RODRÍGUEZ, J. C. y SÁNCHEZ FERRER, L. han expuesto de manera descriptiva la imagen que suscita la iniciativa privada del

11.2.10. La libertad de cátedra

En España las primeras manifestaciones de la libertad de cátedra[704] tienen lugar a finales del siglo XIX. A partir de la *Real Orden de Albareda* de 3 de marzo de 1881 se encomienda a los rectores de Universidad la función de "favorecer la investigación científica sin oponer reparo al libre, entero y tranquilo desarrollo del estudio,

---

cheque escolar y, en particular, la amplitud de opción y libertad que supondría para los padres la potencial existencia de este sistema. "La imagen que predomina de los defensores del cheque escolar es que simplemente defienden posturas egoístas, como titulares de empresas privadas de educación que quieren asegurarse la continuidad y viabilidad de su empresa y, también, como defensores de privilegios de las clases acomodadas que tienen oportunidad de acudir a los centros privados y que se verían beneficiadas por medidas de reembolso de los costes de la matrícula en centros privados. Parece difícil romper esa imagen y transmitir la idea de que una medida así se ha planteado en otros países (de manera polémica, por supuesto) como algo beneficioso para las familias de extracción social más modesta al permitirles optar por centros a los que nunca podrían ir sin el cheque escolar. Lo cierto es que el cheque escolar, independientemente de los efectos más o menos beneficiosos que pueda tener sobre el rendimiento y la calidad del sistema educativo, es un sistema que puede defenderse con el argumento de que verdaderamente proporciona un mayor margen de libertad de elección a las familias (especialmente a las que poseen menos ingresos), por encima del actual sistema de subvenciones, que se limita a aquellos centros que han llegado a acuerdos previos con la administración educativa". *Vid.* PÉREZ DÍAZ, RODRÍGUEZ y SÁNCHEZ FERRER, *opus cit.*, p. 99.

704 El reconocimiento histórico de la libertad de cátedra, como recuerda LUCAS VERDÚ, tiene su origen en Prusia. Siete profesores de la Universidad de Gotinga —Dahlmann, Albrecht, J. Grimm, W. Grimm, W. Weber, Ewald y Gervinus— fueron destituidos de sus cátedras y expulsados de la universidad por haber protestado contra la tropelía realizada por el rey de Hannover cuando suprimió la Constitución de 1833 para de este modo poder adueñarse de los bienes del patrimonio fiscal y con ellos pagar sus ingentes deudas. Véase. LUCAS VERDÚ, P., "Libertad de cátedra", *Nueva Enciclopedia Jurídica,* Seix, Barcelona, 1976, p. 342.

ni fijar a la actividad del profesor otros límites que los señalados por el derecho común a todos los ciudadanos".

El término "cátedra" proviene del latín *cathedra*, y este a su vez del griego, lengua en la que se utilizaba para designar un asiento o silla. Posteriormente se señalará a la "cátedra" como el asiento elevado desde donde el maestro daba la lección a los alumnos. Hoy refleja una estructura educativa —generalmente de nivel universitario— y el funcionamiento de la misma, que se consuma en el proceso de enseñanza-aprendizaje.

Por "libertad de cátedra" se entiende, al igual que lo fue en su origen, aquel derecho individual o personal que tiene todo profesor titular del puesto docente a expresar sus propias concepciones científicas con plena libertad y a realizar su actividad docente e investigadora sin ninguna traba o presión. El Tribunal Constitucional, en su STC 55/89, de 23 de febrero, reconoce a la libertad de cátedra junto con la libertad de investigación y la libertad de estudios —o derecho a la educación activa— como el haz de derechos que constituye la denominada "libertad académica", que sirve para contener, en una libertad, tres derechos complementarios entre sí.

En la sentencia del Tribunal Constitucional 5/1981 se señaló que "la libertad de cátedra tiene un ámbito variable determinado, fundamentalmente, por la acción de dos factores: la naturaleza pública o privada del centro docente y el nivel o grado educativo a que corresponde el puesto docente ocupado".

Por su parte, FERNÁNDEZ MIRANDA Y CAMPOAMOR estima que la libertad de enseñanza en los centros privados debería recibir la denominación de "libertad de expresión docente", ya que del contenido de la libertad de enseñanza se autolimita el pluralismo ideológico, que en ningún caso debiera ser contrario al ideario del centro educativo[705].

---

705 FERNÁNDEZ-MIRANDA CAMPOAMOR y SÁNCHEZ NAVARRO, *opus cit.*, p. 181.

La libertad de cátedra del artículo 20.1 no debe confundirse con la libertad de expresión docente, ni el disfrute de tal libertad puede aminorar o desvirtuar las otras libertades expresamente contenidas en la Constitución. La libertad de cátedra surge en un momento histórico determinado en España, en un contexto de evidente represión ideológica en la Universidad española de finales del siglo XIX —la "Cuestión Universitaria" y la política del Marqués de Orovio— que motivó, entre otras, la creación por parte de algunos profesores de la *Institución Libre de Enseñanza* el 29 de octubre de 1876.[706]

11.2.11. La autonomía de las universidades

El modelo español sigue la pauta del modelo de universidad napoleónica, es decir, como servicio público estatal creado y financiado por el Estado y cuya prestación era realizada por docentes con carácter de funcionarios públicos.[707] El artículo 27.10 de

---

706 *Cfr.* Capítulo 9.

707 El nacimiento de la autonomía de la universidad hay que situarlo en el propio nacimiento de la universidad en los siglos XII y XIII. En esa época la universidad goza de una situación de autonomía que supone la posibilidad de autogobierno. Un ejemplo de su propio ámbito de soberanía se manifestaba en el hecho que los delitos cometidos por universitarios eran juzgados por sus pares, y el Rector podía castigarlo penalmente. El Rector ya aparece en la Universidad de Bolonia como cabeza de cada una de las naciones. Esta figura pasó a España en la Universidad de Salamanca, en la que hubo dos Rectores: uno por León y otro por Castilla, hasta 1385 cuando queda solo uno como único juez de los estudiantes. Esto ya estaba contemplado en *Las Partidas* de Alfonso X, Ley 6ª, artículo 31, por el que se autorizaba a estudiantes y profesores a asociarse en hermandad entre sí y escoger a uno que los castigue (en la doble acepción: punir y aconsejar).

Además, otro importante órgano del gobierno universitario lo constituían los Conciliarios, figura análoga a los Consejeros del monarca, que daban opiniones no vinculantes aunque generalmente decisorias. Y también para ellos era condición no ser nacional u oriundo de la ciudad en la que estaba la universidad.

la Constitución indica el funcionamiento autónomo de las universidades: "Se reconoce la autonomía de las Universidades en los términos que la Ley establezca".

GARCÍA DE ENTERRÍA ha puntualizado que, precisamente en atención a la naturaleza de la institución universitaria, la autonomía es un elemento de garantía de prestación del servicio universal de formación y desarrollo que brinda la universidad, de modo que su carácter autónomo es sinónimo de crítica constructiva desde la independencia del conocimiento:

> "(Es) el principio esencial que hace de una organización determinada, que puede ser muy diversa, precisamente una Universidad, en el sentido de un lugar donde se cumple esa función crítica y formativa"[708].

La relevancia de esta libertad radica en su reconocimiento como derecho fundamental incorporado al artículo 27.10 de la Constitución, lo que denota sin duda el interés que el constituyente tenía en que la autonomía universitaria fuera concebida como una ga-

---

Tras la Revolución Francesa, se perfilarán entonces diferentes modelos universitarios: el inglés del *College*; el alemán, inspirado en FICHTE o VON HUMBOLDT, que requería la autonomía universitaria para la creación de ciencia y experimentación; y el francés, napoleónico, que tendía a crear profesionales para el Estado, imponiendo cierta centralización y uniformidad incompatible con la autonomía. Es este último modelo el que parece haber influido más en España a partir de Carlos III, que tiende a organizar, reducir y homogenizar las universidades, o de Fernando VII, que por las Cortes de Cádiz llega a proponer planes de estudios casuísticos.
Durante la transición política, la universidad española representó un núcleo de oposición al régimen y, como consecuencia de ello, fue objeto de represión y cierre durante determinados periodos. Con la Constitución y el advenimiento de las libertades públicas, la universidad retomó su autonomía, incorporada en el artículo 27.10, y un régimen especial de protección jurídica. Sobre la historia de la universidad y los sistemas educativos, véase GARCÍA GARRIDO, *Sistemas educativos... opus cit.*

[708] GARCÍA DE ENTERRÍA, E., "La autonomía universitaria", *RAP*, No. 117, 1988, p. 12.

rantía institucional[709] que reforzara el ejercicio de esta libertad fundamental, cuya titularidad se reconoce a las universidades[710]. Este análisis es el que ha adaptado el Tribunal Constitucional mediante STC 26/1987, de 27 de febrero, al señalar que la autonomía universitaria "se configura como un derecho fundamental".

La autonomía universitaria tiene por objeto, de acuerdo con el Tribunal Constitucional en la sentencia previamente mencionada, el ejercicio de la libertad académica:

> "(...) Asegurar el respeto a la libertad académica, es decir a la libertad de enseñanza y de investigación. Más exactamente, la autonomía es la dimensión institucional de la libertad académica, que garantiza y completa su dimensión individual, constituida por la libertad de cátedra".

Esta declaración del Tribunal Constitucional respecto de la autonomía universitaria como derecho fundamental no fue compartida unánimemente por los miembros del Tribunal, lo que sirvió para la incorporación del voto particular de Francisco Rubio Llorente, al que se adhirió Eugenio Díaz Eimil, quienes manifestaron que:

> "La definición de autonomía universitaria como derecho fundamental es utilizada para convertirla en una especie de proyección inconcreta de un derecho fundamental nuevo, el de la libertad académica, cuyo sujeto no es la universidad, sino otra entidad carente de personalidad jurídica, que es la llamada comunidad universitaria".

---

709 *Cfr.* Asís Roig, A., "La autonomía universitaria y derechos fundamentales", *Anuario de Derechos Humanos*, No. 7, Instituto de Derechos Humanos, Facultad de Derecho de la Universidad Complutense, Madrid, 1990, pp. 32 y *ss.*

710 Véase sobre este punto Leguina Villa, J., "La autonomía universitaria en la Jurisprudencia del Tribunal Constitucional", en Martín-Retortillo Baquer, *opus cit.*, p. 1201.

Esta interpretación extensiva del Tribunal Constitucional[711] nos permite establecer las facultades que implica el derecho a la autonomía universitaria:

a) Derecho de las universidades a crear los Estatutos y normas de funcionamiento interno.

b) Derecho de elección, designación y remoción de sus órganos de gobierno y administración.

c) Derecho a la elaboración, aprobación y gestión de sus presupuestos.

d) Derecho de la universidad a administrar sus propios bienes.

e) Derecho a seleccionar, formar y promocionar al personal docente e investigador de la universidad en régimen de libertad, sin presiones ni coacciones, ni desde fuera ni desde dentro de la misma.

f) Derecho a la libertad de cátedra.

g) Derecho al ejercicio de la extensión universitaria.

h) Derecho a elaborar y aprobar los planes de estudio.

i) Derecho a fijar y dirigir la propia política educativa.

j) Derecho a firmar acuerdos de cooperación, investigación y docencia con otras universidades, así como con entidades privadas.

k) Derecho de los profesores a participar en las diversas actividades de gestión y gobierno de la universidad, a través de los Departamentos y de los órganos de gobierno.

---

711 Sobre la Jurisprudencia del Tribunal Constitucional véase RODRÍGUEZ COARASA, C., "Libertad de cátedra y autonomía universitaria: algunas reflexiones a la luz de la Jurisprudencia del Tribunal Constitucional", *Revista de la Facultad de Derecho de la Universidad Complutense*, No. 94, Madrid, 2000, p. 151. También, en relación con las facultades, derechos y obligaciones contenidos en la autonomía universitaria, consúltese EMBID IRUJO y BERNAL AGUDO, *opus cit.*, p. 290.

l) Derecho a la participación crítica de los alumnos en la gestión y administración de la actividad universitaria.

11.2.12. Distribución de competencias en materia educativa entre el Estado Central y las Comunidades Autónomas

La Constitución de 1978 dispone un sistema de reparto de materias entre el Estado Central y las Comunidades Autónomas dependiendo del carácter vertebrador u homogeneizante de la materia educativa; es decir, el Estado asumirá todas aquellas competencias que le permitan la ejecución y garantía de un sistema educativo homogéneo en todo el territorio español.

No obstante lo anterior, la Constitución recoge en su artículo 149.1.30 la exclusividad del Estado en educación:

> "El Estado tiene competencia educativa exclusiva en las siguientes materias (...) Regulación de las condiciones de obtención, expedición y homologación de títulos académicos y profesionales y normas básicas para el desarrollo del artículo 27 de la Constitución, a fin de garantizar el cumplimiento de las obligaciones de los poderes públicos en esta materia".

Por otro lado, el artículo 148.17 señala la posibilidad que las Comunidades Autónomas tienen de asumir competencias, y específicamente así lo reconoce en materia de enseñanza de la lengua de la Comunidad Autónoma: "El fomento de la cultura, de la investigación y, en su caso, de la enseñanza de la lengua de la Comunidad Autónoma"[712].

En este marco jurídico[713] y dentro del actual estado de desarrollo competencial autonómico podemos señalar que:

---

712 Sobre el derecho a recibir la educación en la lengua propia del escolar, véanse las Sentencias del Tribunal Constitucional 86/1985, 195/1989, 19/1990 y 337/1994.

713 Véase en este sentido la postura del Ministerio de Educación y Ciencia en FERNÁNDEZ SORIA, *Manual de política...* pp. 271 y *ss.*

a) Las competencias del Estado son, en su mayor parte, de índole normativa, y regulan los "aspectos básicos" del sistema educativo español, entendidos por "básicos" aquellos aspectos que requieren de regulación normativa común; regulación necesaria para salvaguardar la unidad sustancial del sistema y garantizar de este modo las condiciones de igualdad básica de todos los españoles en el ejercicio de los derechos y libertades contenidos en el artículo 27 de la Constitución. El Estado Central ejerce, entre otras competencias, la labor de inspección general y de resolución última de las solicitudes de becas y ayudas al estudio.

b) Las Comunidades Autónomas ejercen las competencias normativas para el desarrollo de las normas estatales básicas y la regulación de los elementos "no básicos" del sistema educativo, además de las competencias ejecutivo-administrativas con la excepción de aquellas que puedan estar reservadas al Estado Central.

PUELLES BENÍTEZ y URZÚA han definido de un modo genérico la relación entre el Estado Central y las Autonomías[714] como una relación entre la uniformidad, la unidad mínima y la heterogeneidad:

> "(...) En aquellas materias en que el constituyente ha querido establecer la uniformidad para todo el territorio nacional se otorga al Estado la competencia exclusiva —en sentido estricto, es decir, única y excluyente—; en aquellas otras en que el poder constituyente ha estimado necesario un mínimo de homogeneidad se

714 Como ha señalado FERNÁNDEZ SORIA en *Ibid.*, p. 272, uno de estos ejemplos es el contenido de la programación escolar, que viene generado por una determinada política curricular establecida tras la aprobación de la LOGSE. En esta norma, el Estado, en primer lugar, hace uso de su prerrogativa exclusiva al desarrollar el artículo 27 de la Constitución; en segundo lugar, establece un contenido mínimo para todos los españoles, y en último lugar, las Comunidades Autónomas las desarrollan para su ejecución. Es decir, la educación es una competencia que viene compartida y desarrollada en diferentes planos no concurrentes.

> reconoce al Estado la potestad de dictar normas básicas y a las Comunidades Autónomas las competencias de desarrollo legislativo y de ejecución; finalmente, cuando se ha querido consagrar la heterogeneidad, las Comunidades Autónomas han recibido de la Constitución competencias exclusivas en el más riguroso sentido de esta expresión"[715].

La competencia del Estado sirve para garantizar un sistema educativo mínimamente cohesionado: "La homogeneidad y uniformidad necesaria para que pueda hablarse de un único sistema educativo y no de diecisiete diferentes (tantos como Comunidades Autónomas)"[716].

El sistema de reparto de competencias de los artículos 148 y 149 de la Constitución salvaguarda de este modo el principio de igualdad de los artículos 14 y 9.2, en virtud de los cuales los poderes públicos tienen la obligación de asumir los esfuerzos necesarios para posibilitar la igualdad sustancial de los individuos, todo ello bajo las competencias que la Administración Central se reserva.

En conclusión, el proceso constituyente iniciado en 1977 concretó las aspiraciones albergadas por la sociedad democrática española de signo progresista, creando un derecho a la educación como presupuesto de regeneración y desarrollo del nuevo régimen político español sobre la base de la prestación pública fundamental del Estado de este derecho. Por otro lado, desde una ideología más tradicional y conservadora, también la Constitución satisfizo las aspiraciones de reconocimiento constitucional de la libertad de enseñanza como libertad que complementa el derecho fundamental de acceso a la educación. Esto ha supuesto que, por primera vez en la historia constitucional española, el texto básico que regula las aspiraciones de convivencia del pueblo

---

715 Puelles Benítez, M. y Urzúa, R., "Educación, gobernabilidad democrática y gobernabilidad de los sistemas educativos", *Revista Iberoamericana de Educación,* No. 12, 1996, pp. 107-135.

716 Viñao Frago, *opus cit.*, p. 29.

español no arrincone a uno u otro espacio ideológico y, por ende, poblacional. Sin embargo, esto significa la existencia de un espacio educativo estático; por el contrario, los esfuerzos por reforzar ambos derechos fundamentales condicionan la vida política y las competencias públicas estatales y autonómicas.

Para una correcta percepción de la realidad educativa española, especialmente en los últimos años, es relevante observar la reclamación que mantienen grupos como la Iglesia Católica sobre la amenaza y merma de sus recursos, y la oposición frontal que ejercen a propuestas educativas para la sociedad española desarrolladas por Gobierno de la nación. Ejemplo de ello es el desafío constitucional y legal planteado por la Iglesia española contra la impartición de la asignatura "Educación para la ciudadanía", materia contenida en el Plan de Estudios aprobado por las Cortes Generales en 2006; el objetivo fundamental —al igual que en los países del entorno europeo donde se imparte desde hace décadas— de esta asignatura es la difusión en la escuela secundaria de los valores fundamentales del sistema democrático español, los derechos humanos, la tolerancia y el respeto a la diversidad. Además, y con un calado político de gran importancia, la asunción de competencias educativas por las Comunidades Autónomas y la *nacionalización-regionalización* de las mismas —asociadas a los denominados "procesos de normalización lingüística"— representan para una parte de la población una debilitación de la idea de vida pública común desarrollada en torno a la identidad de la ciudadanía española.

PARTE IV

EL PROCESO DE INTERNACIONALIZACIÓN Y ACCESO DEL DERECHO A LA EDUCACIÓN EN EL SIGLO XXI

A nadie se le puede negar el derecho a la instrucción.
El Estado, en el ejercicio de las funciones que asuma en el campo
de la educación y de la enseñanza, respetará el derecho de los padres
a asegurar esta educación y esta enseñanza conforme
a sus convicciones religiosas y filosóficas.

Protocolo No. 1 de 1952,
Convención Europea de Derechos Humanos

Capítulo 12

Derecho a la educación en Europa Occidental. Consejo de Europa, Unión Europea y el pleno acceso al derecho a la educación

12.1. CONSEJO DE EUROPA Y EDUCACIÓN

Tras la II Guerra Mundial la protección y promoción internacional del derecho a la educación ha sido desarrollada en las diferentes partes del planeta, adquiriendo en el contexto europeo un eficaz sistema jurídico de implantación y disfrute del mismo[717].

---

717 De entre los diversos sistemas regionales de protección de los derechos humanos resaltamos la Organización de Estados Americanos (OEA) y los diversos instrumentos jurídicos que reseñamos a continuación:
La *Declaración Americana de Derechos del Hombre de 1948* en su artículo 12 señala: "Toda persona tiene derecho a la educación, que debe estar inspirada en los principios de libertad, moralidad y solidaridad humanas. Asimismo tiene el derecho de que, mediante esa educación, se le capacite para lograr una digna subsistencia, en mejoramiento del nivel de vida y para ser útil a la sociedad. El derecho de educación comprende el de igualdad de oportunidades en todos los casos, de acuerdo con las dotes naturales, los méritos y el deseo de aprovechar los recursos que puede proporcionar la comunidad y el Estado. Toda persona tiene derecho a recibir gratuitamente la educación primaria".
El *Pacto de San José de Costa Rica* de protección de derechos humanos de la OEA reconoce el derecho a la educación en su artículo 26: "Los Estados Partes se comprometen a adoptar providencias, tanto a nivel interno como mediante la cooperación internacional, especialmente económica y técnica, para lograr progresivamente la plena efectividad de los derechos que derivan de las normas económicas, sociales y sobre educación, ciencia y cultura, contenidas en la carta de la Organización

En plena transición española y con el primer gobierno democráticamente electo después de la Guerra Civil, España buscó reconocimiento y respaldo internacional[718] en aquellos foros de cooperación y organizaciones internacionales cuya entrada le había sido vetada por no ser un régimen político democrático y por la falta de respeto de los derechos humanos[719]. España se incorporó al Consejo de Europa[720] en 1977, ratificando los principales

---

de los Estados Americanos, reformada por el Protocolo de Buenos Aires, en la medida de los recursos disponibles, por vía legislativa u otros medios apropiados".
Por otro lado, en el seno de la Organización para la Unidad Africana (OUA), —ahora Unión Africana (UA)— se aprobó la *Carta Africana de los Derechos del Hombre y de los Pueblos* de 1981, donde se hace referencia explícita al derecho a la educación en su artículo 17: "Toda persona tiene derecho a la educación (...) Toda persona puede tomar parte libremente en la vida cultural de la comunidad". Además, su artículo 25 establece que: "Los Estados Partes en la Presente Carta tienen el deber de promover y asegurar, a través de la enseñanza, la educación, la difusión y el respeto de los derechos y libertades contenidos en la presente carta, y de tomar medidas conducentes a velar por que los derechos sean comprendidos lo mismo que los deberes y obligaciones correspondientes".

718 En ausencia de reconocimiento internacional, en materia educativa destacan los acuerdos bilaterales con terceros Estados, en particular los *Concordatos*; el último y todavía vigente es el Acuerdo entre el Estado español y la Santa Sede sobre Enseñanza y Asuntos Culturales, de 3 de enero de 1979 (B. O. E. de 15 de diciembre de 1979). —

719 Véase en este sentido el *Informe Birkelbach* de 1964, donde la Comisión, de manera no explícita —la Comisión de la por entonces CEE solamente acusó recibo de la solicitud de ingreso del Gobierno español—, da respuesta a la solicitud del Ministro de Asuntos Exteriores CASTIELLA en 1962. El Comisario alemán BIRKELBACH respondía a la solicitud del canciller relatando los criterios imprescindibles para ser miembro de pleno derecho de la, por aquel entonces, Comunidad Económica Europea: la inexistencia de un régimen plural y democrático, así como la falta de respeto de los derechos humanos imposibilitaban continuar el trámite de Estado candidato a la Comunidad. Estos criterios se conocen actualmente como los "Criterios de Copenhague".

720 El Consejo de Europa es una organización de cooperación internacional política que se fundó en 1949 en territorio europeo, allí donde

tratados en materia de Derechos Humanos aprobados en el seno de la organización. La *Convención Europea de Derechos Humanos* (en adelante, CEDH), adoptada en Roma en 1950, contenía única-

---

existían gobiernos democráticos de corte occidental. Su origen data de la inmediata posguerra. En 1946, el ex primer ministro británico WINSTON CHURCHILL, recién incorporado a la oposición tras ser derrotado por el laborista ATTLEE, orientó su nueva etapa política hacia la proyección internacional y la cooperación política entre los europeos en pos de la paz. Ese año pronunció un célebre discurso en la Universidad de Zúrich (Suiza, 19 de septiembre de 1946), considerado por muchos como el primer paso hacia la integración durante la posguerra: "Quisiera hablar hoy del drama de Europa (...) Entre los vencedores solo se oye una Babel de voces. Entre los vencidos no encontramos sino silencio y desesperación (...) Existe un remedio que, si fuese adoptado global y espontáneamente por la mayoría de los pueblos de los numerosos países, podría, como por un milagro, transformar por completo la situación, y hacer de toda Europa, o de la mayor parte de ella, tan libre y feliz como la Suiza de nuestros días. ¿Cuál es este remedio soberano? Consiste en reconstituir la familia europea o, al menos, en tanto no podamos reconstituirla, dotarla de una estructura que le permita vivir y crecer en paz, en seguridad y en libertad. Debemos crear una suerte de Estados Unidos de Europa (...) Para realizar esta tarea urgente, Francia y Alemania deben reconciliarse".

En Europa y Norteamérica se despliegan diversas iniciativas de talante político y de seguridad, tales como la creación de la OTAN en 1949, y en el espacio geográfico europeo, retomando la idea del Discurso de Zúrich de CHURCHILL, se crea en 1949 la organización de cooperación internacional del Consejo de Europa. La Carta fundacional del Consejo de Europa —denominada *Carta de Londres*— es en sí misma una emotiva declaración de principios europeos de búsqueda de la paz entre los pueblos que, escasamente cuatro años antes, estaban embarcados en una terrible guerra fratricida europea. Así se manifestó en la fundación del Consejo de Europa (Palacio de St. James, Londres, 5 de mayo de 1949): "Persuadidos de que la consolidación de la paz, basada en la justicia y la cooperación internacional, es de interés vital para la preservación de la sociedad humana y de la civilización. Reafirmando su adhesión a los valores espirituales que son patrimonio común de los pueblos y que son origen de los principios de libertad individual, de libertad política y de preeminencia del Derecho, sobre los cuales se

mente en sus inicios la mención implícita del artículo 9.1, relativo a la libertad de conciencia y religión, pero no se hacía mención alguna al derecho a la educación. A través del Primer Protocolo, firmado en París en 1952, se introdujo el reconocimiento al derecho a la educación, cuyo artículo 2 indica:

> "A nadie se le puede negar el derecho a la instrucción. El Estado, en el ejercicio de las funciones que asuma en el campo de la educación y de la enseñanza, respetará el derecho de los padres a asegurar esta educación y esta enseñanza conforme a sus convicciones religiosas y filosóficas".

El Tribunal Europeo de Derechos Humanos (TEDH) de Estrasburgo reconoció en su sentencia *Régimen Lingüístico de Bélgica* que el objetivo del derecho a la educación contemplado en la Convención tenía por objetivo reflejar la intención de los Estados miembros de "garantizar la libertad ideológica de los educandos y evitar, con ella, la posible manipulación de la misma por parte de los Estados a través de los centros de enseñanza que pretendieran adoctrinarlos"[721].

---

funda toda auténtica democracia. Nos unimos nosotros, algunos Estados de la vieja Europa, para intentar responder a la necesidad y a las aspiraciones manifiestas de sus pueblos".
El Consejo de Europa tiene como objetivos fundamentales el fomento de la cooperación política entre los países europeos, la defensa del Estado de Derecho, la democracia y el respeto de los derechos humanos. Entre sus fines no constan la unión ni la federación de los Estados, y en su Carta fundacional no se prevé ningún tipo de cesión de soberanía por parte de los Estados miembros. Su principal función ha sido reforzar los valores y principios del sistema democrático y los derechos humanos en los Estados miembros. El Tribunal Europeo de Derechos Humanos de Estrasburgo representa el más alto grado de efectividad de la protección de los derechos humanos en el plano internacional. El sistema europeo ha servido de base e inspiración para el desarrollo de otros sistemas regionales de protección de derechos humanos; ejemplo de ello, en el marco de Organización de Estados Americanos, es la aprobación de la *Carta de San José de Costa Rica* de 1969.

721 Fernández Segado, F., "El derecho a la educación en la jurisprudencia del Tribunal Europeo de Derechos Humanos", en Aguiar de Luque,

El reconocimiento del Tribunal en la citada sentencia respecto del acceso a los establecimientos escolares existentes en un Estado miembro por parte de todos los ciudadanos fue complementado en 1976 a través del caso *Kjeldsen, Busk Madsen y Pedersen*[722], en el que el TEDH estimó que la educación implica "la posibilidad de obtener un beneficio, reconocido oficialmente, de la enseñanza seguida"[723].

El segundo inciso del artículo 2, relativo al derecho de los padres a optar por una educación religiosa o cívica según sus convicciones, comporta, según el Tribunal, que exista un sistema real y efectivo que permita dar contenido eficaz a las opciones paternas, teniendo en cuenta las necesidades de la comunidad y de los individuos[724]. No obstante lo anterior, el TEDH señaló que la responsabilidad de la definición y elaboración del programa de estudios, así como la organización y financiación de la enseñanza pública, son competencia del Estado[725].

El objetivo del artículo 2 del Protocolo al CEDH es la protección de la diversidad y del pluralismo educativo —esto es, tanto de centros públicos como privados—, indispensable en una sociedad democrática; de este modo queda garantizada la pluralidad y la facultad real de que disponen los particulares para crear escuelas. El CEDH no indica expresamente los fines de la educación. A partir de una interpretación extensiva del caso Campbel en 1982, el Tribunal de Estrasburgo ha declarado que "la educación sirve a los fines de respeto de los ideales democráticos y los derechos fundamentales"[726], cuestión que, como hemos visto en la Constitución española, ha quedado expresamente contemplada en el

---

L. (Coord), *Implicaciones constitucionales y políticas del ingreso de España a la CEE y su incidencia en las CCAA*, IVAP, Oñati, 1986, p. 259.

722 Sentencia del TEDH de 1976, *Kjeldsen, Busk Madsen y Pedersen. Cfr. Ibid.*

723 Véase en Expósito, "La intervención... *opus cit.*, pp. 429 y *ss.*

724 Caso *Régimen Lingüístico de Bélgica, Campbell y Cosans* de 1982 y Caso *Castello-Roberts* de 1993.

725 Véase Sentencia del TEDH de 1976, *Kjeldsen, Busk Madsen y Pedersen.*

726 Véase Expósito, "La intervención... *opus cit.*, p. 430.

artículo 27.2 al afirmar que la educación tiene como fin: "El pleno desarrollo de la personalidad humana en el respeto a los principios democráticos de convivencia y a los derechos y libertades fundamentales".

Además, el ordenamiento jurídico español, de manera novedosa y pensando en la inmediata y eficaz incorporación de los derechos contenidos en las Convenciones Internacionales de Derechos Humanos —incluida la CEDH—, incorporó el artículo 10.2 de la Constitución española[727] para que de este modo el ordenamiento jurídico nacional asumiese la obligación de interpretar los derechos fundamentales de acuerdo con la Declaración Universal de Derechos Humanos y otros tratados firmados y ratificados por España.

España también es signataria —como miembro del Consejo de Europa— de la Carta Social de Turín de 1961, cuyo artículo 10 (derecho de formación profesional) reconoce la obligación de implantación y desarrollo en los sistemas educativos nacionales de una educación que contenga programas dirigidos a la vida profesional y la instrucción técnica —formación profesional—, que faculta al desarrollo e incorporación a la vida laboral de las personas[728].

---

727 El artículo 10.2 de la Constitución Española establece que: "Las normas relativas a los derechos fundamentales y a las libertades que la Constitución reconoce, se interpretarán de conformidad con la Declaración Universal de Derechos Humanos y los tratados y acuerdos internacionales sobre las mismas materias ratificados por España".

728 La *Carta Social Europea* de 1961 reconoce en su artículo 10 el derecho de formación profesional: "Para afianzar el ejercicio efectivo del derecho de formación profesional, las Partes Contratantes se comprometen:
1. A proporcionar o a favorecer, en lo que sea necesario, la formación técnica y profesional de todas las personas, incluidos los minusválidos, en consulta con las organizaciones profesionales de empleadores y trabajadores, y a conferir medios que permitan el acceso a la enseñanza técnica superior y a la enseñanza universitaria, basada en el criterio único de la aptitud individual;

12.2. UNIÓN EUROPEA Y POLÍTICA EDUCATIVA

12.2.1. Integración política y económica europea

El proceso de integración de las Comunidades Europeas sucede en el tiempo a la iniciativa del Consejo de Europa, y constituye, desde el punto vista jurídico, la materialización de un proceso filosófico e histórico de búsqueda de unidad e integración de los pueblos de Europa. ORTEGA Y GASSET en 1930, en su obra *La rebelión de las masas,* reflexionaba sobre una realidad que superaba por necesidad el espacio geográfico y jurídico de los viejos Estado-nación:

> "(...) Es sumamente improbable que una sociedad, una colectividad tan madura como la que ya forman los pueblos europeos, no ande cerca de crearse un artefacto estatal mediante el cual formalice el ejercicio del poder público europeo ya existente (...) Ha sido el realismo histórico quien me ha enseñado a ver que la unidad

---

2. A proporcionar o favorecer un sistema de aprendizaje y otros sistemas de formación de los muchachos y muchachas en sus diversos empleos;
3. A proporcionar o favorecer en lo que sea necesario: a) servicios apropiados y fácilmente accesibles para la formación de trabajadores adultos; b) servicios especiales para una reeducación profesional de trabajadores adultos, necesitada como consecuencia de una evolución técnica por nuevas tendencias en el mercado de trabajo;
4. A asegurar o favorecer, según se requiera, medidas particulares de reciclaje y de reinserción de los parados de larga duración;
5. A alentar la plena utilización de los servicios previstos, y ello mediante medidas adecuadas tales como: a) la reducción o la supresión del pago de cualesquiera derechos y gravámenes; b) la concesión de una asistencia financiera en los casos en que proceda; c) la inclusión, dentro de las horas normales de trabajo, del tiempo dedicado a los cursos suplementarios de formación seguidos por el trabajador, durante su empleo, a petición de su empleador; d) la garantía, por medio de un control adecuado, en consulta con las organizaciones profesionales de empleados y trabajadores, de la eficacia del sistema de aprendizaje y de cualquier otro sistema de formación para trabajadores jóvenes y, en general, de la adecuada protección a los trabajadores jóvenes".

> de Europa como sociedad no es un "ideal", sino un hecho de muy vieja cotidianeidad. Ahora bien, una vez que se ha visto esto, la probabilidad de un Estado general europeo se impone necesariamente. La ocasión que lleve súbitamente a término el proceso puede ser cualquiera: por ejemplo, la coleta de un chino que asoma por los Urales o bien una sacudida del gran magma islámico"[729].

La integración política y jurídica en el contexto de la Comunidad Europea[730] tiene su punto de partida en la *extraordinaria* propuesta del Ministro de Asuntos Exteriores francés ROBERT SCHUMAN el 9 de mayo de 1950[731]. En la Declaración, SCHUMAN

---

729 ORTEGA Y GASSET, J., *La rebelión de las masas,* Alianza Editorial, Madrid, 1993, p. 20.

730 Es frecuente la confusión entre dos organizaciones internacionales: el Consejo de Europa, fundado en 1949 y cuya sede e instituciones se encuentran en Estrasburgo (Francia) —por ejemplo, el Tribunal Europeo de Derechos Humanos—; y la Comunidad Europea —hoy Unión Europea—, cuyos orígenes son posteriores y se remontan al Tratado del Carbón y del Acero de 1951 (CECA), los Tratados de la Comunidad Económica Europea (CEE) y el Tratado de la Energía Atómica Europea (EURATOM) de 1957. De acuerdo con el actual Tratado de la Unión Europea (Lisboa 2009) la Unión Europea tiene su sede oficial en Bruselas (Bélgica), pero sus instituciones principales están distribuidas en varias ciudades: por ejemplo, la Comisión y el Consejo de Ministros se sitúan en Bruselas, el Parlamento Europeo en Estrasburgo y Bruselas, y el Tribunal de Justicia de la Unión en la ciudad de Luxemburgo.

731 Estas son las líneas más conocidas de la *Declaración Schuman,* de 9 de mayo de 1950: "Señores, no es cuestión de vanas palabras, sino de un acto, atrevido y constructivo. Francia actúa y las consecuencias de su acción pueden ser inmensas. Así lo esperamos. Francia actúa por la paz (...) y se asocia a Alemania. Europa nace de esto, una Europa sólidamente unida y fuertemente estructurada. Una Europa donde el nivel de vida se elevará gracias a la agrupación de producciones y la ampliación de mercados que provocarán el abaratamiento de los precios (...) Europa no se hará de golpe, ni en una obra de conjunto, se hará por medio de realizaciones concretas, que creen, en primer lugar, una solidaridad de hecho. El gobierno francés propone que se someta el conjunto de la producción franco-alemana de carbón y acero bajo una autoridad común, en una organización abierta a la participación de otros países de Europa. La puesta en común de la producción del

propuso a la sociedad europea un plan diseñado por el alsaciano europeísta JEAN MONNET, quien planteó la integración y gestión en común de la producción franco-alemana de carbón y acero, materias primas que han sido y son los recursos naturales imprescindibles para el desarrollo de la guerra. Esta medida de integración económica buscaba desarrollar el acercamiento entre Francia y Alemania, alejando definitivamente el espectro de la guerra en Europa.

De esta propuesta surgió la creación del primer tratado de las Comunidades Europeas: el Tratado de la Comunidad Europea del Carbón y del Acero (CECA) —también denominado Tratado de París—, firmado el 18 de abril de 1951 y del que formaron parte como miembros fundadores Francia, Alemania, Italia, Luxemburgo, Bélgica y Holanda.

Con este acuerdo se logró un equilibrio entre los países que proporcionó paz y estabilidad. Faltaban en aquel momento el salto a la integración económica y la firma de los futuros tratados de la Comunidad Económica Europea (CEE) y de la Energía Atómica Europea (EURATOM). Tan solo cuatro años después de la firma del Tratado de la CECA y del buen funcionamiento del mismo, los ministros de Asuntos Exteriores de los seis Estados miembros, bajo el impulso del belga PAUL HENRI SPAAK, se reunieron en 1955 en la Conferencia de Messina (Italia). De nuevo los miembros fundadores del Tratado de la CECA, el 25 de marzo de 1957, acometían un nuevo hito en la historia de la integración europea: los Tratados de Roma, por los que se creaban la Comunidad Económica Europea y la Comunidad Europea de la Energía Atómica.

El Tratado de la CEE ha sido el pilar de la construcción europea; en sus objetivos se buscaba el desarrollo económico siguiendo los diferentes estadios de la integración económica; desde la

---

carbón y del acero asegurará inmediatamente el establecimiento de bases comunes de desarrollo económico, primera etapa de la Federación Europea (...)".

creación de una *zona de libre cambio* (1957), pasando por una *unión aduanera* (1968), hasta la consecución del *mercado común* (1992)[732]. No obstante, el proceso de integración europea sufrió un giro copernicano en la reunión que tuvo lugar en la ciudad holandesa de Maastrich, donde los por entonces doce[733] Estados miembros decidieron firmar la creación de la Unión Europea a través del denominado Tratado de Maastrich o Tratado de la Unión Europea (TUE). Este nuevo tratado suponía un novedoso salto cualitativo en la integración política europea, pues trataba de superar el sustrato económico y comercial que había caracterizado a las Comunidades Europeas desde la década de los 50. Ahora se hablaba del "paso de la Europa de los comerciantes y mercaderes a la Europa de los ciudadanos". La Comunidad Económica Europea pierde la "E" de "económica" y se convierte desde 1992 en la Unión Europea (UE)[734], a través de un tratado que incorpora una nueva política educativa[735]. Es precisamente en este sentido político cuando

---

[732] Con la entrada en vigor del Tratado de la Unión Europea en 1992 una nueva fase de integración económica se incorpora al proceso comunitario: la *Unión Monetaria,* que ha sido una realidad a partir del 1 de enero de 2002 con la aparición del euro como moneda única.

[733] Hoy en día la Unión Europea está compuesta por veintisiete (27) Estados miembros —tras la salida voluntaria del Reino Unido en 2020—. A los seis Estados fundadores (Francia, Alemania, Italia, Bélgica, Luxemburgo y Holanda) se han ido sumando el resto de países. La primera ampliación se produce en 1973 con la entrada del Reino Unido, Dinamarca e Irlanda. En 1981 accede Grecia, y en 1986, Portugal y España. En 1995 se incorporaron Finlandia, Suecia y Austria. En 2005 se añadieron Estonia, Letonia, Lituania, Polonia, Hungría, República Checa, Eslovaquia, Eslovenia, Malta y Chipre. En 2007 la Unión incorporó a Bulgaria y Rumanía y, finalmente, en 2013 se adhirió Croacia.

[734] El Tratado de la Unión Europea o Tratado de Maastrich fue derogado por el tratado de Ámsterdam, y este, a su vez, por el Tratado de Niza (2002), que fue igualmente derogado por el actualmente vigente Tratado de Lisboa (2007).

[735] Sobre la evolución de las políticas educativas en Europa, véase LÓPEZ MEDEL, J., *Hacia un nuevo derecho a la educación. Principios filosófico-jurí-*

se incorpora la política de educación como una de las funciones compartidas entre los Estados miembros y la Unión Europea[736].

12.2.2. Política educativa y de formación profesional en la Unión Europea

El Tratado de la Unión Europea, modificado por el Tratado de Ámsterdam (1998) y posteriormente por el Tratado de Niza (2002), establecía que la Comunidad contribuirá al desarrollo de una educación de calidad apoyando y completando la acción de los Estados miembros en el pleno respeto de su diversidad cultural y lingüística, y que se basará en un criterio de excelencia y calidad de la educación europea en aras de conformar la organización del sistema educativo europeo. El artículo 165 del Tratado de Funcionamiento de la Unión Europea (en adelante, TFUE), elaborado a partir del antiguo Tratado de la Comunidad Europea o TCE, incorpora el contenido esencial de la política educativa:

> "La Unión contribuirá al desarrollo de una educación de calidad fomentando la cooperación entre los Estados miembros y, si fuere necesario, apoyando y completando la acción de estos en el pleno respeto de sus responsabilidades en cuanto a los contenidos de la enseñanza y a la organización del sistema educativo, así como de su diversidad cultural y lingüística (...)"[737].

---

dicos y comunitarios en la Política educativa de la Unión Europea, Dykinson, Madrid, 1995.

736 Antes de la existencia de la política educativa, en el derecho derivado comunitario existía una referencia explícita al derecho fundamental a la educación reconocida en el artículo 16 de la *Declaración de los Derechos y Libertades Fundamentales,* aprobada por el Parlamento Europeo el 16 de mayo de 1989: "Todos tienen derecho a la educación y a una formación profesional de acuerdo a sus capacidades. La enseñanza será libre. Se asegurará el derecho de los padres a hacer impartir esta educación de acuerdo con sus convicciones religiosas y filosóficas".

737 Y continúa el artículo 165 del TFUE: "(...) 2. La acción de la Unión se encaminará a: desarrollar la dimensión europea en la enseñanza, especialmente a través del aprendizaje y de la difusión de las lenguas de los Estados

miembros; favorecer la movilidad de estudiantes y profesores, fomentando en particular el reconocimiento académico de los títulos y de los periodos de estudios; promover la cooperación entre los centros docentes; incrementar el intercambio de información y de experiencias sobre las cuestiones comunes a los sistemas de formación de los Estados miembros; favorecer el incremento de los intercambios de jóvenes y de animadores socioeducativos; fomentar el desarrollo de la educación a distancia.
3. La Unión y los Estados miembros favorecerán la cooperación con terceros países y con las organizaciones internacionales competentes en materia de educación y, en particular, con el Consejo de Europa.
4. Para contribuir a la realización de los objetivos contemplados en el presente artículo: el Parlamento Europeo y el Consejo, con arreglo al procedimiento legislativo ordinario y previa consulta al Comité Económico y Social y al Comité de las Regiones, adoptarán medidas de fomento, con exclusión de toda armonización de las disposiciones legales y reglamentarias de los Estados miembros; el Consejo adoptará, a propuesta de la Comisión, recomendaciones.
Asimismo, el artículo 166 del TFUE establece que: "1. La Unión desarrollará una política de formación profesional que refuerce y complete la acciones de los Estados miembros, respetando plenamente la responsabilidad de los mismos en lo relativo al contenido y a la organización de dicha formación.
2. La acción de la Unión se encaminará a: facilitar la adaptación a las transformaciones industriales, especialmente mediante la formación y la reconversión profesionales; mejorar la formación profesional inicial y permanente, para facilitar la inserción y la reinserción profesional en el mercado laboral; facilitar el acceso a la formación profesional y favorecer la movilidad de los educadores y de las personas en formación, especialmente de los jóvenes; estimular la cooperación en materia de formación entre centros de enseñanza y empresas; incrementar el intercambio de información y de experiencias sobre las cuestiones comunes a los sistemas de formación de los Estados miembros.
3. La Unión y los Estados miembros favorecerán la cooperación con terceros países y con las organizaciones internacionales competentes en materia de formación profesional.
4. El Parlamento Europeo y el Consejo, con arreglo al procedimiento legislativo ordinario y previa consulta al Comité Económico y Social y al Comité de las Regiones, adoptarán medidas para contribuir a la realización de los objetivos establecidos en el presente artículo, con exclusión de toda armonización de las disposiciones legales y reglamentarias de

Al mismo tiempo, la Unión Europea ejerce la competencia para desarrollar una política de formación profesional[738] que refuerce y complete las acciones de los Estados miembros de acuerdo con el artículo 166 del TFUE:

> "La Unión desarrollará una política de formación profesional que refuerce y complete las acciones de los Estados miembros, respetando plenamente la responsabilidad de los mismos en lo relativo al contenido y a la organización de dicha formación"[739].

La integración de ambas políticas ha sido calificada como el aliciente para la creación de una nueva *constitución cultural europea*[740]. En la búsqueda de la mejora de la política educativa, la

---

los Estados miembros, y el Consejo adoptará, a propuesta de la Comisión, recomendaciones".

738 *Cfr.* CALVO HORNERO, A., *Organización de la Unión Europea,* 2ª ed., Ramón Areces Edit., Madrid, 1999.

739 Y continúa el amplio contenido del artículo 167 señalando: "(...) 2. La acción de la Unión favorecerá la cooperación entre Estados miembros y, si fuere necesario, apoyará y completará la acción de éstos en los siguientes ámbitos: la mejora del conocimiento y la difusión de la cultura y la historia de los pueblos europeos; la conservación y protección del patrimonio cultural de importancia europea; los intercambios culturales no comerciales; la creación artística y literaria, incluido el sector audiovisual.
3. La Unión y los Estados miembros fomentarán la cooperación con los terceros países y con las organizaciones internacionales competentes en el ámbito de la cultura, especialmente con el Consejo de Europa.
4. La Unión tendrá en cuenta los aspectos culturales en su actuación en virtud de otras disposiciones del presente Tratado, en particular a fin de respetar y fomentar la diversidad de sus culturas.
5. Para contribuir a la consecución de los objetivos del presente artículo: el Parlamento Europeo y el Consejo, con arreglo al procedimiento legislativo ordinario y previa consulta al Comité de las Regiones, adoptarán medidas de fomento, con exclusión de toda armonización de las disposiciones legales y reglamentarias de los Estados miembros; el Consejo adoptará, a propuesta de la Comisión, recomendaciones".

740 Respecto a la naturaleza jurídica de la Unión Europea, no es ni un Estado, ni una federación de Estados, ni tampoco se identifica plenamen-

Comisión Europea ha realizado diferentes propuestas a través de los llamados "Libros Blancos"[741].

---

te con la clásica organización intergubernamental. El recientemente fallecido en 2023 Jacques Delors, antiguo Presidente de la Comisión Europea, describió a la Unión como "objeto político no identificado", porque lejos de la naturaleza del clásico Estado moderno, la Unión Europea representa, como organización internacional, el más alto grado de desarrollo, integración y asunción de competencias soberanas de sus Estados miembros, lo cual la sitúa a medio camino entre el Estado y las organizaciones internacionales de cooperación. Por estos motivos es impropio desde el punto de vista material hablar de "Constitución". Sin embargo, la Unión es una "comunidad de derecho", cuyos tratados y textos fundacionales tienen carácter de "primacía", "aplicabilidad" y "efecto directo". El Tribunal de Justicia de la antigua Comunidad Económica Europea (CEE) señaló que la Unión "es una comunidad de Derecho, en la medida en que ni sus Estados miembros ni sus instituciones pueden sustraerse al control de la conformidad de sus actos con la carta constitucional fundamental que constituye el Tratado", en Sentencia del Tribunal de Justicia CEE de 23 de abril de 1986, asunto No. 294/83, *Parti écologiste Les Verts contra Parlamento Europeo,* Rep. 1986, pp. 1339 y *ss.*

741 En noviembre de 1995 la Comisión adoptó el Libro Blanco "Enseñar y aprender, hacia la sociedad del conocimiento", en el que se proponen vías de actuación para hacer frente a los retos del siglo XXI en materia de educación y formación. El 29 de mayo de 1997, la Comisión adoptó una comunicación en la que presentó sus iniciativas a raíz de la adopción del Libro Blanco. Una de las iniciativas destacadas es la creación de colegios de segunda oportunidad para reintegrar a los jóvenes que han abandonado el sistema educativo sin ninguna formación, ofreciéndoles un abanico de oportunidades de formación adaptadas a sus necesidades individuales. Este proyecto está siendo desarrollado en colaboración con los ministerios nacionales competentes. El 2 de octubre de 1996, tras el Consejo Europeo de Florencia de junio de 1996, la Comisión adoptó un plan de acción para favorecer la difusión de las tecnologías de la información en los colegios. A este respecto, la Comisión puso en marcha una serie de actividades, en particular la semana anual de animación en los colegios —*Netd@ys Europe*—, que se celebra desde 1997, y un concurso europeo de los mejores multimedia educativos. La semana *Netd@ys Europe* es una iniciativa de la Comisión Europea para promover la utilización de las nuevas tecnologías en los colegios.

Entre los principales elementos impulsores de una futura idea de ciudadanía europea, la educación ha desempeñado un papel extraordinario gracias especialmente al programa Sócrates[742]. El programa *Sócrates* insiste en una educación a lo largo de la vida que mejore la participación activa y la capacidad de integración

---

Su propósito es dar a conocer las posibilidades de los nuevos medios de comunicación en los ámbitos educativos y culturales.

Por otra parte, la Comisión emprendió la tarea de recopilar las dificultades de todo tipo que encuentran los agentes de la enseñanza y los jóvenes cuando quieren desplazarse dentro de la Unión. En el Libro Verde sobre los obstáculos a la movilidad transnacional (1996) se ofrecen varias vías para eliminar las barreras, ya sean administrativas o jurídicas, socioeconómicas, lingüísticas o simplemente prácticas.

Desde 1997 el conjunto de programas comunitarios relativos a la educación, la formación y la juventud reciben un nuevo impulso gracias a su progresiva apertura a determinados países de Europa Central (Hungría, República Checa y Rumanía) y Chipre, que posteriormente se amplió a Polonia y Eslovenia, y más tarde a Letonia, Estonia, Lituania, Bulgaria, Eslovenia y Croacia. *Cfr.* Comisión Europea, *La política de educación de la Unión*, Bruselas, 2002.

742 El 31 de diciembre de 1999 concluyó la primera fase del programa *Sócrates*, que abarca todo el campo educativo. Gracias a este programa, que contó con una dotación inicial de 850 millones de euros, pudieron desplazarse casi 275.000 ciudadanos europeos del sector de la enseñanza: estudiantes y profesores universitarios, directores de centros escolares, profesores y alumnos no universitarios y responsables educativos. Además, el programa prestó apoyo a aproximadamente 150 universidades, 8.500 escuelas y 500 proyectos transnacionales en favor del desarrollo de la dimensión europea y la mejora de la calidad de la enseñanza superior y escolar, la enseñanza y el aprendizaje de las lenguas, la educación abierta y a distancia y la educación para adultos. La segunda fase del programa *Sócrates* (2000-2006) contó con una dotación de 1.850 millones de euros. En ella participaron los quince Estados miembros de la Unión Europea, los países de la AELC y el EEE, y los países por aquel entonces asociados de Europa Central y Oriental, Chipre, Turquía y Malta. En esta fase se aprovechó la experiencia acumulada en la primera y se mantuvieron los elementos positivos del programa, procurando mejorar y agrupar varias de las acciones existentes e introduciendo ciertas innovaciones. *Cfr. Ibid.*

profesional. Los objetivos del Programa Educativo *Sócrates* son los siguientes:

a) Reforzar la dimensión europea de la educación y facilitar un amplio acceso transnacional a los recursos educativos en Europa; promover una mejora cuantitativa y cualitativa del conocimiento de las lenguas en la UE.

b) Favorecer la cooperación y la movilidad en el ámbito de la educación; promover la innovación en la elaboración de prácticas y de material docente, y estudiar las cuestiones de interés común en la política educativa.

La formación profesional ha sido representada por el Programa *Leonardo Da Vinci*[743]. Con este programa se trata de alcanzar la mejora de las competencias de las personas en formación técnica —principalmente de los jóvenes—, mejorar la calidad de la formación continua y la adquisición de competencias a lo largo de la vida y, por último, promover y aumentar la contribución de

---

743 Desde su primera fase, el programa *Leonardo da Vinci*, creado por una decisión del Consejo en diciembre de 1994, se ha marcado el objetivo de mejorar la calidad de la formación profesional en Europa. Entre 1995 y 1999 concedió ayudas por un importe global de 730 millones de euros a más de 3.000 proyectos en los que participaron unos 60.000 socios y contribuyó a la movilidad de 130.000 personas, principalmente jóvenes, para mejorar sus perspectivas de empleo. El 1 de enero de 2000 el programa inició su segunda fase, que concluyó el 31 de diciembre de 2006. También en el sector de la formación, en 1999 el Consejo adoptó una decisión, previa propuesta de la Comisión, relativa a la promoción de itinerarios europeos de formación en alternancia, incluido el aprendizaje, por la que se crea, a partir del 1 de enero de 2000, un nuevo documento comunitario denominado *Europass-Formación*. Este documento da testimonio de la formación que el portador habrá recibido en otro Estado miembro, en el marco de un itinerario europeo de formación. El programa *La juventud con Europa*, cuyo objetivo principal era contribuir al proceso educativo de los jóvenes fuera de los sistemas escolares, prestó apoyo a proyectos en los que participaron más de 400.000 jóvenes.

la formación al proceso de innovación y al desarrollo del espíritu empresarial.

Mediante la aprobación de la Decisión del Parlamento Europeo y del Consejo de 13 de abril de 2000, por la que se establece el programa de acción comunitario 2000-2006 *Por una Europa del conocimiento*[744], se ordena un programa de formación para los estudiantes europeos con una clara vocación de integración laboral. El objetivo del programa es brindar a los estudiantes europeos un programa formativo que contribuya al desarrollo personal y laboral de los jóvenes y que les ayude a ejercer una ciudadanía responsable que facilite su integración activa en la sociedad. El programa *Juventud* integra a partir de ahora los programas anteriores *La Juventud con Europa* y *Servicio voluntario europeo para los jóvenes.*

---

744 Mediante Comunicación de la Comisión, de 12 de noviembre de 1997, se presentó el programa de acción comunitario 2000-2006 *Por una Europa del conocimiento.* Las orientaciones de las futuras acciones comunitarias en materia de educación, formación y juventud se articulan en torno a dos preocupaciones principales: a) Convertir las "políticas del conocimiento" (innovación, investigación, educación, formación) en uno de los cuatro ejes fundamentales de las políticas internas de la Unión, tal como se propuso en la Agenda 2000; b) Mejorar los conocimientos y las competencias de todos los ciudadanos europeos a fin de fomentar el empleo. Se da continuidad a las acciones en curso (*Sócrates, Leonardo da Vinci, La Juventud con Europa*). Las nuevas acciones comunitarias deberán valorizar sus logros, concentrándose en un número limitado de objetivos; c) La orientación principal es construir progresivamente un espacio educativo europeo en base a tres ejes: ofrecer a los ciudadanos los medios indispensables para actualizar permanentemente sus conocimientos; aumentar sus aptitudes para el empleo gracias a la adquisición de competencias que resultan necesarias debido a la evolución del trabajo y de su organización; y servir de marco al proceso de enriquecimiento de la ciudadanía europea. La magnitud de estos retos exige una mayor integración de los ámbitos de la educación, la formación y la política de juventud. Sobre el desarrollo de la política educativa véase CALVO HORNERO, *opus cit.*

Por último, una de las dimensiones que adquiere mayor relevancia en la política europea en materia de educación y formación es su progresiva apertura a terceros países, en particular a los países candidatos a la adhesión.

En la perspectiva de la creación efectiva de un mercado común del empleo, la libre circulación de los trabajadores exigía que cada uno de los Estados miembros tuviera en cuenta las titulaciones académicas y la capacitación profesional reconocidas por órganos públicos que una persona determinada hubiese adquirido en su Estado de origen. Se observó, sin embargo, una tendencia a favorecer los diplomas nacionales en detrimento de los obtenidos en el extranjero. Por ello, la Comunidad consideró que debía crear un marco jurídico que estableciera la obligación de tener en cuenta los diplomas obtenidos en otro Estado miembro o incluso de reconocer su equivalencia[745]. En 1999 la Comisión Europea

---

[745] El procedimiento aplicado se basa en el reconocimiento de los diplomas de acuerdo con las directivas generales. Se desarrolló también un enfoque sectorial que permite el reconocimiento automático de los diplomas después de una coordinación de la formación (farmacéuticos, médicos, arquitectos, etc.). El Derecho comunitario consagró dos principios fundamentales: el reconocimiento de los diplomas solo puede beneficiar a los nacionales de los Estados miembros portadores de diplomas obtenidos en dichos Estados miembros. Por lo tanto, este principio no incluye a los nacionales de terceros países, ni los diplomas obtenidos en dichos Estados. Por otra parte, la Comisión adoptó un enfoque horizontal con las Directivas 89/48/CEE y 92/51/CEE, que establecen un sistema general de reconocimiento de los diplomas de formaciones profesionales de la enseñanza superior de una duración mínima de tres años. Normalmente, este enfoque abarca todas las actividades reguladas que no son objeto de una directiva específica en vigor. Se trata de un sistema que podría calificarse de "reconocimiento semiautomático de las formaciones": el principio aplicado es el de reconocimiento de la formación de la persona migrante cuando las actividades profesionales reguladas que desea ejercer son las mismas que las que tiene derecho a ejercer o ejerció en el Estado miembro de origen o de procedencia y no existe diferencia sustancial entre la formación exigida en el Estado miembro de acogida y la que posee el interesado.

adoptó la Comunicación *Europa – Una sociedad de la información para todos.*

Entre sus objetivos principales figuran la difusión de los medios de comunicación digital y la extensión de Internet para los jóvenes. El informe de la Comisión *Concebir la educación del futuro – Promover la innovación con las nuevas tecnologías* amplía la reflexión sobre las decisiones que habrán de tomarse en el campo de la educación ante la revolución de las nuevas tecnologías.

Asimismo, en el Consejo Europeo de Helsinki de 10 y 11 de diciembre de 1999 se decidió que los Estados miembros debían prestar una atención especial a la educación y la formación a lo largo de la vida —así como a su impacto en el empleo—, y con motivo de la puesta en marcha de los nuevos programas *Juventud, Sócrates II* y *Leonardo II* la Presidencia portuguesa se esforzó en desarrollar la idea de una dimensión europea de la educación en el marco de una reunión ministerial conjunta celebrada en marzo del año 2000[746].

En caso contrario, el Estado miembro de acogida puede imponer a la persona migrante una de las medidas compensatorias siguientes: un periodo de prácticas o un examen de aptitud.

[746] En las conclusiones de la *Cumbre de Lisboa* figuran ciertas prioridades en el ámbito de la enseñanza: la iniciativa *Learning*, continuación del plan de acción *Europe* en el ámbito de la enseñanza: a) aumentar cada año de forma sustancial la inversión por habitante en recursos humanos; b) reducir a la mitad, de aquí al año 2010, el número de personas de entre 18 y 24 años que no hayan terminado el primer ciclo de la enseñanza secundaria y hayan abandonado sus estudios o su formación; c) crear asociaciones entre los diferentes centros de enseñanza para fomentar la adquisición de conocimientos y promover la educación y la formación a lo largo de la vida; d) instaurar un diploma europeo de competencias básicas en tecnologías de la información; e) promover y facilitar la movilidad de los estudiantes, los formadores, los profesores y los investigadores; y f) mejorar las sinergias entre el mercado de trabajo y la formación mediante las redes disponibles, como *Eures* o *Gateway for learning*. *Cfr.* Comisión Europea, *La política de educación... opus cit.*

12.2.3. Carta de Derechos Fundamentales de la Unión Europea

La Unión Europea, en su dinámica de integración política y de reconocimiento[747] de los derechos fundamentales[748], decidió aprobar en septiembre del año 2000 una Carta de Derechos Fundamentales. La *Carta de Derechos Fundamentales de la Unión Europea* se ha consagrado como un texto que representa una fuente propia en materia de derechos fundamentales y que se incorporó definitivamente como parte del Tratado de la Unión Europea con el Tratado de Lisboa en 2009. La referencia al derecho a la educación y la cultura es resaltada en el Preámbulo de la misma como un valor esencial de la diversidad, pluralidad y riqueza cultural de los pueblos de Europa.

> "(...) Consciente de su patrimonio espiritual y moral, la Unión está fundada sobre los valores indivisibles y universales de la dignidad humana, la libertad, la igualdad y la solidaridad, y se basa en los principios de la democracia y del Estado de Derecho. Al instituir la ciudadanía de la Unión y crear un espacio de libertad, seguridad y justicia, sitúa a la persona en el centro de su actuación.

---

747 El Preámbulo de la *Carta de Derechos Fundamentales de la Unión Europea* es un reconocimiento filosófico, histórico y jurídico de la importancia de los derechos fundamentales para los Estados miembros de la Unión, así como una fuente imprescindible del derecho comunitario: "(...) La Unión contribuye a la preservación y al fomento de estos valores comunes dentro del respeto de la diversidad de culturas y tradiciones de los pueblos de Europa, así como de la identidad nacional de los Estados miembros y de la organización de sus poderes públicos en el plano nacional, regional y local; trata de fomentar un desarrollo equilibrado y sostenible y garantiza la libre circulación de personas, bienes, servicios y capitales, así como la libertad de establecimiento. Para ello es necesario, dotándolos de mayor presencia en una Carta, reforzar la protección de los derechos fundamentales a tenor de la evolución de la sociedad, del progreso social y de los avances científicos y tecnológicos (...)".

748 Sobre una aproximación general de los derechos contendidos en la Carta de Derechos Fundamentales de la Unión Europea, véase Consejo de la Unión Europea, *Carta de los Derechos Fundamentales de la Unión Europea: Explicaciones relativas al texto completo de la Carta, Oficina de Publicaciones Oficiales de las Comunidades Europeas*, Luxemburgo, 2001.

La Unión contribuye a la preservación y al fomento de estos valores comunes dentro del respeto de la diversidad de culturas y tradiciones de los pueblos de Europa, así como de la identidad nacional de los Estados miembros y de la organización de sus poderes públicos en el plano nacional, regional y local; trata de fomentar un desarrollo equilibrado y sostenible y garantiza la libre circulación de personas, bienes, servicios y capitales, así como la libertad de establecimiento (...)".

El artículo 14 de la Carta reconoce el derecho a la educación en su doble dimensión de derecho a acceder a una educación integral y de derecho que asiste a los padres para elegir la educación de sus hijos:

> "Toda persona tiene derecho a la educación y al acceso a la formación profesional y permanente (...) Este derecho incluye la facultad de recibir gratuitamente la enseñanza obligatoria (...) Se respetan, de acuerdo con las leyes nacionales que regulen su ejercicio, la libertad de creación de centros docentes dentro del respeto a los principios democráticos, así como el derecho de los padres a garantizar la educación y la enseñanza de sus hijos conforme a sus convicciones religiosas, filosóficas y pedagógicas".

Esta disposición de la Carta Europea, de igual modo que el artículo 2 del Protocolo Adicional al CEDH, está inspirada en las tradiciones constitucionales comunes a los Estados miembros. En la Carta se estimó conveniente ampliar este derecho a la formación profesional y continua —derecho que aparecía contenido en el artículo 15 de la *Carta Social Europea*—, y añadir el principio de gratuidad que se encontraba regulado en el artículo 10 de la misma Carta Social.

En esta Carta Europea de Derechos Fundamentales —Carta de la Unión Europea— la libertad de creación de centros docentes públicos o privados se garantiza como uno de los aspectos de la libertad de empresa, pero se halla limitada por el respeto de los principios democráticos, ejerciéndose con arreglo a las modalidades definidas por las legislaciones nacionales.

12.2.4. "Constitución Europea" y derecho a la educación. Educación y principio de subsidiariedad europeo

Tanto la política cultural de la Comunidad como la política educativa que nos ocupa tienen en su aplicación una limitación material importante debido a las reticencias de algunos Estados miembros para que la Unión Europea tuviera competencia autónoma sobre dicha materia tan afín a la historia, soberanía e idiosincrasia de los pueblos europeos[749].

En la idea de que la Comunidad será más eficiente en aquellos ámbitos no suplidos o ejercitados por los Estados miembros —principio de subsidiariedad—, la Comunidad exclusivamente actuará en los ámbitos educativos y culturales cuando tal acción sea *subsidiaria*[750] a la de los Estados miembros.

El principio de subsidiariedad aparece reflejado en el artículo 5 del TUE[751]. El TUE, al incorporar en su acervo el principio de

---

749 De acuerdo con BEKEMAN, L. y BALADIMOS, A., la mayor resistencia provino sobre todo de Alemania, donde el Estado federal carece casi por completo de competencias en el ámbito cultural, las cuales son reguladas y ejercidas ampliamente por los *Länders*, provocando la alarma en los Estados federados ante la posibilidad de cesión de las competencias soberanas. Véase BEKEMAN, L y BALADIMOS, A., "Le traité de Maastrich et l´éducation, la formation professionelle et la culture", *Revue du Marché Unique Européen*, No. 2, 1993, p. 105, citado en VAQUER CABALLERÍA, *opus cit.*, p. 162.

750 Sobre la aplicación y concepto del principio de subsidiariedad véase BANUS, E. (Ed.), *Subsidiariedad: historia y aplicación. Studia Europea Navarrensis*, Vol. 3, Centro de Estudios Europeos, Universidad de Navarra, Pamplona, 2000.

751 El artículo 5 del TUE dispone que: "1. La delimitación de las competencias de la Unión se rige por el principio de atribución. El ejercicio de las competencias de la Unión se rige por los principios de subsidiariedad y proporcionalidad.
2. En virtud del principio de atribución, la Unión actúa dentro de los límites de las competencias que le atribuyen los Estados miembros en los Tratados para lograr los objetivos que éstos determinan. Toda com-

subsidiariedad, establece que la intervención legislativa comunitaria solo se acometerá cuando las políticas estatales sean insuficientes[752] y cuando la normativa a aprobar pueda ser adoptada por "la instancia más próxima posible al ciudadano"[753].

Como ha señalado MUÑOZ MACHADO[754], el principio de subsidiariedad no atribuye competencia alguna, sino que modula su

---

petencia no atribuida a la Unión en los Tratados corresponde a los Estados miembros.
3. En virtud del principio de subsidiariedad, en los ámbitos que no sean de su competencia exclusiva, la Unión intervendrá sólo en caso de que, y en la medida en que, los objetivos de la acción pretendida no puedan ser alcanzados de manera suficiente por los Estados miembros, ni a nivel central ni a nivel regional y local, sino que puedan alcanzarse mejor, debido a la dimensión o a los efectos de la acción pretendida, a escala de la Unión.
Las instituciones de la Unión aplicarán el principio de subsidiariedad de conformidad con el Protocolo sobre la aplicación de los principios de subsidiariedad y proporcionalidad. Los Parlamentos nacionales velarán por el respeto del principio de subsidiariedad con arreglo al procedimiento establecido en el mencionado Protocolo.
4. En virtud del principio de proporcionalidad, el contenido y la forma de la acción de la Unión no excederán de lo necesario para alcanzar los objetivos de los Tratados.
Las instituciones de la Unión aplicarán el principio de proporcionalidad de conformidad con el Protocolo sobre la aplicación de los principios de subsidiariedad y proporcionalidad".

752 Poco después de la entrada en vigor del Tratado de Maastrich, la Comunicación de la Comisión de 29 de abril de 1992 *Respetar la subsidiariedad y fijar mejor las prioridades* ahonda en la limitación de acción por parte de las Comunidades: "La Comunidad deberá atenerse al principio de subsidiariedad para que su actuación alcance todos los efectos deseados y obtenga un significado real. Ahora bien, para ello es preciso también determinar con precisión las prioridades (...) A medida que se desarrolle la actuación cultural, y en especial cada vez que se proponga un programa específico, será preciso cerciorarse de que se está observando escrupulosamente el principio de subsidiariedad (...)".

753 VAQUER CABALLERÍA, *opus cit.*, p. 164.

754 MUÑOZ MACHADO, S., *La Unión Europea y las mutaciones del Estado*, Alianza Universidad, Madrid, 1993, p. 20 y MANGAS MARTÍN A., "El Tratado

ejercicio. En este sentido, los Estados miembros desarrollan el contenido de las libertades reconocidas en el ejercicio del derecho a la educación, que cada Estado refleja en su propia Constitución[755].

Como conclusión, a continuación exponemos la existencia de varios puntos clave para la construcción europea desde la perspectiva de las políticas de educación[756]:

a) La unidad de Europa no implica la unificación de los sistemas educativos. No obstante, en aras de la integración europea, se requiere un proceso de aproximación de los sistemas educativos para que resulten plenamente compatibles en los tipos de formación, capacitación profesional y grados académicos. El proceso de Bolonia de unificación de estructuras curriculares y titulaciones de los sistemas educativos universitarios que entró en vigor en el año 2010 es un ejemplo de la política educativa comunitaria, cuyo objetivo fundamental es facilitar la libre circulación de trabajadores y profesionales en la Unión Europea.

b) Acometimiento de una reforma profunda de los objetivos y métodos de aprendizaje de lenguas comunitarias en los países miembros de la Unión.

c) Profunda reforma en los objetivos y métodos de estudios sociales, en especial de la historia. BERTRAND RUSSELL evidenció este asunto de futuro con gran lucidez en 1922, de una clara necesidad para la paz y la unidad europea:

---

de la Unión Europea: análisis de su estructura general", *Gaceta Jurídica de la CE y de la Competencia*, D-17, Número monográfico: el Tratado de la Unión Europea (primera parte), 1998, pp. 13-62.

755 Véase el Anexo incluido al final de este libro, donde aparecen listadas las disposiciones principales en materia educativa de los textos constitucionales de los Estados miembros de la Unión Europea.

756 Coincidimos plenamente con el planteamiento formulado por GARCÍA GARRIDO, J. L. en "Desafíos educativos de la Unión Europea", *Revista de Organización y Gestión Educativa*, No. 5, Madrid, 1999, p. 12.

> "Todos los ministros de educación del mundo saben que los manuales con los que se enseña la historia a los niños son deliberadamente falsos a causa de los prejuicios patrióticos. Pero si es verdad que la historia que se enseña es falsa, eso no es lo peor: lo que es verdaderamente malo es que esa falsedad hace a las guerras más probables (...) Si se enseñase la misma historia a los niños de todos los países civilizados, las naciones se odiarían menos entre sí"[757].

d) Realización de una campaña que trate de la recuperación y ejercicio de los valores y principios de los derechos humanos y especialmente los principios cívicos de la Unión, tratando de transmitir un sentido de ciudadanía común a sus habitantes.

e) Desarrollo de la educación no formal o "educación abierta". Se trata de un conjunto de acciones educativas que no se orientan necesariamente a la adquisición de un diploma y que se organizan de forma abierta, con horarios flexibles, educación a distancia, formación continua para todas las edades, etc.

f) Los responsables políticos educativos han de tener una perspectiva nueva en materia educativa, no intervencionista, animadora de la política educativa, pero siempre dentro del máximo respeto al principio de subsidiariedad de la Unión. Construir la *Europa educativa* no implica la pérdida de la diversidad cultural y la educación propia de cada Estado. Incluso el Parlamento Europeo aprobó sin efectos jurídicos el Tratado Constitucional, denominada a los efectos de "política de comunicación" la *Constitución de Europa.*[758]

---

757 RUSSELL, B., citado en *Ibidem.*

758 Resolución del Parlamento Europeo de 12 de enero de 2005.El tratado El Tratado por el que se establecía una Constitución para Europa estaba compuesto de 448 artículos agrupados en cuatro grandes bloques denominados Partes:

g) La Unión Europea ha de tener una base sólida de futuro, en un territorio que se amplía y en un futuro muy próximo. Desarrollo, bienestar social europeo y solidaridad deben proyectarse en la imagen exterior de la Comunidad en las relaciones con terceros países. La educación brinda ese sostén de proyección de unidad de la Comunidad en el exterior.

En definitiva, más políticas educativas europeas y más educación implican mayor cohesión, conocimiento y simbiosis entre los pueblos que representan el *magma europeo*. No en vano el Programa *Erasmus* de la Unión Europea fue galardonado con el Premio Príncipe de Asturias de Cooperación Internacional en el año 2004, en reconocimiento a su función cultural e histórica entre los pueblos europeos y por ser uno de los más importantes programas de intercambio cultural de la historia de la Humanidad, además de por su aspiración de impulsar la integración europea a través de uno de los pilares básicos de cualquier sociedad moderna: la educación[759].

1. Disposiciones fundamentales: definición de la Unión Europea así como de sus objetivos, competencias, instituciones y procedimientos decisorios.
2. Carta de los Derechos Fundamentales.
3. Políticas y funcionamiento de la Unión.
4. Procedimientos de adopción y revisión del Tratado.

759 Véase Premios Príncipe de Asturias del año 2004 en Fundación Príncipe de Asturias, disponible en: http://www.fundacionprincipedeasturias.org

Covenants without swords are but words
THOMAS HOBBES

Por desgracia, guiado por el anhelo de progreso, Su Augusta Majestad cometió una imprudencia. Como en nuestro país no había escuelas públicas ni universidad, empezó a enviar gente joven al extranjero para que allí recibiera enseñanza. Al principio Nuestro Señor en persona dirigía este movimiento, seleccionando él mismo a jóvenes de familias respetables y adictas, pero más tarde —¡ay, estos tiempos modernos que tant*os quebraderos de cabeza traen!— empezó a crecer de tal modo la presión para salir al extranjero que el Bondadoso Señor fue perdiendo día a día el control sobre aquella manía, falta de toda reflexión, y aquella moda de imitar como papagayos, que había enloquecido a la juventud; así, que de hecho, un número cada vez mayor de mancebos se marchaba a estudiar ya a Europa, ya a América.* Y *—¿cómo no? —, pasados unos años empezaron los problemas. Y todo porque Nuestro Señor, cual un mago, había liberado una fuerza sobrenatural y destructora, que no era otra que el resultado de contrastarlo todo. Aquella gente regresaba al país llena de falsos conceptos, de ideas desafectas, de ocurrencias dañinas y de proyectos descabellados y que atentaban contra lo establecido, y apenas echaban un vistazo al Imperio se llevaban las manos a la cabeza exclamando: ¡Dios santo!*

¿Cómo es posible que esto exista?
Aquí tienes, amigo mío, una prueba más de la ingratitud de la juventud. Por una parte, tanta preocupación de su Majestad por facilitarles el acceso a la sabiduría y por otra, su pago en forma de escandalosos juicios críticos, ultrajantes pretensiones, socavamiento de la autoridad, actitud de rechazo (...) Lo peor fue que semejantes mocosos, cargados de extravagancias ajenas a nuestras costumbres, empezaron a introducir en el Imperio un cierto desasosiego, un trasiego innecesario, un cierto desorden, un deseo de actuar en contra de la autoridad (...)

R. KAPUSCINSKI
El emperador

Capítulo 13

Tratados internacionales de derechos humanos y principio pacta sunt servanda. La quiebra de las obligaciones de los tratados internacionales en el ámbito del derecho a la educación

13.1. INTRODUCCIÓN

La estructura y desarrollo del Estado moderno en Occidente a partir del siglo XIX significó el acceso progresivo a las libertades públicas y la paulatina conquista de la democracia durante el siglo XX[760]. Desde la proclamación de la III República francesa en 1871, los Estados de corte liberal erigen la educación como elemento vertebrador de la comunidad política y como una función pública esencial en el desarrollo del Estado liberal. La "fe" ilustrada en el desarrollo de la sociedad gracias a la educación fue profesada a ambos lados del Atlántico. Muestra de ello es la máxi-

760 El presente capítulo toma como punto de partida la obra de GONZÁLEZ IBÁÑEZ, J., "La función de la educación en la estructura y desarrollo del Estado moderno. El Derecho Internacional de la educación y la situación real del acceso al derecho a la educación en el inicio del siglo XXI", en Autores Varios, *X Conferencia española de Sociología de la Educación,* Germanía, Valencia, 2004. En este trabajo incorporamos un nuevo análisis de las causas de la quiebra del principio *pacta sunt servanda* en los tratados internacionales en materia de derechos humanos y de acceso al derecho a la educación, así como un nuevo análisis del contenido del derecho a la educación en el plano internacional.

ma que ocupa el frontispicio de la Biblioteca Pública Central de la ciudad de Boston desde finales del siglo XIX: *"The Commonwealth requires the education of the People, as the safeguard of order and liberty"*.

Por otro lado, esta evolución y desarrollo del derecho a la educación fue prácticamente inexistente durante el siglo XIX y buena parte del XX en un gran número de los países denominados hoy "países en vías de desarrollo" o "Sur Global".

Además, el acceso a las prácticas democráticas en la inmensa mayoría de los países en vías de desarrollo aparece hoy invertebrado y con una escasa voluntad política de realización real por una gran parte de los países afectados. La realidad social, económica y política de los Estados en vías de desarrollo limita gravemente el acceso a la educación de su ciudadanía y difiere, sin embargo, de la realidad jurídica internacional del Estado en el ámbito del derecho a la educación. El análisis de los principales tratados internacionales de Naciones Unidas sobre el acceso a la educación y la desoladora situación real del derecho fundamental a la educación plantean quiebras importantes en el desarrollo futuro y en la estabilidad política y económica de los Estados en plena era de la globalización.

El objetivo de este análisis jurídico es introductorio y de aproximación a esta cuestión, que requiere de un profundo análisis y detalle de los datos proporcionados por los organismos internacionales[761] —el Informe Anual de la UNESCO *Educación para todos*, el *Informe sobre Desarrollo Humano* de PNUD y el *Informe sobre Desarrollo Mundial* del Banco Mundial—, así como del contenido jurídico de los tratados de Derecho Internacional en materia de

[761] Las fuentes relativas a los organismos internacionales y los informes anuales internacionales desde 1998 a 2023 nos han servido para proporcionar una perspectiva general y objetiva de la situación real del acceso a la educación y de la pobreza en el mundo en desarrollo, de los que se infiere una preocupante situación de la educación y una casi inapreciable lenta mejora y cambio en el periodo que coincide con el fin de siglo y las dos primeras décadas del siglo XXI.

educación ratificados por los Estados. Todo ello, precisamente para evidenciar que en la abrumadora mayoría de los países en vías de desarrollo el ejercicio del poder se articula bajo regímenes políticos autoritarios o totalitarios y que son países con escasa o ninguna referencia o tradición democrática, donde la ciudadanía está sometida en gran medida a una relación de dependencia y de reducida participación en los asuntos públicos.

13.2. EL MUNDO GLOBAL DEL SIGLO XXI Y LA CUESTIÓN DEL ACCESO UNIVERSAL A LA EDUCACIÓN

El siglo XX ha sido testigo de un avance y desarrollo inusitado de la tecnología y los medios de transporte, aproximando las diferentes realidades del planeta en el marco de los procesos productivos y de deslocalización. La versión más aséptica y economicista de la definición de "globalización" la proporciona el propio diccionario de la Real Academia de la Lengua: "Tendencia de los mercados y de las empresas a extenderse, alcanzando una dimensión mundial que sobrepasa las fronteras nacionales"[762].

Sin olvidar las observaciones del profesor belga Jonathan HOSLAG sobre la evolución del proceso histórico actual[763]. La globalización implica la emergencia de nuevos poderes —gracias al poder económico y político que proporciona la globalización con una influencia planetaria— que transcienden los poderes estatales. A este respecto, BUTROS BUTROS-GHALI, ex secretario general de Naciones Unidas, constataba que la realidad del po-

---

762 *Vid.* Real Academia Española, *Diccionario de la Lengua Española,* 22ª ed., Madrid, 2001, p. 1138.

763 Véase en esta obra el análisis del proceso de transformación y erosión de los elementos que definen a la globalización por el profesor JONATHAN HOSLAG, capítulo 1, Introducción.

der mundial escapa ampliamente a los Estados[764]. En este mismo contexto, IGNACIO RAMONET[765] ha hecho referencia al poder de los dos principales sistemas nerviosos de las sociedades actuales: los mercados financieros y las redes de la información. Estos constituyen una nueva frontera del poder de la que depende en buena medida el destino de gran parte de la población del planeta. Sin embargo, esta percepción negativa también requiere de contrastes, como los apuntados por perspectivas reivindicadoras del proceso de globalización. Entre ellos, NAIR afirma que la globalización representa también alguna perspectiva positiva derivada de la proximidad y mayor interdependencia y conexión entre los pueblos:

> "(...) El proceso es ineluctable y mide los aspectos innegablemente positivos: el acceso de todas las sociedades al juego de la riqueza, el paso casi forzado a la modernidad, la interpenetración que favorece la interdependencia y obliga a descentrarse de sí, es decir, a la apertura del mundo y a la necesaria corresponsabilidad. Pero también conoce al revés de la medalla: la difusión, a una rapidez nunca vista, de la desigualdad, la pobreza, y las rupturas brutales de la cohesión. Proceso, dice, que por su descontrol, favorece el surgimiento de la dualización social y de las fuerzas "antisistémicas". Ninguna sociedad escapa a este infortunio. Y es que la operación, lejos de tratarse de una simple traslación de riquezas, obedece sobre todo al juego de la especulación financiera: ¡menos de un 5 por ciento de los intercambios monetarios que se realizan corresponden al comercio de bienes y mercancías!"[766].

---

764 Estas declaraciones aparecieron publicadas en una entrevista a BUTROS-GHALI, B. en *Le Figaro* el 28 de enero de 1995.

765 RAMONET, I., "Los nuevos amos del mundo", en Autores Varios, *Pensamiento crítico vs. Pensamiento único. Le Monde Diplomatique*, Debate Ed., Madrid, 1998. En el ensayo referido de RAMONET aparecen interesantes datos como los que reflejaban en "Los 50 hombres más influyentes del planeta", *Le Nouvel Observateur*, 5 de enero de 1995. Ni un solo jefe de Estado o de Gobierno, ni un ministro o diputado, ningún representante por elección de un país figuraba en la lista.

766 NAIR, S., *Contra el pensamiento único*, Epílogo de ESTEFANÍA, J., Taurus, Madrid, 1997, p. 336.

El proceso de globalización incorpora libertades con un neto cariz económico cuyos sujetos no son los ciudadanos de a pie; la globalización ha olvidado —lo que ciertamente provoca una falta de cohesión y legitimidad social evidente— el acceso a los derechos más básicos, constituyendo una situación de inequidad social en el siglo XXI sin precedentes. Esta tendencia solo se puede alterar con la intervención de los poderes públicos, alentados y presionados por los ciudadanos formados en criterios de justicia y solidaridad a través de una educación que les permita intervenir y organizarse en la realidad política pública. CAMPS recuerda la función todavía liberadora y regeneradora de la educación para el siglo XXI:

> "Los derechos de segunda generación, los derechos económicos y sociales, pese a ser más antiguos, dejan aún mucho que desear en cuanto a su realización se refiere. Constantemente, su ampliación y extensión se ponen en duda como consecuencia de la mundialización de la economía y de la impotencia de los Estados para tomar decisiones propias en materia de protección social. Pero es que además estos derechos se encuentran todavía en pañales desde la perspectiva de una justicia internacional. La llamada "sociedad de los dos tercios", más visible a nivel internacional que nacional, la existencia de un cuarto mundo que muere de hambre en pleno siglo XX, debería actuar más profundamente sobre las conciencias de los satisfechos para concluir que hay que dar un giro radical a las dinámicas que estamos siguiendo (...) Y los ciudadanos para exigir tales medidas (de cambio a los Estados e instituciones), necesitan informarse y organizarse. Es hacia ahí donde debe ir dirigida la educación"[767].

El interés y trabajo en este ámbito social, político y académico radica, como señaló la Relatora Especial de Naciones Unidas de la otrora Comisión de Derechos Humanos en el ámbito del derecho a la educación, KATARINA TOMASEVSKI[768], en el reconocimiento y

767 Véase CAMPS, *opus cit.*, p. 106.

768 TOMASEVSKI, K., "Free and compulsory education for all children: the gap between promise and performance", *Right to Education Primers*, No. 2, Raoul Wallenberg Institute, Lund, 2000, p. 2.

trabajo que hemos de brindar a los millones de niños cuya educación debemos reconocer y defender. A pesar de la brecha entre la promesa del acceso al derecho a la educación y su efectivo disfrute y acceso obligatorio para todos los niños, los logros acometidos en las últimas décadas invitan a pensar con un renovado interés y esperanza en el cambio lento y progresivo de esta situación. Por ello, como señala TOMASEWKI[769], un requisito esencial para trabajar en Derechos Humanos es gozar de un "incurable optimismo", que es especialmente necesario en grandes dosis al tratarse del derecho a la educación.

La situación económica de crisis de 1990 condicionó el marco del esfuerzo por lograr el acceso al derecho a la educación y ha determinado el lento desarrollo de los logros en el acceso real y gratuito a la misma, especialmente en los países del Tercer Mundo. Numerosos gobiernos, tanto de países desarrollados como en vías de desarrollo, han tenido que afrontar la presión de la devolución de la deuda, los déficits presupuestarios nacionales y una caída en la recaudación fiscal nacional. Esta situación económica internacional ha revertido negativamente en las obligaciones de los Estados en materia de Derechos Humanos y, en particular, en la incorporación del derecho a la educación en sus comunidades en el momento de limitar las partidas presupuestarias destinadas a la educación.

En el nuevo milenio la situación obsoleta de la economía dio al traste con las estrategias políticas de incorporación, tanto en la generalización y gratuidad del derecho a la educación, como en el acceso a la asistencia sanitaria básica, representando una vez más la falta de realización de las promesas en logros reales. Promesas que se desvanecen, teniendo especialmente presente que los Derechos Humanos contenidos en tratados internacionales precisan

---

769 TOMASEVSKI, K., *Removing obstacles in the way of the right to education*, Lund, Raoul Wallemberg Institute, 2000, p.5: "*An essential prerequisite for human rights works in incurable optimism, which is needed in particularly large doses for tackling the right to education*".

para su aplicación real de actos normativos y decisiones políticas internas que atribuyan efectivamente la posibilidad del ejercicio material del derecho a la educación, creando unos derechos a favor de las personas y unas precisas obligaciones que el Estado debe prestar para el efectivo disfrute de los mismos. Es decir, el tratado internacional ratificado por un Estado señala la asunción de obligaciones en el plano interno nacional; por ejemplo, la prestación obligatoria de la educación básica para los niños implica que el Estado prevea partidas de gasto público en el presupuesto y que luego proceda a su asignación final y ejecución en infraestructuras (colegios y escuelas), recursos materiales educativos (libros, materiales didácticos y pedagógicos) y recursos humanos (personal escolar docente, administrativo, profesores, pedagogos, etc.). La gran mayoría de los Estados miembros de Naciones Unidas —del total de los 193 Estados miembros, aproximadamente 140 disponen de Constituciones datadas con posterioridad a 1945— hacen referencia expresa en sus textos constitucionales al derecho fundamental a la educación y al libre acceso al ejercicio del derecho a la educación. Ninguna de las Constituciones, excepto la de Taiwán[770], cuantifica la importancia del esfuerzo material dirigido al efectivo acceso de este derecho fundamental, lo que determina la limitada asignación presupuestaria a la educación en el gasto público[771].

---

770 La *Constitución de Taiwán* de 1947 señala: "Las partidas presupuestarias destinadas a los programas educativos no serán inferiores al 15% del presupuesto nacional, y respecto de los presupuestos de cada provincia serán del 25%, así como un 35% de los presupuestos de cada municipio" (la traducción del inglés al español es nuestra).

771 *Verbigracia,* UNESCO, "Education for All: is the world on track? EFA global monitoring report 2002", 2002, que señalaba que la asignación presupuestaria en educación de la mayoría de los países en vías de desarrollo se enmarcaba entre la máxima del 4% para países como Tailandia, México, Togo o Gambia, hasta países con un 1% como Chad, Guatemala o Emiratos Árabes.

La mayoría de los informes internacionales en este ámbito evidencia el abismo entre la vigente normativa internacional y la realidad empírica nacional[772]. El dato más representativo en el año 2001 hacía referencia a la educación obligatoria y gratuita infantil: tanto en primaria y secundaria todavía no se ha alcanzado la obligatoriedad de escolarización en un tercio de los países del planeta. La asunción de obligaciones legales en el momento de la firma y ratificación de un tratado comporta, además, obligaciones económicas. El derecho contenido en las convenciones relativo al acceso gratuito y obligatorio de la educación implica la obligación para el Estado de proveer las infraestructuras materiales y los recursos humanos necesarios para que se produzca dicha prestación de servicios públicos. Es decir, el Estado debe invertir en educación y también se ha de erigir en el prestatario, situación que requiere de una previsión de políticas educativas activas, de ingresos fiscales y de gasto público. Este escenario adquiere su condición más compleja en los países africanos, donde los niños en edad de escolarización obligatoria y gratuita representan cerca de la mitad de la población y cuya mayoría vive en zonas rurales. El reto de crear escuelas de educación primaria en comunidades dispersas rurales —algunas de las cuales son nómadas— ilustra sobre el desafío y dificultad del acceso real del derecho a la educación.

El tratado internacional más antiguo en el marco de Naciones Unidas[773] relativo a la educación es la *Convención contra la discrimi-*

---

[772] Entre otros, véanse PNUD, "Informe sobre Desarrollo Humano 2021/2022… *opus cit.*; y Banco Mundial, "Informe sobre el desarrollo mundial 2023: Migrantes, refugiados y sociedades", 2023, disponible en: https://reliefweb.int/report/world/informe-sobre-el-desarrollo-mundial-2023-migrantes-refugiados-y-sociedades-panorama-general-espt

[773] Sobre el proceso de internacionalización del derecho a la educación y las diferentes perspectivas iniciales sobre los fines y objetivos de la UNESCO véase DE FOREST, A. J., *The International Struggle to Codify Children´s Educational Rights*, Graduate School of Education, Harvard University, 2002.

nación en educación de la UNESCO de 1962, cuyo contenido regula la garantía del acceso a la educación gratuita y obligatoria de todos los niños. Tratado que fue seguido de la firma en 1966 del *Pacto de Derechos Económicos, Sociales y Culturales* y del *Pacto de Derechos Civiles y Políticos.* A continuación, analizaremos los tratados internacionales relacionados con el derecho a la educación, así como las obligaciones de los Estados y los derechos que aparecen reconocidos a favor de las personas como destinatarias de derechos en el plano internacional.

13.3. INTERNACIONALIZACIÓN DEL DERECHO A LA EDUCACIÓN. LA DECLARACIÓN UNIVERSAL DE LOS DERECHOS HUMANOS Y OTRAS NORMAS INTERNACIONALES

La regulación internacional del derecho a la educación se inicia con la incorporación del mismo como derecho humano fundamental, contenido en el artículo 26 de la *Declaración Universal de los Derechos Humanos*[774], de 10 de diciembre de 1948:

> "Toda persona tiene derecho a la educación. La educación debe ser gratuita, al menos en lo concerniente a la instrucción elemental y fundamental. La instrucción elemental será obligatoria. La instrucción técnica y profesional habrá de ser generalizada; el acceso a los estudios superiores será igual para todos, en función de los méritos respectivos. La educación tendrá por objeto el pleno desarrollo de la personalidad humana y el fortalecimiento del respeto a los derechos humanos y a las libertades fundamentales; favorecerá la comprensión, la tolerancia y la amistad entre todas las naciones y todos los grupos étnicos o religiosos; y promoverá el desarrollo de las actividades de las Naciones Unidas para el mantenimiento de la paz. Los padres tendrán derecho preferente a escoger el tipo de educación que habrá de darse a sus hijos".

---

774 Expósito, E., "Artículo 26", en Autores Varios, *La Declaración Universal de los Derechos Humanos,* Icaria, Barcelona, 1998, pp. 421 y *ss.*

El proceso de internacionalización del derecho a la educación, gracias a la regulación normativa a través de tratados internacionales, constituye un estadio más en el desarrollo de la humanidad por preservar y garantizar al individuo el acceso a la educación que le permita un desarrollo integral[775]. Aun a pesar de los esfuerzos de Naciones Unidas y de su organismo especializado en materia de educación, UNESCO[776] (*United Nations Educational, Scientific and Cultural Organization*), el cumplimiento de las obliga-

---

775 Para un análisis detallado sobre el derecho universal a la educación véase SPRING, J., *The Universal Right to Education, Justification, Definition and Guidelines,* Erlbaum, Londres, 2000.

776 La UNESCO es la organización internacional perteneciente al sistema de la ONU dedicada a la promoción de la educación, la ciencia y la cultura. Si bien, esta disfruta de una total independencia orgánica y funcional. Es el organismo de las Naciones Unidas con mayor amplitud en sus fines, aunque, probablemente por ello, es también el menos técnico. Su sede se encuentra en París. Los fines para los que fue creada la UNESCO, de acuerdo con su documento fundacional, son los siguientes: difundir la educación, sentar las bases científicas y técnicas necesarias para el desarrollo, fomentar y conservar los valores culturales nacionales, incrementar las comunicaciones y el intercambio de información entre los pueblos y promover las ciencias sociales. Estas aspiraciones se traducen en una serie de actuaciones concretas, entre las que destacan la adopción de planes para la lucha contra el analfabetismo y la consecución de una educación universal, libre y obligatoria, la preservación del patrimonio histórico y cultural de la humanidad y la difusión de los derechos humanos.

La UNESCO tiene su antecedente en el Organismo de Cooperación Internacional, creado en 1924 por la Sociedad de Naciones. Al final de la Segunda Guerra Mundial en 1944, Francia y Gran Bretaña convocaron a 44 países aliados a una conferencia celebrada en Londres donde se sentaron las bases para la reconstrucción de aquel antiguo organismo de la desaparecida Sociedad de Naciones. La conferencia se celebró entre el 1 y el 16 de noviembre de 1945; la UNESCO se constituyó oficialmente el 4 de noviembre de 1946. A lo largo de las décadas siguientes se pusieron de manifiesto los problemas inherentes a una organización con tan amplios fines y heterogéneos miembros. Las profundas diferencias políticas, sociales y económicas entre los Estados pronto dificultaron la consecución de las metas originales de la nueva organización;

ciones internacionales de los Estados, y con ello el disfrute de los derechos de sus ciudadanos, dista de ser una realidad atisbable. Si bien es cierto que el derecho a la educación en pleno contexto de la Guerra Fría dependía de la realidad política territorial —ya fuera en el Occidente democrático o en los países de la esfera soviética—, la educación era, bien considerada como un "derecho de primera generación" o "derecho fundamental" para los países del Occidente democrático, o bien como un "derecho de segunda generación" o "derecho económico, social y cultural" para los países del bloque soviético, de tal forma que la intervención estatal, el concepto jurídico y los fines de la educación diferían sustancialmente en cada bloque ideológico. Es importante recordar que estas categorías y clasificaciones fueron superadas tras la aprobación

---

incluso la definición concreta de tales objetivos fue la causa de agrias polémicas entre los países desarrollados y subdesarrollados.

A dicho antagonismo hay que añadir las dificultades financieras de la organización, cuyos costosos programas no han podido ser siempre atendidos debido a la morosidad de algunos Estados miembros en el pago de las cuotas. La crisis más grave se produjo en 1980, cuando en la Conferencia celebrada en Belgrado se presentó un informe encargado a una comisión especial presidida por el Premio Nobel de la Paz Sean McBride. En el informe se criticaba la estructura del orden informativo mundial y se hacían una serie de recomendaciones que fueron consideradas como inaceptables por los países occidentales, ya que, según ellos, suponían un ataque directo a la libertad de prensa e información y un triunfo de las tesis defendidas por los países comunistas. Estados Unidos se quejó de un trato hostil de la UNESCO hacia el mismo país y denunció el control que, presuntamente, ejercían la URSS y sus Estados satélites sobre la organización, planteándose incluso la retirada de la misma. A finales de 1984, los norteamericanos cumplieron su amenaza y se retiraron de la UNESCO, postura que fue secundada por el Reino Unido y Singapur. El último y feliz reingreso se produjo el mes de octubre de 2003 con la reincorporación de Estados Unidos a la UNESCO. Véase UNESCO, disponible en: www.unesco.org; y Díez de Velasco, M., *Las Organizaciones Internacionales*, Tecnos, Madrid, 1999, pp. 70 y *ss.*

de la Declaración y Programa de Acción de Derechos Humanos de Viena de 1993.[777]

El legado de la Revolución Francesa supuso, desde el punto de vista educativo, la incorporación de la educación como elemento esencial de la constitución del cuerpo político y una garantía de desarrollo y subsistencia de los sistemas políticos democráticos, gracias a su valor conformador de la ciudadanía política. En el siglo XX —a partir de 1945— se han incorporado progresivamente los derechos humanos y la educación en torno a los valores y principios protectores de la dignidad humana como una garantía de solidez y de cooperación en el orden internacional multinacional surgido tras dos horrendas y devastadoras guerras mundiales[778].

Esa era la intención del Preámbulo[779] de la Declaración Universal, que caracterizaba a la educación como instrumento de paz

---

777 El punto 5 de la Declaración de Derechos Humanos de Naciones Unidas, Viena, 1993 señala: " 5. Todos los derechos humanos son universales, indivisibles einterdependientes y están relacionados entre sí. La comunidad internacional debe tratar los derechos humanos en forma global y de manera justa y equitativa, en pie de igualdad y dándoles a todos el mismo peso. Debe tenerse en cuenta la importancia de las particularidades nacionales y regionales, así como de los diversos patrimonios históricos, culturales y religiosos, pero los Estados tienen el deber, sean cuales fueren sus sistemas políticos, económicos y culturales, de promover y proteger todos los derechos humanos y las libertades fundamentales."

778 En este sentido, véase Sánchez Férriz y Jimena Quesada, *opus cit.*

779 Incluimos aquí parte del Preámbulo de la *Declaración Universal de los Derechos Humanos* de Naciones Unidas por la profundidad de su contenido y porque, si bien se trata de un acto no jurídicamente vinculante, uno de sus autores, Renné Cassins, hacia referencia a la legitimidad y fuerza moral del mismo, que sirve de referencia a la comunidad internacional por el alcance filosófico e histórico de su contenido: "El 10 de diciembre de 1948, la Asamblea General de las Naciones Unidas aprobó y proclamó la Declaración Universal de Derechos Humanos. A continuación de ese acto histórico, recomendó la Asamblea a todos los Estados miembros que publicaran el texto de la Declaración y procuraran que fuese "divulgada, expuesta, leída y comentada, principalmente

al declarar la obligación por parte de los Estados firmantes de promover, a través de la misma, el respeto a estos derechos y libertades y el reconocimiento de los derechos humanos por parte de todos los Estados de la comunidad internacional.

> "La presente Declaración Universal de Derechos Humanos como ideal común por el que todos los pueblos y naciones deben esforzarse, a fin de que tanto los individuos como las instituciones, inspirándose constantemente en ella, promuevan, mediante la enseñanza y la educación, el respeto a estos derechos y libertades, y aseguren, por medidas progresivas de carácter nacional e internacional, su reconocimiento y aplicación universal y efectiva, tanto entre los pueblos de los Estados Miembros como entre los de los territorios situados bajo su jurisdicción".

---

en las escuelas y demás establecimientos de enseñanza, sin distinción alguna basada en la situación política de los países o de los territorios". Considerando que la libertad, la justicia y la paz en el mundo tienen por base el reconocimiento de la dignidad intrínseca y de los derechos iguales e inalienables de todos los miembros de la familia humana; considerando que el desconocimiento y el menosprecio de los derechos humanos han originado actos de barbarie ultrajantes para la conciencia de la humanidad; y que se ha proclamado, como la aspiración más elevada del hombre, el advenimiento de un mundo en que los seres humanos, liberados del temor y de la miseria, disfruten de la libertad de palabra y de la libertad de creencias; considerando esencial que los derechos humanos sean protegidos por un régimen de Derecho, a fin de que el hombre no se vea compelido al supremo recurso de rebelión contra la tiranía y la opresión; considerando también esencial promover el desarrollo de relaciones amistosas entre las naciones; considerando que los pueblos de las Naciones Unidas han reafirmado en la Carta, su fe en los derechos fundamentales del hombre, en la dignidad y el valor de la persona humana y en la igualdad de derechos de hombres y mujeres; y se han declarado resueltos a promover el progreso social y a elevar el nivel de vida dentro de un concepto más amplio de la libertad; considerando que los Estados miembros se han comprometido a asegurar, en cooperación con la Organización de las Naciones Unidas, el respeto universal y efectivo a los derechos y libertades fundamentales del hombre; y considerando que una concepción común de estos derechos y libertades es de la mayor importancia para el pleno cumplimiento de dicho compromiso".

Como ha señalado el profesor DARÍO VILLARROEL VILLARROEL[780], la continua extensión y el reconocimiento del Derecho Internacional de los Derechos Humanos y la progresiva ratificación e incorporación del acervo jurídico contenido en los tratados internacionales son un claro síntoma y garantía de la realización de un proceso de democratización y reconocimiento del Imperio del Derecho frente a otras formas de organización social y, muy en particular, del reconocimiento internacional del derecho a la educación basado en la paz, la cooperación y el libre desarrollo de la personalidad humana[781].

13.3.1. El reconocimiento internacional de los Estados a la protección y ejercicio del derecho a la educación

La *Declaración Universal de Derechos Humanos* de Naciones Unidas supuso el primer hito histórico en el reconocimiento del derecho a la educación. Es un texto legal de especial valía filosófica y ética, que ha sido durante toda la segunda mitad del siglo XX complementado con otras normas y tratados internacionales de carácter legal y vinculante tales como el *Pacto Internacional de Derechos Económicos, Sociales y Culturales* de 1966, el *Pacto Internacional de Derechos Civiles y Políticos* de 1966, la *Declaración* y el *Convención sobre los Derechos del Niño*, de 1959 y 1989, respectivamente, la *Convención relativa a la Lucha contra la Discriminación en la Esfera de la Enseñanza* de 1960, la Convención sobre la eliminación de todas las formas de discriminación contra la mujer de 1981, y la *Declaración de la Asamblea General sobre la Eliminación de la Discriminación contra la Mujer* de 1993, amén de diferentes tratados internacionales de ámbito geográfico regional como los desarrollados, fundamentalmente, por parte de la Unión Europea y el Consejo de Europa.

En este sentido, el análisis que a continuación presentamos del contenido del artículo 26 de la Declaración Universal ha de ser

---

780 VILLARROEL VILLARROEL, *opus cit.*

781 *Cfr.* artículo 26 de la *Declaración Universal de los Derechos Humanos.*

completado[782] con los derechos y garantías contenidos en las normas internacionales citadas, si bien la realidad educativa mundial requiere de un gran esfuerzo de alfabetización[783] y de progreso en la mayor parte del planeta[784].

El derecho a la educación ha sido reconocido por la UNESCO como un derecho transversal, en el sentido de que es definido tanto por las prestaciones y obligaciones que supone para particulares y poderes públicos, como por tratarse de un derecho tanto de "primera generación" como de "segunda generación", sirviéndose de este superado sistema de clasificación de derechos humanos[785]. Al mismo tiempo, y en especial desde la perspectiva de la

---

782 Sobre el desarrollo y la realización cultural de la persona, el artículo 27.1 de la Declaración afirma: "Toda persona tiene derecho a tomar parte libremente en la vida cultural de la comunidad, a gozar de las artes y a participar en el progreso científico y en los beneficios que de él resulten".

783 De acuerdo con Fiori, el derecho a la educación tiene como punto de partida el derecho a la alfabetización: "La alfabetización es toda la pedagogía: aprender a leer es aprender a decir su palabra. Palabra que dice y transforma el mundo". Véase Fiori, E. M., *Aprender a decir la palabra. El método de alfabetización del profesor Paulo Freire,* 1ª ed. Española, Prefacio de Freire, P., "Pedagogía del oprimido", Siglo XXI, Madrid, 1975, p. 24.

784 Los datos del *Informe de Naciones Unidas sobre desarrollo humano* de 1992 eran premonitorios de una tendencia que se ha acentuado en los albores del siglo XXI. A principios de la década de los 90, la mitad de los países del mundo tenía un cincuenta por ciento de analfabetos. Las tres cuartas partes de la humanidad se encontraban en un grado de culturización de un nivel muy bajo. En África el 80% de la población era analfabeta. Según la UNESCO el 13'4% de la población mundial (que vive en Europa Occidental) absorbe el 45,3% de la producción de libros (225.000 títulos) y si añadimos EEUU, la ex Unión Soviética y Japón, entonces, un 30% de la población mundial produce el 80% de los libros publicados. Sobre los datos de 2023 véase el capítulo 1 de esta obra.

785 De acuerdo con Naciones Unidas, la educación es considerada un derecho fundamental: "La educación no obstante, entra en la categoría de primera generación de derechos humanos. Aun cuando en las cartas de derechos clásicas, adoptadas en la revolución estadounidense y

antigua ideología comunista, este derecho adquiere la perspectiva de "derecho de segunda generación" —derechos sociales y culturales—, en el que el Estado es el principal prestatario y garante del disfrute del mismo para la colectividad[786].

También desde los años 70 se ha identificado el derecho a la educación como un derecho de "tercera generación ", pues su disfrute pleno resulta imprescindible para el ejercicio y desarrollo de los derechos denominados "de la solidaridad", como por ejemplo

---

francesa, no se alude a ningún derecho específicamente vinculado a la educación, la situación se modifica con la revolución en Alemania. En esos derechos educativos se defienden claramente las ideas liberales y anticlericales de la libertad científica y de investigación, la enseñanza, la educación y la elección de la profesión contra la injerencia del Estado y de la Iglesia. Fue también esta concepción liberal de la educación la que se adoptó en los tratados internacionales de derechos humanos tras la Segunda Guerra Mundial". Ver en Consejo Económico y Social, Comisión de Derechos Humanos, "Ejercicio de los derechos económicos, sociales y culturales. El ejercicio del derecho a la educación, incluida la educación en materia de derechos humanos. Documento de Trabajo presentado por el Sr. Mustapha Mehedi", 1998, E/CN.4/Sub.2/1998/10, p. 3.

786 "El derecho a la educación, según se define en el artículo 13 del *Pacto Internacional de Derechos Económicos, Sociales y Culturales*, en el artículo 28 de la *Convención sobre los Derechos del Niño* y en el artículo 13 del *Protocolo de San Salvador*, es en primer lugar un "derecho de segunda generación". (...) Se trata del ejemplo más notable de la "categoría de derecho cultural", por más que algunos eruditos sostengan que constituye un derecho social. En tanto que "derecho de segunda generación", el derecho a la educación se basa en el principio socialista según el cual los derechos humanos solo pueden garantizarse mediante la acción positiva del Estado. En consecuencia, ese derecho obliga a los Estados a desarrollar y mantener un sistema de escuelas y otras instituciones educativas que garanticen la educación de todos, a ser posible, de forma gratuita. El derecho a la educación, lo mismo que el derecho al trabajo (el derecho social fundamental) y el derecho a un nivel de vida adecuado (el derecho social más exhaustivo), se vienen considerando como los medios más importantes que precisa el ser humano para desarrollar su personalidad (...)". *Ibidem.*

el *derecho a la cultura de paz*[787]. Desde el punto de vista de los movimientos de derechos humanos, la educación es en sí misma un fin que completa la realidad de la persona y también un medio para lograr el disfrute de otros derechos humanos. La lógica de este punto de vista es de difícil rechazo: ¿cómo sería posible el acceso y ejercicio de la mayoría de los derechos contenidos en la *Declaración Universal de los Derechos Humanos* sin el acceso al derecho a la educación, que facilita una formación integral de la persona y permite el desarrollo de los pilares de la convivencia democrática? No en vano, es una herramienta política utilizada por parte de los gobiernos autoritarios, que limitan el acceso a la educación de su ciudadanía; esto se manifiesta en el paradigma que refleja que aquellas naciones con los más altos niveles de analfabetismo y falta de escolarización son regímenes políticos de signo totalitario o con escasa o nula tradición democrática. Como señala ANTONIO MUÑOZ MOLINA, el autoritarismo, la represión y la violencia de los regímenes no democráticos van de la mano de la ignorancia y la dependencia, así como de políticas populistas de los gobiernos interesados en mantener controlados a sus "súbditos", pues calificarles de "ciudadanos" sería impropio:

> "A las dictaduras les viene bien la mezcla de adoctrinamiento y analfabetismo que convierte a las personas en súbditos dóciles, en chusma para llenar las plazas y los graderíos de los estadios o los circos y, en caso necesario, en carne de cañón. La ciudadanía democrática no es posible sin la escuela, y por eso la instrucción pública, universal y rigurosa fue desde la Revolución Francesa un permanente sueño progresista. Lo que se es de nacimiento no se tiene que seguir siendo siempre; los mejores rasgos de una persona necesitan empeño y paciencia para desarrollarse; la misma condición humana es un proceso de aprendizaje, que empieza nada más nacer".

La privación del acceso a la educación implica la erosión de los pilares democráticos y niega el futuro al individuo y la posibilidad

---

787 Véase sobre la cultura y la educación para la paz como "derecho de tercera generación", HICKS, D., *Educación para la paz*, Ministerio de Educación-Morata, Madrid, 1988.

de acceder a la participación política y a la libertad de optar. El objetivo fundamental de los tratados internacionales que regulan el derecho fundamental del acceso a la educación es el reconocimiento jurídico en el plano internacional de la función democratizadora y liberadora que implica para el ser humano el acceso a la educación, y con ello la posibilidad de autoperfeccionamiento y consecución de la madurez intelectual y personal del individuo.

13.3.2. Contenido del artículo 26 de la Declaración Universal y tratados internacionales en materia de educación

Junto con el reconocimiento del derecho fundamental a la educación de todos los seres humanos, la Declaración de Naciones Unidas incorpora los siguientes derechos específicos.

13.3.2.1. La educación elemental, derecho inalienable e irrenunciable

El reconocimiento de la educación aparece acotado a la primera etapa de desarrollo del individuo —la infancia—, y únicamente se declara la obligación de los Estados de proveer una educación infantil elemental. EXPÓSITO[788] subraya la importancia otorgada a la misma durante los trabajos preparatorios de la redacción de la Declaración, al quedar constancia del compromiso de los Estados de evitar experiencias históricas pasadas, donde la perversión de la función educativa condujo a una crisis cívica internacional en los años previos a la II Guerra Mundial sin un precedente histórico similar. Por ello, la Declaración tenía el claro objetivo de: "desterrar las experiencias de los regímenes totalitarios que, como el alemán, supusieron una utilización de la educación para fines de adoctrinamiento político"[789].

---

788 EXPÓSITO, "Artículo 26… *opus cit.*, pp. 421 y *ss.*

789 ARAJÄRVI, P., "Article 26", en EIDE, A. y SWINEHART, T., *The Universal Declaration of Human Rights: A Commentary*, Scandinavian University Press, Oslo, 1992, pp. 405-408.

El Estado firmante de la Declaración reconoce el deber específico del mismo de promover las condiciones necesarias para el acceso a la escolarización del niño. Tanto la enseñanza secundaria como superior se consideran elementos facultativos de la oferta educativa del Estado, y no una prestación pública obligatoria.

13.3.2.2. Fines de la educación

De acuerdo con la Declaración Universal, la educación tiene como meta el pleno desarrollo de la personalidad humana y el respeto de los derechos humanos. La idea de reconocimiento del valor de la persona humana y la defensa de los derechos que le son consustanciales se incardinan en la contribución a los objetivos de las Naciones Unidas, contenidos en el artículo 1.1 de su Carta; la cooperación internacional es, además, vehículo de garantía para el mantenimiento de la paz y la seguridad internacionales:

> "Mantener la paz y la seguridad internacionales, y con tal fin: tomar medidas colectivas eficaces para prevenir y eliminar amenazas a la paz, y para suprimir actos de agresión u otros quebrantamientos de la paz; y lograr por medios pacíficos, y de conformidad con los principios de la justicia y del derecho internacional, el ajuste o arreglo de controversias o situaciones internacionales susceptibles de conducir a quebrantamientos de la paz".

De igual modo, la educación entra a formar parte de la cultura de la paz, siendo el respeto de los derechos humanos y la tolerancia las piedras angulares sobre las que se estructura la cooperación y la paz internacional, todo ello dentro de los fines contenidos en el artículo 1.3 de la Carta de las Naciones Unidas[790]:

---

790 El derecho a la educación y al desarrollo cultural se encuentra también entre los objetivos de las Naciones Unidas, pregonados en los artículos 1 y 2 de su Carta, tal y como figura en el artículo 10, letra e) de la *Declaración sobre el Progreso y el Desarrollo en lo Social* proclamada por la Asamblea General en su Resolución 2542, de 11 de diciembre de 1969: "La eliminación del analfabetismo y la garantía del derecho al acceso universal a la cultura (...)".

"Realizar la cooperación internacional en la solución de problemas internacionales de carácter económico, social, cultural o humanitario, y en el desarrollo y estímulo del respeto a los derechos humanos y a las libertades fundamentales de todos, sin hacer distinción por motivos de raza, sexo, idioma o religión".

En la *Declaración Final* de la *Conferencia de Derechos Humanos de Naciones Unidas* de 1993 celebrada en Viena se reafirmó la confianza de la comunidad internacional en la promoción del acceso a la educación como cultura de paz[791]. De igual modo, el *Pacto Internacional de Derechos Económicos, Sociales y Culturales* de 1966 reproducía en su Preámbulo el objetivo de la difusión y protección de los derechos que garanticen el desarrollo integral de la persona:

"Reconociendo que, con arreglo a la Declaración Universal de Derechos Humanos, no puede realizarse el ideal del ser humano libre, liberado del temor y de la miseria, a menos que se creen condiciones que permitan a cada persona gozar de sus derechos económicos, sociales y culturales, tanto como de sus derechos civiles y políticos. Considerando que la Carta de las Naciones Unidas impone a los Estados la obligación de promover el respeto universal y efectivo de los derechos y libertades humanas".

En el *Pacto Internacional de Derechos Económicos, Sociales y Culturales* —la más importante convención en cuanto al reconocimiento del derecho a la educación de todos los seres humanos y a la asunción de obligaciones internacionales por parte de los Estados firmantes—, el artículo 13 regula el derecho a la educación y el estándar mínimo de protección que el Estado debe brindar a las personas:

---

[791] Estos objetivos son ampliamente tratados en la *Declaración de la Asamblea General sobre el Fomento entre la Juventud de los ideales de Paz, Respeto Mutuo y Comprensión entre los Pueblos*, de diciembre de 1965, así como en la *Recomendación sobre la Educación para la Comprensión, la Cooperación y la Paz Internacionales y la Educación relativa a los Derechos Humanos y las Libertades Fundamentales*, aprobada por la Conferencia General de la UNESCO en noviembre de 1974. Ver EXPÓSITO, "Artículo 26… *opus cit.*, p. 426.

"Los Estados Partes en el presente Pacto reconocen el derecho de toda persona a la educación. Convienen en que la educación debe orientarse hacia el pleno desarrollo de la personalidad humana y del sentido de su dignidad, y debe fortalecer el respeto por los derechos humanos y las libertades fundamentales. Convienen asimismo en que la educación debe capacitar a todas las personas para participar efectivamente en una sociedad libre, favorecer la comprensión, la tolerancia y la amistad entre todas las naciones y entre todos los grupos raciales, étnicos o religiosos, y promover las actividades de las Naciones Unidas en pro del mantenimiento de la paz"[792].

---

792 La regulación del derecho a la educación en el *Pacto Internacional de Derechos Económicos, Sociales y Culturales* contempla además los derechos de educación gratuita, igualdad de oportunidades y libertad de elección de los padres. Así lo establece el artículo 13: "(...) 2. Los Estatutos Partes en el presente Pacto reconocen que, con objeto de lograr el pleno ejercicio de este derecho: a) la enseñanza primaria debe ser obligatoria y asequible a todos gratuitamente; b) la enseñanza secundaria, en sus diferentes formas, incluso la enseñanza secundaria técnica profesional, debe ser generalizada y hacerse accesible a todos, por cuantos medios sean apropiados, y, en particular, por la implantación progresiva de la enseñanza gratuita; c) la enseñanza superior debe hacerse igualmente accesible a todos, sobre la base de la capacidad de cada uno, por cuantos medios sean apropiados, y en particular, por la implantación progresiva de la enseñanza gratuita; d) debe fomentarse o intensificarse, en la medida de lo posible, la educación fundamental para aquellas personas que no hayan recibido o terminado el ciclo completo de instrucción primaria; e) se debe proseguir activamente el desarrollo del sistema escolar en todos los ciclos de la enseñanza, implantar un sistema adecuado de becas, y mejorar continuamente las condiciones materiales del cuerpo docente.
3. Los Estados Partes en el presente Pacto se comprometen a respetar la libertad de los padres y, en su caso, de los tutores legales, de escoger para sus hijos o pupilos escuelas distintas de las creadas por las autoridades públicas, siempre que aquellas satisfagan las normas mínimas que el Estado prescriba o apruebe en materia de enseñanza, o de hacer que sus hijos o pupilos reciban la educación religiosa o moral que esté de acuerdo con sus propias convicciones.
4. Nada de lo dispuesto en este artículo se interpretará como una restricción de la libertad de los particulares y entidades para establecer y dirigir instituciones de enseñanza, a condición de que se respeten los principios

Es de reseñar que esta disposición hace mención a "individuos", sin especificar ni hacer la diferencia entre ciudadanos, extranjeros o residentes, de modo que jurídicamente se entiende como beneficiarias a las personas que se encuentran bajo la jurisdicción del Estado.

13.3.2.3. El carácter de derecho social de la educación en la Declaración

El derecho a la educación reconocido en el actual marco jurídico internacional se presenta como un derecho de carácter social y cultural, cuya consecución depende esencialmente de la labor del Estado como sujeto de Derecho Internacional que garantiza el ejercicio y disfrute del mismo una vez se produce la entrada en vigor del tratado[793]. Sin embargo, subsidiariamente se reconoce la facultad a personas privadas para la creación de centros docentes que coexistan con los centros educativos públicos. Esta idea recrea un contexto plural educativo que, añadido a la premisa de la obligatoriedad de la escolarización, permite a los padres la

enunciados en el párrafo 1 y de que la educación dada en esas instituciones se ajuste a las normas mínimas que prescriba el Estado".
Igualmente, el artículo 14 establece: "Todo Estado Parte en el presente Pacto que, en el momento de hacerse parte en él, no haya podido instituir en su territorio metropolitano o en otros territorios sometidos a su jurisdicción la obligatoriedad y la gratuidad de la enseñanza primaria, se compromete a elaborar y adoptar, dentro de un plazo de dos años, un plan detallado de acción para la aplicación progresiva, dentro de un número razonable de años fijado en el plan, del principio de la enseñanza obligatoria y gratuita para todos".

793 KARTASHKIN, V., "Derechos económicos, sociales y culturales", en VASAK, K. (Ed.), *Las dimensiones internacionales de los derechos humanos*, Tomo 3, Serbal-UNESCO, Barcelona, 1984, pp. 171, 172 y 190. Para un detallado análisis del artículo 13 del Pacto de Derechos Económicos, Sociales y Culturales,y las conclusión del Comité del Pacto Derechos Económicos, Sociales y Culturales sobre el derecho a la educación, véase KLAUS DIETER BEITER, *The Protection of the Right to Education by International Law*, Martinus Nijhoff, Leiden, 2005.

posibilidad de optar por uno u otro centro. Los padres tienen el derecho, de acuerdo con sus convicciones personales y sus presupuestos filosóficos, religiosos o éticos, a decidir la elección de centros. Lo anterior debe matizarse, ya que el mandato contenido en el artículo 26.3 de la Declaración deberá adaptarse no solamente al país, sino a los diversos sistemas políticos y de gobierno. Es difícil imaginar escuelas privadas en la antigua Rusia soviética o en el actual Corea del Norte; no obstante, laboratorios políticos como China —un país, dos sistemas— permiten actualmente pensar en sistemas políticos totalitarios de corte comunista que permiten la existencia de colegios privados.

El derecho a la educación en el plano internacional, contemplado como derecho de carácter social, obtiene amplio reconocimiento en los artículos 13 y 14 del *Pacto de Derechos Económicos, Sociales y Culturales*, mientras que en el *Pacto de Derechos Civiles y Políticos*[794] se refleja en su artículo 18.4, una perspectiva del derecho a la educación identificada como el derecho de los padres a elegir la educación de sus hijos de acuerdo con las premisas filosóficas, religiosas y éticas de cada individuo. Es decir, un reconocimiento de la libertad de enseñanza y del derecho que asiste a los padres en la elección de la formación de sus hijos:

---

794 El Preámbulo del Pacto señala la relación intrínseca existente entre el disfrute de los derechos fundamentales o "de primera generación" y el de los derechos sociales o "de segunda generación", en tanto que derechos indisolubles e intrínsecamente entrelazados que posibilitan el desarrollo integral de la persona: "Reconociendo que, con arreglo a la *Declaración Universal de Derechos Humanos*, no puede realizarse el ideal de ser humano libre, en el disfrute de las libertades civiles políticas y liberado del temor y de la miseria, a menos que se creen condiciones que permitan a cada persona gozar de sus derechos civiles y políticos, tanto como de sus derechos económicos, sociales y culturales (…) Considerando que la Carta de las Naciones Unidas impone a los Estados la obligación de promover el respeto universal y efectivo de los derechos y libertades humanas".

> "Los Estados Partes en el presente Pacto se comprometen a respetar la libertad de los padres y, en su caso, de los tutores legales, para garantizar que los hijos reciban la educación religiosa y moral que esté de acuerdo con sus propias convicciones".

España en este ámbito ha suscrito el *Pacto Internacional de Derechos Civiles y Políticos* (Nueva York, 19 de diciembre de 1966, ratificado por España y publicado en el Boletín Oficial del Estado de 30 de abril de 1977) y el *Pacto Internacional de Derechos Económicos, Sociales y Culturales* (Nueva York, 19 de diciembre de 1966, ratificado por España y publicado en el Boletín Oficial del Estado de 30 de abril de 1977). Respecto al primero de ellos, el artículo 18.4 del *Pacto Internacional de Derechos Civiles y Políticos* es la fuente de inspiración normativa directa de nuestro artículo 27.3 de la Constitución[795], disposición que contempla el derecho de los padres para que los hijos reciban la educación ética o religiosa que estimen más adecuada.

Además, el *Pacto Internacional de Derechos Económicos, Sociales y Culturales*, en su artículo 13.3, declara que los padres gozan del derecho de escoger para sus hijos las enseñanzas religiosas o morales que estén de acuerdo con sus convicciones personales:

> "Los Estados Partes se comprometen a respetar la libertad de los padres de escoger para sus hijos (...) escuelas distintas de las creadas por las autoridades públicas, siempre que aquellas satisfagan las normas mínimas que el Estado prescriba o apruebe en materia de enseñanza, y de hacer que sus hijos o pupilos reciban la educación religiosa o moral que esté de acuerdo con sus propias convicciones".

También el citado precepto en su párrafo 4 señala —en línea con el contenido del artículo 27.6 de la Constitución españo-

---

795 El artículo 27.3 de la Constitución española señala: "Los poderes públicos garantizan el derecho que asiste a los padres para que sus hijos reciban la formación religiosa y moral que esté de acuerdo con sus propias convicciones".

la[796]— el derecho al ejercicio de libre empresa en el ámbito educativo, previo cumplimiento de la legalidad vigente:

> "Nada de lo dispuesto en este artículo se interpretará como una restricción de la libertad de los particulares y entidades para establecer y dirigir instituciones de enseñanza, a condición de que se respeten los principios enunciados en el párrafo 1 y de que la educación dada en esas instituciones se ajuste a las normas mínimas que prescribe el Estado".

Sin embargo, de acuerdo con la regulación del Derecho Internacional sobre el derecho a la libertad académica, la UNESCO estima que este ha sido objeto de escaso desarrollo normativo, lo que no significa una falta de reconocimiento e importancia del mismo:

> "Aunque el derecho a la educación es sin duda alguna de aplicación tanto a la universidad como a otros tipos de enseñanza superior, en el derecho internacional contemporáneo son muy escasas las disposiciones explícitas de protección de la libertad académica y de la autonomía de la universidad. Las únicas garantías a este respecto podrían ser las que aparecen en los párrafos 3 y 4 del artículo 15 del Pacto Internacional de Derechos Económicos, Sociales y Culturales, según el cual los Estados se comprometen a respetar la libertad que es indispensable para la investigación científica y la actividad creadora y a alentar la cooperación internacional en cuestiones científicas y culturales. No existen (en derecho internacional) garantías explícitas de la autonomía de la universidad y del derecho de los miembros de la comunidad académica a participar activamente en la autonomía de gestión de las instituciones de enseñanza superior ni disposiciones detalladas sobre la protección de la libertad académica. La libertad general de pensamiento, opinión, expresión, información, reunión y asociación que se consagra en los artículos 18, 19, 21 y 22 del Pacto Internacional de Derechos Civiles y Políticos se considera evidentemente suficiente para proteger la libertad académica"[797].

---

796 El artículo 27.6 de la Constitución española establece: "Se reconoce a las personas físicas y jurídicas la libertad de creación de centros docentes, dentro del respeto a los principios constitucionales".

797 Consejo Económico y Social, Comisión de Derechos Humanos, "Ejercicio de los derechos económicos...", *opus cit.*, pp. 8 y *ss.*

En el marco jurídico español, el artículo 96.1 de la Constitución[798] indica que los tratados internacionales válidamente celebrados, una vez publicados oficialmente en España, formarán parte del ordenamiento interno; jurídicamente, ello implica la obligación nacional de trasponerlos y hacerlos ejecutables en el ordenamiento interno, aspecto este que en el ámbito educativo ha supuesto una recepción directa del contenido de los tratados internacionales por medio del artículo 27 de la Constitución española.

13.3.2.4. Igualdad de oportunidades y de derechos

El Estado, como garante del derecho a la educación, tiene la obligación, en el desempeño de su labor, de respetar y hacer cumplir los principios de no discriminación y de igualdad en el ámbito educativo, lo que facilita en el futuro el derecho al acceso a la educación[799] y su permanencia en condiciones de igual-

---

[798] *Vid.* artículo 96.1 de la Constitución de 1978: "Los tratados internacionales válidamente celebrados, una vez publicados oficialmente en España, formarán parte del ordenamiento interno. Sus disposiciones solo podrán ser derogadas, modificadas o suspendidas en la forma prevista en los propios tratados o de acuerdo con las normas generales del Derecho Internacional".

[799] En este sentido, ha de apreciarse la variedad de los sujetos de derecho que las diferentes convenciones internacionales reconocen con tal carácter: los niños (principio 7, párrafo 1° de la *Declaración de Derechos del Niño* y artículos 28 y 29 de la *Convención sobre los Derechos del Niño*); los extranjeros (artículo 3 de la *Convención relativa a la lucha contra las discriminaciones en la esfera de la enseñanza*, adoptada el 14 de diciembre de 1960 por la Conferencia General de la UNESCO, que reconoce a los extranjeros "el acceso a la enseñanza en las mismas condiciones que a los propios nacionales"); los adultos (artículo 4.c de la *Convención relativa a la lucha contra las discriminaciones en la esfera de la enseñanza*); las minorías (artículo 5.1.c de la *Convención relativa a la lucha contra las discriminaciones en la esfera de la enseñanza*); y los trabajadores (artículos 15.1 y 23 de la *Carta comunitaria de derechos sociales fundamentales de los Trabajadores*, de 9 de diciembre de 1989).

dad[800]; este mandato del principio de igualdad —que debemos entender implícito en la Declaración— conformaría el espíritu del Preámbulo[801] de la Carta de Naciones Unidas. El hito más importante en la defensa de la igualdad de sexos queda representado por la *Declaración sobre la Eliminación de la Discriminación contra la Mujer* de la Asamblea General de las Naciones Unidas, cuyo texto reafirma la importancia de la contribución de la mujer a la vida social, política, económica y cultural, así como su función en la familia y especialmente en la educación de los hijos. Esta Declaración reconoce la indispensable participación tanto de mujeres como de hombres en todos los campos para el desarrollo integral de un país, el bienestar del mundo y la causa y origen de la paz. En el capítulo 14 de esta obra analizaremos el marco normativo sobre el derecho educación contenido en la Convención sobre la eliminación de todas las formas de discriminación contra la mujer de 1979.

El artículo 9 de la *Declaración sobre la Eliminación de la Discriminación contra la Mujer* [802] incluye expresamente el acceso a la

---

800 *Cfr. Convención relativa a la lucha contra las discriminaciones en la esfera de la enseñanza,* adoptada en la Conferencia General de la UNESCO.

801 El Preámbulo de la Carta de las Naciones Unidas es una reafirmación de la comunidad internacional en los valores trascendentales de los derechos humanos en tanto que elementos esenciales para la cooperación entre los pueblos: "(...) Considerando que los pueblos de las Naciones Unidas han reafirmado en la Carta, su fe en los derechos fundamentales del hombre, en la dignidad y el valor de la persona humana y en la igualdad de derechos de hombres y mujeres; y se han declarado resueltos a promover el progreso social y a elevar el nivel de vida dentro de un concepto más amplio de la libertad; considerando que los Estados Miembros se han comprometido a asegurar, en cooperación con la Organización de las Naciones Unidas, el respeto universal y efectivo a los derechos y libertades fundamentales del hombre; y considerando que una concepción común de estos derechos y libertades es de la mayor importancia para el pleno cumplimiento de dicho compromiso".

802 La *Declaración sobre la eliminación de la discriminación contra la mujer* de la Asamblea General de las Naciones Unidas regula en su artículo 9 el acceso

educación como un derecho consustancial al desarrollo de la persona, y su aplicación es una garantía del principio de igualdad de oportunidades[803].

Respecto a la no discriminación en el ámbito educativo de los más vulnerables por razón de edad, el Preámbulo de la *Declaración de los Derechos del Niño* de Naciones Unidas de 1959 señala que "la humanidad debe al niño lo mejor que puede darle", al objeto de que el niño pueda tener una infancia feliz para así gozar en sociedad de una especial protección de sus derechos.

El artículo 7 de la *Declaración de los Derechos del Niño*[804] regula el derecho a la educación del mismo e incorpora el acceso a una

---

a la igualdad de derechos entre el hombre y la mujer en la educación en todos los niveles, así como la consecución de las mismas oportunidades en este ámbito: "Deberían adoptarse todas las medidas apropiadas para asegurar a la joven y a la mujer, casada o no, derechos iguales a los del hombre en materia de educación en todos los niveles, y en particular: iguales condiciones de acceso a toda clase de instituciones docentes, incluidas las universidades y las escuelas técnicas y profesionales, e iguales condiciones de estudio en dichas instituciones; la misma selección de programas de estudios, los mismos exámenes, personal docente del mismo nivel profesional, y locales y equipo de la misma calidad, ya se trate de establecimientos de enseñanza mixta o no; iguales oportunidades en la obtención de becas y otras subvenciones de estudio; iguales oportunidades de acceso a los programas de alfabetización de adultos; acceso a material informativo para ayudarla a asegurar la salud y bienestar de la familia".

803 Véase la *Convención relativa a la lucha contra las discriminaciones en la esfera de la enseñanza*, en vigor desde el 22 de mayo de 1962, y el *Protocolo para instituir una Comisión de Conciliación y Buenos Oficios facultada para resolver las controversias a que pueda dar lugar la Convención relativa a la lucha contra las discriminaciones en la esfera de la enseñanza*, en vigor desde el 24 de octubre de 1968.

804 La *Declaración de los Derechos del Niño* describe, en su artículo 7, el objetivo del acceso y disfrute de la educación en los niños: "El niño tiene derecho a recibir educación, que será gratuita y obligatoria por lo menos en las etapas elementales. Se le dará una educación que favorezca su cultura general y le permita, en condiciones de igualdad de oportunidades, desarrollar sus aptitudes y su juicio individual, su sentido de responsabilidad moral y social, y llegar a ser un miembro útil de la sociedad. El interés su-

cultura general que le permita realizarse personalmente desde el punto de vista intelectual, moral y ético, para con ello contribuir al bienestar de la comunidad[805].

13.3.2.5. Las obligaciones de los padres y el derecho a la educación

El derecho a la educación no es solo una obligación del Estado que supone facilitar el acceso a una educación elemental a sus ciudadanos, sino que además es una obligación de carácter impositivo a los progenitores o tutores del niño, pues quedan obligados a permitir la asistencia al centro educativo por parte del menor.

En el plano de las relaciones internacionales y el intercambio cultural que implica la globalización, el llamado *Informe Delors*[806] de la UNESCO, de un modo sinóptico, resaltaba los pilares básicos sobre los que se cimenta la educación actual, que han quedado identificados con la propuesta del antiguo presidente de la Comisión Europea fallecido en 2023. Según DELORS, una educa-

---

perior del niño debe ser el principio rector de quienes tienen la responsabilidad de su educación y orientación; dicha responsabilidad incumbe, en primer término, a sus padres. El niño debe disfrutar plenamente de juegos y recreaciones, los cuales deberán estar orientados hacia los fines perseguidos por la educación; la sociedad y las autoridades públicas se esforzarán por promover el goce de este derecho".

805 Sobre la falta de coherencia en el respeto de los derechos humanos por parte de Occidente, y en particular de Estados Unidos, intelectuales estadounidenses como NOAM CHOMSKY han criticado abiertamente la política de la principal potencia mundial, al ser la única nación occidental que se ha negado a ratificar la *Convención sobre los Derechos del Niño* de Naciones Unidas, así como el Estatuto de Roma de la Corte Penal Internacional junto con China e Israel. Curiosamente, su alejamiento de la realidad internacional fue quebrada por los tenebrosos acontecimientos del 11 de septiembre de 2001, lo que, entre otras cosas, supuso el pago millonario atrasado de sus obligaciones financieras con las Naciones Unidas. Ver CHOMSKY, *La (des)educación... opus cit.*

806 DELORS, J., "Presentación del Informe a la UNESCO", en Autores Varios, *Aprender para el futuro: desafíos y oportunidades: documentos de un debate,* Fundación Santillana, Madrid, 1996.

ción viable y de futuro debe estructurarse en torno a las actitudes y valores que permitan aprender a conocer, a hacer, a vivir juntos y, finalmente, a ser:

> "Para cumplir el conjunto de las misiones que le son propias, la educación debe estructurarse en torno a cuatro aprendizajes fundamentales, que en el transcurso de la vida serán para cada persona, en cierto sentido, los pilares del conocimiento: aprender a conocer, es decir, adquirir los instrumentos de la comprensión; aprender a hacer, para poder influir sobre el propio entorno; aprender a vivir juntos, para participar y cooperar con los demás en todas las actividades humanas; por último, aprender a ser, un proceso fundamental que recoge elementos de los tres anteriores. Por supuesto, estas cuatro vías del saber convergen en una sola, ya que hay entre ellas múltiples puntos de contacto, coincidencia e intercambio"[807].

Señala DELORS que en un mundo interrelacionado, de profundas diferencias y contrastes, y donde la palabra "desarrollo" es sinónima de "paz", la educación contiene en sí misma la clave del futuro de la humanidad, pues confiere a cada persona la capacidad de ser artífice de su destino[808].

13.4. CUMPLIMIENTO DE LOS TRATADOS INTERNACIONALES EN MATERIA EDUCATIVA Y LA FUNCIÓN DE LA SOCIEDAD CIVIL

En pleno siglo XXI resulta éticamente reprobable el número de personas sin acceso al derecho fundamental a la educación, aun a pesar de la vigencia normativa de los tratados internacionales antes reseñados y de las obligaciones jurídicas que comporta

---

807 DELORS, J., *La educación encierra un tesoro. Informe a la UNESCO de la Comisión Internacional sobre la Educación para el Siglo XXI*, Santillana Ediciones UNESCO, Madrid, 1996.

808 DELORS: "(...) La función esencial de la educación es conferir a todos los seres humanos la libertad de pensamiento, de juicio, de sentimientos y de imaginación que necesitan para que sus talentos alcancen la plenitud y seguir siendo artífices, en la medida de lo posible, de su destino", en DELORS, "Presentación del Informe... *opus cit.*, p. 106.

su firma y adhesión. Además, en el plano jurídico, este incumplimiento por parte de los Estados signatarios de las convenciones que regulan el acceso a la educación genera, contemporáneamente, responsabilidad internacional por la quiebra de las obligaciones voluntariamente asumidas.

Por ello, es una cuestión fundamental conocer cuál es la efectividad de dichos tratados y de la obligatoriedad de aplicación y desarrollo de los derechos contenidos en los mismos y en el contexto de las Naciones Unidas, cuya Carta señala en su artículo 1.3 la obligación de "desarrollo y estímulo al respeto de los derechos humanos y a las libertades fundamentales de todos, sin hacer distinción por motivos de raza, sexo, idioma y religión"[809].

Las organizaciones no gubernamentales que operan internacionalmente son conscientes de la importancia de la educación de las personas en aras de lograr la eficacia en los diferentes programas que desarrollan y, muy especialmente, en el mundo en vías de desarrollo:

> "La fuente de su fuerza es mucho menos tangible: reside en la educación, definida en términos amplios. Muchas ONG están respaldadas por fundaciones y donantes individuales movidos por el conocimiento que han adquirido de importantes problemas sociales. Y muchas, a su vez, trabajan para educar al público y persuadir a los políticos de la necesidad de acción. Esto sugiere que el desafío fundamental en la construcción de una sociedad sostenible es el de la educación. Lo que las personas piensan y sienten acerca del mundo afecta a lo que hacen como votantes, consumidores y propietarios de recursos, así como a su condición de funcionarios, diplomáticos internacionales y empleados (...) uno de los fines de la educación es dar a las personas las herramientas necesarias para convertirse en ciudadanos responsables"[810].

---

809 CASSESE, A., *Los derechos humanos en el mundo contemporáneo,* Ariel, Barcelona, 1993, pp. 228 y *ss.*

810 World Watch Institute, "Informe Anual: La situación del mundo 1999", Icaria Editorial, Barcelona, 1999, p. 346.

Fuera del ámbito estatal, un grupo de organizaciones no gubernamentales de ámbito internacional ha promovido desde hace varios años la campaña a favor de la educación global *Global Campaign for Education*[811]. Su principal objetivo es tratar de contrarrestar y suplir la falta de actuación por parte de los gobiernos signatarios de las convenciones en materia de educación. Esta campaña, por ejemplo, promueve y fomenta el derecho a la educación como derecho fundamental en el mundo en vías de desarrollo, y considera la educación como el pilar fundamental para la lucha por la dignidad y la libertad de las personas:

> *"The Global Campaign for Education promotes Education as a basic human right, mobilizes public pressure on governments and the International Community to fulfil their promises to provide free, compulsory, public basic education for all people, in particular for children, women and all disadvantaged, deprived sections of so-*

---

811 En octubre de 1999 se presentó la *Global Campaign for Education*, que aúna a organizaciones no gubernamentales procedentes de 180 países diferentes. Los promotores de esta iniciativa fueron tres ONGs internacionales: Educación Internacional, *Action Aid* y *Oxfam International*, en colaboración con grupos pertenecientes a la asociación internacional contra el trabajo forzoso de niños *South and Global March*. La mencionada campaña tiene entre sus principales objetivos: a) la consecución de una educación gratuita, obligatoria y de calidad para todos los niños hasta los 8 años como mínimo, y una segunda oportunidad para los adultos analfabetos; b) el aumento de partidas presupuestarias destinadas a la educación y al cuidado de la infancia; c) el aumento del gasto público al menos hasta el 6% del Producto Nacional Bruto y nuevas formas de financiación, ayuda y cooperación a los países más pobres; d) el fin del trabajo realizado por niños; e) la participación democrática y la intervención de la sociedad civil, incluyendo profesores y sindicatos, en la creación y aprobación de la normativa de ámbito educativo; f) la reforma de las políticas de ajuste estructural del Fondo Monetario Internacional (FMI) y del Banco Mundial, para de este modo asegurar el apoyo y la no amenaza de la libertad y la calidad de la educación; g) la consecución de salarios justos y con garantías de continuidad para los profesores y la existencia de clases equipadas con los medios necesarios y con libros de texto de calidad; y h) la prestación de servicios educativos para todos sin discriminación.

> *ciety. The Global Campaign for Education takes a serious note of all the broken promises and commits itself to work for mobilizing public opinion to hold governments, the international financial institutions and aid agencies accountable for all their promises and actions (...)".*

En la *Conferencia de Naciones Unidas* de 1990 en Jomtien (Tailandia), 155 Estados se comprometieron al efectivo cumplimiento del derecho a la educación para el año 2000. De acuerdo con sus estimaciones, cerca de 125 millones de niños y 900 millones de adultos no tenían o no habían tenido acceso a la educación, lo que les convertía casi materialmente en seres humanos analfabetos, condenados a la miseria y a la dependencia. Su objetivo fundamental fue lograr remontar la cobertura de la educación primaria, especialmente en África, donde la proporción de niños con acceso a la educación disminuyó en un 10% durante la década de 1980; se temía un retroceso mayor y solamente podría alterarse esta tendencia con la adopción de medidas globales internacionales y con la aplicación real y efectiva en los países afectados.

Hoy, aun a pesar de los progresos realizados por la humanidad en el ámbito de la ciencia y de la tecnología, la obligación surgida hace más de tres décadas en Jomtien permanece insatisfecha y sin visos de cumplimiento[812]; es más, el número total de analfabetos

---

812 Mayor Zaragoza, director de la UNESCO entre 1987 y 1999, señala sobre este punto la falta manifiesta de interés político por parte de los países signatarios de la *Conferencia de Jomtien* y la distribución de los recursos nacionales hacia objetivos no sociales: "Con muy pequeños esfuerzos —aumentando, por ejemplo, la inversión en educación solo el 0,1%-0,25% del PIB anualmente—, en una década se podrían lograr cambios sustanciales en la extensión de la educación básica en muchos países. Sin embargo, todo son excusas frente al esfuerzo no realizado. Los países pobres aseguran no disponer de los medios necesarios y giran la vista hacia los países ricos, los cuales afirman no poder permitirse ese lujo. Sin embargo, mientras la ayuda pública al desarrollo de los países de la OCDE no ha parado de reducirse, hasta una media de solo el 0,22% del PNB —muy lejos del 0,7% al que los países industrializados se habían comprometido solemnemente en varias conferencias de las

en el mundo se ha incrementado en el planeta, especialmente en los países del sur de Asia y en el África subsahariana.

En abril del año 2000, 185 Estados celebraron en Dakar la *Conferencia de Naciones Unidas en educación*[813], con el objetivo de renovar los compromisos adquiridos en Jomtien. Fue de nuevo una conferencia histórica con la intención de garantizar el acceso a la educación básica mediante una globalización mundial con precisos objetivos materiales y temporales.

De acuerdo con KOICHIRO MATSUURA, exdirector General de la UNESCO, era necesaria una labor conjunta de gobiernos,

---

Naciones Unidas—, el gasto militar sigue representando entre 700.000 y 800.000 millones de dólares anuales, cuando garantizar un techo, agua potable y servicios sanitarios básicos a los 1.300 millones de personas que viven en la pobreza absoluta solo costaría 130.000 millones de dólares. El PNUD ha calculado que los dividendos de paz debidos a la reducción de los presupuestos militares en los años noventa, especialmente en Estados Unidos y Europa, ascienden a 900.000 millones de dólares, que, sin embargo, fueron absorbidos por la reducción de los déficits presupuestarios, desaprovechando así la oportunidad de realizar inversiones para el desarrollo. Hay un doble lenguaje, pero no solo en los países ricos, sino también en muchos países en vías en desarrollo y menos avanzados, cuyos dirigentes consumen en gastos militares una parte considerable del presupuesto nacional, en detrimento de la educación y el desarrollo humano. Así, los gastos militares en Asia crecieron una media del 26% entre 1988 y 1997, un 14% en Sudamérica y más de un 45% en los países del norte de África durante el mismo periodo. Según el Instituto Internacional de Investigación de la Paz de Estocolmo (SIPRI), los países de renta baja incrementaron un 19% sus gastos militares, también entre 1988 y 1997. La pobreza y la exclusión son causa principal de conflictos, flujos migratorios, inestabilidad y violencia. El desarrollo endógeno —para que los países sean dueños de sus recursos— es fundamental para asentar la democracia y facilitar la transición desde una cultura de fuerza y de predominio a una cultura de paz y de conciliación", en MAYOR ZARAGOZA, F., "La educación para todos, el gran reto del siglo XXI", *El País*, 24 de abril de 2000.

813 Ver texto final de la *Conferencia de Dakar* en el Anexo final del presente libro.

sociedad civil y organizaciones no gubernamentales para lograr los tres objetivos principales que se previeron para el 2015 y que fueron elaborados en la *Conferencia sobre educación* de Dakar de Naciones Unidas:

a) Acceso a una educación primaria obligatoria, completamente gratuita y de buena calidad.

b) La consecución de un 50 por ciento de aumento de la alfabetización de adultos.

c) La eliminación de las diferencias de género en la educación primaria y secundaria para el 2005 y la consecución de la equidad completa entre hombre y mujer para el año 2015.

De acuerdo con MATSUURA, la realización de los objetivos de Dakar implicaba necesariamente la planificación de políticas educativas nacionales y la financiación que permitiese ejecutar acciones reales en el ámbito de la educación.

> "Para alcanzar tal meta, los países participantes prepararán planes nacionales de educación para todos, para el 2002, consultando para ello al menos con la sociedad civil nacional. Estos planes serán elaborados definiendo claramente las prioridades presupuestarias para el logro de los objetivos, no más allá del 2015. El esfuerzo principal de esta tarea incumbe, naturalmente, a cada país, ya que alrededor del 63 por ciento del coste total de la educación en el mundo corre a cargo de los Estados, el 35 por ciento de los fondos son privados (padres, alumnos, comunidades, empresas, ONG) y el 2 por ciento proceden de los programas internacionales de ayuda al desarrollo. Se estima que la realización de estos objetivos necesitará de un esfuerzo financiero suplementario de los países, así como de los donantes bilaterales y multilaterales, de alrededor de 8.000 millones de dólares anuales durante un decenio, para lo que es preciso un firme compromiso de los gobiernos nacionales, de las instituciones donantes, inclusive del Banco Mundial, así como de los Bancos Regionales de Desarrollo. La Organización de las Naciones Unidas para la Educación, la Ciencia y la Cultura (UNESCO), institución internacional cuya misión por excelencia es precisamente la defensa de la causa educativa en el mundo, asumirá la secretaría, manteniendo su papel de coordinadora y

propiciando una auténtica dinámica de cooperación entre los socios de la Educación para todos (EPT)"[814].

Este escenario, aún existente, podría alterarse modificando en los países afectados la austeridad fiscal que, de tan gravosa manera, ha afectado a la educación básica en estos países, haciendo del derecho a la educación un "lujo inabordable", en abierta contradicción con los tratados internacionales que proclaman el derecho fundamental del acceso de todos los niños a una educación básica gratuita[815].

La falta de educación y formación de los ciudadanos de los países en vías de desarrollo implica una falta de inversión en capital humano para el futuro desarrollo de los mismos, lo que acarrea una condena implícita a medio y largo plazo.

Secularmente, casi con un carácter endémico, tanto los Estados como las organizaciones internacionales han tenido que afrontar las cuestiones de desigualdad y desarrollo y, en particular, la prestación de los derechos de segunda generación, como una necesidad imperiosa por parte de los Estados de prestar un servicio público fundamental, especialmente el de la educación como servicio básico para la ciudadanía.

Debemos recordar que la Asamblea General de Naciones Unidas aprobó en el año 2000 el programa los Objetivos de Desarrollo del Milenio (ODM)[816] que ha representado hasta la fecha el movimiento contra la pobreza más exitoso de la historia. El programa constaba de ocho objetivos[817] y vinculado a niñez y educación

---

[814] Declaración de MATSUURA, K., UNESCO, Naciones Unidas, Nueva York, 2000.

[815] Véase TOMASEVSKI, K., "Removing obstacles in the way of the right to education", *Right to Education Primers,* No. 1, Raoul Wallenberg Institute, Lund, 2000, p. 12.

[816] Resolución de A/RES/55/2* Asamblea General, 13 de septiembre de 2000. Declaración del Milenio.

[817] Los objetivos de Desarrollo del Milenio eran: 1. Erradicación de la pobreza extrema y el hambre; 2. Acceso universal a la educación prima-

aparecía el Objetivo nº 2: Acceso universal a la educación primaria. Al no poder cumplirse las metas fijadas en el plazo previsto en 2015, la Asamblea General adaptó en 2015 la Agenda 2030 y redimensionó el planteamiento y las metas, y a tal fin aprobó los 18 Objetivos de Desarrollo Sostenible (ODS).[818] El derecho a la educación, como analizamos a continuación en el capítulo 14, es desarrollado en el Objetivo nº4: Educación de calidad.

El informe *Educación para todos* de 2002[819] de la UNESCO señalaba que en el contexto de los países en vías de desarrollo la educación es al menos importante por tres motivos:

a) Las capacidades que proporciona la educación, tales como leer o escribir, se pueden valorar como un resultado intrínseco a los esfuerzos de las políticas para el desarrollo.

b) La educación puede, además, evitar ciertas situaciones negativas que se producirían en situaciones de ausencia de acceso a la educación. Por ejemplo, el acceso a la educación primaria y secundaria reduce los índices de trabajo infantil.

c) La educación tiene una característica de ayuda poderosísima para aquellos que se encuentran en situaciones más críticas y desventajosas. Muestra de ello es la educación de las mujeres en el tercer mundo; el acceso a la educación básica implica una mejor y más longeva supervivencia respecto de aquellas mujeres que no tuvieron oportunidad de ejercer el derecho básico a la educación.

---

ria; 3. Promover la igualdad de géneros; 4. Reducción de la mortalidad infantil; 5. Mejorar la salud materna; 6. Combatir el VIH/SIDA y otras enfermedades; 7. Asegurar la sostenibilidad medioambiental; 8. Desarrollar asociaciones globales.

818 Resolución A/Res/70/1 de la Asamblea General de la ONU, 21 de octubre de 2015. Transformar nuestro mundo: la Agenda 2030 para el Desarrollo Sostenible.

819 UNESCO, "Education for All... 2002", *opus cit.*

La educación universal accesible a todos, independientemente de su clase, origen y sexo, tiene un poderoso impacto en la solución de las limitaciones económicas y sociales, además de ser un factor fundamental en la consecución de las libertades y derechos fundamentales del hombre.

El informe confirmaba la validez y la renovación de los objetivos de la *Conferencia de Dakar* en el año 2000, al comprobar nuevamente que al menos en un tercio de los países del mundo los objetivos de Dakar seguían siendo una mera ensoñación y una realidad ausente. Geográficamente, los países en situación más desesperada se encuentran en el sudeste Asiático y en Asia continental, África Subsahariana, Estados Árabes y Norte de África.

TOMASEVSKI, en su condición de Relatora Especial de Naciones Unidas sobre el derecho a la educación entre 1998 y 2004, manifestó en 2002[820] que un factor fundamental para la consecución de los objetivos de Dakar era el desarrollo, la implantación y el ejercicio de los derechos fundamentales dentro de un marco guiado por el Estado de Derecho; ello implica el respeto escrupuloso del principio de legalidad internacional y su transposición al ordenamiento jurídico nacional. Los derechos fundamentales se ejercen y garantizan en marcos jurídicos que facilitan su ejercicio y prevén eventuales mecanismos de resarcimiento en los supuestos de violación. La obligación de respeto y promoción de los derechos humanos está dirigida a entes públicos y privados, precisamente porque todos los derechos humanos están interrelacionados y son interdependientes; con este presupuesto, la educación en derechos humanos en comunidades regidas por el Estado de Derecho facilita la percepción y el convencimiento de los derechos humanos como un cuerpo único, independiente e imprescindible para la dignidad y el desarrollo.

---

820 Comisión de Derechos Humanos, "El derecho a la educación: Informe de la Relatora Especial, Sra. Katarina Tomasevki, presentado de conformidad con la resolución 2002/23 de la Comisión de Derechos Humanos", 2002, E/CN.4/2003/9/Add.1.

Las organizaciones de la sociedad civil realizan continuados esfuerzos para presentar una voz coherente y construir un sistema de trabajo, tanto con sus respectivos gobiernos nacionales, como con las agencias internacionales que intervienen en este proceso. No obstante, en el marco de esta complicada situación endémica de los países en vías de desarrollo, las políticas económicas que estos mantienen con organismos como el Fondo Monetario Internacional y el Banco Mundial deben ser reajustadas y la deuda nuevamente planificada. A ojos de los organismos económicos internacionales este esfuerzo de los Estados por lograr la prestación de una educación básica y gratuita supone, cuanto menos, un hándicap y una amenaza para el cumplimiento del pago de la deuda y de otros compromisos económicos internacionales. Entre los ejemplos más importantes de las últimas décadas sobre el efectivo acceso al derecho a la educación y los esfuerzos presupuestarios públicos nacionales destacan, en los extremos, por un lado el positivo trabajo desarrollado por Corea del Sur en la garantía plena del acceso a la educación primaria y secundaria y, por otro, Pakistán con la reducción del gasto en la educación de su PIB y con el "vaciado material" de la educación primaria y secundaria en beneficio de una elitista educación universitaria, todo ello sin mencionar el presupuesto militar como primera partida del PIB, amén de la realización de varios ensayos de pruebas nucleares para armamento militar[821].

El economista Amartya Sen —premiado con el premio Nobel de economía por incorporar una nueva dimensión no estrictamente económica en la construcción del concepto de "bienestar", más próxima al desarrollo y progreso social— ha señalado que en países como el suyo, India, los gobiernos deberían priorizar las reformas y mejoras en la educación, en la sanidad y en la estructura de la propiedad de la tierra. Además, el esfuerzo económico nacional e internacional debe venir acompañado de una renovación en la cultura política de los países gestores de recursos —desarrollados y no desarrollados— que tienda a reducir los niveles de corrupción.

---

821 Tomasevski, "Removing obstacles... *opus cit.*, pp. 15 y *ss.*

13.5. EDUCACIÓN PARA TODOS ES SINÓNIMO DE DESARROLLO Y PROGRESO. DESARROLLO HUMANO, BIENESTAR Y DISFRUTE DEL DERECHO A LA EDUCACIÓN

El informe de Desarrollo Humano de Naciones Unidas representa, desde 1990, el cambio conceptual acontecido durante los últimos años sobre los parámetros de desarrollo y bienestar. Amartya Sen se encuentra entre sus principales pensadores, quienes han dejado atrás el estrecho concepto de "renta per cápita" como indicador del éxito o fracaso de las políticas de desarrollo, creando un nuevo marco donde se valora el aumento de recursos materiales, humanos y de bienestar que permiten un mejor disfrute de la libertad personal y del desarrollo social del individuo.

Estos nuevos elementos de medida permiten apreciar si las personas de una comunidad gozan de acceso a la educación y de recursos que pueden evitar enfermedades, aumentar la autoestima y el respeto, permitir el disfrute de relaciones pacíficas en su entorno y el goce tanto de una alimentación adecuada como de una vida en un marco sostenible.

El Índice de Desarrollo Humano trata de asignar un valor real a la calidad de vida de la población. A partir de 1990 los nuevos criterios de medición fueron introducidos con el impulso y liderazgo de Mahbud Ul Haq y Amartya Sen, con el objetivo de implementar un conjunto de indicadores útiles y simples que despertaran el interés por el desarrollo humano. Los novedosos parámetros evidenciaban que el nuevo Índice de Desarrollo Humano aportaba una medida innovadora y útil que mostraba que el bienestar y el ingreso económico no podían ser dimensiones equiparables. Para ello, el Índice mide las capacidades básicas promedio de las personas tomando en consideración tres indicadores:

a) Longevidad: con una esperanza de vida de 85 años de edad como referente máximo.

b) Educación: tomando en consideración dos elementos, el nivel de alfabetización de la populación y los niveles de acceso (básica-media-superior) de adultos y niños.

c) Nivel económico: nivel de ingresos que permita cubrir las necesidades básicas de acuerdo a cada país.

El valor del Índice de Desarrollo Humano indica si la población de cada país cumple con estas tres variables para alcanzar un grado de desarrollo humano deseable y, por tanto, su posición en el mismo permite proyectar la situación de cada país respecto de su bienestar social, desarrollo económico y calidad de vida de sus ciudadanos.

13.5.1. Índice de Desarrollo Humano de los países más pobres y los compromisos jurídicos internacionales

Si tenemos presentes los varemos que mide el Índice de Desarrollo Humano —esperanza de vida, educación y renta— y los países que han firmado y ratificado los tratados internacionales en el ámbito educativo, la primera reflexión es de asombro; asombro en el momento de analizar el resultado obtenido al comparar la franja de países más pobres del Índice de Desarrollo Humano y su condición jurídica de Estado parte de los tratados y actos normativos que expusimos con anterioridad. El resultado genera estupor, sorpresa y reflexión porque precisamente son los países con menor índice de bienestar quienes, como grupo mayoritario, han firmado y ratificado *todos* los tratados internacionales en el ámbito educativo. Estados que, además, no han formulado reservas a la hora de prestar el consentimiento que pudieran alterar el efectivo acceso a los derechos, y que se han adherido incluso a diferentes mecanismos de control internacional, como los realizados por la Comisión de Derechos Humanos de Naciones Unidas mediante el envío de Relatores Especiales que evalúan la situación real de la educación en los países.

Lo paradójico es que la gran mayoría de países que se encuentra en esta condición jurídica de abierto compromiso por lograr el acceso a la educación básica —todos ellos menos los países de Europa Occidental, Japón y Canadá— se encuentran en las situaciones más preocupantes en el Índice de Desarrollo Humano del PNUD 2021/2022[822], lo que también significa que la situación real del acceso a la educación se encuentra en situación precaria.

Por citar los más representativos —países firmantes de todos los tratados internacionales de derechos educativos y en situaciones más desfavorecidas de acuerdo con Índice de Desarrollo Humano—, señalamos por orden alfabético Argelia, Armenia, Azerbaiyán, Bangladesh, Bolivia, Brasil, Burundi, Cabo Verde, Camboya, Camerún, Chad, Congo, Costa de Marfil, Ecuador, Egipto, El Salvador, Etiopía, Filipinas, Gabón, Gambia, Ghana, Guatemala, Guinea, India, Jamaica, Jordania, Kirguistán, Lesoto, Líbano, Liberia, Madagascar, Malawi, Malí, Mongolia, Namibia, Nicaragua, Níger, Nigeria, Pakistán, Perú, República Centro Africana, República Dominicana, Ruanda, Sudán, Togo, Venezuela, Vietnam, Yemen, Zambia y Zimbabwe.

Una nota casi común a todos estos países es la ausencia de precedentes y de un historial de cultura y práctica política democrática; son países que adolecen de los caracteres propios de los regímenes democráticos, es decir, la celebración de elecciones libres, multipartidistas y periódicas, la separación de poderes del Estado, la soberanía popular, el respeto de los derechos humanos y la existencia de un ordenamiento jurídico basado en el Estado de derecho (*Rule of Law*). Aquellos países reseñados arriba, que hoy se consideran Estados con regímenes democráticos, son países en plena transición a la búsqueda del reforzamiento y consolidación de las instituciones democráticas.

La sorpresa por esta coincidencia aún es mayor al advertir que muchos de ellos, especialmente Pakistán, India —la República de la India es una excepción a lo reseñado en el párrafo anterior por tratarse de la mayor democracia del mundo en número de habitantes, con casi 50 años de funcionamiento[823]— y algunos países

---

822 PNUD, "Informe sobre Desarrollo Humano 2021/2022… *opus cit.*

823 Sobre la democracia en India, véase FRIEDMAN, T. L., *Longitudes and attitudes: The world in the age of Terrorism*, FSG Books, Nueva York, 2002.

africanos, gastan en sectores como el militar más incluso que toda la ayuda al desarrollo que reciben.

13.6. ALGUNAS PERSPECTIVAS FUTURAS: RECURSOS, EFICACIA, RENDICIÓN DE CUENTAS Y RESPONSABILIDAD *(ACCOUNTABILITY)*

La recepción de recursos y la eficacia en la disposición de los mismos, así como la auditoría y rendición de cuentas de gasto y la eventual responsabilidad en la gestión son algunos de los elementos claves que pueden reorientar las tendencias actuales de falta de eficacia en la consecución de los objetivos de *Educación para todos,* así como el Objetivo nº4 de los Objetivos de Desarrollo Sostenible (Agenda 2030).

El Banco Mundial en su informe *World Development Report 2004: Making Services Work for Poor People*[824] reafirmó el trascendental rol que desempeña la educación en el desarrollo humano. El Banco Mundial define la pobreza como un problema que engloba diferentes ámbitos; es un problema multidimensional. [825] La pobreza implica bajos ingresos, analfabetismo, salud precaria, vulnerabilidad energética, alimenticia, falta de igualdad entre sexos y degradación medioambiental, cuestiones todas ellas que todavía en 2024 son de especial trascendencia.[826]

El mencionado informe revelaba una cuestión relevante: el acceso a la educación incorpora no solo un elemento cuantitativo (medios y financiación), sino un elemento cualitativo de interés. No basta gastar más en servicios educativos y sanitarios, sino que es igual de

---

824 World Bank, "World Development Report 2004: Making Services Work for Poor", 2003.

825 *Ibid.*, p. 2.

826 Véase, "Global Poverty Monitoring Technical Note 36", March 2024. Update to the *Poverty and Inequality Platform* (PIP). Disponible en https://blogs.worldbank.org/en/opendata/march-2024-global-poverty-update-from-the-world-bank–first-esti

importante la eficacia en la gestión y la existencia real de exigencia de responsabilidades (*accountability*) por parte de los ciudadanos respecto de sus gobernantes, además de la necesaria involucración activa de los participantes y beneficiarios —los ciudadanos— en este proceso, controlando y eventualmente exigiendo las responsabilidades oportunas a sus representantes gestores; cuestión diferente es la falta de estructuras legales fiables que ofrezcan las garantías adecuadas y el tiempo razonable que permitan dirimir las controversias, y que, legal e imperativamente, permitan asignar responsabilidad por el incumplimiento de sus obligaciones jurídicas y políticas.

Ejemplos de la falta de eficacia y control y de la existencia de corrupción en el gasto de los recursos son los países de Oriente Próximo y del Norte de África, que gastan más en educación pública que ninguna otra región en vías de desarrollo del mundo y que, sin embargo, todavía tienen las más altas tasas de analfabetismo del mundo —lo cual fue ya evidenciado en el informe previamente mencionado—. Las conclusiones son demoledoras: un niño en esta zona del planeta —debido a la corrupción de los gobiernos en la ejecución de los recursos para la educación— tiene más posibilidades de ser analfabeto que en el África Subsahariana, región mucho más pobre y con menos recursos asignados a la educación, pero más eficiente y con menores índices de corrupción en la ejecución de los recursos destinados a educación.

13.7. PROTECCIÓN DEL DERECHO HUMANO DEL DERECHO A LA EDUCACIÓN

Los informes anuales de Naciones Unidas y las ONGs *Human Rights Watch* y Amnistía Internacional[827] reflejan una violación generalizada de los derechos humanos por parte de la mayoría de los Estados

---

[827] Ver Human Rights Watch, "World Report 2023: Events of 2022", 2023, disponible en: https://www.hrw.org/sites/default/files/media_2023/01/World_Report_2023_WEBSPREADS_0.pdf; y Amnistía Internacional, "Amnesty International Report 2022/2023: The state of

miembros de la comunidad internacional; nos preguntamos, junto con Cassese, si el respeto de los derechos humanos es o no —en el supuesto del disfrute del derecho a la educación— para los Estados una condición esencial para participar en las relaciones internacionales y si el incumplimiento permite la censura y reprobación por el resto de la comunidad internacional. La respuesta del profesor italiano concluye en la "evidencia y tozudez" de los hechos que conforman las relaciones internacionales. No tienen siquiera los derechos humanos fuerza legitimadora para excluir de la participación de los principales organismos democráticos a aquellos Estados cuyos gobiernos violan sistemáticamente los derechos humanos:

> "El respeto de los derechos humanos no constituye un criterio para admitir o rechazar a un Estado o un gobierno en el seno de la ONU (...) La negación de los derechos humanos, naturalmente aparte de no constituir un obstáculo para la adquisición de la subjetividad internacional, no impide la presencia en la ONU, ¿cuál es el valor de la doctrina de los derechos humanos? (...) Sirve para quitar legitimidad en el plano político a los Estados que se ciñen a ella, violando sistemáticamente los derechos humanos. Sudáfrica, Chile, Israel y otros Estados reiteradamente condenados por la ONU siguen siendo, sí, sujetos de pleno y miembros de la organización"[828].

En este contexto internacional de incumplimiento generalizado de los derechos humanos, y en particular del derecho a la educación, es necesario realizar una aproximación política y jurídica a este problema teniendo presente las siguientes circunstancias:

a) La carencia de voluntad política de los Estados y la asimilación de principios

Un motivo relevante en la falta de respeto del derecho a la educación radica en que los derechos humanos, al igual que la democracia, contienen en sí una idea y concepción occidental que es rechazada por otras culturas. Además, resulta de gran importancia

---

the world's human rights", 2023, disponible en: https://www.amnesty.org/en/documents/pol10/5670/2023/en/

828 Cassese, *opus cit.*, p. 230.

señalar la falta de voluntad política del cumplimiento de las obligaciones internacionales que contienen principios no emanados de la propia cultura. La globalización opera en diferentes sentidos, y frecuentemente los Estados en vías de desarrollo no occidentales tienen la impresión de estar amenazados por la occidentalización de su cultura, dejando en un plano secundario los procesos de modernización y bienestar que pudiera comportar la adhesión a los derechos fundamentales y a los principios democráticos.

b) Los tratados internacionales de derechos humanos son normas imperativas

Los acuerdos internacionales sobre educación —como los Pactos Internacionales en materia de derechos humanos— son reconocidos como normas de *ius cogens*. Esto significa que, como tales, son normas de absoluto y obligado cumplimiento por parte de los sujetos de la comunidad internacional.

La soberanía de los Estados y el ejercicio y control de los poderes públicos sobre las personas que se encuentran en su territorio han sido restringidos por el límite que supone el respeto de los derechos humanos, en especial cuando los mismos se vinculan formalmente mediante la firma y ratificación de tratados internacionales. Esta postura ha sido afirmada por la Corte Internacional de Justicia en 1996 mediante *Opinión Consultiva*:

> "El sistema internacional sigue siendo el de la sociedad de Estados soberanos, y la soberanía permanece como principio constitucional del orden internacional, como pone de manifiesto el hecho de que la igualdad soberana de los Estados sea el primero de los principios proclamados en el artículo 2 de la Carta de las Naciones Unidas. Pero con el reconocimiento de los derechos humanos, el Derecho internacional penetra en el corazón mismo de la soberanía, es decir, en las relaciones de un Estado con las personas que se encuentren bajo su jurisdicción, incluidos sus nacionales, con lo que el rostro de la soberanía queda remodelado y transformado"[829].

---

[829] Véase ICJ, *Reports 1996*, parágrafo 79 de la *Opinión Consultiva*, citado en CARRILLO SALCEDO, J. C., *Dignidad frente a barbarie*, Editorial Trotta, Madrid, 1999, p. 20.

No obstante, aun en el supuesto de normas de *ius cogens*, el sistema jurídico internacional adolece de la eficacia y coercibilidad necesaria para subsanar los incumplimientos de las obligaciones internacionales surgidas con la prestación del consentimiento por los Estados Parte de las convenciones.

13.8. A MODO DE CONCLUSIÓN

Más allá de las cuestiones meramente técnico-legales antes expuestas, lo trascendente es reflexionar acerca de los motivos que llevan a los gobiernos de los Estados miembros de las convenciones en materia de educación —Estados que las han firmado y ratificado— a no desarrollar e incorporar los derechos en materia educativa contenidos en las mismas. Las causas y motivos que subyacen, más allá de las limitaciones materiales, técnicas o económicas que los Estados soportan, radican en la ausencia de voluntad política para lograr en sus respectivas comunidades un acceso pleno al derecho de la educación.

Es sintomático que la ausencia de acceso a la educación se produce en países con gobiernos autoritarios o con ninguna o mínima tradición en la práctica democrática. La educación proporciona autonomía y libertad y convierte al hombre en protagonista de su futuro, con la capacidad de participar e intervenir en el curso de los acontecimientos. Recuerda ÁNGEL GANIVET en sus *Cartas Finlandesas: hombres del norte*[830] que "un pueblo ignorante es siempre un pueblo esclavo, un pueblo educado a la ligera es ingobernable y un pueblo culto es un pueblo libre". Como apremia el profesor REIMERS[831], es el momento de dejar atrás los corrosivos efectos del cinismo, del relativismo moral, de la corrupción autoritaria y buscar la renovación de los objetivos de la educación en las escuelas, de modo que esta sirva para facilitar el acceso a la

---

830 GANIVET, *Cartas Finlandesas... opus cit.*

831 REIMERS, F., *War, education and peace*, GSE Harvard University, Cambridge, 2003.

libertad de las personas, gozar de igualdad de oportunidades y ser capaces de vivir en paz con los demás.

Con este objetivo la UNESCO promueve una educación democrática que fortalezca el entendimiento mutuo y la tolerancia. Las escuelas primarias y la educación en un mundo que suspira por salir del subdesarrollo en que está inmerso no tienen únicamente como objetivo producir trabajadores que puedan competir en la economía mundial, sino fundamentalmente transformar a los individuos en ciudadanos y capacitar a personas instruidas en el respeto de los derechos humanos a través de una educación que aleje el espectro de la pobreza y la exclusión social en el mundo interrelacionado y globalizado.

Afirma Gabriel Zaid que el proceso de globalización y evolución es connatural y parte integrante de la historia de la humanidad; el desafío reside en la cualidad que los hombres otorguemos a tal proceso. El desafío, la cuestión clave, es impregnar al momento globalizador de una naturaleza más ética, social y solidaria; en ese espacio la educación y la ciudadanía activa y participativa representan una práctica alternativa de construcción de la vida política y de una ética que tiene presente la desigualdad que proyecta el cuadro del siglo XXI; fundamentalmente a través de la educación y la corresponsabilidad de la comunidad internacional, los países afectados y las organizaciones de la sociedad civil pueden lograr un efectivo y real progreso en el acceso universal a la educación.

La necesidad de abogar por el efectivo acceso universal a la educación es sinónima de creer en la capacidad de construir y decidir el futuro con una perspectiva democrática, digna y de bienestar facilitada por el acceso universal al derecho fundamental de la educación; educación que permita a los seres humanos convertirse en ciudadanos y, con ello, poder construir y participar en el futuro de su comunidad.

La CEDAW representa un esfuerzo de lucha contra la discriminación de los derechos de las mujeres y un hito y refleja el principio de los derechos universales e indivisibles compartidos por todas las naciones, ajenos a cualquier cultura y comunes a ambos sexos

KOFI ANNAN

Artículo 10 CEDAW

Los Estados Parte adoptarán todas las medidas apropiadas para eliminar la discriminación contra la mujer, a fin de asegurarle la igualdad de derechos con el hombre en la esfera de la educación y en particular para asegurar, en condiciones de igualdad entre hombres y mujeres (…)

Capítulo. 14

Mujeres y educación: un examen de las políticas públicas estatales a través de la relatoría especial sobre educación de la ONU[832]

14.1 DERECHO INTERNACIONAL Y POLÍTICAS PÚBLICAS DE DERECHOS HUMANOS. LA EDUCACIÓN COMO VÍA EFECTIVA PARA ACCEDER AL EJERCICIO DEL RESTO DE LOS DERECHOS HUMANOS

Las políticas públicas definen las prioridades políticas, económicas y de justicia social, y diseñan los objetivos estratégicos de reconocimiento y acceso a derechos de las personas que conforman una comunidad política. En otras palabras, las políticas públicas materializan y ponen en práctica las obligaciones internacionales voluntariamente asumidas por los Estados, así como los mandatos

---

[832] Este capítulo ha sido escrito por Thairi Moya Sánchez y Joaquín González Ibáñez en el marco del Proyecto "La CEDAW 40 años después: ¿los derechos líquidos de la mujer?", desarrollado por el Departamento de Derecho Internacional, Eclesiástico y Filosofía del Derecho de la Universidad Complutense de Madrid.
THAIRI MOYA SÁNCHEZ es Abogada, Maestra en Derechos Humanos por la Universidad de Nottingham (ex becaria *Chevening*) y posee un Doctorado en Derecho por la Universidad Central de Venezuela (Mención Honorífica). Ha sido investigadora invitada en el Centro Noruego de Derechos Humanos de la Universidad de Oslo y es investigadora asociada en el Centro de Derechos Humanos de la Universidad Católica Andrés Bello. Ha sido *ex fellow* de la ONU. Actualmente, se desempeña como investigadora postdoctoral y profesora de Derecho Internacional Público en la Universidad Complutense de Madrid.

constitucionales en el ámbito de los principios y valores, y son instrumentales para la formulación de las estrategias que permiten proyectar la visión y la agenda-país.[833]

La ratificación de un tratado en el ámbito de acceso a la educación conlleva obligaciones para el Estado parte de la convención que, entre otras, implica el desarrollo legislativo en el orden interno del marco de derechos, obligaciones e instituciones que permite la realización de los fines del tratado. Esa acción legislativa se enmarca en una acción política de diseño de políticas públicas cuyo objetivo es transponer fidedignamente el objeto del tratado en el ordenamiento jurídico nacional, y de este modo materializar las prestaciones y obligaciones asumidas por los Estados parte.

Los tratados definen los mecanismos de control y verificación del cumplimiento de obligaciones y eventual surgimiento de responsabilidad internacional por su violación. En el desarrollo del Derecho Internacional de los derechos humanos, de acuerdo con la praxis de los Estados en la era de Naciones Unidas, los Estados pueden incorporar al tratado, bien en forma de protocolo opcional, bien en el cuerpo principal del tratado, diversos organismos o instituciones cuya finalidad sea la verificación del cumplimento de las obligaciones internacionales asumidas vía convencional.

Los Estados, como evoca Antonio Cassese, se autoimponen límites y controles a su propia soberanía. Cassese, cita al barón Holbach, y recuerda el esfuerzo que ha representado incorporar la protección de los derechos humanos como parte del Derecho Internacional, sobre la premisa de la voluntad y compromiso de los Estados, ya que el derecho que regula las relaciones entre los Estados es como "la moral de los locos, que ponen límites a su propia locura" y el Derecho Internacional es sobre todo "un sis-

---

833 Ver "Las políticas públicas de Derechos Humanos como catalizadores del desarrollo", prólogo de la obra *La evaluación de políticas de desarrollo a través de una perspectiva de derechos humanos*, Aram Cunego, edición bilingüe español/inglés; Biblioteca de Derechos Humanos de Berg Institute, Madrid, 2015, págs. 5 a 15.

tema de principios éticos que está dirigido a locos, es decir a los Estados a los que trata de poner freno a su insensatez".[834]

Los Estados autolimitan su capacidad de acción soberana, incorporando sistemas de control y verificación de cumplimiento de las obligaciones. Estas autolimitaciones y sistemas de control se presentan a través de diversas formulaciones y construcciones institucionales. Desde el sistema laxo y voluntarista de autoinformes estales de cumplimiento, pasando por la creación de relatores, o el reconocimiento de específicas competencias a los comités de tratados o eventualmente la instauración, como parte del tratado, de instituciones y procedimientos de naturaleza judicial sobre la interpretación y cumplimiento de las obligaciones cuyas decisiones de manera obligatoria y ejecutiva deben respetar los Estados signatarios de la convención. Durante el desarrollo de las conferencias intergubernamentales, en la fase de negociación y adopción, los Estados proyectan el marco jurídico de las obligaciones, así como las técnicas jurídicas que permiten verificar el efectivo cumplimiento de las obligaciones.

En los tratados universales del ámbito de acceso al derecho a la educación, la técnica de control optada por los Estados ha sido la más laxa: los Estados han creado tratados que exigen autoinformes de cumplimiento, o bien por medio del sistema de análisis y revisión de los relatores del derecho a la educación. La relatoría fue creada en 1998 por la antigua Comisión de Derechos Humanos y definió el mandato de la Relatora Especial sobre el derecho al a educación en su resolución 1998/33 de 17 de abril de 1998.[835]

---

834 Véase, Fabián Salvioli y Joaquín González Ibáñez, "Antonio Cassese: maestro, geógrafo y explorador", presentación del libro *Pensando en derechos humanos. Reflexiones desde el Derecho Internacional,* ANTONIO CASSESE, Berg Institute (Il Mulino), Madrid, 2020, p.16. Traducción de Joaquín González Ibáñez

835 En relación con el nacimiento y mandato sobre el relator del derecho a la educación, véase "Acerca del mandato", Alto Comisionado de Derechos Humanos de Naciones Unidas. Disponible en https://www.ohchr.

Previo al análisis de los informes y el contenido más significativo del trabajo de los relatores del derecho a la educación, es importante una reflexión sobre la relevancia de las políticas públicas en el ámbito de derechos humanos que transponen obligaciones internacionales, en particular, en nuestro ámbito de estudio vinculado al acceso al derecho a la educación.

Curiosamente, en las universidades europeas de manera generalizada sólo en las Facultades de Ciencias Políticas se enseña y se estudia el concepto, objetivos, diseño, planificación e implementación, y muy recientemente la evaluación y responsabilidad del desarrollo y cumplimiento de las políticas públicas. Por ello es difícil conocer profesionales formados en el ámbito jurídico, empresarial, económico o técnico que conozcan y apliquen adecuadamente las categorías propias de esta disciplina fundamental de las políticas públicas.

Tomar en consideración la evaluación respecto de la eficacia de las políticas públicas como una parte integral e indispensable de la aprobación de una política pública, no sólo es una decisión coherente técnicamente, sino de responsabilidad pública y social en atención a los recursos públicos utilizados. En particular, las políticas públicas permiten poner en valor la eficacia y trascendencia de acciones legitimadas por los poderes públicos que tienen como epicentro servir los intereses generales. El eje de todo el discurso democrático se orienta así hacia el bienestar de los ciudadanos y sus demandas, y el mandato jurídico para acometerlo surge o bien el marco constitucional o bien de las obligaciones internacionales asumidas libremente por los Estados.

Las políticas públicas de reconocimiento y acceso a derechos humanos formalizan la visión de progreso y desarrollo de una comunidad política, que permite a sus miembros redimensionar sus opciones como personas y profesionales gracias a la posibilidad

org/es/special-procedures/sr-education/about-mandate-special-rapporteur-right-education real de reconocimiento y acceso a los derechos humanos, en una sociedad que busca una mayor inclusión y equidad. El acceso al derecho a la educación es un pilar estratégico de desarrollo de capacidades y de creación de una ciudadanía crítica, activa y dinámica. El progreso real para la ciudadanía consiste en disponer de mayores oportunidades, gracias precisamente al reconocimiento y acceso a los Derechos Humanos con el fin de facilitar el desarrollo de capacidades de la persona, tanto en su condición humana como profesional.

Vaclav Havel, en una de sus últimas intervenciones públicas en calidad de presidente de la República Checa, definió la política y el compromiso público de respeto por los Derechos Humanos como uno de los más altos gestos de responsabilidad humana. Y precisamente las comunidades políticas se manifiestan a través de la adopción de textos jurídico-políticos que proyectan las aspiraciones de la comunidad en su marco de convivencia política —las Constituciones—, que debe ser interpretada a la luz de las obligaciones internacionales asumidas por el Estado, pero que se tornan en realidades significativas para los ciudadanos gracias a la adopción de las políticas públicas.

> "Si examinamos todos los problemas que el mundo afronta hoy en día, ya sean económicos, sociales, ecológicos, o los problemas generales de la civilización, queramos o no siempre nos encontraremos con el problema de si un determinado derrotero es o no adecuado, o de si es responsable desde el punto de vista planetario a largo plazo. El orden moral y sus fuentes, los Derechos Humanos y las fuentes de legitimación de esos derechos humanos, la responsabilidad humana y sus orígenes, la conciencia humana y la penetrante visión de aquello a lo que nada puede ocultarse con un manto de nobles palabras son, según mis más profundas convicciones y experiencia, los temas políticos más importantes de nuestro tiempo".[836]

---

836 Vaclav Havel, Presidente de la República Checa, pronunció este discurso en Nueva York, el 19 de septiembre de 2002. Ver HAVEL, V., "Adiós a la política", 8 de noviembre de 2002, El País, Madrid. http://elpais.com/diario/2002/11/08/opinion/1036710007_850215.html)

El origen de la ciudadanía y de la comunidad política en Occidente es el resultado de un proceso de interacción cultural, histórica, política y jurídica, primero en el mundo griego y, más tarde y contemporáneamente, en la expansión de orbe romano. Ser ciudadanos implica no sólo tener un marco de derechos, sino especialmente un marco de responsabilidades. En la tradición griega, de donde emana originariamente la institución política de la ciudadanía —completada posteriormente en Roma con la institución jurídica de la ciudadanía—, ser ciudadano comporta el privilegio y responsabilidad de participar en los asuntos públicos, es decir, en la política (*Πολιτεία*). En otras palabras, las funciones de control y evaluación no son meramente la ejecución de protocolos técnicos, sino especialmente un formato de supervisión y verificación directa de los legítimos intereses de los ciudadanos, soberanos y destinatarios finales de todo el proceso de las políticas públicas.

El profesor Fabián Salvioli[837] nos ha recordado, con su compromiso académico y cívico, que los Derechos Humanos, y por ende la dignidad humana,[838] son el eje de toda acción de un Estado democrático, precisamente porque se desvirtúa la consistencia humana —su dignidad— de aquellas personas a quienes no se les reconocen ni respetan, o no se les permite ejercer sus derechos humanos. Por ello, los Derechos Humanos son el basamento sobre el que se asientan los derechos que los Estados deben respetar y garantizar a toda persona. Estas reflexiones del profesor Salvioli sobre el dinamismo de los Derechos Humanos y la identificación

---

[837] Las referencias bibliográficas y textuales que aparecen en este texto del profesor Fabián Salvioli corresponden al artículo *Terrorismo, cuerpos de seguridad y derechos humanos,* Dirección Nacional de Escuelas de Policía de Colombia y *Berg Institute,* y "Derechos Humanos, terrorismo y políticas Públicas" Fabián Salvioli y Joaquín González Ibáñez, Colombia, 2012, p. 35 y ss.

[838] El primer párrafo del Preámbulo de la Declaración Universal de los Derechos Humanos señala que "... Considerando que la libertad, la justicia y la paz en el mundo tienen por base el reconocimiento de la dignidad intrínseca y de los derechos iguales e inalienables de todos los miembros de la familia humana...".

de las políticas públicas como referente de una aproximación realista y eficaz para acceder a derechos adquieren especial relevancia en esta visión sofisticada de protección de Derechos Humanos.

Los Derechos Humanos son producto de un compromiso ético y de la visión de la Justica de un tiempo específico, que no se mantiene al margen de la evolución histórica, y por ello le asignamos la característica de progresividad. La progresividad implica "un aumento progresivo de contenidos de los Derechos Humanos (aparición de derechos nuevos) y la creación de órganos y procedimientos que no existían anteriormente en el marco de la protección internacional, que abarca igualmente —entre otros aspectos— una interpretación progresiva". Esta tarea, que involucra tanto a la doctrina como a los órganos internacionales y nacionales, se debe llevar adelante con base en el principio pro persona.[839] Podemos definir este principio *pro persona* como:

> "... un criterio hermenéutico que informa todo el derecho internacional de los derechos humanos, en virtud del cual se debe acudir a la norma más amplia, o a la interpretación más extensiva, cuando se trata de reconocer derechos protegidos, e inversamente, a la norma o a la interpretación más restringida cuando se trata de establecer restricciones permanentes al ejercicio de los derechos o su suspensión extraordinaria ..."[840]

Las políticas públicas no permanecen ajenas al impacto provocado por los Derechos Humanos en la esfera interna de los Estados; el diseño y ejercicio de estas desde un enfoque de Derechos Humanos es propio del Estado democrático de derecho, y permite conocer la relación existente entre el disfrute de los Derechos

---

839 Véase definición de Pedro Nikken en su libro *La protección internacional de los Derechos humanos: su desarrollo progresivo*, Ed. Civitas, Madrid, 1987.

840 Véase Pinto, Mónica: "El principio *pro homine.* Criterios de hermenéutica y pautas para la regulación de los derechos humanos"; en: *La aplicación de los tratados de derechos humanos por los tribunales locales*; pág. 163; Centro de Estudios Legales y Sociales, CELS, Buenos Aires, Argentina, Editorial Del Puerto, 1997.

Humanos y el ejercicio transparente de las funciones del Estado en el marco de su deber de garantía:

> "Un Estado contemporáneo sólo será democrático, de derecho, y dotado de plena legitimidad, si su principal objetivo consiste en respetar y garantizar los derechos humanos de las personas que se encuentren bajo su jurisdicción. Hoy, incluso las constituciones, textos jurídicos sobre los que se asientan las bases y el funcionamiento de los Estados, están sujetas a exámenes de compatibilidad con respecto a las obligaciones internacionales de derechos humanos".[841]

De acuerdo con el profesor Salvioli, el punto de partida de un Estado democrático se forma y tiene su razón de ser en la satisfacción de los derechos de las personas bajo su jurisdicción; el funcionamiento del Estado se lleva adelante a través de las políticas públicas que diseñan y ejecutan los gobiernos, la sociedad (constituida previamente y creadora del Estado), titular del "derecho a la política pública en derechos humanos".

14.2. POLÍTICAS PÚBLICAS DEL DERECHO HUMANO DE ACCESO A LA EDUCACIÓN COMO CATALIZADORES DEL DESARROLLO

La diatriba o división del mundo entre países ricos y pobres —primer o tercer mundo como se definían durante la Guerra Fría

---

[841] El sistema interamericano muestra varios ejemplos al respecto; la Corte Interamericana de Derechos Humanos se ha pronunciado en función consultiva respecto al grado de compatibilidad entre una propuesta de reforma constitucional de la República de Costa Rica y la Convención Americana sobre Derechos Humanos, ver *Corte Interamericana de Derechos Humanos: "Propuesta de modificación a la constitución política de Costa Rica relacionada con la naturalización"*. Opinión Consultiva OC-4/84 del 19 de enero de 1984. Serie A N 4. Secretaría de la Corte, San José de Costa Rica, 1984; en función contenciosa ordenó al Estado de Chile a reformar el texto de una disposición convencional que encontró contraria al derecho a la libertad de expresión contenido en el Pacto de San José de Costa Rica, Ver Corte Interamericana de Derechos Humanos; *"Caso Olmedo Bustos"* Sentencia del 5 de febrero de 2001, serie C N 73.

o países desarrollados o en vías de desarrollo que, como señalaba en la década de 1980 el economista ultraliberal Milton Friedman, son frecuentemente esos Estados que no realizan tal acción—, refleja sin duda una de la más trascendentes cuestiones de las relaciones internacionales tras la II Guerra Mundial, y en particular con el movimiento de descolonización y la Resolución 1514 de la Asamblea General de Naciones Unidas en 1960.[842] Además, esta terminología debe actualizarse no solo a la realidad del postmuro de Berlín, sino también en la alteración y cambio del proceso de globalización, de modo que resta por perfilar la terminología adecuada que refleje esta realidad como el concepto de "mercados emergentes" y "Sur Global".[843]

---

842 Véase GONZÁLEZ IBÁÑEZ, J., "Cuando los países deciden cambiar", *Revista Saberes,* Universidad Alfonso X el Sabio, octubre 2007.

843 Sobre el concepto Sur Global, incorporamos extractos del pedagógico análisis de Joseph NYE Jr. sobre el término:
"El término "Sur Global" se utiliza constantemente. Por ejemplo, algunos comentaristas advierten que la incursión de Israel en Gaza está "alienando al Sur Global", y a menudo escuchamos que el "Sur Geográficamente, el término se refiere a los 32 países que se encuentran debajo del ecuador (en el hemisferio sur), en contraste con los 54 países que se encuentran completamente al norte de él. Sin embargo, a menudo se utiliza de manera engañosa como abreviatura de mayoría global, a pesar de que la mayor parte de la población mundial está por encima del ecuador (al igual que la mayor parte de la masa terrestre del mundo). Por ejemplo, a menudo escuchamos que India, el país más poblado del mundo, y China, el segundo más poblado, están compitiendo por el liderazgo del Sur Global, y ambos han celebrado recientemente conferencias diplomáticas con ese propósito. Sin embargo, ambos están en el hemisferio norte. El término, entonces, es más un eslogan político que una descripción precisa del mundo. En este sentido, parece haber ganado fuerza como eufemismo para reemplazar términos menos aceptables. Durante la Guerra Fría, se decía que los países que no estaban alineados ni con los bloques de Estados Unidos ni con la Unión Soviética pertenecían al "Tercer Mundo". Los países no alineados celebraron su propia conferencia en Bandung, Indonesia, en 1955, y todavía hay 120 países que constituyen un movimiento no alineado débil en la actualidad.

Sin embargo, con la desaparición de la Unión Soviética en 1991, la idea de un Tercer Mundo no alineado ya no tenía mucho sentido. Durante un tiempo, se volvió común referirse a "países menos desarrollados". Pero ese término tenía un tono peyorativo, por lo que pronto la gente empezó a referirse a "países en desarrollo". Aunque ese término tiene sus propios problemas (después de todo, no todos los países de bajos ingresos se están desarrollando), resultó útil en el contexto de la diplomacia de las Naciones Unidas. El Grupo de los 77 (G77) comprende ahora 135 países y existe para promover sus intereses económicos colectivos. Sin embargo, fuera del contexto de la ONU, hay demasiadas diferencias entre los miembros para que la organización desempeñe un papel significativo. Otro término que se ha puesto de moda es el de "mercados emergentes", que se refiere a países como India, México, Rusia, Pakistán, Arabia Saudita, China, Brasil y algunos otros. En 2001, Jim O'Neill, entonces director gerente de Goldman Sachs, acuñó el acrónimo BRIC en un artículo que identificaba a Brasil, Rusia, India y China como economías emergentes con alto potencial de crecimiento. Aunque estaba ofreciendo análisis de inversiones, algunos líderes políticos, incluido el presidente ruso Vladimir Putin, aprovecharon el grupo como una posible plataforma diplomática para contrarrestar la influencia global estadounidense. Después de una serie de reuniones, la primera cumbre BRIC se celebró en Ekaterimburgo, Rusia, en 2009. Con la incorporación de Sudáfrica al año siguiente, el grupo se convirtió en BRICS. Luego, en la 15.ª cumbre de los BRICS en agosto pasado, el presidente sudafricano, Cyril Ramaphosa, anunció que seis países de mercados emergentes (Argentina, Egipto, Etiopía, Irán, Arabia Saudita y los Emiratos Árabes Unidos) se unirían al bloque el 1 de enero de 2024. Desde que se convirtió en un organismo de celebración de conferencias, a menudo se ha considerado que los BRICS representan al Sur Global. Pero, nuevamente, Brasil y Sudáfrica (y ahora Argentina) son los únicos miembros del hemisferio sur, e incluso como reemplazo político del Tercer Mundo, los BRICS están bastante limitados conceptual y organizativamente. Si bien algunos de sus miembros son democracias, la mayoría son autocracias y muchos tienen conflictos continuos entre sí. Por ejemplo, India y China se han peleado por una frontera en disputa en el Himalaya; Etiopía y Egipto tienen disputas por el agua del río Nilo; y Arabia Saudita e Irán son competidores por la influencia estratégica en el Golfo Pérsico. Además, la participación rusa convierte en una

La cooperación internacional y las políticas de desarrollo representan el esfuerzo de la comunidad internacional para tratar de limitar las diferencias e inequidad entre los países ricos y pobres, así como la voluntad de generar políticas y formatos de cooperación que permitan la evolución y transición de los países en vías de desarrollo hacia estructuras de seguridad y bienestar, con una menor vulnerabilidad, representada por las sociedades desarrolladas. Es un debate perenne en las relaciones internacionales sobre la dignidad y las condiciones del hombre. Finalmente, en pleno siglo XXI hemos advertido un exceso de desarrollo, con una óptica antropocéntrica, que olvida el entorno natural de desarrollo del hombre —el medio ambiente, nuestro hogar el planeta Tierra—, que ahora aparecen indisociablemente vinculados, como así lo releja los tratado de Kioto de 1992 y el Tratado de París de 2015.[844]

Los análisis y las propuestas de desarrollo han experimentado una constante evolución, liderada por organismos multilaterales y políticas conjuntas de los países de la comunidad internacional; en el último cuarto del siglo XX, estas políticas estuvieron marca-

---

burla cualquier pretensión de representar al Sur Global. El principal valor del término es diplomático. Aunque China es un país de ingresos medios en el hemisferio norte que compite con Estados Unidos por la influencia global, le gusta describirse a sí mismo como un país en desarrollo que desempeña un importante papel de liderazgo dentro del Sur Global. Aun así, en conversaciones con académicos chinos durante un viaje reciente a Beijing, encontré diferencias entre ellos. Algunos vieron el término como una herramienta política útil; otros sugirieron que una terminología más precisa dividiría el mundo en países de ingresos altos, medios y bajos. Pero incluso entonces, no todos los países de bajos ingresos tienen los mismos intereses o prioridades. Somalia y Honduras, por ejemplo, tienen problemas muy diferentes. (...). NYE Jr., J., "¿Qué es el Sur Global?", Project Syndicate, 1 de noviembre de 2023, disponible en https://www.project-syndicate.org/commentary/global-south-is-a-misleading-term-by-joseph-s-nye-2023-11/spanish

844 Véase, Acuerdo de París disponible en https://unfccc.int/sites/default/files/spanish_paris_agreement.pdf

das por los hitos del "Consenso de Washington" (liberalización, estabilización y privatizaciones). A partir de 1990 sufren un punto de inflexión con dos novedosas formulaciones basadas en los conceptos de "desarrollo sostenible" —acuñado por vez primera en el Informe Brundtland de 1987— y "desarrollo humano", basado en el desarrollo de las capacidades que recoge la impronta del paquistaní Mahbub ul-Haq y de Amartya Sen, Premio Nobel de Economía en 1998. Asimismo, de modo paralelo, el Derecho Internacional ha reconocido la existencia de un "derecho al desarrollo" tal y como recoge la Declaración sobre el Derecho al Desarrollo de 1986 de la Asamblea General de Naciones Unidas en el año 2000. Aprobado también por la Asamblea General, los Objetivos del Desarrollo mundial quedaron cifrados en la Declaración y Objetivos del Milenio, y que en 2015 la Asamblea General reestructuró en los *Objetivos de Desarrollo Sostenible* (O.D.S)

En especial, vinculado al acceso a la educación en los O.D.S, el "Objetivo 4: Garantizar una educación inclusiva, equitativa y de calidad y promover oportunidades de aprendizaje durante toda la vida para todos"[845]. Y como veremos a continuación, es impres-

---

845 Naciones Unidas ha señalado 10 logros a acometer como parte integrante e la consecución de una educación de calidad:
4.1. De aquí (2015) a 2030, asegurar que todas las niñas y todos los niños terminen la enseñanza primaria y secundaria, que ha de ser gratuita, equitativa y de calidad y producir resultados de aprendizaje pertinentes y efectivos
4.2. De aquí (2015) a 2030, asegurar que todas las niñas y todos los niños tengan acceso a servicios de atención y desarrollo en la primera infancia y educación preescolar de calidad, a fin de que estén preparados para la enseñanza primaria
4.3. De aquí (2015) a 2030, asegurar el acceso igualitario de todos los hombres y las mujeres a una formación técnica, profesional y superior de calidad, incluida la enseñanza universitaria
4.4. De aquí (2015) a 2030, aumentar considerablemente el número de jóvenes y adultos que tienen las competencias necesarias, en particular técnicas y profesionales, para acceder al empleo, el trabajo decente y el emprendimiento

cindible garantizar el acceso al derecho a la educación desde una perspectiva de género que desde la entrada en vigor en 1981 de la Convención para la eliminación de todas formas de discriminación contra la mujer (CEDAW) señalaba obligaciones específicas para eliminar la discriminación contra la mujer, a fin de asegu-

---

4.5. De aquí (2015) a 2030, eliminar las disparidades de género en la educación y asegurar el acceso igualitario a todos los niveles de la enseñanza y la formación profesional para las personas vulnerables, incluidas las personas con discapacidad, los pueblos indígenas y los niños en situaciones de vulnerabilidad
4.6. De aquí (2015) a 2030, asegurar que todos los jóvenes y una proporción considerable de los adultos, tanto hombres como mujeres, estén alfabetizados y tengan nociones elementales de aritmética
4.7. De aquí (2015) a 2030, asegurar que todos los alumnos adquieran los conocimientos teóricos y prácticos necesarios para promover el desarrollo sostenible, entre otras cosas mediante la educación para el desarrollo sostenible y los estilos de vida sostenibles, los derechos humanos, la igualdad de género, la promoción de una cultura de paz y no violencia, la ciudadanía mundial y la valoración de la diversidad cultural y la contribución de la cultura al desarrollo sostenible
4.8. Construir y adecuar instalaciones educativas que tengan en cuenta las necesidades de los niños y las personas con discapacidad y las diferencias de género, y que ofrezcan entornos de aprendizaje seguros, no violentos, inclusivos y eficaces para todos
4.9. De aquí (2015) a 2020, aumentar considerablemente a nivel mundial el número de becas disponibles para los países en desarrollo, en particular los países menos adelantados, los pequeños Estados insulares en desarrollo y los países africanos, a fin de que sus estudiantes puedan matricularse en programas de enseñanza superior, incluidos programas de formación profesional y programas técnicos, científicos, de ingeniería y de tecnología de la información y las comunicaciones, de países desarrollados y otros países en desarrollo
4.10. De aquí (2015) a 2030, aumentar considerablemente la oferta de docentes calificados, incluso mediante la cooperación internacional para la formación de docentes en los países en desarrollo, especialmente los países menos adelantados y los pequeños Estados insulares en desarrollo.
Disponible en https://www.un.org/sustainabledevelopment/es/education/

rarle la igualdad de derechos con el hombre en la esfera de la educación.[846]

---

[846] El 18 de diciembre de 1979, la Asamblea General de las Naciones Unidas aprobó la Convención sobre la eliminación de todas las formas de discriminación contra la mujer y entró en vigor el 8 de septiembre de 1981 tras depositarse el vigésimo instrumento de ratificación. Vinculado expresamente a la educación, el artículo 10 de la CEDAW señala:
Los Estados Partes adoptarán todas las medidas apropiadas para eliminar la discriminación contra la mujer, a fin de asegurarle la igualdad de derechos con el hombre en la esfera de la educación y en particular para asegurar, en condiciones de igualdad entre hombres y mujeres:
a) Las mismas condiciones de orientación en materia de carreras y capacitación profesional, acceso a los estudios y obtención de diplomas en las instituciones de enseñanza de todas las categorías, tanto en zonas rurales como urbanas; esta igualdad deberá asegurarse en la enseñanza preescolar, general, técnica y profesional, incluida la educación técnica superior, así como en todos los tipos de capacitación profesional;
b) Acceso a los mismos programas de estudios y los mismos exámenes, personal docente del mismo nivel profesional y locales y equipos escolares de la misma calidad;
c) La eliminación de todo concepto estereotipado de los papeles masculino y femenino en todos los niveles y en todas las formas de enseñanza, mediante el estímulo de la educación mixta y de otros tipos de educación que contribuyan a lograr este objetivo y, en particular, mediante la modificación de los libros y programas escolares y la adaptación de los métodos en enseñanza.
d) Las mismas oportunidades para la obtención de becas y otras subvenciones para cursar estudios;
e) Las mismas oportunidades de acceso a los programas de educación complementaria, incluidos los programas de alfabetización funcional y de adultos, con miras en particular a reducir lo antes posible la diferencia de conocimientos existentes entre el hombre y la mujer;
f) La reducción de la tasa de abandono femenino de los estudios y la organización de programas para aquellas jóvenes y mujeres que hayan dejado los estudios prematuramente;
g) Las mismas oportunidades para participar activamente en el deporte y la educación física;
h) Acceso al material informativo específico que contribuya a asegurar la salud y el bienestar de la familia.

En ambos se trata de una aproximación multilateral de políticas públicas de la comunidad internacional orientadas a reducir a la mitad la pobreza extrema y el hambre, lograr la enseñanza primaria universal, promover la igualdad entre los sexos, reducir la mortalidad de los menores y maternal, detener la propagación del VIH/SIDA, el paludismo y la tuberculosis, a la sostenibilidad del medio ambiente, a fomentar una asociación mundial para el desarrollo, con metas para la asistencia, el comercio, y al alivio de la carga de la deuda.

Pero la cuestión clave, volviendo a los Estados en vías de desarrollo y pobres, es el planteamiento que presentaba Paul Bairoch en su clásico trabajo *El tercer mundo en la encrucijada*: ¿qué es lo determinante que permite a un Estado en desarrollo culminar esta acción, y qué insta a los países a decidir la opción del cambio sostenible, de políticas hacia el desarrollo?

Según este análisis, antes de la caída del Muro de Berlín, podíamos clasificar en tres etapas claramente definidas este proceso de desarrollo, que requería el agotamiento de cada uno de estos estadios antes de pasar al siguiente. La primera etapa es aquella que define a un país como "subdesarrollado" término adoptado por Bairoch según determinados factores económicos, educativos, sanitarios, culturales, estructurales y otros factores normalmente manifestados durante décadas. Estos indicadores definen una realidad de relevantes porcentajes de pobreza, analfabetismo, carencias de protección social, sanitaria, de infraestructuras y de dependencia productiva. Igualmente, en la inmensa mayoría se presenta claramente una falta de democracia y de debilidad institucional, así como un irregular funcionamiento del Estado de derecho, minado por factores como la corrupción y fragilidad de las instituciones públicas y del mercado.

La segunda etapa representa un agravamiento y deterioro humano y social de las circunstancias de un país que constituyen un "punto de no retorno", un umbral que reclama un nuevo rumbo a esa sociedad afectada. La expresión "entrar en crisis" es reflejo de esa situación. La propia etimología griega de la palabra crisis

(Κρίση;) expresa "cambio, mutación". Por ello se genera una opción de cambio y destino en las circunstancias que puede desembocar en la siguiente fase.

La tercera y última fase consiste en la decisión histórica de una nación de optar por una política de Estado que oriente el país hacia nuevos escenarios sociales, económicos y sociológicos que se identifiquen con progreso y bienestar para la población. Estas decisiones históricas y políticas de Estado reclaman el refrendo de la población, de sus instituciones y de todos los sectores civiles de la sociedad con el respaldo de una política a medio-largo plazo para la consecución de objetivos de mejora en las condiciones e incardinación en realidades históricas y políticas que sirvan al progreso de su ciudadanía. El desarrollo, por tanto, podemos considerarlo como una decisión orientada hacia el cambio sostenible o como un proceso de aumento de las capacidades de las personas y, por consiguiente, como una reducción de su vulnerabilidad y aumento y garantía de la "seguridad humana". En todo este proceso el elemento clave es el individuo y la participación de todos los actores cívicos y sociales, su reconocimiento de capacidades (empoderamiento-*empowerment*) especialmente a través del derecho a la educación. Las capacidades, como han señalado Anderson y Woodrow,[847] son las fortalezas o recursos de los que dispone una comunidad y que les permite sentar las bases para su desarrollo; es el nudo gordiano del desarrollo y de cualquier proceso participativo en programas de cooperación. La convergencia de los actores públicos, privados y académicos permite el diseño de objetivos comunes, que son prioridades para los países en desarrollo y programas que instauran las bases de sostenibilidad y desarrollo local. En un nuevo formato de ideas y cooperación los Estados y las organizaciones internacionales deberán desarrollar formatos de cooperación al desarrollo y políticas públicas que incorporen

---

[847] Anderson M. and Woodrow P. *Rising from the Ashes: Development Strategies in Times of Disaster*, London, Intermediate Technology, 1989.

versatilidad, eficacia y respuestas en un contexto globalizado de economías interdependientes y competitivas.

La sofisticación de la cooperación al desarrollo y los proyectos de políticas públicas en diferentes ámbitos —desde infraestructuras a estrategias de incremento de la competitividad— debe generar nuevos formatos de cooperación que pongan en valor a los actores sociales — públicos, privados y académicos— promocionando la regeneración de los tejidos productivos y con ellos su competitividad e inmediatamente su aumento de bienestar y desarrollo económico.

La democracia y el respeto de los Derechos Humanos son una condición esencial para impulsar el desarrollo y combatir con ello la pobreza y la desigualdad. Sólo una efectiva política democrática incentiva la competencia y la productividad, y permite el funcionamiento eficiente de los mercados. Cuanto más activa es la democracia, más protagonistas son los actores de su destino y existe una mayor posibilidad de que las políticas públicas respondan a intereses sociales más amplios.

Las políticas públicas deben también tener en consideración el fomento de la riqueza local, la competitividad que permite la consolidación de las democracias que son las únicas que a la postre ofrecen verdaderas posibilidades de lograr un desarrollo económico más justo y equitativo. Todo ello es una gran apuesta, especialmente para regiones como América Latina, que representa el territorio del planeta con mayor desigualdad. La decisión del cambio de los países se orienta a un rumbo cuyo destino está representado por el desarrollo económico, la justicia social, el Estado de Derecho y la democracia y, por tanto, todos deben ser objetivos complementarios y necesariamente compatibles.

14.3. POBREZA, CORRUPCIÓN Y ACCESO A LA EDUCACIÓN

En las diversas geografías del mundo, las políticas de desarrollo afrontan la amenaza transversal de la corrupción, que emplaza en una situación de vulnerabilidad, a los recursos, los actores y los objetivos de las políticas de desarrollo. En palabras del historiador económico Joel Mokyr "La corrupción es el peor enemigo del desarrollo".[848]

Thomas L. Friedman en un preclaro artículo publicado en el *New York Times* presentó un ejemplo que permite explicar la relación causa-efecto entre limitación de derechos —las decisiones de excluir las políticas públicas de acceso a los Derechos Humanos que, en el medio y largo plazo, que habrían permitido el desarrollo de capacidades y ejercicio de actitudes ciudadanas críticas, comprometidos con los asuntos públicos— y el subdesarrollo en el mundo Árabe:

> "[...] El Programa de las Naciones Unidas para el Desarrollo (PNUD), que ha publicado ayer, junto con el Fondo Árabe para el Desarrollo Económico y Social, un brutal y honesto Informe sobre el Desarrollo Humano Árabe, analizando las tres razones principales por las que el mundo árabe está cayendo en picado. (El PIB de España es mayor que el de los 22 Estados árabes juntos). En resumen, es debido a la escasez de libertad para expresarse, innovar y afectar la vida política, la falta de los derechos de la mujer y la falta de educación de calidad. [...] el mundo árabe tendrá que superar la pobreza - que no sufre de una pobreza de recursos, sino una "pobreza de capacidades y pobreza de oportunidades", [...] "La ola de democracia que transformó la gobernanza en la mayor parte de América Latina y Asia del Este en la década de 1980 y principios de 1990 apenas ha llegado a los Estados árabes. Este déficit de libertad socava el desarrollo humano". Con un índice de estándar de libertad, el informe señala que de las siete principales regiones del mundo, la región árabe tiene la puntuación de libertad más baja, que incluye las libertades civiles, los derechos políticos, libertad de expresión, la independencia de los medios de comunicación y transparencia del gobierno. En muchos países árabes, las mujeres no pueden votar, ni ocupar cargos, ni obtener acceso a capital para iniciar una actividad empresarial. "Por desgracia, el mundo árabe se está en gran medida privándose a

---

848 Entrevista a Joel Mokyr, historiador económico, Fernando Gualdoni, Madrid, El País, 16 octubre 201

sí mismo de la creatividad y la productividad de la mitad de sus ciudadanos", dice el informe de las mujeres árabes.

En la educación, el informe revela que todo el mundo Árabe traduce aproximadamente 300 libros al año, una quinta parte de la cifra total que se traduce anualmente solamente en Grecia. La inversión en investigación es menos de la séptima parte de la media mundial y la conectividad a internet es menor que en África subsahariana. A pesar de los avances en la escolarización, 65 millones de adultos árabes siguen siendo analfabetos, casi dos tercios de ellos mujeres. No es de extrañar que la mitad de los jóvenes árabes encuestados dijeran que querían emigrar. [...] El informe concluye que "Lo que la región necesita para asegurar un futuro brillante para las generaciones futuras es la voluntad política para invertir en capacidades y conocimientos árabes, en particular los de las mujeres árabes, de buena gobernanza, y en estrecha cooperación entre las naciones árabes [...]" [849]

---

849 "[...] By coincidence, though, some other important folks had the courage to say that just this week: The U.N. Development Program, which published, along with the Arab Fund for Economic and Social Development, a brutally honest Arab Human Development Report yesterday analyzing the three main reasons the Arab world is falling off the globe. (The G.D.P. of Spain is greater than that of all 22 Arab states combined.) In brief, it's due to a shortage of freedom to speak, innovate and affect political life, a shortage of women's rights and a shortage of quality education. If you want to understand the milieu that produced bin Ladenism, and will reproduce it if nothing changes, read this report.
While the 22 Arab states currently have 280 million people, soaring birthrates indicate that by 2020 they will have 410 to 459 million. If this new generation is not to grow up angry and impoverished, in already overcrowded cities, the Arab world will have to overcome its poverty – which is not a poverty of resources but a ''poverty of capabilities and poverty of opportunities," the report argues. Though the report pays homage to the argument that the Arab-Israeli conflict and Israeli occupation have been both a cause and an excuse for lagging Arab development, it refuses to stop with that explanation. To begin with, it notes that ''the wave of democracy that transformed governance in most of Latin America and East Asia in the 1980's and early 1990's has barely reached the Arab states. This freedom deficit undermines human development." Using a standard freedom index, the report notes that out of seven key regions of the world the Arab

que nos permitió una compresión más coherente de la pobreza. La conclusión lógica es que las comunidades son pobres, no sólo por la falta de ingresos, sino por la ausencia del disfrute de

---

region has the lowest freedom score — which includes civil liberties, political rights, a voice for the people, independence of the media and government accountability. In too many Arab states women can't vote, hold office or get access to capital for starting businesses. ''Sadly, the Arab world is largely depriving itself of the creativity and productivity of half its citizens," the report says of Arab women.

On education, the report reveals that the whole Arab world translates about 300 books annually – one-fifth the number that Greece alone translates; investment in research is less than one-seventh the world average; and Internet connectivity is lower than in sub-Saharan Africa. In spite of progress in school enrollment, 65 million Arab adults are still illiterate, almost two-thirds of them women. No wonder half the Arab youths polled said they wanted to emigrate.

The report concludes that ''What the region needs to ensure a bright future for coming generations is the political will to invest in Arab capabilities and knowledge, particularly those of Arab women, in good governance, and in strong cooperation between Arab nations. .... The Arab world is at a crossroads. The fundamental choice is whether its trajectory will remain marked by inertia .... and by ineffective policies that have produced the substantial development challenges facing the region; or whether prospects for an Arab renaissance, anchored in human development, will be actively pursued."

Well said — a Arab intellectuals" who believed that only an ''unbiased, objective analysis" could help, and here's the best part: The report was written by a ''group of distinguished "Arab peoples and policy-makers in search of a brighter future." There is a message in this bottle for America: For too many years we've treated the Arab world as just a big dumb gas station, and as long as the top leader kept the oil lowing, or was nice to Israel, we didn't really care what was happening to the women and children out back – where bad governance, rising unemployment and a stifled intellectual life were killing the Arab future. It's time to stop kidding ourselves. Getting rid of the Osamas, Saddams and Arafats is necessary to change this situation, but it's hardly sufficient. We also need to roll up our sleeves and help the Arabs address all the problems out back. The bad news is that they've dug themselves a mighty deep hole there. The good news, as this report shows, is that we have

los Derechos Humanos —acceso a la sanidad y protección social y el derecho a la educación—, que llevan siempre asociados una vida digna y de bienestar. Por eso, afirmamos que en el siglo XXI una sociedad progresa cuando un mayor número de sus ciudadanos accede al ejercicio de los Derechos Humanos, especialmente aquellos excluidos —las minorías, las poblaciones indígenas, las mujeres—, es decir, aquellos que se encuentran en situación de vulnerabilidad. El salto cualitativo que permite a un país realizar una acción progreso y facilitar el acceso al bienestar, al reconocimiento de las capacidades y de los derechos de sus ciudadanos radica exclusivamente en la voluntad política veraz de la adopción del conjunto de políticas públicas que incidan en el interés de las personas, en sus expectativas reales y sus Derechos Humanos.[850]

14.4. BASE LEGAL INTERNACIONAL DEL DERECHO A LA EDUCACIÓN Y SISTEMA DE SUPERVISIÓN DE LA RELATORÍA DE ACCESO AL DERECHO A LA EDUCACIÓN

14.4.1. Base legal internacional

El imperativo del derecho a la educación se encuentra consagrado en diversos instrumentos internacionales de salvaguarda de los derechos humanos, y a su vez ha sido incorporado en múltiples constituciones[851]. La educación, reconocida intrínsecamente

---

liberal Arab partners for change. It's time we teamed up with them, and not just with the bums who got them into this mess." See, Friedman, T.L, "Arabs at the Crossroads" (Árabes en la Encrucijada), New York Times, 3 de julio de 2002. Traducción de Joaquín González Ibáñez.

850 Véase el capítulo 15 de esta obra titulado "El jardín árabe" sobre la relación entre derecho a la educación, democracia y desarrollo en el mundo árabe.

851 En el anexo a esta obra aparecen los preceptos constitucionales relativos al derecho a la educación de los Estados miembro de la Unión Europea. Reseñamos a continuación las disposiciones relativas al dere-

como un derecho humano, se erige también como la vía de escape mediante la cual los individuos pueden desplegar sus potencialidades, contribuyendo así al bienestar colectivo.

En este contexto, los principios y normativas inherentes a este derecho han sido minuciosamente elaborados y ampliados por distintos Relatores Especiales pertenecientes a la Organización de las Naciones Unidas (ONU), así como por los órganos de los tratados. Los informes temáticos, comentarios generales y recomendaciones han fungido como fuentes de derechos humanos, orientando la implementación de las obligaciones estatales en el ámbito educativo.

Surge entonces la pregunta acerca de si el incumplimiento de este derecho suscitaría una indignación exclusivamente moral o si, por el contrario, el derecho a la educación puede ser concebido simplemente como un objetivo de políticas públicas, suscepti-

---

cho a la educación de otros Estados no europeos tales como Sudáfrica, India, Brasil, China, Brasil y Venezuela. La *Constitución de la República de Sudáfrica* de 1996 asegura en su Sección 29 que "toda persona tiene derecho a una educación básica, incluyendo una educación adulta básica; y acceso a una educación superior, que el Estado, a través de medidas razonables, debe hacer progresivamente disponible y accesible".

La *Constitución de la República de la India* de 1949 establece el derecho a la educación como un derecho fundamental en su artículo 21-A: "El Estado proporcionará educación gratuita y obligatoria a todos los niños de 6 a 14 años, de la manera que el Estado determine por ley".

La *Constitución de la República de Brasil* de 1998 establece en su artículo 205 que "la educación, derecho de todos y deber del Estado y de la familia, será promovida e incentivada con la colaboración de la sociedad, tendiendo al pleno desarrollo de la persona, a su preparación para el ejercicio de la ciudadanía y a su cualificación para el trabajo".

La *Constitución de la República Popular China* de 1982 asegura el derecho a la educación en su artículo 46: "Los ciudadanos de la República Popular China tienen el deber y el derecho a recibir educación".

La *Constitución de Venezuela* de 1999 asegura en su artículo 102 que "la educación es un derecho humano y un deber social fundamental, es democrática, gratuita y obligatoria (...)".

ble de ser postergado hasta que un individuo satisfaga una serie de necesidades básicas.

En todo caso, se tiene que hacer mención —ya referido en el capítulo 13— a la consagración inicial del derecho a la educación como una prerrogativa fundamental de la condición humana, manifestándose por primera vez en el ámbito internacional de la *Declaración Universal de Derechos Humanos*[852]. Posteriormente, este derecho fue reafirmado con solemnidad en la *Declaración Universal de Derechos del Niño* de 1959, dedicando su séptimo principio a subrayar la trascendental importancia de la educación[853]. En adición, el *Pacto Internacional de Derechos Económicos, Sociales y Culturales,* promulgado en el año 1966 y efectivamente implementado en 1976, consagró en su artículo 13, el reconocimiento por los Estados Partes del derecho universal de acceso a una educación gratuita, abarcando desde los niveles iniciales hasta la instauración gradual de la gratuidad educativa en la educación secundaria y niveles superiores[854]. En similar tenor, el artículo 14 confiere

---

852 *Declaración Universal de los Derechos Humanos,* de 10 de diciembre de 1948, Asamblea General de las Naciones Unidas.

853 El Principio No. 7 de la *Convención sobre los Derechos del Niño,* de 20 de noviembre de 1989 indica: "El niño tiene derecho a recibir educación, que será gratuita y obligatoria por lo menos en las etapas elementales. Se le dará una educación que favorezca su cultura general y le permita, en condiciones de igualdad de oportunidades, desarrollar sus aptitudes y su juicio individual, su sentido de responsabilidad moral y social, y llegar a ser un miembro útil de la sociedad. El interés superior del niño debe ser el principio rector de quienes tienen la responsabilidad de su educación y orientación; dicha responsabilidad incumbe en primer término a los padres. El niño debe disfrutar plenamente de juegos y recreaciones, los cuales deberán estar orientados hacia los fines perseguidos por la educación; la sociedad y las autoridades públicas se esforzarán por promover el goce de este derecho".

854 Dicho artículo 13 establece: "Los Estados Partes en el presente Pacto reconocen el derecho de toda persona a la educación. Convienen en que la educación debe orientarse hacia el pleno desarrollo de la personalidad humana y del sentido de su dignidad, y debe fortalecer el respeto por los derechos humanos y las libertades fundamentales.

a los Estados la responsabilidad de concebir un plan de acción minuciosamente elaborado para una ejecución progresiva que viabilice la materialización del principio de enseñanza obligatoria y gratuita[855].

Convienen asimismo en que la educación debe capacitar a todas las personas para participar efectivamente en una sociedad libre, favorecer la comprensión, la tolerancia y la amistad entre todas las naciones y entre todos los grupos raciales, étnicos o religiosos, y promover las actividades de las Naciones Unidas en pro del mantenimiento de la paz. Los Estados Partes en el presente Pacto reconocen que, con objeto de lograr el pleno ejercicio de este derecho: a) la enseñanza primaria debe ser obligatoria y asequible a todos gratuitamente; b) la enseñanza secundaria, en sus diferentes formas, incluso la enseñanza secundaria técnica y profesional, debe ser generalizada y hacerse accesible a todos, por cuantos medios sean apropiados, y en particular por la implantación progresiva de la enseñanza gratuita; c) la enseñanza superior debe hacerse igualmente accesible a todos, sobre la base de la capacidad de cada uno, por cuantos medios sean apropiados, y en particular por la implantación progresiva de la enseñanza gratuita; d) debe fomentarse o intensificarse, en la medida de lo posible, la educación fundamental para aquellas personas que no hayan recibido o terminado el ciclo completo de instrucción primaria; e) se debe proseguir activamente el desarrollo del sistema escolar en todos los ciclos de la enseñanza, implantar un sistema adecuado de becas, y mejorar continuamente las condiciones materiales del cuerpo docente. Los Estados Partes en el presente Pacto se comprometen a respetar la libertad de los padres y, en su caso, de los tutores legales, de escoger para sus hijos o pupilos escuelas distintas de las creadas por las autoridades públicas, siempre que aquellas satisfagan las normas mínimas que el Estado prescriba o apruebe en materia de enseñanza, y de hacer que sus hijos o pupilos reciban la educación religiosa o moral que esté de acuerdo con sus propias convicciones. Nada de lo dispuesto en este artículo se interpretará como una restricción de la libertad de los particulares y entidades para establecer y dirigir instituciones de enseñanza, a condición de que se respeten los principios enunciados en el párrafo 1 y de que la educación dada en esas instituciones se ajuste a las normas".

855 El artículo 14 versa: "Todo Estado Parte en el presente Pacto que, en el momento de hacerse parte en él, aún no haya podido instituir en su territorio metropolitano o en otros territorios sometidos a su jurisdic-

A partir del examen de los artículos 13 y 14 del *Pacto Internacional de Derechos Económicos, Sociales y Culturales* se desprende la identificación de cuatro componentes inherentes al derecho a la educación, a saber: disponibilidad, accesibilidad, aceptabilidad y adaptabilidad.

a) La disponibilidad conlleva la necesidad de establecer una red de instituciones educativas en todos los niveles, asegurando que dichas entidades cuenten con las capacidades adecuadas. Cuando la capacidad de admisión de las escuelas primarias resulta insuficiente respecto al número de niños que requieren de admisión, los imperativos legales del Estado en relación con la educación obligatoria no se materializan efectivamente.

b) La accesibilidad implica que las instituciones educativas deben ser equitativamente accesibles para todas las categorías de individuos, independientemente de su edad y género. La accesibilidad equitativa abarca dos dimensiones: la física, que implica el compromiso de las instituciones para crear condiciones apropiadas para personas mayores y con discapacidades, y la constructiva, que aboga por la evitación de concepciones estereotipadas, como los roles de género, entre otros.

c) En cuanto a la aceptabilidad, se refiere al derecho de los padres o tutores (cuidadores) y de los niños a que la educación sea de su aceptación, permitiéndoles elegir el tipo de educación para sus hijos. En este contexto, no están obligados exclusivamente a optar por escuelas públicas, sino que tienen la prerrogativa de seleccionar otras instituciones educativas que se ajusten a las normativas de las políticas educativas

---

ción la obligatoriedad y la gratuidad de la enseñanza primaria, se compromete a elaborar y adoptar, dentro de un plazo de dos años, un plan detallado de acción para la aplicación progresiva, dentro de un número razonable de años fijado en el plan, del principio de la enseñanza obligatoria y gratuita para todos".

establecidas por el Estado, como la educación religiosa o la educación tradicional (véase el artículo 13.3 del Pacto).

d) Respecto a la adaptabilidad, implica que la educación debe ser flexible y ajustable, considerando el interés superior del niño, así como el desarrollo social y el progreso a nivel nacional e internacional. Debería establecerse una red activa de escuelas respaldada por un sistema de becas para mejorar la situación económica de los estudiantes y docentes (véase igualmente el artículo 13.3 del Pacto).

En todas las instancias, la prerrogativa del derecho a la educación adquiere connotaciones singulares al ser ejercida por segmentos de la población en situación de vulnerabilidad, entre los cuales se encuentran la infancia, las mujeres, las personas con discapacidad y las comunidades indígenas.

Bajo esta consideración, es relevante reseñar que la *Convención sobre los Derechos del Niño*, promulgada el 20 de noviembre de 1989 y efectiva a partir del 2 de septiembre de 1990, consagra de manera inequívoca el derecho a la educación. De manera análoga, la *Convención sobre la Eliminación de Todas las Formas de Discriminación contra la Mujer* prescribe una serie de medidas que los Estados deben adoptar para contrarrestar la discriminación dirigida a las mujeres, conforme se estipula en su artículo 10: "Los Estados Parte adoptarán todas las medidas apropiadas para eliminar la discriminación contra la mujer, a fin de asegurarle la igualdad de derechos con el hombre en la esfera de la educación (...)".

En el ámbito educativo, se ha sugerido que la obligación preeminente de los Estados recae en la satisfacción de la educación primaria. En este entendido, la educación primaria puede ser conceptualizada como un derecho humano fundamental; no obstante, esta consideración no se proyecta de manera automática hacia la educación superior. En esta perspectiva, la *Declaración Universal de los Derechos Humanos* de la ONU sostiene en su artículo 26.1 que la educación superior es "equitativamente accesible para todos, basada en el mérito". Esto implica que el acceso a la educación superior está condicionado por las aptitudes individuales.

Por su parte, el artículo 13.c del Pacto dispone que "la educación superior será accesible a todos, en función de la capacidad, por todos los medios apropiados, y en particular mediante la introducción progresiva de la educación gratuita".

Además, el artículo 28.c de la *Convención sobre los Derechos del Niño* se refiere a "hacer accesible la enseñanza superior a todos, en función de la capacidad, por todos los medios apropiados".

En determinadas naciones, la educación superior podría ser asociada a los logros individuales, mientras que, en otros contextos, podría estar ligada a la capacidad financiera para sufragar los costos educativos. En líneas generales, la educación superior se concibe como un bien público respaldado por recursos estatales para aquellos merecedores de tal acceso. Ahora bien, resulta imperativo destacar que conforme se eleva el índice de alfabetización en una población, decrece la probabilidad de que emerjan regímenes autoritarios[856].

---

856 En el ámbito de la ciencia política, se ha mantenido a lo largo del tiempo la percepción de que la educación desempeña un papel fundamental en el fomento del respaldo a la democracia. La concepción convencional sostiene que la educación, incluso en contextos bajo regímenes autoritarios, proporciona claridad a los estudiantes, induciéndolos a respaldar las normas democráticas. Un extenso cuerpo de evidencia empírica aparentemente respalda esta afirmación; de manera consistente, se ha demostrado que los países con niveles promedios de educación más elevados tienen una mayor probabilidad de estar bajo gobiernos democráticos (ALEMÁN y KIM, 2015; BARRO, 1999; GLAESER *et al.*, 2007; LIPSET, 1959; MURTIN y WACZIARG, 2014; SANBORN y THYNE, 2014). Además, hay una abundante investigación a nivel individual en diversas partes del mundo que establece una correlación positiva entre la educación y el respaldo a la democracia (CHONG y GRADSTEIN, 2015; GLAESER *et al.*, 2007; NIE *et al.*, 1996). A diferencia de lo que ocurre en los sistemas autoritarios, el derecho a la educación se desvirtúa y busca fundar en los estudiantes las bases ideológicas que permitan la

Por otra parte, cabe advertir que el derecho a la educación trasciende la tradicional dicotomía de los derechos humanos —por un lado, los civiles y políticos, y por otro, los económicos, sociales y culturales— gracias a su inclusión en ambas categorías en virtud de la universalidad inherente a los derechos. Por lo tanto, con base a esta premisa, se enfatiza que la persistencia de discriminaciones basadas en el género persistirá mientras subsista la clásica división entre dichas categorías de derechos, subrayando la necesidad de formular e implementar estrategias a nivel global para eliminar tales disparidades y facilitar la plena realización de este derecho para todos. En coherencia con esta perspectiva, la Relatora Especial de la ONU ha indicado que:

> "La inversión en la educación de todos los niños fue históricamente asignada al Estado porque produce un beneficio económico a plazo y, además, solamente en combinación con otros activos. El enfoque basado en los derechos humanos puede facilitar notablemente la concesión de prioridad a la educación de todos los niños porque altera opciones políticas que, dejadas a su propia dinámica, siguen otros rumbos. En las asignaciones presupuestarias la educación raramente es objeto de la prioridad que requiere la normativa internacional de los derechos humanos, y cuando lo es, las asignaciones favorecen a la educación superior en perjuicio de la primaria"[857].

En el ámbito internacional de los derechos humanos, la conceptualización de la educación y, por ende, su influencia en la jurisdicción nacional, debe salvaguardar tres aspectos fundamen-

---

permanencia de sus reglas en la sociedad. (CANTONI *et al.*, 2017; STOER y DALE, 1987; SZCZEPAŃSKI, 1962; SZEBENYI, 1992). No obstante, la diferencia la marcará el currículo educativo que pueda tener la educación impartida. Véase ÖSTERMAN, M. y ROBINSON, D., "Educating Democrats or Autocrats? The Regime-Conditional Effect of Education on Support for Democracy", *Political Studies,* Vol. 71, No. 4, 2023.

857 Comisión de Derechos Humanos, "Los Derechos Económicos, Sociales y Culturales: Informe anual de la Relatora Especial sobre el derecho a la educación, Katarina Tomaševski, presentado de conformidad con la resolución 2000/9 de la Comisión de Derechos Humanos", 2001, E/CN.4/2001/52, párr. 10.

tales: a) el derecho a la educación; b) la integración de los derechos humanos en el ámbito educativo; y c) la enseñanza de los derechos humanos.

Ahora bien, aplicando un enfoque de género, se debe indicar que, en específico, el derecho de las niñas a la educación goza de una robusta protección en el ámbito del Derecho Internacional. El artículo 10 de la *Convención sobre la Eliminación de Todas las Formas de Discriminación contra la Mujer* constituye la disposición que más protege este derecho en atención a las niñas y mujeres[858]. En virtud de dicho precepto, los Estados Partes tienen la obligación de implementar todas las medidas necesarias para erradicar la discriminación contra la mujer, con el propósito de asegurarle la igualdad de derechos con el hombre en el ámbito educativo. Esto implica garantizar, en condiciones equitativas entre hombres y mujeres, la igualdad de acceso a los estudios en todos los niveles educativos, tanto en entornos rurales como urbanos; proporcionar la misma calidad educativa; eliminar cualquier concepción estereotipada de los roles masculino y femenino; ofrecer oportunidades iguales para obtener becas y otras subvenciones para la educación; brindar acceso equitativo a programas de educación permanente, incluyendo la alfabetización; y asegurar oportunidades equivalentes para participar en actividades deportivas y de educación física.

La denominación de la CEDAW como "Carta Magna" de los derechos de las mujeres se sustenta por el cuasi unánime compromiso de la comunidad internacional con 193 Estados Parte. Únicamente Estados Unidos y Palau no han ratificado la Convención y tan solo Somalia, Irán, Sudán, Niue y Tonga no han firmado la misma[859]. La CEDAW se puede considerar como uno de los principales tratados de Derechos Humanos de las Naciones Unidas y

---

858 *Ut supra* citado en el texto.

859 Declaración sobre la eliminación de la violencia contra la mujer, Resolución de la Asamblea General 48/104 de 20 diciembre de 1993.

el principal tratado internacional para la defensa y promoción de los derechos de las mujeres.

Las cuatro Conferencias Mundiales sobre la Mujer y de diversas ratificaciones de otras Declaraciones, como la *Declaración sobre la Eliminación de la Violencia contra la Mujer* de 1993[860] tienen también como objetivo principal, promover la igualdad y brindar a las mujeres la oportunidad de efectivamente disfrutar los derechos inherentes a la persona, ahonda en la obligatoriedad y universalidad de la no discriminación contra las mujeres. La CEDAW en la introducción de la Convención caracteriza la naturaleza de las obligaciones asumidas por los Estados Parte:

> "la Convención establece no sólo una declaración internacional de derechos para la mujer, sino también un programa de acción para que los Estados Parte garanticen el goce de esos derechos"[861].

Asimismo, los tratados anteriormente mencionados (el *Pacto Internacional de Derechos Económicos, Sociales y Culturales*, la *Convención sobre los Derechos del Niño*, la *Convención relativa a la Lucha contra las Discriminaciones en la Esfera de la Enseñanza* y el *Pacto Internacional de Derechos Civiles y Políticos*) también salvaguardan el derecho de las niñas y mujeres a la educación, combinando disposiciones generales sobre "no discriminación" con disposiciones específicas acerca del derecho a la educación[862].

El Comité para la Eliminación de Todas las Formas de Discriminación contra la Mujer ha trabajado solicitando a los Estados que remitan

---

860 Listado de Estados Parte CEDAW, fecha firma y ratificación, disponible en *https:// treaties.un.org/Pages/ViewDetails.aspx?src=TREATY&mtdsg_no=IV-8&chapter=4&clang=_en*

861 Convención sobre la eliminación de todas las formas de discriminación contra la mujer, adoptada por la Asamblea General Resolución 34/180, de 18 de diciembre de 1979, Preámbulo, parr.3. Declaración sobre la eliminación de la violencia contra la mujer, Resolución de la Asamblea General 48/104 de 20 diciembre de 1993.

862 Asamblea General de las Naciones Unidas, *El derecho a la educación*, 29 de septiembre de 2017, A/72/496, párrs. 35-36.

información relacionada con las medidas que están tomando para luchar contra la discriminación de mujeres y niñas en los procesos educativos[863]. Ahora bien, con el propósito de indagar en la genuina situación del derecho a la educación a nivel universal, se optó por instituir una Relatoría Especial destinada a esta incumbencia, la cual será abordada con detalle a continuación.

---

[863] El Comité para la Eliminación de la Discriminación contra la Mujer, en sus observaciones finales respecto de los informes periódicos octavo y noveno combinados de Bután, emitió recomendaciones específicas. Entre ellas, instó al Estado a desarrollar medidas concretas para asegurar la retención efectiva de mujeres y niñas en el sistema educativo, focalizándose especialmente en la transición de la enseñanza primaria a la secundaria, así como en los niveles superiores de la educación. Además, sugirió que se intensificaran los programas de educación no formal y otras iniciativas de alfabetización dirigidas a adultos, con el objetivo de reducir los índices de analfabetismo entre las mujeres. Asimismo, abogó por aumentar la presencia de maestras en las escuelas mediante el incremento de la matriculación de mujeres en las instituciones de formación para el magisterio (CEDAW/C/BTN/CO/8-9, párr. 25). Igualmente, el Comité instó a implementar mayores esfuerzos con el propósito de retener a las niñas y jóvenes en todos los niveles educativos. De entre las recomendaciones específicas se destacan la provisión de instalaciones de saneamiento adecuadas, segregadas por género, y la garantía de un transporte seguro hacia y desde las escuelas. Además, se hizo hincapié en la importancia de crear entornos educativos seguros, exentos de discriminación y violencia. Se propuso reforzar los incentivos para que los padres envíen a sus hijas a la escuela, erradicar el matrimonio infantil forzado a edad temprana y sensibilizar a diversas instancias —incluyendo comunidades, familias, estudiantes, docentes y líderes comunitarios, particularmente hombres— acerca de la relevancia de la educación para las niñas y mujeres (CEDAW/C/TLS/CO/2-3, párr. 27.a). Asimismo, se solicitó la adopción de una política oficial de readmisión para las jóvenes y niñas que abandonaron la escuela debido a embarazos precoces, junto con medidas destinadas a proporcionar una educación adaptada a la edad en salud sexual y reproductiva para los niños y a abordar la problemática de la violencia sexual en las instituciones educativas.

14.4.2. Sobre la relatoría especial sobre el derecho a la educación

14.4.2.1. Creación y primeros hallazgos

En 1998 se estableció la Relatoría Especial sobre el derecho a la educación, cuya responsabilidad recae en el Consejo de Derechos Humanos de las Naciones Unidas. Durante el 54° periodo de sesiones de la Comisión de Derechos Humanos se aprobó la *Resolución 1998/33*, de 17 de abril de 1998, determinando la designación de un(a) Relator(a) Especial con un mandato inicial de tres años, cuyo periodo fue renovado en 2004 y posteriormente en 2005. En el lapso comprendido entre 1998 y 2005 la Comisión de Derechos Humanos aprobó numerosas resoluciones vinculadas al derecho a la educación[864].

En junio de 2006, la Comisión de Derechos Humanos fue reemplazada por el Consejo de Derechos Humanos, de conformidad con la *Resolución 60/251* de la Asamblea General. El 18 de junio de 2007 se prorrogó el mandato, el cual, al igual que otros mandatos, quedó sujeto a un Código de Conducta aprobado mediante la *Resolución 5/2,* diseñado para los titulares de mandatos de los procedimientos especiales.

En la extensión conferida en 2008 se confió al Relator Especial la siguiente encomienda:

> "a) Reúna, solicite, reciba e intercambie información de todas las fuentes pertinentes, en particular los gobiernos, las organizaciones intergubernamentales, la sociedad civil con inclusión de las organizaciones no gubernamentales, y otras partes interesadas, sobre el ejercicio del derecho a la educación y los obstáculos que

---

864 Por ejemplo: E/CN.4/RES/1998/33, E/CN.4/1999/49, E/CN.4/RES/1999/25, E/CN.4/2000/6/Add.1, E/CN.4/2000/6/Add.2, E/CN.4/2000/6, E/CN.4/2001/10, E/CN.4/2001/52, E/CN.4/RES/2001/29, E/DEC/2001/261, E/CN.4/2002/60, E/CN.4/2002/60/Add.1, E/CN.4/RES/2002/23, E/CN.4/2003/9/Add.1, E/CN.4/2003/9, E/CN.4/2003/9/Add.2, E/CN.4/2004/45/Add.1, E/CN.4/2004/45, E/CN.4/2004/45/Add.2, CN.4/2005/50.

limitan el acceso efectivo a la educación, y recomiende medidas apropiadas para promover y proteger el ejercicio del derecho a la educación; b) intensifique los esfuerzos para encontrar los medios de superar los obstáculos y las dificultades que se oponen al ejercicio del derecho a la educación; c) formule recomendaciones que puedan contribuir al logro de los objetivos de desarrollo del Milenio, en particular los objetivos Nros. 2 y 3, así como los de la Iniciativa de Educación para Todos acordada en el Foro Mundial de la Educación; d) integre una perspectiva de género en todas sus actividades; e) examine la interdependencia y la interrelación del derecho a la educación con otros derechos humanos; f) coopere con el Fondo de las Naciones Unidas para la Infancia, la Organización de las Naciones Unidas para la Educación, la Ciencia y la Cultura, la Organización Internacional del Trabajo, la Oficina del Alto Comisionado de las Naciones Unidas para los Derechos Humanos, la Oficina del Alto Comisionado de las Naciones Unidas para los Refugiados, otros relatores especiales, representantes, expertos y miembros de grupos de trabajo del Consejo de Derechos Humanos, así como otros órganos pertinentes de las Naciones Unidas, incluidos los órganos creados en virtud de tratados sobre derechos humanos y las organizaciones regionales, y que prosiga el diálogo con el Banco Mundial; y g) presente informes anuales al Consejo, de conformidad con el programa de trabajo de este, y presente también informes anuales a la Asamblea General, de carácter provisional".

En el primer Informe anual de la Relatora Especial, KATARINA TOMAŠEVSKI, se destacó la imperiosa necesidad de integrar las estrategias macroeconómicas y educativas dentro del marco legal. En este contexto, se hizo hincapié en la renovación de los compromisos con la gratuidad de la educación primaria, en el diálogo con el Banco Mundial, en la reducción de la deuda y en el respaldo financiero a la educación, así como en la delimitación de las fronteras entre las disposiciones de derechos humanos y el derecho mercantil. Asimismo, se propusieron mecanismos para supervisar la realización progresiva del derecho a la educación, incluyendo la creación de indicadores basados en los derechos y parámetros de supervisión, tales como la erradicación de la exclusión y la promoción de una educación inclusiva. Se establecieron hitos para la eliminación de la discriminación, abordando aspectos como el género y los obstáculos representados por las denominadas "3 D": discapacidad, dificultad y desventaja. Por último, se abordó la cuestión de la protección y promoción de los derechos humanos durante la educación.

Uno de los enfoques centrales de los informes de la Relatoría ha sido la temática de género. En este sentido, en el año 2001 se observaron avances modestos en el acceso al derecho a la educación, tales como el aumento en la escolarización de las niñas, lo cual recibió especial atención al fijar el año 2005 como el objetivo para eliminar las disparidades de género[865]. Esta meta adquirió relevancia considerando que, en países como Botswana, Lesoto, Mongolia o Filipinas, las niñas superaban en número a los niños. Sin embargo, se resaltó que en los Estados árabes la brecha de desigualdad entre hombres y mujeres se había acentuado entre 1995 y 2000, impactando negativamente en la escolarización de las niñas. La Relatora subrayó la importancia de la escolaridad, señalando que la prolongación de la educación de las niñas retrasa el matrimonio y el embarazo, reduciendo la fecundidad y el número de niños que necesitarán educación en el futuro, contribuyendo así a una población más preparada. Además, se destacó que la participación política de las mujeres suele tener efectos positivos en la política social de los gobiernos y en la desmilitarización de las sociedades[866].

Se ha señalado que la labor dirigida a incrementar el acceso de las niñas a la educación se ha concentrado en la identificación y eliminación de obstáculos, lo que ha resultado en la identificación de diversas formas de discriminación interseccional como aquellas basadas en el nivel de ingresos familiares, la etnia, la religión y la nacionalidad. Este enfoque ha contribuido sustancialmente a la erradicación de fundamentos discriminatorios de género. A este respecto, se hace imperativo no solo facilitar el acceso a las instituciones educativas, sino también integrar plenamente todos

---

865 Comisión de Derechos Humanos, "Los Derechos Económicos... E/CN.4/2001/52, *opus cit.*

866 *Ibid.*

los derechos humanos en el ámbito educativo para que este sea atractivo[867].

Ahora bien, la deuda histórica hacia las mujeres es considerable, evidenciándose, por ejemplo, al analizar diversos libros de texto escolares que perpetuaban la percepción de que la mujer tenía un rol exclusivo en el ámbito doméstico, mientras que el hombre desempeñaba un papel destacado en la construcción de la historia fuera del hogar. Este análisis reveló que, en los libros de educación primaria en Perú, la mención de la mujer era diez veces menos frecuente que la del hombre. En la República de Tanzania, los libros de carácter neutral, redactados tanto en inglés como en suajili, enfatizaban el papel de las niñas en las responsabilidades domésticas[868]. En cualquier escenario, resulta innegable el impacto que tiene la falta de escolarización de las mujeres en la perpetuación de la pobreza, ya que la mera adquisición de educación por sí sola no puede garantizar la superación de la misma, tanto para mujeres como para hombres.

En relación con la erradicación de la pobreza, se rememora que los principales objetivos de los respaldos financieros se centran en los derechos humanos y en la eliminación de la misma. En el Informe de la Relatora se destaca la importancia de educar a los niños desde la perspectiva de la tolerancia, es decir, enseñarles a percibir puntos de vista diferentes al suyo, ya que los niños pequeños tienden a ver solo un aspecto de cada cosa: el propio. A largo plazo, esto ha contribuido a que muchos conflictos políticos y armados se desarrollen en un contexto en el que cada parte solo valida su propia perspectiva. En consecuencia, la capacidad de educar a los niños en la socialización para que comprendan y acepten diversos puntos de vista, incluso aquellos opuestos al suyo, emerge como una lección crucial que debería ser incorporada en los procesos educativos en materia de derechos humanos[869].

---

867 *Ibid.*

868 *Ibid.*, párrs. 7-8.

869 *Ibid.*, párr. 13.

Respecto a la integración de los derechos humanos en las estrategias internacionales, la Relatora abordó diversos aspectos, entre ellos el género, la educación y su conexión con la guerra:

> "En cuanto al término de "género y guerra", manifestó su preocupación sobre la tendencia de cambiar la terminología hacia el concepto de "género" en las políticas públicas de los Estados mientras se sigue hablando específicamente de niñas y mujeres, lo que lleva automáticamente a que las diferentes experiencias de género en el contexto de las guerras no sean abordadas adecuadamente".

De igual manera, se destaca que la guerra no se percibe como una cuestión de género a pesar de que, en las zonas afectadas, los roles de género impactan de manera especialmente desproporcionada debido a la socialización de roles como combatientes. Históricamente, las escuelas han contribuido a la militarización de los niños, y la participación frecuente en actividades militares a menudo forma parte de rituales tradicionales de iniciación. En relación con la educación para la guerra, se ha señalado que esta ha contribuido a glorificar la misma; tanto los libros de texto escolares como los deportes violentos y los juegos de guerra computarizados son elementos que colaboran en perpetuar la cultura bélica y el enfrentamiento. La Relatora subrayó con énfasis que la educación para la guerra es más comercialmente atractiva y tiene una tradición más antigua en comparación con la educación para la paz[870].

Otro aspecto por considerar es el impacto de la educación en el periodo de posguerra, ya que en los países que emergen de la guerra, regresar al proceso de formación implica volver a las estructuras educativas existentes antes del conflicto. Se plantea, por lo tanto, que este es un problema que debe ser abordado profundamente, dado que la educación contribuyó a la formación del conflicto, especialmente en situaciones extremas de apología del genocidio. Por ejemplo, en Ruanda, la educación se utilizó para condicionar a la población a aceptar la discriminación étnica[871].

---

[870] *Ibid.*, párr. 46.

[871] *Ibid.*, párr. 47.

La desigualdad en la educación es una realidad existente, ya que, aunque la educación fue concebida en sus inicios como universal, en algunos casos esto se tradujo en la institucionalización de la desigualdad. La matriculación masiva en las escuelas primarias no tuvo el mismo impacto en los niveles educativos superiores, lo que condujo a la creación de una élite educada y dejó a muchos sin acceso a oportunidades educativas. Se destaca que el abandono de la educación también tiene un impacto en los conflictos armados, como se evidenció en Sierra Leona, donde los jóvenes que vieron frustradas prematuramente sus expectativas se vieron arrastrados a la contribución en la delincuencia, violencia y guerra. Por lo tanto, el descuido de la educación de los adolescentes es un asunto que debe ser abordado, siendo una consecuencia del hecho de priorizar únicamente la educación primaria en lugar del resto de la educación posterior. En este sentido, se enfatiza la importancia de prestar especial atención a la educación de los adolescentes, tanto mujeres como hombres, ya que, sin este elemento, la consecución efectiva de la paz sería difícilmente realizable[872].

En relación con la perspectiva humanitaria y la educación, la Relatora identificó un desafío sustancial para la universalización del derecho a la educación, el cual radica en la percepción errónea de que la instrucción no es imperativa para la supervivencia humana ni esencial para la subsistencia. La privación de la educación a las víctimas de conflictos armados y desastres las relega a depender de manera perpetua de la asistencia humanitaria, obstaculizando así su capacidad para lograr la autosuficiencia. Elementos básicos como el suministro de agua, los servicios sanitarios, la atención médica, la vivienda, la vestimenta y la alimentación constituyen el "paquete de supervivencia" proporcionado mediante la ayuda humanitaria, excluyendo la educación. Aunque la inclusión de la educación en este conjunto representa un logro

---

872 *Ibid.*, párrs. 46-47.

de la década de los noventa, aún es necesario institucionalizar la superación de la anterior “ideología de supervivencia”[873].

La realización del derecho a la educación también ha experimentado un menoscabo desde la mismísima estructura de las Naciones Unidas, donde se ha evidenciado la denegación del acceso a la educación con fundamento en las leyes internas que implementan las sanciones del Consejo de Seguridad dirigidas a ciertos países. Los órganos de derechos humanos de las Naciones Unidas han abordado de manera reiterada esta problemática. Específicamente, el Comité de Derechos Económicos, Sociales y Culturales ha señalado que las exenciones de carácter humanitario no abarcan el acceso a la educación primaria. Aunque la Comisión de Derechos Humanos ha reiterado la premisa de que los alimentos y las medicinas no deben ser utilizados como instrumentos de coacción política, la ausencia de una referencia explícita a la educación ha redundado, innegablemente, en la privación de este derecho para determinados ciudadanos[874].

En cualquier caso, se ha advertido que la consecuencia no anticipada de otorgar prioridad a la educación primaria o básica en las estrategias globales de educación ha sido la negligencia de la educación secundaria y terciaria. Dos consideraciones requieren de especial atención: en primer lugar, es esencial que los educadores reciban capacitación en educación secundaria y terciaria para evitar que la educación primaria recaiga en manos de personal no cualificado. En segundo lugar, la exclusión de la educación superior de las estrategias internacionales, en un momento de crecientes intercambios internacionales y servicios educativos, podría comprometer las perspectivas ofrecidas a los países en desarrollo. Desde la perspectiva de la Relatora Especial, este tema merece la consideración de la Comisión[875].

---

873 *Ibid.*, párr. 49.
874 *Ibid.*, párr. 50.
875 *Ibid.*, párr. 84.

En el año 2002, se subrayó que una consecuencia derivada de las crisis económicas y de la disminución de los fondos públicos destinados a la educación fue la exclusión de los estudiantes más desfavorecidos del sistema educativo, generando un retorno parcial a modalidades educativas que perpetúan las desigualdades sociales existentes. Otro de los resultados fue un conflicto entre la responsabilidad de los padres de educar a sus hijos y su incapacidad para cubrir los costos de la educación. En muchos países, las leyes de enseñanza obligatoria establecen que los padres deben garantizar la asistencia de sus hijos a la escuela. Estas leyes fueron redactadas con la premisa de que la enseñanza obligatoria sería gratuita, y no pueden implementarse cuando los padres no pueden afrontar el costo de la educación, que incluye matrícula, uniformes, libros, transporte y comidas escolares. La problemática resultante no se resuelve mediante la imposición de demandas a los padres por incumplir el requisito de la enseñanza obligatoria o aplicándoles multas, dado que los progenitores no pueden sufragar ni las multas ni los derechos de matrícula en primer lugar. Para abordar la cuestión subyacente se requiere de una atención tanto a la asignación de recursos a nivel local, nacional y global, como a la integración de los derechos humanos en las políticas fiscales y económicas[876].

De igual manera, ha comenzado a manifestarse la imperativa necesidad de abordar el creciente requerimiento de establecer una política global de derechos humanos, particularmente en el contexto de las negociaciones concernientes a la liberalización del comercio de servicios educativos. Los exportadores de servicios educativos han propugnado la concepción de la educación como un servicio sujeto al comercio internacional, resaltando así la importancia de delinear la naturaleza y el alcance de la educa-

---

876 Comisión de Derechos Humanos, "Los Derechos Económicos, Sociales y Culturales: Informe anual de la Relatora Especial sobre el Derecho a la Educación, Katarina Tomaševski, presentado de conformidad con la resolución 2001/29 de la Comisión de Derechos Humanos", 2002, E/CN.4/2002/60, párr. 12.

ción, que debería permanecer al margen del comercio y mantenerse como un servicio público gratuito. En cualquier caso, para el momento al que se hace referencia, se aludía a que las propuestas de liberalización se enfocan principalmente en la educación postobligatoria, subrayando la idea de que la oferta educativa en un marco de libre comercio debería complementar los sistemas de enseñanza pública en lugar de suprimirlos, según las propuestas actuales. La Comisión de Derechos Humanos también abordó la cuestión de la educación como parte de los derechos del niño, resaltando la necesidad de continuar introduciendo progresivamente la gratuidad de la enseñanza secundaria[877].

Adicionalmente, se resalta la interrelación entre la falta de reconocimiento de los derechos fundamentales y los obstáculos que enfrentan los niños para ejercer su derecho a la educación. La omisión en la atribución de derechos básicos, como el derecho al registro al nacer y a la adquisición de la ciudadanía, a menudo se erige como una barrera que impide a los niños acceder a la educación. Las poblaciones nómadas y las minorías regionales, cuyo reconocimiento pleno en un sistema centrado en los Estados resulta insuficiente, se encuentran frente a desafíos significativos. Cabe señalar que el término “apátrida” se aplica a individuos, pero no se emplea para describir a las minorías. En este contexto se pueden citar ejemplos concretos, como los *bidum* o los *kurdos* en Oriente Medio y los romaníes en Europa, con el propósito de ilustrar la necesidad de examinar la exclusión educativa que afecta a numerosos niños no registrados en las estadísticas oficiales y carentes de protección legal nacional. En síntesis, el Informe subraya cómo la carencia de reconocimiento de los derechos fundamentales, especialmente en el contexto de poblaciones nómadas y minorías, repercute directamente en el acceso a la educación de los niños, quienes quedan excluidos de las estadísticas y desamparados por las leyes nacionales[878].

---

877 *Ibid.*, párrs. 20-21.

878 *Ibid.*, párr. 24.

En relación con los criterios de supervisión, es pertinente señalar que este derecho aún no ha alcanzado plenamente su reconocimiento universal como derecho humano. A este respecto, su realización gradual a lo largo del proceso de superación de las exclusiones puede ser sintetizada en tres fases fundamentales[879]:

a) Primera etapa: concesión del derecho a la educación a grupos históricamente excluidos

Esta fase implica la concesión del derecho a la educación a aquellos grupos que han experimentado históricamente la marginación en la sociedad, como los pueblos indígenas o los no ciudadanos, así como a aquellos que aún se encuentran excluidos, como los servidores domésticos o los miembros de comunidades nómadas. En general, esta etapa conlleva una forma de "segregación", donde se otorga el acceso a la educación a grupos como niñas, pueblos indígenas, niños discapacitados o miembros de minorías, pero se les confina a escuelas especiales[880].

b) Segunda etapa: superación de la segregación educativa y avance hacia la integración

En esta fase se aborda la segregación educativa y se avanza hacia la integración. Los grupos recién admitidos deben adaptarse a la oferta educativa disponible, independientemente de su lengua materna, religión, capacidad o discapacidad. Si bien, es posible que las niñas ingresen a centros escolares con planes de estudios diseñados originalmente para niños, y que los indígenas y los niños de minorías se integren en escuelas que imparten la enseñanza en lenguas desconocidas para ellos, junto con versiones de la historia que pueden negar su propia identidad. Sin embargo, la Relatoría sugiere que, en lugar de aceptar dicho tipo de educación, se debería buscar que esta abarque en su contenido a todos los grupos sociales y, mediante el proceso de enseñanza, resaltar la importancia de los sectores históricamente excluidos recono-

---

879 *Ibid.*, párr. 30.

880 *Ibidem.*

ciendo la identidad de todos los participantes en el proceso de formación[881].

c) Tercera etapa: adaptación de la enseñanza a la diversidad del derecho a la educación

Durante esta fase, la Relatoría plantea la necesidad de adaptar la enseñanza a la diversidad inherente al derecho a la educación. Se propone sustituir el requisito previo de que los recién llegados se adapten a la oferta educativa disponible por la adaptación de la enseñanza al derecho igualitario de todos a la educación y a los derechos paritarios en ese ámbito. En esta etapa se busca garantizar una educación inclusiva y respetuosa con la diversidad, evitando discriminaciones basadas en factores como la lengua materna, la religión, la capacidad u otros aspectos[882].

No obstante, llevar a cabo dicho proceso de manera escalonada conlleva el riesgo de que los Estados puedan esgrimir la "progresividad" del derecho, postergando indefinidamente el reconocimiento de todos los grupos vulnerables. Por lo tanto, se considera más pertinente que las fases dos y tres deban ser abordadas de manera simultánea por parte de los Estados.

En cualquier caso, la inclusión en la educación se erige como un pilar vital en la sociedad, tal y como evidencian las discusiones sobre discriminación, donde destacan numerosas afirmaciones que sostienen que el "prejuicio" genera "discriminación". No obstante, también es válido argumentar la relación inversa. La discriminación, cuando se utiliza como método de adoctrinamiento, alimenta prejuicios. Los niños, al aprender mediante la observación e imitación, probablemente comiencen a perpetuar prácticas discriminatorias mucho antes de comprender la palabra "discriminación", adoptando los prejuicios subyacentes de la misma manera que cualquier otro aspecto de la vida de su familia y comunidad. La transmisión del prejuicio de una generación a

---

881 *Ibidem.*

882 *Ibidem.*

la siguiente se efectúa a través de los usos sociales y, cuando beneficia intereses individuales y de grupo, se vuelve fácil de racionalizar. Un ejemplo lamentable puede observarse en la realidad de los servidores domésticos. Aunque desempeñan su labor en domicilios particulares, su número y ubicación son mayormente desconocidos, y datos fragmentarios revelan su situación precaria. Mayoritariamente niñas, las servidoras domésticas pueden comenzar a trabajar desde los 4 años, y aproximadamente el 70% proviene de grupos víctimas de discriminación, como minorías estigmatizadas o migrantes[883].

Esta realidad se deriva de la falta de equidad de oportunidades para las víctimas de discriminación, lo cual se traduce en una presunta evidencia de inferioridad. Este fenómeno perpetuaría tanto la discriminación como la supuesta inferioridad, dado que el sistema imperante les impediría avanzar. Un estudio de las Naciones Unidas sobre discriminación en la educación en 1957 resaltó la lógica subyacente:

> "Una política basada en el temor de perder una posición privilegiada conlleva la imperativa necesidad de cerrar el acceso a la educación a todo un grupo de población o de mantenerlo en un nivel inferior de enseñanza"[884].

En este contexto, se ha enfatizado que los antecedentes familiares de un niño determinarán en gran medida los resultados de su educación. Además, se ha observado que el desarrollo educativo de los niños menores de 2 años pertenecientes a la clase social más elevada supera al de aquellos de clases sociales más bajas. El Relator Especial sobre la realización de los derechos económicos, sociales y culturales afirmó en 1975 que "la desigualdad en la enseñanza constituye el medio más importante a través del cual tiene lugar la selección profesional, y, por ende, el medio más crucial para la transmisión de ventajas y desventajas de generación en

---

883 *Ibid.*, párr. 37.

884 Ammoun, C. D., "Estudio sobre la discriminación en materia de educación", No. 1957.XIV.3, Naciones Unidas, Nueva York, 1957, p. 11.

generación"[885]. Esta afirmación, aplicada a gran escala, permitiría discernir cómo los estándares establecidos en el Norte Global podrían llevar a la exclusión de grupos provenientes del Sur Global del sistema educativo o profesional del primero[886].

En el año 2004 se planteó cómo el derecho a la educación puede ser excluido por motivos económicos. En este sentido, es crucial recordar que la inclusión del derecho a la educación como derecho humano tenía como objetivo evitar que el mismo fuera gestionado desde una perspectiva económica, evitando así su dependencia del mercado libre y asegurando que estuviera al alcance de todos los estratos del poder adquisitivo. No obstante, las dificultades para sostener este principio con firmeza se han visto influenciadas por un cambio en el vocabulario —sustituyendo el término "derecho" por "acceso"—, así como en la obligación de los Estados de lograr la gratuidad de la enseñanza obligatoria. En algunos casos, se ha intentado atenuar esta transición utilizando comillas alrededor de la palabra "gratuita". En cualquier caso, los Estados deben financiar de manera adecuada la educación para que los niños no se vean obligados a pagar por recibirla y para evitar que se les niegue este derecho debido a limitaciones económicas. La Relatora recordó que los niños no pueden esperar a crecer para acceder a la educación[887], en todo caso se podría afirmar que una iniciativa de ese estilo estaría condenando a la población al retroceso.

---

885 Ganji, M., "La realización de los derechos económicos, sociales y culturales: problemas, políticas, logros", No. S.75.XIV.2, Naciones Unidas, Nueva York, 1975, párr. 68.

886 Por ejemplo, se puede revisar "Global South scholars are missing from European and US journals. What can be done about it", *The Conversation*, 29 de julio de 2018, disponible en: https://theconversation.com/global-south-scholars-are-missing-from-european-and-us-journals-what-can-be-done-about-it-99570

887 Comisión de Derechos Humanos, "Los Derechos Económicos, Sociales y Culturales: Informe anual de la Relatora Especial sobre el derecho a la educación, Katarina Tomaševski", 2004, E/NN.4/2004/45, párrs. 8-10.

A nivel internacional, la garantía de la educación obligatoria y gratuita también ha surgido vinculada al esfuerzo por erradicar el trabajo infantil, fundamentándose en la premisa de que asegurar el derecho a la educación facilitaría el disfrute de otros derechos, mientras que su negación conllevaría inexorablemente a la perpetua pobreza y a la reiterada denegación de otros derechos humanos. Por ende, los Estados tienen la obligación de invertir en la educación, ya que esto generará beneficios a largo plazo. La falta de acceso a la educación, *de facto*, excluye a las personas de la participación en el sistema laboral. En lo que respecta a las mujeres y las niñas, las reparaciones relacionadas con la privación del goce de sus derechos humanos y la condena a la pobreza pasan necesariamente por la afirmación y aplicación de dichos derechos, comenzando por el derecho a la educación[888].

Por consiguiente, es responsabilidad de todo Estado identificar los obstáculos financieros que obstaculizan el ejercicio del derecho a la educación. Esto desencadena una dinámica propia de consecuencias: si los padres no pueden costear la educación de sus hijos, los niños se ven privados del acceso a la escuela. En situaciones en las que los niños no tienen padres o los progenitores no asumen sus responsabilidades, el Estado debe intervenir para evitar que los niños se vean obligados a proveer su propio sustento, lo cual contravendría toda la normativa de protección infantil[889].

Un desafío adicional que enfrentamos a nivel global es la duración del periodo de escolarización obligatoria, una tendencia que suscita inquietudes dado que la enseñanza primaria podría verse limitada a tan solo tres años. Por ende, es crucial reafirmar el derecho a la educación secundaria, ya que muchos niños concluyen su educación a la edad de 10 o 12 años, sin la capacidad de acceder a un empleo debido a su temprana edad. La educación debe concebirse como un bien común y, por consiguiente,

---

888 *Ibid.*, párrs. 11-12.
889 *Ibid.*, párr. 12.

la institucionalización del proceso educativo constituye un servicio público[890].

Es imperativo reflexionar sobre la existencia de un círculo vicioso de la pobreza, agravado por la exclusión de la educación, exacerbada por la falta de colaboración de los gobiernos a nivel nacional e internacional para garantizar una financiación equitativa de la educación. En este marco, se debe reconocer que las mujeres y las niñas son las más afectadas por la ausencia o el deterioro de los servicios públicos. Por tanto, las decisiones que se adopten deben centrarse en alcanzar la igualdad entre hombres y mujeres[891]. En cualquier caso, el deber de los Estados de proporcionar educación obligatoria y gratuita a todos los niños es totalmente incompatible con la limitación de la educación a solo tres o seis años de enseñanza primaria, obligando a las familias y a los niños a interrumpir su educación a los 9 o 12 años. Lamentablemente, la educación no es ni gratuita ni obligatoria para muchos niños en el mundo, ya que no se reconoce de manera generalizada que la duración de la enseñanza primaria es insuficiente para considerar plenamente cumplido el derecho a la educación[892].

Tal como se mencionó previamente, el derecho a la educación emerge como uno de esos derechos que desestabilizan la clásica división persistente entre derechos humanos civiles y políticos, por un lado, y derechos económicos, sociales y culturales, por otro. Este derecho tiene la capacidad de abarcar de manera integral ambos conjuntos al rechazar la premisa de que la desigualdad y la pobreza son fenómenos inevitables. En este sentido, se han logrado significativos avances a nivel global en el reconocimiento de los derechos del niño, comprendiendo su naturaleza intersectorial, lo cual ha llevado a un progreso destacado. Un hito emblemático de este Informe es la afirmación inequívoca de que:

---

890 *Ibid.*, párrs. 15-16.

891 *Ibid.*, párr. 18.

892 *Ibid.*, párr. 21.

> "La práctica general sigue consistiendo en considerar que las mujeres son un grupo vulnerable sin abordar los problemas que las hacen vulnerables, en particular el menoscabo de sus derechos y, en consecuencia, su menor acceso a los recursos. El acceso de la mujer a la propiedad de la tierra y sus oportunidades de empleo son factores que influyen en la motivación de los padres y de las propias niñas. La prolongación de la escolarización de las niñas retrasa el matrimonio y la maternidad, reduce los nacimientos y, por ende, el número de niños que deberán ser educados en el futuro. La mayor presencia de la mujer en la política tiende a tener un efecto de propagación en todas las facetas del desarrollo"[893].

Por otra parte, se ha constatado que el matrimonio y el embarazo temprano de las niñas representan un obstáculo muy recurrente para acceder a la educación, por lo que se hace imprescindible implementar estrategias que combatan las normas arraigadas en la sociedad. Este objetivo podría alcanzarse mediante la movilización de profesores, padres, líderes comunitarios y, significativamente, de los propios alumnos[894]. Sin embargo, esta situación conlleva de manera inherente la necesidad imperiosa de concebir la educación sexual como un requisito fundamental para contrarrestar los desafíos a los que tanto mujeres como niñas se ven sometidas.

La *Convención sobre la Eliminación de Todas las Formas de Discriminación contra la Mujer* incorpora una disposición específica sobre educación sexual (párrafo h del artículo 10), que estipula que los Estados Partes están obligados a garantizar para las niñas y mujeres "el acceso al material informativo específico que contribuya a asegurar la salud y el bienestar de la familia, incluyendo información y asesoramiento sobre planificación familiar". El *Comité para la Eliminación de la Discriminación contra la Mujer* ha conceptualizado la planificación familiar en su Recomendación General No. 21 de manera que abarque la educación sexual. De manera similar, el Comité de los Derechos del Niño, en su Observación General

893 *Ibid.*, párr. 29.

894 *Ibid.*, párrs. 34-35.

No. 3 sobre el VIH/SIDA y los derechos del niño, ha interpretado que la *Convención sobre los Derechos del Niño* reconoce el derecho del mismo a la educación sexual para permitirle "abordar de manera positiva y responsable su sexualidad", manifestando lo siguiente:

> "El Comité quiere destacar que para que la prevención del VIH/SIDA sea efectiva los Estados están obligados a abstenerse de censurar, ocultar o tergiversar deliberadamente las informaciones relacionadas con la salud, incluidas la educación y la información sobre la sexualidad, y que (...) deben velar por que el niño tenga la posibilidad de adquirir conocimientos y aptitudes que le protejan a él y a otros desde el momento en que empiece a manifestarse su sexualidad (párrafo 16)".

Ahora bien, conforme ha señalado la Relatoría, el tema de la educación sexual destaca las notables disparidades que surgen entre los diferentes países, enfocándose especialmente en el trato dispensado a los niños. Por ejemplo, en la Jamahiriya Árabe Libia, la ley nacional establece que, en caso de violación de una menor de edad, el autor del delito queda exento de persecución penal si está dispuesto a contraer matrimonio con su víctima[895]. Por otro lado, el asunto del matrimonio infantil implica que niños de 10 años sean compelidos a ingresar prematuramente a la vida adulta, siendo considerados como adultos al contraer matrimonio. De este modo, al ser reconocidos como mayores a nivel nacional, perderían la oportunidad de disfrutar de los derechos que les corresponden a todos los niños.

Es importante subrayar el hecho de que, más recientemente, la Corte Penal Internacional (CPI) emitió un fallo sobre los crímenes perpetrados por Dominic Ongwen, quien fue declarado culpable de imponer matrimonios forzados. Tanto la Corte Especial para Sierra Leona (CESL) como las Salas Extraordinarias en la Corte de Camboya (SECC) han abordado extensamente esta materia, contribuyendo a clasificar el matrimonio forzado como un crimen de lesa humanidad y catalogándolo dentro de la subcategoría de "otros tratos inhumanos". En este sentido,

---

895 CDC/C/15/add.84, párr. 13.

los hallazgos en el caso de Ongwen se amparan en el artículo 25.3.a del *Estatuto de Roma*, y consideran el crimen de matrimonio forzado como un trato inhumano bajo el artículo 7.1.k.

No obstante, la Sala avanza en la conceptualización del delito. De acuerdo con los jueces:

> "El núcleo esencial y el acto fundamental del matrimonio forzado implican la imposición de este estado a la víctima, es decir, la imposición, sin tener en cuenta la voluntad de la víctima, de obligaciones asociadas al matrimonio, incluso en términos de exclusividad de la unión conyugal (forzada) impuesta a la víctima, así como el consiguiente estigma social (...) Por lo tanto, el perjuicio derivado del matrimonio forzado puede manifestarse en el ostracismo de la comunidad, el trauma mental, el grave menoscabo a la dignidad de la víctima y la privación de los derechos fundamentales de la víctima para elegir a su cónyuge".

De esta manera, la CPI reconoció expresamente —por primera vez— que imponer el matrimonio contra la voluntad del cónyuge constituye *per se* una conducta equiparable a un crimen internacional, sin necesidad de demostrar adicionalmente que el crimen alcanzó un cierto umbral de gravedad, como indicaron las Salas Extraordinarias en el *Caso 002/02*. En otras palabras, el simple acto de forzar a una persona, sin tener en cuenta su voluntad, a contraer matrimonio, según la Sala es un acto inhumano que socava profundamente el derecho a decidir libremente si, cuándo y con quién casarse, y que, como tal, ocasiona graves daños psicológicos y físicos a las víctimas.

Adicionalmente, la Sala de la CPI progresó en la definición del término "coacción", ya que las SECC y la SESL caracterizaban el matrimonio forzado como la situación en la que la víctima es compelida a contraer matrimonio mediante amenazas o el uso de violencia física. En contraste, según la CPI, el abuso mental, que puede incluir la explotación de un entorno coercitivo, se considera igualmente como una forma significativa de coacción.

Por consiguiente, se evidencia que una perspectiva integral del derecho internacional contribuiría a superar las barreras que obstaculizan el derecho a la educación; por ejemplo, abordar de manera más activa el matrimonio forzado en el marco de las legislaciones internas que contengan disposiciones contrarias al sistema internacional de protección sería un primer paso imperativo.

14.4.2.2. Otros hallazgos importantes realizados por parte de la Relatoría

En años subsiguientes, el derecho a la educación fue objeto de evaluación por parte de VERNOR MUÑOZ VILLALOBOS, destacándose diversos aportes, incluyendo el carácter justiciable de este desarrollo. Se profundizó en la creación de indicadores basados en derechos humanos y, en el contexto de la lucha contra la discriminación, se hizo hincapié en la accesibilidad a la educación para las niñas, las personas migrantes, las personas con discapacidad, los indígenas y los miembros de minorías[896].

Se afirmó que la diversidad se encuentra intrínseca en el derecho a la educación y se refleja en la convivencia intercultural y el respeto a las diferencias entre las personas. El Relator expresó la necesidad de fomentar, a través de la educación, el respeto hacia sociedades distintas a la del estudiante, proponiendo la incorporación de elementos de interculturalidad en todos los sistemas educativos. En este sentido, se señaló, por ejemplo, que presionar hacia la consolidación de un único idioma sería muestra de intolerancia y ánimo discriminatorio, ya que prohibiría que niños y niñas indígenas o pertenecientes a otras minorías se expresen en sus lenguas maternas[897]. Parecería, por ende, más apropiado permitir el desarrollo de ambas lenguas de manera simultánea.

---

896 Comisión de Derechos Humanos, "Informe anual del Relator Especial de Naciones Unidas sobre el Derecho a la Educación, Vernor Muñoz Villalobos, presentado de conformidad con la resolución 2004/25 del Consejo de Derechos Humanos", 2004, E/CN.4/2005/50, párrs. 2-3.

897 *Ibid.*, párrs. 70-72.

En cuanto a la salvaguardia de mujeres y niñas, se señaló que, en la región árabe, los progresos no reflejaban el compromiso aparente de las autoridades estatales al no emprender una legislación efectiva que garantizara y promoviera los derechos humanos. Además, tampoco se observaba un esfuerzo significativo en la ratificación de las convenciones y tratados regionales sobre derechos humanos[898].

La lucha contra la discriminación dirigida a mujeres y niñas ahora implica necesariamente mejorar la situación económica de sus respectivas familias, como reconoció el Relator al destacar la necesidad de promover políticas y programas estatales con tal fin. Se considera esencial eliminar los costos asociados a la escolarización, una medida que podría incentivar la asistencia escolar de las niñas. Además, se hace imperativo contratar docentes femeninas, mejorar las instalaciones sanitarias, respaldar a la comunidad, permitir la participación activa de padres y familiares en roles visibles y establecer conexiones esenciales con los servicios de asistencia sanitaria[899].

Por otro lado, los fenómenos de refugio, desplazamiento, asilo y migración están cada vez más presentes en el ámbito internacional. Aunque la *Convención Internacional sobre la Protección de los Derechos de Todos los Trabajadores Migratorios y de sus Familiares* hace referencia al derecho a la educación en igualdad de condiciones y al tratamiento para niños y niñas migrantes, se recuerda que la *Declaración Mundial sobre Educación para Todos* establece que la educación básica debería ser accesible también para adultos, sin discriminar a los trabajadores migrantes, así como para niños, niñas y adolescentes. En este sentido, se puede afirmar que el proceso educativo de los inmigrantes se vuelve indispensable para garantizar su integración en la sociedad de acogida, abordando aspectos como el idioma, la educación, los valores e incluso el sistema legal.

---

898 *Ibid.*, párr. 78.

899 *Ibid.*, párr. 79.

Se resaltó la ausencia de un seguimiento por parte de las autoridades nacionales en la creación de registros para la observación del impacto de situaciones de emergencia que representan una amenaza para la educación, tales como desastres naturales, conflictos armados, situaciones de ocupación, violencia intraescolar y pobreza extrema. Además, se subrayó la exclusión violenta de las niñas, lo cual implica una amenaza significativa o incluso la aniquilación de la seguridad en el ámbito educativo[900].

El Informe de 2006 adoptó un enfoque profundamente concentrado en la cuestión de la igualdad de género, examinando de manera minuciosa el contexto social y cultural de la discriminación de género. Se abordó la necesidad de universalizar la educación primaria, así como la situación de las niñas trabajadoras, el matrimonio, el embarazo y la maternidad, y las niñas pertenecientes a comunidades discriminadas. En dicho Informe se concluyó que parte del entramado del patriarcado arraigado en la sociedad descansa en los cimientos de una educación que excluye a las mujeres, estableciendo que "el sistema impone la supremacía de los hombres sobre las mujeres, aunque también determina estrictos roles para los hombres e incluso divide a los géneros en contra de sí mismos"[901] .

Se reconoció que el "sistema patriarcal", al mismo tiempo, impide la movilidad social y perpetúa la estratificación de las jerarquías sociales, generando indudablemente un impacto negativo en la realización de los derechos económicos, el desarrollo, la paz y la seguridad. Esto se debe a que el sistema controla los recursos económicos y configura valores sociales y culturales inherentemente injustos. La existencia de estos marcos sociales obsoletos, por ende, presenta obstáculos insalvables para lograr relaciones

---

900 *Ibid.*, párrs. 119-122.

901 Comisión de Derechos Humanos, "Los Derechos Económicos, Sociales y Culturales: El derecho a la educación de las niñas: Informe del Relator Especial sobre el derecho a la educación, Sr. V. Muñoz Villalobos", 2006, E/CN.4/2006/45, párr. 17.

igualitarias entre hombres y mujeres, privando, a su vez, el desarrollo de la personalidad humana según los estándares propuestos por la *Convención sobre la Eliminación de Todas las Formas de Discriminación contra la Mujer* y por el artículo 113 del *Pacto Internacional de Derechos Económicos, Sociales y Culturales.* Este marco social impone una jerarquización en todas las relaciones humanas, colocando a niñas y adolescentes en una desventaja muy marcada en situaciones específicas debido a su edad y género[902].

Sin embargo, la desigualdad no impacta de manera homogénea en todos los estratos sociales en los que se encuentran las mujeres y otros grupos discriminados. El patriarcado no se manifiesta como una estructura de opresión autónoma que busca exclusivamente la subordinación de las mujeres a los hombres. Más bien, se trata de un conjunto de opresiones diversas que se entrelazan y, al combinarse, oprimen aún más a las mujeres. Estas opresiones incluyen aspectos como el género, la raza, la etnia, la condición social, e incluso podría añadirse el factor religioso, que, aunque no fue mencionado en el Informe, pone de manifiesto que las mujeres son fácilmente susceptibles a una interseccionalidad de vulneración[903].

En el contexto de una realidad dominada por el patriarcado, se determinó que es más alto el gasto en asuntos militares que en la educación dedicada a las niñas, lo que se ve de manera sustancial en países de África, así como del sur y oeste de Asia. Se ha determinado que solo se destina un promedio igual o menor al 3,5% del producto nacional bruto a tal fin[904].

Al finalizar el año 2005, se constató que la meta de alcanzar la paridad de género, contemplada en los Objetivos de Desarrollo del Milenio, experimentó un fracaso en 94 de los 149 países sobre los cuales se dispone de información. Además, 76 países aún no habían alcanzado

---

902 *Ibid.*, párr. 19.

903 *Ibid.*, párr. 20.

904 Global Campaign for Education, “Girls can’t wait. Why girls education matters, and how to make it happen now”, Bruselas, 2005.

la paridad de género en la educación primaria, y las disparidades persistían especialmente en detrimento de las niñas y las adolescentes[905].

El empleo infantil en el ámbito doméstico, equiparable incluso a la esclavitud, acarrea repercusiones más severas para las niñas, quienes además deben afrontar otras manifestaciones interrelacionadas de violencia y exclusión. En cualquier caso, el trabajo infantil femenino cuenta con respuestas institucionales limitadas para proporcionar a las niñas un acceso efectivo y de calidad a la educación. El matrimonio, el embarazo y la maternidad son otros obstáculos al derecho a la educación.

En el año 2007 se determinó cómo se puede crear la discriminación múltiple, siendo las niñas y mujeres con discapacidad quienes sufren más discriminación que los niños u hombres con las mismas condiciones[906]. En este contexto, en periodos de emergencias, la disparidad y la discriminación se intensifican especialmente para los sectores marginados, incluyendo a niñas y mujeres, individuos con discapacidades, afectados por el VIH/SIDA, minorías étnicas, comunidades indígenas y migrantes, llevando a estos grupos a la discriminación múltiple[907].

La estrategia global para alcanzar la igualdad de género en la educación muestra ser insuficiente hasta ahora. En situaciones de emergencia, la literatura relevante se enfoca en los desafíos adicionales que enfrenta la paridad, surgidos de la mayor vulnerabilidad de las mujeres. Esto abarca problemas de seguridad e higiene y la falta de instalaciones sanitarias apropiadas en instituciones educativas, así como la escasez de profesoras y las responsabilidades domés-

---

905 Comisión de Derechos Humanos, "Informe anual del Relator... E/CN.4/2005/50, *opus cit.*, párrs. 58-59.

906 Consejo de Derechos Humanos, "El derecho a la educación de las personas con discapacidades: Informe del Relator Especial sobre el derecho a la educación, Vernor Muñoz", 2007, A/HRC/4/29, 2007.

907 Consejo de Derechos Humanos, "El derecho a la educación en situaciones de emergencia: Informe del Relator Especial sobre el derecho a la educación, Vernor Muñoz", 2008, A/HRC/8/10, párr. 88.

ticas impuestas a las niñas. La impactante situación de emergencia afecta de manera intensa a las niñas, considerando su histórica condición de víctimas de explotación y agresión, especialmente de índole sexual. Es esencial que las respuestas tempranas a emergencias desarrollen currículos adaptados a las necesidades y derechos particulares de las niñas. Avanzar en procesos integrales de protección para ellas, asegurando su seguridad en el trayecto hacia y desde la escuela, así como entornos libres de agresiones, resulta crucial. Estrategias para fomentar la asistencia a instituciones educativas deben ser implementadas, y colaborar con docentes se convierte en una necesidad imperativa para este propósito[908].

En materia de privación de libertad, se indicó que a las niñas no se les daba la misma oportunidad que a los niños en tales situaciones, acentuándose la discriminación de género en materia de educación; además, la educación que era dada a las niñas estaba basada en estereotipos de género y la misma era muy distinta a la ofrecida a los jóvenes[909].

En el año 2011, se reafirmó que la posición socioeconómica y el género emergen como elementos prominentes de exclusión en el ámbito educativo, afectando principalmente a las niñas y a aquellos que residen en condiciones de pobreza[910]. La UNESCO ha indicado que "las disparidades económicas y de género intensifican otras desventajas, privando a millones de niños de la oportunidad de acceder a la educación"[911]. Por su parte, en el Informe presentado por el Secretario General de la ONU indicó que era imperativo asegurar la asignación de recursos específicos destinados a abordar las causas fundamentales que generan la exclusión

---

908 *Ibid.*, párrs. 93 y 94.

909 Consejo de Derechos Humanos, "El derecho a la educación de las personas privadas de libertad: Informe del Relator Especial sobre el derecho a la educación, Vernor Muñoz", 2009, A/HRC/11/8, párr. 85.

910 Consejo de Derechos Humanos, "La promoción de la igualdad de oportunidades en la educación: Informe del Relator Especial sobre el derecho a la educación, Kishore Singh", 2011, A/HRC/17/29, párr. 29.

911 UNESCO, "Informe de Seguimiento de la EPT en el Mundo", 2010, p. 24.

educativa de grupos vulnerables como las niñas, aquellos que viven en condiciones de pobreza o con discapacidades, las minorías étnicas y lingüísticas, los migrantes y otros sectores marginados y desfavorecidos. La consideración de la implementación de medidas particulares para superar obstáculos significativos en el ámbito educativo, que incluyen la eliminación de las tarifas escolares y la provisión de subsidios para gastos adicionales tales como libros de texto, uniformes y transporte, se torna esencial[912].

En los años 2012 y 2013, la evaluación de la situación sobre el derecho a la educación con una visión de género pierde la fuerza que tenía, y como elemento innovador se puede señalar únicamente la mención a que "la violencia contra las mujeres y las niñas obstaculiza su derecho a la educación"[913]. Si bien, en la nota presentada por el Secretario General ante la Asamblea General de las Naciones Unidas este recomendó "empoderar a las mujeres y las niñas mediante el acceso equitativo a la enseñanza y la formación técnica y profesional"[914]. En adición, el Secretario General en el año 2013 transmitió a la Asamblea General el Informe del Relator Especial sobre el derecho a la educación, KISHORE SING, que indicaba que garantizar el ejercicio del derecho de las niñas a la educación emerge como un imperativo prioritario, dado el histórico tratamiento injusto que las mujeres han experimentado. Las niñas y mujeres, constituyendo la mayoría de aquellos privados de la educación, demandan una atención urgente y equitativa en este ámbito. Por lo tanto, un enfoque arraigado en los derechos humanos se erige como el motor propulsor para el derecho educativo de mujeres y niñas. Este enfoque, esencial para poner fin a las diversas formas de discriminación que afectan a este grupo demográfico, postula que la educación de las mujeres y niñas,

---

912 Asamblea General de las Naciones Unidas, *El derecho a la educación*, 5 de agosto de 2011, A/66/269, párr. 47.

913 Consejo de Derechos Humanos, "La justiciabilidad del derecho a la educación: Informe del Relator Especial sobre el derecho a la educación, Kishore Singh", 2013, A/HRC/23/35, párr. 56.

914 Asamblea General de las Naciones Unidas, *El derecho a la educación*, 15 de agosto de 2012, A/767/310, párrs. sobre "recomendaciones" 5-94.

por su naturaleza, debe ser considerada como un imperativo desde la perspectiva de los derechos humanos, trascendiendo así la mera contemplación de beneficios potenciales para los niños o la sociedad[915]. En todo caso, se recomendó a los Estados "prestar atención a la exclusión de las niñas y los grupos marginados"[916].

Resulta notable —o, más apropiadamente, preocupante— que en el Informe correspondiente al año 2014, donde se llevó a cabo la "evaluación del rendimiento educativo de los estudiantes y la implementación del derecho a la educación", no se haya efectuado una evaluación exhaustiva del derecho a la educación para demostrar si se han logrado avances significativos en dicho ámbito.

En el año 2015, en atención a los "efectos negativos" de la privatización en el apartado sobre los principios y las normas fundamentales que sostienen el derecho a la educación, en cuanto a la no discriminación se indicó que los procesos de privatización de la educación tenían impacto en la exclusión de las niñas del sistema, puesto que las familias preferían dar prioridad a la educación de los varones[917]. Para el año 2016, se determinó que la provisión de servicios educativos mediante la tecnología digital también puede incidir en las disparidades de género. En la contemporaneidad, en naciones en vías de desarrollo, la posesión y utilización de tecnologías de la información y la comunicación está notablemente más extendida entre hombres que entre mujeres. En otros Estados con ingresos bajos o medianos, la conectividad a Internet es aproximadamente un 25% menor para las mujeres en comparación con los hombres, llegando a alcanzar diferencias cercanas al 50% en determinadas áreas de la región subsahariana africana[918].

---

915 Asamblea General de las Naciones Unidas, *El derecho a la educación*, 9 de agosto de 2013, A/68/294, párrs. 63-64.

916 *Ibid.*, sección "recomendaciones", párr. d) 98.

917 Consejo de Derechos Humanos, "Protección del derecho a la educación contra la comercialización: Informe del Relator Especial sobre el derecho a la educación, Kishore Singh", 2015, A/HRC/29/30, párr. 57.

918 Consejo de Derechos Humanos, "Informe del Relator Especial sobre el derecho a la educación Kishore Singh", 2016, A/HRC/32/37, párrafo 41.

Teníamos muchos problemas comunes, y pocas diferencias en la manera de enfocarlos. Me alegré de que se me hubiera ocurrido la idea de hablar con ellos, porque sentí que aquella noche me iba a acostar con algunos prejuicios menos de los que abrigaba al levantarme, lo que siempre es digno de celebración. Quizá la sabiduría de un hombre no se mida tanto por las luces que adquiere, como por las sombras de las que acierta a despojarse en el camino de la vida.

LORENZO SILVA
La reina sin espejo

A las dictaduras les viene bien la mezcla de adoctrinamiento y analfabetismo que convierte a las personas en súbditos dóciles, en chusma para llenar las plazas y los graderíos de los estadios o los circos y, en caso necesario, en carne de cañón. La ciudadanía democrática no es posible sin la escuela, y por eso la instrucción pública, universal y rigurosa fue desde la Revolución Francesa un permanente sueño progresista. Lo que se es de nacimiento no se tiene que seguir siendo siempre; los mejores rasgos de una persona necesitan empeño y paciencia para desarrollarse; la misma condición humana es un proceso de aprendizaje, que empieza nada más nacer.

ANTONIO MUÑOZ MOLINA

Capítulo 15

El jardín árabe y la zona cero. El acceso al derecho a la educación, la alegoría de la ciudadanía democrática y el terrorismo integrista islámico

Este último capítulo pretende trasladar al lector algunas reflexiones en torno a la idea de ciudadanía democrática, la importancia para el desarrollo del acceso a la educación en los países del mundo árabe y cómo la ciudadanía de los países democráticos de Occidente responde a la amenaza cívica y de seguridad que representa el terrorismo islámico integrista internacional.

El hilo conductor tiene su origen en los atentados de Nueva York y Madrid, y prosigue a través de la reflexión de la función que el limitado acceso al derecho a la educación y la falta de libertades en los países árabes podría tener en estos acontecimientos, y de cómo se percibe la responsabilidad de los gobiernos del mundo árabe desde la óptica de la ciudadanía democrática occidental. Este ejercicio de intercambio de ideas fue escrito en 2007, cuatro años antes del estallido de la *Primavera árabe. Únicamente hemos actualizado* en 2024 algunos datos que permiten una mejor comprensión de la situación actual. Este intercambio *de* razones y visiones representa un diálogo crítico que permite comprender algunas de las situaciones fácticas e institucionales que coadyuvaron en 2011 a la búsqueda de un proceso de reclamación del reconocimiento de libertades y derechos y la exigencia de participación en la vida pública de cada país desde el principio de responsabilidad y transparencia.

15.1. EL INICIO DE UN NUEVO PERIODO DENOMINADO "GLOBALIZACIÓN"

La sociedad globalizada del siglo XXI representa una nueva y compleja etapa en la historia tras los positivos acontecimientos representados por la caída del muro de Berlín y el fin de la Guerra Fría como sistema político internacional de contención de bloques. Es un momento por definir; las claves de transición de este periodo histórico tratamos de evidenciarlas bajo términos "paraguas" tan amplios como los términos "globalización" o "posguerra fría". A pesar de estas dificultades de definición de hacia dónde se asienta este tiempo, la democracia y la libertad de mercado son principios cuasi homogéneos y aceptados unánimemente por la comunidad internacional como los principios políticos y económicos "deseables" en la vida política de un país, salvo las conocidas excepciones de países como Corea del Norte, Cuba y algunos países islámicos como Kuwait, Yemen, Arabia Saudita o Libia. Este espacio político y económico está siendo claramente condicionado de un modo paradigmático por tres situaciones objetivas que definen la sociedad internacional del siglo XXI.[919]

[919] Transcurridos 15 años desde que se presentó este diálogo de El Jardín Árabe, dos países, Rusia y China, con el apoyo de regímenes autoritarios en diversas regiones del planeta, han iniciado una agenda estratégica propia con el objeto de conformar una categoría nueva en torno al concepto de democracia y derechos humanos, lo que afectará irreversiblemente a la eventual conceptualización del Estado de derecho. A tal fin, han adoptado la *Declaración conjunta de la Federación Rusa y de la República Popular China sobre la entrada de las relaciones internacionales en una nueva era y el desarrollo global sostenible.* Véase el Análisis de Andrea Rizzi, María R. Sahuquillo, Macarena Vidal Liy en "La crisis ucrania emerge como símbolo del nuevo orden mundial que abanderan Xi y Putin",El País, 16 de febrero de 2022, disponible en https://elpais.com/internacional/2022-02-16/la-crisis-ucrania-emerge-como- simbolo-del-nuevo-orden-mundial-que-abanderan-xi-y-putin.html. Asimismo, véase "Beijing and Moscow unite in efforts to redefine democracy itself", 6 de febrero de 2022, N P R , Washington, D.C , disponible en: https://

La primera, de carácter político, está representada por la contradicción entre la dinámica de la globalización y el nuevo empuje de los nacionalismos; la segunda, de carácter económico y de justicia social, hace referencia a las diferencias entre países desarrollados y en vías de desarrollo, cuyos niveles de pobreza-bienestar se han alejado más, en lugar de generar un equilibrio más equitativo de la riqueza y el progreso entre países y, en tercer y último lugar, la irrupción de un nuevo terrorismo internacional. Estos dos últimos aspectos —inequidad del bienestar y terrorismos— son ámbitos íntimamente relacionados con el concepto de "seguridad humana". Veamos brevemente los tres aspectos mencionados:

a) Si bien la globalización es sinónima de aproximación, convergencia y realidad global única, estos caracteres quedan reducidos a la esfera económica y del comercio internacional. Como apunta JOSEPH S. NYE[920], en contra de lo que la globalización invitase a pensar, el fenómeno del nacionalismo ha sobrepasado la fuerza integradora de cooperación que conlleva la primera. Ejemplo de ello es la existencia de apenas 60 países hace 70 años, mientras que hoy en día la comunidad internacional está conformada por casi doscientos Estados. Hecha esta observación, los Estados, al igual que desde la Paz de Westfalia en 1648, son quienes con mayor determinación y presencia vertebran la sociedad internacional, junto con los demás actores internacionales —organizaciones internacionales, el individuo, organizaciones no gubernamentales, movimientos de liberación nacional, multinacionales, etc.—, que complementan a los Estados en la realización y desarrollo de las relaciones internacionales. Una parte muy relevante de las instituciones jurídicas y políticas, tales como el Estado-nación europeo creado en el siglo XIV y los principios y sistemas filosófico-políticos occidentales —como el sistema político-jurídico

---

www.npr.org/2022/02/06/1078432575/beijing-and-moscow-unite-in-efforts-to-redefine-democracy-itself

920 NYE, J. S. JR., *Understanding international conflicts*, Longman Classics, Nueva York, 2005, pp. 5 y *ss*.

del periodo de la República romana, creada hace 2.500 años—, han sido asumidas de manera generalizada por parte de la comunidad internacional[921].

No obstante, el *desideratum* de la implantación de la democracia como régimen político es una mera declaración de intenciones, sin reflejo real en los Estados que conforman la comunidad internacional. La existencia de un régimen democrático real implica el cumplimiento veraz de los siguientes caracteres: una división real de los poderes del Estado que permita un control entre los mismos (*checks and balances*); el respeto de los derechos humanos; unas elecciones libres, plurales y periódicas; la existencia de un Estado de derecho y, finalmente, un poder soberano representado por el pueblo, constituido por una ciudadanía de hombres y mujeres libres en igualdad de derechos.

---

921 Es ciertamente interesante comprobar que el modelo actual democrático fue conceptualizado en el siglo VI antes de Cristo durante el periodo republicano de Roma. SELLERS realiza una identificación preclara y concisa de las características de la democracia republicana romana: *"The first self-consciously "republican" ideology originated in the senatorial opposition to Gaius Julius Caesar, and implies a procedural commitment to certain "republican" political and legal institutions, usually attributed to Rome's republican constitution of 509-49 BC. The basic desiderata of a republican government, as articulated in the republican legal tradition derived from Rome, is to secure government for the common good through the checks and balances of a mixed constitution, comprising a sovereign people, an elected executive, a deliberate senate, and a regulated popular assembly, constrained by an independent judiciary, and subject to the rule of law. Some republicans would add representation, the separation of powers, or equality of material possessions, to protect the public liberty (libertas) and avoid Rome's eventual descent into popular tyranny and military despotism. Republican liberty signifies subjection to the law and to magistrates, acting for the common good, and never to the private will or domination "dominatio" of any private master".* Ver SELLERS, M. N. S., *Republican Legal Theory: The history, Constitution and purposes of Law in a Free State*, Palgrave, Londres, 2003, p. 6. Sobre la república y el modelo democrático de Roma, ver CICERÓN, *opus cit.*

De acuerdo con el Índice desarrollado por *Economic Intelligence Unit* en 2023[922], de los casi 200 Estados que forman parte de la comunidad internacional, 24 de ellos podrían ser reconocidos como "democracias puras", 50 como "democracias defectuosas" —quedando excluidos aquellos que proyectan la imagen de democracias pero que distan de serlo, tales como la Federación Rusa, Marruecos, Egipto, Cuba, China, etc.—, 34 como "regímenes híbridos" y 59 como "regímenes autoritarios".

b) El siglo XXI refleja una dinámica internacional de ahondamiento y diferenciación entre espacios de bienestar y desarrollo, y áreas de pobreza y no futuro. Esto significa un aumento de vulnerabilidad para los individuos y comunidades, así como una amenaza a su seguridad humana. "Seguridad Humana"[923] (*Human Security*) hace referencia al concepto acuñado por el PNUD (Programa de Naciones Unidas para el Desarrollo) en 1994, y se construye en torno a la idea de la seguridad necesaria para la protección de las amenazas a la vida humana, a su sustento y dignidad, y de todo aquello que pone en riesgo el pleno potencial de

---

922 Véanse Economic Intelligence Unit, "Democracy Index 2023: Age of conflict", 2023, disponible en: https://static.poder360.com.br/2024/02/estudo-indice-de-democracia-2023-economist.pdf; y Freedom House, "Freedom in the world 2024: The Mounting Damage of Flawed Elections and Armed Conflict", 2024, disponible en: https://freedomhouse.org/sites/default/files/2024-02/FIW_2024_DigitalBooklet.pdf

923 Ver Okubo, S., "Seguridad Humana", en González Ibáñez, J. (Coord.), *Derechos Humanos, Globalización y Relaciones Internacionales*, Gustavo Ibáñez-Universidad Alfonso X el Sabio, Madrid, 2006; y Commission on Human Security, "Human Security Now", 2003: *"The Commission on Human Security (CHS) has further clarified the concept as one that focuses on the individual and seeks protection from threats to human life, livelihood, and dignity, and the realization of full potential of each individual. Human security addresses both conflict and developmental aspects including displacement, discrimination and persecution of vulnerable communities as well as insecurities related to poverty, health, education, gender disparities, and other types of inequality".*

desarrollo como individuos[924]. Estas amenazas pueden proceder de conflictos humanos y desastres naturales, cuestiones asociadas al desarrollo y demás desequilibrios generados por la pobreza, incluidos desplazamientos, discriminación y persecución de comunidades vulnerables.

Las diferencias de riqueza y desarrollo entre países suponen una amenaza a la seguridad humana. En términos de PIB y acceso a la educación y sanidad, es decir, de desarrollo económico y bienestar social, las diferencias entre el mundo desarrollado y el mundo pobre se han hecho más profundas, de manera que también han acarreado una mayor radicalización, vulnerabilidad y debilidad entre los países pobres[925]. Las cifras son alarmantes y no nos permiten ser muy positivos ni alabar las bondades del proceso de globalización, pues en los últimos treinta años la tendencia no

---

924 El PNUD lanzó el concepto de "Seguridad Humana" en el "Informe sobre Desarrollo Humano" de 1994. Se identificaron siete dimensiones interrelacionadas: seguridad económica, seguridad alimentaria, seguridad sanitaria, seguridad medioambiental, seguridad comunitaria y seguridad política. De acuerdo con el mencionado Informe en su p. 22: *"Human security is a child who did not die, a disease that did not spread, a job that was not cut, an ethnic tension that did not explode into violence, a dissident who was not silenced"*. En *Poverty Trends* y NARAYAN, D. y Autores Varios, *Voices of the Poor*, The World Bank, Washington, 2000, un búlgaro dice: "Security is knowing what tomorrow will bring and how we will get food tomorrow". La "Seguridad Humana" también se concibe como la garantía de "risk reduction, removing insecurity, or reducing vulnerabilities" (Nef, 1999; UNDP and EC, 2000). Véase MANI, D., *Human Security: Concepts and definitions*, United Nations Center for Regional Development (UNCRD), 2002.

925 MILLER advierte que en los últimos 30 años la longevidad de los países más pobres ha pasado de 46 a 63 años, la alfabetización del 20 al 60% y las estadísticas, desde la perspectiva macroeconómica, resultan positivas. Sin embargo, según la Organización de Naciones Unidas, un 25% de la población mundial acapara el 80% de la riqueza, mientras que el 75% de la población solo tiene acceso al 20% de la producción mundial. Además, 60.000 personas mueren al día a causa de enfermedades curables relacionadas con la pobreza.

ha sido la disminución de la brecha entre ricos y pobres, sino que, por el contrario, esta cada vez es más amplia, en especial desde 1990[926]. Esto supone que la distribución del bienestar y la riqueza cada vez es menos equitativa y ni el comercio mundial, ni las organizaciones internacionales han realizado logros que alteren esta tendencia. La propensión es que cada vez los pobres son más pobres y los ricos más ricos[927]. Como señala MILTON FRIEDMAN[928], frecuentemente, aquello que llamamos "países en desarrollo" son países que en la práctica no realizan tal acción.

"NO se desarrollan". FRIEDMAN advertía que de la lectura del *Informe del Banco de Desarrollo 1999-2000* —una década después de la caída del muro de Berlín y el fin de la Guerra Fría— se infiere que, en países como Uganda, Etiopía o Malawi, ninguna mujer u

---

926 Ver MILLER, M., "The Treta and Promise of Globalization: ¿Can it be Made to Work for a Brighter Future?", en ROTBLAT, J. (Ed.), *World Citizenship: Allegiance to Humanity*, McMillan Press Ltd., 1997; y PNUD, "Informe anual sobre Desarrollo Humano", 1999. Este mismo informe reflejaba que una de cada 5 personas que vivían en el planeta lo hacía en condiciones de absoluta pobreza; este umbral se establece en aquellos casos en los que una persona vive con menos de un dólar al día. Otro dato reflejado en el informe hacía referencia a la renta per cápita media de los países pobres, que no superaba los 400 dólares estadounidenses, mientras que en los países desarrollados esta era superior a 22.000 dólares estadounidenses. ¡Superior en más de 50 veces!

927 Algunos autores como T. L. FRIEDMAN señalan que la globalización ha abierto las opciones para sumarse al progreso y al desarrollo, como muestran los indicios de los últimos años en países como India. Ver FRIEDMAN, T. L., *The world is flat. A brief story of the 21st Century*, Farrar, Straus and Giroux, Nueva York, 2005. Ver también BAHQWATI, J., *In defense of Globalization*, Oxford University Press, 2004.

928 Esta tendencia se constata no solo entre diferentes Estados sino dentro de un mismo Estado. Incluso en los Estados considerados como "más desarrollados" las desigualdades entre pobres y ricos van en aumento. Como constataba el *International Herald Tribune*, de 19 de abril de 1995: "El 1 por 100 de las personas más ricas controlan alrededor del 40 por 100 de la riqueza nacional de Estados Unidos". *Vid.* HOBSBAWM, E., *Age of extremes. The short twentieth century, 1914/1991*, Pantheon, Nueva York, 1994.

hombre puede esperar vivir más allá de la edad de 45 años, o por ejemplo, en Sierra Leona el 28% de todos los niños mueren antes de cumplir 5 años o, que en la India más de la mitad de los niños sufren malnutrición y, como último ejemplo, en Bangladesh solo la mitad de los adultos varones y algo menos de un cuarto de las mujeres pueden leer y escribir. En la mayoría de los países más pobres, la combinación de escasos recursos e ingresos mínimos, junto con gobiernos incompetentes y corruptos, crean situaciones extremas. De los cincuenta países con renta más baja en 1990, veintitrés de ellos tienen hoy todavía rentas por debajo de 1990, y de los veintisiete que lograron realizar algún progreso, el aumento anual solo fue del 2,7%. A tal ritmo, les llevará unos setenta y nueve años alcanzar el nivel de ingresos de Grecia, el país más pobre en 2003 (menos rico) de la Unión Europea.

c) El terrorismo internacional es un factor que amenaza objetivamente el concepto de "seguridad humana" expuesto en el punto anterior. El "nuevo" terrorismo internacional se presenta ahora redimensionado por la era mediática y el uso de nuevas formas de agresión —uso de medios civiles y no estrictamente militares como las aeronaves civiles con pasajeros— y, sobre todo, relevante y preocupante, ya que su fuerza surge precisamente de la utilización de los factores popularizados por la globalización, tales como la popularización de las comunicaciones a escala planetaria, el transporte accesible y económico y una interconexión entre naciones, habitantes e intereses jamás producida en la historia a nivel planetario, que ha supuesto en muchos casos la atomización del planeta. Si bien, contemporáneamente, las distancias y diferencias culturales, filosóficas y religiosas siguen tan profundas e incólumes como siglos atrás. El periodista del *New York Times*, THOMAS L. FRIEDMAN[929], señala que la globalización tiene la capacidad de proporcionar poder y de redimensionar las capacidades

[929] Véase el análisis realizado por FRIEDMAN al conocido libro de STIGLITZ, J., *Globalization and its discontent*, Norton, 2002, en FRIEDMAN, M., "Globalization: Stiglitz´s Case", *New York Times Review of Books*, 2002.

de acción de los individuos —*empower individuals*— de una manera nunca contemplada en la historia de la Humanidad, gracias al acceso a los nuevos avances científicos y tecnológicos popularizados en la sociedad civil. Nos referiremos a la práctica del terrorismo internacional subyacente a los atentados de Nueva York, Madrid y Londres, en particular, al terrorismo islámico internacional —que denominaremos "terrorismo integrista"—[930], sin por ello dejar de asumir y reconocer la existencia de otros integrismos religiosos y categorías de terrorismo de Estado apuntadas por diversos autores, entre ellos NOAM CHOMSKY[931].

15.2. LA RELACIÓN ENTRE EDUCACIÓN, POBREZA Y TERRORISMO

Nos hallamos ciertamente en un momento de transición, prólogo de incertidumbres de un terrorismo global que se ha incorporado a nuestra realidad social e histórica. Tras los atentados del 11 de septiembre en Estados Unidos y, en particular, desde la perspectiva europea tras la barbarie de los atentados de Madrid del día 11 de marzo de 2004 y los ataques del 7 de julio de 2005 en Londres, las sociedades y Estados europeos sienten la amenaza

---

930 FRIEDMAN, *Longitudes and attitudes... opus cit.*, Preámbulo.

931 Siguiendo a DANIEL BÉRESNIAK, para evitar la estigmatización que podría provocar el uso del concepto "terrorismo islámico" en parte de los moderados practicantes de la fe del islam, por motivos semánticos y en aras de una mayor precisión denominaremos a este tipo de terrorismo islámico "terrorismo integrista", siendo conscientes de la existencia de otros terrorismos integristas practicados por otras identidades religiosas. *"D´où vient le mot "intégrisme": Le mot est né dans les milieux catholiques français au début du XX siècle. Il a été créé par les partisans de l´ouverture de l´Église au monde moderne pour désigner les catholiques hostiles aux idées des Lumières, au libéralisme et à la laïcité. D´emblée, ce mot se veut péjoratif et s´inscrit dans une polémique. Ceux qu´on appelait, sous Pie X, intégralistes, se désignaient eux-mêmes comme "catholiques intégraux""*. Ver, BÉRESNIAK, D., *Les integrismes: Idéologie du délire paranoïaque,* Jacques Grancher Éditeur, París, 1998, p. 15.

lesiva de sus libertades, derechos, seguridad y de su sistema cívico plural.

El terrorismo internacional que tiene como objetivo Occidente —de manos de Al Qaeda, Yihad Islámica u otra forma terrorista violenta de reivindicación de objetivos políticos o religiosos integristas— amenaza primero al individuo, luego a la sociedad y, tras esta, a la idea de "Estado moderno occidental". La amenaza del terrorismo significa también una limitación severa a la realización práctica del contenido de políticas democráticas basadas en una tolerancia cívica activa, a la integración democrática y a una educación libre y plural que refuerce la idea de responsabilidad democrática de los ciudadanos. La educación ciudadana forja un universo de convivencia política plural y democrática, con valores que pertenecen al universo de la justicia, que es el quicio de la ética ciudadana y de la convivencia democrática y tolerante[932].

La educación es una responsabilidad pública; es una preocupación de toda la sociedad, pues nuestra seguridad democrática va en ello. Las sociedades democráticas educan en defensa propia[933]. Las garantías que la educación brinda nos permiten no solo ser personas en toda nuestra dimensión humana, sino también cívica (*cives*) y participativa (*polite*). Además, la educación nos construye internamente puesto que nos modela en torno a los valores de libertad, respeto a lo ajeno y equidad, que son al mismo tiempo la

---

932 De especial interés en lo que respecta a los otros terrorismos resulta el denominado "terrorismo de Estado", y como ejemplo paradigmático el que relata CHOMSKY a colación de la decisión adoptada por la Administración Clinton en agosto de 1998 de destruir la planta farmacéutica de Al Shifa en Sudán, generando miles de víctimas civiles en los meses posteriores como consecuencia de la destrucción de la misma y del bloqueo internacional. Ver en CHOMSKY, N., *11 S*, Open Media Book, 2001; y del mismo autor, *Understanding Power: The indispensable Chomsky*, Schoeffel Editor, The New Press, Nueva York, 2002.

933 Ver, CORTINA, A., *Ciudadanos del mundo. Hacia una teoría de la ciudadanía*, Alianza, Madrid, 1997; y "Educar en una ciudadanía justa", *El País*, 20 de junio de 2006.

supervivencia de un modelo cívico y humano[934]. Con la educación forjamos la garantía de la comunidad democrática, y de simple individuo nos incorporamos a la condición de miembro activo de la comunidad: somos ciudadanos.

El acceso a la educación nos facilita la base de nuestra cultura; la acción humana que asienta los fundamentos para que los individuos de una sociedad civil sean conscientes de quiénes son y del lugar que ocupan, conozcan sus derechos y sus deberes, adquieran capacidad de juicio, criterio y decisión; aptitudes que hacen a los individuos más preclaros, más justos. La educación eleva el nivel de inteligencia del ser humano y lo hace más clarividente frente a su propio comportamiento y el de los demás, es decir, lo hace apto para la vida en común, para la vida civil y pública. En las sociedades modernas, no solo el hombre que puede participar en la educación (ser instruido) puede ser más libre y tener capacidad de opción, sino que precisamente la educación complementa al hombre en su dimensión humana y espiritual, permitiéndole desarrollar las capacidades y valores que solo un proceso progresivo y complejo como la educación puede proveer. La educación torna al súbdito en hombre ciudadano responsable de su destino[935].

Desde las Naciones Unidas y su organismo especial para la educación, la cultura y la ciencia —UNESCO— se promueve una educación democrática que fortalezca el entendimiento mutuo y la tolerancia. Las escuelas primarias y la educación, en un mundo que suspira por salir del subdesarrollo en el que está inmerso, no tienen únicamente como objetivo producir trabajadores que

---

934 SAVATER, F., *Los caminos para... opus cit.*

935 En su obra clásica sobre la educación y la cultura griega *Paideia*, JAEGER nos aporta una extraordinaria reflexión sobre la importancia del respeto al extranjero en la formación humanista del hombre griego: “La educación es una función tan natural y universal de la comunidad humana (…) su rastro es relativamente tardío entre los griegos, en los orígenes revistió la forma de mandamientos: honra a los dioses, honra a tu padre y a tu madre, respeta a los extranjeros (…)”, en JAEGER, *opus cit.*, p. 19.

puedan competir en la economía mundial, sino fundamentalmente lograr la transformación de individuos en ciudadanos y la capacitación de personas instruidas en el respeto de los derechos humanos y receptores de la educación que aleje el espectro de la pobreza y la exclusión social en el mundo interrelacionado y globalizado[936].

Como subraya FREIRE, en su obra *La naturaleza política de la educación*, esta no solo nos servirá a los ciudadanos como el mecanismo que permita a la sociedad civil organizar y controlar la función del Estado, sino que será la fórmula política y de integración humana primaria[937]. Sin educación y conquista de los valores comunes en la sociedad democrática, los pilares del desarrollo y la conciencia democrática se desvanecen en la pobreza y en la negación del futuro. Y, justamente, la educación es sin duda uno de los vocablos más poderosos del diccionario de la Ciudadanía y de las Políticas de las sociedades democráticas. Como recordaba ANTONIO MUÑOZ MOLINA, la educación "es el único y verdadero antídoto contra la pobreza"[938]. La pobreza —material e intelectual— y la limitación de las libertades políticas constituyen las claves para entender el terror y la marginalidad que subyace en los actos de barbarie de los terroristas.

---

936 Sobre la función de la educación en la construcción del Estado liberal y democrático véanse GONZÁLEZ IBÁÑEZ, J., *Educación y Pensamiento republicano cívico*, Germanía, Valencia, 2005; y las obras fundamentales de este pensamiento: MAQUIAVELO, *Tutte le... opus cit.*; ROUSSEAU, *Emilio... opus cit.*, y también del autor ginebrino, *Cartas a... opus cit.*, y *El Contrato... opus cit.*; CONDORCET, *Informe y proyecto... opus cit.*, y del mismo autor *Cinq mémoires... opus cit.*, y *Esquisse... opus cit.*

937 Ver "World Declaration on Education for All and Framework for Action to Meet Basic Learning Needs", documento elaborado en 1990 a propósito de la *Conferencia de Jomtien*; y "The Dakar Framework for Action: Education for All: meeting our collective commitments", documento elaborado en el año 2000 a propósito de la *Conferencia de Dakar*.

938 FREIRE, *opus cit.*, pp. 31 y *ss.*

Cuando este nuevo terrorismo integrista islámico actúa en Occidente —sobre la ciudadanía de un país occidental—, más allá de causar la destrucción de la vida y de nuestra seguridad, lo que sobre todo busca es desplazar y contextualizar sus escenarios vitales más inmediatos a sus víctimas y a la comunidad a la que dirige sus ataques; entre los efectos buscados con el terror se trata de trasladar —"trasterrar"— el desaliento y la marginalidad de conjunto que sufren las sociedades de sus países de origen. Sociedades que ofrecen a la inmensa mayoría de sus ciudadanos horizontes plenos de desesperanza, de angustia por la ausencia de bienestar y de NO FUTURO.

Es ese el motivo de su carácter letal y del daño más nocivo para las sociedades abiertas europeas; sociedades cuyos miembros, desde la Ilustración a finales del siglo XVIII, estamos impregnados de un elemento, curiosamente, irracional: el optimismo, la fe en el progreso y que, como los primeros ilustrados y enciclopedistas, gracias a la educación —pensamos todavía hoy— es posible la transformación y la invención de una sociedad cuyos miembros progresen, que sea más justa y con menores desigualdades. La idea de progreso y evolución social equitativa basada en la voluntad y determinación humana era el lema —trascurrido más de un siglo desde la Revolución Francesa— proclamado por algunos intelectuales de la II República española, años antes del inicio de la Guerra Civil en 1936. Entre ellos, el poeta ANTONIO MACHADO y su verso "hoy es siempre todavía, toda la vida es ahora" contenía todo el espíritu de la Ilustración y de la libertad cívica republicana

No es un hecho irrelevante que el germen del terrorismo fundamentalista islámico surja en los espacios de mayor limitación de las libertades y del acceso a la educación[939]. Entre otras instituciones, la Unión Europea y la UNESCO han señalado la falta

---

939 Véase la conferencia pronunciada por ANTONIO MUÑOZ MOLINA: "La disciplina de la imaginación" en el ciclo de conferencias del Grupo Santillana "La educación que queremos", Madrid, 22 de septiembre de 1998.

de acceso a la educación como una de las cuestiones claves en el desarrollo en el mundo árabe[940].

El terrorismo no es una respuesta ni a las pocas oportunidades económicas ni de ignorancia individual, pero ciertamente tiene que ver con condiciones políticas de opresión y sentimientos de poca dignidad y frustración, asociados a la marginalidad y a la dificultad material de desarrollo en el conjunto de una comunidad.

En esta línea, ALBERTO ABADIE, de la Universidad de Harvard[941], afirma que las probabilidades de terrorismo no son mayores en los países pobres, sino que lo determinante son los niveles de libertad política de la ciudadanía, asociados a ciertos condicionamientos geográficos. Por su parte, los profesores JITKA MALECKOVA y ALAN

---

940 Desde la perspectiva democrática occidental, no existe actualmente ningún país democrático en el mundo árabe, siendo el pueblo palestino la comunidad política que ostenta mayores libertades públicas y donde la mujer alcanza mayores niveles de igualdad respecto del hombre. Para la situación de la educación en el mundo árabe, véase PNUD, "Informe sobre Desarrollo Humano 2021/2022... *opus cit.*; así como UNICEF, "Informe Anual de UNICEF 2022: Para cada infancia, todas las oportunidades", 2023, sobre el acceso a la educación básica elemental en el mundo y, muy en particular, de los países norteafricanos (Magreb y Mashrak) y de Oriente Próximo.

941 Véase UNESCO, "La Educación para Todos en los Estados Árabes: Marco de Acción para Satisfacer las Necesidades Básicas de Aprendizaje en los Estados Árabes", 2000, adoptado en la *Conferencia Regional de los Estados Árabes sobre Educación para Todos* celebrada en El Cairo, Egipto, en enero del año 2000. Este texto, firmado por todos los países árabes, reconocía la existencia de 68 millones de analfabetos, gravísimas deficiencias en la educación primaria y secundaria y una elitista y deficitaria educación superior. En la Resolución del Consejo de la Unión Europea y de la Comisión Europea sobre *Consolidación de la colaboración de la UE con el mundo árabe*, de 4 de diciembre de 2003, se señalaba a la educación como pieza clave en el refuerzo de las relaciones con los países árabes y como instrumento "fundamental para mejorar las perspectivas de desarrollo de los países árabes en el mundo".

KRUEGER[942], de las Universidades de Praga y Princeton, respectivamente, sugieren que no hay una relación directa entre pobreza, educación y participación en acciones terroristas, concluyendo que es aventurado formular una conexión directa entre los tres fenómenos. Lo que sí es relevante es que el terrorismo no es una respuesta a pocas oportunidades económicas o una consecuencia de la ignorancia, sino que tiene que ver con condiciones políticas y sentimientos de poca dignidad y frustración. Es decir, como señalábamos arriba, rebeldía e indignación por el NO FUTURO.

Es evidente que la inversión en educación es crucial para el crecimiento económico, la mejora de la salud y el progreso social. Además, el sistema institucional internacional y los países industrializados son los principales apoyos de los países pobres para erradicar la pobreza. Lo que no está claro es si unos niveles bajos de educación y altos de pobreza en los países árabes e islámicos llevan a determinadas personas a cometer actos de terrorismo.

15.3. LA SOCIEDAD CIVIL COMO OBJETIVO DEL TERRORISMO INTEGRISTA: EL *POST* 11 DE SEPTIEMBRE Y EL *POST* 11 DE MARZO DE LA CIUDADANÍA ESTADOUNIDENSE Y EUROPEA

Los atentados del 11 de marzo de 2004 de Madrid y del 7 de julio de 2005 en Londres tuvieron como objetivos, al igual que en Nueva York, a ciudadanos libres de países democráticos con una amplia diversidad política y una gran riqueza cultural y social. Fueron atentados dirigidos a dos ciudades dinámicas y vitales. La argumentación final del porqué de Madrid y Londres fue dada a conocer por los responsables intelectuales de los actos terroristas, indicando que los gobiernos de ambos países —gobiernos del Sr.

---

942 ABADIE, A., "Poverty, Political Freedom, and the Roots of Terrorism", *American Economic Review*, Vol. 96, No. 2, 2006.

Aznar y del Sr. Blair— habían apoyado activamente a Estados Unidos durante la invasión de Irak.

Si bien esta justificación solo es admisible desde la lógica del terrorista fundamentalista, sí se advierten interesantes diferencias en cuanto a cómo la ciudadanía de estos dos países europeos, ambos miembros de la Unión Europea, respondió a estos ataques que amenazaban sus libertades civiles[943] en comparación con la respuesta estadounidense expansiva acción bélica. Podría parecer

---

[943] MAKECKOVA, J. y KRUEGER, A., "Education, Poverty and Terrorism: Is There a Causal Connection?", *Journal of Economic Perspectives,* Vol. 17, No. 4, 2003; y "The Economics and Education of Suicide Bombers: Does Poverty Cause Terrorism?", *The New Republic,* 2004. MAKECKOVA y KRUEGER realizaron un análisis sobre la muestra de datos provenientes de una encuesta realizada por un centro de investigación palestino sobre personas que apoyan ataques terroristas en Israel. Los datos indican que el apoyo a los ataques violentos no disminuye en personas con niveles más altos de educación e ingresos y mejores estándares de vida. También se incluía un análisis estadístico sobre las determinantes de participación en actividades terroristas basado en datos recogidos sobre el grupo terrorista *Hezbollah* en el Líbano. Su análisis sugiere que los niveles de educación y pobreza no predicen la participación en *Hezbollah.* Al contrario, según el estudio, tener un estándar de vida por encima de la línea de pobreza o una educación media o superior se asocia positivamente con la participación en *Hezbollah.* Simétricamente, el estudio presenta un grupo de judíos fundamentalistas colonos involucrados en actividades terroristas en territorios palestinos ocupados cuyos perfiles eran de individuos con profesiones y desempeño de trabajos bien retribuidos, habiendo cursado todos ellos estudios de educación superior, esencialmente educación universitaria. Es decir, podemos afirmar que no hay una relación directa entre pobreza, educación y participación en actos violentos de terrorismo de manera individual; individuo terrorista por individuo terrorista. No obstante, mientras la situación económica puede no estar asociada al terrorismo a nivel personal, la situación económica endémica si podría importar a nivel nacional. Por ejemplo, si un país es pobre, un grupo puede hacer terrorismo para intentar mejorar las condiciones para sus compatriotas. Sin embargo, esta afirmación se debilita al identificarse la existencia de terrorismo —como señala el trabajo— en países ricos como España, Irlanda e Italia.

aventurado presentar un análisis de la respuesta civil y jurídica a la amenaza terrorista *Unión Europea vs. Estados Unidos*, pero pueden ser ilustrativos los modelos activos de ambas ciudadanías libres e instruidas en sistemas democráticos occidentales, representando países con un legado histórico, cultural y político muy diferente; básicamente la de Estados europeos que fueron imperio y ya no lo son —España y Reino Unido—, y la de Estados Unidos, nación sin antecedentes históricos de autoritarismo (*no historical authoritarian background*) —al menos en la vida política y constitucional nacional (*domestic vs. international*)— que perdura como una democracia liberal que, como señala STANLEY HOFFMAN[944], es ahora imperio y se siente amenazada en su territorio por primera vez.

La Unión Europea es una organización internacional de carácter supranacional e integrador que ha asumido competencias de los Estados miembros, pero no es ni un Estado, ni una nación como lo es Estados Unidos, Reino Unido o España. En su conjunto, la Unión Europea busca crear un espacio de paz y bienestar, vertebrado sobre la libertad, la seguridad y la justicia; en una economía de mercado libre, dinámica y plural, que potencia el desarrollo de un mercado interior importante y la libre competencia entre los operadores económicos. Esta perspectiva de desarrollo económico viene matizada por la aplicación de políticas de desarrollo sostenible que integren los aspectos económicos, sociales, medioambientales, el progreso científico y técnico, la justicia y la protección social. El principio de solidaridad interterritorial entre los Estados miembros trata de garantizar la cohesión social y económica de las sociedades europeas. Como indicaba uno de los padres fundadores de las Comunidades Europeas, JEAN MONNET, el 30 de abril de 1953: "No coaligamos Estados, sino que unimos hombres"[945].

---

944 GONZALEZ IBÁÑEZ,J., "Constitución europea y ciudadanía democrática", en Autores Varios, *Globalización, integración económica y derechos humanos*, Universidad Sergio Arboleda, Bogotá, 2005.

945 STANLEY HOFFMAN realizó un análisis crítico sobre el estado de erosión del modelo de la democracia liberal estadounidense tras la elección

La Unión Europea es una fórmula política de paz que ha permitido a los Estados miembros dejar atrás la atrocidad de la guerra y la confrontación entre europeos y proclamar el *Nunca más* de las atrocidades surgidas en suelo europeo de manos de la Alemania Nazi. Esta fórmula ha permitido uno de los periodos más longevos de paz (desde 1950 hasta ahora) en la historia de Europa occidental desde el fin de las guerras de religión europeas que concluyeron con la firma de la Paz de Westfalia en 1648.

En febrero de 1945, PRIMO LEVI, ciudadano italiano judío, narraba entre el hambre y el dolor de la enfermedad cómo desde las ventanas de la enfermería de Auschwitz, una sombra de jinete entraba en el recinto del campo de exterminio (*Verninstunlager*)[946].

Aquel jinete portaba en su gorra de soldado la estrella roja del ejército soviético, que venía a liberar la maquinaria de exterminio

---

del ex presidente George W. Bush en 2001: *"The US remains a liberal democracy, but those who have hoped for progressive policies at home and enlightened policies abroad may be forgiven if they have become deeply discouraged by a not-so-benign soft imperialism, by a fiscal and social policy that takes good care of the rich but shuns the poor on grounds of a far from "compassionate conservatism," and by the conformism, both dictated by the administration and often spontaneous among the public, that Tocqueville observed 130 years ago (…)"*, HOFFMAN, S., "America Goes Backward", *The New York Review of Books*, Vol. 50, No. 10, 2003.

946 Hablar de "construcción europea" es hablar de la conquista del modelo del Estado social de Derecho, así como de la defensa del modelo social europeo. Modelo que tiene su figura de referencia en el papel y el valor otorgado a la ciudadanía de los europeos. Por tal motivo, el ciudadano, en tanto que soberano europeo y objeto del proceso de construcción comunitaria, es quien desde la fundación de la Unión Europea por el Tratado de Maastrich ha centrado el referido proceso. A partir de la década de 1990, Europa ha orientado su eje hacia la realidad política de la integración política y ciudadana, tratando de acompasar su relevancia a la de la realidad mercantil y comercial de la Unión Europea. De un modo ilustrativo, se habla de la evolución de la Europa de los mercaderes hacia la Europa de los ciudadanos. WEILER, J. H. H. y WIND, M., *European constitutionalism beyond the state,* Cambridge University Press, 2003.

nazi. En febrero de 2005, jefes de Estado y de Gobierno de varias naciones involucradas en la Segunda Guerra Mundial entonaban el *Nunca más* y la necesidad de garantizar el fortalecimiento de la democracia, la sociedad civil y el respeto de los derechos humanos. Ha sido en Europa —en la vieja Europa— donde tienen su origen los actos más viles y terribles de la historia de la Humanidad, encarnados en la Primera y Segunda Guerra Mundiales y, en especial, en la perpetración del genocidio nazi contra el pueblo judío y la sistemática eliminación de gitanos, homosexuales y discapacitados.

Es quizás esta premisa histórica, la de ser conscientes los europeos de haber ejercido el Imperio como Estados y la experiencia nefasta del III *Reich*, la que ha "obligado" a los europeos a construir el proceso de integración siempre, y sin posibilidad de retroceso real, hacia delante y basado en una ciudadanía democrática fuerte. Europa genera sus propios espacios de historia y libertad alejando los fantasmas de su historia; por tal motivo, la ciudadanía europea —que es fruto de regímenes políticos basados en la filosofía del Estado social europeo— es forjada necesariamente como una que invita a pensar en una ciudadanía diferente para un momento histórico globalizado marcado por el terrorismo internacional. Muestra de ello es el ejemplo de la respuesta al terrorismo con que los ciudadanos estadounidenses junto con los poderes públicos reaccionaron a los ataques del 11 de septiembre de 2001 en Nueva York y Washington, en contraste a la respuesta de la ciudadanía a los ataques del 11 de marzo de 2004 en Madrid, y de similar modo a los atentados del 7 de julio de 2005 en Londres. Deseo creer, como ciudadano europeo, que lo que aquí se arguye es un paradigma de ciudadanía viva, de ciudadanía comunitaria.

En primer lugar, seña de este tejido vital y filosófico es la respuesta jurídica de España y también del resto de Estados europeos a los atentados del 11 de marzo en Madrid. No fue necesaria la aprobación de ninguna ley o disposición normativa para hacer frente a la amenaza del terrorismo integrista. Las razones son de orden jurídico-político y filosófico. Aquellas de orden jurídico y político responden, por un lado, a la historia reciente europea expuesta arriba, que concluye con la derrota del régimen nazi y la liberación de Europa gracias a Estados Unidos y la Unión Soviética y, por otro, la lacra del terrorismo forma parte de la historia y de la identidad política de algunos Estados como España, Reino Unido, Alemania, Francia e Italia, cuya longevidad —la del terrorismo— depende de la respuesta jurídica y política a tal fenómeno. Esta respuesta legal se ha venido produciendo durante los últimos 55 años, combinando el ejercicio del poder público represivo y el intento de un escrupuloso respeto del Estado de derecho y de la protección de los derechos humanos[947].

Esta trayectoria terrorista europea y la historia de la primera mitad del siglo XX han persuadido a los Estados europeos a responder con mecanismos jurídicos a tal amenaza, y no con recursos estrictamente militares. A diferencia de Estados Unidos, ningún país europeo adaptó políticas basadas en ataques o guerras preventivas o en una limitación tan abrupta de los derechos fundamentales contenidas en legítimos y legales instrumentos normativos como el *Patriot Act* de Estados Unidos. La adopción de un texto legal similar al *Patriot Act* en España hubiese sido declarada inconstitucional por el Tribunal Constitucional español, de igual manera que algunas medidas legales adoptadas por el gobierno de Tony Blair han sido consideradas por un Tribunal británico (*High Court*) contrarias al *Convenio Europeo de Derechos Humanos* y por tanto declaradas nulas[948].

---

947 LEVI, P., *Se questo é un uomo-La tregua*, Einaudi Editori, Turín, 1966.

948 Excepciones a estos principios políticos y democráticos se han producido en las últimas décadas en Europa, y no por ser excepciones dejan de ser inasumibles en las democracias europeas occidentales. Quiebras del Estado de Derecho fueron los ejemplos de la lucha del MI6 británico contra el terrorismo del IRA; los "suicidios colectivos" de los integrantes de la banda *Meinhoff* en Alemania; las logias italianas apoyadas por poderes del Estado frente a la amenaza comunista y contra la banda terrorista de las Brigadas Rojas (*Brigate Rosse*); y finalmente en España, la creación del GAL (Grupo Antiterrorista de Liberación) por parte del

En segundo lugar, hubo una filosofía diversa por parte de los ciudadanos europeos de a pie en el momento de entender qué significaba la amenaza terrorista para la vida civil en una sociedad democrática, abierta y plural; una amenaza que eventualmente podría minar el modelo de convivencia europeo. En las manifestaciones contra la guerra y la invasión de Irak que tuvieron lugar a principios de 2003 en España, José Saramago, Premio Nobel de Literatura, señalaba en las concentraciones de Madrid que en la política internacional había actualmente dos grandes superpotencias: una, Estados Unidos, y la otra, cada uno de los ciudadanos que tenían el derecho y coraje cívico a manifestarse y salir a la calle a reclamar otro tipo de política por parte de los poderes públicos.

En una línea similar, en el foro de debate abierto en www.opendemocracy.org, un ciudadano anónimo dejó estas reflexiones que asumimos y que aquí presentamos sobre la filosofía política de la ciudadanía, que representa la respuesta a los terribles actos de barbarie del terrorismo desde la ciudadanía estadounidense en contraste con la reacción europea.

> "Los norteamericanos vieron en televisión lo que acontecía en Nueva York y Washington. Fueron a sus casas y se encerraron con llave. Al día siguiente fueron a la guerra. Los españoles supieron de un nuevo acto de terrorismo en su país, sin precedentes en su historia. Españoles y europeos salieron a las calles de España a manifestarse contra el terror, y al día siguiente los españoles acudieron a votar a las elecciones legislativas generales y cambiaron el gobierno de su país".

El nuevo gobierno español elegido democráticamente por el pueblo soberano decidió, en su primer mes de gobierno, retirar a las tropas españolas que participaban en una guerra ilegal en Irak, fuera del mandato de Naciones Unidas, y proceder con ello a dar respuesta al principio de legalidad internacional y a la voluntad

---

Gobierno español a partir de 1984 para luchar contra el terrorismo de ETA al margen del Estado y del principio de legalidad.

de la población española, que en torno a un 93% se opuso a la invasión de Irak en el año 2003.

Desde esta línea argumental, con una perspectiva política y un respaldo jurídico del texto del actual Tratado de la Unión Europea (Tratado de Lisboa), deseamos creer que detrás de tales decisiones se escondían el germen de un sentimiento de ciudadanía comunitaria y la reafirmación básica de los derechos fundamentales y del valor de lo público en la construcción de nuestra sociedad democrática y solidaria europea. Estas actitudes y la reafirmación de los valores de lo público y del valor supremo de los derechos humanos en Europa constituyen al mismo tiempo una respuesta cívica y democrática de rechazo al terrorismo, ahora como amenaza y problema endémico de nuestras democracias occidentales.

15.4. A MODO DE CONCLUSIÓN: EL JARDÍN ÁRABE, LA ZONA CERO Y EL DESARROLLO DEL MUNDO ÁRABE

España es una de las naciones europeas cuya historia ha sido enriquecida con importantes capítulos de la cultura y civilización árabe. Desde el año 711 hasta 1492 ha habido en la península ibérica una presencia prolongada y continua del mundo islámico y árabe en partes del territorio de lo que más tarde, con la creación del Estado-nación en 1492, se denominaría España.

Si bien la política de los Reyes Católicos a partir de 1501 de expulsión o conversión a la religión católica de moriscos y judíos tuvo consecuencias traumáticas y profundas para todas estas poblaciones, no cabe duda de la impronta e importancia del legado cultural, histórico y filosófico de estas identidades históricas[949]. Desde la

[949] Véase el fallo del Magistrado SULLIVAN Caso No.: T1/2006/9502. In the Supreme Court of Judicature, Court of Appeal (Civil Division). On appeal from the High Court of Justice Queen's Bench Division (Ad-

incorporación de vocablos de la lengua árabe a la lengua española, hasta la determinación de la no existencia de una "raza española" —inapropiado término *per se*, aparte de la palamaria cuestión científica que determina la existencia de una sola raza humana, *homo sapiens sapiens*— debido precisamente a la mezcla natural de visigodos, judíos, árabes, germánicos, celtas, mediterráneos, etc., no hay

---

ministrative Court). In the matter of The Prevention of Terrorism Act 2005. Desde el punto de vista informativo, véase "Judge quashes anti-terror orders", *BBC News*, 28 de junio de 2006, disponible en: http://news.bbc.co.uk/2/hi/uk_news/5125668.stm: *"A key plank of the government's anti-terrorism laws has been dealt a blow by the High Court. A senior judge said control orders made against six men break European human rights laws. Ministers say they will appeal against the ruling. The orders are imposed on people suspected of terrorism but where there is not enough evidence to go to court. They mean suspects can be tagged, confined to their homes, and banned from communicating with others. In his ruling, Mr. Justice Sullivan said control orders were incompatible with Article 5 of the European Convention on Human Rights, which outlaws indefinite detention without trial. The home secretary had no power to make the orders and they must therefore all be quashed, he said.*
Under the control orders restrictions, the suspects have to stay indoors for 18 hours a day, between 4pm and 10am and are not allowed to use mobile phones or the internet. And there are limits on who they can meet. The judge said the restrictions were "the antithesis of liberty and equivalent to imprisonment". "Their liberty to live a normal life within their residences is so curtailed as to be non-existent for all practical purposes", he said. In April, the same judge ruled against the Act under which control orders are made, saying that those subjected to them had not received a fair hearing (...) Tony Blair's official spokesman said Parliament had debated control orders at length and had expected the issue to go through the courts too. The government was already reviewing the way the courts interpreted the Human Rights Act, which incorporates the European convention into British law. The government's terror law adviser, Lord Carlile, said he was "not at all surprised" the judge had ruled that the orders were too stringent. If the Court of Appeal also said the orders should be quashed, he expected the government would make the restrictions on the suspects less severe (...)
Terrorism judgements: december 2004: law lords say holding terror suspects without trial is unlawful; april 2006: High Court overturns first control order made, saying the suspect had not received a "fair hearing"; june 2006: six control orders are quashed by the High Court for breaking European human rights laws".

duda de la abrupta separación cultural, política, económica y social existente entre España y el mundo islámico. Esta separación tiene dos momentos históricos claves: uno de carácter político-militar, con la creación de España como Estado-nación y la expulsión de los pueblos árabes de la península en 1492, y otro de carácter filosófico-político, que sirvió como catalizador y ahondamiento de las diferencias que surgen con el inicio de la Revolución Industrial y la expansión de la ideas de la Ilustración y el laicismo en toda Europa occidental. El profesor LEWIS, de la Universidad de Yale, ha subrayado esta cuestión fundamental para entender la profunda ruptura entre Occidente y el Islam y, en particular, la dificultad del Islam para acompasar su desarrollo cultural, social y material a los principios derivados de las revoluciones técnicas y filosóficas del siglo XVIII europeo, que hoy todavía representan la base filosófica de las democracias capitalistas del mundo.

> *"Later attempts to catch up with the Industrial Revolution fared little better. Unlike the rising powers of Asia, most of which started from a lower economic base than the Middle East, the countries in the region still lag behind in investment, job creation, productivity, and therefore in exports and incomes. According to a World Bank estimate, the total exports of the Arab world other than fossil fuels amount to less those of Finland, a country of five million inhabitants. Nor is much coming into the region by way of capital investment. On the contrary, wealthy Middle Easterners prefer to invest their capital abroad, in the developed world"*[950].

La empatía por entender los valores de la cultura, el arte, la filosofía y la historia islámica en España, y lo que representa el legado cultural islámico español para el mundo árabe —es de interés señalar que el movimiento fundamentalista islámico y, entre estos, el supuesto terrorista número veinte de los atentados del 11 de septiembre de 2001, ZACARIAS MOUSSAOUI, declaraba en 2002 y reafirmó en 2006, ante el Tribunal que lo juzgaba, que una de las razones para cometer los atentados era la "reincorporación de

---

950 Véase, BURCKHARDT, T., *La civilización hispano-árabe*, Alianza Editorial, Madrid, 1977.

España al mundo islámico"[951]—, permiten igualmente afirmar los espacios simétricos opuestos de libertad, democracia y bienestar existentes entre las 9 millas marinas que distan ambas orillas del Estrecho de Gibraltar entre Tarifa y Tánger. Simetría y preocupación por la pobreza y los nimios niveles de desarrollo social, político y democrático.

En el marco del esfuerzo por comprender los valores y el alcance de la protección de los derechos humanos en las sociedades islámicas y occidental, es correcto afirmar que el actual concepto de "derechos humanos" ha evolucionado directamente de la tradición filosófica occidental, y en particular desde la Ilustración y las subsiguientes Revoluciones Americana y Francesa. En el momento actual es, ciertamente, difícil suponer una aproximación universal de los derechos humanos si tenemos en cuenta las prácticas mostradas por algunos Estados islámicos y la completa ausencia de regímenes democráticos en los mismos. No obstante, compartimos todos la misma condición humana, lo que significa también que son iguales nuestras aspiraciones, la búsqueda de la felicidad y nuestra vulnerabilidad. A este respecto, el profesor sudanés de la Universidad de Emory, ABDULLAHI AHMED AN-NA´IM[952], partícipe de una versión conciliadora y democrática de la fe del islam, sugiere que nuestro marco de referencia debería ser la universalidad de los derechos humanos, y no los "derechos de Occidente" o "las sociedades europeas". En efecto, el contraste anteriormente

---

951 LEWIS, B., *What went wrong? The Clash Between Islam and Modernity in the Middle East,* Perennial, Nueva York, 2002, p. 47.

952 Ver FRIEDMAN, *Longitudes and attitudes... opus cit.*, p. 311: *"When Zacarias Moussaoui, the alleged twentieth hijacker who was captured in Minnesota trying to learn how to fly a 747, appeared in court in April 2002, he was given a chance to make a fity-minute statement. In it he said he prayed for "the destruction of the United States", "the destruction of the Jewish people and their State", and "the return of Spain to Muslim rule"*. Estos mismos motivos fueron manifestados por ZACARIAS MOUSSAOUI en la vista oral del proceso penal celebrado en 2006 y que concluyó con una sentencia de privación de libertad de cadena perpetua.

señalado entre la respuesta americana y europea a los atentados terroristas muestra la falacia de la dicotomía entre Occidente y el resto de países. En cambio, como reclama el profesor Abdullahi Ahmed An-Na´im, deberíamos trabajar sobre la premisa de nuestra "vulnerabilidad humana compartida" en todo el planeta, y darnos cuenta con ello de que el terrorismo es una amenaza para todos; por ello, la respuesta debe surgir de todos nosotros, de un modo conjunto en nombre de la Humanidad.

El análisis de datos e información, así como las conclusiones del Informe nos permiten encontrar algunas de las claves de la separación de bienestar entre Occidente y el mundo árabe, especialmente, la falta de libertades políticas, la corrupción y las limitaciones de derechos de la mujer. Este informe fue redactado por reconocidos expertos árabes[953] e incluía datos relevantes, especialmente algunos de ellos alarmantes, tales como que el Producto Interior Bruto (PIB) de España es mayor que el de los veintidós Estados Árabes juntos, la falta de inversiones en el ámbito educativo con uno de los ratios más bajos del planeta, aún a pesar de la existencia de 65 millones de analfabetos, de los cuales dos terceras partes son mujeres. Es decir, se produce una "privación natural", ya que, subscribiendo las ideas de Amartya Sen[954], la li-

---

953 El profesor Adullahi Ahmed An-Na´im tuvo la amabilidad de leer este capítulo en octubre de 2006 y de realizar una profunda crítica al mismo. Sus reflexiones en torno a las aspiraciones comunes de los seres humanos, independientemente de su origen, cultura, religión y ciudadanía, instaron a reconocer en profundidad el valor del concepto de "vulnerabilidad humana". Entrevista con Adullahi Ahmed An-Na´im, Atlanta, 10 de octubre de 2006.

954 Véase PNUD, "Arab Human Development Report 2002 2004", disponible en: https://www.undp.org/es; "Self-doomed to failure", *The Economist*, 4 de julio de 2002; y Friedman, T. L., "Arabs at the Crossroads", *The New York Times*, 5 de julio de 2002 y Friedman, *Longitudes and attitudes… opus cit.*, p. 299: *"(…) It's not only the Palestinians who need radical reform of their governance, it's most of the Arab world. By coincidence, though, some other important folks had the courage to say that just this week: The UN Development Program, which published, along with the Arab Fund for Economic*

bertad es un elemento fundamental para el desarrollo y al mismo tiempo genera "desarrollo como forma de libertad" (*development*

---

and Social Development, a brutally honest Arab Human Development Report yesterday analyzing the three main reasons why the Arab world is falling off the globe. (The GDP of Spain is greater than that of all 22 Arab States combined). In brief, it's due to a shortage of freedom to speak, innovate and affect political life, a shortage of women's rights and a shortage of quality education. If you want to understand the milieu that produced bin Ladenism, and will reproduce it if nothing changes, read this report.

While the 22 Arab States currently have 280 million people, soaring birthrates indicate that by 2020 they will have 410 to 459 million. If this new generation is not to grow up angry and impoverished, in already overcrowded cities, the Arab world will have to overcome its poverty —which is not a poverty of resources but a "poverty of capabilities and poverty of opportunities", the report argues—. Though the report pays homage to the argument that the Arab-Israeli conflict and Israeli occupation have been both a cause and an excuse for lagging Arab development, it refuses to stop with that explanation.

To begin with, it notes that "the wave of democracy that transformed governance in most of Latin America and East Asia in the 1980's and early 1990's has barely reached the Arab States. This freedom deficit undermines human development". Using a standard freedom index, the report notes that out of seven key regions of the world, the Arab region has the lowest freedom score —which includes civil liberties, political rights, a voice for the people, independence of the media and government accountability—. In too many Arab States women can't vote, hold office or get access to capital for starting businesses. "Sadly, the Arab world is largely depriving itself of the creativity and productivity of half its citizens", the report says of Arab women.

On education, the report reveals that the whole Arab world translates about 300 books annually —one-fifth the number that Greece alone translates—; investment in research is less than one-seventh the world average; and Internet connectivity is lower than in sub-Saharan Africa. In spite of progress in school enrollment, 65 million Arab adults are still illiterate, almost two-thirds of them women. No wonder half the Arab youths polled said they wanted to emigrate.

The report concludes that "what the region needs to ensure a bright future for coming generations is the political will to invest in Arab capabilities and knowledge, particularly those of Arab women, in good governance, and in strong cooperation between Arab nations (...) The Arab world is at a crossroads. The fundamental choice is whether its trajectory will remain marked by inertia (...) and by ineffective policies that have produced the substantial development challenges facing the region; or whether prospects for an Arab renaissance, anchored in

as freedom). El acceso a algunos derechos fundamentales y políticos como el derecho a la educación forma parte inherente de los componentes del desarrollo. FERNANDO REIMERS, de la Universidad de Harvard, recuerda que la educación es el mejor valor para predecir la oportunidad de vida[955], y señala cómo la educación es trascendental para la reducción de la pobreza y la inequidad[956]. La ausencia de educación representa por sí misma una forma de pobreza (*the deprivation of education itself represents a form of poverty*). Esta idea de no desarrollo y de privación causada por la ausencia de recursos materiales y humanos para el desarrollo de los pue-

---

human development, will be actively pursued". Well said, and here's the best part: the report was written by a "group of distinguished Arab intellectuals" who believed that only an "unbiased, objective analysis" could help the "Arab peoples and policy-makers in search of a brighter future".

El Banco Mundial en su Informe Anual 2003 indicaba que el mayor contraste en el mundo entre naciones limítrofes geográficamente —en términos de desarrollo económico y bienestar social—, no es la de países como Estados Unidos —primera potencia mundial— y su vecino del sur, México, sino entre España y Marruecos. Ver World Bank Report 2003, www.worldbank.org

955 Ver SEN, A., *Development as freedom*, Oxford University Press, Oxford, 1999, p. 5: *"The difference that is made by seeing freedom as the principal end of development can be illustrated with a few simple examples. Even though the full reach of this perspective can only emerge from a much more extensive analysis, the radical nature of the idea of "development as freedom" can easily be illustrated with some elementary examples. First, in the context of the narrower views of development in terms of GNP growth or industrialization, it is often asked whether certain political or social freedoms, such as the liberty of political participation and dissent, or opportunities to receive basic education, are or are not "conducive to development". In the light of the more foundational view of development as freedom, this way of posing the question tends to miss the important understanding that this substantive freedoms (that is, the liberty of political participation or the opportunity to receive basic education or health care) are among the constituent components of development".*

956 BOTI, RAMÍREZ y MEYER consideran que la educación, además de la nacionalidad, es el principal determinante de las oportunidades vitales de las personas en todo el mundo. Véase BOTI, J., RAMÍREZ, F. y MEYER, J., "Explaining the origins and expansion of mass education", *Comparative education review (Chicago, IL)*, Vol. 29, No. 2, 1985, pp. 145-64.

blos suscita la idea de *Zona Cero* (*NY Ground Zero*), como epicentro del subdesarrollo y la miseria de una parte mayoritaria de la comunidad árabe provocada por la falta de acceso al derecho a la educación. No en vano, en abril de 2006 y en referencia a un país árabe, Koichiro Matsuura, director general de la UNESCO, señalaba con preocupación que la profesión de médico, profesor de bachillerato y profesor de universidad eran las profesiones más importantes para la reconstrucción cívica de Irak.

15.4.1. La educación como una conquista contra el terrorismo

La preocupación por entender por qué ciudadanos marroquíes atentaron en Madrid el 11 de marzo de 2004, sus niveles de libertad política y su precario acceso a la educación, me instaban a buscar una relación directa entre desarrollo, educación y progreso, en el sentido de esperanza vital y espacio de futuro. Esa respuesta personal surgió en forma de alegoría literaria al año siguiente a los atentados del 11 de septiembre, cuando me encontraba próximo a la costa norteafricana, asomado al mundo árabe, en la pequeña isla de Pantelleria frente a las costas de Túnez.

Oteando África, elaboré un pensamiento distraído de verano, un símil que envolvía la cultura árabe y la europea, la arquitectura y la educación, que tras los atentados del 11 de marzo de 2004 volvieron a mi memoria como un reclamo, contraponiendo simétricamente la idea de *Zona Cero* arriba mencionada con la idea simétrica de *Jardín árabe* que a continuación relato[957].

---

957 *Vid.* Reimers, F., "Educational Chances of the Poor at the End of the Twentieth Century", *Prospects*, Vol. 29, No. 4, 1999, p. 2: *"The most significant expansion in access to education around the world at all levels has taken place during the last 100 years. Educational opportunity thus came to be perceived, in the collective consciousness of many in the middle of this century, both as a fundamental human right and as a gateway to social opportunity. Meritocratic societies increasingly allocate social status on the basis of educational attainment. The relationship between earnings and educational levels is well documented globally. Education is the single greatest predictor of life chances.*

Trataré de explicarme: Pantelleria es una pequeña isla perteneciente a la provincia de Trapani (Sicilia), de origen volcánico y de perenne viento entre la isla de Sicilia y Túnez. Pantelleria retiene un poso multicultural e histórico propio del mundo mediterráneo: desde lo griego y fenicio, pasando por lo bizantino, hasta lo árabe, aragonés-español y por último, lo italiano vigente. El símil surgió en mi cabeza cuando me explicaron qué eran esas numerosas construcciones de la isla en forma de cilindro, de unos 6 metros de diámetro, de anchas paredes construidas con bloques rectangulares de lava (el único material de construcción en esta isla), y una altura entre 2 y 5 metros y casi un metro de grosor en sus paredes. Me explicaron que era *il giardino arabo* (el jardín árabe). Imaginé cuántos esfuerzos de brazos, de riñonadas, de manos lastimadas, de dolores de cabeza causados por el sol lacerante y el

---

Several processes explain why education matters for the reduction of inequality and poverty. First, the cognitive skills, social skills and credentials that can be gained in school expand the choices available to people. These skills and credentials increase the probability that people can become more productive and obtain better paid jobs, they increase the likelihood that they adopt practices that lead to better health, and they increase the possibility to effectively influence the number of children in the family.

Obviously poverty and inequality cannot be improved by only intervening in education. Higher levels of education in themselves will not generate more jobs with decent pay. Those are a product of the choices countries make about how to respond to the opportunities and constraints posed by participation in the international economy. The "quality" of growth is key, as not all growth has the same impact on employment and wages. There are, however, interactive processes in how these choices on matters of economic policy influence poverty where the educational level of the labour force intervenes.

Reducing poverty and improving income distribution is the result of multifaceted economic and social processes, not just of improving educational conditions. An important factor in the reduction of poverty incidence is an increase in economic productivity so that average per capita income can increase and so that the living conditions of all people, including the poor, improve. From this perspective, an avenue to reduce poverty is to foster economic growth. Growth and other processes associated with increases in national income, such as urbanization, expansion of basic infrastructure and reduction in fertility rates, will increase the incomes of many families so that the percentage living in poverty declines".

aire pesante, todo un enorme esfuerzo para crear un pequeño espacio de piedra que protegiera del viento continuo lo más débil: un pequeño olivo que de este modo no se veía forzado a "reptar" como sus otros hermanos de la isla: un ciprés que crecía recto y espigado justo hasta el límite del muro para quedarse impávido y robustecido, unas palmeras que festejaban la tranquilidad de un poco de agua y la ausencia de aire que limitase su desarrollo, y un almendro que nos recuerda la primavera con su luz blanca salpicada y que regala sus frutos plenos al final del verano.

"¡Qué curioso!", pensé. El jardín árabe me pareció igual que la educación. No nos damos cuenta de que el muro que la sustenta debe ser siempre robusto y básico, pleno y flexible, porque solo esa defensa sin valor en precio —también onerosa y esforzada de crear, como cada uno de los bloques de lava que conforman el jardín árabe— facilita que crezca en nosotros lo que nos permitirá, gracias a la educación, ser personas con autonomía para opinar gracias a un espacio de fortaleza, frescor, autenticidad y superación como el que proporciona el jardín árabe a sus pequeños habitantes. ¡Eso es la educación!

Aun siendo plantas, podemos decir que aquellos muros permitían "realizarse" y dar lo mejor de sí a esos trocitos de madera y ramas verdes. En aquel momento no lo pensé, pero tras los atentados de Madrid creo firmemente que en el mundo árabe la ausencia de libertades, de seguridad y una "cuasi promoción de la ignorancia"[958] —que es el primer ingrediente del miedo y la desconfianza— tienen que ver con la ausencia de espacios de educación que conformen a un individuo que construya su propio futuro y no esté constreñido por los designios de salvaculturas y fundamentalistas; de un espacio de "no razón" y de determinismo asfixiante.

Tras la tragedia de Madrid, pensé que solo la determinación de un mundo árabe que reclame para sí la oportunidad, la decisión y

---

[958] Ver GONZÁLEZ IBÁÑEZ, *Educación y Pensamiento... opus cit.*, Epílogo "El jardín árabe", pp. 235 y *ss.*

el coraje histórico de "plantar" *jardines árabes* en su sociedad podrá generar el *tempo* histórico para su desarrollo; un espacio de protección que permita una educación con aire libre y toda esa ética cívica que hay detrás de la educación en democracia. Y era cierto, el arte y, en especial, la arquitectura de grandes obras, al igual que la educación, es un trabajo a medio y largo plazo.

¡Ojalá —palabra española cuya etimología procede del árabe *law šá lláh* y que en árabe significa "si Dios quiere"— que las generaciones venideras de nuestros vecinos árabes disfruten de un espacio de educación que les permita optar en libertad y creer en un futuro construido con su participación! ¡Ojalá que esa educación les permita albergar un sentimiento de progreso y desarrollo que les conduzca a afrontar la pobreza y la desigualdad que determinan sus circunstancias! El camino es largo y exige continuidad y voluntad para llegar al destino; algunos Estados europeos como España casi tardaron dos siglos de luchas y desencuentros para dejar atrás plenamente el Antiguo Régimen y conquistar una sociedad abierta, libre y emancipada de determinismos históricos y penumbras religiosas.

Occidente, con su historia de agresiones e invasiones coloniales, también detenta alguna responsabilidad para que los intentos de salir del desamparo y el subdesarrollo no se frustren. Tenemos la obligación y responsabilidad de regenerar las Zonas Zero, que provocan la falta de desarrollo de la ciudadanía por la imposibilidad de acceso a una educación libre, plural y que genere autonomía para decidir el futuro. ¡Pensemos qué podemos hacer los europeos *con* el mundo árabe, y no *por* el mundo árabe![959] ¡No obstante, el futuro está únicamente en manos de

---

959 La referencia a la cuasi promoción de la ignorancia lleva implícita la presunción de las prestaciones públicas de un Estado democrático. Entre las prestaciones fundamentales encontramos la protección, salvaguarda y promoción de los derechos fundamentales, y entre estos la garantía del acceso al derecho a la educación. Cuando el Estado no realiza la prestación y el ciudadano ve desatendida esta cobertura básica,

los pueblos árabes y en su determinación a cambiar sus circunstancias, de modo que les permitan cambiar su contexto de futuro![960]

15.5. EL JARDÍN ÁRABE: UNA RESPUESTA DE HISHAM RAMADAN AL PROF. GONZÁLEZ IBÁÑEZ

El Prof. GONZÁLEZ IBÁÑEZ enfocó su argumento en tres factores que contribuyen al auge del terrorismo internacional por individuos que se califican como musulmanes. Estos factores son la falta de democracia, el fracaso económico de algunos Estados musulmanes y la insuficiencia educativa. Dichos factores, en mi opinión, no son exclusivos. Muchos otros factores han contribuido a

---

la responsabilidad del Estado surge por omisión en el cumplimiento de sus obligaciones para con sus ciudadanos. Este razonamiento se acentúa al verificar la asignación de partidas del presupuesto nacional de los países árabes y constatar, en la mayoría de ellos, la deficiente inversión en educación, en comparación con el gasto militar y de defensa de estos países. Los ejemplos más alarmantes son Pakistán, Egipto, Yemen, Emiratos Árabes Unidos, Burma, Sri Lanka, Bostwana y Sierra Leona. Ver ROURKE, J. T., *World Politics: International Politics on the World Stage*, McGraw Hill, 2002.

960 NELSON MANDELA resaltaba la diferencia entre hacer *por* y hacer *con*. El líder sudafricano guardaba un profundo respeto por el ex presidente Bill Clinton, pues en Estados Unidos con su política se había ganado la confianza de los negros, las minorías, las mujeres y las personas con discapacidad, y había quebrado la línea de la tradicional política exterior norteamericana en África. En la celebración del Cincuenta Aniversario de la *Declaración Universal de los Derechos Humanos* el 10 de diciembre de 1998, NELSON MANDELA citaba las palabras de CLINTON en una conversación entre ambos: "Admiro a CLINTON; ha transformado el rostro de la política norteamericana (...) Cuando vino aquí (Sudáfrica) planteó una cuestión muy importante. Dijo: "Los norteamericanos, en nuestra política exterior, hacemos preguntas equivocadas. ¿Qué podemos hacer *por* África? La pregunta que hay que hacer es ¿qué debemos hacer *con* África?". Ver "El gigante de la libertad, Mandela", *El País*, 6 de diciembre de 1998, pp. 21 y *ss*.

las actuales crisis, incluyendo los regímenes opresivos en Estados musulmanes, que despojan a los propios musulmanes de los derechos políticos básicos bajo la etiqueta del laicismo; la privación a los musulmanes en las sociedades occidentales de numerosos derechos humanos, como por ejemplo el hecho de que las mezquitas no puedan utilizar altavoces para llamar a la oración, mientras las iglesias tañen las campanas libremente; la prohibición a las mujeres de utilizar pañuelos sobre sus cabezas; o el uso de lenguaje ofensivo en lo que se refiere a los musulmanes. Centraré mi discusión en los temas planteados por el Prof. GONZÁLEZ IBÁÑEZ, presentando la perspectiva islámica de los mismos mientras señalo otra serie de factores. Concluiré mi ensayo con un análisis que expone la crisis presente.

15.5.1. Educación

A principios del periodo islámico, los Estados islámicos se percataron de su potencial como una democracia líder en un mundo donde el conocimiento, ya fuese religioso, científico o de otro tipo, era ampliamente apreciado y fomentado. Poco después, el modelo democrático presentado por el Profeta Muhammad y sus compañeros fue abandonado debido a las luchas políticas entre varios actores. Sin embargo, la búsqueda del conocimiento a través de la educación siempre ha sido de gran importancia en el Estado islámico. La contribución musulmana a la Humanidad no puede ser minimizada. Por ejemplo, Al-Rz, Ab Al-Qsim, Al-Zahrw (latinizado como Abulcasis), Ibn Sn (más conocido como Avicena), Ibn Rušd (llamado popularmente Averroes) e Ibn Al-Nafs tomaron la iniciativa en la ciencia de la medicina durante siglos. Al-Khwrizm (de cuyo nombre se acuñó el término "algoritmo") es considerado uno de los fundadores del álgebra. Jbir ibn Hayyn es reconocido como el padre de la química. Al-Haytham (latinizado como Alhazen), es conocido como el padre de la óptica moderna. Ibn Khaldn es distinguido universalmente como el fundador y padre de la Sociología y las Ciencias de la Historia. La magnífica contribución de los científicos musulmanes no fue creada desde la nada. Hunde sus raíces en el pensamiento islámico. Promover la educación de cada individuo, ya sea hombre o mujer, es un objetivo islámico. Una larga lista de premisas enunciadas en el Corán y las tradiciones del Profeta Muhammad estipulan este objetivo. La primera disposición coránica fue "¡lee!"[961]. Tal orden ("lee") es el primer paso imperativo en la educación[962]. Los musulmanes deberían esforzarse por adquirir conocimiento a través de su mérito[963]. A los musulmanes se les ordena aprender no solo su religión, sino todas las ciencias[964]. Aquellos

---

961 Corán 96:1: "Recita en el nombre de tu Señor, que ha creado (...)". N. del T. Natalia Montero García: para la versión en español de este texto, las referencias hechas al Corán se han tomado de *El Corán*, traducción de CORTÉS, J., Herder Editorial, Barcelona.

962 Véanse las azoras Corán 39:9: "¿Es el devoto, que vela por la noche, postrado o de pie, que teme la otra vida y espera en la misericordia de su Señor...? Di: "¿Son iguales los que saben y los que no saben?" Solo se dejan amonestar los dotados de intelecto"; y Corán 35:28: "Los hombres, bestias y rebaños son también de diferentes clases. Solo tienen miedo de Dios aquellos de Sus siervos que saben. Dios es poderoso, indulgente".

963 Corán 20:114: "¡Exaltado sea Allah, el Rey verdadero! ¡No te precipites en la Recitación antes de que te sea revelada por entero! Y di: "¡Señor! ¡Aumenta mi ciencia!"; Corán 6:144: "Una de ganado camélido y otra de ganado bovino. Di: "¿Ha prohibido los dos machos o las dos hembras o lo que encierran los úteros de las dos hembras? ¿Fuisteis, acaso, testigos cuando Allah os ordenó esto? ¿Hay alguien más impío que aquel que inventa una mentira contra Allah para, sin conocimiento, extraviar a los hombres?". Ciertamente, Allah no dirige al pueblo impío"; Corán 2:269: "Concede la sabiduría a quien Él quiere. Y quien recibe la sabiduría recibe mucho bien. Pero no se dejan amonestar sino los dotados de intelecto". Véase también *Muwaṭṭa* del Imam Malik 59:1:1: "Yahya me contó de Malik, que este oyó que Luqman al-Hakim hizo sus (últimas) voluntades, y aconsejó a su hijo, diciéndole: "¡Hijo mío! Siéntate con los hombres instruidos y permanece próximo a ellos. Allah da vida a los corazones con la luz de la sabiduría, igual que Allah da vida a la tierra muerta con la lluvia abundante del cielo"".

964 Corán 7:185: "¿No han considerado el reino de los cielos y de la tierra y todo lo que Allah ha creado? ¿Y que tal vez se acerque su fin? ¿En qué anuncio, después de este, van a creer?"; Corán 88:17-20: "¿Es que no

que se niegan a utilizar la facultad del razonamiento para pensar y aprender son culpables[965]. El hecho de que un régimen concurrente promueva los principios de la educación islámica depende de varios factores políticos y sociales, incluidas las costumbres tribales que puedan contradecir los principios islámicos. Por ejemplo, el régimen talibán —un régimen islámico autodefinido—, lamentablemente ha privado a las mujeres de la educación, lo que sugiere que la educación femenina es ilegal o "no islámica"[966]. Sin lugar a dudas, este régimen fallaría al buscar fundamento en las fuentes básicas de la Ley Islámica —es decir, en el Corán y la Sunna, o incluso en la jurisprudencia islámica— para apoyar esta afirmación. Más bien, podría ser el capricho de los líderes tribales o una costumbre tribal, injustificadamente etiquetada como "islámica".

15.5.2. Democracia

El Prof. GONZÁLEZ IBÁÑEZ ha identificado que un Estado democrático debe articular cinco elementos, cada uno de las cuales debe ser discutido individualmente.

a) Separación real de los poderes del Estado (pesos y contrapesos)

Dada la regla fundamental en el islam de que todas las cosas están permitidas a menos que exista una prohibición que las incluya, no hay nada en la Ley Islámica relativo a la separación de los poderes del Estado, por lo que adoptar tal sistema es una opción viable en cualquier Estado islámico. No obstante, si la razón

---

consideran cómo han sido creados los camélidos, ¿cómo alzado el cielo, cómo erigidas las montañas, cómo extendida la tierra?".

965 Corán 8:22: "Los seres peores, para Allah, son los sordomudos, que no razonan". En esta azora, en el Corán se describe a aquellos que no escuchan como "los peores seres".

966 N. del. A.: Véase AL-QARḌAWI, Y., *State in Islam*, 3ª ed., Al-Falah Foundation, 2004. Criticó el régimen talibán que prohibió injustificadamente la educación de las mujeres y el proceso electoral.

subyacente en la doctrina de la separación de los poderes estatales es proporcionar un control más estrecho entre los mismos (pesos y contrapesos), la Ley Islámica ha creado un método de control aún más efectivo sin equivalente en las democracias occidentales. La Ley Islámica ha creado el derecho de *ḥisbah*[967]. Bajo este derecho, toda la sociedad se involucra en un sistema de responsabilidad donde cada ciudadano tiene el derecho de monitorear las acciones del Estado para hacer cumplir la ley. Un ciudadano puede impugnar las acciones del Estado, la legislación o incluso las prácticas desleales de otros ciudadanos si estas contradicen la ley de la tierra, es decir, la Ley Islámica. Debido a que la sociedad islámica es una entidad, cualquier cosa que dañe a la misma o la prive de eficacia legal afecta a todos los ciudadanos, independientemente de si un ciudadano es directa o indirectamente beneficiado o perjudicado por el delito. Esto describe los derechos y deberes de la ciudadanía en su sentido más completo.

Numerosas democracias occidentales han restringido las contribuciones de los ciudadanos a la sociedad al imponer varias normas legales. Por ejemplo, el Tribunal Supremo de los Estados Unidos impide a los ciudadanos plantear cuestiones constitucionales a menos que afecten a sus propios derechos[968]. Quizás el motivo subyacente de esta política sea eliminar los litigios impulsados por motivaciones políticas y reducir la cantidad de casos en los tribu-

---

967 Para conocer los fundamentos de la jurisprudencia, véase Corán 3:110: "Sois la mejor comunidad humana que jamás se haya suscitado: ordenáis lo que está bien, prohibís lo que está mal y creéis en Allah. Si la gente de la Escritura creyera, les iría mejor. Hay entre ellos creyentes, pero la mayoría son perversos (...)".

968 N. del. A.: Véase *Doremus v. Board of Education of Borough of Hawthorne* 342 US 429, 72 S.Ct. 394, 96 L.Ed. 475; *Commonwealth of Massachusetts v. Mellon*, 262 US 447, 43 S.Ct. 597, 67 L.Ed. 1078 (1923). Para una crítica ver Chayes, A., "The Supreme Court, 1981 Term-Foreword: Public Law Litigation and the Burger Court", *Harvard Law Review*, Vol. 96, No. 4, 1982, donde se critica a la Corte Suprema de los Estados Unidos por desalentar a los ciudadanos de los litigios de derechos públicos.

nales. Sobre la base de equilibrar el daño, o daños, y los beneficios surgen todas las preguntas. ¿Estas razones, y quizás otras, valen el beneficio perdido de corregir las violaciones de la ley? ¿Vale la pena paralizar a estos buenos ciudadanos, al buen samaritano, que está dispuesto a comprometer sus esfuerzos para el bien público? ¿Deberíamos enviar el mensaje al público de "ocúpate de tus cosas"? En efecto, la repuesta a estas preguntas corresponde al Parlamento, pero la Ley Islámica elige un camino diferente: el avance del bien público islámico supera cualquier otra razón. La preocupación social es una preocupación ciudadana, y por lo tanto todo lo que afecta a la sociedad en su conjunto, o a un miembro de la misma, afecta a todos los ciudadanos. Las directivas de la Ley Islámica son claras: se anima a cada individuo a imponer el bien y prohibir el mal. Los que imponen el bien y prohíben el mal por mero deseo son los más débiles y los menos deseables[969].

En última instancia, si el derecho de *ḥisbah* proporciona el control definitivo entre los poderes, ¿cuál es la necesidad de un método de control limitado como la separación de poderes? Obviamente, la constitución islámica puede o no incluir una doctrina de separación de poderes, pero sería redundante a la luz del alcance ilimitado del derecho de *ḥisbah.*

b) Respeto por los Derechos Humanos

Mucho antes de la Carta Magna, la Ley Islámica sentó las bases de un esquema moderno de derechos humanos. Los derechos humanos fundamentales, que de hecho superan con creces los

---

969 Véase *Sahah Muslim* 13:64: "Ha sido narrado bajo la autoridad de ʻAbd Allah ibn ʻAmr ibn Al-ʻÂs quien dijo: "Un hombre le preguntó al Mensajero de Allah: ¿Cuál es el mejor de los musulmanes?" Contestó: "Aquel de cuya lengua y mano están a salvo los musulmanes"". Véase también *Sahīà Muslim* 78: "El Mensajero de Allah (que la paz y las bendiciones de Allah sean con él) diga: "Quien vea una acción malvada, permítale cambiarla con su mano (tomando acción), y si no puede, entonces con su lengua (hablando), y si no puede, entonces con su corazón (sintiendo que está mal), y eso es lo más débil de la fe"".

mencionados en cualquier documento actual de derechos humanos, están distribuidos en las fuentes básicas de la Ley Islámica, por ejemplo, en el Corán y la Sunna. La Ley Islámica hace hincapié en los derechos siempre lógicos como el derecho a la vida y el derecho a la justicia[970]. La Ley Islámica fue pionera en declarar algunos derechos como la libertad de culto, el derecho de privacidad y la igualdad entre los seres humanos[971]. Incluso, establece

---

970 Para conocer acerca del derecho a la vida, véase Corán 5:32: "Por esta razón, prescribimos a los Hijos de Israel que quien matara a una persona que no hubiera matado a nadie ni corrompido en la tierra, fuera como si hubiera matado a toda la Humanidad. Y que quien salvara una vida, fuera como si hubiera salvado las vidas de toda la Humanidad. Nuestros enviados vinieron a ellos con las pruebas claras, pero, a pesar de ellas, muchos cometieron excesos en la tierra"; y Corán 6:151: "Di: "¡Venid, que os recitaré lo que vuestro Señor os ha prohibido: que Le asociéis nada! ¡Sed Buenos con vuestros padres, no matéis a vuestros hijos por miedo de empobreceros —ya os proveeremos Nosotros, y a ellos—, alejaos de las deshonestidades, públicas o secretas, no matéis a nadie que Allah haya prohibido, sino con justo motivo! Esto os ha ordenado Él. Quizás, así, razonéis"". Para conocer acerca del derecho a la justicia, véase Corán 4:135: "¡Creyentes! Sed íntegros en la equidad, cuando depongáis como testigos de Allah, aun en contra vuestra, o de vuestros padres o parientes más cercanos. Lo mismo si es rico que si es pobre, Allah está más cerca de él. No sigáis la pasión faltando a la justicia. Si levantáis falso testimonio u os zafáis, Allah está bien informado de lo que hacéis"; y Corán 5:8: "¡Creyentes! ¡Sed íntegros ante Allah cuando depongáis con equidad! ¡Que el odio a una gente no os incite a obrar injustamente! ¡Sed justos! Esto es lo más próximo al temor de Allah. ¡Y temed a Allah! Allah está bien informado de lo que hacéis".

971 Respecto a la libertad de culto, véase Corán 2:256: "No cabe coacción en religión. La buena dirección se distingue claramente del descarrío. Quien no cree en los *ṭàt* y cree en Allah, ese tal se ase del asidero más firme, de un asidero irrompible. Allah todo lo oye, todo lo sabe". En relación al derecho a la privacidad, véase Corán 49:12: "Suyas son las llaves de los cielos y de la tierra. Dispensa el sustento a quien Él quiere: a unos con largueza, a otros con mesura. Es omnisciente". Acerca del derecho a la igualdad, véase Corán 49:13: "¡Hombres! Os hemos creado de un varón y de una hembra y hemos hecho de vosotros pueblos y tribus, para que os conozcáis unos a otros. Para Allah, el más noble

derechos que apenas existen en instrumentos contemporáneos de derechos humanos, como el derecho a un nivel de vida básico (estado de bienestar)[972]. Esos derechos son solo ejemplos de los derechos humanos garantizados por la Ley Islámica. En las últimas décadas ha habido intentos de recopilar estos derechos en mecanismos de estilo occidental. Entre los más famosos se encuentran la *Declaración Islámica Universal de los Derechos Humanos* (1981) y la *Declaración de El Cairo sobre los Derechos Humanos en el islam* (1990).

c) Elecciones libres, plurales y periódicas y d) un poder soberano representado por el pueblo, compuesto por una ciudadanía de hombres y mujeres libres con igualdad de derechos. (Ambos epígrafes están relacionados y así se combinan en la siguiente discusión).

En estas características, el Prof. GONZÁLEZ IBÁÑEZ explica las facetas de las democracias occidentales, que pueden no ser universales debido a sus presunciones subyacentes. Antes de aclarar la variación entre las democracias islámicas y occidentales, es imperativo explicar brevemente el concepto de "democracia" en el islam.

Es bien sabido que la palabra "democracia" se deriva de dos palabras griegas: *demos*, cuyo significado es "gente", y *kratos*, que

---

de entre vosotros es el que más le teme. Allah es omnisciente, está bien informado". La anotación que aparece junto a esta azora destruye cualquier principio de desigualdad al enfatizar que la Humanidad tiene un solo origen y, por lo tanto, todos los seres humanos son iguales. La división de la Humanidad en naciones y razas es por el bien de la distinción, por lo que los individuos que pertenecen a diferentes razas y naciones pueden conocerse entre sí.

972 El islam fue pionero en el sistema de bienestar social, garantizando, dentro del Estado islámico, la dotación a los necesitados independientemente de su raza, religión, afiliación nacional o de otro tipo, de los bienes básicos para cubrir sus necesidades diarias. Véase Corán 51:19: "(...) Y parte de sus bienes correspondía de derecho al mendigo y al indigente".

significa "poder", o en otras palabras, "poder para la gente". Las implicaciones de esta definición son numerosas, pero la más importante es que tan solo las personas tienen el poder de gobernar y promulgar leyes. Esto, definitivamente, no suprime la libertad de culto de la gente, incluyendo la libertad de elegir sus creencias religiosas particulares como la *Ley Divina* en la Tierra. Así, la democracia no se opone ni está a favor de la religión, sino que toma una postura neutral respecto a la misma. Si las leyes religiosas o seculares prevalecen en un Estado particular, es una pregunta para las personas de dicho Estado, que poseen el poder exclusivo de elegir su camino. El Estado islámico no es una excepción a la regla. Los ciudadanos del Estado islámico eligen su camino a través de la consulta entre ellos. Este no es un concepto nuevo ni una propuesta; es el único método de gobierno aceptable en el islam, tal y como se describe en el Corán[973]. El Profeta Muhammad fue el primero en practicar la doctrina de la consulta como jefe del Estado islámico[974]. No designó un sucesor y, por lo tanto, dio permiso a los musulmanes para elegir o escoger a su propio líder. Él habitualmente consultaba a su gente en los asuntos seculares.

El trabajo académico de la Ley Islámica sobre la democracia se basa en la teoría democrática fundamental presentada en el Corán y practicada por el Profeta. Al-Mward detalló las condiciones del Imam (el jefe del Estado), entre ellas la justicia, la aptitud física, el conocimiento de la Ley Islámica y una opinión acertada[975]. Una vez que se cumplen estas condiciones en un candidato, los representantes legítimos (*Ahel al-ḥall wa al-'aqed*) de la nación seleccionan a aquel que mejor satisfaga estos requisitos y al cual es

---

973 Corán 42:38: "(...) Escuchan a su Señor, hacen el azalá, se consultan mutuamente, dan limosna de lo que les hemos proveído (...)".

974 Corán 3:159: "Por una misericordia venida de Allah, has sido suave con ellos. Si hubieras sido áspero y duro de corazón, se habrían escapado de ti. ¡Perdónales, pues, y pide el perdón de Allah en su favor y consúltales sobre el asunto! Pero, cuando hayas tomado una decisión, confía en Allah. Allah ama a los que confían en Él".

975 N. del A.: página 6, Mward.

más probable que la nación respete y siga. El candidato nominado puede rechazar o aceptar el liderazgo, ya que este último es, en esencia, un contrato entre la nación y el líder. Una vez que los representantes legales o la mayoría de la nación han elegido un líder y el candidato ha aceptado el puesto, este debe ser obedecido por todos los ciudadanos. Si el líder pierde una o más de las cualidades de liderazgo, por ejemplo, al cometer un delito grave, puede ser acusado. Sin embargo, podría ser reelegido con un nuevo pacto entre él y la nación[976]. En contraste, los regímenes dictatoriales nunca son islámicos. Si la nación, a través de representantes legítimos o por elección directa, no eligió al líder, la gran mayoría de los académicos ha declarado que el liderazgo no está investido en el líder autoimpuesto[977].

Alternativamente, Al-Mward sugirió que el líder de la nación (el Imam) podría designar a su sucesor[978], basándose en precedentes históricos en los que algunos de los Compañeros del Profeta Muhammad nombraron o seleccionaron a sus sucesores. El fundamento de este proceder no está en armonía con las realidades de hoy, ni proporciona lógica suficiente. Ninguno de los líderes de los países musulmanes de hoy es comparable a los Compañeros del Profeta con respecto al conocimiento de la Ley Islámica, al estatus entre los musulmanes o a su metodología para dirigir los asuntos del Estado islámico[979]. De hecho, si uno de esos Compañeros estuviera vivo, la nación felizmente lo elegiría. Pero esos

---

[976] Algunos dijeron que no se necesita un nuevo contrato si ha cometido un acto pecaminoso y se ha arrepentido. *Ibid.* p. 19.

[977] *Ibid.* pp. 7-8.

[978] *Ibid.* p. 10.

[979] *Sunna Ibn Màa* 42: "Aférrate a mi Sunna y la Sunna de los Califas Bien Guiados después de mí. Sujétalo firmemente. Y tenga cuidado con las innovaciones heréticas (*bid'ah*) porque cada innovación herética es una falsedad y cada falsedad es una desviación del camino correcto". Uno debe darse cuenta de que el Hadiz colocó a los compañeros del Profeta Muhammad, que más tarde se convertirían en califas (gobernantes), en una posición excepcional que, de hecho, es irrepetible.

Compañeros son modelos irrepetibles. Además, según el análisis de "beneficios contra daños" que los expertos en Derecho Islámico recomiendan clásicamente, el daño causado por un error en el juicio al nombrar a un sucesor supera ampliamente sus beneficios[980]. La imprevisible dictadura que puede surgir como resultado del nombramiento de un sucesor, o incluso de un miembro de la familia son por sí mismo un daño para el sistema. Por lo tanto, el único método aceptable para nombrar a un gobernante es mediante una consulta mutua entre musulmanes.

Algunos estudiosos de la Ley Islámica creen que la democracia es un concepto extranjero limitado a los regímenes laicos. Argumentan que el concepto de "soberanía popular" es contrario al credo islámico básico de que la soberanía última pertenece a Dios[981]. Es de destacar que quienes rechazan la etiqueta de "soberanía popular" todavía creen en los fundamentos básicos de la democracia islámica. Creen que las personas deben gobernarse a sí mismas, pero la máxima autoridad es de Dios. Por lo tanto, parece que los redactores de las leyes islámicas que rechazan la idea de democracia caen en la creencia errónea de que esta debe ser laica. Sin embargo, esto es, de hecho, incorrecto. La democracia islámica es una opción viable. En las naciones musulmanas la mayoría de los ciudadanos acepta el islam sin ninguna obligación y, por lo tanto, asume las consecuencias de la fe: sumisión a la voluntad de Dios al reconocer la Ley Islámica como la ley suprema de la Tierra. En consecuencia, Maududi, en un intento por distinguir

---

980 Véase Corán 2:219: "Te preguntan acerca del vino y del *maysir*. Di: "Ambos encierran pecado grave y ventajas para los hombres, pero su pecado es mayor que su utilidad". Te preguntan qué deben gastar. Di: "Lo superfluo". Así os explica Allah las aleyas. Quizás, así, meditéis (…)". En esta azora, el Noble Corán enseña a los musulmanes cómo realizar un análisis de daños o beneficios, poniendo como ejemplo la prohibición del alcohol.

981 Véase Esposito, J. L. y Voll, J. O., *Islam and Democracy*, Oxford University Press, 1996, p. 23. Véase también Maududi, S., *Islamic law and Constitution*, 12ª ed., Lahore: Islamic Publications, 1997, pp. 139-145.

la democracia islámica de la democracia secular, sugirió que el mejor término para describir el Estado de gobierno islámico es la "teodemocracia", en la cual, la soberanía popular se limita a los mandatos directos de Dios[982]. Es realmente inimaginable objetar esta forma de democracia desde un punto de vista occidental. Incluso en la democracia occidental más liberal, las personas eligen qué ordenamientos jurídicos gobiernan sus vidas, sin importar cómo dichas leyes puedan ser extremas o injustas desde la perspectiva de los externalistas. Por ejemplo, los Países Bajos legalizaron las drogas, mientras que muchos Estados europeos todavía las prohíben. Varios países occidentales legalizaron la prostitución, otros la consideran inmoral e ilegal. No se puede hacer una reclamación válida de violación de los derechos humanos que prive a una nación soberana de elegir su camino. Las drogas, la prostitución, el aborto y similares pueden ser legales o ilegales. Pueden ser morales o inmorales. Dependiendo de la norma moral y legal de un Estado particular.

El Estado islámico no es una excepción a la regla. Los musulmanes tienen el derecho de imponer sus propias leyes en su Estado, incluso si dichas leyes delegan la autoridad final a las fuentes básicas de la Ley Islámica, es decir, el Corán y la Sunna.

Otro posible contraste entre la democracia islámica y las prácticas más comunes de las democracias occidentales es el periodo de servicio en cargos públicos. El Prof. GONZÁLEZ IBÁÑEZ sugirió que las elecciones deberían ser periódicas en las sociedades democráticas. Asumir que el servicio extendido en el cargo, posiblemente incluso por un periodo de por vida, no es democrático en sí mismo, es infundado. ¿Qué sucede si las personas deciden elegir a su representante por un periodo vitalicio siempre que tengan el derecho de impugnarlo si no es apto para servir en un cargo público? ¿Debería una soberanía extranjera y externalista subvertir la voluntad del pueblo en la sociedad islámica imponiendo las elecciones periódicas? La respuesta obvia es no. Las personas pue-

982 *Ibidem.*

den regular sus procesos y procedimientos electorales como lo deseen, incluso si deciden nombrar a un gobernante o representante vitalicio. Esto no quiere decir que la Ley Islámica *per se* esté en contra de las elecciones periódicas, sino que es simplemente una norma procesal que puede ser aceptada o rechazada por el pueblo. ¿En qué consistiría la libre autodeterminación considerando que pueden ser regímenes amañados?

Además de la soberanía de Dios y las variaciones de las elecciones periódicas, parece que, con respecto al proceso democrático, la Ley Islámica requiere de un poder libre, plural y soberano que represente al pueblo (*Ahel al-ḥall wa al-'aqed*), compuesto por una ciudadanía de hombres y mujeres libres con iguales derechos de voto.

d) La existencia de un Estado de derecho

La doctrina del Estado de derecho requiere que el gobierno y los ciudadanos estén sujetos a la ley vigente, tal y como se adopta regularmente. Esta regla se remonta a la Carta Magna y fue adoptada en la jurisprudencia occidental[983]. Sin embargo, siglos antes de la Carta Magna, las fuentes básicas de la Ley Islámica, es decir, el Corán y los hadices, proclamaron el Estado de derecho a nivel doctrinal y con aplicación general[984]. Debido a que la doctrina

---

983 En la Carta Magna de 1215, disposición 39 estipula que: "Ningún hombre libre podrá ser detenido o encarcelado o privado de sus derechos o de sus bienes, ni puesto fuera de la ley ni desterrado o privado de su rango de cualquier otra forma, ni usaremos la fuerza contra él ni enviaremos a otros que lo hagan, sino en virtud de sentencia judicial de sus pares o por ley del reino".

984 Corán 5:8: "¡Creyentes! ¡Sed íntegros ante Allah cuando depongáis con equidad! ¡Que el odio a una gente no os incite a obrar injustamente! ¡Sed justos! Esto es lo más próximo al temor de Allah. ¡Y temed a Allah! Allah está bien informado de lo que hacéis". Véase también el hadiz sobre la tradición profética, *Sahh Al-Bukhri* 8:81:779: "Narró 'ishah: La gente de Qura se preocupó mucho por la señora Makhzumiya que había cometido un robo. Dijeron: "Nadie puede hablar (a favor de la dama) al Apóstol de Allah y nadie se atreve a hacer eso, excepto a

del Estado de Derecho es excepcionalmente fundamental en la jurisprudencia islámica, es supervisada y aplicada no solo por las organizaciones gubernamentales, sino también por las personas bajo el derecho de *ḥisbah.*

Nadie, en absoluto, está por encima de la ley. Cuando el Califa (gobernante) 'Umar ibn Al-Khaṭṭb llevaba una túnica larga, señal de gastar una cantidad moderada de dinero en ropa, la gente le preguntaba sobre la fuente de obtención de ese dinero.

15.5.3. Economía islámica

En general, la economía islámica adopta una perspectiva muy liberal que se basa en el Estado de bienestar. Ese estado de bienestar podría entenderse como diferente al concepto que se maneja en occidente prohibiendo la explotación de los necesitados y las prácticas desleales[985]. Sin embargo, la Ley Islámica difiere signifi-

---

Usama, que es el favorito del Apóstol de Allah". Cuando Usama habló con el Profeta de Allah sobre ese asunto, el Profeta de Allah dijo: "¿Intercedes (conmigo) para violar uno de los castigos legales de Allah?" Luego se levantó y se dirigió a la gente, diciendo: "¡Oh gente! Las naciones que os precedieron se extraviaron porque si una persona noble cometió un robo, solían abandonarlo, pero si una persona débil entre ellos cometía un robo, solían infligir el delito, castigo legal sobre él. Por Allah, si Fátima, la hija de Muhammad cometió un robo, Muhammad le cortará la mano"". Véase el estudio sobre el Estado de Derecho y la doctrina *Stare Decisis* en el Derecho Islámico, IYAD YAKUB, A., "The Islamic roots of democracy", *University of Miami International and Comparative Law Review,* Vol. 12, No. 269, 2005, p. 294.

985 Corán 5:1: "¡Creyentes! ¡Respetad vuestros compromisos! La bestia de los rebaños os está permitida, salvo lo que se os recita. La caza no os está permitida mientras estéis sacralizados. Allah decide lo que Él quiere"; Corán 4:29: "¡Creyentes! No os devoréis la hacienda injustamente unos a otros. Es diferente si comerciáis de común acuerdo. No os matéis unos a otros. Allah es misericordioso con vosotros". Sobre no engañar en las transacciones, véase también *Sahīh Muslim* 10:3663: "Abdullah ibn Dīnār relató que escuchó a Ibn 'Umar decir: "Un hombre le mencionó al Mensajero de Allah que había sido engañado en una transac-

cativamente de la jurisprudencia occidental en algunos aspectos tales como la prohibición de *riba*, que se traduce como "usura", y de *gharar*, que aproximadamente se traduce como "incertidumbre", "riesgo" o "especulación", en contratos[986].

Hay dos tipos de *riba*: en primer lugar, *riba al-nasah*, cuando el prestamista le pregunta al prestatario en la fecha de vencimiento si pagará la deuda o la aumentará a cambio de una nueva de fecha de vencimiento en el futuro[987]; y en segundo, *riba al-faḍl*, cuando

---

ción. Entonces el Mensajero de Allah le dijo: "Cuando inicies una transacción comercial dí: "¡Sin engaños!". Y es así que cuando transaba solía decir: "¡Sin frustración!"". Acerca de la política de condonación de la deuda por insolvencia, ver *Sahīh Muslim* 10:3777: "bū Sa'īd Al-Khudrī relató: "En tiempos del Mensajero de Allah sucedió que un hombre sufrió la pérdida de su cosecha frutal, y por ello sus deudas aumentaron. Entonces el Mensajero de Allah dijo: "Dadle caridad". Y la gente le dio caridad. Pero ello no fue suficiente para pagar su deuda. Entonces el Mensajero de Allah dijo a sus acreedores: "Tomad lo que encontréis y no obtendréis sino eso"". Sin embargo, también está prohibido que un solvente retrase el pago de la deuda, véase 10:3796: "Abū Hurayrah relató que el Mensajero de Allah dijo: "El retraso del rico (en el pago) es una injusticia. Y si a uno de vosotros le es recomendado un rico (como garante) debe aceptar (la recomendación)"". La prohibición del monopolio (nadie monopoliza los bienes, sino un pecador), *Sahīh Muslim* fue citado en AL-QARḌAWI, Y., *Islamic Concept of Education and Economy as seen in the Sunnah*, El Falah, 1998, p. 51. En relación al fomento del bienestar social ver *Sahīh Al-Bukhāri* 286: "Narrado Abu Musa Al-Ash'ari: El Profeta dijo: "Dales comida a los hambrientos, visita a los enfermos y libera al que está en cautiverio pagando su rescate"". Alentando las inversiones, véase *Al-lu'lu'Wa al Marjn* 993-994: "Si alguien tiene una tierra, debe cultivarla o prestársela a su hermano".

986 Corán 2:275: "Quienes usurean no se levantarán sino como se levanta aquel a quien el Demonio ha derribado con solo tocarle, y eso por decir que el comercio es como la usura, siendo así que Allah ha autorizado el comercio y prohibido la usura. Quien, exhortado por su Señor, renuncie, conservará lo que haya ganado. Su caso está en manos de Allah. Los reincidentes, esos serán los condenados al Fuego y en él permanecerán para siempre".

987 *Al-Gasas*, 1 *Ahkam Al-Qur'n* 552-3.

el pago del préstamo es asociado con un aumento[988]. Por lo tanto, cualquier aumento en el pago de la deuda está prohibido, ya sea a cambio de retrasar o cambiar la fecha de vencimiento o si está predeterminado al momento de formalizar el contrato de préstamo. *Gharar* ocurre cuando las partes en la transacción carecen del conocimiento del contravalor que se pretende intercambiar. Por ejemplo, *gharar* se produce cuando el objeto de venta no está lo suficientemente definido, ya sea por una fecha de vencimiento futura —por ejemplo, frutas y verduras que no están aún maduras—, o apostando un artículo entre muchos[989]. Una de las razones para prohibir *gharar*, en el contrato de venta, es eliminar los conflictos entre el comprador y el vendedor, los cuales pueden surgir de la discrepancia entre la intención o comprensión del comprador del artículo en venta y lo que realmente recibe. Cabe señalar que hay una serie de contratos considerados como una excepción a la doctrina *gharar*, como un contrato para fabricar (*istisnah*) o un contrato de alquiler (*ikharah*) y venta con pago anticipado.

La prohibición de *gharar* o *riba* nunca paraliza el estado económico, sino que más bien crea un sistema económico que se esfuerza en erradicar la explotación del débil por parte de un atroz sistema bancario basado en los intereses, y que trata de alentar la inversión en el mercado liberal aboliendo fácilmente y libre

---

988 *Ibidem.* Véase también *Sahh Muslim* 10:3849: "Uzmân ibn 'Affân relató que el Mensajero de Allah dijo: "No vendáis un *dinār* por dos *dinares,* ni un *dirham* por dos *dirhames*""; 10:3845: "Abû Sa'îd Al-Khudr relató que el Mensajero de Allah dijo: "No vendáis oro excepto que sea algo por lo mismo (de medida o peso equivalente), y no agreguéis algo (como interés) sobre algo (que vendáis o prestéis). Y no vendáis la plata por la plata excepto que sea algo por lo mismo, y no agreguéis algo (como interés) sobre algo (que prestéis). Y no vendáis por dinero en efectivo algo para entregar más tarde""; y 10:3880: "Abdullah relató: "El Mensajero de Allah maldijo al que cobra el interés y al que lo paga". Pregunté: "¿Y en cuanto a los que lo registran y los que salen de testigos?". Respondió: "Nosotros relatamos (solo) lo que escuchamos".

989 *Imam Serkhasi,* 7 *AL-Mabsoot* 68.

de riesgos las ganancias generadas por los intereses bancarios de *riba.* Los individuos bajo la Ley Islámica deberían invertir en el mercado con el riesgo de pérdida, pues de otra manera su capital se depreciaría por la inflación cuando su dinero estuviese parado. De acuerdo con el sistema económico islámico, los individuos se transforman de acreedores a socios. Además, la prohibición de *gharar* mejora el esquema de equidad del mercado eliminando la incertidumbre y la especulación en los contratos. Los bancos islámicos emplean varias metodologías para sustituir el sistema de *riba.* Por ejemplo, bajo el contrato de *muḍarabah* (método de fideicomiso) un banco puede actuar como agente para que el financiero invierta sus fondos en el mercado a cambio de una participación en las ganancias. Si el banco perdiese los fondos del depositante, parcial o totalmente, el primero tan solo perdería sus esfuerzos[990]. Bajo el contrato *muakarah* (método de financiación de proyectos) un banco participa en la financiación junto con un patrocinador o patrocinadores de proyectos en una relación preestablecida[991]. En cambio, en el contrato *muḍarabah* el banco soporta el riesgo de pérdida, así como la perspectiva de ganancias.

Vale la pena señalar que el sistema financiero islámico, aunque pueda resultar extraño al lector corriente, ha ganado un destacable crecimiento y éxito en las últimas décadas, y ha probado su competitividad con el típico sistema financiero occidental en el mercado internacional[992].

15.5.4. El dilema

La pregunta persistente, siguiendo la breve ilustración de los principios democráticos islámicos y la política educativa y económica, es que, si el islam fue pionero en garantizar los derechos

---

990 Bilal, G., "Islamic Finance: Alternatives to Western Models", *The Fletcher Forum of World Affairs,* Vol. 23, No. 147, 1999, p. 156.

991 *Ibid.* p. 157.

992 *Ibid.* p. 149.

humanos y estableció pautas educativas y económicas justas y progresistas, ¿cuál es la causa de las violaciones generalizadas de los derechos humanos, del sistema educativo fallido y de la adversidad económica en los Estados musulmanes? Probablemente, el concepto clave para explicar esta paradoja es que, como señaló el ex cantante de música pop CAT STEVENS, debemos distinguir entre el automóvil y el conductor. El automóvil equivale a la Ley Islámica y el conductor a la aplicación de la misma. También debemos prestar atención a la conducción en condiciones menos óptimas, es decir, a las circunstancias desfavorables en el mundo islámico. Según esta metáfora, la situación en el mundo islámico es la de un mal conductor que conduce un excelente vehículo en muy malas condiciones. En otras palabras, aunque la Ley Islámica es virtuosa, una gran cantidad de factores contribuyen a las crisis actuales en el mundo islámico, incluida la aplicación errónea de los principios de la Ley Islámica, las actitudes desfavorables hacia el islam en general y los intereses de las superpotencias en el mundo islámico[993]. El siguiente análisis aborda estas cuestiones.

a) La economía islámica y la situación actual

Las potencias imperialistas históricamente han agotado los recursos naturales de las naciones más vulnerables. Hoy en día, el tren ininterrumpido de la globalización, impulsado por los intereses de las superpotencias, perjudica en gran medida a los países en desarrollo, incluidos los Estados islámicos. Sin duda, la globalización puede no ser adecuada para todos los países; más bien es un concepto que permite que solo los más avanzados en tecnología y con una plataforma industrial y agrícola puedan competir con éxito. Nadie puede siquiera soñar que un país como Tanzania pueda competir, con respecto al *software* y la industria de *bluechip*, con Silicon Valley en Estados Unidos. En otros campos como la agricultura, la tecnología implementada en las naciones occidentales supera con creces los sueños de los agricultores de los países

---

993 N. del A.: Esta no es una lista exclusiva, puesto que un análisis completo histórico, económico y político está más allá del alcance del capítulo.

en desarrollo. Para empeorar las cosas, la mayoría de los países desarrollados subsidian la industria agrícola e imponen restricciones a la importación de productos extranjeros. Si un país se atreve a desafiar el esquema de la economía globalizada, sería aislado por diversos medios, incluida la prohibición de sus exportaciones y la negativa a compartir y transferir tecnología. El mundo islámico es parte de esta ecuación. La mayoría de los Estados musulmanes —si no todos— son países en desarrollo incapaces de competir efectivamente en una economía global.

El lento inicio de la economía islámica y los problemas económicos de gran parte de los Estados musulmanes se atribuyen a la época imperialista. A fines del siglo XIX, los Estados musulmanes fueron introducidos en el modelo occidental de economía como resultado del imperialismo, el cual era, de hecho, inconsistente con las creencias y costumbres de la gente. La presunción era: lo que es bueno para Occidente es bueno para el resto. Este supuesto es fundamentalmente erróneo debido a que las leyes, incluidas las relacionadas con la economía, son una expresión de los valores y las costumbres de la población. La prohibición de *riba* y *gharar* y los contratos como *muḍarabah* o *muŝakarah*, que reflejan las creencias y las costumbres de las personas, no existen en el sistema financiero occidental. A los musulmanes se les pidió, durante un largo periodo de tiempo, que lidiaran con un sistema financiero que se oponía a sus creencias. Es por ello que, cuando falla, no se les puede culpar. Más bien, la culpa es de los poderes que impusieron el sistema financiero extranjero.

b) Actitud desfavorable hacia el islam

La actitud desfavorable hacia el islam es, en general, notable. El ex presidente BUSH, al igual que numerosos senadores y representantes de los Estados Unidos, han utilizado —y continúan haciéndolo— con frecuencia el término "fascismo islámico" en referencia a la guerra contra el terrorismo[994]. El término es amplio

---

994 Véase KHAN, A., "Fighting Words: the abuse of Islam in Political Rhetoric", *Jurist*, 2006.

y contamina al islam en tanto que religión seguida por una cuarta parte de la población mundial[995]. El ex presidente BUSH y los senadores estadounidenses nunca han usado términos similares en referencia a otras religiones, como por ejemplo, "fascismo cristiano", "fascismo judío" o "fascismo hindú", entre otras[996]. El Papa BENEDICTO XVI hizo comentarios muy negativos sobre el islam al citar una crítica a la religión y al Profeta Muhammad. Citó al Emperador bizantino Manuel II Paleólogo, quien escribió que todo lo que Muhammad había traído era malo e inhumano, "como su orden de extender por la espada la fe que predicaba"[997]. Aunque el Vaticano emitió una declaración para decir que el Papa nunca había pretendido ofender al islam, la enciclopedia católica contiene insultos mucho peores hacia el islam y el Profeta Muhammad. La enciclopedia católica describe al Profeta Muhammad como "un diablo y el primer hijo de Satanás (…) sus supuestas revelaciones atribuidas a ataques epilépticos" o "un paroxismo de locura cataléptica". "Aprobó el asesinato, cuando promovió su causa; por muy bárbaros o traicioneros que fuesen los medios, el fin lo justificó en sus ojos y, en más de un caso, no solo aprobó, sino que también instigó el crimen"[998]. El retrato negativo del islam superó a los líderes políticos y religiosos para incluir a los intelectuales en la sociedad occidental. El Prof. IBÁÑEZ declaró en su parte de este artículo:

> "El profesor Lewis, de la Universidad de Yale, ha señalado que este aspecto es fundamental para comprender la profunda ruptura entre Occidente y el islam, y más específicamente para comprender las dificultades que tiene el islam para mantener su desarrollo cultural, social y material en sintonía con los principios derivados de las revoluciones técnicas y filosóficas que tuvieron lugar en la

---

995 *Ibid.*

996 *Ibid.*

997 Disponible en: http://www.cnn.com/2006/WORLD/africa/09/14/pope.muslims.reut/index.html?section=cnn_world

998 New Advent, "Mohammed and Mohammedanism", disponible en: https://www.newadvent.org/cathen/10424a.htm

> Europa del siglo XVIII y que, aún hoy, son la base filosófica de las democracias capitalistas del mundo".

La ideología del profesor LEWIS no solo es ofensiva, sino que también carece de una lógica sólida y contradice los principios democráticos básicos. El mensaje que el profesor LEWIS intentó transmitir es que el hecho de que el mundo islámico no siga la filosofía occidental es la causa, o al menos contribuye, a la crisis actual en él. Así, surge el interrogante: ¿necesita el islam confirmar a la filosofía occidental que podría estar en desacuerdo con sus principios para ser una sociedad aceptable, civilizada y sin problemas? Mi respuesta es no. Sin duda, el profesor LEWIS y sus seguidores no entendieron el concepto de "diversidad" en una sociedad global.

Más bien, es el espejismo de superioridad lo que haría que cualquier opinión contraria fuera inaceptable y causa de un problema. Si el profesor LEWIS realmente cree en la democracia, entonces debería entender que las naciones eligen su camino, incluidas las leyes y la filosofía. Tal actitud del presidente BUSH, la Iglesia Católica y varios intelectuales, como modelos de la civilización occidental, si no está destinada a calumniar al islam, destruirá los puentes de comunicación y confianza entre el mundo musulmán y el oeste, promoverá el odio y los delitos violentos contra los musulmanes y favorecerá la idea de que es necesaria una guerra contra el islam.

c) La dimensión interna del dilema

Mientras que algunos de los problemas del mundo musulmán son causados por fuerzas externas, el primero nunca está libre de culpa. Las violaciones a los derechos humanos islámicos básicos y la falta de implementación de los principios democráticos islámicos indispensables pueden considerarse la causa principal de los problemas en la sociedad musulmana, incluyendo el aumento del terrorismo internacional[999]. Cuando las personas se enfrentan a

---

[999] Véase, por ejemplo IRIN, Middle East English Service, disponible en: http:/www.irinnews.org/ME.asp?SelectTheme=Human_rights

regímenes opresivos que violan sus derechos humanos básicos y que suprimen la libertad de expresión y ven cómo países extranjeros intervienen en los asuntos internos de otros países, estas pasan a la clandestinidad y albergan todo tipo de pensamientos, incluyendo aquellos más extremos que justifican, en sus mentes, la matanza de inocentes y el hecho de imbuir miedo de forma masiva en la sociedad. Aunque la Ley Islámica prohíbe tales acciones, el discurso islámico adecuado capaz de acabar con tales ideologías extremas ha sido suprimido en varios Estados musulmanes y occidentales. Los gobiernos del mundo musulmán temen que permitir el libre discurso islámico, critique a los regímenes opresivos y, en consecuencia, pierdan el poder de control sobre su propio pueblo. Los gobiernos occidentales están motivados por el vetusto odio hacia una religión que es diferente a la suya y por intereses económicos y políticos, por ejemplo, controlando los recursos naturales más valiosos como el petróleo, además de la dominación política de las sociedades más vulnerables.

d) Conclusión: Esperanza para el futuro

La solución correcta y razonable para el dilema del mundo musulmán debe comenzar atajando el problema de raíz. El primer paso para las sociedades occidentales debe comenzar con la comprensión del islam, incluidos sus principios democráticos, las garantías de derechos humanos y las doctrinas políticas y económicas. Posteriormente, sobre la base de la verdadera creencia en los principios democráticos, las sociedades y gobiernos occidentales deben respetar y aceptar "la otra opinión", incluso si esta no coincide con sus propios intereses. Finalmente, las democracias occidentales no deben escatimar en esfuerzos para empoderar a la gente en los países musulmanes. La única alternativa a esta fórmula es la situación actual: el desconocimiento generalizado de los principios islámicos, ya sea por odio o por un discurso motivado políticamente, y la búsqueda de intereses económicos y políticos al colaborar con regímenes opresivos y obviar las prácticas contrarias a los principios democráticos islámicos y occidentales, siempre y cuando sirvan a los intereses de ciertos países occidentales. El resultado previsto de la fórmula alternativa es una guerra sin fin con grupos cegados por el odio a las intervenciones extranjeras en sus países y con una comprensión errónea del islam; la llamada "guerra contra el terrorismo". Los musulmanes en los Estados musulmanes deberían luchar para implementar los principios democráticos islámicos por todos los medios pacíficos y legítimos.

Mientras, los musulmanes en las sociedades occidentales deberían difundir el significado real del islam para instruir a musulmanes y no musulmanes sobre los principios éticos y democráticos islámicos. De esta manera, construiremos un *jardín árabe* cuya base esté bien arraigada y cuyas paredes sean plenamente capaces de resistir los poderes oscuros de la ignorancia, las motivaciones egoístas y el sacrificio de inocentes como daño colateral.

15.6. COMENTARIO A LOS ENSAYOS DEL PROF. GONZÁLEZ IBÁÑEZ Y DEL PROF. RAMADAN, POR JAMIE B. RASKIN

Estoy fascinado de observar el intercambio de opiniones entre el Prof. GONZÁLEZ IBÁÑEZ y el Prof. RAMADAN.

Cuando leí por primera vez sus ensayos, los vi como dos barcos que seguían su camino durante la noche en lados opuestos del mundo.

El ensayo del Prof. GONZÁLEZ IBÁÑEZ es una defensa elocuente, minuciosa y actualizada de los valores de la Ilustración liberal del nuevo siglo. Enfatiza los derechos humanos, la democracia constitucional, la participación cívica, los efectos corrosivos de la pobreza y la injusticia y la prioridad de la educación como instrumento para el progreso social y la liberación. Esencialmente, el Prof. GONZÁLEZ IBÁÑEZ nos ha invitado a visualizar el proceso educativo en una sociedad democrática —no las movilizaciones militares y la guerra— como nuestra principal arma en la defensa global contra el fanatismo, incluyendo el religioso, y el terrorismo. Nos ha proporcionado un marco de trabajo donde comprometernos para con la democracia liberal universal y profunda en un mundo fracturado por la pobreza, la injusticia, la violencia terrorista, la guerra imperativa y las intenciones teocráticas. El Prof. GONZÁLEZ IBÁÑEZ ofrece cinco criterios específicos para la democratización: la separación de los poderes del Estado, el respeto por los derechos humanos, elecciones periódicas y libres, el Estado de Derecho y la soberanía de la ciudadanía (hombres y mujeres dotados con derechos ecuánimes). Estos valores son esenciales para proteger la dignidad de la persona contra el increíble poder del Estado y los terribles vientos de desdicha y pobreza.

Por el contrario, el ensayo del Prof. RAMADAN es una delicada y sofisticada defensa de la ideología islámica, o quizá, dicho de una forma más generosa, de la idea de la "democracia islámica". Desde esta perspectiva, "los musulmanes tienen el derecho de imponer sus propias leyes en su Estado, incluso cuando estas leyes delegan la autoridad final en las fuentes básicas del Derecho Islámico, como el Corán y la Sunna". Nos muestra que el sistema de separación y división de poderes es innecesario donde el "derecho de *ḥisbah*" existe, esto es, el derecho de todo ciudadano a cuestionar la legislación partiendo de la base de que "contradice" la Ley Islámica. "En definitiva, si el derecho de *isbah* proporciona el control entre los poderes, entonces, ¿cuál es la necesidad de un método limitado de control, como es la separación de poderes?".

Donde el Prof. GONZÁLEZ IBÁÑEZ aboga por una democracia política que respeta el Estado de derecho y el derecho individual de conciencia religiosa privada, el Prof. RAMADAN desmorona los conceptos de democracia, Estado de derecho y derechos individuales bajo el poder de un Estado religioso: nos dice que la democracia "definitivamente no suprime la libertad de culto de la gente, incluyendo la libertad de elegir sus creencias religiosas particulares como la Ley Divina en la Tierra". Estos preceptos implican la adhesión a una "teodemocracia", palabra acuñada por MAUDUDI y afirmativamente citada por el Prof. RAMADAN, así como una psicología religiosa de total dominación y sumisión: "Una vez que los representantes legales, o la mayoría de la nación, han elegido un líder y el candidato ha aceptado la posición, este debe ser obedecido por todos los ciudadanos". Esta, ciertamente, no es la actitud necesaria para proteger la democracia y los derechos humanos; en mi país, Estados Unidos, por ejemplo, *luchamos* contra la idea de que nuestro "líder", quien nos ha enmarañado en una agresiva guerra basada en pruebas falsas, ha espiado a ciudadanos americanos, actuando al margen del Estado de derecho, y ha abandonado las arraigadas prohibiciones contra la tortura, deba ser "obedecido". Es cierto que el Prof. RAMADAN puntualiza que el líder "que pierde una o más de sus cualidades de liderazgo, por ejemplo, cometiendo un delito grave", debe ser "procesado", pero las opciones de obediencia y destitución no le dan a la ciudadanía mucho espacio para cambiar de parecer, disentir y luchar por el cambio.

Las profundas diferencias entre el Prof. GONZÁLEZ IBÁÑEZ y el Prof. RAMADAN fueron, al principio, angustiosas para mí. Aquí están dos excelentes académicos, uno de España y otro de Egipto, buscando ambos un futuro decente para la Humanidad durante un tiempo oscuro y peligroso. No obstante, uno habla en la lengua de la Ilustración y el otro en la lengua de la "teodemocracia". Uno avanza en pos de la democracia secular, el otro en pos del poder del Estado religioso, siendo precisamente estas las actitudes ideológicas contra las que se rebelaron los ilustrados.

Y, sin embargo, ahora encuentro algunos motivos de esperanza en este diálogo. Aquí está el porqué. Hay una lucha por la decencia y la dignidad humana en cada sociedad y cultura en la Tierra. Es una lucha que ha tenido lugar en sociedades industriales bien organizadas y muy cultas como Alemania, que desató impulsos primitivos y una violencia genocida a mediados del siglo pasado, pero que ahora se mantiene firme como Estado protector de la democracia, los derechos individuales y la violencia. Las reglas del sistema las define el Derecho. Es una lucha que ha definido a España, que también se vio envuelta en formas autoritarias y fascistas de proceder en algunos momentos del siglo pasado, pero que ahora lidera al mundo en muchos avances en materia de derechos humanos, incluidos los derechos de las mujeres y los ciudadanos homosexuales. Es una lucha que ha definido a los Estados Unidos de América. Somos una nación concebida no solo en la insurgencia democrática contra la monarquía, sino también en la esclavitud y el secuestro de africanos y en el genocidio contra los indios. Sin embargo, nos hemos transformado y animado por las luchas por el sufragio universal, los derechos civiles, los derechos de las mujeres, los derechos laborales, el multiculturalismo, la libertad civil y los mínimos de provisión social y justicia. La democracia es un proyecto social constante.

Las luchas por los valores de la Ilustración en nuestros países son luchas que han tenido lugar tanto en la arena del Estado como de la sociedad civil, incluidas nuestras iglesias y religiones. De hecho, es difícil pensar en un gran avance en la lucha por los derechos humanos en los Estados Unidos que no involucrase una alianza política entre los defensores del cambio secular progresivo y los de la comunidad religiosa, que buscan traer lo mejor de los valores religiosos al proyecto de reforma social. En los Estados Unidos, el activismo religioso ha desempeñado un papel importante en casi todos nuestros movimientos civilizadores, incluyendo el abolicionismo, el movimiento moderno por los derechos civiles y los movimientos contra la guerra, incluso cuando estos también se inspiraron en importantes impulsos de reforma secular.

Por lo tanto, el diálogo que tiene lugar aquí en sí mismo proporciona esperanza para una colaboración constructiva. No quiero minimizar la importancia urgente de que la democracia contemporánea proteja los derechos de la conciencia individual y honre la separación de la Iglesia y el Estado. Pero estoy convencido de que, con el tiempo, las tradiciones verdaderamente humanas dentro de cada religión reconocerán los peligros explosivos asociados con la fusión del dogma religioso y el poder estatal. Desde la Inquisición y las cruzadas hasta los juicios de brujería, desde la Guerra Santa hasta los atentados suicidas y la sangrienta violencia sectaria en Irak, el mundo ha visto los horrores de la convicción y la verdad religiosa impuesta por el Estado. Y seguramente los fieles han sufrido tanto, si no más, que los no creyentes de los ciclos interminables de guerras religiosas y represión. El progreso de la civilización vendrá con un creciente compromiso secular para con los derechos humanos, el pluralismo y la democracia liberal, y con un aumento correspondiente en la autocrítica y la moderación religiosas. En este proceso, la religión podría recuperar su papel moral profético y abandonar su insistencia legalista en el correcto dogma y la obediencia.

La forma en que los profesores podemos ayudar en este proceso es, como argumenta el profesor IBÁÑEZ, a través de la educación, que es tanto la clave para las oportunidades de vida de cada individuo como la mejor oportunidad para separarse políticamente de las resurgentes tradiciones medievales de tortura, Guerra Santa, esclavitud y trata de personas. La educación en sí misma debe ser consciente de lo que JOHN DEWEY llamó currículos "formales" e "informales". El currículo formal es la materia impartida en cursos específicos. El currículo informal, al menos de igual importancia, es lo que los estudiantes aprenden de los profesores y la forma en que se comportan en el aula, la universidad y el mundo en general. Por lo tanto, debemos asegurarnos de que nuestras universidades modelan los valores de tolerancia y equidad que defendemos para la sociedad en general. Debemos asegurarnos de que los estudiantes extranjeros, especialmente los del mundo musulmán, no sean marginados o maltratados. Deberíamos trabajar mucho más que nunca para convertir las lecciones del aula en un servicio activo en nuestras comunidades. Y debemos recordar siempre que las ciencias y la tecnología por sí solas no pueden redimir al mundo. Necesitamos artes, lenguaje, literatura, teatro, psicología y filosofía para despertar la conciencia del mundo. Necesitamos las Humanidades para rescatar a la Humanidad.

Finalmente, debo señalar que dependeremos de la investigación universitaria y del conocimiento académico, así como de la práctica y la política práctica, para enseñarnos sobre la inutilidad de la violencia y sobre cómo romper los ciclos letales en los que estamos. En última instancia, tendremos que inventar formas de controlar las fuerzas cada vez más obsoletas y destructivas asociadas con la violencia estatal, el sexismo y el militarismo, así como con la violencia sectaria y el terror sagrado. En este siglo, la virtud del conocimiento producido en las universidades se centrará en su poder instrumental para rescatar al mundo de las relaciones autoritarias y de la violencia como forma de vida.

En esta discusión, el hecho mismo del diálogo y las relaciones reales de los participantes son tan importantes como el contenido de las ideas comunicadas. Felicito a los buenos profesores y les insto a que sigan cultivando el *jardín de la Humanidad* que vive, con pasión, en nuestros corazones.

15.7. RESPUESTA A LOS TRES ARTÍCULOS PRINCIPALES: UNA ESPERANZA PARA EL DIÁLOGO Y LA COMPRENSIÓN

Los ensayos académicos anteriores de los Profesores RASKIN, RAMADAN y GONZÁLEZ IBÁÑEZ se enriquecieron con comentarios adicionales y con un diálogo entre los autores que implicó un esfuerzo tremendo para comprender el punto de vista de los demás. La recompensa ha sido como expresó HISHAM RAMADAN:

> "¿Puede un grupo de individuos iniciar un diálogo global que desvíe las guerras y salve vidas? Creo que si las buenas intenciones están presentes, se podría hacer mucho".

15.7.1. Respuesta de HISHAM RAMADAN a JOAQUÍN GONZÁLEZ IBÁÑEZ y a JAMIE B. RASKIN

> Michigan, 28 de febrero de 2007
>
> Estimado señor:
>
> Cuando hablamos de nuestro proyecto conjunto tuve en mente un diálogo, idea por idea, concepto por concepto, del verdadero propósito de la academia: una discusión abierta y franca que beneficiará al público en gran medida. Nunca pensé que la discusión se desintegraría de esa manera: ataque personal; HISHAM (o visión islámica) frente a la democracia y la ideología liberal; HISHAM, el egipcio contra la Ilustración occidental. Este es un método muy común para socavar al enemigo al etiquetarlo como "diferente de bueno" y "diferente de la persona promedio en la comunidad". HISHAM está etiquetado como egipcio, por lo que es diferente, a

pesar de que soy estadounidense al igual que el profesor RASKIN. La mención de mis antecedentes está destinada a alejar al lector de mi escritura. Según el Prof. RASKIN, HISHAM es el enemigo del concepto brillante de "democracia liberal".

En general, el Prof. RASKIN resumió lo que él y muchos otros profesores de Derecho y políticos desean: la reforma de la Ley Islámica. Estos llamados *reformistas* están obligados a implementar los valores occidentales sin importar cuán extraños sean para el mundo musulmán, en el islam. El llamado del Prof. RASKIN es muy obvio cuando afirma que "la religión debe ser reformada y liberalizada desde dentro; en ninguna parte es este proyecto más urgente que en el mundo musulmán". Sin duda, muchos *reformistas* han sido aceptados en las facultades de Derecho estadounidenses y los resultados son desastrosos. Los escritos de los *reformistas* nunca fueron aceptados en el mundo musulmán y, además, han engañado al público estadounidense al sugerir que el islam es malo *per se* y que necesita una reforma. En consecuencia, la maquinaria política estadounidense presiona a los Estados musulmanes a enmendar las leyes relacionadas con la Ley Islámica. Si los gobernantes de los Estados musulmanes rechazan las demandas estadounidenses, estos pueden ser considerados como "antidemocráticos", "anti-derechos humanos", y etiquetados como gobiernos terroristas o en apoyo del terrorismo. Si los gobernantes de los Estados musulmanes obedecen las instrucciones estadounidenses, serán vistos por su propia gente como títeres de América. Algunos ciudadanos de estos Estados "obedientes" pueden realizar actos horribles pensando injustificadamente que están sirviendo al islam. Es evidente que la falta de una discusión franca, en la que nadie reclame superioridad sobre el otro, puede iniciar una reacción en cadena que finalmente conduzca a la violencia, la miseria humana y la muerte en ambos lados; cada uno creyendo que está en lo correcto.

Le insto a usted, Prof. RASKIN, y a todos los académicos honestos del mundo, a iniciar una discusión franca para que podamos tener éxito en desviar la rueda de la miseria hacia un futuro más brillante.

Tenga en cuenta que no daré permiso para publicar mi parte presentada del proyecto conjunto sin agregar la respuesta anterior al comentario del Prof. RASKIN.

Paz,

HISHAM.

15.7.2. Respuesta de JAMIE B. RASKIN a HISHAM RAMADAN y a JOAQUÍN GONZÁLEZ IBÁÑEZ

Washington D. C., 28 de febrero de 2007

Queridos HISHAM y JOAQUÍN:

Perdóname HISHAM si te he ofendido. No tengo ningún problema en absoluto con la declaración de HISHAM como respuesta, y me encantaría participar en una segunda (y tercera y cuarta) ronda de comunicaciones si cree que esto mejoraría nuestro diálogo, lo cual es importante para mí.

Lo más importante que quiero decir en mi defensa, HISHAM, es que te identificaron como profesor de Egipto, por lo que asumí (erróneamente) que eras egipcio. Nunca dije que usted fuese el "enemigo del concepto brillante de "democracia liberal"", ni creo tal cosa. Mientras tanto, creo que la Iglesia y el Estado deben estar separados y que la democracia debe basarse en ideales universales de libertad y dignidad humana en lugar de en textos o tradiciones religiosas particulares, que son, por definición, sectarias, violentamente polémicas, inescrutables y no susceptibles de ser tratadas en espacios públicos para el diálogo razonado y la discusión crítica.

No defiendo una abstracción tan opaca como los "valores occidentales", y esperaba haber dejado claro que hay una lucha por la decencia y la libertad civil en todas las culturas y sociedades, y que empecé con los ejemplos de Alemania y de nuestra nación, Estados Unidos. No veo la lucha por los derechos humanos básicos y la democracia liberal como una exportación occidental, ni mucho menos (presencie, por ejemplo, nuestra intervención en favor del autoritarismo en Chile o nuestra continua alianza con la Arabia Saudita teocrática y represiva), sino como el instinto de vida de la civilización humana en todas partes.

Cordialmente,

JAMIE.

15.7.3. Respuesta de JOAQUÍN GONZÁLEZ IBÁÑEZ a HISHAM RAMADAN y a JAMIE B. RASKIN

Madrid, 1 de marzo de 2007

Querido JAMIE y querido HISHAM:

Muchas gracias por su participación y determinación para exponer sus ideas y opiniones. Realmente me gustaría compartir con ustedes algunos comentarios sobre sus respuestas y diversos comentarios sobre "nuestros tres artículos":

a) Cuando propuse trabajar en torno a la idea "Terrorismo radical islámico, educación y la percepción de los países occidentales y árabes", lo hice porque ciertamente sabía que la óptica de un profesor estadounidense de Derecho Constitucional, Jamie Raskin, de un académico egipcio y profesor visitante en una institución estadounidense, Hisham Ramadan, y de un europeo de España, yo mismo, sería complementaria, diferente, y en algunos elementos ciertamente opuesta.

b) Uno de los rudimentos básicos en democracia y en el mundo académico es el debate honesto, sincero, abierto y, por supuesto, respetuoso sobre ideas y razonamientos. La idea de diálogo que propuse fue precisamente eso: "una sugerencia para discutir juntos". El significado auténtico del diálogo (su etimología διάλογος proviene del griego) es cruce de razonamientos, cruce de ideas".

c) En los tres artículos completos no he encontrado una sola falta de respeto, falta de sensibilidad o la intención de "etiquetar" como "malvados, destructivos, etc." los argumentos de los demás. Sin embargo, y este es el epicentro de todo el elemento, estamos actuando como académicos y nuestros artículos disfrutan de los principios y objetivos filosóficos de la academia; mi argumento aquí es que hay un principio interno, el mismo que en la democracia, que enriquece todo el panorama: "estamos de acuerdo en estar en desacuerdo" ("*We agree to disagree*").

d) Hisham, por favor, me gustaría que viera nuestros comentarios no como una manera de "manifestar" nuestra idea de que las cosas "no deberían ser así" o que son "ilegítimas". No; ¡es al revés! Nosotros, como personas y académicos, elaboramos nuestro razonamiento de acuerdo con nuestras experiencias, antecedentes culturales, conocimiento y un enfoque crítico, aunque constructivo.

Entonces, cuando expresamos una opinión o respaldamos un cierto razonamiento, es porque después de un análisis y pensamiento serios, consideramos que es adecuado llegar a esa conclusión. Esto no significa que tengamos razón, pero estamos legitimados para expresarlo y, por supuesto, podemos ser rebatidos y contrariados intelectualmente. Probablemente ninguno de nosotros tenga algo llamado "la verdad". No creo en ningún axioma, y no creo que en la academia —aparte de los axiomas de Matemáticas y Física— deba haber ninguno. Pero aun así es un punto de vista personal.

Y, por último, no me sorprende; esperaba algo similar a este diálogo porque en estos tiempos difíciles un diálogo pacífico como el nuestro enriquece la vida académica y cívica.

¡Ojalá hubiera podido leer estas discusiones cuando era estudiante! Una discusión abierta, libre y honesta sin la presión de la política, la intolerancia u otro elemento que pueda obstaculizar un diálogo respetuoso. HISHAM, por supuesto, si tuviera su autorización para publicar los artículos, incluiría todas las respuestas, de lo contrario estaría ejerciendo censura y eso corresponde a actividades o regímenes no democráticos, no a la vida académica abierta y crítica y al diálogo.

HISHAM y JAMIE, las realidades cotidianas de los asuntos mundiales muestran una gran cantidad de orden práctico, pero a menudo no dejan espacio para estas actividades. De hecho, la cooperación existe no solo en la observancia generalizada de muchas reglas internacionales entre países como los nuestros, sino que también se puede encontrar en los extensos patrones del diálogo académico.

En esta era global y compleja necesitamos estudiantes, profesores y ciudadanos educados para entender los problemas internacionales (como el que tratamos aquí), para así actuar desde una perspectiva cívica y con el propósito principal de promover la paz. PRIMO LEVI, en su libro *La chiave a stella*[1000], elabora una metáfora sobre la creación humana de los puentes. Los puentes son lo opuesto a las fronteras; los puentes intentan unificar diferentes realidades, mientras que las fronteras pueden incluso destruir realidades homogéneas. Se necesitan puentes en la actualidad. HISHAM, usted representa la gran esperanza para que entendamos las razones de las naciones islámicas, pero también es un puente que trabaja en ambas direcciones. En cierto modo, y como expresa JAMIE RASKIN, hay en la Humanidad "una lucha por la decencia y la libertad civil en todas las culturas". Eso es lo que hacemos aquí, y estos tres artículos y sus respectivas respuestas ofrecen una imagen única de un tremendo esfuerzo intelectual para comprender y crear "puentes" en uno de los asuntos internacionales más importantes de nuestro tiempo.

La cultura de paz a través de la educación es lo que hemos hecho con nuestras reflexiones en este diálogo académico. Si no importa si soy judío, cristiano, musulmán o budista, la consecuencia será que disfrutemos en nuestra actividad académica de un ambiente de paz donde se puedan olvidar los celos políticos y religiosos y se fomente la unidad internacional.

No olvidemos que el objetivo principal será proporcionar a los lectores una perspectiva crítica y una capacidad para comprender

---

1000 LEVI, P., *La chiave a stella*, Einaudi Editori, Turín, 1978.

los problemas actuales más importantes en las relaciones internacionales basadas en los principios de tolerancia y comprensión mutua.

En estos tiempos de terrorismo, amenaza a la paz e intolerancia, la cultura de paz solo puede lograrse a través del diálogo y el intercambio de puntos de vista entre las diferentes realidades. Como mencionó PRIMO LEVI, necesitamos constantemente construir puentes entre naciones, culturas y civilizaciones y evitar nuevas fronteras que tiendan a separarnos.

Creo que esta es una de las razones por las que me gusta ser, no solo dentro de la clase, un académico que hace que la gente piense, dude y ofrezca "puentes" para diferentes escenarios.

Con afecto, JOAQUÍN.

> "Es útil conocer otras naciones y hábitos para juzgar los nuestros de una manera saludable, y no imaginar que todo lo que difiere de los nuestros debe ser descartado como ridículo o ilógico, como lo hacen con frecuencia los que no han visto nada".
>
> DESCARTES

15.7.4. Respuesta final de HISHAM RAMADAN a JOAQUÍN GONZÁLEZ IBÁÑEZ y a JAMIE B. RASKIN

Michigan, 2 de marzo de 2007

Estimados Profesores RASKIN y GONZÁLEZ IBÁÑEZ:

Puedo apreciar las buenas intenciones de todos nosotros. Este es un paso muy positivo en el camino de la esperanza. Ahora, ¿cómo quieren proceder? Podemos publicar los tres ensayos originales más mi respuesta, más cualquier respuesta que el profesor RASKIN quisiera incluir. En general, esta es la primera ronda del diálogo. Creo que en una segunda fase podemos discutir todos los temas importantes, por escrito, en una serie de ensayos. También podemos invitar a otros eruditos. Personalmente, conozco a muy buenos pensadores de la Ley Islámica que enriquecerán la discusión en gran medida. JOAQUÍN puede incluir la primera ronda del diálogo en su libro. También puede compartir con el lector el intercambio de nuestras opiniones y discusiones del diálogo.

¿Puede un grupo de individuos iniciar un diálogo global que desvíe las guerras y salve vidas? Creo que si las buenas intenciones están presentes se podría hacer mucho.

Atentamente,

HISHAM RAMADAN.

¡La educación lo es todo!

La Zona Cero está en el alma de occidente,
cerca del corazón, en un solar de Manhattan.
Cayeron los gigantes. Lágrimas de septiembre.
Lágrimas de carne y metal.
El planeta contuvo la respiración.
Los hijos del ocaso se armaron en respuesta.
Qué pena que no sepas repartir tu piedad.
También que cada herida en la piel de este planeta
es una Zona Cero que llorar.
Y abres otra herida repitiendo el mismo error.
La Zona Cero sangra en la ruinas de Kabul.
Una boca sin dientes sonríe bajo un burka.
La Zona Cero extiende sus manchas hacia el sur.
Y no hay septiembres ni lamentos
para esta tierra agujereada por el fuego (...)
Rodeado de alambradas, muy cerca de Belén,
en plena Zona Cero nació el hijo de un dios.
Los olivos se secan y Palestina ve
cómo bajo los escombros duermen
palomas que se esconden del invierno.
Desde un hotel contempla la bella Scherezade,
cegada por las llamas, las calles de Bagdad.
Las mujeres se esconden del lobo en Ciudad Juárez.
Y en un semáforo de Río de Janeiro
los niños comen plomo y papel de celofán.
En África la Zona Cero hincha los vientres
y llenará sus camas de sombras y delirios.
Un indio en una selva hoy sueña con serpientes.
Y en un café de Grozni los más viejos
lloran por la calma que no volverá (...)

ISMAEL SERRANO
Zona Cero

Nota: Actualmente en 2024 Hisham Ramadan es profesor de Criminología en *Kwantlen Polytechnic University* en Canada., Jamie B.Raskin es representante del estado de Maryland en la Cámara de Representantes del Congreso de Estados Unidos y fue responsable del segundo proceso de *impeachment* contra Donald Trump en 2020, y Joaquín González Ibáñez es profesor de Derecho Internacional Público en la Universidad Complutense de Madrid.

ANEXOS

CAPÍTULO 1

¿A qué edad se empieza la escuela en el mundo?

Edad de escolarización obligatoria (último año disponible, 2016-2018)

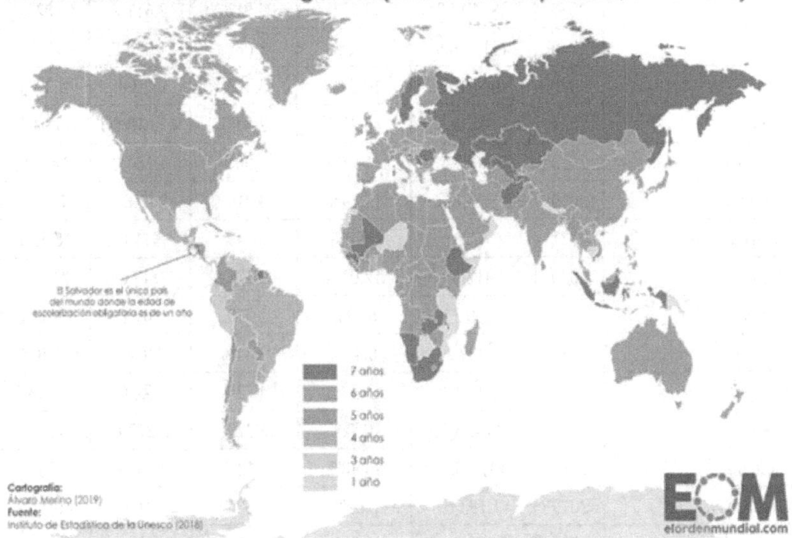

Mapa sobre la edad de escolarización obligatoria en el mundo (Fuente: El Orden Mundial, 2020) Disponible en: https://elordenmundial.com/mapas-y-graficos/edad-escolarizacion-obligatoria-mundo/

Comparativa: Gasto Público Educación 2023

Fuente: https://datosmacro.expansion.com/estado/gasto/educacion

Países	Fecha	Gasto Educación (M.€)	Gasto Educación (%Gto Pub)	Gasto Educación (%PIB)	Gasto Educación Per Capita	Var.
España	2018	50.340,2	10,03%	4,18%	1.077 €	7,22%
Alemania	2018	167.457,1	11,23%	4,98%	2.020 €	9,74%
Reino Unido	2018	125.111,7	13,34%	5,17%	1.883 €	2,37%
Francia	2018	127.788,0	9,72%	5,41%	1.895 €	6,42%
Italia	2018	75.392,9	8,80%	4,26%	1.259 €	12,53%

Países	Fecha	Gasto Educación (M.€)	Gasto Educación (%Gto Pub)	Gasto Educación (%PIB)	Gasto Educación Per Capita	Var.
Portugal	2018	9.592,7	10,81%	4,68%	933 €	2,28%
Estados Unidos	2018	853.712,2	13,15%	4,91%	2.611 €	0,82%
Japón	2018	131.316,6	8,38%	3,08%	1.038 €	0,71%
China	2020	464.910,1	10,53%	3,57%	329 €	4,37%
Andorra	2021	81,0	10,26%	2,88%	1.018 €	-5,93%
Emiratos Árabes Unidos	2020	11.880,6	11,71%	3,88%	1.280 €	-14,12%
Afganistán	2019	541,8	11,34%	3,21%	17 €	1,13%
Antigua y Barbuda	2021	47,7	9,90%	3,84%	511 €	18,57%
Albania	2020	412,6	12,07%	3,10%	145 €	-21,99%
Armenia	2020	299,7	8,83%	2,71%	101 €	-1,93%
Angola	2020	1.209,2	6,47%	2,42%	36 €	-18,01%
Argentina	2019	19.064,4	12,53%	4,72%	424 €	-17,38%
Austria	2018	20.128,7	10,72%	5,22%	2.277 €	5,31%
Australia	2018	61.448,5	13,48%	5,12%	2.443 €	0,71%
Azerbaiyán	2019	1.153,6	8,29%	2,68%	116 €	10,72%
Barbados	2021	265,4	16,58%	6,45%	944 €	123,04%
Bangladés	2019	4.160,9	9,27%	1,33%	26 €	-27,78%
Bélgica	2018	29.357,5	12,22%	6,38%	2.569 €	6,97%
Burkina Faso	2020	868,5	22,66%	5,52%	40 €	4,61%
Bulgaria	2017	2.139,6	12,73%	4,08%	302 €	9,70%
Baréin	2020	652,8	8,49%	2,15%	443 €	-7,27%
Burundi	2020	116,9	20,74%	5,04%	10 €	-19,40%
Benin	2020	412,5	17,71%	3,00%	33 €	7,15%
Brunéi	2016	455,9	11,44%	4,43%	1.092 €	-14,05%
Bolivia	2018	3.056,9	19,01%	8,90%	263 €	6,04%
Brasil	2018	98.784,3	16,15%	6,09%	474 €	-11,24%
Bahamas	2021	263,5	10,13%	2,78%	646 €	35,10%
Bután	2019	124,3	20,38%	5,68%	168 €	-19,36%
Botsuana	2020	1.143,3	15,35%	8,74%	449 €	10,96%
Bielorrusia	2020	2.660,6	12,78%	4,95%	283 €	-5,14%

Países	Fecha	Gasto Educación (M.€)	Gasto Educación (%Gto Pub)	Gasto Educación (%PIB)	Gasto Educación Per Capita	Var.
Belice	2021	183,3	22,17%	8,71%	426 €	35,72%
Canadá	2011	67.805,6	12,22%	5,26%	1.977 €	7,85%
República Democrática del Congo	2021	1.263,6	14,01%	2,70%	13 €	18,57%
República Centroafricana	2020	45,4	9,78%	2,17%	9 €	26,15%
República del Congo	2020	409,4	18,29%	4,45%	87 €	-1,26%
Suiza	2018	29.875,2	15,53%	4,86%	3.509 €	1,75%
Costa de Marfil	2020	1.899,2	15,08%	3,44%	71 €	-4,87%
Chile	2018	13.585,5	21,37%	5,43%	725 €	5,27%
Camerún	2020	1.133,6	14,39%	3,17%	43 €	3,20%
Colombia	2020	11.677,1	14,75%	4,93%	232 €	-10,23%
Costa Rica	2020	3.668,0	21,54%	6,71%	715 €	-5,36%
Cuba	2010	5.767,7		12,84%	511 €	1,29%
Cabo Verde	2020	124,3	17,09%	7,58%	213 €	36,71%
Chipre	2017	1.161,6	15,68%	5,72%	1.351 €	0,68%
Chequia	2018	9.001,9	10,51%	4,27%	847 €	27,30%
Yibuti	2018	89,4	13,99%	3,63%	93 €	0,48%
Dinamarca	2018	20.536,5	13,44%	6,79%	3.544 €	-6,38%
Dominica	2020	20,7	10,67%	4,70%	288 €	-31,19%
República Dominicana	2020	3.194,0	19,32%	4,62%	290 €	-4,64%
Argelia	2019	9.354,0	14,46%	6,10%	215 €	0,10%
Ecuador	2020	3.596,7	11,51%	4,13%	205 €	-11,39%
Estonia	2018	1.364,9	13,35%	5,26%	1.035 €	20,34%
Egipto	2020	8.312,2	12,26%	2,48%	83 €	12,41%
Eritrea	2006	15,9	5,17%	2,13%	5 €	-31,29%
Etiopía	2018	3.440,9	24,00%	5,07%	36 €	-8,41%
Finlandia	2018	14.650,7	11,75%	6,28%	2.656 €	6,26%
Fiyi	2019	248,1	16,83%	5,07%	277 €	2,65%
Estados Federados de Micronesia	2018	33,0	17,13%	9,70%	316 €	-14,54%
Gabón	2020	427,6	15,03%	3,18%	187 €	3,55%

Países	Fecha	Gasto Educación (M.€)	Gasto Educación (%Gto Pub)	Gasto Educación (%PIB)	Gasto Educación Per Capita	Var.
Granada	2018	35,1	14,04%	3,55%	315 €	15,40%
Georgia	2020	534,6	11,17%	3,85%	144 €	-8,18%
Ghana	2018	2.212,3	18,60%	3,89%	75 €	19,95%
Gambia	2020	43,8	11,36%	2,76%	17 €	-3,29%
Guinea	2020	273,2	14,29%	2,20%	21 €	22,38%
Guinea Ecuatorial	2002	15,7	5,58%	0,72%	24 €	23,45%
Grecia	2018	6.459,3	7,42%	3,60%	602 €	10,14%
Guatemala	2020	2.244,3	21,14%	3,30%	125 €	1,70%
Guinea-Bisáu	2020	36,1	15,00%	2,71%	18 €	-8,04%
Guyana	2018	180,4	16,00%	4,45%	231 €	-4,34%
Hong Kong	2020	13.317,7	20,62%	4,41%	1.793 €	11,25%
Honduras	2020	1.334,9	24,25%	6,44%	134 €	21,46%
Croacia	2018	2.066,2	8,60%	3,91%	505 €	12,23%
Haití	2018	227,3	14,64%	1,63%	21 €	17,15%
Hungría	2018	6.289,6	10,08%	4,62%	644 €	12,64%
Indonesia	2019	28.414,8	17,35%	2,84%	106 €	0,65%
Irlanda	2018	11.109,7	13,32%	3,39%	2.286 €	9,59%
Israel	2018	19.487,8	15,52%	6,11%	2.195 €	4,07%
India	2020	104.736,0	16,54%	4,47%	75 €	-5,27%
Irak	2016	7.142,3	14,00%	4,71%	185 €	-3,31%
Irán	2020	6.154,7	23,14%	3,59%	73 €	-21,57%
Islandia	2018	1.681,6	17,25%	7,56%	4.768 €	2,82%
Jamaica	2021	747,3	17,31%	6,03%	273 €	13,27%
Jordania	2019	1.202,7	9,86%	2,99%	119 €	2,47%
Kenia	2021	4.474,4	19,04%	4,80%	84 €	1,57%
Kirguistán	2019	425,3	16,47%	5,37%	67 €	1,54%
Camboya	2018	450,3	9,39%	2,16%	29 €	-26,45%
Kiribati	2019	19,4	12,39%	12,39%	165 €	-8,90%
Comoras	2015	22,2	13,35%	2,55%	28 €	-24,16%
San Cristóbal y Nieves	2019	42,6	12,28%	4,30%	892 €	0,19%

Países	Fecha	Gasto Educación (M.€)	Gasto Educación (%Gto Pub)	Gasto Educación (%PIB)	Gasto Educación Per Capita	Var.
Corea del Sur	2018	65.103,0	24,98%	4,46%	1.262 €	8,94%
Kuwait	2020	6.081,8	11,91%	6,55%	1.302 €	-19,72%
Kazajistán	2019	4.635,7	14,11%	2,86%	249 €	9,23%
Laos	2020	361,7	14,00%	2,23%	49 €	-5,78%
Líbano	2019	1.177,9	8,14%	2,59%	172 €	-4,79%
Santa Lucía	2020	47,5	14,42%	3,58%	265 €	-21,04%
Liechtenstein	2011	106,9		2,56%	2.932 €	37,52%
Sri Lanka	2019	1.534,5	9,90%	1,93%	70 €	-15,37%
Liberia	2021	79,8	8,15%	2,69%	15 €	31,15%
Lesoto	2021	187,5	13,66%	8,70%	82 €	34,04%
Lituania	2018	1.771,9	11,74%	3,89%	633 €	16,13%
Luxemburgo	2018	2.192,9	8,66%	3,65%	3.607 €	11,00%
Letonia	2018	1.237,2	11,15%	4,24%	642 €	10,74%
Libia	1999	788,0	8,14%	2,26%	155 €	
Marruecos	2020	7.181,6	14,82%	6,75%	200 €	6,10%
Mónaco	2019	76,0	5,03%	1,15%	2.053 €	-6,12%
Moldavia	2020	646,3	17,99%	6,39%	245 €	3,98%
Madagascar	2020	354,0	15,34%	3,10%	13 €	-6,71%
Islas Marshall	2019	33,2	24,81%	15,75%	605 €	9,77%
Macedonia del Norte	2002	139,9	8,64%	3,30%	69 €	-35,52%
Malí	2020	581,8	14,47%	3,76%	27 €	6,87%
Myanmar	2019	1.315,0	10,56%	2,14%	25 €	1,61%
Mongolia	2019	626,9	16,53%	4,94%	190 €	-15,43%
Mauritania	2020	142,0	9,73%	1,88%	32 €	7,30%
Malta	2017	555,2	13,37%	4,65%	1.185 €	3,45%
Mauricio	2020	460,3	16,12%	4,61%	364 €	-22,92%
Maldivas	2019	206,1	12,06%	4,12%	408 €	8,14%
Malaui	2020	301,8	11,50%	2,91%	16 €	-18,06%
México	2018	44.015,5	16,58%	4,25%	351 €	-1,70%
Malasia	2020	11.587,1	15,44%	3,92%	356 €	-13,07%

Países	Fecha	Gasto Educación (M.€)	Gasto Educación (%Gto Pub)	Gasto Educación (%PIB)	Gasto Educación Per Capita	Var.
Mozambique	2020	776,6	17,93%	6,26%	25 €	-8,05%
Namibia	2021	1.002,5	24,81%	9,64%	393 €	16,57%
Níger	2020	462,8	13,33%	3,84%	19 €	11,68%
Nigeria	1975			3,06%		3,83%
Nicaragua	2020	510,6	22,82%	4,63%	79 €	1,32%
Países Bajos	2018	41.467,5	12,91%	5,36%	2.407 €	12,91%
Noruega	2018	28.486,4	15,92%	7,64%	5.362 €	5,06%
Nepal	2020	1.286,1	13,19%	4,39%	44 €	-0,52%
Nauru	2020	5,2	3,53%	5,17%	421 €	-9,27%
Nueva Zelanda	2018	10.731,4	16,08%	6,05%	2.189 €	-2,26%
Omán	2019	4.257,7	12,42%	5,41%	922 €	-0,31%
Panamá	2020	1.847,4	10,24%	3,91%	432 €	-0,76%
Perú	2020	7.658,5	15,93%	4,25%	235 €	-3,01%
Papúa Nueva Guinea	2018	382,6	9,23%	1,87%	45 €	-0,91%
Filipinas	2020	12.298,4	14,23%	3,88%	113 €	13,59%
Pakistán	2019	7.191,0	11,59%	2,51%	34 €	-21,51%
Polonia	2018	23.033,0	11,11%	4,62%	600 €	13,60%
Estado de Palestina	2018	732,8	17,79%	5,32%	151 €	10,86%
Palaos	2019	17,1	15,66%	6,81%	964 €	1,65%
Paraguay	2020	1.025,6	9,84%	3,30%	141 €	-12,27%
Catar	2020	4.091,7	9,32%	3,23%	1.524 €	-1,53%
Rumanía	2018	6.892,6	10,46%	3,34%	354 €	25,69%
Serbia	2019	1.663,8	8,60%	3,62%	239 €	3,25%
Rusia	2018	65.452,0	14,34%	4,68%	446 €	4,75%
Ruanda	2021	357,3	11,32%	3,82%	27 €	21,78%
Arabia Saudita	2020	50.243,1	19,06%	7,81%	1.435 €	-1,65%
Islas Salomón	2020	171,6	31,89%	12,75%	248 €	5,31%
Seychelles	2020	57,0	9,17%	5,15%	578 €	-2,17%
Sudán	2009	795,5	10,78%	2,02%	20 €	-10,01%
Suecia	2018	35.963,4	15,67%	7,64%	3.535 €	2,53%

Países	Fecha	Gasto Educación (M.€)	Gasto Educación (%Gto Pub)	Gasto Educación (%PIB)	Gasto Educación Per Capita	Var.
Singapur	2020	7.651,9	11,91%	2,51%	1.346 €	-15,04%
Eslovenia	2018	2.264,4	11,34%	4,94%	1.093 €	15,16%
Eslovaquia	2018	3.570,3	9,53%	3,97%	655 €	11,73%
Sierra Leona	2020	313,3	34,24%	8,81%	39 €	15,43%
San Marino	2019	48,8	15,06%	3,38%	1.450 €	-7,69%
Senegal	2020	1.181,9	22,06%	5,50%	71 €	4,87%
Somalia	1973			1,28%		27,78%
Surinam	2020	126,5	13,94%	5,01%	210 €	-47,35%
Sudán del Sur	2017	15,7	1,07%	0,98%	1 €	-58,91%
Santo Tomé y Príncipe	2020	20,9	16,13%	5,01%	96 €	-8,07%
El Salvador	2019	812,8	12,45%	3,39%	129 €	-3,08%
Siria	2009	1.986,1	19,18%	5,13%	94 €	11,64%
Eswatini	2021	200,2	15,89%	5,00%	168 €	10,26%
Chad	2020	274,1	11,67%	2,91%	16 €	14,98%
Togo	2020	265,3	21,77%	3,99%	31 €	0,56%
Tailandia	2019	14.423,9	13,66%	2,97%	207 €	4,00%
Tayikistán	2019	423,6	18,66%	5,71%	45 €	7,47%
Timor Oriental	2018	89,1	7,88%	6,73%	70 €	-8,11%
Turkmenistán	2019	1.476,2	23,01%	3,12%	240 €	-3,64%
Túnez	2016	2.936,1	22,67%	7,32%	257 €	12,80%
Tonga	2019	36,3	11,93%	7,96%	362 €	33,00%
Türkiye	2018	28.296,3	12,43%	4,29%	347 €	-13,31%
Trinidad y Tobago	2020	757,2	11,77%	4,10%	499 €	-9,97%
Tuvalu	1997			3,73%		-32,22%
Tanzania	2021	1.948,8	20,50%	3,30%	31 €	5,87%
Ucrania	2019	7.479,8	13,16%	5,44%	179 €	20,97%
Uganda	2021	966,9	11,25%	2,67%	23 €	14,49%
Uruguay	2019	2.572,5	15,15%	4,70%	750 €	-4,33%
Uzbekistán	2020	2.597,7	20,54%	4,92%	77 €	-31,11%
San Vicente y las Granadinas	2018	42,6	19,01%	5,69%	405 €	4,31%

Países	Fecha	Gasto Educación (M.€)	Gasto Educación (%Gto Pub)	Gasto Educación (%PIB)	Gasto Educación Per Capita	Var.
Venezuela	2017	1.379,2	23,87%	1,34%	45 €	16,56%
Viet Nam	2019	12.038,6	14,03%	4,06%	125 €	4,22%
Vanuatu	2020	17,6	5,05%	2,24%	58 €	19,15%
Samoa	2020	36,5	16,21%	4,81%	184 €	-3,56%
Yemen	2008	942,7	12,49%	5,15%	41 €	25,17%
Sudáfrica	2020	18.314,7	19,53%	6,19%	307 €	-10,36%
Zambia	2020	587,5	12,38%	3,70%	31 €	-37,42%
Zimbabue	2018	1.208,9	19,04%	3,87%	80 €	10,09%

CAPÍTULO 12

CONSTITUCIONES DE LA UNIÓN EUROPEA Y EL DERECHO DE LA EDUCACIÓN

En la Unión Europea, la educación es una materia cuya competencia reside fundamentalmente en los Estados miembros, quienes, no obstante, participan en la política educativa de la Unión a través de programas marco tales como *Leonardo* y *Sócrates* y de diversas iniciativas comunitarias. De especial importancia es el Espacio Europeo de Educación Superior (EEES), que prevé un espacio de transparencia y compatibilidad de los estudios universitarios en todos los países de la Unión Europea desde el año 2010. Todos los Estados miembros de la Unión Europea forman parte del Consejo de Europa y son signatarios de la *Convención Europea de Derechos Humanos*, del *Pacto Internacional de Derechos Civiles y Políticos* y del *Pacto Internacional de Derechos Económicos, Sociales y Culturales* de Naciones Unidas, por lo que la regulación constitucional del derecho a la educación es homogénea entre los 27 Estados miembros. Se incluyen a continuación las disposiciones que hacen referencia al derecho a la educación en los diferentes textos constitucionales de los Estados miembros de la Unión. La presente selección procede, principalmente, de la obra *Constituciones de los Estados de la Unión Europea*[1].

I. Países incorporados a las Comunidades Europeas en 1957 como Estados miembros fundadores: Italia, Luxemburgo, Alemania, Bélgica, Francia y Holanda

Constitución de la República de Italia, 27 de diciembre de 1947

"Artículo 30.

Es deber y derecho de los padres mantener, instruir y educar a los hijos aunque hayan nacido fuera del matrimonio (...)

Artículo 33.

El arte y la ciencia son libres y libre es su enseñanza.

La República establecerá las normas generales sobre la instrucción y creará escuelas estatales para todos los órdenes y grados. Las entidades y los particulares tienen derecho a crear escuelas e institutos de educación, sin cargas para el Estado.

La ley, al fijar los derechos y los deberes de las escuelas no estatales que solicitan la paridad, deberá asegurar a la misma plena libertad y a sus alumnos un tratamiento escolar equivalente al de los alumnos de las escuelas estatales.

Se establecerá un examen de Estado para la admisión en los diversos órdenes y grados de las escuelas o para la conclusión de los mismos y para la habilitación al ejercicio de la profesión.

Las instituciones de alta cultura, universidades y academias tienen derecho a darse ordenamientos autónomos dentro de los límites establecidos por las leyes del Estado.

Artículo 34.

La escuela está abierta a todos.

Será obligatoria y gratuita la enseñanza primaria impartida durante al menos ocho años.

Los capaces y con méritos, aunque carezcan de medios económicos, tienen derecho a alcanzar los grados más altos de los estudios.

---

1 Rubio Llorente, F. y Daranas Peláez, M. (Eds.), *Constituciones de los Estados de la Unión Europea*, Ariel Derecho, Barcelona, 1997.

La República hará efectivo este derecho con becas de estudio, ayudas a las familias y otras medidas, que deberán concederse por concurso".

Constitución del Gran Ducado de Luxemburgo, 17 de octubre de 1868 (Texto refundido de 23 de diciembre de 1994)

"Artículo 23.

El Estado velará para que todo luxemburgués reciba instrucción primaria, que será obligatoria y gratuita. La ley regulará la asistencia médica y social.

El Estado creará establecimientos de enseñanza media gratuitos y organizará los estudios de enseñanza superior que sean necesarios.

La ley determinará los medios para sufragar la instrucción pública, así como las condiciones de inspección por el Gobierno y los municipios; regulará además todo lo relativo a la enseñanza y organizará, según los criterios que determine, un sistema de ayudas económicas a beneficio de alumnos y estudiantes.

Todo luxemburgués será libre de realizar sus estudios en el Gran Ducado o en el extranjero y de frecuentar las universidades de su elección, salvo las disposiciones de la ley sobre las condiciones de admisión a los empleos y al ejercicio de ciertas profesiones".

Constitución República Federal Alemana de 23 de mayo de 1948. Texto reformado 31 de agosto 1990.

"Artículo 7.

1. El sistema educativo en su conjunto estará bajo la supervisión del Estado.

2. Los encargados de la educación del niño tendrán derecho a decidir sobre la participación de este en la enseñanza religiosa.

3. La enseñanza religiosa constituirá una asignatura ordinaria en las escuelas públicas, con excepción de las escuelas no confesionales. Sin perjuicio del derecho de supervisión del Estado, la enseñanza religiosa se impartirá de acuerdo con los principios fundamentales de las comunidades religiosas. Ningún maestro podrá ser obligado contra su voluntad a impartir enseñanza religiosa.

4. Se garantiza el derecho al establecimiento de escuelas privadas; cuando hayan de sustituir a las escuelas públicas, las privadas requerirán, sin embargo, la autorización del Estado y estarán sujetas a las leyes de cada *Land*. La autorización deberá concederse cuando las escuelas privadas no estén a un nivel inferior, en cuanto a

las finalidades de su enseñanza y en sus instalaciones, así como en la formación científica de sus cuadros docentes al de las escuelas públicas y no se promueva una discriminación de los alumnos según las condiciones económicas de los padres. Se deberá negar la autorización cuando no esté suficientemente garantizada la situación económica y jurídica del personal docente.

5. Solo se autorizará una escuela privada de enseñanza primaria cuando la autoridad reconozca en ella un interés pedagógico especial o, a instancias de las personas encargadas de la educación de los niños, dicha escuela se establezca como escuela interconfesional, confesional o ideológica y no exista en el municipio una escuela primaria oficial de esta clase.

6. Quedan abolidos los centros preparatorios".

Constitución del Reino de Bélgica de 1831. Texto refundido de 17 de febrero de 1994

"Artículo 24.

1. La enseñanza será libre, quedando prohibida toda medida de índole preventiva. La represión de los delitos solo podrá regularse por Ley o por decreto.

Cada comunidad asegurará la libertad de elección de los padres.

Las comunidades organizarán una enseñanza que sea neutra. La neutralidad implicará en particular, el respeto de las concepciones filosóficas, ideológicas o religiosas de los padres y de los alumnos.

Los colegios organizados por los poderes públicos ofrecerán, hasta el final del periodo de escolaridad obligatoria, la elección entre la enseñanza de alguna de las religiones reconocidas y de la moral no confesional.

2. Si una comunidad, como tal autoridad organizadora, quisiera delegar competencias en uno o más órganos autónomos, solo podrá hacerlo mediante decreto aprobado por mayoría de los dos tercios de los votos.

3. Todos tendrán derecho a la enseñanza dentro del respeto a las libertades y derechos fundamentales. El acceso a la enseñanza será gratuito hasta el fin del período de escolaridad obligatoria.

Todos los alumnos de edad escolar obligatoria tendrán derecho, a cargo de la comunidad, a una educación moral o religiosa.

Todos los alumnos o estudiantes, padres, miembros del personal y establecimientos de enseñanza serán iguales ante la Ley. Las leyes y los decretos tendrán sin embargo, en cuenta las diferencias objetivas y en especial las características propias de cada autoridad organizadora que justifiquen un tratamiento adecuado.

5. Se regulará por ley o por decreto la organización, el reconocimiento o la subvención de la enseñanza por Comunidades".

Constitución de la República de Francia, octubre de 1958

"Declaración de Derechos del Hombre y del Ciudadano de 26 de agosto de 1789.

Los representantes del pueblo francés, constituidos en Asamblea Nacional, considerando que la ignorancia, el olvido o el desprecio de los derechos del hombre son las únicas causas de las desgracias públicas y de la corrupción de los gobiernos, han decidido exponer en una declaración solemne, los derechos naturales, inalienables y sagrados del hombre, con la intención de que esta declaración constantemente presente para todos los miembros del cuerpo social les recuerde sin cesar sus derechos y deberes (...)

Artículo 11.

La libre comunicación de pensamientos y de opiniones es uno de los derechos más valiosos del hombre; todo ciudadano puede, por tanto hablar, escribir, e imprimir libremente, sin perjuicio de responder por el abuso de esta libertad en los casos determinados por la Ley.

Preámbulo de la Constitución de 27 de octubre de 1946.

La Nación garantiza la igualdad en el acceso de niños y adultos a la enseñanza, la formación profesional y la cultura. Constituirá un deber del Estado la organización de la enseñanza pública gratuita y laica a todos los niveles".

Constitución del Reino de Holanda (Países Bajos-*Grondwet*), 19 de enero de 1983

"Artículo 23.

1. El Gobierno atenderá de una manera constante la enseñanza.

2. La enseñanza podrá ser impartida libremente a reserva de la inspección de los poderes públicos, y, en lo que concierne a las formas de enseñanza especificadas por la ley, del examen de la competencia y de la moralidad de los que enseñen, conforme a lo que disponga la ley.

3. La ley regulará la enseñanza pública respetando la religión o las convicciones personales.

4. Los poderes públicos garantizarán en cada municipio una enseñanza pública primaria de formación general y en un número

suficiente de escuelas. La ley podrá establecer normas que autoricen excepciones a tal disposición, siempre que se garantice la posibilidad de recibir tal enseñanza.

5. La ley establecerá los requisitos de calidad a exigir a la enseñanza que se financie total o parcialmente con fondos públicos, teniendo en cuenta, en lo que afecte a la enseñanza privada, la libertad ideológica.

6. Tales requisitos se regularán, respecto a la enseñanza primaria de formación general, de manera tal que se garantice eficazmente la calidad tanto de la enseñanza privada financiada en su totalidad con fondos públicos, como de la pública. La regulación respetará, de modo especial la libertad de la enseñanza privada respecto a la elección de los medios de enseñanza y el nombramiento del profesorado.

7. La enseñanza privada primaria de formación general que reúna los requisitos que la ley establezca se financiará con fondos públicos de manera igual a la enseñanza pública. La ley establecerá las condiciones conforme a las que se realizarán aportaciones de fondos públicos destinados a la enseñanza privada secundaria de formación general y a la enseñanza privada superior preparatoria.

8. El gobierno presentará anualmente a los Estados Generales un informe sobre la situación de la enseñanza".

II. Países incorporados a las Comunidades Europeas en 1973: Dinamarca, Irlanda y Reino Unido (Estado no miembro desde 2020)

Constitución de la República de Irlanda, 1 de julio de 1937

"Artículo 42.

1. El Estado reconoce a la Familia como educadora primera y natural del niño y garantiza el respeto al derecho inalienable y al mismo tiempo deber de los padres de ofrecer conforme a sus medios una educación religiosa, moral, intelectual, física y social a sus hijos.

2. Los padres tendrán libertad para proporcionar esta educación en sus hogares o en escuelas privadas o reconocidas o instituidas por el Estado.

3.1º. El Estado no obligará a los padres, a enviar a sus hijos a colegios establecidos por el Estado o a cualquier tipo de escuela determinada por él, si esto supusiese violación de su conciencia o de sus legítimas preferencias.

2º. El Estado, no obstante, en cuanto guardián del bien común y a la vista de las circunstancias actuales exigirá que los niños reciban un mínimo de educación moral, intelectual y social.

4. El Estado asegurará una educación primaria gratuita y se comprometerá a completar y ayudar razonablemente a iniciativas educativas privadas, y si lo exigiese el bien común proporcionará otras ventajas educativas o institucionales, atendiendo debidamente a los derechos de los padres especialmente en materias de formación religiosa y moral.

5. En casos excepcionales, cuando los padres por motivos físicos o morales no cumplan sus deberes para con sus hijos, el Estado en cuanto guardián del bien común se comprometerá con medidos apropiados a ocupar el lugar de los padres, pero siempre con la debida atención a los derechos naturales e imprescriptibles de los niños".

Constitución del Reino de Dinamarca, de 5 de junio de 1953

"Artículo 76.

Todos los niños en edad de recibir instrucción obligatoria tendrán derecho a enseñanza gratuita en las escuelas públicas primarias. Los padres o tutores que se encarguen por sí mismos de dar a los niños una instrucción igual a la que se exija generalmente en las escuelas públicas primarias, no están obligados a enviarlos a las escuelas públicas".

III. Países incorporados a las Comunidades Europeas en 1981: Grecia

Constitución de la República de Grecia, 9 de junio de 1975

"Artículo 16.

1. El arte y la ciencia, la investigación y la enseñanza son libres, su desarrollo y su promoción constituyen un deber del Estado. La libertad universitaria y la libertad de enseñanza no dispensan del deber de obediencia a la Constitución.

2. La instrucción constituye una misión fundamental del Estado, tiene por objeto, la educación moral, cultural, profesional y física de los griegos, así como el desarrollo de su conciencia nacional y religiosa y su formación como ciudadanos libres y responsables.

3. La duración de la escolaridad obligatoria no puede ser inferior a nueve años.

4. Todos los griegos tienen derecho a la instrucción gratuita en todos sus niveles en los establecimientos del Estado. El Estado

apoyará a los estudiantes que se distingan sobre otros, así como a aquellos que tengan necesidad de asistencia o de protección particular en función de sus capacidades.

5. La enseñanza superior estará garantizada únicamente por establecimientos que se administren por sí mismos y constituyan personas jurídicas de derecho público. Tales establecimientos estarán bajo la tutela del Estado y tendrán derecho a su ayuda financiera; funcionarán conforme a las leyes que regulen su organización. La fusión o la división de los establecimientos de enseñanza superior, podrá ser realizada a pesar de que existan otras disposiciones contrarias, tal como este prescrito por la ley. Una ley especial regulará todo lo que haga referencia a las asociaciones estudiantiles y la participación de los estudiantes en las mismas.

6. Los profesores de los establecimientos de enseñanza superior serán funcionarios públicos. El resto del personal de enseñanza cumplirá igualmente una función pública en las condiciones fijadas por la ley. El estatuto de todo el personal mencionado se determinará por la ley de organización de los respectivos establecimientos.

Los profesores de los establecimientos de enseñanza superior no podrán ser revocados antes de que se cumpla el término o plazo legal de su servicio, salvo que se reúnan las condiciones de fondo determinadas en el artículo 88, párrafo 4º y después de una decisión de un consejo compuesto en su mayoría por altos magistrados conforme a las disposiciones de la ley.

Una ley fijará el límite de edad de los profesores de los establecimientos de enseñanza superior. Hasta la publicación de esta ley, los profesores en servicio, abandonarán automáticamente el mismo, en el fin del año escolar, en el cual hayan alcanzado la edad de sesenta y siete años.

7. La enseñanza profesional y cualquier otro tipo de enseñanza especial serán dispensadas por el Estado, por medio de escuelas de grado superior y en un ciclo de estudios que no superarán los tres años, conforme a las disposiciones de la ley, que además determinará los derechos profesionales de los diplomados por estas escuelas.

8. La ley fijará las condiciones y los términos según los cuales se otorgarán las autorizaciones de fundación y de funcionamiento de establecimientos de enseñanza que no pertenezcan al Estado. La ley fijará también las modalidades de la tutela ejercida sobre tales centros, así como el estatuto de su personal docente.

La fundación de establecimientos de enseñanza superior por particulares estará prohibida.

9. Los deportes se colocarán bajo la protección y la alta inspección del Estado.

El Estado subvencionará y controlará las uniones de asociaciones deportivas de todo tipo, tal como esté prescrito por la ley. La ley fijará así mismo las condiciones según las cuales se concederán las subvenciones del Estado conforme a los objetivos de tales uniones".

IV. Países incorporados a las Comunidades Europeas en 1986: Portugal y España

Constitución de la República de Portugal de 1976, texto de la Reforma de 1992

"Artículo 42.

1. Es libre la creación intelectual, artística y científica.

2. Esta libertad comprende el derecho a la invención, producción y divulgación de la obra científica, literaria o artística, incluyendo la protección legal de los derechos de autor.

Artículo 43.

1. Se garantiza la libertad de aprender y enseñar.

2. El Estado no puede atribuirse el derecho de programar la educación y la cultura conforme a directrices filosóficas, estéticas, políticas, ideológicas o religiosas.

3. La enseñanza pública no será confesional.

4. Se garantiza el derecho de creación de escuelas particulares y cooperativas".

Constitución del Reino de España, de 6 de diciembre de 1978

"Artículo 27.

Todos tienen el derecho a la educación. Se reconoce la libertad de enseñanza.

La educación tendrá por objeto el pleno desarrollo de la personalidad humana en el respeto a los principios democráticos de convivencia y a los derechos y libertades fundamentales.

Los poderes públicos garantizan el derecho que asiste a los padres para que sus hijos reciban la formación religiosa y moral que esté de acuerdo con sus propias convicciones.

La enseñanza básica es obligatoria y gratuita.

Los poderes públicos garantizan el derecho de todos a la educación, mediante una programación general de la enseñanza, con participación efectiva de todos los sectores afectados y la creación de centros docentes.

Se reconoce a las personas físicas y jurídicas la libertad de creación de centros docentes, dentro del respeto a los principios constitucionales.

Los profesores, los padres y, en su caso, los alumnos intervendrán en el control y gestión de todos los centros sostenidos por la Administración con fondos públicos, en los términos que la ley establezca.

Los poderes públicos inspeccionarán y homologarán el sistema educativo para garantizar el cumplimiento de las leyes.

Los poderes públicos ayudarán a los centros docentes que reúnan los requisitos que la ley establezca.

Se reconoce la autonomía de las Universidades, en los términos que la ley establezca"

V. Países incorporados a la Unión Europea en 1995: Austria, Finlandia y Suecia

República de Austria, Constitución Federal de 1929 (Texto reformado de 21 diciembre de 1994. Ley Federal 1.013/1994)

"Artículo 14.

1. Será competencia Federal la legislación y ejecución en materia escolar así como la enseñanza, en las cuestiones que afectan a residencias de escolares y estudiantes, en la medida en que no se disponga otra cosa en los siguientes apartados. No se considerarán materias escolares ni de enseñanza en el sentido de este artículo, las reguladas en el artículo 14a.

2. Serán competencia federal la legislación y corresponderán a los *Länder* la ejecución en lo referente al régimen de servicio y de representación de personal de los profesores de las escuelas públicas de enseñanza obligatoria en la medida en que no se disponga otra cosa en el apartado 4, letra a. En tales leyes federales se podrá habilitar al legislador del *Land* para adoptar disposiciones de desarrollo, sobre normas que deberán ser expresamente designadas; en tal caso se aplicarán por analogía los preceptos del párrafo 6, del artículo 15. La Federación elaborará los reglamentos de ejecución de tales leyes federales mientras no se determine otra cosa.

3. Corresponden a la Federación la legislación básica y a los *Länder* la adopción de leyes de desarrollo y la ejecución respecto a las siguientes materias.

a) Composición y estructura de las Juntas que hayan de constituirse en el marco de las competencias de las autoridades escolares de la Federación en los Estados y distritos políticos, incluyendo la designación y remuneración de los integrantes de tales Juntas.

b) Organización exterior (estructura, formas organizativas, creación, mantenimiento, supresión, demarcación territorial, número de alumnos por clase y horas de clase) de las escuelas públicas de enseñanza obligatoria.

c) Organización exterior de las residencias públicas de estudiantes que estén exclusiva o principalmente destinadas a alumnos de escuelas de enseñanza obligatoria.

d) Requisitos profesionales para la selección de los maestros de jardines de infancia y educadores que hayan de ser empleados por los Estados, municipios y agrupaciones de municipios, en centros o residencias destinados exclusiva o predominantemente a los alumnos de escuelas de enseñanza obligatoria.

4. Corresponden a los Estados la legislación y ejecución en las siguientes materias:

a) Competencia de las autoridades para el ejercicio de la potestad administrativa sobre los profesores de las escuelas públicas de enseñanza obligatoria, según las leyes que se promulguen con arreglo a lo dispuesto en el apartado 2; en las leyes de los Estados se establecerá que las autoridades escolares de la Federación en los *Länder* y distritos políticos habrán de colaborar en los nombramientos, otras designaciones en puestos de servicio y distinciones así como en los procedimientos de calificación y disciplinarios. Respecto a los nombramientos, designaciones de puestos de servicio y distinciones, la colaboración incluirá el derecho de propuesta de las autoridades escolares de primera instancia de la Federación.

Régimen de jardines de infancia y de centros de acogida.

5. Por excepción a lo establecido en los apartados 2 a 4, será competencia federal la legislación y ejecución en las siguientes materias:

a) Escuelas públicas de prácticas, jardines de infancia, centros de acogida y residencias escolares de prácticas vinculados a una escuela pública para realizar prácticas previstas en los planes de estudio.

b) Residencias escolares públicas destinadas exclusiva o predominantemente para alumnos de las escuelas de prácticas mencionadas en la letra a.

c) Régimen de servicio y de representación de personal de los profesores, educadores y profesores de jardines de infancia de las instituciones públicas citadas en las letras a y b.

6. Escuelas públicas son aquellas creadas y mantenidas por autoridades educativas legales. Será autoridad educativa legal la Federación siempre que la legislación y ejecución en las materias de creación, mantenimiento y cierre de escuelas públicas sea competencia federal. El *Land* o conforme a las disposiciones del *Land*, el Municipio o agrupación de municipios, siempre que la legislación o el desarrollo legislativo y la ejecución en las materias de creación, mantenimiento y cierre de las escuelas públicas sea competencia del *Land*. Las escuelas públicas serán de acceso general sin distinción por nacionalidad, sexo, raza, posición, clase social, lengua y religión, con arreglo por lo demás al marco de requisitos legalmente establecidos. Lo mismo será aplicable por analogía a los jardines de infancia, centros de acogida y residencias escolares.

7. Las escuelas que no sean públicas, serán escuelas privadas; se les atribuirá el régimen jurídico público de acuerdo con lo que se disponga en las normas legales.

8. Corresponderá a la Federación la facultad de comprobar en las materias que según los apartados 2 y 3, corresponda la ejecución a los *Länders*, el grado de observancia de las leyes y reglamentos adoptados con arreglo a tales apartados, para lo cual podrán enviar delegados a las escuelas y residencias. Si se observaran deficiencias podrá encargarse al gobernador del *Land*, mediante instrucciones (artículo 20, párrafo 1) la supresión de aquellas en un plazo adecuado. El gobernador del *Land* deberá ocuparse de la eliminación de tales deficiencias conforme a los preceptos legales y estará obligado, para cumplir con las instrucciones recibidas, a utilizar los medios existentes a su disposición en su calidad de órgano del ámbito de actuación autónoma del *Land*.

9. En cuanto al estatuto de los profesores, educadores y profesores de jardines de infancia se aplicarán a la distribución de competencias de legislación y ejecución entre la Federación, los *Länders* y los municipios y agrupaciones de municipios, las disposiciones generales de los artículos 10 y 21 en la medida en que no se disponga otra cosa en los precedentes apartados. Lo mismo será de aplicación al derecho de representación de personal de los profesores, educadores y profesores de jardines de infancia.

10. Sobre las materias referentes a las autoridades escolares de la Federación en los *Länders* y distritos políticos, a la enseñanza obligatoria, a la organización escolar, a las escuelas privadas y a las relaciones de la escuela con las iglesias (sociedades religiosas)

incluyendo la enseñanza de religión en la escuela, siempre que no se trate de materias universitarias y de academias artísticas, podrán aprobarse leyes federales por el Consejo Nacional solo con asistencia de la mitad al menos de sus miembros y por mayoría de dos tercios de los votos emitidos. Lo mismo será de aplicación para la autorización de los tratados internacionales del tipo mencionado en el artículo 50 que versen sobre estas materias.

Artículo 14.a

1. En el sector del sistema escolar agrario y forestal, así como en el de la enseñanza de tal naturaleza, será competencia de los *Länder* la legislación y ejecución, mientras no se diga otra cosa en los siguientes apartados y en lo referente a residencias escolares y también al régimen del estatuto y derecho de representación de personal de los profesores y educadores de las escuelas y residencias reguladas por este artículo. Las materias universitarias no corresponderán al régimen escolar agrario y forestal.

2. Corresponde a la Federación la legislación y la ejecución en las siguientes materias:

a) Centros docentes superiores de naturaleza agraria o forestal así como instituciones para la formación y perfeccionamiento de los profesores de las escuelas agrarias y forestales.

b) Escuelas técnicas para la formación de personal forestal.

c) Escuelas técnicas públicas de naturaleza agraria y forestal que estén asociadas con alguna de las escuelas públicas citadas en los apartados a y b o con alguna institución experimental de la Federación en el ámbito agrario y forestal, para garantizar las practicas previstas de los planes de estudios.

d) Residencias escolares destinadas exclusiva o predominantemente a los alumnos de las escuelas citadas en los apartados a al c.

e) Estatuto y representación de personal de los profesores y educadores de las instituciones citadas en los apartados a al d.

f) Subvenciones para los gastos de personal de las escuelas confesionales de naturaleza agraria o forestal.

g) Centros de experimentación agraria y forestal de la Federación asociados organizativamente con alguna escuela agrícola o forestal sostenida por la federación para garantizar las prácticas, previstas en los planes de estudios.

3. En todo lo que no afecte a las materias mencionadas en el apartado 2, corresponde a la Federación la legislación, y a los *Länders* la ejecución en materia de:

a) Enseñanza religiosa.

b) Estatuto y derecho de representación de personal de los profesores de escuelas públicas de carácter agrario y forestal, así como profesional y técnico, y de los educadores de residencias públicas de estudiantes, destinadas exclusiva o principalmente a estudiantes de las citadas escuelas, con excepción, no obstante, de las materias referentes al ejercicio de la potestad administrativa sobre tales profesores y educadores.

En las leyes federales aprobadas en virtud de lo dispuesto en el apartado b, podrá autorizarse al legislador del *Land* a elaborar normas específicas de ejecución descritas con precisión; a tal fin se aplicarán análogamente los preceptos del artículo 15, apartado 6. Los reglamentos de ejecución de tales leyes federales se adoptarán por la Federación mientras no se determine otra cosa.

4. Corresponderá a la Federación la legislación básica y a los *Länder* la elaboración de leyes de desarrollo y la ejecución.

a) Respecto a las escuelas profesionales agrarias y forestales, en materia de determinación tanto de los objetivos de la enseñanza como de las materias obligatorias y la gratuidad de la enseñanza así como sobre el deber de escolaridad y al traslado desde la escuela de un *Land* a la de otro.

b) En relación con las escuelas técnicas agrarias y forestales en materia del establecimiento de los requisitos de admisión, de los objetivos de la enseñanza, de las formas organizativas, extensión de la enseñanza y materias obligatorias, gratuidad de la enseñanza y traslado desde la escuela de un *Land* a la de otro.

c) En las materias de régimen público de las escuelas privadas profesionales y técnicas de naturaleza agraria y forestal, exceptuando las escuelas comprendidas en el apartado 2, letra b.

d) Respecto a la organización y actuación de comités asesores que colaboran en materias del apartado 1, con la ejecución de los *Länder*.

5. Solo se autorizará la creación de las escuelas técnicas agrarias y forestales y de las experimentales citadas en el apartado 2, letras c y g, cuando el Gobierno del *Land* en el que la escuela técnica o experimental deba tener su sede, haya dado la aprobación, la cual no será necesaria cuando se trate de la creación de una escuela especial agraria o forestal que deba asociarse con alguna institución de formación y perfeccionamiento para profesores de escuelas agrarias o forestales para garantizar la realización de prácticas previstas en los planes de estudio.

6. Corresponde a la Federación la facultad respecto a las materias cuya ejecución según los apartados 3 y 4 se halla atribuida a los

Länders, de comprobar la observancia de los reglamentos por ella adoptados.

7. Los preceptos del artículo 14, apartados 6,7 y 9, se aplicarán por analogía también a los sectores descritos en el primer inciso del apartado 1.

8. En las materias a que se refiere el apartado 4, se podrán aprobar leyes por el Consejo Nacional solo en presencia de al menos la mitad de sus miembros y con una mayoría de dos tercios de los votos emitidos".

Constitución de la República de Finlandia, 17 de julio de 1919

"Artículo 13.

Todos tienen derecho a recibir una educación básica gratuita. La enseñanza obligatoria se establecerá por ley.

El Estado garantizará a cada uno, conforme a lo establecido por la ley, posibilidades iguales para recibir una educación distinta a la primaria y poder evolucionar sin obstáculos, como la falta de recursos, según su capacidad y sus necesidades particulares.

Se garantizará la libertad de la ciencia, del arte y de la enseñanza superior".

Constitución del Reino de Suecia, 24 de noviembre de 1994

"Artículo 21.

Todo niño que esté comprendido en la escolaridad obligatoria general tendrá derecho a recibir gratuitamente enseñanza básica en un colegio público. Los poderes públicos tendrán asimismo a su cargo la creación de una enseñanza superior".

VI. Países incorporados a la Unión Europea en 2005: Estonia, Lituania, Eslovenia, Letonia, Malta, Hungría, Polonia, República Checa, Chipre y Eslovaquia[2] y en 2007, Bulgaria y Rumanía

Constitución de la República de Estonia, de 28 de junio de 1992

"Artículo 37.

Todos tienen derecho a la educación. La educación es obligatoria para los niños de edad escolar en la medida que especifica la ley y

---

2 Traducción realizada del inglés por BERMÚDEZ CARRASCO, A.

será gratuita en las escuelas de educación general del Estado y de los gobiernos locales.

Para facilitar el acceso a la educación, el Estado y los gobiernos locales sostendrán las instituciones educativas que sean necesarias. También podrán establecerse y sostenerse otras instituciones educativas, incluidas las escuelas privadas, de conformidad con la ley.

Los padres decidirán en definitiva el tipo de educación de los hijos.

Todos tienen derecho a recibir enseñanza en estonio. El idioma de enseñanza en las instituciones educativas de las minorías nacionales será elegido por la institución educativa.

La educación será supervisada por el Estado".

Constitución de la República de Lituania, 25 de octubre de 1992

"Artículo 40.

Todas las instituciones educativas y de enseñanzas estatales y municipales serán laicas. Proporcionarán enseñanza religiosa si los padres así lo solicitan.

Las instituciones educativas y de enseñanza que no sean públicas se establecerán de acuerdo con el procedimiento establecido legalmente.

Se garantiza la autonomía a los centros de educación superior.

El Estado supervisará la actividad de todos los centros educativos y de enseñanza.

Artículo 41.

La enseñanza será obligatoria hasta los 16 años.

Se proporcionará enseñanza gratuita en los centros estatales y municipales, en los centros de formación profesional y en los centros de formación continua.

Todos los ciudadanos podrán acceder a la educación superior según su capacidad personal. Se garantizará el acceso a los estudios superiores a los ciudadanos que sean buenos en sus estudios.

Artículo 42.

Se garantiza que la cultura, la ciencia, la investigación y la enseñanza serán gratuitas. El Estado mantendrá la cultura y la ciencia y se encargará de proteger los monumentos artísticos, históricos y culturales de Lituania, así como otros bienes con valor cultural.

La ley protegerá y defenderá los intereses espirituales y materiales de los autores de obras científicas, técnicas, culturales y artísticas".

Constitución de la República de Eslovenia, 23 de diciembre de 1991

"Artículo 57.

Se garantizará la libertad de educación.

La educación primaria será obligatoria y se financiará con fondos públicos.

El Estado facilitará a todos los ciudadanos el acceso a una educación adecuada.

Artículo 58.

Las universidades públicas y otras instituciones públicas de educación superior gozarán de autonomía.

Su financiación se regulará por ley".

Constitución de la República de Letonia, octubre de 1994

"Artículo 112.

Todos los ciudadanos tienen derecho a la educación. El Estado garantizará el derecho de todos los ciudadanos a recibir una educación primaria y secundaria gratuita. La educación primaria será obligatoria".

Constitución de Malta, 21 de septiembre de 1964

"Artículo 10.

La educación primaria será obligatoria y en las escuelas públicas será gratuita.

11.1°. Todos los estudiantes con capacidad y que así lo deseen, incluso si no disponen de recursos económicos, tendrán derecho a acceder a los más altos niveles de la educación.

2°. El Estado deberá aplicar este principio mediante becas y contribuciones a las familias de los estudiantes y otras aportaciones basándose en exámenes competitivos".

Constitución de la República de Hungría, 20 de agosto de 1949

"Artículo 70/F.

1. La República Húngara garantizará para los ciudadanos el derecho a la cultura.

2. La República Húngara garantizará este derecho, a través de extender y hacer generalizada la educación pública, mediante el sistema de la escuela básica gratuita y obligatoria y con posibilitar el acceso de todos —en función de sus aptitudes— a la enseñanza de

nivel secundario y superior, además de prestar ayuda económica a quienes reciban enseñanza.

Artículo 70/G.

1. La República Húngara respetará y apoyará la libertad de expresión científica y artística, así como la libertad de aprendizaje y enseñanza.

2. Solo los científicos podrán decidir sobre cuestiones de verdad científica y determinar el valor científico de la investigación".

Constitución de Polonia, 2 de abril de 1997

"Artículo 70.

Todos los ciudadanos tienen derecho a la educación. La enseñanza es obligatoria hasta los 18 años. La manera de garantizar las obligaciones de escolarización se especificarán por vía estatutaria.

La enseñanza en los centros públicos será gratuita. Los estatutos permitirán el pago de determinados servicios proporcionados por las instituciones públicas de educación superior.

Los padres tendrán derecho a elegir para sus hijos centros que no sean públicos. Los ciudadanos y las instituciones tendrán derecho a establecer centros de enseñanza primaria y secundaria e instituciones de educación superior y de desarrollo educativo. Se especificarán mediante estatutos las condiciones para el establecimiento y la actividad de centros que no sean públicos, la participación de las autoridades públicas en su financiamiento, así como los principios de la supervisión educativa de dichos centros y de las instituciones de desarrollo educativo.

Las autoridades públicas garantizarán el acceso igual y universal de todos los ciudadanos a la educación. Para ello, establecerán y mantendrán sistemas individuales de financiación y asistencia organizativa para los estudiantes. Las condiciones para el acceso a dichas ayudas se especificarán por vía estatutaria.

Los estatutos garantizarán la autonomía de las instituciones de educación superior".

Constitución de la República Checa, diciembre de 1992

"Norma de remisión en la Constitución que señala a una norma aprobado por el *Presidium* del Consejo Nacional Checo.

Artículo 3.

Parte de la orden constitucional de la República Checa se encuentra en la Carta de Derechos y Libertades Fundamentales.

Carta de Derechos y Libertades Fundamentales de 1992.

Artículo 33.

1. Todos los ciudadanos tienen derecho a la educación. Existe un periodo de enseñanza obligatoria que será delimitado por ley.

2. Todos los ciudadanos tienen derecho a recibir educación primaria y secundaria gratuitas y, dependiendo de su capacidad y de la de la sociedad, también educación universitaria.

3. Los centros privados se establecerán y funcionarán de acuerdo con las condiciones establecidas por ley. En dichos centros, se proporcionará educación en lugar de enseñanza.

4. La ley establecerá las condiciones según las cuales los ciudadanos tendrán derecho a ayudas por parte del Estado durante sus estudios".

Constitución de la República de Chipre, 16 de agosto de 1960

"Artículo 20.

1. Toda persona tendrá derecho a recibir, y toda persona o institución el derecho de impartir, enseñanza o educación, con sujeción a las formalidades, condiciones o restricciones que se impongan de acuerdo con la ley de la comunidad respectiva y resulten necesarias exclusivamente en interés de la seguridad del Estado, del orden Constitucional o de la seguridad, orden, salubridad o moral pública, del nivel y la calidad de la educación o para la salvaguardia de los derechos y libertades de terceros, incluyendo el derecho de los padres a conseguir para sus hijos la educación que resulte conforme a sus convicciones religiosas.

2. La educación primaria gratuita será dispensada por las Cámaras Comunitarias griega y turca, en sus respectivas escuelas comunales primarias.

3. La educación primaria será obligatoria para todos los ciudadanos de la edad escolar que se determine por ley comunitaria dictada con este objeto.

4. La enseñanza no primaria será dispensada por las Cámaras Comunitarias griega y turca, en los casos justos y adecuados, en las condiciones y con el régimen que se fijen mediante una ley de comunidad dictada con este fin".

Constitución de la República de Eslovaquia, 1 de enero de 1993

"Artículo 42.

1. Todos los ciudadanos tienen derecho a la educación. La escolarización es obligatoria durante el periodo y edad establecidos por ley.

2. Todos los ciudadanos tienen derecho a educación gratuita en centros de educación primaria y secundaria y, dependiendo de su capacidad y de los recursos de la sociedad, en instituciones de educación superior.

3. Los centros que no sean públicos solo podrán establecerse y proporcionar instrucción según las previsiones legales. Dichos centros podrán cobrar por la enseñanza.

4. Se establecerán por ley las condiciones en las que los ciudadanos involucrados en sus estudios podrán acceder a una ayuda estatal".

Constitución de la República de Bulgaria, de 1991

"Artículo 53.

1. Todas las personas tendrán derecho a educación. La escolarización es obligatoria hasta la edad de 16 años.

2. La educación primaria y secundaria en las escuelas públicas y municipales serán gratuitas. De acuerdo con la normativa desarrollada por Ley, en determinadas circunstancias la educación superior no estará sujeta a pago.

3. Las instituciones de educación superior disfrutarán de autonomía académica.

4. Ciudadanos y asociaciones tendrán derecho a fundar colegios de acuerdo con los requisitos y procedimientos previstos por Ley. La educación impartida en dichos centros se ajustará a la normativa y requisitos determinados por el Estado.

5. El Estado promoverá la educación mediante la apertura y financiación de centros educativos, fomentando la excelencia académica y con la promoción de becas para los estudiantes, y mediante la creación de oportunidades en formación profesional y en educación continua. El Estado realizará las labores de supervisión y control sobre toda las clases de escolarización y niveles académicos".

Constitución de la República de Rumanía, de 1991

"Artículo 31.

1. El derecho de la persona a tener acceso a cualquier información de interés público no puede ser limitado.

2. Las autoridades públicas, conforme a las competencias que les incumben, han de asegurar la información correcta de los ciudadanos respecto a las cuestiones públicas y a los problemas de interés personal.

3. El derecho a la información no ha de perjudicar las medidas de protección de los jóvenes o la seguridad nacional.

4. Los medios de información social, públicos y privados, tienen la obligación de asegurar la información correcta de la opinión pública.

5. Los servicios públicos de radio y televisión son autónomos. Ellos han de garantizar a los grupos sociales y políticos importantes el ejercicio del derecho a la antena. La organización de dichos servicios y el control parlamentario de su actividad se regulan por ley orgánica.

Artículo 32.

1. El derecho a la educación es asegurado por la enseñanza básica obligatoria, la enseñanza media y la profesional, por la enseñanza superior, así como por otras formas de instrucción y perfeccionamiento.

2. La enseñanza de todos los grados se realiza en lengua rumana. En las condiciones de la ley, la enseñanza puede realizarse también en una lengua de circulación internacional.

3. Se garantizan el derecho de las personas pertenecientes a las minorías nacionales a estudiar en su lengua materna y el derecho a poder ser educados en esta lengua; las modalidades de ejercicio de estos derechos se establecen por ley.

4. La enseñanza estatal es gratuita, conforme a la ley.

5. Las instituciones de enseñanza, inclusive las particulares, se crean y ejercen su actividad en las condiciones de la ley.

6. Se garantiza la autonomía universitaria.

7. El Estado asegura la libertad de la enseñanza religiosa, de acuerdo a las exigencias específicas de cada culto. En las escuelas del Estado, la educación religiosa se organiza y garantiza por ley".

VII. Países incorporados a la Unión Europea en 2013: Croacia

Constitución de la República de Croacia, de 1990

"Artículo 65

1. En la República de Croacia, todas las personas tendrán acceso a la educación en condiciones de igualdad y de conformidad con sus aptitudes.

2. La enseñanza obligatoria será gratuita, de conformidad con la ley.

Artículo 66.

En las condiciones establecidas por la ley, pueden crearse escuelas privadas e instituciones educativas.

Artículo 67.

1. Se garantizará la autonomía de las universidades.

2. Las universidades decidirán independientemente su organización y su trabajo de conformidad con la ley".

CAPÍTULO 13

FORO MUNDIAL SOBRE LA EDUCACIÓN DE NACIONES UNIDAS MARCO DE ACCIÓN DE DAKAR

"La educación para todos: cumplir con nuestros compromisos colectivos"

"1. Nosotros, participantes en el Foro Mundial sobre la Educación, reunidos en Dakar (Senegal), en abril de 2000, nos comprometemos a garantizar para todos los ciudadanos y todas las sociedades la realización de las metas y objetivos de la educación para todos.

2. El Marco de Dakar es la expresión de nuestra determinación colectiva para actuar. Los gobiernos tienen el deber de vigilar que las metas y objetivos de la educación para todos sean alcanzados y sostenibles. Se trata de una responsabilidad que, para ser llevada a buen término con eficiencia, requiere amplias alianzas en los países, apoyados por la cooperación con las instituciones y los organismos regionales e internacionales.

3. Reafirmamos el principio enunciado en la Declaración Mundial sobre la Educación para Todos (Jomtien, 1990), apoyada por la Declaración Universal de los Derechos Humanos y la Convención de los Derechos del Niño según las cuales toda persona —niño, adolescente o adulto— tiene los derechos humanos de beneficiarse de una formación concebida para responder a sus necesidades educativas fundamentales, en el sentido más amplio y más completo del término, una formación que incluya aprender para saber, para hacer, para vivir juntos y para ser. Una educación que pretende explotar los talentos y el potencial de cada persona y desarrollar la personalidad de los que aprenden, con el fin de permitirles llevar una vida mejor y de transformar la sociedad en la cual viven.

4. Nos alegramos de los compromisos contraídos por la comunidad internacional a favor de la educación básica a lo largo de los años 90, en varias ocasiones: Cumbre Mundial para los Niños (1990), Conferencia sobre el Medio ambiente y el Desarrollo (1992), Conferencia Internacional sobre Población y Desarrollo (1994), Conferencia Mundial sobre los Derechos Humanos (1993),

Conferencia Mundial sobre las Necesidades Educativas Especiales: acceso y calidad (1994), Cumbre Mundial para el Desarrollo Social (1995), Cuarta Conferencia Mundial sobre las Mujeres (1995), Reunión a la Mitad de la Década del Foro Consultivo Internacional sobre la Educación para Todos (1996), Conferencia Internacional sobre la Educación de Adultos (1997) y la Conferencia Internacional sobre el Trabajo de los Niños (1997): El reto consiste ahora en cumplir con esos compromisos.

5. La evaluación mundial de la Educación Para Todos en el año 2000 (EPT) muestra que se han realizado progresos importantes en muchos países. Sin embargo, es inaceptable que en el año 2000 más de 113 millones de niños no tengan acceso a la enseñanza básica, que todavía 880 millones de adultos sean analfabetos, que la discriminación por género siga dejando lastres en los sistemas educativos, y que la calidad del aprendizaje y la adquisición de valores humanos y de competencias estén lejos de atender las aspiraciones y las necesidades de los individuos y de las sociedades: jóvenes y adultos ven negado el acceso a habilidades y conocimientos necesarios para encontrar un empleo remunerado y participar plenamente en sus sociedades. A menos que se produzca un progreso rápido de la educación para todos, los objetivos nacionales e internacionales de reducción de la pobreza no serán alcanzados y las desigualdades entre los países y en el seno mismo de las sociedades irán en aumento.

6. La educación es un derecho fundamental del ser humano. Es una condición esencial para el desarrollo sostenible así como para la paz y la estabilidad en el interior de los países y entre ellos, y por lo tanto el medio indispensable para una participación efectiva en las sociedades y en las economías del Siglo XXI, sometidas a procesos rápidos de mundialización. El logro de las metas de la educación para todos no debería ser diferido por más tiempo. Es posible y necesario responder con urgencia a las necesidades educativas básicas de todos.

7. Por consiguiente, nos comprometemos colectivamente a garantizar la realización de los objetivos siguientes:

(i) desarrollar y mejorar bajo todos sus aspectos la protección y la educación de la primera infancia, con énfasis en los niños más vulnerables y más desfavorecidos.

(ii) Garantizar que, de aquí al 2015, todos los niños y niñas, los que se encuentren en situaciones difíciles y los que pertenecen a minorías étnicas, tengan la posibilidad de acceder a una educación básica obligatoria y gratuita de calidad, y de completarla;

(iii) Responder a las necesidades educativas de todos los jóvenes y de todos los adultos, garantizando un acceso equitativo a programas adecuados de aprendizaje, de habilidades para la vida y de ciudadanía;

(iv) Mejorar en un 50%, los niveles de alfabetización de adultos, y especialmente el de las mujeres de aquí al año 2015, y garantizar a todos los adultos un acceso equitativo a los programas de educación básica y de educación permanente;

(v) Eliminar las disparidades de género en la enseñanza primaria y secundaria de aquí al año 2005 y lograr la igualdad de género en el año 2015, cuidando de garantizar a las niñas y adolescentes un acceso equitativo, real y sin restricciones a una educación de base de calidad;

(vi) Mejorar todos los aspectos de la calidad de la educación con una meta de excelencia de manera que se obtengan para todos resultados de aprendizaje reconocidos y cuantificables, resaltando los referidos a la lectura, la escritura, el cálculo y las competencias indispensables para la vida cotidiana.

1. Para alcanzar esos objetivos, nosotros, los gobiernos, organizaciones, agencias, grupos y asociaciones representados en el Foro Mundial sobre la Educación, nos comprometemos a:

(i) Suscitar, a niveles nacionales e internacional, un poderoso compromiso político a favor de la educación para todos, definir planes de acción nacionales y aumentar sensiblemente la inversión en educación básica;

(ii) Promover políticas de educación para todos en el marco de una acción sectorial sostenible y bien integrada, claramente articulada con las estrategias de erradicación de la pobreza y de desarrollo;

(iii)Asegurar el compromiso y la participación de la sociedad civil en la formulación, puesta en marcha y seguimiento de las estrategias de desarrollo de la educación;

(iv) Desarrollar sistemas de gestión y de gobernabilidad educativa que sean reactivos, participativos y responsables;

(v) Responder a las necesidades de los sistemas educativos que sufren el impacto de conflictos, de catástrofes naturales y de situaciones de inestabilidad, y dirigir los programas educativos según métodos cuya naturaleza sea promover la comprensión mutua, la paz y la tolerancia y ayudar a prevenir la violencia y los conflictos;

(vi) Poner en marcha estrategias integradas para la igualdad de los géneros en educación, que reconozcan la necesidad de un cambio de actitudes, de valores y de prácticas;

(vii) Llevar a cabo, urgentemente, actividades y programas educativos para luchar contra la pandemia de VIH/sida;

(viii) Crear un entorno educativo saludable y seguro, incluyente y equitativamente dotado de medios, que favorezca la excelencia del aprendizaje y conduzca a niveles de logro bien definidos para todos;

(ix) Mejorar la condición, la motivación y el profesionalismo de los docentes;

(x) Poner las nuevas tecnologías de la información y de la comunicación al servicio de la realización de los objetivos de la educación para todos;

(xi) Realizar un seguimiento sistemático de los progresos y de las estrategias en materia de educación para todos a niveles nacional, regional e internacional;

(xii) Reforzar los mecanismos existentes para acelerar el progreso hacia la educación para todos.

1. Basándose en datos acumulados en el marco de las evaluaciones regionales y nacionales de la EPT, así como en estrategias sectoriales nacionales que ya estén funcionando, todos los Estados serán invitados a definir planes de acción nacionales o a reforzar aquellos ya existentes antes del año 2002, como muy tarde. Esos planes deberían ser insertados en el marco de un esfuerzo más amplio de desarrollo y de lucha contra la pobreza, y ser elaborados según procesos más transparentes y más democráticos, con la implicación de los actores sociales, como los representantes del pueblo, los líderes comunitarios, padres, personas que aprenden, de las ONGs y de la sociedad civil. Esos planes se preocuparán de los problemas relacionados con la habitual financiación escasa de la educación básica, definiendo prioridades presupuestarias que expresen la voluntad de alcanzar las metas y los objetivos de la Educación para Todos lo antes posible y a más tardar en el año 2015. Dichos planes definirán, además, estrategias inequívocas para responder a los problemas específicos de aquellos que en la actualidad han sido dejados de lado de las oportunidades de la educación, privilegiando claramente la educación de las niñas y la igualdad de género. Los planes darán forma y realidad concreta a los objetivos y estrategias definidos en este documento, así como a los compromisos adquiridos con ocasión de las conferencias internacionales que se han ido sucediendo desde 1990. Las actividades regionales de apoyo a las estrategias nacionales estarán basadas en la consolidación de las organizaciones, de las redes y de las iniciativas en los niveles regionales y subregionales.

2. Son necesarios una voluntad política y un impulso nacional más firme para garantizar la efectiva y exitosa puesta en marcha de los planes nacionales en cada uno de los países involucrados. Sin embargo, la voluntad política no es nada sin los medios necesarios. La comunidad internacional no ignora que muchos países se encuentran en la actualidad desprovistos de los medios necesarios para alcanzar los objetivos de la educación para todos en unos plazos aceptables. Es preciso, por tanto, movilizar nuevas fuentes financieras, preferentemente bajo la forma de préstamos y de ayudas con condiciones preferentes, a través de instituciones de financiaciones bilaterales y multilaterales, como el Banco Mundial y los bancos regionales de desarrollo, pero también del sector privado.

Nosotros afirmamos que ningún país que haya tomado en serio su compromiso a favor de la educación básica verá sus esfuerzos contrariados por la falta de recursos.

3. La comunidad internacional dará a conocer este compromiso colectivo desarrollando, con efecto inmediato, una iniciativa global con el propósito de elaborar estrategias y movilizar los recursos necesarios para aportar un apoyo efectivo a los esfuerzos nacionales. Las opciones a considerar en el marco de esta iniciativa contemplarán:

— aumentar la financiación externa de la educación, en especial la de la educación básica;
— mejorar la previsibilidad de los flujos de la ayuda externa;
— facilitar una coordinación más eficiente de los donantes;
— consolidar los planteamientos sectoriales;
— intensificar, ampliar y diligenciar el alivio o la cancelación de la deuda para luchar contra la pobreza, con un compromiso firme a favor de la educación básica;
— prever un seguimiento más eficaz y más regular de los progresos realizados en la búsqueda de las metas y de los objetivos de la EPT, bajo la forma de evaluaciones periódicas.

Numerosos países ya han dado muestras de lo que pueden conseguir estrategias nacionales firmes y que se apoyan en una cooperación al desarrollo eficaz. Los progresos realizados en el marco de esas estrategias pueden y deben ser acelerados gracias al incremento de la ayuda internacional. Al mismo tiempo, los países con estrategias menos desarrolladas —como los países que son presa de conflictos, los países en transición o aquellos que salen de una crisis— deben recibir todo el apoyo necesario para progresar más rápidamente hacia los objetivos de la educación para todos:

1. Nosotros consolidaremos mecanismos regionales e internacionales fiables que permitan dar cuenta de la acción llevada a cabo para que esos compromisos puedan expresarse claramente y asegurar que el Marco de Acción de Dakar esté en la agenda de todas las organizaciones regionales e internacionales, de todo cuerpo legislativo nacional y de toda instancia de decisión local.

2. El Balance mundial de la educación para todos en el año 2000 muestra que es en el África subsahariana, en Asia del Sur y en los países menos desarrollados donde la situación es más preocupante. En consecuencia, si la ayuda internacional no debe faltar en ningún país, la prioridad debe ser concedida a esas regiones y a esos países. Los países en conflicto o en proceso de reconstrucción deben beneficiarse también de una atención especial, con el fin de poder consolidar sistemas educativos que respondan a las necesidades de todas las personas que aprenden.

3. Consolidar mecanismos existentes para acelerar el progreso de la Educación para Todos.

Implementar los objetivos y las estrategias mencionados requerirá que mecanismos nacionales, regionales e internacionales sean puestos en marcha inmediatamente. Para ser más efectivos, esos mecanismos serán participativos y, siempre que sea posible, sumados a los que ya existen. Incluirán a representantes de todas las partes implicadas así como a los socios, y operarán de manera transparente y responsable. Darán una respuesta global al texto y al espíritu de la Declaración de Jomtien y a este Marco de Acción de Dakar. Las funciones de estos mecanismos incluirán, en diversos grados, apoyo, movilización de recursos, seguimiento y generación de conocimientos sobre la Educación para Todos y la tarea de compartirlos.

El núcleo de actividad de la Educación para Todos reside en el nivel nacional. Los foros nacionales sobre la Educación para Todos serán reforzados o establecidos para apoyar los logros de la EPT. Todos los ministerios involucrados y las organizaciones nacionales de la sociedad civil serán representados sistemáticamente en esos foros. Deberían ser transparentes y democráticos y constituir un marco de acción para la implementación a niveles subnacionales. Los países prepararán Planes nacionales globales sobre la EPT a más tardar para el año 2002. A aquellos países que se enfrenten a retos significativos, como crisis complejas o desastres naturales, la comunidad internacional les facilitará un apoyo técnico especial. Cada Plan Nacional de la EPT deberá ser desarrollado bajo dirección gubernamental, en consulta directa y sistemática con la sociedad civil nacional;

— atraer apoyo coordinado de todos los socios de la cooperación;
— especificar reformas que respondan a los seis objetivos de la EPT;
— establecer un marco de acción sostenible financieramente;
— definir plazos y estar orientado a la realización de acciones concretas;
— incluir indicadores de logros intermedios; y
— lograr una sinergia de todos los esfuerzos enfocados al desarrollo humano a través de su incorporación al Plan de desarrollo nacional y a su proceso.

Allá donde estos procesos se hayan iniciado en el marco de un plan verosímil, los socios de la comunidad internacional se comprometen a trabajar de manera consecuente, coordinada y coherente. Cada socio aportará su contribución en función de sus ventajas comparativas para apoyar los planes nacionales de la EPT con el fin de garantizar que el déficit de recursos sea colmado.

Las actividades regionales de apoyo a los esfuerzos nacionales estarán basadas en las organizaciones, redes e iniciativas ya existentes a los niveles regional y subregional, reforzándolas cuando fuere necesario. Las regiones y las subregiones decidirán sobre una red regional de apoyo llamada a convertirse en el foro regional o subregional, sobre la EPT con un mandato explícito en ese ámbito. Es esencial la participación sistemática de todas las organizaciones competentes que representan a la sociedad civil o que tienen carácter regional o subregional así como la coordinación de sus esfuerzos. Los foros regionales y subregionales sobre la EPT estarán vinculados orgánicamente a los foros nacionales y serán responsables ante ellos. Sus funciones serán las siguientes: coordinarse con todas las redes relacionadas con el tema, definir los objetivos regionales y subregionales y hacer el seguimiento de su puesta en funcionamiento; sensibilizar a la opinión; favorecer el diálogo sobre las políticas; promover las asociaciones y la cooperación técnica; compartir las mejores prácticas y las enseñanzas aprendidas; garantizar el seguimiento de las actividades e informar sobre sus avances; y, por fin, promover la movilización de recursos. Se preverá apoyo regional e internacional para reforzar los foros regionales y subregionales así como las capacidades propias en materia de EPT, especialmente en África y en Asia del Sur.

La UNESCO proseguirá el papel que le ha sido asignado de coordinar a los socios de EPT y de mantener la dinámica de su cooperación. En ese marco, el Director General de la UNESCO reunirá cada año a un grupo de alto nivel a la vez reducido y flexible. Ese grupo contribuirá a reforzar el compromiso político y la movilización de medios técnicos y financieros. Puestos al corriente de los informes de seguimiento de los diferentes institutos de la UNESCO (IIPE, BIE, IUE) y en particular por el Instituto de Estadística de la UNESCO así como por los datos facilitados por los foros regionales y subregionales sobre la EPT, será también una oportunidad para que la comunidad mundial dé cuenta de los avances logrados con respecto a los compromisos asumidos en Dakar. Estará compuesto por líderes del más alto nivel de los gobiernos y de la sociedad civil de los países en desarrollo y desarrollados, así como por los organismos de desarrollo.

La UNESCO adoptará funciones de secretaría. Volverá a enfocar su programa de educación de manera que se pongan los resultados y las prioridades de Dakar en el núcleo de su labor. Ello implicará grupos de trabajo sobre cada uno de los seis objetivos adoptados en Dakar. Esta secretaría colaborará estrechamente con las demás organizaciones y podrá incluir personal respaldado por ellas.

La realización de los objetivos de la educación para todos necesitará un esfuerzo financiero adicional por parte de los países, así como una ayuda al desarrollo mayor y un alivio de la deuda a cambio de educación por parte de los donantes bilaterales y multilaterales, cuyo coste estimado es del orden de ocho mil millones de dólares por año. Es esencial, por lo tanto, que nuevos compromisos concretos sean asumidos a nivel financiero tanto por los gobiernos nacionales como por los donantes bilaterales y multilaterales, incluido el Banco Mundial, así como los bancos regionales de desarrollo, la sociedad civil y las fundaciones".

Bibliografía

Monografías

Abellán, J. L., *Historia crítica del pensamiento español,* Tomo III, Espasa Calpe, Madrid, 1981.

Al-Qarḍawi, Y., *Islamic Concept of Education and Economy as seen in the Sunnah,* El Falah, 1998.

— *State in Islam,* 3ª ed., Al-Falah Foundation, 2004.

Álvarez Conde, E., *Curso de Derecho constitucional,* Tomo I, Tecnos, Madrid, 1982.

Álvarez de Morales, A., *Génesis de la universidad española contemporánea,* IEA, Madrid, 1982

Álvarez Lázaro, P. F. y Vázquez-Romero, J. M. (Eds.), *Krause, Giner y la Institución Libre de Enseñanza: nuevos estudios,* Universidad Pontificia Comillas, Madrid, 2005.

Alzaga Villaamil, O., *Por la libertad de enseñanza,* Planeta, Barcelona, 1985.

Aranguren, J. L., Ética y política, Biblioteca Nueva, Madrid, 1990.

Aristóteles, *Política.*

Arndt, G., *Griechische und römische porträts,* F. Bruckmann, Múnich, 1909.Beltrán Llavador, J., *Ciudadanía y educación,* Germanía, Valencia, 2003.

Attali, J., *Diccionario del Siglo XXI,* Paidós, Barcelona, 1999

Autores Varios, *La enseñanza en España,* Ebro, París, 1975.

Autores Varios, *La idea de la universidad en Alemania,* Ed. Sudamericana, Buenos Aires, 1959.

Axtell, J., *The Educational Writings of John Locke,* Cambrigde University Press, 1968.

Ayala, F., *Introducción a las ciencias sociales,* Cátedra, Madrid, 1994.

Bacon, F., *Meditationes Sacrae,* 1597.

Baczko, B., *Une éducation pour la démocratie,* Garnier, París, 1982.

Bahqwati, J., *In defense of Globalization,* Oxford University Press, 2004.

Banus, E. (Ed.), *Subsidiariedad: historia y aplicación. Studia Europea Navarrensis,* Vol. 3, Centro de Estudios Europeos, Universidad de Navarra, Pamplona, 2000.

Beevor, A., *The Spanish Civil War,* Cassel & Co., Londres, 2001.

Beiter, K. D., *The Protection of the Right to Education by International Law*, Martinus Nijhoff, Leiden, 2005.

Béresniak, D., *Les integrismes: Idéologie du délire paranoïaque*, Jacques Grancher Éditeur, París, 1998.

Bioy Casares, A., *De jardines ajenos*, Tusquets, Barcelona, 1997.

Bluntschli, J. K., *Geschichte der neueren Staatswissenschaft: Allgemeines Staatsrecht und Politik seit dem 16. Jahrhundert bis zur Gegenwart*, Ed. Scientia, Múnich, 1964.

Bobbio, N. y Viroli, M., *Dialogo intorno alla repubblica*, Laterza, Bari, 2001.

Bowen, J., *Historia de la educación occidental*, Tomo I "El saber de Atenas del siglo IV: la retórica y la filosofía", Herder, Barcelona, 1992

— *Historia de la educación occidental*, Tomo II "La edad del escolasticismo", Herder, Barcelona, 1992.

— *Historia de la educación occidental*, Tomo III "El occidente moderno", Herder, Barcelona, 1992.

Braudel, F., *Le monde actuel, histoire et civilisations*, Arthaud, París, 1987.

Bueno, G., *El mito de la cultura*, Prensa Ibérica, Barcelona, 2000.

Burckhardt, J., *La cultura del Renacimiento en Italia*, Orbis, Barcelona, 1979.

Burckhardt, T., *La civilización hispano-árabe*, Alianza Editorial, Madrid, 1977.

Burdeau, G., *Les libertés publiques*, Librairie Générale de Droit et de Jurisprudence, París, 1972.

Calero, J. y Bonal, X., *Política educativa y gasto público en educación*, Pomares-Corredor, Barcelona, 1999.

Calvo Hornero, A., *Organización de la Unión Europea*, 2ª ed., Ramón Areces Edit., Madrid, 1999.

Cámara Villar, G., *Nacional-Catolicismo y Escuela, La socialización política del franquismo (1936-1951)*, Hesperia, 1984.

Capitán Díaz, A., *Historia de la educación en España*, Tomo I "De los orígenes al reglamento general de instrucción pública de 1821", Ministerio de Educación, Madrid, 1979.

Carr, R., *España 1808-1939*, Ariel, Barcelona, 1970.

Carreño, M., Colmenar, C., Egido, I. y Sanz, F., *Teorías e instituciones contemporáneas de educación*, Síntesis educación, Madrid, 2000.

Carrillo Salcedo, J. C., *Dignidad frente a barbarie*, Editorial Trotta, Madrid, 1999.

Cassese, A., *Los derechos humanos en el mundo contemporáneo*, Ariel, Barcelona, 1993.

— *Pensando en Derechos Humanos. Reflexiones desde el Derecho Internacional,* traducción de González Ibáñez, J., Berg Institute, Madrid, 2020.

Cassirer, E., *La filosofía de la Ilustración,* F. C. E., México, 1972

Castiglione, B., *El cortesano,* Introducción y notas de Reyes Cano, R., traducción de Boscán, J., Espasa-Calpe, Madrid, 1984.

Castoriadis, C., *Le monde morcellé,* Seuil, París, 1990.

Caudet, F., *Las cenizas del Fénix: la cultura española en los años 30,* Ediciones de la Torre, Madrid, 1993.

Chi-Tsai, F. y Jicai, F., *Ten years of madness: oral histories of China's cultural revolution,* China Books, San Francisco, 1996.

Chomsky, N., *La (des)educación,* Crítica, Barcelona, 2001.

— *On power and ideology,* South End Press, Boston, 1987.

— *Understanding Power: The indispensable Chomsky,* Schoeffel Editor, The New Press, Nueva York, 2002.

— *11 S,* Open Media Book, 2001.

Cicerón, M. T., *Sobre la República. Sobre las leyes,* Tecnos, Madrid, 1986.

Condorcet, J-A-N., *Bosquejo de un cuadro histórico de los progresos del espíritu humano,* edición preparada por Torres del Moral, A., Editora Nacional, Madrid, 1980.

— *Cinq memoires sur l'instruction publique,* GF Flammarion, París, 1994.

— *Compendio de la obra inglesa intitulada Riqueza de las Naciones*; traducción de Martínez de Irujo, C., Imprenta Real, Madrid, 1742.

— *Escritos pedagógicos*; traducción del francés de Barnés, D., Calpe, Madrid, 1922.

— *Esquisse d'un tableau historique des progrès de l'esprit humain, suivi de fragment sur l'Atlantide*; *introduction, chronologie et bibliographie par Alain Pons,* Flammarion, París, 1988.

— *nforme y proyecto de decreto sobre la organización general de la instrucción pública,* Ramón Areces, Madrid, 1990.

Cortina, A., *Ciudadanos del mundo. Hacia una teoría de la ciudadanía,* Alianza, Madrid, 1997.

Corts Giner, M. I., *Ciencia y educación en el Boletín de la Institución Libre de Enseñanza,* Universidad de Sevilla, 2004.

Crossman, R. H. S., *Biografía del Estado Moderno,* Fondo de Cultura, México, 1987.

D'Alembert, J., *Discurso preliminar de la Enciclopedia,* Orbis, Barcelona, 1984.

Damián Traverso, J., *Educación y Constitución*, Tomo II, Ministerio de Educación y Ciencia, Madrid, 1978.

De Miguel, A., *España, marca registrada*, Jairós, Barcelona, 1973.

De Coster, S. y Hotyat, F., *Sociología de la educación*, Guadarrama, Madrid, 1975.

De Esteban, J. y González-Trevijano, P. J., *Curso de Derecho Constitucional español II*, Servicio de Publicaciones de la Facultad de Derecho, Universidad Complutense de Madrid, Madrid, 1993.

De Forest, A. J., *The International Struggle to Codify Children´s Educational Rights*, Graduate School of Education, Harvard University, 2002.

Delors, J., *La educación encierra un tesoro. Informe a la UNESCO de la Comisión Internacional sobre la Educación para el Siglo XXI*, Santillana Ediciones UNESCO, Madrid, 1996.

Del Valle Pascual, L., *Manual de Derecho Político*, Biblioteca de Iniciación Jurídica, Librería General, Zaragoza, 1941.

Dewey, J., *Democracia y educación*, Morata, Madrid, 1995.

Díaz, E., *Pensamiento español en la era de Franco*, Tecnos, Madrid, 1983.

Díez de Velasco, M., *Las Organizaciones Internacionales*, Tecnos, Madrid, 1999.

Domingo y San Juan, M., *La Escuela en la República*, Aguilar, Madrid, 1932.

Dominique Julia, D., *Atlas de la Révolution Française*, Vol. 2, París, 1987.

Dongping, H., *The unknown cultural revolution: Educational Reforms and Their Impact on China's Rural Development, 1966-1976*, Garland Publishing, Nueva York, 2000.

Drucker, P. F., *The Age of Discontinuity*, 1969.

El Corán, traducción de Cortés, J., Herder Editorial, Barcelona.

Eliot, T. S., *Sobre la poesía y los poetas*, Sur, Buenos Aires, 1954.

Elyot, T., *The Boke Named the Governour*, Every man Library, Londres, 1937.

Embid Irujo, A. y Bernal Agudo, J. L., *Las libertades de la enseñanza*, Tecnos, Madrid, 1983.

Erhard, J. B., Herder, J. G., Kant, I. y Autores Varios, ¿Qué es Ilustración?, Tecnos, Madrid, 1999.

Esposito, J. L. y Voll, J. O., *Islam and Democracy*, Oxford University Press, 1996.

Fernández Gallardo, L., *El humanismo renacentista: de Petrarca a Erasmo*, Arco/Libros, Madrid, 2000.

Fernández-Miranda Campoamor, A., *De la libertad de enseñanza al derecho a la educación*, Centro de estudios Ramón Areces, Madrid, 1988.

Fernández Segado, F., *Las constituciones históricas españolas: (un análisis histórico-jurídico)*, Civitas, Madrid, 1986.

Fernández Soria, J. M., *Educación, socialización y legitimación política (España 1931-1970)*, Tirant lo Blanch, Valencia, 1998.

— *Manual de política y legislación educativa*, Síntesis, Madrid, 1999.

Ferrández, A. y Sarramona, J., *La educación. Constantes y problemática actual*, CEAC, Barcelona, 1984.

Ferrero, G., *Poder los genios invisibles de la ciudad*, Tecnos, Madrid, 1998.

Fichte, J., *Discursos a la nación alemana*; Estudio Preliminar y traducción de Varela, M. J. y Acosta, L. A., Tecnos, Madrid, 1998.

Fiori, E. M., *Aprender a decir la palabra. El método de alfabetización del profesor Paulo Freire*, 1ª ed. española, Prefacio de Freire, P., "Pedagogía del oprimido", Siglo XXI, Madrid, 1975.

Freire, P., *La naturaleza política de la educación*, Paidós, Barcelona, 1990.

Friedman, M., *Capitalism and Freedom*, University of Chicago Press, 1962.

Friedman, M. y Friedman, R., *Libertad de elegir: hacia un nuevo liberalismo económico*, Grijalbo, Barcelona, 1992.

Friedman, T. L., *Longitudes and attitudes: The world in the age of Terrorism*, FSG Books, Nueva York, 2002.

— *The world is flat. A brief story of the 21st Century*, Farrar, Straus and Giroux, Nueva York, 2005.

Fullat, O., *Política de la educación*, CEAC, Barcelona, 1994.

Gablentz, O. H., *Introducción a la ciencia política*, Herder, Barcelona, 1974.

Ganivet, A., Badoglio

— *Cartas finlandesas: Hombres del norte*, 7ª ed., Espasa Calpe, Madrid, 1998.

García, C., *Génesis del sistema educativo liberal en España: del Informe Quintana a la Ley Moyano (1813-1857)*, Universidad de Oviedo, 1994.

García Garrido, J. L., *Sistemas educativos de hoy*, Dykinson, Madrid, 1993.

— *Sistemas educativos y constitución*, Dykinson, Madrid, 1993.

García Hoz, V. y otros, *Principios de pedagogía sistemática*, Rialp, Madrid, 1981.

Garforth, F., *Educative democracy. John Stuart Mill on Education in Society*, Oxford University Press, 1980.

Garin, E., *La educación en Europa 1400-1600*, Crítica, Barcelona, 1987.

Garrido Falla, F., *Comentarios a la Constitución de 1978*, Civitas, Madrid, 1985.

Gil de Zárate, A., *De la instrucción pública en España,* Imprenta del Colegio de Sordomudos, Madrid, 1855.

Giner, S., Espinosa, E. y Torres, C., *Diccionario de sociología,* Alianza, Madrid, 1998.

Ginzo Fernández, A., *Política, educación y filosofía en Nietzsche,* Centro de Estudios Constitucionales, Madrid, 1999.

Gonthier, N., *Éducation et cultures dans l'Europe Occidentale Chrétienne,* Edit. Ellipses, París, 1998.

González Ibáñez, J., *Educación y Pensamiento republicano cívico,* Germanía, Valencia, 2005.

Guttman, E., *La educación democrática,* Paidós, Alianza, Barcelona, 2001.

Harrington, J., *Oceana,* Cambridge University, 1990, traducción de Bermúdez Carrasco, A.

Hattenhauer, H., *Fundamentos del derecho alemán,* Edersa, Madrid, 1981.

Hauriou, A., *Derecho Constitucional,* Ariel, Barcelona, 1971, p. 67.

Hayek, F. A., *The Constitution of Liberty,* University of Chicago, 1969.

Helvetius, C. A., *Del espíritu,* Editora Nacional, traducción de Bermudo, J. M., Madrid, 1983.

Herrero de Miñón, M., *Constitución española. Trabajos parlamentarios,* Servicio de Publicaciones de las Cortes Generales, Madrid, 1979.

Hicks, D., *Educación para la paz,* Ministerio de Educación-Morata, Madrid, 1988.

Hobbes, T., *El ciudadano. Educar para la obediencia,* Debate/CSIC, Madrid, 1993.

Hobsbawm, E., *Age of extremes. The short twentieth century, 1914/1991,* Pantheon, Nueva York, 1994.

Hoslag, *World politics since 1989,* Polity Press, Londres, 2023.

Humboldt, W., *Escritos políticos,* Fondo de Cultura, México, 1943.

— *Los límites de la acción del Estado,* Estudio Preliminar, traducción y notas de Abellán, J., Tecnos, Madrid, 1988.

Huntington, S., *El choque de las civilizaciones,* Paidós, Barcelona, 1997.

Iyanga Pendi, A., *La educación contemporánea,* Libres, Valencia, 1996.

Jaeger, W., *Paideia,* Fondo de Cultura Económica, México D. F., 1996.

Jefferson, T., *Political Writings,* Cambridge University, Cambridge, 1999.

Jovellanos, G., *Memoria del Castillo de Bellver; Discursos-cartas,* Espasa-Calpe, Madrid, 1969.

Junco Álvarez, J., *Mater Dolorosa,* Taurus, Madrid, 2002.

Kapuscinski, R., *Viajes con Herodoto,* Anagrama, Barcelona, 2006.

Kennedy, P., *The rise and fall of the great powers,* Random House, Lexington (Mass), 1987.

Kiernan, B., *Genocide and democracy in Cambodia: The Khmer Rouge, the U. N., and the International Community,* Kiernan Ed., Nueva York, 1993.

Kintzler, C., *Condorcet, L'instruction publique et la naissance du citoyen,* Folio-Essais, París, 1987.

Kraye, J., *Introducción al humanismo renacentista,* edición española a cargo de Clavería, C., traducción de Cabré, L., Cambridge University Press, 1998.

Labica, G., *Robespierre, une politique de la philosophie,* Presses Universitaires de France, París, 1998.

La Chalotais, L-R., *Essais d'éducation nationale ou plan d'études pour la jeunesse,* L'Harmattan, París, 1996.

Léon, A., *Histoire de l´enseignement en France,* PUF, París, 1999.

Lestage, A., *Analfabetismo y alfabetización,* UNESCO, París, 1982.

Levesque, P-C., *L'Homme moral, ou L'Homme considéré tant dans l'état de pure nature que dans la société,* Ámsterdam, 1775.

Levi, P., *La chiave a stella,* Einaudi Editori, Turín, 1978.

— *Los hundidos y los salvados,* Muchnik editores, Barcelona, 1989.

— *Se questo é un uomo-La tregua,* Einaudi Editori, Turín, 1950.

Lewis, B., *What went wrong? The Clash Between Islam and Modernity in the Middle East,* Perennial, Nueva York, 2002.

L'Héricault, C., *La révolution de thermidor: Robespierre et le Comité de Salut Public: d'après les sources originales et les documents inédits,* Didier et Cie, París, 1878

Llopis, R., L*a Revolución en la Escuela. Dos años en la Dirección General de Primera Enseñanza,* Aguilar, Madrid, 1933.

Locke, J., *Compendio del Ensayo sobre el Entendimiento Humano,* Estudio Preliminar y traducción de García Norro, J. J. y Rovira, R., Tecnos, Madrid, 1998.

— *Dos ensayos sobre el gobierno civil,* 2ª edición de Abellán, J. y traducción de Jiménez Gracia, F., Espasa-Calpe, Madrid, 1997.

— *Pensamientos sobre la educación,* 1693, Akal, Madrid, 1986.

— *Some thoughts concerning education*

— *Una carta sobre la tolerancia,* ed. a cargo de Bravo Gala, P., Tecnos, Madrid, 1988.

López Medel, J., *Hacia un nuevo derecho a la educación, Principios filosófico-jurídicos y comunitarios en la Política educativa de la Unión Europea*, Dykinson, Madrid, 1995.

Lucas Verdú, P., *Nueva Enciclopedia Jurídica*, Seix, Barcelona, 1976.

— *Principios de ciencia política*, Tecnos, Madrid, 1979.

— *Teoría de la Constitución como ciencia cultural*, Dykinson, Madrid, 1998.

Luzuriaga, L., *Historia de la educación pública*, 4ª ed., Losada, Buenos Aires, 1964.

— *Historia de la educación y de la pedagogía*, Losada, Buenos Aires, 1969.

Mandela, N., *Long walk to Freedom.*

Mani, D., *Human Security: Concepts and definitions*, United Nations Center for Regional Development (UNCRD), 2002.

Maquiavelo, N., *El Príncipe*, 19ª ed., Espasa-Calpe, Colección Austral, Madrid, 1988.

— *Discursos sobre la primera década de Tito Livio*, Alianza, Madrid, 2000.

— *Lettere*, Ed. F. Gaeta, Milán, 1961.

— *Tutte le opere*, edición de Flora, F. y Cordiè, C., Mondadori, Roma, 1949.

Marrou, H-I., *Historia de la educación en el mundo antiguo*, Fondo de Cultura Económica, México, 1998.

Martínez Cuadrado, M., *Historia de España*, Tomo 6 "La burguesía conservadora (1874-1931)", Alianza-Alfaguara, Madrid, 1974.

Mata M., *La educación pública*, Prólogo de Regás, R., Editorial Destino, Barcelona, 1997.

Maududi, S., *Islamic law and Constitution*, 12ª ed., Lahore: Islamic Publications, 1997.

Medina, E., *La lucha por la educación en España*, 1770-1970, Ayuso, Madrid, 1977.

Medina Rubio, R., Rodríguez Neira, T. y García Aretio, L., *Teoría de la educación*, UNED, Madrid, 1992.

Melo Salcedo, I., *El derecho a la educación como presupuesto efectivo para la participación ciudadana en América Latina*, Universidad Alfonso X el Sabio, Madrid, 1995.

Mill, J. S., *Autobiografía*, Alianza, Madrid, 1986.

— *El Utilitarismo*, Aguilar, Madrid, 1962.

— *Mill's ethical writings*, Collier-Macmillan, Nueva York, 1965.

— *On liberty*, Infomotions, Inc., 2000.

— *Principles of political economy: with some of their applications to social philosophy*, University of Toronto Press, Routledge & Kegan Paul, Londres, 1977.

— *Sobre la libertad*, Alianza, Madrid, 1988.

Miliband, R., *El estado en la sociedad capitalista*, Siglo Veintiuno, México, 1985.

Millán, F, *La revolución laica. De la Institución Libre de Enseñanza a la Escuela de la República*, edición de Torres, F., Valencia, 1983.

Mitterrand, F., *Programa Común de Gobierno de la izquierda francesa*, GF-Flammarion, París, 1973.

Montaigne, M., *Ensayos*, 2ª ed., Cátedra, Madrid, 1994.

Montesquieu, *Del espíritu de las leyes*, Introducción de Tierno Galván, E., traducción de Blázquez, M. y De Vega, P., Tecnos, Madrid, 1995.

— *Oeuvres complètes*, Ed. Du Seuil, París, 1964.

— *Oeuvres complètes. L'Esprit des Lois*, Libro I, Belin, París, 1817.

Morán, G., *El maestro en el erial: Ortega y Gasset y la cultura del Franquismo*, Tusquets, Barcelona, 2002.

Morente Valero, F., *La Escuela y el Estado Nuevo. La depuración del Magisterio Nacional (1936-1943)*, Ámbito Ediciones, Valladolid, 1997.

Morodo, R., *Los orígenes ideológicos del franquismo: Acción Española*, Alianza Editorial, Madrid, 1985.

Muñoz Machado, S., *La Unión Europea y las mutaciones del Estado*, Alianza Universidad, Madrid, 1993.

Muñoz Molina, A., *La educación que queremos*, Santillana, Madrid, 1999.

Nair, S., *Contra el pensamiento único*, Epílogo de Estefanía, J., Taurus, Madrid, 1997.

Narayan, D. y Autores Varios, *Voices of the Poor*, The World Bank, Washington, 2000.

Nietzsche, F., *Crepúsculo de los ídolos o cómo se filosofa con el martillo*, Introducción, traducción y notas de Sánchez Pascual, A., Alianza, Madrid, 1996.

— *El nacimiento de la tragedia o Grecia y el pesimismo*; Introducción, traducción y notas de Sánchez Pascual, A., Alianza, Madrid, 1991.

— *Sämtliche Briefe. Fritische Studienaunsgaabe*, Ed. Colli.

— *Sämtlliche Werke. Kritische Studienausgabe*, Ed. Colli.

— *Sobre el porvenir de nuestras escuelas*, Tusquets, Barcelona, 2000.

Nogueira, R., *Principios constitucionales del sistema educativo español*, Ministerio de Educación y Ciencia, Madrid, 1988.

Núñez Velázquez, J., *La sociedad del conocimiento,* Prólogo de Tamames, R., Fundel, Madrid, 1999.

Nye, J. S. Jr., *Understanding international conflicts,* Longman Classics, Nueva York, 2005.

Ortega, A., *Horizontes cercanos. Guía para un mundo en cambio,* Taurus, Madrid, 2000.

Ortega y Gasset, J., *La rebelión de las masas,* Alianza Editorial, Madrid, 1993.

— *Obras completas,* Tomo I, Alianza, Madrid.

— *Países y viajes,* Alianza Editorial, Madrid.

Paz, O., *El laberinto de la soledad,* Fondo de Cultura Económica, México, 1991.

Peres, S., *Que salga el sol,* Seix Barral, Barcelona, 1999.

Pérez Díaz, V., Rodríguez, J. C. y Sánchez Ferrer, L., *La familia española ante la educación de sus hijos,* Fundación La Caixa, Barcelona, 2001.

Pérez Reverte, A., *El Husar,* 7ª ed., Akal, Madrid, 2002.

Platón, *La República,* Altaya, 1993.

Pocock, J. G. A, *Historia e Ilustración. Doce Estudios,* Marcial Pons, Madrid, 2002.

— *The Machiavellian Moment,* Princeton University Press, Nueva Jersey, Princeton, 1975.

Posada, A., *Derecho Político,* Tomo II, 5ª ed. revisada, Librería General de Victoriano Suárez, Madrid, 1935

Puelles Benítez, M., *Educación e ideología en la España Contemporánea,* Tecnos, Madrid, 1999, p. 36.

— *Política y administración educativa,* UNED, Madrid, 1991.

Quintana, M. J., *Obras Completas,* Tomo 19, Biblioteca de Autores Españoles, Rivadeneyra, 1861.

Rabelais, F., *Gargantúa y Pantagruel,* Plaza y Janés, Barcelona, 1989.

Ramírez Jiménez, M., *Europa en la conciencia española y otros estudios,* Trotta, Madrid, 1996.

— *Los grupos de presión en la Segunda República española,* Tecnos, Madrid, 1969.

Raphael, D. D., *Problemas de filosofía política,* Alianza, Madrid, 1983.

Real Academia Española, *Diccionario de la Lengua Española,* 22ª ed., Madrid, 2001.

Reig Tapia, A., *Franco Caudillo, mito y realidad,* Tecnos, Madrid, 1996.

Reimers, F., *War, education and peace,* GSE Harvard University, Cambridge, 2003.

Reissig, L., *La era tecnológica y la educación,* Losada, Buenos Aires, 1958.

Ressa, M, *How to stand to a dictator,* Penguin, London, 2023.

Rourke, J. T., *World Politics: International Politics on the World Stage,* McGraw Hill, 2002.

Rousseau, J. J., *Cartas a Sofía,* Alianza, Madrid, 1999.

— *El Contrato Social o Principios de derecho político,* Estudio Preliminar y traducción de Villaverde, M. J., Tecnos, Madrid, 2000.

— *Discurso sobre el origen de la desigualdad.*

— *Emilio, o De la educación,* Alianza, Madrid, 1998.

— *Oeuvres complètes,* L'Integrale, París, 1971.

Rubio Llorente, F., *La política educativa en la España de los 70,* Moneda y Crédito, Madrid, 1976.

Rush, B., *Selected Writings of Benjamin Rush,* Runes, 1947.

Sábato, E., *Apologías y rechazos,* Alianza, Madrid, 1979.

Sabine, G., *Historia de la teoría política,* Fondo de Cultura Económica, México, 1994.

Said, E., *The Clash of ignorance,* Nueva York, 1998.

Sánchez Agesta, L., *El pensamiento político del despotismo ilustrado,* Instituto de Estudios Políticos, Madrid, 1953.

Sánchez Ferriz, R. y Jimena Quesada, L., *La enseñanza de los derechos humanos,* Ariel, Barcelona, 1995.

Sarrailh, J., *La España ilustrada en la segunda mitad del Siglo XVIII,* México, 1957

Savater, F., *El valor de educar,* Ariel, Barcelona, 1997.

— *Los caminos para la libertad. Ética y Educación,* Ariel-Instituto Tecnológico de Monterrey, México, 2000.

Schiff, S., *A great improvisation, Franklin, France and the birth of America,* Random House, Nueva York, 2005.

Schmitt, C., *El concepto de lo político,* Alianza Editorial, Madrid, 1991 (texto original de 1932).

Schorske, C. E., *Pensar con la historia,* Taurus, Madrid, 2001.

Sellers, M. N. S., *Republican Legal Theory: The history, Constitution and purposes of Law in a Free State,* Palgrave, Londres, 2003.

Sen, A., *Development as freedom,* Oxford University Press, Oxford, 1999.

Seró Sabaté, J., *El niño republicano*, Edaf, Madrid, 1990.

Sevilla Andrés, D., *Constituciones y otras leyes y proyectos políticos de España*, Tomo I, Editora Nacional, 1969.

Skinner, Q., *Maquiavelo*, Alianza, Madrid, 1984.

Smith, A., *Investigación de la naturaleza y causas de la riqueza de las naciones*, Introducción de Fuentes Quintana, E. y Perdices de Blas, L., Junta de Castilla y León, Salamanca, 1996.

Spring, J., *The Universal Right to Education, Justification, Definition and Guidelines*, Erlbaum, Londres, 2000.

Stiglitz, J., *Globalization and its discontent*, Norton, 2002.

Strauss, L., *Meditación sobre Maquiavelo*, Instituto de Estudios Políticos, Madrid, 1964.

Suie, D., *Balzac y la joven costurera china*, Emece Ediciones, Madrid, 2002.

Talleyrand, C. M., *Rapport sur l'instruction publique, fait au nom du Comité de constitution a l'Assemblée Nationale, les 10, 11 et 19 Septembre 1791*, Imprimeries de Baudouinde Du Pont, París, 1791.

Tenzer, N., *La sociedad despolitizada. Ensayo sobre fundamentos de política*, Paidós, Barcelona, 1992.

Thomas, H., *La guerra civil española*, Mondadori, Barcelona, 2001.

Tocqueville, A., *La democracia en América*, Madrid, 1989.

Touchard, J., *Historia de las ideas políticas*, Tecnos, Madrid, 1988.

Touraine, A., ¿Qué es la democracia?, Fayard, París, 1994.

Tuñón de Lara, M., *La modernidad de Manuel Azaña*, Adascal Ed., Madrid, 1980.

— *Medio siglo de cultura española (1885-1836)*, Tecnos, Madrid, 1973.

Turín, I., *La educación y la escuela en España de 1874 a 1902*, Madrid, Aguilar, 1967.

Villarroel Villarroel, D., *El derecho convencional en los sistemas constitucionales de América Latina*, Porrúa, México, 2004

Valjavec, F., *Historia de la Ilustración en Occidente*, RIALP, Madrid, 1964

Vallespín, F. (Ed.), *Historia de la teoría política*, Tomo V, Alianza Editorial, Madrid, 1995.

Van Daele, H., *L'éducation comparée*, PUF, París, 1993.

Vaquer Caballería, M., *Estado y cultura: La función cultural de los poderes públicos en la Constitución Española*, Madrid, Centro de Estudios Ramón Areces, 1998.

Vial, J., *Histoire de l'éducation*, PUF, París, 1995.

Voltaire, *Cartas inglesas*, traducción y Prólogo de Priego, S., Felmar, Madrid, 1975.

Weber, M., *El político y el científico*, 17ª reimpresión, Alianza Editorial, Madrid, 1997.

— *La ética protestante y el espíritu del capitalismo*, traducción de Legaz Lacambra, L., Península, Barcelona, 1994.

Weiler, J. H. H. y Wind, M., *European constitutionalism beyond the state*, Cambridge University Press, 2003.

West, E. G., *La educación y el Estado*, Unión, Madrid, 1994.

Zapico, M., *Iglesia y Estado ante el problema de la enseñanza*, O.P.E., Madrid, 1964.

Contribuciones en obras colectivas

Arajärvi, P., "Article 26", en Eide, A. y Swinehart, T., *The Universal Declaration of Human Rights: A Commentary*, Scandinavian University Press, Oslo, 1992.

Aróstegui, J., "La oposición al franquismo. Represión y violencia políticas", en Tusell, J. *et al.* (Coords.), *La oposición al régimen de Franco. Estado de la cuestión y metodología de la investigación*, Tomo I, Vol. 2, UNED, Madrid, 1990.

Autores Varios, "Constitución europea y ciudadanía democrática", en Autores Varios, *Globalización, integración económica y derechos humanos*, Universidad Sergio Arboleda, Bogotá, 2005.

Begué Cantón, G., "Libertad de enseñanza" en Autores Varios, *Los derechos y libertades públicas: XIII Jornadas de Estudio*, Tomo 2, Ministerio de Justicia, Madrid, 1992.

Cámara Villar, G., "Sobre el concepto y fines de la educación en la Constitución Española", en Autores Varios, *Introducción a los derechos fundamentales. X Jornadas de Estudio*, Vol. III, Centro de Publicaciones del Ministerio de Justicia, Madrid, 1988.

Camps, V., "Educación y cultura democrática", en Autores Varios, *La cultura de la democracia: el futuro*, Ariel, Barcelona, 2000, p. 99.

Delors, J., "Presentación del Informe a la UNESCO", en Autores Varios, *Aprender para el futuro: desafíos y oportunidades: documentos de un debate*, Fundación Santillana, Madrid, 1996.

Enguita, M., "Sociedad y educación en el legado de la Ilustración: Crédito y débito", en Autores Varios, *Educación e Ilustración dos siglos de Reformas en la enseñanza,* Ministerio de Educación y Ciencia, Madrid, 1988.

Expósito, E., "Artículo 26", en Autores Varios, *La Declaración Universal de los Derechos Humanos,* Icaria, Barcelona, 1998.

— "La intervención regional. Especial referencia al Convenio Europeo", en Autores Varios, *La Declaración Universal de los Derechos Humanos,* Icaria, Barcelona, 1998.

Fernández-Miranda Campoamor, A., y Sánchez Navarro, A. J., "Artículo 27. Enseñanza", en Alzaga Villaamil, O. (Dir.), *Comentarios a las Leyes Políticas,* Edersa, Madrid, 1996.

Fernández Segado, F., "El derecho a la educación en la jurisprudencia del Tribunal Europeo de Derechos Humanos", en Aguiar de Luque, L. (Coord), *Implicaciones constitucionales y políticas del ingreso de España a la CEE y su incidencia en las CCAA,* IVAP, Oñati, 1986.

Fetscher, I., "La Ilustración en Francia", en Vallespín, F. (Ed.), *Historia de la teoría política,* Tomo III, Alianza, Madrid, 1991,

Frijhoff, W., "Instruir y formar. La educación como objetivo, instrumento y esperanza en la Revolución Francesa", en Autores Varios, *La Revolución francesa y su influencia en la educación en España,* UNED, Madrid, 1990.

García Garrido, J. L., "La educación universitaria ante el siglo XXI", en Autores Varios, *Aprender para el futuro: universidad y sociedad,* Fundación Santillana, Madrid, 2001.

Garrido Falla, F., "Intervencionismo estatal y educación nacional", en Autores Varios, *La educación en una sociedad de masas,* Ediciones de Cultura Hispánica, Madrid, 1954.

Gómez de Castro, F., "La reforma prusiana en la educación a principios del siglo XIX", en Autores Varios, *Génesis de los sistemas educativos nacionales,* UNED, Madrid, 1988.

Gómez Orfanel, G., "Carl Schmitt y el decisionismo político", en Vallespín, F. (Ed.), *Historia de la teoría política,* Tomo V, Alianza Editorial, Madrid, 1995.

González Ibáñez, J., "La función de la educación en la estructura y desarrollo del Estado moderno. El Derecho Internacional de la educación y la situación real del acceso al derecho a la educación en el inicio del Siglo XXI", en Autores Varios, *X Conferencia española de Sociología de la Educación,* Germanía, Valencia, 2004.

González Vila, T., "Democracia, pluralismo y libertad de enseñanza", en Autores Varios, *Educación y sociedad pluralista,* Fundación Oriol-Urquijo, Madrid, 1980.

Hankins, J., "El humanismo y los orígenes del pensamiento moderno", en Kraye, J. (Ed.), *Introducción al humanismo renacentista,* Cambridge University Press, Cambridge, 1998.

Kartashkin, V., "Derechos económicos, sociales y culturales", en Vasak, K. (Ed.), *Las dimensiones internacionales de los derechos humanos,* Tomo 3, Serbal-UNESCO, Barcelona, 1984.

Kintzler, C., "Condorcet, teórico de la escuela republicana: Un pensamiento filosófico y paradójico", en Autores Varios, *La Revolución Francesa y su influencia en la educación en España,* UNED, Madrid, 1990.

Leguina Villa, J., "La autonomía universitaria en la Jurisprudencia del Tribunal Constitucional", Martín-Retortillo Baquer, S. (Coord.), *Estudios sobre la Constitución española. Homenaje al profesor Eduardo García de Enterría,* Tomo II, Civitas, 1991.

Lucas Verdú, P., "Estado Social y Democrático de Derecho" en Alzaga Villaamil, O. (Dir.), *Comentarios a las Leyes Políticas,* Editoriales de Derecho Reunidas, Madrid, 1983.

Martín-Retortillo Baquer, L., "Eficacia y garantía de los derechos fundamentales" en Martín-Retortillo Baquer, S. (Coord.), *Estudios sobre la Constitución española. Homenaje al profesor Eduardo García de Enterría,* Tomo II, Civitas, Madrid, 1991.

Miller, M., "The Treta and Promise of Globalization: ¿Can it be Made to Work for a Brighter Future?", en Rotblat, J. (Ed.), *World Citizenship: Allegiance to Humanity,* McMillan Press Ltd., 1997.

Okubo, S., "Seguridad Humana", en González Ibáñez, J. (Coord.), *Derechos Humanos, Globalización y Relaciones Internacionales,* Gustavo Ibáñez-Universidad Alfonso X el Sabio, Madrid, 2006.

Puelles Benítez, M., "Las fuerzas políticas en la educación escolar. La etapa preconstituyente (1975-1978)" en García Garrido, J. L. (Dir.), *La Sociedad Educadora,* Fundación Independiente, Madrid, 2000.

— "Revolución francesa y educación: su incidencia en la génesis del sistema educativo español", en Autores Varios, *La Revolución francesa y su influencia en la educación en España,* UNED, Madrid, 1990.

Ramonet, I., "Los nuevos amos del mundo", en Autores Varios, *Pensamiento crítico vs. Pensamiento único. Le Monde Diplomatique,* Debate Ed., Madrid, 1998.

Sotelo, I., "Educación y democracia", en Autores Varios, *Volver a pensar en la educación. Política, educación y sociedad,* Tomo I, Ediciones Morata, Madrid, 1995.

Tercedor, A., "La educación en la II República: un intento de socialización política", en Autores Varios, *Estudios sobre la II República española,* Tecnos, Madrid, 1975.

Vallespín, F., en Valencia Sáiz, A., (coord.), *Participación y representación políticas en las sociedades multiculturales. Cosmopolitismo político y sociedad multicultural,* Colección Debates, Servicio de Publicaciones de la Universidad de Málaga, 1998.

Artículos en revistas científicas especializadas

Abadie, A., "Poverty, Political Freedom, and the Roots of Terrorism", *American Economic Review,* Vol. 96, No. 2, 2006.

Ammoun, C. D., "Estudio sobre la discriminación en materia de educación", No. 1957.XIV.3, Naciones Unidas, Nueva York, 1957.

Asís Roig, A., "La autonomía universitaria y derechos fundamentales", *Anuario de Derechos Humanos,* No. 7, Instituto de Derechos Humanos, Facultad de Derecho de la Universidad Complutense, Madrid, 1990.

Autores Varios, "Mesa redonda con los partidos políticos con representación parlamentaria en torno a la educación en el proyecto constitucional", *Revista de Educación,* No. 253, Madrid, 1977.

Barnés, D., "La concepción político-pedagógica de Condorcet", *Boletín Institución Libre de Enseñanza,* Madrid, 1922.

Barreiro, H., "Reflexiones actuales en torno al antes y el después de la Revolución de 1789. La constitución de los sistemas educativos contemporáneos", *Revista Historia de la Educación,* No. 7, Universidad de Salamanca, Salamanca, 1988.

Bas, J. Mª., "Política económica", *Cuadernos de pedagogía, Suplemento de educación,* No. 3, 1976.

Bekeman, L y Baladimos, A., "Le traité de Maastrich et l´éducation, la formation professionelle et la culture", *Revue du Marché Unique Européen,* No. 2, 1993.

Bilal, G., "Islamic Finance: Alternatives to Western Models", *The Fletcher Forum of World Affairs,* Vol. 23, No. 147, 1999.

Boti, J., Ramírez, F. y Meyer, J., "Explaining the origins and expansion of mass education", *Comparative education review (Chicago, IL),* Vol. 29, No. 2, 1985.

Calvillo Cisneros, J. M., "Perspectivas regionales: La situación de las mujeres tras el regreso talibán a Afganistán, Policrisis y rupturas del orden global", *Anuario CEIPAZ*, 2022-2023.

Chayes, A., "The Supreme Court, 1981 Term-Foreword: Public Law Litigation and the Burger Court", *Harvard Law Review*, Vol. 96, No. 4, 1982.

Embid Irujo, A., "El contenido del derecho a la educación" en *Revista Española de Derecho Administrativo*, No. 31.

— "La jurisprudencia del Tribunal Constitucional en materia educativa en la Constitución española", *REDC*, No. 15, Madrid.

Escolano Benito, A., "Discurso ideológico, modernización técnica y pedagogía crítica durante el franquismo", *Historia de la Educación: Revista interuniversitaria*, No. 8, 1989.

Fernández Farreres, G., "El sistema educativo", *Revista vasca de Administración Pública*, 2000.

Frank, A. G., "Desarrollo del subdesarrollo: punto de vista de un economista comprometido", *Monthly Review*, Vol. 18, No. 4, 1966.

Ganji, M., "La realización de los derechos económicos, sociales y culturales: problemas, políticas, logros", No. S.75.XIV.2, Naciones Unidas, Nueva York, 1975.

García de Enterría, E., "La autonomía universitaria", *RAP*, No. 117, 1988.

García Garrido, J. L., "Desafíos educativos de la Unión Europea", *Revista de Organización y Gestión Educativa*, No. 5, Madrid, 1999.

García Pelayo, M., "La teoría de la sociedad en Lorenz Von Stein", en *Revista de Estudios Políticos*, Vol. 27, Madrid, 1949.

Gómez Orfanel, G., "Panorama de las tendencias educativas en el Siglo XX", *Revista de educación*, No. 242, Madrid, 1975.

Gómez Orfanel, G. y Guerrero Salom, E., "La educación y la evolución histórica del Constitucionalismo Español", *Revista de Educación*, No. 253, Ministerio de Educación, Madrid, 1977.

González Hernández, A., "El *Rapport* de Condorcet y el informe de Quintana, estudio básico para un análisis comparativo", *Revista de Historia de la educación*, No. 7, Salamanca, 1988.

Hoffman, S., "America Goes Backward", *The New York Review of Books*, Vol. 50, No. 10, 2003.

Información Comercial Española, No. 345, 1962.

Iyad Yakub, A., "The Islamic roots of democracy", *University of Miami International and Comparative Law Review*, Vol. 12, No. 269, 2005.

Kay, C., "André Gunder Frank: "Unidad en la diversidad" del Desarrollo del Subdesarrollo al Sistema mundo", *Revista de Estudios Globales: Análisis histórico y cambio social,* Vol. 2, No. 3, 2022.

— "Memoria André Gunder Frank (1929-2005): pionero de la teoría de la dependencia y mundialización", *Revista Mexicana de Sociología,* Vol. 68, No. 1, 2006.

Khan, A., "Fighting Words: the abuse of Islam in Political Rhetoric", *Jurist,* 2006.

Makeckova, J. y Krueger, A., "Education, Poverty and Terrorism: Is There a Causal Connection?", *Journal of Economic Perspectives,* Vol. 17, No. 4, 2003.

Mangas Martín A., "El Tratado de la Unión Europea: análisis de su estructura general", *Gaceta Jurídica de la CE y de la Competencia,* D-17, Número monográfico: el Tratado de la Unión Europea (primera parte), 1998.

Maravall, J. A., "La Ilustración en España", en *Arbor,* Vol. 31, 1955.

Martínez Rolland, M. A., "Moldavia: un país en el filo de Europa", *ARI 34/2022,* Real Instituto Elcano, 2022.

Michavilla, F., "Cómo educar universitarios capaces de transformar la sociedad", en *Aprender para el futuro. Universidad y sociedad,* XVI Semana Monográfica, Fundación Santillana, Madrid, 2001.

Monroe, P., "A Cyclopedia of education", *Revista de educación,* Nueva York, 1911.

Moreno González, A., "Progreso, secularización e instrucción pública", *Revista de Occidente,* No. 82, 1988, pp. 5-27.

Ortega Gutiérrez, D., "Mill y la formación del ciudadano", *Revista del Centro de Estudios Constitucionales,* Madrid, 1999.

Österman, M. y Robinson, D., "Educating Democrats or Autocrats? The Regime-Conditional Effect of Education on Support for Democracy", *Political Studies,* Vol. 71, No. 4, 2023.

Pemartín, J., "Vida cultural", *Revista Acción Española,* No. 43, 1933.

Perales, R. C., "¿Qué son los informes PISA? ¿Qué tiene de especial el sistema educativo de Finlandia con respecto al nuestro?" *Ensayos,* No. 21, 2008.

Puelles Benítez, M. y Urzúa, R., "Educación, gobernabilidad democrática y gobernabilidad de los sistemas educativos", *Revista Iberoamericana de Educación,* No. 12, 1996.

Reimers, F., "Educational Chances of the Poor at the End of the Twentieth Century", *Prospects,* Vol. 29, No. 4, 1999.

Rodríguez Coarasa, C., "Libertad de cátedra y autonomía universitaria: algunas reflexiones a la luz de la Jurisprudencia del Tribunal Constitucional", *Revista de la Facultad de Derecho de la Universidad Complutense,* No. 94, Madrid, 2000.

Rodríguez Neira, T., "Jovellanos: político ilustrado y teórico de la educación", *Aula Abierta,* No. 74, 1999.

Ruiz Robledo, A., "La Constitución cultural española", *Revista La Ley,* No. 4751, Madrid, 1999.

Sanz, G., "El significado constitucional de la educación", en *Revista de Organización y Gestión educativa,* No. 3, Madrid, 1999.

Tedesco, J. C., "El rol del Estado en la educación", *Revista perspectivas,* París, 1989.

Tomasevski, K., "Free and compulsory education for all children: the gap between promise and performance", *Right to Education Primers,* No. 2, Raoul Wallenberg Institute, Lund, 2000.

— "Removing obstacles in the way of the right to education", *Right to Education Primers,* No. 1, Raoul Wallenberg Institute, Lund, 2000.

Torres del Moral, A., "Ciencia y método en la obra de Montesquieu", *Revista de Derecho de la Universidad Complutense de Madrid,* Vol. 18, No. 50-51, Madrid, 1977.

— "Condorcet, un pensador olvidado", *Revista del Colegio Universitario Domingo de Soto,* Segovia, 1975.

Viñao Frago, A., "Sistemas educativos y espacios de poder; teorías prácticas y usos de la descentralización en España", *Revista Iberoamericana de Educación,* No. 4, 1994.

Westminster Review, Vol. 6, octubre de 1826.

Artículos periodísticos

"Afganistán: UNICEF subraya que las niñas no deben ser excluidas de la escuela", *Noticias ONU,* 17 de septiembre de 2021, disponible en: https://news.un.org/es/story/2021/09/1496902

"Asjabad: no cesa la persecución religiosa y política", *Asia News,* 23 de julio de 2021, disponible en: https://www.asianews.it/noticias-es/Asjabad:-no-cesa-la-persecución-religiosa-y-política-53708.html

"Australia rechaza en referéndum el reconocimiento de sus indígenas", *El Mundo,* 14 de octubre de 2023, disponible en: https://www.elmundo.es/internacional/2023/10/14/652a5996fdddff1da18b45c2.html

"Australia rechaza la creación de un comité de defensa de los indígenas ante el Parlamento", *Euronews,* 14 de octubre de 2023, disponible en: https://es.euronews.com/2023/10/14/australia-rechaza-la-creacion-de-un-comite-de-defensa-de-los-indigenas-ante-el-parlamento#:~:text=En%20un%20referéndum%20celebrado%20el,electoral%20del%20actual%20primer%20ministro

"Banco mundial considera a Cuba mayor inversor en educación", *Economía Virtual,* disponible en: https://economiavirtual.com.py/web/pagina-general.php?codigo=64

Butros-Ghali, B., *Le Figaro,* 28 de enero de 1995.

Carlin, J., "El gigante de la libertad, Mandela", *El País,* 6 de diciembre de 1998.

"¿Cuáles son los países más pobres del mundo?", *Noticias Refugiados ACNUR,* 14 de febrero de 2017, disponible en: https://eacnur.org/es/actualidad/noticias/emergencias/cuales-son-los-paises-mas-pobres-del-mundo

Diario *El Sol,* 12 de julio de 1932.

"Educar en una ciudadanía justa", *El País,* 20 de junio de 2006.

"El ataque a la educación en Afganistán", *El País,* 14 de septiembre de 2021, disponible en: https://elpais.com/planeta-futuro/2021-09-14/el-ataque-a-la-educacion-en-afganistan.html

Friedman, T. L., "Arabs at the Crossroads", *The New York Times,* 5 de julio de 2002.

"Fuga de cerebros de Macedonia del Norte", *Euronews,* 15 de octubre de 2019, disponible en: https://es.euronews.com/2019/10/15/fuga-de-cerebros-de-macedonia-del-norte

"Global South scholars are missing from European and US journals. What can be done about it", *The Conversation,* 29 de julio de 2018, disponible en: https://theconversation.com/global-south-scholars-are-missing-from-european-and-us-journals-what-can-be-done-about-it-99570

International Herald Tribune, 19 de abril de 1995.

"Judge quashes anti-terror orders", *BBC News,* 28 de junio de 2006, disponible en: http://news.bbc.co.uk/2/hi/uk_news/5125668.stm

"Los 50 hombres más influyentes del planeta", *Le Nouvel Observateur,* 5 de enero de 1995.

Mayor Zaragoza, F., "La educación para todos, el gran reto del Siglo XXI", *El País,* 24 de abril de 2000.

Morán, C., "La escuela de la II República. Las enseñanzas de la República", *El País,* Madrid, 17 de abril de 2006.

Muñoz Molina, A., "Los Derechos Humanos y la Ilustración", *El País*, 1997.

"Níger prohíbe las clases de preescolar en chozas de paja tras la muerte de 25 niños en un incendio", *Europa Press*, 10 de noviembre de 2021, disponible en: https://www.europapress.es/internacional/noticia-niger-prohibe-clases-preescolar-chozas-paja-muerte-25-ninos-incendio-20211110144631.html

"Presenta Cuba informe nacional a Cumbre de transformación de la educación", *Xinhua News Agency*, 15 de septiembre de 2022, disponible en: https://spanish.news.cn/20220915/c8e52da1263748a5b6badcb018d6c53c/c.html#:~:text=Con%20una%20tasa%20de%20alfabetización,educación%20gratuita%2C%20según%20la%20UNESCO

"Self-doomed to failure", *The Economist*, 4 de julio de 2002.

Sotelo, I., "La enseñanza de las humanidades", *El País*, 23 de octubre de 2000.

"The Economics and Education of Suicide Bombers: Does Poverty Cause Terrorism?", *The New Republic*, 2004.

Informes

Amnistía Internacional, "Amnesty International Report 2022/2023: The state of the world's human rights", 2023, disponible en: https://www.amnesty.org/en/documents/pol10/5670/2023/en/

Banco Mundial, "Informe sobre el desarrollo mundial 2023: Migrantes, refugiados y sociedades", 2023, disponible en: https://reliefweb.int/report/world/informe-sobre-el-desarrollo-mundial-2023-migrantes-refugiados-y-sociedades-panorama-general-espt

Comisión de Derechos Humanos, "El derecho a la educación: Informe de la Relatora Especial, Sra. Katarina Tomasevki, presentado de conformidad con la resolución 2002/23 de la Comisión de Derechos Humanos", 2002, E/CN.4/2003/9/Add.1.

Comisión de Derechos Humanos, "Informe anual del Relator Especial de Naciones Unidas sobre el Derecho a la Educación, Vernor Muñoz Villalobos, presentado de conformidad con la resolución 2004/25 del Consejo de Derechos Humanos", 2004, E/CN.4/2005/50.

Comisión de Derechos Humanos, "Los Derechos Económicos, Sociales y Culturales: El derecho a la educación de las niñas: Informe del Relator Especial sobre el derecho a la educación, Sr. V. Muñoz Villalobos", 2006, E/CN.4/2006/45.

Comisión de Derechos Humanos, "Los Derechos Económicos, Sociales y Culturales: Informe anual de la Relatora Especial sobre el derecho a la educación, Katarina Tomaševski", 2004, E/NN.4/2004/45.

Comisión de Derechos Humanos, "Los Derechos Económicos, Sociales y Culturales: Informe anual de la Relatora Especial sobre el derecho a la educación, Katarina Tomaševski, presentado de conformidad con la resolución 2000/9 de la Comisión de Derechos Humanos", 2001, E/CN.4/2001/52.

Comisión de Derechos Humanos, "Los Derechos Económicos, Sociales y Culturales: Informe anual de la Relatora Especial sobre el derecho a la educación, Katarina Tomaševski, presentado de conformidad con la resolución 2001/29 de la Comisión de Derechos Humanos", 2002, E/CN.4/2002/60.

Commission on Human Security, "Human Security Now", 2003.

Consejo de Derechos Humanos, "El derecho a la educación de las personas con discapacidades: Informe del Relator Especial sobre el derecho a la educación, Vernor Muñoz", 2007, A/HRC/4/29.

Consejo de Derechos Humanos, "El derecho a la educación de las personas privadas de libertad: Informe del Relator Especial sobre el derecho a la educación, Vernor Muñoz", 2009, A/HRC/11/8.

Consejo de Derechos Humanos, "El derecho a la educación en situaciones de emergencia: Informe del Relator Especial sobre el derecho a la educación, Vernor Muñoz", 2008, A/HRC/8/10.

Consejo de la Unión Europea, "Informe Anual de 2022 al Consejo Europeo sobre los objetivos de la UE en materia de ayuda al desarrollo – Conclusiones del Consejo (18 de julio de 2022)", 2022, disponible en: https://data.consilium.europa.eu/doc/document/ST-11303-2022-INIT/es/pdf

Consejo de Derechos Humanos, "Informe del Relator Especial sobre el derecho a la educación Kishore Singh", 2016, A/HRC/32/37.

Consejo de Derechos Humanos, "La justiciabilidad del derecho a la educación: Informe del Relator Especial sobre el derecho a la educación, Kishore Singh", 2013, A/HRC/23/35.

Consejo de Derechos Humanos, "La promoción de la igualdad de oportunidades en la educación: Informe del Relator Especial sobre el derecho a la educación, Kishore Singh", 2011, A/HRC/17/29.

Consejo de Derechos Humanos, "Protección del derecho a la educación contra la comercialización: Informe del Relator Especial sobre el derecho a la educación, Kishore Singh", 2015, A/HRC/29/30.

Consejo Económico y Social, Comisión de Derechos Humanos, "Ejercicio de los derechos económicos, sociales y culturales. El ejercicio del derecho a la educación, incluida la educación en materia de derechos humanos. Documento de Trabajo presentado por el Sr. Mustapha Mehedi", 1998, E/CN.4/Sub.2/1998/10.

Departamento de Información Pública de las Naciones Unidas, "La situación de los pueblos indígenas del mundo", 2010, disponible en: https://www.un.org/esa/socdev/unpfii/documents/SOWIP/press%20package/sowip-press-package-es.pdf

Department of National Planning and Monitoring of Papua New Guinea, "Papua New Guinea's Voluntary National Review 2020: Progress of Implementing the Sustainable Development Goals", 2020, pp. 33-35, disponible en: https://sustainabledevelopment.un.org/content/documents/26453VNR_2020_Papua_New_Guinea_Report.pdf

Economic Intelligence Unit, "Democracy Index 2023: Age of conflict", 2023, disponible en: https://static.poder360.com.br/2024/02/estudo-indice-de-democracia-2023-economist.pdf

Fondo de Naciones Unidas para la Infancia, "Manual para las escuelas Amigas de la Infancia", 2009.

Freedom House, "Freedom in the world 2024: The Mounting Damage of Flawed Elections and Armed Conflict", 2024, disponible en: https://freedomhouse.org/sites/default/files/2024-02/FIW_2024_DigitalBooklet.pdf

Global Campaign for Education, "Girls can't wait. Why girls education matters, and how to make it happen now", Bruselas, 2005.

Global Coalition to Protect Education from Attack, "Education Under Attack 2020", 2020, disponible en: https://protectingeducation.org/wp-content/uploads/eua_2020_full.pdf

Human Rights Watch, "World Report 2023: Events of 2022", 2023, disponible en: https://www.hrw.org/sites/default/files/media_2023/01/World_Report_2023_WEBSPREADS_0.pdf

Instituto de Estadística de la UNESCO, "Informe de Seguimiento de la Educación para Todos en el Mundo: Reducir la pobreza en el mundo gracias a la enseñanza primaria y secundaria universal", 2017.

Ministerio de Economía y Planificación de Cuba, Sistema de Información de Tendencias Educativas en América Latina (SITEAL) y UNESCO, "Primer Informe Nacional Voluntario sobre la implementación de la Agenda 2030 para el Desarrollo Sostenible", 2021, disponible en: https://siteal.

iiep.unesco.org/sites/default/files/sit_accion_files/cuba_inv_cuba_agenda_2030_2021.pdf

Naciones Unidas, "Informe de desarrollo humano de Naciones Unidas 2000", 2000.

PNUD, "Informe anual sobre Desarrollo Humano", 1999.

PNUD, "Informe sobre Desarrollo Humano", 1994.

PNUD, "Informe sobre Desarrollo Humano 2021/2022: Tiempos inciertos, vidas inestables: Configurar nuestro futuro en un mundo en transformación", 2022.

SITEAL y ONEI, "Anuario Estadístico de Cuba 2019", Edición 2020, disponible en: https://siteal.iiep.unesco.org/sites/default/files/sit_accion_files/cuba_anuario_estadistico_educacion.pdf

Statistics South Africa, "Sustainable Development Goals Country Report: South Africa", 2023, disponible en: https://www.statssa.gov.za/MDG/SDG_Country_report.pdf

The Economist, "Democracy Index 2022. Frontline democracy and the battle for Ukraine", 2023.

UNESCO, "Education For All Global Monitoring Report, La educación de las niñas: Los datos", 2013.

UNESCO, "Education for All: is the world on track? EFA global monitoring report 2002", 2002.

UNESCO, "El Desafío Mundial de la Alfabetización, Perfil de alfabetización de jóvenes y adultos a mediados del Decenio de las Naciones Unidas para la Alfabetización 2003-2012", 2008.

UNESCO, "Global Education Monitoring Report, 2023: Technology in education: a tool on whose terms?", 2023, disponible en: https://unesdoc.unesco.org/ark:/48223/pf0000385723

UNESCO, "Global Education Monitoring Report: 224 millones de niños y niñas no empezarán el nuevo año escolar", 2022, disponible en: https://www.unesco.org/gem-report/es/articles/244-millones-de-ninos-y-ninas-no-empezaran-el-nuevo-ano-escolar-unesco

UNESCO, "Informe de Seguimiento de la Educación en el Mundo: Informe sobre género: Profundizar en el debate sobre quienes todavía están rezagados", 2022.

UNESCO, "Informe de Seguimiento de la Educación en el Mundo 2020: Inclusión y educación: Todos y todas sin excepción", 2020.

UNESCO, "Informe de Seguimiento de la EPT en el Mundo", 2010.

UNESCO, "La Educación para Todos en los Estados Árabes: Marco de Acción para Satisfacer las Necesidades Básicas de Aprendizaje en los Estados Árabes", 2000.

UNESCO, "The right to education: What's at stake in Afghanistan? A 20-year review", 2021, disponible en: https://unesdoc.unesco.org/ark:/48223/pf0000378911

UNICEF, "Informe Anual de UNICEF 2022: Para cada infancia, todas las oportunidades", 2023.

US Commission on International Religious Freedom, "Recommended Countries of Particular Concern (CPC): Annual Report 2019: Turkmenistan", 2019, disponible en: https://www.uscirf.gov/sites/default/files/Tier1_TURKMENISTAN_2019.pdf

US Department of State, "Report on International Religious Freedom: Turkmenistan", 2021, disponible en: https://www.state.gov/wp-content/uploads/2022/04/TURKMENISTAN-2021-INTERNATIONAL-RELIGIOUS-FREEDOM-REPORT.pdf

World Bank, "World Development Report 2004: Making Services Work for Poor", 2003.

World Watch Institute, "Informe Anual: La situación del mundo 1999", Icaria Editorial, Barcelona, 1999.

Textos legales

Tratados internacionales

Acuerdo entre el Estado español y la Santa Sede sobre Enseñanza y Asuntos Culturales, de 3 de enero de 1979 (B. O. E. de 15 de diciembre de 1979).

Carta Africana de los Derechos del Hombre y de los Pueblos, 27 de julio de 1981.

Carta comunitaria de derechos sociales fundamentales de los trabajadores, de 9 de diciembre de 1989.

Carta de Derechos Fundamentales de la Unión Europea, de 7 de diciembre de 2000.

Carta de las Naciones Unidas, de 26 de junio de 1945.

Carta Social Europea (revisada), de 3 de mayo de 1996.

Convención Americana sobre Derechos Humanos "Pacto de San José de Costa Rica", de 22 de noviembre de 1969.

Convención Europea de Derechos Humanos, de 4 de noviembre de 1950.

Convención International sobre la Protección de los Derechos de Todos los Trabajadores Migratorios y de sus Familiares, de 18 de diciembre de 1990.

Convención para la eliminación de todas formas de discriminación contra la mujer "CEDAW", de 18 diciembre 1979.

Convención relativa a la lucha contra las discriminaciones en la esfera de la enseñanza, de 14 de diciembre de 1960.

Convención sobre los Derechos del Niño, de 20 de noviembre de 1989.

Estatuto del Consejo de Europa "Tratado de Londres", de 5 de mayo de 1949.

Pacto de Derechos Civiles y Políticos, de 16 diciembre 1966.

Pacto de Derechos Económicos, Sociales y Culturales, de 16 diciembre 1966.

Protocolo para instituir una Comisión de Conciliación y Buenos Oficios facultada para resolver las controversias a que pueda dar lugar la Convención relativa a la lucha contra las discriminaciones en la esfera de la enseñanza, de 10 de diciembre de 1962.

Protocolo Adicional a la Convención Americana sobre Derechos Humanos en materia de derechos económicos, sociales y culturales "Protocolo de San Salvador", de 17 de noviembre de 1998.

Protocolo Adicional al Convenio para la Protección de los Derechos Humanos y de las Libertades Fundamentales, de 20 de marzo de 1952.

Tratado de Funcionamiento de la Unión Europea, de 13 de diciembre de 2007.

Tratado de París, de 12 de diciembre de 2015.

Tratado de la Unión Europea, de 7 de febrero de 1992.

Resoluciones de la Asamblea General de las Naciones Unidas

Asamblea General de las Naciones Unidas, *Declaración de las Naciones Unidas sobre los derechos de los pueblos indígenas*, de 13 de septiembre de 2007, A/RES/61/295.

Asamblea General de las Naciones Unidas, *Declaración del Milenio*, 8 de septiembre de 2000, A/RES/55/2.

Asamblea General de las Naciones Unidas, *Declaración sobre el Derecho al Desarrollo*, 4 de diciembre de 1986, A/RES/41/128.

Asamblea General de las Naciones Unidas, *Declaración sobre el Fomento entre la Juventud de los ideales de Paz, Respeto Mutuo y Comprensión entre los Pueblos*, 7 de diciembre de 1965, A/RES/2037 (XX).

Asamblea General de las Naciones Unidas, *Declaración sobre el Progreso y el Desarrollo en lo Social*, 11 de diciembre de 1969, A/RES/2542 (XXIV).

Asamblea General de las Naciones Unidas, *Declaración sobre la eliminación de la discriminación contra la mujer*, 7 de noviembre de 1967, A/RES/2263 (XXII).

Asamblea General de las Naciones Unidas, *Declaración sobre la eliminación de la violencia contra la mujer*, 20 de diciembre de 1993, A/RES/48/104.

Asamblea General de las Naciones Unidas, *Declaración sobre los Derechos del Niño*, 20 de noviembre de 1959, A/RES/1386 (XIV).

Asamblea General de las Naciones Unidas, *Declaración Universal de los Derechos Humanos*, A/RES/217 A (III), 10 de diciembre de 1948.

Asamblea General de las Naciones Unidas, *El derecho a la educación*, 5 de agosto de 2011, A/66/269.

Asamblea General de las Naciones Unidas, *El derecho a la educación*, 9 de agosto de 2013, A/68/294.

Asamblea General de las Naciones Unidas, *El derecho a la educación*, 15 de agosto de 2012, A/767/310.

Asamblea General de las Naciones Unidas, *El derecho a la educación*, 29 de septiembre de 2017, A/72/496.

Asamblea General de las Naciones Unidas, *Transformar nuestro mundo: la Agenda 2030 para el Desarrollo Sostenible*, 25 de septiembre de 2015, A/RES/70/1.

Resoluciones de las instituciones de la Unión Europea

Resolución del Consejo de la Unión Europea y de la Comisión Europea, *Sobre consolidación de la colaboración de la UE con el mundo árabe*, de 4 de diciembre de 2003.

Resolución del Parlamento Europeo, *Declaración de los Derechos y Libertades Fundamentales*, 16 de mayo de 1989.

Resolución del Parlamento Europeo, *Sobre el Tratado por el que se establece una Constitución para Europa*, 12 de enero de 2005.

Jurisprudencia

ATC 382/1986, de 18 de diciembre.

STC 5/1981, de 13 de febrero.

STC 62/1982, de 15 de octubre.

STC 77/1985, de 27 de junio.

STC 195/1989, de 27 de noviembre.

STC 260/1994, de 3 de octubre.

STC 86/1985, de 10 de julio.

STC 19/1990, de 12 de febrero.

STC 337/1994, de 23 de diciembre.

Sentencia del TEDH de 1976, *Kjeldsen, Busk Madsen y Pedersen.*

Caso *Régimen Lingüístico de Bélgica, Campbell y Cosans* de 1982 y Caso *Castello-Roberts* de 1993.

Sentencia del Tribunal de Justicia de la Unión Europea de 23 de abril de 1986, asunto No. 294/83, *Parti écologiste Les Verts contra Parlamento Europeo*, Rep. 1986.

ICJ, *Reports 1996, Opinión Consultiva.*

Fallo del Magistrado Sullivan Caso No.: T1/2006/9502. In the Supreme Court of Judicature, Court of Appeal (Civil Division). On appeal from the High Court of Justice Queen's Bench Division (Administrative Court). In the matter of The Prevention of Terrorism Act 2005.

Doremus v. Board of Education of Borough of Hawthorne 342 US 429, 72 S.Ct. 394, 96 L.Ed. 475.

Commonwealth of Massachusetts v. Mellon, 262 US 447, 43 S.Ct. 597, 67 L.Ed. 1078 (1923).

Páginas web

ACNUR, El analfabetismo en el mundo, 2017, disponible en: https://eacnur.org/es/blog/el-analfabetismo-en-el-mundo

Amnistía Internacional, Pueblos Indígenas, disponible en: https://www.amnesty.org/es/what-we-do/indigenous-peoples/#indigenouslandrights

Banco Mundial, Tasa de alfabetización, total de adultos (% de personas de 15 años o más) – Papua New Guinea, disponible en: https://datos.bancomundial.org/indicator/SE.ADT.LITR.ZS?locations=PG

Base de datos del Banco Mundial, disponible en: https://datos.bancomundial.org

Base de datos del World Population Review, disponible en: https://worldpopulationreview.com/country-rankings/literacy-rate-by-country

¿Cómo avanza la alfabetización en América Latina?, TeleSur, disponible en: https://www.telesurtv.net/multimedia/alfabetizacion-america-latina-20200908-0005.html

Datos Macro, Níger – Tasa de alfabetización, disponible en: https://datosmacro.expansion.com/demografia/tasa-alfabetizacion/niger#:~:text=Níger%20tiene%2C%20según%20los%20últimos,es%20del%2026%2C65%25

Education on hold: Addressing barriers to learning among refugee children and youth from Ukraine – challenges and recommendations, ACNUR, disponible en: https://www.acnur.org/es-es/noticias/notas-de-prensa/educacion-interrumpida-casi-la-mitad-de-las-ninas-y-ninos-refugiados-de

Federación sindical internacional "La Internacional de la Educación", Níger: una situación insostenible para más de 2500 docentes, 2020, disponible en: https://www.ei-ie.org/es/item/23378:niger-una-situacion-insostenible-para-mas-de-2500-docentes

Fundación Francisco Giner de los Ríos (Institución Libre de Enseñanza), disponible en: http://www.fundacionginer.org/

Fundación Príncipe de Asturias, disponible en: http://www.fundacionprincipedeasturias.org

Gobierno de Sudáfrica, disponible en: https://www.statssa.gov.za/?p=13985#:~:text=Following%20the%20adoption%20of%20recommendations,1%5Bi%5D%20in%201961

International Human Rights Foundation, disponible en: https://ihrf.world/en/

New Advent, "Mohammed and Mohammedanism", disponible en: https://www.newadvent.org/cathen/10424a.htm

Portal CEPAL-Naciones Unidas, Analfabetismo afecta a cerca de 38 millones de personas en América Latina y el Caribe, disponible en: https://www.cepal.org/es/noticias/analfabetismo-afecta-cerca-38-millones-personas-america-latina-caribe

Portal de Datos Macro, Tasa de alfabetización en Afganistán, disponible en: https://datosmacro.expansion.com/demografia/tasa-alfabetizacion/afganistan#:~:text=Afganistán%20tiene%2C%20según%20los%20últimos,es%20del%2022%2C6%25

Portal de *Humanium*, disponible en: https://www.humanium.org/es/tayikistan/

Portal de la UNESCO, Alfabetización: promover el poder de la alfabetización para todos, disponible en: https://www.unesco.org/es/literacy

Portal del Banco Mundial, Afganistán, disponible en: https://datos.bancomundial.org/pais/afganistan?view=chart

Portal del Banco Mundial, Tasa de alfabetización en Cuba, total de adultos (% de personas de 15 años o más), disponible en: https://datos.bancomundial.org/indicador/SE.ADT.LITR.ZS?locations=CU&name_desc=false

Portal del Ministerio de Educación de la República de Cuba, disponible en: https://www.mined.gob.cu/formacion-pedagogica/formacion-del-personal-pedagogico/

Portal de Puertas Abiertas, ¿Cómo es la persecución de los cristianos en Turkmenistán?, disponible en: https://puertasabiertasal.org/persecucion-de-cristianos/lista-mundial/turkmenistan

Portal de Statista, Infografía sobre la tasa de alfabetización en América Latina, 2022, disponible en: https://es.statista.com/grafico/28177/tasa-de-alfabetizacion-de-adultos-en-america-latina/

Portal de UNICEF América Latina y el Caribe, Invertir en educación: Cada niño y niña tiene derecho a una educación de calidad inclusiva y equitativa, disponible en: https://www.unicef.org/lac/invertir-en-educación#:~:text=12%20millones%20de%20niños%2C%20niñas,están%20fuera%20del%20sistema%20educativo

Proyecto de formación para el empleo en Papúa Nueva Guinea (2012-2014) de la mano de la ONG española Taller de Solidaridad, disponible en: https://tallerdesolidaridad.org/formacion-para-el-empleo-en-papua-nueva-guinea/#:~:text=La%2520formación%2520para%2520el%2520empleo,que%2520disponen%2520de%2520datos%2520comparables

Save The Children, Níger: evitar matrimonios y la escuela de maridos, 2023, disponible en: https://www.savethechildren.es/actualidad/niger-evitar-matrimonios-y-la-escuela-de-maridos

SBS News, Transcript: Nelson Mandela speech "I am prepared to die", disponible en: https://www.sbs.com.au/news/article/transcript-nelson-mandela-speech-i-am-prepared-to-die/acc7mlanu

The British Library, Rescuing the Rivona Trial recordings, disponible en: https://blogs.bl.uk/sound-and-vision/2013/12/rescuing-the-rivonia-trial-recordings.html

Times Higher Education, Best universities: Best universities in Africa 2024: Top 10 universities in Africa 2024, disponible en: https://www.timeshighereducation.com/student/best-universities/best-universities-africa?cmp=1

Ukraine Education Cluster, disponible en: https://response.reliefweb.int/ukraine/education

UNESCO, disponible en: www.unesco.org

UNICEF, Escuelas Amigas de las Niñas, Iniciativa de UNICEF en Níger, disponible en: https://www.unicef.es/noticia/escuelas-amigas-de-las-ninas-iniciativa-de-unicef-en-niger

UNICEF, Níger: los niños abandonan la escuela para apoyar a sus familias, 2012, disponible en: https://www.unicef.es/noticia/niger-los-ninos-abandonan-la-escuela-para-apoyar-sus-familias

US News & World Report, How US News Calculated the 2022-2023 Best Global Universities Rankings, disponible en: https://www.usnews.com/education/best-global-universities/articles/methodology

US News & World Report, University of Cape Town: University Data, disponible en: https://www.usnews.com/education/best-global-universities/university-of-cape-town-504187

US News & World Report, 2022-2023 Best Global Universities in Africa, disponible en: https://www.usnews.com/education/best-global-universities/africa

World Bank Data base, Literacy rate, adult total (% of people ages 15 and above) – Niger, disponible en: https://data.worldbank.org/indicator/SE.ADT.LITR.ZS?locations=NE

Otros

Comunicado de prensa de la Comisión Europea, Educación y formación en Europa: La desigualdad sigue siendo un reto, Unión Europea, 9 de noviembre de 2017, disponible en: https://ec.europa.eu/commission/presscorner/detail/es/IP_17_426

Declaración sobre Escuelas Seguras, Coalición Global para Proteger la Educación de Ataques, 29 de mayo de 2015, disponible en: https://protectingeducation.org/wp-content/uploads/documents/documents_spa_safe_schools_declaration_21_05_2015.pdf

MARCO DE ACCION DEL ANTERIOR: https://www.refworld.org.es/pdfid/5b4538464.pdf

Declaración de prensa de Antony J. Blinken, U. S. Department of State, Designaciones relacionadas con la Libertad religiosa, disponible en: https://www.state.gov/translations/spanish/designaciones-relacionadas-con-la-libertad-religiosa/

Mandela, N., Make Poverty History, Londres, 3 de febrero de 2005.

Britannica Enciclopedia, Vol. 4, The University of Chicago, Chicago

Britannica Enciclopedia, Vol. 11, The University of Chicgo, Chicago, 1993

Britannica Enciclopedia, Vol. 18, The University of Chicgo, Chicago

Diario de Sesiones del Congreso, Legislatura de 1876 a 1877, Vol. CLXXIX.

Azaña, M., "El problema Español", conferencia pronunciada en 1931 en la inauguración de la Casa del Pueblo de Alcalá de Henares, Adascal, Madrid, 1980.

Diario de Sesiones del Senado, 25 de agosto de 1978.

Diario de Sesiones del Congreso, 7 de julio de 1978.

Diario de Sesiones del Congreso, 23 de mayo de 1978.

Diario de Sesiones del Congreso, 23 de mayo de 1978.

Diario de Sesiones del Congreso, 7 de julio de 1978.

B.O.C. 1 de julio de 1978.

Informe Birkelbach de 1964

Discurso de Winston Churchill en la Universidad de Zúrich (Suiza, 19 de septiembre de 1946)

Declaración Schuman, de 9 de mayo de 1950

Comisión Europea, *La política de educación de la Unión*, Bruselas, 2002.

Consejo de la Unión Europea, *Carta de los Derechos Fundamentales de la Unión Europea: Explicaciones relativas al texto completo de la Carta*, Oficina de Publicaciones Oficiales de las Comunidades Europeas, Luxemburgo, 2001.

Comunicación de la Comisión de 29 de abril de 1992 *Respetar la subsidiariedad y fijar mejor las prioridades*

Declaración de Matsuura, K., UNESCO, Naciones Unidas, Nueva York, 2000

CEDAW/C/BTN/CO/8-9, párr. 25 (recomendación del Comité de la CEDAW)

CEDAW/C/TLS/CO/2-3, párr. 27.a) (recomendación del Comité de la CEDAW)

"World Declaration on Education for All and Framework for Action to Meet Basic Learning Needs", 1990.

"The Dakar Framework for Action: Education for All: meeting our collective commitments", 2000.

Conferencia pronunciada por Antonio Muñoz Molina: "La disciplina de la imaginación" en el ciclo de conferencias del Grupo Santillana "La educación que queremos", Madrid, 22 de septiembre de 1998.